2025 중등교원 임용시험 대비

송원영
전공국어

국어교육론
실전 문제집

최근 임용 출제 경향을 반영하여
적용과 분석을 중심으로 문제 출제
문제 풀이를 통하여 교육과정 및 국어교육론 이론을 정리
명확한 채점 기준에 의한 답안 작성을 연습함으로써
최근 출제 경향에 대비

CONTENTS

I. 화법교육론

1장 / 교과내용

1절 화법의 본질과 특성 ... 10
   테마 1 인지적 사고 과정(의미 공유) ... 10
   테마 2 사회적 상호작용(사회적 의사 소통 행위) ... 12

2절 음성 언어 의사 소통 과정의 기능과 전략에 대한 이해 ... 15
   테마 1 맥락 고려(상황 분석) ... 15
   테마 2 듣기·말하기의 내용 구성 ... 19
   테마 3 표현 및 전달 ... 21
   테마 4 의사소통 과정의 점검 및 조정 ... 23

3절 화법과 태도 ... 24
   테마 1 말하기 불안 ... 24
   테마 2 화법의 관습과 문화 ... 26
   테마 3 언어와 매체에 관한 태도 ... 32

4절 담화 유형을 활용한 화법 전략(원리) ... 35
  1 정보 전달 ... 35
   테마 1 발표 방법 지도 ... 35
    ① 다양한 자료를 재구성하여 청중이 이해하기 쉽게 내용을 체계적으로 발표 ... 36
    ② 청자의 관심과 요구를 고려하여 발표하고 청중 질문에 답변 ... 48
    ③ 다양한 매체 자료를 효과적으로 활용 ... 53
   테마 2 발표 듣기 지도 ... 59
    ① 발표를 적극적으로 듣고, 이해되지 않거나 궁금한 사항을 메모하고 발표 후 질문하기 ... 59
    ② 매체 자료의 효과성을 판단하며 듣기(비판적 듣기) ... 65
  2 설득 ... 73
   테마 1 설득의 원리 ... 73
    ① 설득 담화의 내용 조직 ... 73
    ② 타당성 판단하며 듣기 ... 82
   테마 2 연설 ... 85
    ① 연설 전략 ... 85
    ② 연설의 방법 ... 92
   테마 3 토의 ... 94
    ① 의견 교환을 통한 합리적 문제 해결(의사 결정 단계의 이해를 통한 합리적 문제 해결) ... 94
    ② 토의 유형 이해 지도 ... 103

테마 4 토론   109
- ① 타당한 논증 구성과 논리적으로 반박하면서 토론   109
- ② 논제에 따라 쟁점별로 논증을 구성하기(입론 단계 수행)   117
- ③ 논증의 타당성, 신뢰성, 공정성에 대해 반대신문하며 토론하기   122

테마 5 협상   127
- ① 협상 절차   127
- ② 협상 방법   135

3 자기 표현 및 사회적 상호작용   137

테마 1 대화   137
- ① 자아개념(자아인식)·자아노출(자기표현)   137
- ② 대화의 구조와 순서 교대의 원리   143
- ③ 대화의 원리   146
- ④ 언어예절   152
- ⑤ 나–전달법·공감적 대화   157

테마 2 면접 및 면담 지도   163
- ① 면담의 절차 및 질문 전략   163
- ② 면접의 절차 및 답변 전략   172

2장 / 교과교육

1절 화법 교수·학습 방법 및 화법 평가   179
- 테마 1 화법 교수·학습 방법   179
- 테마 2 화법 평가   182

CONTENTS

II. 독서교육론

1장 / 교과내용

1절 독서의 본질과 특성	**186**
테마 1 독서의 특성	186
① 문제해결 과정으로서 독서	186
② 의미구성 과정으로서 독서	192
③ 사회적 상호작용·사회적 의사소통으로서 독서	194
2절 독서 요인 및 독서 이론	**200**
테마 1 텍스트 요인 및 구조 이론	200
① 텍스트 구조	200
② 텍스트 난도	208
테마 2 독자 요인 및 스키마 이론	209
① 스키마의 기능	209
② 독서 과정 모형	215
테마 3 맥락 요인 및 사회적 상호작용 이론	221
3절 독서 과정의 기능 및 전략에 대한 이해	**225**
테마 1 독해 수준·독서 과정·독서 전략	225
테마 2 독서의 준비	227
① 예측하기	227
② 질문 만들기	237
③ 예측하기·질문 만들기와 독서 과정 모형	243
테마 3 사실적 독해(내용확인)와 하위 전략	247
① 중심 내용, 주제, 글의 구조와 전개 방식 등 사실적 내용을 파악하기	247
② 요약하기	254
테마 4 추론적 독해(추론)와 하위 전략	260
테마 5 비판적 독해(평가)와 하위 전략	265
① 글 내용 비판 - 타당성, 공정성, 자료의 적절성 판단	265
② 표현 방법의 적절성 비판	275
테마 6 감상적 독해와 하위 전략	280
테마 7 창의적 독해와 하위 전략	292
테마 8 상호텍스트성·주제 통합적 독서	299
테마 9 읽기 과정의 점검과 조정	308

4절 독서 태도에 대한 이해   **312**
    테마 1 독서의 정의적 요인   312
    테마 2 독서 태도 모형   318

5절 텍스트에 대한 이해   **320**
    테마 1 텍스트의 개념 변화와 매체별 특성에 따른 글 읽기   320
    테마 2 텍스트의 목적에 따른 글 읽기   334
        ① 설명 방식 파악하며 설명하는 글 읽기   334
        ② 논증 방식 파악하며 주장하는 글 읽기   336

2장 / 교과교육

1절 독서 교수·학습 모형   **343**
    테마 1 현시적 교수법을 적용한 기능 중심 읽기 수업(직접 교수법·상보적 교수법)   343
    테마 2 균형적 접근(총체적 언어 교육을 활용한 의미 중심 읽기 수업)   348
    테마 3 내용 교과의 학습을 위한 독서 지도   357
        ① 문식성의 재개념화   357
        ② SQ3R   361
        ③ K-W-L 전략   367
    테마 4 자기 선택적 독서 지도·지속적 묵독 지도   374
    테마 5 기타 독서지도   382

2절 독서 교재론   **385**

3절 독서 평가   **397**
    테마 1 독서 평가의 원리   397
    테마 2 독서 평가 방법   402
    테마 3 독서 평가 결과의 해석   408

CONTENTS

III. 작문교육론

1장 / 교과내용

1절 작문의 본질 — 414
  테마 1 작문의 특성 — 414
    ① 인지 구성주의 관점(의미 구성·문제 해결) — 414
    ② 사회적 구성주의 관점(사회적 의사 소통·사회적 상호작용) — 417

2절 작문 과정의 기능 및 전략 — 423
  테마 1 쓰기 전 단계·표현 단계 — 425
    ① 맥락고려·내용생성 — 425
    ② 내용조직 — 428
    ③ 표현 — 433
    ④ 종합 — 434
  테마 2 고쳐쓰기 단계 — 438
    ① 고쳐쓰기의 일반원리 — 438
    ② 맥락을 고려한 쓰기 과정의 점검·조정 — 447

3절 작문 태도 — 457
  테마 1 작문의 정의적 요인 지도 — 457
  테마 2 쓰기 윤리·책임감 있는 태도로 글 쓰기 — 459

4절 글의 유형 — 464
  [1] 정보 전달을 위한 작문 — 464
  테마 1 정보전달 작문 과정 — 464
  테마 2 설명문 — 469
  테마 3 자기 소개서 — 482
  테마 4 기사문 — 490
  [2] 설득을 위한 작문 — 492
  테마 1 설득 작문 과정 — 492
  테마 2 건의문 — 500
  테마 3 시평 — 505
  [3] 친교 및 정서 표현(자기 표현과 사회적 상호 작용)을 위한 작문 — 516
  테마 1 친교의 글쓰기 — 516
  테마 2 표현적 글쓰기 — 518
  [4] 학습을 위한 글쓰기 — 523
  테마 1 보고문 — 527

2장 / 교과교육

1절 작문 교육 및 작문 교육 이론 — **535**
    테마 1 형식주의 — 535
    테마 2 인지 (구성)주의 — 537
        ① 원리 — 538
        ② 과정 중심·전략 중심 작문 지도 — 541
    테마 3 사회적 구성주의·대화주의 — 546
        ① 원리 — 551
        ② 맥락 중심·장르 중심 작문 지도 — 553

2절 작문 교수·학습 — **559**
    테마 1 워크숍 교수·학습 모형 — 559
    테마 2 작문 이론을 반영한 작문 교재 재구성 — 568
    테마 3 작문 능력 발달 — 581

3절 작문 평가의 원리와 방법 — **586**
    테마 1 작문 평가의 원리 — 586
        ① 정보전달 — 587
        ② 설득 — 588
    테마 2 작문 평가의 방법 — 597
        ① 결과 평가 — 597
        ② 과정 평가 — 602
        ③ 다양한 평가 방법 — 607

전공국어 국어교육론 실전 문제집

I

화법교육론

1장 / 교과내용

1절 화법의 본질과 특성

테마 1 인지적 사고 과정(의미 공유)

관련 기출

2020

1 (가)는 발표 지도에 대한 교사 간의 대화이고, (나)는 준비된 말하기에 대한 설명이다. (가)와 (나)를 참고하여 괄호 안의 ㉠, ㉡에 해당하는 말을 순서대로 쓰시오. [2점]

> (가)
> 교사 A: 주제에 맞게 내용을 구성하여 발표를 하는 수행 과제를 준 후 발표를 시켰더니, 학생이 청중을 보지도 않고 발표문만 보며 그대로 읽어요. 그러다 보니 발표를 듣는 학생들의 반응이 별로 좋지 않고 학생의 발표 능력 신장에도 별로 도움이 안 되는 것 같아 고민이에요.
> 교사 B: 미리 작성한 발표문이나 대본을 그대로 읽는 것도 문제지만, 저는 그것을 암기해서 청중 반응과 상관없이 줄줄 읊어대는 식의 수행도 문제라는 생각이 듭니다.
> 교사 C: 그러면 학생에게 (㉠)을/를 작성하게 한 후 청중의 반응을 예상하며 연습을 하게 해 보세요. 이것에 기초해 연습을 거듭하다 보면 같은 내용도 여러 가지로 표현해 보게 되어, 실전에서도 발표문을 읽지 않고 청중의 반응을 보면서 자연스럽고 효과적으로 발표를 할 수 있게 됩니다.
>
> (나)
> 구어 의사소통에는 사전 준비 없이 하는 '즉흥 말하기'와 말할 내용에 대하여 계획하고 준비를 하는 '준비된 말하기'가 있다. 준비된 말하기를 수행할 때 발표문을 보고 그대로 읽어서는 효과적인 말하기를 하기 어렵다. 준비된 말하기라 하더라도 청중의 반응에 따라 자신의 언어적·비언어적 표현을 조절할 수 있어야 한다. 듣기, 말하기는 화자와 청자가 구어로 의사소통을 하면서 상호 작용하는 것을 넘어 (㉡)을/를 통해 역동적으로 의미를 창조해 가는 과정이다. 청중과 시선을 맞추며 청중의 반응에 따라 말할 내용과 방법을 조절해 가며 역동적으로 의미를 주고받는 것은, 청중의 반응을 무시한 채 준비된 발표문을 일방적으로 낭독하는 것과는 다르다.

기본 예제

2 다음은 '듣기·말하기의 본질'을 주제로 한 수업의 한 장면이다. 괄호 안의 ㉠~㉢에 들어갈 말을 순서대로 쓰시오. [2점]

> 교사: 다음 선생님이 준비한 화면은 같은 반 친구들끼리 참여한 회의의 한 장면이에요. 회의에 참여한 참여자 입장에서 보고 물음에 답해볼까요?
>
>> 예준: 다음 주 지필 평가를 위해 어떻게 공부하면 좋을까? 지난 화요일에 선생님께서 1, 2단원 내용을 출제한다고 하셨어. 내 생각에는 한 사람이 소단원 하나씩을 맡아서 각자 정리를 한 후에 다른 사람에게 설명을 해 주는 게 좋을 것 같아.
>> [A] 윤규: 그래, 설명하는 사람에게는 그 내용이 오래 기억된다는 말을 들어 본 적이 있어. 좋은 방법이라고 생각해. 그런데 우리가 완벽하게 설명할 수 있을까 걱정이 돼. 그래서 내가 생각해 본 건 '하브루타'라는 방법이야. 유대인들의 전통적인 학습 방법인데, 어떤 방송에서 참가자들이 서로 논쟁을 통해 공부하는 모습을 보여 주면서 소개하는 걸 봤어.
>> 광휘: 나도 그 방송 본 적 있어. 나도 나중에 그런 프로그램을 만드는 교육 전문 프로듀서가 되고 싶다는 생각이 들어서 유심히 봤지. 프로듀서가 되면 교육 선진국의 모범적인 수업 현장을 찾아 다니면서 취재를 할 거야.
>> 다윤: 광휘야. 잠깐만! 그건 나중에 이야기하기로 해. 나로서는 하브루타가 생소하긴 한데 일방적인 설명보다는 서로 논쟁이든 토의든 같이 의견을 나누면 좀 더 깊이 있는 이해가 가능하지 않을까 해. 광휘가 유심히 봤다니까 좀 더 구체적으로 소개해 줄래?
>
> 교사: 이 회의의 주제는 무엇인가요?
>
> (학생들의 대답)
>
> 교사: 그래요. 지필평가 준비를 위한 공부 방법을 논의하고 있어요. 각 학생이 발언한 내용을 살펴보면 예준은 단원별로 하나씩 맡아서 정리한 후 설명하기를 주장하고, 윤규는 하브루타로 공부하기를 말했으며, 광휘는 자신의 장래 희망은 교육 전문 프로듀서임을 발언했고, 다윤은 논쟁이나 토의를 통해 의견을 나누자고 발언하고 있지요?
>
> (학생들의 대답)
>
> 교사: 이처럼 자신의 생각을 말하고 상대방의 말을 듣는 과정을 통하여 서로의 생각을 나눠 갖는 음성언어 의사소통의 특징을 (㉠)라고 할 수 있어요. 예를 들면 [A]에서 윤규가 예준이 한 말에 대해 "설명하는 사람에게는 그 내용이 오래 기억된다는 말을 들어 본 적이 있어. 좋은 방법이라고 생각해."라고 하면서 반응하는 부분이 이에 해당됩니다. 그런데, 광휘 학생은 그렇지 않은 것 같네요. 왜 그럴까요?
>
> (학생들의 대답)
>
> 교사: 그래요. 회의 주제와 전혀 관련 없는 발언을 해서 (㉠)가 되지 않고 있지요? 이처럼 대화는 참여자들이 일방적으로 말하는 것이 아니라 소통자 간의 (㉡)을 통해 이루어집니다. 자신이 하고 싶은 말만 했다고 해서 (㉠)가 이루어진 것은 아니고, 말하는 이의 생각이 명확하게 전달되어 상대방의 의도를 파악하고 적절한 (㉢)을 나타내야 이것이 이루어진다고 볼 수 있지요.

> 자, 이제는 선생님이 여러분들에게 나눠 준 활동지를 가지고 적용 활동을 해봅시다. 먼저, 듣기·말하기 상황을 정하고, 짝과 대화해 봅니다.

테마 2 │ 사회적 상호작용 (사회적 의사 소통 행위)

기본 예제

1 다음은 화법의 특성을 주제로 한 교사의 설명 내용이다. 괄호 안의 ㉠, ㉡에 해당하는 말을 순서대로 쓰시오. [2점]

교사: 다음은 학교 축제 행사와 관련하여 가족들이 나눈 대화에요. 이 대화를 듣고, 화법의 특성에 대해 알아봅시다.

(가)
딸: 올해 학교 축제 때 동아리에서 어떤 행사를 할지 고민이에요.
엄마: 작년 축제 때 관람객이 너무 적었다고 했지
남동생: 인기 있는 게임을 준비하면 사람들이 많이 올 것 같아.
딸: 축제에서 인기 있는 것도 좋은데, 그러면서도 의미 있는 걸 하고 싶어.
엄마: 그럼, 자선 바자회 같은 건 어때?
딸: 아, 그게 좋겠네요. 서로 필요한 물건을 교환할 수도 있고요.
남동생: 우리 학교에서도 바자회를 했었는데, 애들이 못 쓰는 물건만 가져와서 선생님께서 속상해하셨어.
딸: 그럼 바자회에 낼 수 있는 물품을 심사하고, 쓸모 있는 물품을 낸 친구들에게 바자회 우선 이용권을 주는 건 어떨까?
엄마: 좋은 생각인 것 같아. 내일 동아리 친구들과 더 상의해 보렴.

(나)
 아빠, 엄마는 참 이상하세요. 어제 엄마랑 집에 오는 길에 옆집 아주머니를 만났는데요, 아주머니께서 축제 때 바자회 인기가 좋았다면서 그걸 준비한 누나 칭찬을 엄청 하시는 거예요. 그런데 엄마가 뭐라고 하셨는지 아세요? "아니에요, 아직 부족한 게 많아요." 이러시는 거예요. 엄마 눈에는 누나가 모자라 보이나 봐요. 근데 또 집에 와서는 누나를 칭찬하셨어요. 이상하죠?

…(중략)…

교사: 자, 잘 들었나요? …(중략)…
 (나)에서 엄마가 누나를 칭찬하는 옆집 아주머니에게 "아니에요, 아직 부족한 게 많아요."라고 말한 것은, 실제로 누나가 부족하다고 생각해서가 아니지요? 우리말은 자기와 관련된 것에 대해 낮추어 표현하는 (㉠)한 표현이 발달하였기 때문에 우리가 말하거나 들을 때 (㉡)을/를 고려하는 것이 중

요합니다. 이는 의사소통하는 과정에서 형성된 사회의 공통적인 의사소통 양식이나 규범을 말하는데, 개별적인 의사소통에 영향을 미치므로, 효과적으로 의사소통하기 위해서는 화법의 사회·문화적 성격을 이해하고, 이에 적합한 방식으로 이야기를 나누어야 합니다.

2 다음은 화법 수업에서 교사와 학생이 나눈 대화 중 일부이다. 괄호안의 ㉠~㉣에 해당하는 말을 순서대로 쓰시오. [2점]

학습목표: 사회적 의사소통 행위로서 화법의 특성을 이해한다.(2015)

…중략…

교사: 자, 이제, 다음 〈자료〉를 읽고 모둠의 대표가 활동의 결과를 정리하여 발표해봅시다.

(가)
김철수: 차 과장, 잠깐 와 봐.
차승조: 부장님, 부르셨습니까?
김철수: 지난달 사원들의 판매 실적 현황표 다 작성했나?
차승조: 아, 그거 제가 박 대리한테 지시해 두었습니다. (박상진을 보며) 박 대리, 지난번에 내가 지시했던 거 빨리 가져와 봐.

(나)
김철수: 차승조 님, 잠깐 얘기 좀 할까요?
차승조: 네, 김철수 님.
김철수: 지난달 사원들의 판매 실적 현황표 다 작성하셨습니까?
차승조: 아, 그거 제가 박상진 님한테 말해 두었습니다. (박상진을 보며) 박상진 님, 지난번에 제가 부탁했던 거 지금 볼 수 있을까요?

1모둠 대표: (가)에서는 부장, 과장, 대리와 같은 직급으로 호명하고 있으며, 상사가 부하 직원에게 하대의 표현을 사용하는 등 수직적인 의사소통 문화가 나타나고 있습니다. 이러한 의사소통 문화를 바탕으로 구성원간의 대화에서도 주로 지시적이거나 명령조의 표현을 사용하고 있습니다.

2모둠 대표: (나)에서는 직장 내 직급 대신 (㉠)하고 있으며, 상사가 부하 직원에게 존대의 표현을 사용하는 등 수평적인 의사소통 문화가 나타나고 있습니다. 이러한 의사소통 문화를 바탕으로 구성원 간의 대화에서도 지시적이거나 명령조의 표현보다는 주로 (㉡)과 같은 표현을 사용하고 있습니다.

교사: 그래요. 그렇다면 (가)의 대화 방식을 (나)처럼 바꾸면 어떤 의사소통 문화가 형성될까요? (반 전체를 둘러보며)…음…그래요. 3모둠의 대표 영희가 손을 들었어요.

3모둠 대표 영희: (나)처럼 수평적인 의사소통 방식을 사용한다면 권위적이기보다는 상대방을 존중하고 배려하는 수평적인 의사소통 문화를 형성할 수 있을 것입니다.

…(중략)…

교사: 자. 여러분들은 각각 수직적인 의사소통 문화와 수평적인 의사소통 문화를 비교해보았어요. 이를

통해서 화법이 의사소통 문화를 형성하는 과정을 다음과 같이 말할 수 있겠네요. 즉, 사회적 의사소통 차원에서 이루어지는 화법이 (ⓒ)적으로 수행되는 과정에서 사회적으로 인정을 받는 의사소통 양식이나 규범이 나타나고 이를 사회 구성원들이 인정하고 공유하면서 해당 공동체의 의사소통 문화로 형성되고, 이것은 다시 그 공동체에 속한 구성원의 (ⓔ)에 영향을 미치게 됩니다.

심화 예제

3 다음은 '의사소통 문화를 형성하여 사람들의 언어 환경에 영향을 미치는 화법의 특성'을 이해하고자 하는 수업의 일부이다. 〈작성 방법〉에 따라 서술하시오. [4점]

교 사: 지난 시간에 여러분들은 사회적 의사소통 과정, 언어 공동체의 담화 관습, 의사소통 문화 형성의 개념에 대해서 알아보았어요. 자, 이제, 이를 여러분의 경험 속에서 알아보도록 해요. 선생님이 질문을 해볼게요. 여러분들이 수업 시간에 발표할 때 친구들의 반응과 이에 대해 어떻게 생각했는지 모둠별로 정리하고 발표해볼까요?

(…중략…)

학생1: 중학교 때 저희 반 친구들은 누가 발표만 하면 "우~." 하고 야유를 보냈어요. 그래서인지 발표할 때마다 저도 모르게 위축돼요.

학생2: 고등학교 1학년 때 담임 선생님께서는 친구가 발표를 하면 모두 "참 잘했어요."라고 말하고 엄지손가락으로 최고 표시를 하도록 하셨어요. 처음에는 어색했지만, 점차 적극적으로 발표하게 되었어요.

(…중략…)

교 사: 그래요. 발표자들은 각각 다른 수업 문화를 접했다는 점을 알 수 있었어요. 이를 통해서 화법이 의사소통 문화를 형성하는 과정을 다음과 같이 말할 수 있겠어요. 선생님이 준비한 자료 화면을 볼까요?

〈자료 화면〉

㉠<u>공동체의 특정한 의사소통 방식이 반복되면서 공동체 구성원 간에 일정하게 공유되게 되면, 그 특정한 의사소통 방식이</u> ㉡<u>해당 공동체의 의사소통 문화로 형성된다</u>. 이렇게 형성된 의사소통 문화는 다시 그 ㉢<u>공동체에 속한 구성원의 의사소통 방식에 영향을 미치게 된다</u>. 이를 도표로 정리하면 다음과 같다.

공동체의 특정한 의사소통 방식의 반복 ⇨ 의사 소통 문화를 형성 ⇨ 공동체에 속한 구성원의 의사소통 방식에 영향을 미침

작성방법

- 교사의 정리 내용 ㉠을 학생 1과 학생 2에서 찾아 의사소통 방식의 차이를 포함하여 각각 서술하고, 이를 토대로 ㉡의 의사소통 문화의 특성에 해당하는 단어를 각각 제시할 것.
- 위의 서술을 바탕으로 ㉢을 학생 1과 학생 2에 적용하여 의사소통 방식에 미친 영향을 각각 서술할 것.

2절 | 음성 언어 의사 소통 과정의 기능과 전략에 대한 이해

테마 1 | 맥락 고려(상황 분석)

관련 기출
2018 B형 논술형

1 김 교사는 요약하기 규칙을 적용하여 요약문을 만들고 이를 발표하기에 활용하는 통합 수업을 진행하였다. 〈보기 1〉은 김 교사가 마련한 학습지이고, 〈보기 2〉는 한 학생이 제출한 학습지의 일부이다. 김 교사의 수업과 관련하여 〈작성 방법〉에 따라 논술하시오. [10점]

보기 1

2학년 ___반 _____

※ 다음 글을 읽고 요약하기 활동을 해 보자.

화폐와 경제생활

① 화폐는 재화의 교환을 용이하게 하기 위해 생겨났다. 그러나 화폐의 출현은 인간의 경제생활에 '가치의 축적'이 라는 예기치 않은 상황을 초래했다. 즉, 화폐를 사용하기 시작하면서 가치를 축적하는 것이 쉬워진 것이다.
② 소, 돼지, 양이나 물고기, 조개 같은 것들은 일정한 시간 내에 처리하지 않으면 곧 부패하여 가치가 없어지기 때문에 옛날에는 이러한 것을 아무리 많이 획득하여도 오랫동안 축적해 둘 수 없었다. 또 비교적 쉽게 부패하지 않는 쌀, 보리, 밀, 수수와 같은 것도 축적해 두기 위해서는 우선 적합한 공간이 마련되어야 했다. 그리고 공간이 아무리 넓고 커도 축적할 수 있는 총량에 한계가 있었다. 그뿐만 아니라 적합한 공간을 마련하여 많이 축적해 둔다고 해도 그 소유자는 외부의 사람들로부터 약탈을 막아야 하는 어려움이 있었다.
③ 수렵 채취의 시대에는 그때그때 획득한 재화를 2~3일

〈학습 활동〉

1~3. 〈생략〉
4. 1~3에서 요약한 내용을 활용하여 〈말하기 상황〉에 알맞게 발표하여 보자.

┌─ 말하기 상황 ─┐

- 화제 : 화폐와 경제생활
- 목적 : 핵심 정보를 이해하기 쉽게 설명하기
- 청중 : 화제에 대한 관심도가 낮고 배경 지식이 부족한 학급 친구들

─ 보기 2 ─

② 화폐가 생기기 전에는 재화의 축적하는 데 여러 가지 한계가 있었다. 육류나 어패류는 일정한 시간 내에 처리하지 않으면 부패하여 가치가 떨어지기 때문에 오랫동안 축적해 둘 수 없었다. 쉽게 부패하지 않는 곡물도 축적해 두려면 공간을 마련해야 했고, 총량에 한계도 있고, 약탈을 막아야 하는 어려움이 있었다.

─ 작성방법 ─

- 본론의 3문단은 학습 활동 4에서 청중 특성을 고려한 '도입부'의 내용 구성에 대한 지도 내용을 2가지 쓸 것.

기본 예제

2 다음은 청자를 고려한 내용 구성 및 전달 전략에 대한 계획이다. 괄호안의 ㉠, ㉡에 해당하는 내용 구성 전략을 쓰고, ㉢, ㉣에 청자의 심리에 해당하는 말을 쓰시오. [2점]

연설 제목	길거리에서 흡연하지 말자.	연설 대상	일반 성인

청자 분석	내용 구성 및 전달 전략
[청자 요구] • 길거리 흡연의 피해에 대해 구체적으로 알고 싶을 것이다. • 길거리 흡연에 대해 대책을 궁금해 할 것이다.	• 길거리 흡연에 대해 구체적인 근거를 들어 피해 실태를 제시한다. • 단순히 길거리 흡연의 자제를 호소할 것이 아니라 실현 가능한 대책을 제시한다.
[지적 수준] 청자의 교육 수준이 높을 것이다.	찬성과 반대의 두 가지 측면을 모두 고려하는 (㉠)전략을 활용한다. 충분하고 심도있는 정보 제공을 통해 말하기의 효과를 극대화시킬 수 있고 특히 화자의 (㉡)을 높일 수 있다.
[사전 지식] 일반인들에게 주제에 대한 많은 배경 지식을 요구하지 않는다.	특별한 배경 지식이 필요하지 않으므로 도입부에서 배경 설명은 간략하게 한다.
[기존 입장] 흡연자는 반대가 우세하고 비흡연자는 찬성이 우세할 것이다.	찬성과 반대 입장의 청자를 모두 고려해야 한다. 찬성인 청자에게는 주장하고자 하는 내용을 선명하게 드러내어 일관되게 주장한다. 반대인 청자에게는 의견이 일치하는 부분을 먼저 논의하여 청중과 (㉢)를 형성하여 (㉣)을 약화시키고, 이를 점진적으로 논의한다.

심화 예제

3 〈화법과 작문〉 과목을 담당하고 있는 송 교사는 '청중의 특성을 파악하여 설득하는 말하기를 할 수 있다.'라는 학습 목표로 수업을 진행하였다. 〈작성 방법〉에 따라 지도 내용을 서술하시오. [4점]

〈자료 1〉

〈화법 수행 전 청자 분석에 따른 내용 구성〉

2020년 7월 6일

　내 친구가 자전거 사고를 당했는데, 자전거 헬멧 착용을 하지 않아서 큰 부상을 입었다. 이처럼 교통 안전에 대한 무관심과 불감증이 큰 사고로 이어진다는 점이 놀랍다. 이 사실을 알게 되니 헬멧 착용을 하지 않아서 발생하는 문제가 얼마나 심각한지, 교통 안전에 얼마나 우리가 무관심한지 경각심을 가져야 한다는 생각이 든다. 국어 시간에 발표 수업이 있는데, 이번 기회에 자전거 헬멧 착용에 대해 이야기해 볼까? 반 친구들이 청중이니까 청중 특성을 파악하기 위한 설문도 만들어 보아야겠다.

2020년 7월 13일

　학급 친구들에게 간단한 설문 조사를 해 보니, 우리 반 친구들의 절반 정도가 자전거를 타고 다닌다는 것을 알게 되었다. 학급의 절반이나 되는 친구들이 관심이 있다고 하니 자전거 헬멧 착용에 대한 나의 발표를 잘 들어 줄 것 같다. 그리고, 친구들에게 자전거를 탈 때 헬멧을 착용하지 않아서 일어나는 사고가 얼마나 자주 일어나고 심각한지 물었는데 거의 모른다고 대답한 친구들이 대부분이었다. 화제에 대한 사전 지식이 없으니 전문 서적과 기관에서 발표한 자료를 활용하여 전문적인 내용을 상세하게 설명할 필요가 있을 것 같다. 그런데 자전거를 타는 친구들이 화제에 관심이 있지만 헬멧 착용에 대해서는 대부분 부정적 인식을 가지고 있다는 점이 고민인데 ……. 도입부터 반론을 제기하고, 헬멧 착용의 필요성과 같이 공감대 형성이 용이한 내용으로 논의를 전개해 나가야겠어.

〈자료 2〉

〈화법 수행 과정〉

지난 달 자전거를 타고 학교에 가던 제 친구는 사고를 당했습니다. 그 친구는 심한 뇌진탕으로 어떻게 사고가 일어났는지도 기억하지 못할 정도로 부상을 입어 2개월 동안 병원에서 치료를 받았습니다.

이러한 사고는 우리 주위에서 흔하게 일어나고 있습니다. (자료를 넘기며) 다음 〈자료1〉을 보겠습니다. 경찰청의 조사에 의하면 자전거 사고 사상자는 2011년 2800여명에서 2015년 7000천여 명으로 매년마다 큰 폭의 증가 추세에 있습니다. 그런데, ○○일보의 조사에 의하면 자전거 이용자 중 안전장비 미착용이 46%, 이중에서 헬멧 미착용이 26%나 이른다고 합니다.

그런데, 자전거 사고에서 머리를 다치는 경우는 거의 대부분 심각한 정도의 뇌진탕을 입는다고 합니다. (자료를 넘기며) 다음 〈자료 2〉를 보겠습니다. 여기에서 뇌진탕이란 충격에 의해 경미한 외상성 뇌손상을 말하며, 이로 인하여 상행성 망상 활성계가 일시적으로 혼돈되면서 의식 소실, 기억력 문제, 현기증, 두통, 구토, 집중력 저하 등이 발생하는 문제를 말합니다. 보건복지부의 자료에 따르면 자전거 사고 사망 원인의 80%가 두뇌 손상이며, 이는 콘크리트 지면에서 30cm 이하의 높이에서도 뇌진탕을 일으킬 수 있다고 경고하고 있습니다. 이처럼 자전거를 타는 사람은 사고로 인한 두뇌 충격을 반드시 방지해야 합니다.

자전거를 타는 사람은 헬멧을 착용하여 머리를 보호할 수 있습니다. 헬멧이란 자전거 탑승자의 머리를 보호하기 위한 보호장구를 말합니다. 앞 머리 부분과 후두부분의 윗쪽을 보호해 주는 반원형태에서부터 머리 및 얼굴 전체를 보호할 수 있는 풀페이스형 등 몇 가지의 형태가 있습니다. 일반적인 형태는 이마 위쪽에서 뒷통수까지 덮이는 유선형의 본체에, 뒷통수에 맞게 간격을 조절할 수 있는 조이개와 턱끈으로 고정되며, 본체에 구멍이 많고 가볍다는 것이 특징입니다. 헬멧의 착용은 두뇌 손상의 위험을 90% 정도 줄여줍니다. 저는 헬멧을 쓰는 것이 보기에도 좋지 않고 거추장스럽다고 여겼습니다. 그러나 친구의 사고 후 헬멧을 쓰는 것이 현명한 일이라고 생각하여 자전거를 탈 때면 항상 헬멧을 착용합니다.

만약 자전거를 타는 모든 사람이 헬멧을 착용한다면 자전거 사고로 인한 신체 피해를 75% 줄일 수 있습니다. 여러분은 자신의 신체를 스스로 지킨다는 것에 대해 자부심을 느끼게 될 것입니다.

이 근처에 있는 세 곳의 스포츠 용품점에서 자전거 헬멧을 판매하고 있습니다. 안전을 위해서 헬멧을 반드시 착용하시기 바랍니다. 헬멧을 구입할 때는 안전 검증 표시 여부를 확인하는 것이 좋습니다.

작성방법

- 학습 목표를 바탕으로 〈자료1〉에 나타난 화법 수행 전 청자 분석에 따른 내용 구성에서 문제점을 2가지 서술할 것.
- 위의 문제를 해결하기 위해 필요한 지도 내용을 각각 서술할 것.

테마 2 : 듣기·말하기의 내용 구성

기본 예제

1 다음은 대화 수업의 한 장면이다. 괄호 안의 ㉠~㉢에 들어갈 말을 순서대로 쓰시오. [2점]

> 교사: 선생님이 준비한 영상 자료를 보면서 대화가 원만히 이루어지고 있는지 살펴봅시다. 다음은 엄마와 아들의 전화 대화 상황이에요.
>
> [엄마와 아들의 전화 대화]
>
> 엄마: 뭐? 도저히 배고파서 못 참겠다고? 그럼 네가 먼저 밥 좀 해 볼래? … 어떻게 하냐고? 엄마가 쌀 씻어서 식탁 위에 뒀으니까, 그걸 전기밥통에 넣어! … 그래, 흘리지 말고……. 그다음에 물을 부어! 물은 네 손목까지만 찰랑찰랑할 정도로……. 옳지, 그다음에 취사 버튼만 누르면 돼! (다 키웠어, 다 키웠어! 벌써 밥을 다 하고……)
>
> 아들: (오호, 손목까지 찰랑찰랑할 정도라…….)
>
> 교사: '엄마'의 말을 들은 '아들'이 밥이 아닌 죽을 쑨 이유를 말해 봅시다.
>
> 학생들의 대답
>
> 교사: 그래요. 엄마는 물의 양을 밥솥의 바닥을 기준으로 '손바닥'을 짚었을 때 손목을 기준으로 삼았지만, 아들은 '손가락 끝'을 짚었을 때의 손목을 기준으로 삼아 물을 지나치게 넣었기 때문이지요. 그렇다면 이 대화가 성공하기 위해서 '엄마'와 '아들'이 각각 어떤 말을 더 했어야 했을까요? 선생님이 나눠 준 활동지에 답을 적어봅시다.
>
> [활동지]
>
> 활동 1. 대화가 성공하기 위해서는 '엄마'와 '아들'이 각각 어떤 말을 더 했어야 했는지 추측해 봅시다.
>
> > 엄마는 아들이 밥을 지어 본 경험이 없는 것을 알고 있으므로, 이를 고려하여 물을 손목까지 부으라고만 하기보다는 손바닥으로 바닥을 짚었을 때 손목을 기준으로 물을 부으라고 해야 했을 것이다. 아들은 자신이 밥을 해 본 경험이 없다는 사실을 엄마에게 말씀드리고, 물을 '손목까지 찰랑찰랑할 정도'라는 말의 정확한 뜻을 확인해야 했을 것이다. 결국 엄마와 아들 모두 현재의 처지, 대화 목적, 배경지식 및 경험과 같은 (㉠)을/를 고려하여 말을 하거나 들어야 했다.
>
> 활동 2. 이상의 활동 결과를 바탕으로 원활한 의사소통을 위하여 어떠한 방법을 활용해야 할 지 정리해 봅시다.
>
> > 듣는 이는 말하는 이가 어떤 (㉡)(으)로 말하는지 파악해야 하고, 말하는 이는 듣는 이가 오해없이 받아들이도록 말하는 (㉢)을/를 살려 표현해야 한다.
>
> …(중략)…

교사: 지금까지 수업을 정리해보면 우리는 일상 생활에서 전달하고자 하는 말의 의미를 제대로 파악하도록 하기 위해서는 먼저, 상대에게 집중하여 경청하고, 대화의 (㉠)을 고려해야 합니다. 이를 바탕으로 청자는 화자가 어떤 (㉡)로 말하는지 파악해야 하고, 화자는 청자가 오해없이 받아들이도록 말하는 (㉢)를 살려 표현해야 합니다. 발화가 이루어지는 (㉠) 속에서 상대의 (㉡)를 제대로 파악하는 사람은 적절하고 효과적으로 의사소통에 참여할 수 있지만 그렇지 못할 경우 불필요한 오해나 갈등을 유발할 수 있습니다. 이를 해결하기 위해 여러 표현들을 단서로 활용하여 그 표현에 함축된 의미를 파악하면서 듣는 (㉢) 전략을 활용해야 합니다.

테마 3 : 표현 및 전달

관련 기출
2008

1 김 교사는 '비언어적 표현의 기능'을 설명하고자 다음 자료를 구성하였다. 〈보기〉의 사고 과정에 따라 ㉠~㉥의 기능을 세 가지로 나누고, 각 기능의 사례를 두 가지씩 쓰시오.

> 내일은 경희가 시험 보는 날이다. 불안해 하는 경희에게 "내일 시험 잘 볼 거야. 걱정 마."라며 ㉠<u>잡은 손에 힘을 주었다.</u> 마침 영수가 와서 셋이서 설렁탕집으로 가 자리를 잡은 후 멀리 있는 주인에게 주문을 했다. "아저씨, 여기 세 그릇이요!" 아저씨는 시끄러워 잘 알아듣지 못했다. "몇 그릇?" 그래서 나는 그냥 ㉡<u>손가락 셋을 펴 보였다.</u> 아저씨가 설렁탕 세 그릇을 내왔다. 밥을 먹다 보니 중학교 동창이 저 건너에 앉아 있었다. 반가웠다. 눈이 마주쳤을 때 미소를 띠며 ㉢<u>손을 흔들었다.</u> 친구가 환하게 웃었다. 경희가 먼저 돌아가고 영수와 둘이서 이야기를 나누었다. 얼마 지나지 않아 영수가 조바심을 내는 듯했다. 그래서 내가 시간 없느냐고 물었다. 영수는 ㉣<u>초조하게 시계를 들여다보며,</u> "괜찮아, 얘기해 봐."라고 말했다. 그래서 조금 서운했지만 다음에 연락하기로 하고 헤어졌다. 영수는 쏜살같이 달려갔다.
> 집에 오니 오랜만에 형이 친구와 함께 와 있었다. "형, 반가워! 언제 왔어?" 인사를 했더니 ㉤<u>내 얼굴은 보지도 않고,</u> "그래, 반갑다."라는 말만 한마디 던지고 친구와 이야기를 계속했다. 조금 서운했지만 그냥 방으로 들어갔다. 형이 눈치를 채고, 방으로 따라 들어와 사과했다. "미안하다. 중요한 이야기가 있어서 그랬어." 서운했던 마음이 금방 풀어졌다. 그래서 ㉥<u>손사래를 치며,</u> "아니, 난 괜찮아. 기서 계속 이야기 해."라고 말해 주었다.

보기

㉣은 시간이 없다는 의미를 나타내는 데 반해, "괜찮아. 얘기해 봐."라는 언어적 표현은 시간이 있다는 의미를 표시하니까, ㉣은 언어적 표현과 모순되는 의미를 드러내는군.

기능	사례
언어적 표현과 모순되는 의미 표시	㉣, ㉤

기본 예제

2 송 교사는 '언어와 비언어의 관계'를 설명하고자 다음 자료를 활용하여 그 내용을 준비하였다. (가)의 ㉠~㉢에 해당하는 구절을 (나)에서 찾아 각각 찾아 쓰고, 이에 해당하는 기능을 순서대로 제시하시오. [2점]

(가)

준언어를 포함한 비언어적 메시지와 언어적 메시지의 관계를 의미의 일치 여부와 언어적 메시지와 함께 사용하는지의 여부를 두 축으로 하여 제시하면 다음과 같다.

첫째, ㉠ 언어적 메시지와 함께 사용하는 경우이다. 이때 언어적 메시지와 비언어적 메시의 의미가 일치한다. 비언어적 의사소통은 연속적인 아날로그적 특성을 지니고 있기 때문에 언어적 메시지와 문법적 형식성을 이용하여 논리적 일치 여부를 판단하기 어렵다. 비언어적 메시지는 언어적 메시지에서 누락된 부분을 보충하기도 하고 특정 부분을 강조하는 세부 기능을 감당하기도 한다.

둘째, ㉡ 언어적 메시지와 함께 쓰이되 의미가 불일치할 경우이다. 사실 불일치라는 표현보다는 언어적 메시지와 비언어적 메시지가 상반되는 성격이 강하다. 다중 경로로 복합적으로 제시되는 여러 비언어적 메시지 중 일부라도 언어적 메시지와 상반될 경우 청자에게는 단순한 불일치가 아닌 모순으로 인식된다. 청자 입장에서 그 의미가 모두 일치하여 전혀 오해의 소지가 없는 경우와 약간의 불일치라도 청자에게 의미 이해에 혼동을 주는 경우가 있을 때는 구분이 된다.

마지막으로, ㉢ 언어적 메시지 없이 독립적으로 사용되는 경우이다. 청자의 입장에서 언어적 메시지가 없으므로 화자의 의도가 담긴 언어적 메시지와 일치 여부를 판단할 기준이 없다.

(나)

오늘은 고등학교 친구들과 동창회를 하는 날이다. 모임 장소에는 명수가 먼저 나와 있었다. 반가운 마음에 "얼마만이야? 명수야 정말 반갑다."라고 하면서 잡은 손에 힘을 주었다. 마침 재석이가 와서 오늘 몇 명이나 오냐고 물었다. 나는 그냥 손가락 넷을 펴 보였다. 함께 신나게 학교 다닐 때 이야기를 하고 있는데 명수가 먼저 돌아가고 재석이와 둘이서 이야기를 나누었다. 얼마 지나지 않아 재석이가 조바심을 내는 듯했다. 그래서 내가 시간 없느냐고 물었다. 재석이는 초조하게 시계를 들여다보며, "괜찮아, 얘기 해 봐."라고 말했다. 그래서 조금 서운했지만 다음에 연락하기로 하고 헤어졌다.

테마 4 : 의사소통 과정의 점검 및 조정

기본 예제

1 다음은 교사와 학생들이 듣기와 말하기의 의사소통 과정에 대해 나눈 대화이다. ㉠에서 제시된 활동 명칭을 제시하고, [A]에서 교사가 제시한 전략을 쓰시오.[2점]

> 교사: 듣기와 말하기는 듣는 이와 말하는 이가 서로 말을 주고받으며 의미를 만들어 나가는 과정이에요. 그래서 듣는 이와 말하는 이 가운데 어느 한쪽이라도 협력하지 않으면 소통이 잘 이루어지지 않아요. 오늘은 전 시간에 여러분들이 ㉠<u>**듣기 과정에서 어려운 점이 무엇인지 기록**</u>한 내용을 떠올리며 개선이 필요한 부분을 말해볼까요?
> 지윤: 저는 친구가 발표하는데 딴생각을 하다가 무슨 말인지 알아듣지 못한 적이 있어요.
> 수민: 저는 얼마 전에 선생님께서 보여주신 강연 동영상을 듣고 중심 내용을 파악하는 활동을 했는데, 듣기 전에 물음에 먼저 답을 하고, 엉뚱한 답을 쓰고 말았어요.
> 영수: 저도 비슷한 경험이 있는데요. 선생님께서 강연 내용 중 이해하지 못한 점과 궁금한 점을 말하라고 했는데, 강연내용과 관련 없는 내 생각을 말했다고 지적을 받았어요.
> 철호: 저는 연설을 듣고 토론 활동을 하는데, 연사가 무엇을 말했는지 잘 기억이 나지 않아, 연사의 의견에 공감하지 않은 부분이 있다고만 말했어요.
> 교사: 그래요. 여러분들이 스스로 개선을 위해 노력하겠지만, 선생님이 조언을 해보자면, 여러분들 모두 제대로 듣지 않고 있으며, 핵심정보를 놓치고 있다는 점에서 문제가 있을 것 같아요.
> 학생들: 그럼 어떻게 해야 하나요?
> 교사: (웃음) 방법은 먼저 주의 집중이 필요해요. 강연이나 연설 등 공식적인 듣기를 할 때에는 특히 듣기 태도가 산만해지면 잘 들을 수가 없기 때문이지요.
> 학생들: (고개를 끄덕이며)
> 교사: 그리고 중요한 내용을 메모하면서 들으면 어떨까요? 이는 상대방의 말을 잘 기억하기 위해서 필요해요.
>
> [A] 자, 그럼 학습내용을 생각하면서 선생님이 말했던 부분을 강조해볼게요. 다양한 듣기 상황에서 바람직하고 효율적인 듣기 활동을 하기 위해서는 듣기 과정에 따른 자신의 인지적 활동이 적절한지를 점검하고 이후의 듣기·말하기를 효과적으로 수행하기 위해 조정해야 할 점을 찾아 개선 계획을 세워보는 전략이 필요하답니다.

3절 화법과 태도

테마 1 말하기 불안

관련 기출
2018 A형

1. 다음은 '말하기 불안'에 대처하는 방법을 지도하기 위한 교사 협의회 내용의 일부이다. 괄호 안의 ㉠~㉤에 해당하는 내용을 순서대로 쓰시오. [2점]

> 김 교사 : 발표 수업에서 말하기 불안을 느끼는 학생들이 많은 것 같아요. 오늘은 말하기 불안에 대처하는 방법에 대해 말을 나누겠습니다.
> 이 교사 : 학생들의 말하기 불안과 발표 수행에 대한 연구를 찾아보았더니 〈표〉와 같이 학생들을 4가지 유형으로 분류하더군요.
>
> 〈표〉 말하기 불안과 발표 수행 수준에 따른 학생 유형
>
> | 발표 수행 수준
말하기 불안 수준 | 미흡 | 우수 |
> |---|---|---|
> | 낮음 | A유형 | B유형 |
> | 높음 | C유형 | D유형 |
>
> 박 교사 : 흥미롭네요. 각 유형별로 말하기 불안에 대처하는 효과적인 방법이 있을까요?
> 이 교사 : 네, (㉠) 유형의 경우는 말하기 불안 수준이 높지 않으므로 현재의 발표 수행 수준을 유지해 나가면 되겠습니다. (㉡) 유형에 속하는 학생들은 말하기 불안 수준이 높지 않으나 화법 기능(技能)이 부족하므로 말하기 행동에 중점을 둔 접근이 효과가 있을 거라고 생각합니다. 이에 비해 (㉢) 유형의 경우, 말하기 행동에 중점을 둔 접근보다는 말하기 불안을 유발하는 부정적 인식을 극복하게 하거나 말하기 불안 감정을 완화할 수 있도록 해 주는 것이 효과적이겠죠. (㉣) 유형에 속하는 학생들은 이러한 행동, 인지, 감정적 접근 방법을 다면적으로 활용해야 할 것 같습니다.
> 김 교사 : C유형 학생들에게 가장 많은 관심이 필요한 것 같군요. 이 학생들을 위한 지도 방법을 추천해 주시겠어요?
> 이 교사 : 말하기 불안을 유발하는 부정적 인식을 극복하게 하는 게 우선 중요하겠죠. 그리고 말하기 불안 감정 자체를 완화하는 훈련도 도움이 되는데, 널리 알려진 방법 중 한 가지는 (㉤)입니다. 심부 근육의 긴장을 이완하게 하고, 특정한 말하기 상황을 떠올리면서 긴장 이완 훈련을 하다가, 점차적으로 긴장의 강도가 높은 말하기 상황을 떠올리면서 긴장 이완 훈련을 하는 것입니다. 말하기 불안 감정을 완화할 수 있는 또 다른 방법으로는 '실제 상황 노출법'이 있습니다.
> …(하략)…

> **심화 예제**

2. (가)는 '말하기 불안에 대한 지도'를 주제로 열린 발표의 일부이고, (나)는 이에 대한 교사들의 대화이다. 말하기 불안에 대한 지도 방안을 〈작성 방법〉에 따라 서술하시오. [4점]

(가)

말하기 불안은 여러 사람 앞에서 말을 하기에 앞서 또는 말을 하는 과정에서 개인이 경험하는 불안 증상입니다. 말하기 불안 증상을 개선하려면, 정확한 원인을 파악하여 그 원인에 대한 대책을 마련해야 합니다. 다음 자료를 보실까요? (자료 제시) 여기서 ○○학생은 '나는 내일 발표를 망칠거야. 나는 여러 사람 앞에서 말을 잘 하지 못해. 내가 말하면 다른 사람들이 지루해 하고 싫어할 거야.' 등과 같은 자신에 대한 부정적인 자아 개념을 가지고 있는 학생은 인식적 문제를 겪고 있습니다. 따라서 이 학생에게는 ⊙<u>인식적 문제의 대처 방법</u>을 지도하여 말하기 불안에 대처할 수 있게 해야 합니다.

다음 자료에서는 다른 문제로 인해 기인하는 불안을 보실 수 있습니다. △△학생은 발표를 하게 될 때마다 식은땀이 나고, 손과 다리가 떨리며, 호흡이 가빠지는 문제를 심하게 겪고 있습니다. 이러한 반응은 자연스러운 현상이지만, 과도하여 의사소통을 원활하게 못한다면 문제가 되는 것이지요. △△ 학생이 겪는 문제는 무엇일까요? (청중의 대답을 듣고) 맞습니다. 그리고 △△학생과 같은 경우에는 체계적 둔감화, 실제 상황 노출법 등의 방법을 통해 말하기 불안을 대처해 나가게 할 수 있습니다.

(나)

김 교사: 오늘 발표에서 논의한 말하기 불안의 대처 방법 중에는 특별하게 마련된 프로그램에 적합할 뿐, 현재 화법 교육에 배당된 시간과 교실 환경을 고려하여 학교 교육에 그대로 도입하는 데는 한계가 있는 경우가 많아서 아쉽습니다.

백 교사: 맞습니다. 말하기 불안의 원인은 매우 다차원적인 문제일 수 있으므로, 짧은 시간에 대형 강의 등을 통해서는 개선되기 어렵겠지요.

송 교사: 학교 현장에서는 학습자 개인의 내면에 대한 세심한 관찰과 배려가 필요하겠어요. 특히 교실 분위기를 의사소통 친화적으로 조성하는 것이 중요하다고 생각합니다.

이 교사: 맞아요. 말하기 불안에 대한 체계적인 지도가 이루어지더라도 교실 분위기 자체가 의사소통 친화적이지 않다면 학생들의 말하기 불안 증세의 호전을 기대할 수 없겠지요. 안 그래도 곧 진행할 발표 수업을 계획하고 있었는데, 의사소통 친화적인 교실 분위기를 만들기 위해 ⓒ<u>학생들이 동료로서 지켜야 할 기본 규칙들</u>을 설명해 주어야겠어요.

작성방법

- (가)에서 ⊙에 해당하는 대처 방법 1가지를 제시하고, 이러한 방법을 효과적으로 수행해 나가기 위한 화법 교수학습 방법을 1가지 제시하고 그 특징을 2가지 서술할 것.
- ⓒ의 예를 2가지 제시하고, '발표 수업'에서 '이 교사'가 의사소통 친화적인 교실 분위기를 만들기 위해 수행해야 할 역할을 1가지 서술할 것. (단, ⓒ을 설명하고, ⓒ을 위배하는 행동을 제지하는 역할 등은 제외할 것.)

테마 2 : 화법의 관습과 문화

관련 기출
2009 모의

1 (가)의 관점에서 (나)의 '학생2'에게 해 줄 수 있는 충고를 〈보기〉에서 바르게 고른 것은?

(가)
　나를 나쁘게 말하는 사람이 있을 때에는 반드시 자신을 돌이켜 왜 그런가를 생각해 보아야 한다. 만일 내가 정말 뭔가 그런 소리를 들을 행동을 했다면, 스스로 자신을 꾸짖어 그런 허물을 고쳐야 한다.
　만약에 내 잘못이 아주 작은데 그가 보태어 말했다면, 그의 말은 지나치기는 하지만 내게도 그런 소리를 들을 만한 근거가 있는 것이니, 마땅히 내 잘못을 고쳐 터럭만큼의 허물도 남기지 말아야 한다.
　만약 내가 본래 잘못한 것이 없는데 그가 헛된 말을 지어내어 없는 소리를 했다면, 그 사람은 헛소리를 지어내는 망령된 사람임이 분명하다. 그러니 어찌 그런 사람과 맞서서 거짓과 진실을 헤아려 따질 수 있겠는가? 그의 헛된 비난은 귀를 스치는 바람과 같고 허공을 지나가는 구름과 같은 것이니, 나와 무슨 상관이 있겠는가?
　나를 비방하는 말을 들었을 경우, 내게 잘못이 있으면 고치고 없으면 그런 허물을 짓지 않도록 더욱 노력할 것이니 오히려 나에게 모두 유익한 것이다. 만약 내 잘못을 듣고 떠들썩하게 스스로 변명하면서 잘못이 없는 것처럼 하려 한다면, 그 잘못은 더욱 심해지고 비방은 더욱 무거워질 것이다.
　　　　　　　　　　　　　　　　　　　　　　　　　　　　　　　- 이이, 격몽요결(擊蒙要訣)

(나)
학생1 : (아무 생각 없는 표정으로)너, 모둠 과제 할 때, 네가 맡은 건 하나도 제대로 안 한다며?
학생2 : (놀라며)뭐? 무슨 소리야?
학생1 : (아차 하는 표정으로)아, 아니야.
학생2 : (화가 나서)또 내 짝이 그랬지? 뭐라고 했다구? (얼굴이 벌겋게 되며)어휴, 누가 할 소리 누가 하네. (코웃음 치며)자기가 그러면서. 또 뭐라고 했어?
학생1 : (보며)아니야. 그냥 그 말밖에 안 했어.
학생2 : (약이 올라서)그럴 리가 없어. 야! (소리 지르며)너 솔직히 말 안 해?
학생1 : (소리 지르며)몰라!

〈보기〉

㉠ 자기 성찰을 하면서 반성적으로 들어라.
㉡ 자신의 잘못을 변명하려 하지 마라.
㉢ 확인되지 않은 사실은 함부로 전하지 마라.
㉣ 비난을 들었을 때 감정적으로 반응하지 마라.
㉤ 헛된 비난이라면 신경 쓰지 마라.

① ㉠, ㉡   ② ㉠, ㉤   ③ ㉡, ㉢   ④ ㉡, ㉣   ⑤ ㉢, ㉤

기본 예제

2 송 교사는 다음과 같은 담화 자료를 활용하여 화법 수업을 진행하였다. 교사의 설명 내용 괄호 안 ㉠, ㉡에 해당하는 말을 쓰시오. [2점]

> [학습 목표]
> 언어 공동체의 담화 관습을 이해하고, 일상의 담화 관습을 성찰한 결과를 바탕으로 바람직한 의사소통 문화 발전에 기여하는 태도를 지닌다.
>
> [학습 내용]
> - 담화 공동체의 과거와 현재의 담화 관습 조사하기
> - 오늘날의 시대 상황을 고려하여 담화 관습을 보다 바람직한 방향으로 개선하기 위한 방안 모색하기

자, 여러분과 함께 학습 목표를 읽어 보았어요. 여기에 선생님이 준비한 자료 화면을 보면서, 활동지를 같이 풀어봅시다.

> (가)
> 김 선생(金先生)이라는 사람이 우스갯소리를 잘했다. 일찍이 친구의 집을 찾아 갔더니, 주인이 술상을 차렸는데 안주가 단지 채소뿐이었다. 주인이 먼저 사과하면서 "집안이 가난하고 시장이 멀어서, 먹을 만한 것은 없고 오직 덤덤하니, 이것이 부끄러울 뿐이네."라고 했다. 그때 마침 뭇 닭들이 마당에서 어지럽게 쪼고 있었다. 김(金)이 "대장부는 천금(千金)을 아끼지 않나니, 내 말을 잡아서 술안주를 해야겠네."라고 했다. 주인이 "한 마리뿐인 말을 잡아 버리면 무엇을 타고 돌아가겠나?"라고 말했다. 김이 "닭을 빌려서 타고 돌아가지."라고 대답하자, 주인이 크게 웃고 닭을 잡아 대접하고는 둘이서 크게 웃었다.
> - 서거정, 「닭을 빌려 타고 가지」에서
>
> (나)
> 남이 지난 일이나 색다른 얘기를 할 때에는 이미 들은 것이라도 그가 신나게 말하거든 끝까지 자세하게 들을 것이지, 중간에 가로막고 이러쿵저러쿵하며 "나는 벌써부터 자세히 아는 일인데, 그대는 이제야 들었구려. 거듭 말할 것 없네."라고 말해서는 안 된다.
> - 이덕무, 「사소절」에서

잘, 읽었나요? 이전 시간에 배웠던 것처럼 담화 관습이란 언어 공동체가 공유하는 언어 사용의 '규범'과 '관습'을 말하지요? 첫 번째 활동으로 (가)에서 김 선생의 말하기 방식에서 드러나는 담화관습의 특성과 (나)에서 필자가 강조한 듣기 담화 관습의 특성을 모둠원들과 함께 찾아보고 발표해봅시다.
…(각 모둠의 정리 및 발표)…
1모둠이 발표한 것처럼 (가)에서 김 선생은 안주가 채소밖에 없다는 친구에게 자신의 상한 마음을 직접 표현하지 않고 있어요. 안주로 닭을 잡아서 내어 놓아도 되지 않겠느냐며 주인이 불쾌감을 느끼거나 무안해하지 않도록 직접 표현하지 않고 (㉠)하게 말하기(돌려 말하기)를 활용함으로써 자신의 의도를 전달하고 있다는 점에서 알 수 있어요. 또한 2모둠에서 발표한 것처럼 (나)는 상대방이 하는 말이 관심을 끌지 않더라도 "끝까지 자세하게" 듣기를 강조하고 있어요. 이처럼 말하기와 듣기의 관습은 때로 화법의 내용과 방법을 규정합니다. 즉, 담화 관습은 일정한 규범성을 가지고 화법의 태도를 판단하는 기준이

되기도 하지요.
 자, 이제 두 번째 활동 과제를 해결해보세요. 선생님이 자료 화면을 보여줄게요. (다)와 (라)의 담화 상황을 읽고, 어떤 점에서 문제가 되는지, 여기에서 드러나는 문제를 해결하기 필요한 담화 관습을 연결해보세요.

> (다)
> [남학생이 문제를 틀리자 여학생이 하는 말]
> 여학생: 이렇게 쉬운 문제도 틀리다니, 넌 공부를 하긴 하는 거니?
>
> (라)
> 여학생: 이번 소풍 말이야······.
> 남학생: (말을 끊으며)어디로 간대?
> 여학생: 그러니까 오늘 학급 회의에서 그 소풍······.
> 남학생: (끼어들며) 꼭 가야 해? 난 안 가고 싶은데······.

···(각 모둠의 정리 및 발표)···

 여러분들이 정리해서 발표한 것처럼 (다)는 문제를 틀린 친구에게 직접적으로 그 잘못을 지적하고 비난하여 상대방의 감정을 상하게 해서 문제이지요. 따라서 (㉠)하게 말하기(돌려 말하기)가 필요해요. (라)는 여학생의 말을 남학생이 중간에 끊으며 자신의 말만 하기 때문에 문제이지요. 따라서 (나)는 (㉡)이/가 필요하겠습니다. 모두들 잘 정리하고 발표했어요.

3 다음은 '전통적 듣기·말하기 문화와 대화의 원리'를 주제로 한 화법 수업의 장면이다. 교사의 설명 내용 중 괄호 안의 ㉠~㉢에 해당하는 말을 순서대로 쓰시오. [2점]

> 오늘은 전통적인 언어문화의 특징과 현대의 대화의 원리의 관련성에 대해서 알아볼거예요. 선생님이 자료를 준비해 보았어요.
>
>> (가)
>> 무릇 사람의 자제가 된 자는 반드시 항상 낮은 소리로 흥분을 가라앉히고 말을 상세하고 느리게 할 것이요, 큰 소리로 떠들어대거나 허튼소리로 시시덕거려서는 안 된다. 부형이나 윗사람이 가르치고 타이르는 일이 있으면 다만 마땅히 머리를 숙이고 받아들이거나 해야지 자신의 주장을 내세워서는 안 된다. 어른이 단속하거나 꾸짖을 때 비록 잘못이 있어도 곧장 스스로 해명해서는 안 되고, 이를 감추어 두고 잠잠히 있다가 한참 만에 천천히 세밀한 내용으로 말하여야 한다.
>> — "동몽수지(童蒙須知)"
>>
>> (나)
>> 사람을 이롭게 하는 말은 솜같이 따뜻하고, 사람을 해치는 말은 가시같이 날카로워서, 사람을 이롭게 하는 한마디 말은 천금같이 소중하고, 사람을 해치는 한마디 말은 칼로 살을 베는 것같이 아프다.
>> — "명심보감(明心寶鑑)"
>>
>> • 가루는 칠수록 고와지고 말은 할수록 거칠어진다.
>> • 살은 쏘고 주워도 말은 하고 못 줍는다.

전통 사회에서는 말을 함부로 하는 것을 경계하였어요. 그래서 ㈎에서처럼 자신의 생각이나 주장을 직접 드러내어 상대방의 체면에 위협을 가하는 직접적인 표현보다는 (㉠)적 말하기를 강조하고, 말보다는 침묵이나 행동을 더 중요하게 여겼어요. 또한 말 한마디가 그 사람의 사람됨을 보여 주고, 그 사람의 운명을 결정짓는 힘을 가졌다고 여겨 ㈏에서처럼 꼭 필요한 만큼만 말하는 신중한 말하기를 강조하였답니다. 그 뿐만 아니에요. 여기 자료를 볼까요?

> ㈐
> 아직 말할 때가 아닌데도 말하는 것은 조급함이고, 말을 해야 할 차례인데도 하지 않는 것은 숨김이다.
> — "논어(論語)"

앞에서 신중한 말하기를 강조하였다고 해도 말을 아예 하지 말아야 한다는 뜻은 아니었어요. 예를 들면 ㈐를 보면 "말할 때"와 "말할 차례"를 강조하고 있는데 이는 현대적인 대화의 원리와 유사한 (㉡)를 연상하게 하고 있어요. 다음 자료를 볼까요?

> ㈑
> • 남의 단점을 말하지 말 것이며 자기의 장점을 말하지 마라.
> — "문선(文選)"
>
> • 물이 깊을수록 소리가 없다.

한편, ㈑에서처럼 상대방의 잘못을 지적하기보다는 혹시 나에게는 그런 잘못이 없는지, 그 잘못이 상대가 아니라 나 때문인 것이 아닌지를 먼저 살피라는 섬에서 겸손한 태도로 양보하거나 사양한다는 공손성의 원리 중에서 (㉢)과 관련이 있어요.
이처럼 우리의 전통적인 언어 문화는 현대의 대화의 원리 에서 다루고 있는 방법과 태도를 이미 중시여기고 있습니다. 특히 의사소통의 목적에서 메시지의 효과적 전달을 중시하는 언어적 목표보다는 (㉣)적 목표를 중시한 말하기와 듣기를 강조하였다고 볼 수 있습니다.

> 심화 예제

4 '전통적 듣기·말하기 문화를 이해하고, 오늘날의 듣기·말하기 문화를 성찰할 수 있다.'를 목표로 다음 자료를 활용하여 화법 수업을 계획하였다. 〈작성 방법〉에 따라 화법 수업의 내용을 서술하시오. [4점]

〈자료1〉

(가)

　귀에 대고 속삭이는 말은 애초에 듣지 말아야 할 것이요, 발설하지 말라고 하면서 하는 말은 애초에 하지 말아야 할 일이니, 남이 알까 두려운 일을 무엇 때문에 말하며 무엇 때문에 들을 까닭이 있소? 말을 이미 해 놓고 다시 경계하는 것은 상대방을 의심하는 일이요, 상대방을 의심하고도 말하는 것은 지혜롭지 못한 일이오.

― 박지원, "연암집(燕巖集)"에서

(나)

　남이 만약 옛날의 일이나 특별히 신기한 이야기를 할 때, 내가 이미 들었던 말이라고 해도 저편이 바야흐로 열을 올려 말하면 마땅히 끝날 때까지 자세히 들을 것이지, 도중에서 "그 일은 이러한 것일세. 나는 벌써 자세히 알고 있네. 자네는 뒤에 들은 것이니 거듭 말할 것 없네."라고 말하여서는 안 된다.

― 이덕무, "사소절(士小節)"에서

〈자료2〉

민주: 너 이번 겨울 방학에 특별한 계획 있니?
소영: (풀이 죽은 목소리로) 아니, 없어. 나야 뭐 매년 비슷해. 특히 올해는 할아버지께서 편찮으셔서 가족들이 교대로 돌봐 드려야 하거든. 너는 무슨 계획 있니?
민주: (신이 나서 큰 소리로) 응! 나는 이번 겨울 방학 때 계획이 많아. 스키도 타러 가고, 또 호주에 있는 삼촌 댁에도 다녀오려고 해. 우리나라가 겨울일 때, 호주는 여름이거든. 그래서 삼촌이 한여름 호주의 바닷가에서 수영도 하고, 캠핑도 하자고 하셨어. 그리고…….
소영: (말을 가로채며) 야, 그만해라, 그만해. 넌 입만 열면 자랑이더라. 아예 신문에 광고를 하지 그러냐!
민주: (짜증 내며) 야, 왜 시비니? 너도 갔다 오면 되잖아!

> 보기

우리말의 문화적 전통은 말은 삼가고 필요한 말만 상황에 맞게 할 것을 강조하면서 말과 행동의 일치를 중시하는 것이다. 이는 우리말에서 말의 중요성을 강조하면서도 <u>말한 내용을 삶에서 실천하는 것과 말 한 마디라도 신중하게 하고 삼가는 태도, 그리고 상황을 가려 말하는 태도, 남에 대해 말하기 전에 자신을 먼저 살피는 태도, 다른 사람의 말을 잘 듣는 태도</u> 등을 더 강조했음을 의미한다. 그리고 이러한 문화적 전통은 속담이나 옛 문헌에서 풍부하게 발견된다.

작성방법

- <보기>의 밑줄 친 부분을 활용하여 <자료1>의 (가), (나)에서 도출할 수 있는 전통적 언어 문화의 특성을 각각 제시할 것.
- <자료2>에 나타난 민주와 소영의 의사소통의 문제를 서술하고, <보기>를 고려하여 이들에게 필요한 조언 내용을 각각 제시할 것.

5 송 교사는 '언어 공동체의 담화 관습을 이해하고, 일상의 담화 관습을 성찰한 결과를 바탕으로 바람직한 의사소통 문화 발전에 기여하는 태도를 지닌다.'를 학습목표로 다음 자료들을 활용하여 화법 수업을 계획하였다. <작성 방법>에 따라 화법 수업의 내용을 서술하시오. [4점]

(가)

　김 선생(金先生)이라는 사람이 우스갯소리를 잘했다. 일찍이 친구의 집을 찾아 갔더니, 주인은 손님에게 음식을 정성껏 마련하여 대접하면서 채소 안주뿐인 반찬을 두고 "집안이 가난하고 시장이 멀어서, 먹을 만한 것은 없고 오직 덤덤하니, 이것이 부끄러울 뿐이네."라고 했다. 그때 마침 뭇 닭들이 마당에서 어지럽게 쪼고 있었다. 김(金)이 "대장부는 천금(千金)을 아끼지 않으니, 내 말을 잡아서 술안주를 해야겠네."라고 했다. 주인이 "한 마리뿐인 말을 잡아 버리면 무엇을 타고 돌아가겠나?"라고 말했다. 김이 "닭을 빌려서 타고 돌아가지."라고 대답하자, 주인이 크게 웃고 닭을 잡아 대접하고는 둘이서 크게 웃었다.

- 서거정,「닭을 빌려 타고 가지」

(나)

언어 공동체는 역사와 사회 상황, 공동체의 가치와 신념 등을 공유함으로써 그들만의 규범과 관습을 형성한다. 우리말에 나타나는 담화 관습의 대표적인 예는 겸양 어법, 완곡어법, 관용 표현 등이다. 겸양 어법은 예의를 중시하는 우리 사회의 전통문화에서 형성된 것인데 지금 까지도 이어져 내려오고 있다. 완곡어법은 있는 그대로 표현할 경우 상대방의 감정을 상하게 하거나 좋지 않은 인상을 줄 수 있는 대상이나 내용을 간접적이거나 부드러운 말로 바꾸어 표현 하는 것을 말한다. 관용 표현은 둘 이상의 낱말이 합쳐져 원래의 뜻과는 전혀 다른 새로운 뜻으로 굳어져서 쓰이는 표현을 말한다. 관용어, 속담, 한자 성어, 명언, 격언 등이 관용 표현에 해당한다.

작성방법

- (가)의 대화에 나타난 담화 관습의 특성을 (나)를 고려하여 2가지 제시하고, 그렇게 생각한 이유를 (가)에서 근거를 들어 서술할 것.

| 테마 3 | 언어와 매체에 관한 태도 |

심화 예제

1. '자신의 매체 언어생활에 대해 성찰하고 문제점을 개선하려는 태도를 지닌다.'를 학습 목표로 다음의 자료를 활용하고자 한다. 〈작성 방법〉에 따라 서술하시오. [4점]

(가)

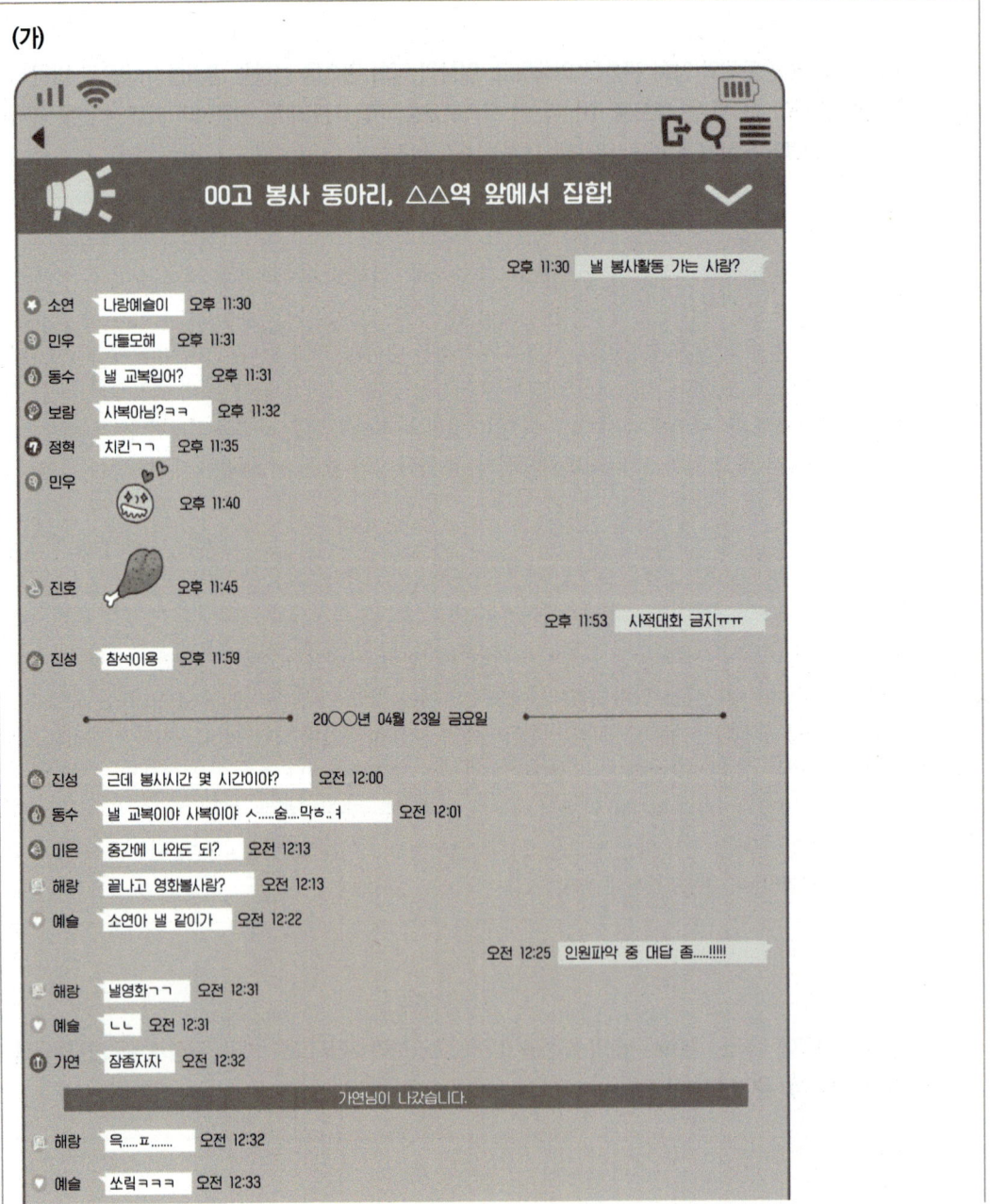

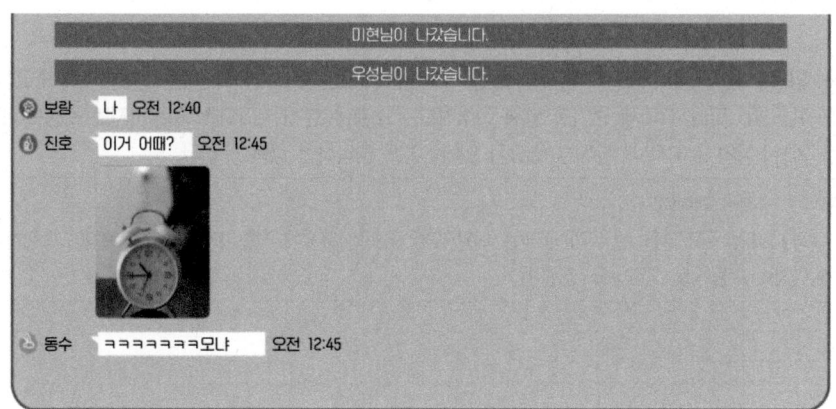

(나)

○○고 신문

제251호(20○○. 12. 5.)

[교내 동아리 활동 보고: 풍물반]
호소리, 교내 축제의 불꽃을 피우다

2-7 이미소

교내 축제 때마다 항상 시작을 알리는 건 우리 호소리 풍물패의 힘찬 공연!! 〉.〈 꺄악ㅋㅋㅋ 올해도 어김없이 우리의 공연은 시작됐다. 올해는 특별히 □□고의 비담으로 알려진 난타반과 합동으로 진행하여 훨씬 더 뜨거운 반응이 나왔던 것 같다. 이 순간을 위해 지난 여름 방학부터 연습실에서 열심히 연습했는데 반응이 좋아서 어찌나 힘이 나던지 ㅎㅎㅎ 엄청난 박수와 환호속에서 공연을 한다는 건 정말 말로 표현할 수 없는 기쁨이다. ^─^V 힘든 시간도 있었지만 포기하지 않도록 우리를 이끌어 주신 최애 형탁 샘, 여러 악조건 속에서도 연습할 수 있도록 도와주신 세젤멋 교감 샘께도 감사의 말씀을 드리고 싶다. 사랑해요, 샘~~♡.♡ 한편으로는 올해가 호소리 단원으로서의 마지막 공연이라 넘넘 아쉽기도 했다. ㅠㅠ

> 보기

매체 언어는 사적 영역과 공적 영역, 사실과 비사실, 현실과 비현실의 구분이 모호해지는 등 소통의 맥락이 고정되어 있지 않다는 특징이 있다. 따라서 매체 언어를 통해 이루어지는 소통은 현실 세계에서 이루어지는 소통보다도 그 '맥락'과 '목적', '의사소통의 참여자'에 유의할 필요가 있다. 이를 정리하면 다음과 같다.

㉠ 공적인 맥락인가, 사적인 맥락인가?
㉡ 의사소통의 목적(대화의 목적/글을 쓴 목적)에 맞는 내용인가? 공적인 목적에 적합한가? 사적인 목적에 적합한가?
㉢ 의사소통의 참여자나 수용자를 고려하고 있는가?

작성방법

- 〈보기〉의 ㉠, ㉡을 고려하여 (가)의 매체 특징을 설명하고, 이를 바탕으로 (가)의 문제점을 근거를 들어 서술할 것.(단, 문제점은 ㉢의 기준도 포함할 것)
- 〈보기〉의 ㉠을 고려하여 (나)의 매체 특징을 설명하고, 이를 바탕으로 (나)의 문제점을 근거를 들어 서술할 것.(단, 문제점은 ㉡의 기준도 포함할 것)

4절   담화 유형을 활용한 화법 전략(원리)

1 정보 전달

테마 1   발표 방법 지도

`관련 기출`
`2014 B형 서술형`

1 〈보기1〉은 청자나 독자의 이해를 돕기 위해 자료를 재구성하여 정보를 전달하는 수업에 활용한 자료이고, 〈보기2〉는 그 수업에서 한 학생이 작성한 글이다. 먼저 시각 자료의 활용 측면에서 학생 글의 장점을 근거와 함께 설명하고, 자료 해석의 오류를 구체적으로 지적한 후 이를 바로잡기 위한 내용을 서술하시오. [5점]

보기 1

[질문] 다음 용기들은 컵일까요, 사발일까요?

① ② ③ ④ ⑤

[응답 결과(2개 학급)]

조건	'컵'이라고 한 응답률(%)					'사발'이라고 한 응답률(%)				
	①번	②번	③번	④번	⑤번	①번	②번	③번	④번	⑤번
빈 상태	100	80	60	20	0	0	20	40	80	100
수프	30	20	10	5	3	70	80	90	95	97
커피	97	95	90	80	70	3	5	10	20	30

보기 2

컵과 사발의 개념을 정확하게 정의할 수 있을까? 보통 밑면적이 좁은 것을 컵이라고 하고 넓은 것을 사발이라고 생각할 수 있는데, 이 둘을 명확하게 구분할 수 있는 방법은 없다.
도표를 보면 ①번을 컵이라고 생각하는 사람은 100%이지만, ⑤번을 컵이라고 생각하는 사람은 없음을 알 수 있다. 마찬가지로 ⑤번을 사발이라고 생각하는 사람은 100%이지만, ①번을 사발이라고 생각하는 사람은 없다. 이러한 현상을 알기 쉽게 선 그래프로 표현하면 다음과 같다.

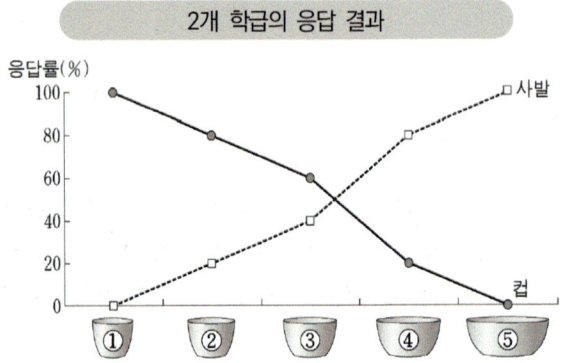

위 그래프를 보면 대체로 ③번과 ④번 용기 사이에서 컵과 사발의 의미가 구분됨을 알 수 있다. 이러한 경향은 용기에 무엇을 담는지에 따라 약간의 차이가 있을 수 있지만, 그것이 컵과 사발의 경계가 모호하다는 결론에는 영향을 주지 않는다.

1 [다양한 자료를 재구성하여 청중이 이해하기 쉽게 내용을 체계적으로 발표]

관련 기출

2011

2 "공식적인 상황에서 매체를 활용하여 효율적으로 발표할 수 있다."를 학습 목표로 한 수업에서, 학생 발표의 문제점을 개선하기 위한 지도 내용으로 적절하지 않은 것은?

학생의 발표

"안녕하십니까? 저출산·고령화 현상에 대해 발표할 2학년 1반 김OO입니다. 저출산으로 인구가 감소하면 전체 인구에서 노인이 차지하는 비중이 높아지게 됩니다. 우선 화면의 첫 번째 그래프를 봐 주시기 바랍니다. 출산율은 1970년에 4.52, 1980년 2.83, 1990년 1.59, 2000년 1.47, 2010년 현재 1.15명입니다. (시각 자료를 넘긴다.) 노인 1명을 부양하는 인구수는 1970년에는 17.7명 이었지만, 2010년 현재에는 6.6명입니다. 노인 인구 비율은 1970년에는 3.1%이었지만 2010년 현재에는 11.0%입니다. 2030년에는 24.3%나 될 전망입니다. 이 때문에 저출산·고령화 문제를 해결하기 위한 정부의 종합 대책이 필요합니다. 이와 더불어 기업과 시민 단체, 개인도 정부의 정책에 적극 동참해야 할 것입니다. 이상으로 발표를 마치겠습니다."

⟨시각자료1⟩
출산율의 변화와 전망
(단위 : 명)

- 1970: 4.53
- 1980: 2.83
- 1990: 1.59
- 2000: 1.47
- 2010: 1.15
- 2020: 1.20
- 2030: 1.28

⟨시각자료2⟩
노인 인구의 변화와 전망

노인 1명을 부양하는 15~64세 인구수(명)
- 1970: 17.7
- 1980: 16.3
- 1990: 13.5
- 2000: 9.9
- 2010: 7.2 (※ 위치상 노인 인구 비율과 혼동될 수 있음)
- 2020: 4.6
- 2030: 2.7

노인 인구 비율(%)
- 1970: 3.1
- 1980: 3.8
- 1990: 5.1
- 2000: 7.2
- 2010: 11.0 (6.6)
- 2020: 15.6
- 2030: 24.3

① 정보를 선별하여 내용을 구성하는 방법 : ⟨시각자료1⟩에서 출산율을 언급할 때, 통계 정보를 일일이 나열하기보다는 의미 있는 정보를 선별하여 재구성한다.
② 정보를 연결하여 내용을 구성하는 방법 : ⟨시각자료2⟩에서 두 선의 변화 추이를 개별적으로 언급하는 데 그치지 말고 두 정보의 관계를 연결 지어 언급한다.
③ 추론을 통해 정보를 해석하는 방법 : 두 시각 자료에서 출산율과 노인 인구 정보를 종합하여 인구 문제의 심각성이나 향후 전망 등을 추론하여 제시한다.
④ 담화 표지를 효과적으로 사용하는 방법 : '우선'과 '이 때문에'는 구어에서 상투적으로 쓰이지만 전후 내용의 논리 구조와 맞지 않으므로 사용하지 않는다.
⑤ 발표 내용을 자연스럽게 진행하는 방법 : 시각 자료가 바뀔 때는 "다음은 …에 대해 말씀드리겠습니다."와 같이 다음 말할 내용을 예고하여 청중의 이해를 돕는다.

심화 예제

다음은 '발표의 표현 전략'을 주제로 화법 수업에서 활용된 자료이고, 〈보기〉는 수업 후 학생 발표에 대한 진단 내용을 기록한 교사의 일지 중 일부이다. 〈작성 방법〉을 고려하여 학생 발표에 나타난 문제점과 이에 대한 지도 내용을 서술하시오. [4점]

─── 학생의 발표 ───

" 안녕하십니까? 저출산·고령화 현상에 대해 발표할 2학년 1반 김○○입니다. 저출산으로 인구가 감소하면 전체 인구에서 노인이 차지하는 비중이 높아지게 됩니다. 우선 화면의 첫 번째 그래프를 봐 주시기 바랍니다. [A] 출산율은 1970년에 4.52, 1980년 2.83, 1990년 1.59, 2000년 1.47, 2010년 현재 1.15명입니다. (시각 자료를 넘기며) 다음에 다른 자료를 보겠습니다. 이 자료를 보면 노인 1명을 부양하는 인구수는 1970년에는 17.7명 이었지만, 2010년 현재에는 6.6명입니다. 노인 인구 비율은 1970년에는 3.1%이었지만 2010년 현재에는 [B] 11.0%입니다. 2030년에는 24.3%나 될 전망입니다. 이 때문에 저출산·고령화 문제를 해결하기 위한 정부의 종합 대책이 필요합니다. 이와 더불어 기업과 시민 단체, 개인도 정부의 정책에 적극 동참해야 할 것입니다. 이상으로 발표를 마치겠습니다."

〈시각자료1〉

출산율의 변화와 전망

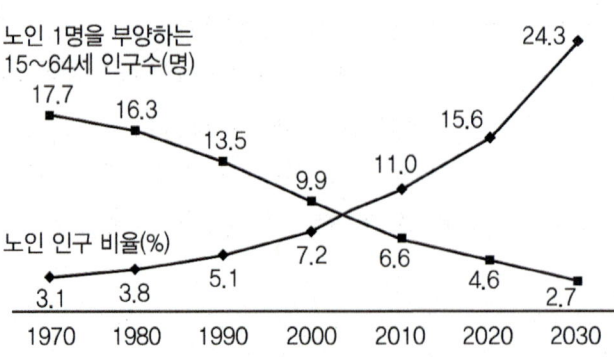

〈시각자료2〉

노인 인구의 변화와 전망

〈보기〉

〈교사의 분석 내용〉
발표의 주제는 발표자이고, 매체 자료는 보조 자료이다. 매체 자료는 말로 설명하는 것보다, 시각 양식과 청각 양식의 정보를 활용하는 것이 효율적이라고 판단될 때만 사용하는 것이 바람직하다고 생각한다. 이 학생의 발표는 시각 자료를 충분하게 활용하고 있다. 그러나 발표의 표현 전략을 중심으로 살펴 보면 문제점이 있어 지도가 필요하다. 이는 발표문에서 단어, 문장 등 언어 표현의 문법적 측면이나 반언어적·비언어적 표현의 활용 여부, 발표문의 전개 방식(내용 조직 측면)의 문제는 고려하지 않고 시각 자료를 활용한 표현 및 전달의 문제이다. 먼저 [A]에서 ㉠〈시각자료 1〉의 출산율을 언급할 때 문제이다. 다음으로 [B]에서 ㉡ 두 시각 자료에서 저출산·고령화 문제를 해결하기 위한 정부의 종합 대책이 필요하다고 언급하기 전의 문제이다.

작성방법

· 〈보기〉의 ㉠을 참조하여 학생 발표문 [A]에 나타난 발표의 문제점과 이에 대한 지도 내용을 각각 서술할 것.
· 〈보기〉의 ㉡을 참조하여 학생 발표문 [B]에 나타난 발표의 문제점과 이에 대한 지도 내용을 각각 서술할 것.

3 다음은 '핵심 정보가 잘 드러나도록 내용을 구성하여 발표하기'의 활동 결과로 작성된 발표문이다. 〈작성 방법〉에 따라 핵심 정보가 잘 드러나도록 내용을 구성하는 방법을 서술하시오. [4점]

[처음]
안녕하세요. 저는 ○○모둠에서 발표를 맡은 송원영입니다. 저희 모둠은 '인공 지능의 현황과 전망'이라는 주제로 발표하려고 합니다. 이를 위해 먼저 인공 지능의 현황을 살펴보고, 그다음에 다양한 전망을 말씀드리겠습니다.
'인공 지능'은 인간의 지능이 가지는 학습, 추리, 적응, 논증 따위의 기능을 갖춘 컴퓨터 시스템을 말합니다.
(자료를 가리키며)

여기에서 보듯이 2001년에는 인간처럼 감정을 지닌 로봇을 소재로 한 영화가 상영되었습니다. 또한 2016년에는 인공 지능과 우리나라 바둑 기사가 바둑을 두어 인공 지능에 대한 사람들의 관심이 높아졌습니다.

[중간]
인공 지능 기술이 발달하여 우리 인간이 해야 할 복잡하고 어려운 일을 대신해 주면 일의 능률이 높아지고 우리 인간의 여가 시간도 많아지게 될 것입니다.
(자료를 가리키며) 다음의 사진 자료는 많은 인공지능 활용분야를 정리한 것입니다. 이처럼 많은 혜택을 볼 수 있는 것으로 보고 있습니다.

그러나 인공 지능 관련 기술이 발달하며 우리 인간의 직업을 대신하게 되어 인간이 일자리를 빼앗길 수도 있다는 견해도 있습니다. (자료를 가리키며) 한국고용정보원의 설문 조사 결과를 보여주는 그래프를 보면, 응답자의 44.7%가 '인공지능과 첨단기술 때문에 자신이 종사하는 직업에서 일자리가 줄어들 것'이라고 답했다.

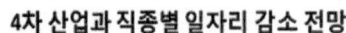
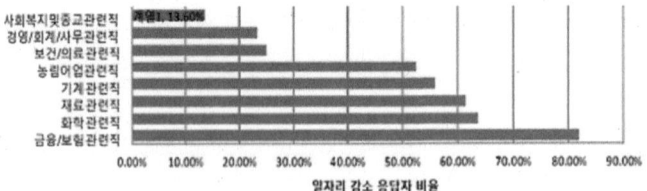

그리고 로봇도 인간처럼 생각하고 감정을 느끼게 되어 결국 세력이 커져서 우리 인간을 지배하지 않을까 하는 걱정도 있습니다. 즉, 인공 지능이 인간을 지배하게 될 수도 있다고 보는 비관적인 전망도 있습니다. 반대로 낙관적인 전망도 있습니다. 이에 대해서는 공상 과학 영화에서 보셔서 익숙할 것입니다. 반대로 인공 지능이 우리 인간에게 도전을 할 수도 있지만 우리 인간처럼 조직을 만들지는 못하며 그 규모가 크지는 않을 것이라는 견해도 있습니다.

[끝]
지금까지 인공 지능 발달의 현황을 살펴보고, 인공 지능 때문에 나타날 영향에 대한 전망을 살펴보았습니다. 여러분의 생각은 어떻습니까? 중요한 것은 인공 지능 기술이 우리 인간에게 유익하게 활용되도록 미리 대비하는 일일 것입니다.

보기

발표란 여러 사람 앞에서 자신의 의견이나 어떤 사실을 진술하는 말하기로서 공적인 담화의 한 종류이다. 수업 시간에 조사한 내용을 설명하거나, 학회에서 연구 내용을 보고하거나, 기업체에서 새로운 아이디어를 제안하는 등 정보 공유의 효과적인 수단으로 널리 사용되고 있는 중요한 의사소통의 방법이다. 핵심 정보가 잘 드러나도록 발표하려면 설명이나 설득 등 발표의 목적에 맞게 핵심적인 내용을 골라내고, 이를 중심으로 다른 정보들을 연결하여야 한다. 그리고 청중이 핵심적인 정보를 쉽게 이해할 수 있도록 논리적으로 담화를 구성할 수 있어야 한다. 이때 내용을 잘 전달할 수 있는 보조 자료를 활용하면 핵심적인 정보를 더욱 효과적으로 전달할 수 있다.

작성방법

- 〈보기〉를 고려하여 학생의 발표문이 핵심 정보가 잘 드러나도록 내용을 구성하고 있다고 판단할 때, 그 이유 2가지를 근거를 들어 각각 서술할 것.

4 다음은 "다양한 자료를 재구성하여 청중이 이해하기 쉽게 내용을 체계적으로 발표한다"의 학습 목표 달성을 위한 단계별 활동 자료이다. 〈작성 방법〉에 따라 발표 학습 내용을 서술하시오. [4점]

(가)
지아: 우리 모둠은 어떤 주제로 발표할까?
성수: 지난 시험 때 보니까 스트레스를 받는 친구들이 많던데, 스트레스를 다뤄 보면 어때?
지현: 응, 좋아. 그런데 스트레스라고 하면 그 범위가 너무 넓지 않니? 청소년의 스트레스를 다루면 어때?
영혁: 맞아. 반 친구들이 발표를 듣고 스트레스 관리 방법을 알았으면 좋겠어.
지아: 그래. 그럼 우리 모둠은 청소년의 스트레스와 관리 방법을 주제로 발표해 보자.

(나)
지아: 이제 발표할 내용을 정해 보자. 먼저 친구들이 어느 정도 스트레스를 받는지 알아야 하지 않을까?
성수: 설문 조사를 하는 건 어때? 스트레스의 주된 원인도 함께 조사하면 좋겠어.
지현: 스트레스가 청소년에게 미치는 영향도 알아보자. 그래야 발표를 듣는 친구들이 스트레스를 관리해야겠다고 느낄 것 같아.
영혁: 스트레스 관리 방법을 알려 주는 것이 중요하니까, 이에 관해서도 조사해 보자.

지아네 모둠이 조사한 자료

가
1. 최근 한 달간 어느 정도의 스트레스를 받았나요?
2. 스트레스의 원인이 무엇이었나요?
   ⋮
   - ☆☆중학교 설문 조사

나
살찌는 학생 늘고……
청소년 건강에 빨간불
고열량 위주의 식습관과 운동 부족으로 청소년 비만이…….
　- 《뉴스원》 20○○년 11월 9일 자에서

다
청소년 스트레스,
성장 부진의 주요 원인
스트레스를 많이 받으면…… 성장 호르몬 분비가 정상적으로 이루어지지 않는데…….
　- 《시선뉴스》 20○○년 5월 16일 자에서

라
청소년 스트레스,
대화가 해답이다
스트레스를 해소하는 방법으로 가장 강력한 수단은…….
　- 김형석 외, 《우리는 무엇으로 행복해지나》

[A]
지아: 모두들 자료를 잘 수집한 것 같아.
성수: 그래. 선생님이 말씀하신대로 다양한 방법으로 수집을 했네.
지현, 영혁: 모두들 수고했어. 이제 수집한 자료를 모두 활용하여 발표 내용을 구성해보자.

(다)

지아: 우리 발표의 목적이 친구들에게 스트레스를 어떻게 관리하면 좋을지 알려 주는 거잖아. 어떻게 하면 발표에서 이 내용을 분명하게 전달할 수 있을까?

[B]
성수: 조사한 내용을 모두 말하는 것보다는 도입–전개–정리 단계에 맞게 내용을 간추려서 핵심 정보만 말하는 것이 중요해. 친구들이 우리 발표에 관심을 보이고, 우리가 전달하고 싶은 내용을 잘 파악할 수 있게 말이야.

지현: 응, 좋아. 우리가 조사한 내용, 그러니까 청소년 스트레스의 실태와 원인, 스트레스가 청소년에게 미치는 영향, 스트레스 관리 방법을 어떤 순서로 발표해야 발표의 핵심 정보를 잘 보여 줄 수 있을지도 고민해 보자.

영혁: 그래. 참, 우리 발표에 활용할 도표나 그래프, 사진, 그림, 동영상 같은 매체 자료도 생각해 볼까?

지아: 좋아, 매체 자료는 친구들의 관심도 끌고, 내용을 이해하는 데도 도움을 주니까 말이야.

그러면 이제 발표 개요를 만들어 보자.

〈발표 개요 작성시 대화 자료〉

먼저 친구들의 경험을 소개해서 청중이 우리 발표에 관심을 두게 하자.

청소년 스트레스의 실태가 심각하다는 것을 언급한 후 그 원인을 알려 주면 어떨까?

다음으로 스트레스가 청소년에게 부정적인 영향을 준다는 점을 알려서
스트레스가 쌓이게 두면 안 된다는 생각을 하게 하는 것이 좋겠어.

적절한 매체 자료를 활용하면 우리가 말하려는 내용을 효과적으로 전달할 수 있겠지?

발표 개요

주제 —— 청소년의 스트레스와 관리 방법

단계	발표할 내용	활용할 매체 자료
도입	• 스트레스로 힘들었던 친구들의 경험 소개 • 발표 주제 및 순서 안내	도표, 그래프, 그림, 사진, 동영상
전개	① 청소년 스트레스의 실태 ② 청소년 스트레스의 원인 ③ 스트레스가 청소년에게 미치는 영향 ④ 청소년 스트레스 관리 방법	
정리	• 스트레스의 적절한 관리 당부	

> **보기**
>
> 발표란 여러 사람 앞에서 자신의 의견이나 어떤 사실을 진술하는 말하기로서 공적인 담화의 한 종류이다. 수업 시간에 조사한 내용을 설명하거나, 학회에서 연구 내용을 보고하거나, 기업체에서 새로운 아이디어를 제안하는 등 정보 공유의 효과적인 수단으로 널리 사용되고 있는 중요한 의사소통의 방법이다. 효과적으로 발표하기 위해서는 ㉠ 청자의 관심과 요구 고려하기, 청자가 이해하기 쉬운 방향으로 자료나 내용을 재구성하기, ㉡ 발표 내용을 도입부·전개부·정리부로 나누어 체계적으로 구성하기, 발표 목적이나 대상의 특성에 적절한 설명 방법 활용하기, 발표 준비와 실행 과정을 되돌아보고 수행의 적절성 점검하기 등을 학습한다.

작성방법

- 〈보기〉의 학습 내용 중 ㉠을 고려하여 [A]가 효과적인 발표 수행에서 문제가 되는 점을 지적하고, 그 구체적 수정 내용을 근거를 들어 서술할 것.
- 〈보기〉의 학습 내용 중 ㉡을 고려하여 [B]가 효과적인 발표 수행으로 적절한 이유를 서술할 것.

5 다음은 학생들의 활동 자료 중 일부이고 〈보기〉는 정보전달 발표를 설명한 글이다. 〈작성 방법〉에 따라 발표 방법에 대해 서술하시오. [4점]

〈발표 계획하기〉

학생 1: 우리나라 문화재가 해외에 많이 흩어져 있다고 하잖아. 이에 관해 친구들에게 알려 주는 건 어떨까?
학생 2: 좋아. 그럼 '해외에 있는 우리나라 문화재 문제에 대한 대응 방안'을 주제로 정하자.

우리 모둠에서 선정한 발표 주제: 해외에 있는 우리나라 문화재 문제에 대한 대응 방안

〈발표 내용 수집·선정하기〉

▶ 해외에 있는 우리나라 문화재의 현황
▶ 우리나라 문화재의 해외 반출 유형
▶ 문화재의 개념
▶ 우리나라의 유명 문화재
▶ 해외가 인정한 우리나라 문화재
▶ 해외에 있는 우리나라 문화재의 예
▶ 임진왜란과 일제 강점기 때 일본으로 반출된 우리나라 문화재
▶ 해외에 있는 우리나라 문화재의 환수 방법
▶ 해외에 있는 우리나라 문화재의 현지 활용 사례

[A]
학생 1: 자료가 많이 모였네. 그런데 친구들도 문화재가 무엇인지는 알 테니까 '문화재의 개념'은 빼자.
학생 2: 좋아. 또 '우리나라의 유명 문화재'나 '해외가 인정한 우리나라 문화재' 같은 내용은 발표 주제와 관련이 없으니 삭제하자.
학생 3: 그게 좋겠어. 그리고 어느 한 나라에 반출된 문화재를 다루는 것보다 전체적인 반출 현황을 다루는 것이 중요하니까, '임진왜란과 일제 강점기 때 일본으로 반출된 우리나라 문화재'도 삭제하는 것이 좋을 것 같아.
학생 4: 좋아. 대응 방안과 관련해서는 친구들이 이해하기 쉽도록 환수 방법이나 현지 활용의 예도 보여 주자.

[B] 〈발표 내용 구성하기〉

학생 1: 널리 알려진 안견의 〈몽유도원도〉가 우리나라에 없다는 이야기를 도입 부분에서 다루면 친구들의 흥미를 이끌어 낼 수 있지 않을까?
학생 2: 좋아! 또 현황을 이야기한 뒤에 반출 유형을 소개해야 흐름이 자연스럽고 이해에 도움이 될 것 같아.

[B]

	발표 내용	활용할 자료
도입	해외에 있는 우리나라 문화재 문제에 대한 청중의 관심 유발 및 발표 내용 소개 - 안견, 〈몽유도원도〉	사진
전개	해외에 있는 우리나라 문화재의 현황 • 우리나라 문화재의 해외 반출 유형 • 해외에 있는 우리나라 문화재 문제에 대한 대응 방안 (1) 문화재 환수　(2) 문화재 현지 활용	사진, 도표, 지도
마무리	해외에 있는 우리나라 문화재에 대한 관심 촉구	

〈발표 장면〉

(큰 목소리로) 안녕하세요? 발표를 맡은 ○○○입니다.

1 여러분, 혹시 이 그림을 아십니까? (친구들을 바라보며 잠시 기다린다.) 조선 초기에 우리나라 화가 안견이 그린 〈몽유도원도〉입니다. 안타깝게도 현재 이 그림은 일본 덴리대학교 중앙 도서관에 소장되어 있습니다. 일본의 중요 문화재로 지정되어 있기도 합니다.

2 왜 우리나라 문화재가 다른 나라에 있는지 궁금하시죠? 네, 저희 모둠도 그것이 궁금해서 독서 시간에 이와 관련한 책을 읽어 보았습니다. 그러면서 해외에 있는 우리나라 문화재에 관심을 가져야 한다는 것을 깨달았습니다. 그래서 이에 관한 발표를 준비하였습니다.

3 그럼 지금부터 해외에 있는 우리나라 문화재의 현황과 우리나라 문화재의 해외 반출 유형, 해외에 있는 우리나라 문화재 문제에 대한 대응 방안에 관해 발표하겠습니다.

4 얼마나 많은 문화재가 해외에 있을까요? ([화면]을 가리키며) 다음 제가 준비한 화면을 보겠습니다. 문화재청의 조사에 따르면 약 16만 7,968점이 해외 20개국에 흩어져 있다고 합니다. 하지만 실제는 이보다 훨씬 더 많은 문화재가 해외에 있을 가능성이 큽니다.

5 이 문화재들은 어떻게 해서 해외로 나가게 된 것일까요? 우리 문화재의 반출 유형은 두 가지로 나눌 수 있습니다. (힘주어 말하며) 첫째, 불법적으로 반출된 경우입니다. 약탈, 절도 등이 해당하지요. 둘째, 합법적으로 반출된 경우입니다. 외교에서의 선물 등이 그 예입니다. 이 밖에 어떻게 반출되었는지 알 수 없는 경우도 있답니다.…

보기

발표 목적을 효과적으로 달성하기 위해서는 청중과 역동적인 상호작용이 필요하다. 이를 위해서 예상 청중의 관심사, 배경지식, 주제에 대한 태도, 지적 수준 등을 분석하고, 그 결과를 바탕으로 청중에게 적합한 내용을 선정하며, 발표 내용을 청중이 이해하기 쉽도록 요점을 중심으로 체계적으로 조직하며, 청중의 관심을 유지하기 위한 다양한 전략을 계획하여 발표하는 등의 다양한 방법을 활용할 수 있다.

작성방법

- 〈보기〉를 고려하여 [A], [B]가 효과적인 발표 수행으로 적절한 이유를 각각 서술할 것.
- 〈발표 장면〉에서 청중의 관심을 유지하기 위한 다양한 전략 3가지를 근거를 들어 서술할 것.

2 [청자의 관심과 요구를 고려하여 발표하고 청중 질문에 답변]

> 관련 기출
> 2020 A형 서술형

1 (가)는 강연의 결론 부분이고, (나)는 연설의 방법에 대한 설명이다. (나)를 참고하여 (가)에 사용된 연설의 방법을 〈작성 방법〉에 따라 서술하시오. [4점]

> **(가)**
> 젊은이가 젊은이다운 건, 이 시대의 진리를 추구하며 미래 지향적인 사고방식을 탐닉할 때 진면목을 보여 줍니다. 현실 사회의 부조리, 부패, 부정, 무질서 등 모든 악습을 일소하고 쇄신하려면 아니 쇄신할 수 있는 소망 있는 전제가 있다면, 그건 바로 청춘을 누리는 젊음에 있습니다. …(중략)… 우리에겐 땅도, 돈도, 자연도 많지 않습니다. 이제 우리에게는 무엇이 의지할 근본일까요? 하나밖에 없습니다. 그것은 바로 '인간의 질'입니다. 청춘에 사는 '젊은이의 질'에 있습니다. 사람 수를 말하는 것이 아닙니다. …(중략)… 우리의 심장인, 우리의 장래를 떠맡을 청춘 여러분! 사랑을 하지 않고는 살 수 없다는 여러분, 여성을 사랑해야 되겠고, 남자도 사랑해야 되겠지만, 민족도 사랑하고, 국가도 사랑하십시오. 운명 공동체인 내 민족이 죽으면 나도 같이 죽으리란 생각을 한다면, 나 하나 잘사는 것은 아무 의미 없다는 것을 내 젊을 때 알았으면 내가 그렇게 했을 것을, 다 늙어 죽어 가며 이를 깨달아 여러분에게 전해 주니 위대한 민족 사회를 위해 살아 주기를 기대하며 다음의 당부를 하고 말을 마치고자 합니다. ㉠여러분! 청춘 중의 위대한 청춘, 건실한 청춘, 동심을 갖춘 청춘, 절도 있는 청춘, 부지런한 청춘, 함께 살며 번영하길 원하는 청춘, 세계에서 제일가는 청춘 중의 청춘이 돼라!
> — 이태영 변호사의 '언어교양학' 강연 (1974)

> **(나)**
> 청중이 듣고 이해하기 좋은 연설을 하기 위해서는 아이디어가 한 자리에서 다음 자리로 자연스럽게 이동해야 한다. 급작스럽게 논의가 바뀌면 사고 연결에 무리가 생기므로 청자가 내용의 논리적 구조를 쉽게 이해하도록 앞의 내용 정리하기, 뒤의 내용 안내하기 등의 기능을 가진 내용 연결 표현을 적절히 사용하는 것이 필요하다. …(중략)… 연설의 결론은 '종료 신호', '요점 재강조', '결언'으로 구성된다. 결언은 연설의 결론 중의 결론에 해당하는 것으로 더 이상 새로운 아이디어를 소개하거나 지나간 요점을 재강조할 필요는 없고, 청중에게 연설 전체에서 논의했던 모든 것들이 의미를 갖도록 결언 방법을 적절히 사용해야 한다. 결언에서는 유명한 말, 고사성어, 문학 작품, 유머 등을 인용하기, 연설의 내용이 가지는 미래 상황에 대한 의미를 언급하기, 청중을 끌어들이면서 연설을 끝맺기 등으로 여운을 남기며 마무리한다.

> **작성방법**
> • (나)의 내용 연결 표현 중 쌍방향 의사소통 효과를 유발하는 표현을 (가)에서 찾아 첫 어절과 끝 어절을 쓰고, 그렇게 생각한 이유를 서술할 것.

> 기본 예제

2 다음은 송 교사의 화법 수업 중 일부의 내용이다. 학습 자료에 대한 송 교사의 설명 내용 중 괄호 안의 ㉠~㉢에 들어갈 말을 순서대로 쓰시오. [2점]

    오늘은 여러분과 함께 정보 전달 담화나 글의 정보를 수집·분류·체계화하여 재구성하는 방법에 대해 알아볼게요. 자, 준비 되셨지요?
    다음의 사례를 함께 살펴봅시다. 여러분이 보고 있는 자료는 철수와 3명의 친구들이 반 친구들에게 '별자리'에 대해서 설명하기 위해 수집하여 선별한 정보들이에요. 이 자료에서 철수와 친구들이 정보의 선별 과정에서 무엇을 고려했을까요?

자료	수집한 정보의 내용	선별 결과
1	별자리의 기원	○
2	천체 역학의 원리로 살펴본 별자리의 이동 경로 → 너무 전문적인 내용이라 이해하기 어려울 듯해.	X
3	별자리의 종류	○
4	별자리에 관련한 신화	○
5	별자리를 관측할 수 있는 최신 망원경의 원리 → 친구들에게는 망원경의 원리보다 망원경으로 관측한 별자리 사진이 더 흥미로울 거야.	X
6	별자리를 연구했던 과학자들 → 청자에게 그다지 유용한 정보는 아닌 것 같아.	X

    그래요. 2번, 5번, 6번 자료를 보면 철수와 친구들은 각각 (㉠) (㉡) (㉢)에 주목하고 있음을 알 수 있답니다. 이처럼 정보 전달 담화나 글은 청자나 독자를 고려하여 수집한 정보를 분류하고 체계화하여 재구성을 하면 청자나 독자가 내용을 쉽게 이해할 수 있고, 자신이 필요로 하는 정보를 선별하여 수용하는 데에도 도움을 줄 수 있답니다.

3 (가)는 학생의 수업 성찰 일지이고, (나)는 발표의 원리에 대한 설명 글이다. 글을 읽고 괄호 안의 ㉠에 들어갈 말을 쓰고 ㉡에 해당하는 말을 (가)에서 찾아 첫 어절과 끝 어절을 쓰시오. [2점]

(가)

    얼마 전, 국어 시간에 나의 진로를 주제로 정해 발표하는 수업을 가졌다. 평소 전통 물건의 수집과 관람을 좋아하는 나는 '학예사'에 대하여 발표하는 과제를 즐겁게 준비했다.
    우선 친구들이 어떤 생각을 하고 있는지 궁금했다. 그래서 청자 분석을 해 보았다. 나는 정보를 전달하는 것이 발표 목적이라는 점, 친구들이 학예사에 대해 전혀 모르고 있다는 점 등을 고려하여 내용을 선정하였다. 그래서 나는 학예사가 하는 일, 학예사가 되기 위한 준비와 방법 등을 설명하기로 결정했다. 그리고 난 후, 발표 내용 간의 관계를 고려하여 발표 내용의 순서를 정했다.
    드디어 발표 시간! 처음에는 좀 떨렸지만 시간이 지날수록 점점 괜찮아졌다.

> 제 꿈은 학예사가 되는 것입니다. 그래서 저는 학예사에 대해 조사를 해 보았습니다. 여기에 보이는 PPT 자료를 보시면 민속박물관의 내부 전경인데, 여러 유물을 옮기고 배치하는 것을 지시하는 사람을 볼 수 있습니다. …(중략) 지금까지 학예사가 하는 일을 말씀드렸습니다.
> 이제 이러한 학예사가 되기 위해서는 어떠한 노력과 준비가 필요한가에 대해서 말씀드리겠습니다. …(중략)… 이러한 학예사가 되려면 문화 예술이나 고고학과 관련된 학과에 진학해야 할 것 같은데, 성적이 안 나와 걱정입니다. 지금부터라도 공부에 좀 더 신경을 써야 할 것 같습니다. 여러분도 많이 응원해주시기 바랍니다. 감사합니다.

이처럼 발표를 하고나서 친구들에게 질문을 받으면서 발표를 마쳤다. 지금 생각해 보니, 발표 중간에 말하는 속도나 어조, 표정이나 손짓을 조절했다면 좀 더 훌륭한 발표가 되었을 것이라는 생각이 든다. 다음에는 준비를 더 철저히 해서 친구들이 내 발표에 귀 기울일 수 있도록 해야지!

(나)

발표는 화자와 청자가 시간과 공간을 공유하는 구두 의사 소통이므로 문자 언어 의사소통과 다른 구두 의사 소통의 특성을 고려하여 청자의 이해를 돕고, 청자와 교감을 유지할 수 있는 표현 전략에 대한 이해가 중요하다. 이를 자료에서 확인해보면 학생은 민속 박물관의 내부 전경 및 학예사의 모습을 (㉠)을/를 활용하여 설명하고자 하는 대상인 학예사가 누구인가에 대해 청중의 이해를 돕고 있다. 다음으로 화자가 지속적으로 자신의 말에 대해 말을 하는 ㉡메타의사소통을 함으로써 청자를 의사소통 상황에 참여시키는 노력이 필요하다. 정보전달의 언어 표현은 청자가 내용의 전개를 쉽게 이해하도록 하기 위해서 설명 중간에 지금까지의 내용을 정리하고 다음 내용을 소개하는 표현을 활용하면 효과적이다.

심화 예제

4 송 교사는 "청자의 특성에 맞게 내용을 구성하여 발표한다."라는 학습 목표로 수업을 진행하였다. 다음은 이 수업에 참여한 후 한 학생이 작성한 글이다. 송 교사가 지도해야 할 내용을 〈작성 방법〉에 따라 서술하시오. [4점]

> 얼마 전, 국어 시간에 주제를 정해 발표하는 수업을 가졌다. 평소 새로운 물건 만들기를 좋아하는 나는 적정 기술이 무엇인지 소개하고, 적정 기술의 가치를 알리는 발표 과제를 즐겁게 준비했다.
> 우선 친구들이 어떤 생각을 하고 있는지 궁금했다. 그래서 청자 분석을 해 보았다.
>
> | 청자분석 요소 | 분석 내용 | | 내용 구성 전략 |
> |---|---|---|---|
> | 수준 | 청자는 나와 연령이 동일한 학생이므로 수준이 비슷할 것이다. 하지만, 적정 기술의 개념과 이에 대한 정보를 잘 모를 것이다. | ⇨ | ㉠친구들이 적정 기술을 적용한 제품 몇 가지를 본 적은 있다고 해. 그렇지만 이에 대한 정보는 거의 없어. 화제에 대한 지식이 없으니 도입부에서 배경 설명은 간략하게 하고, 전문 서적과 기관에서 발표한 자료를 활용하여 전문적인 용어를 활용하여 상세하게 설명해야겠다. |

	국어 시간에 발표하는 과제이		적정 기술에 대한 관심이 보통 이상일거야. 그것
요구와 관심사	므로 내가 전달하고 소개하는 내용이 무엇인지 알고 싶거나 궁금해 할 것이다.	⇨	이 무엇인지 궁금해 하는 사람이 많으므로 적정 기술과 관련하여 구체적이고 다양한 내용을 선정해서 설명하자.

나는 적정 기술이 무엇인지 소개하고, 적정 기술의 가치를 알리는 것이 발표 목적이라는 점, 친구들이 적정 기술에 대해 모르고 있다는 점 등을 고려하여 내용을 선정하였다.

그래서 나는 적정 기술의 개념과 의의, 적정 기술이 적용된 사례, 내가 적정 기술을 공부하기 위한 노력 등을 설명하기로 결정했다. 그러고 난 후, 발표 내용 간의 관계를 고려하여 발표 내용의 순서를 정했다.

	주요 내용		내용 구성 전략
도입부	• 자기소개 • 발표할 내용 소개	⇨	• 신체적 특징을 언급하면서 친근감을 준다. • 제재를 바로 말하지 않고 '저를 바꾼, 그 무엇인가' 라고 언급하면서 청중의 호기심을 유발한다.
ⓒ 전개부	• 적정 기술이 적용된 사례 - 큐드럼, 태양열 보청기, 라이프 스트로 등 • 적정 기술의 개념과 의의 설명	⇨	• 다양한 사진 자료를 제시하여 흥미를 유발하고 이해를 돕는다. • 청중의 이해를 도울 수 있도록 자동차 디자이너의 사례를 예로 제시한다.
	• 적정 기술과의 만남과 적정 기술에 끌린 이유 • 적정 기술을 공부하기 위한 노력과 자신이 직접 만든 물건 소개 - 깔창, 스마트폰 케이스	⇨	• 적정 기술을 처음 접했던 때를 회상하며 적정 기술에 담긴 가치를 전달한다. • 나의 다양한 경험을 활동 사진과 제품 사진, 자신이 쓴 책 등 구체적인 자료와 함께 제시한다
정리부	• 적정 기술이 나에게 준 영향 - 관점의 변화, 공부 목표의 변화 • 적정 기술에 대한 관심 당부	⇨	• 구체적인 일화를 소개하며 내가 적정 기술에 흠뻑 빠졌음을 재미있게 전달한다. • 적정 기술을 '따뜻한 기술'이라고 감성적으로 표현하며 인상적으로 마무리한다.

드디어 발표 시간! 처음에는 좀 떨렸지만 시간이 지날수록 점점 괜찮아졌다.

[A]
  우선, 발표의 목적, 의의, 전체 개관 등을 간략하게 제시하고, 계획했던 내용을 차례대로 설명하였다. 그런데 발표를 할 때 발표하는 동안 몸짓에 큰 변화가 없어서 중요 내용이 인상적으로 전달되지 않았다. 마지막으로 발표 내용을 정리하고 친구들에게 질문을 받으면서 발표를 마쳤다.
  지금 생각해 보니, 발표 중간에 적정 기술의 예를 보여 줄 때 사진과 간단한 설명만 제시하기 보다는 효율적으로 설명하고, 말하는 속도나 어조, 표정이나 손짓을 조절했다면 좀 더 훌륭한 발표가 되었을 것이라는 생각이 든다.
  다음에는 준비를 더 철저히 해서 친구들이 내 발표에 귀 기울일 수 있도록 해야지!

> **작성방법**
> - 청자분석 하기 단계의 ㉠에서 도입부의 내용 구성 전략이 문제가 되는 이유를 설명하고, 지도 내용을 서술할 것.
> - 발표 내용 구성하기 단계의 ㉡ 〈전개부〉의 내용 구성 전략 2가지를 근거를 들어 서술하고, 발표 실행 [A]에서 점검 내용을 서술할 것.

5 송 교사는 "청자의 특성에 맞게 내용을 구성하여 발표한다."라는 학습 목표로 수업을 진행하였다. 다음은 이 수업에 참여한 후 한 학생이 작성한 글이다. 송 교사가 지도해야 할 내용을 〈작성 방법〉에 따라 서술하시오. [4점]

얼마 전, 국어 시간에 주제를 정해 발표하는 수업을 가졌다. 평소 새로운 물건 만들기를 좋아하는 나는 내가 발명한 발명품에 대하여 발표하는 과제를 즐겁게 준비했다.

우선 친구들이 어떤 생각을 하고 있는지 궁금했다. 그래서 청자 분석을 해 보았다.

[A]

청자분석 요소	분석 내용	내용 구성 전략
수준	청자는 나와 연령이 동일한 학생이므로 수준이 비슷할 것이다. 하지만, 발명품에 대한 정보를 잘 모를 것이다.	㉠ 친구들이 나의 발명품에 대해 몰라서 화제에 대한 지식이 없으니 도입부에서 배경 설명은 간략하게 하고, 전문 서적과 기관에서 발표한 자료를 활용하여 전문적인 용어를 활용하여 상세하게 설명해야겠다.
요구와 관심사	과학 시간에 자신이 발명한 발명품에 대하여 발표하는 과제이므로 나의 발명품이 무엇인지 알고 싶거나 궁금해 할 것이다.	나의 발명품이 무엇인지 궁금해 하는 사람이 많으므로 발명품과 관련하여 구체적이고 다양한 내용을 선정해서 설명하자.

나는 내가 만든 발명품에 대한 정보를 전달하는 것이 발표 목적이라는 점, 친구들이 나의 발명품에 대해 전혀 모르고 있다는 점 등을 고려하여 내용을 선정하였다.

그래서 나는 발명품을 발명하게 된 계기, 발명품에 적용된 과학 원리, 발명품의 구성과 용도, 사용법 등을 설명하기로 결정했다. 그러고 난 후, 발표 내용 간의 관계를 고려하여 발표 내용의 순서를 정했다.

드디어 발표 시간! 처음에는 좀 떨렸지만 시간이 지날수록 점점 괜찮아졌다.

[B]

우선, 발표의 목적, 의의, 전체 개관 등을 간략하게 제시하고, 계획했던 내용을 차례대로 설명하였다. 그런데 발표를 할 때 친구들의 표정을 보니 좀 지루해하는 것 같았다. 그래서 친구들에게 발명에 얽힌 여러 가지 이야기들을 들려주었더니 발표에 흥미를 갖는 듯이 보였다. 마지막으로 발표 내용을 정리하고 친구들에게 질문을 받으면서 발표를 마쳤다.

지금 생각해 보니, 발표 중간에 내가 만든 발명품을 사용하는 모습을 보여 주고, 말하는 속도나 어조, 표정이나 손짓을 조절했다면 좀 더 훌륭한 발표가 되었을 것이라는 생각이 든다.

다음에는 준비를 더 철저히 해서 친구들이 내 발표에 귀 기울일 수 있도록 해야지.

작성방법

- 학생이 발표 전 계획 [A]에서부터 발표 후 점검 [B]에 이르기까지 의사소통의 점검 및 조정을 서술할 것.
- 학습 목표를 고려하여 ㉠에서 화법 수행 전 청자 분석에 따른 내용 구성 전략이 문제가 되는 이유를 설명하고, 지도 내용을 서술할 것.

3 [다양한 매체 자료를 효과적으로 활용]

기본 예제

1 다음 〈자료〉는 화법 수업 과정의 일부를 기록한 글이다. 괄호 안의 ㉠, ㉡에 들어가야 할 단어를 순서대로 쓰시오. [2점]

〈자료〉

교사: 자, 다음 상황을 보고, 매체 자료를 활용하여 발표할 때 얻을 수 있는 효과를 생각해 봅시다.

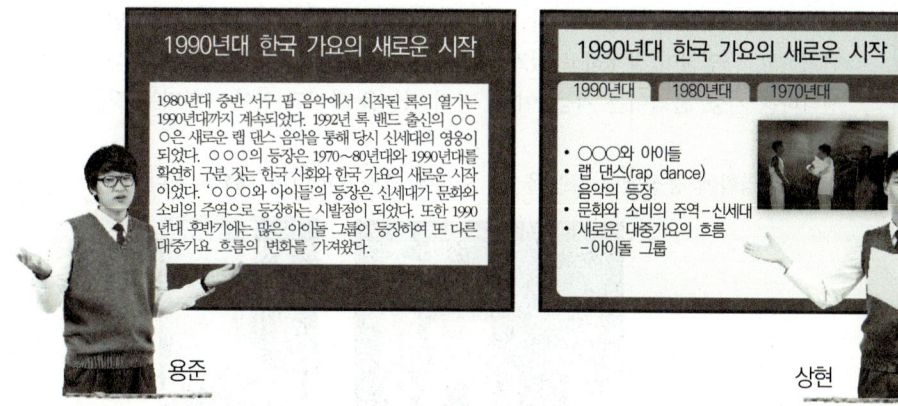

〈학생들에게 제시한 자료〉

교사: 용준이와 상현이 중에서 누가 발표 내용을 더 효과적으로 전달할 수 있을지 말해 볼까요?

(학생들의 발언 …생략…)

교사: 그래요. 두 학생은 동일한 주제에 대해 발표하였지요? 그런데 용준이는 매체 자료를 전혀 사용하지 않고 자신이 전달하고자 하는 내용을 발표하였지만, 상현이는 전달 내용을 시대에 따른 범주별로 나누어 간략하게 요약하고 가수들의 활동 모습이 담긴 동영상 매체 자료를 활용하여 발표하였어요. 상현이가 청자가 관심을 갖고 내용을 더 이해하기 쉽도록 매체 자료를 구성하여 발표 내용을 더 효과적으로 전달할 수 있는 것이지요.

교사: 자, 이제 상현이처럼 매체 자료를 활용하여 발표하면 어떤 점이 좋을까 생각해보고, 각자의 생각을

발표해볼까요?

(학생들의 발표…생략…)

교사: 그래요. 여러분들이 잘 발표해 주었어요. 여러분들이 얘기했던 매체 자료를 활용하여 발표할 때 얻을 수 있는 효과를 요약해서 정리해보면 다음과 같을 거예요. 먼저, 그림이나 사진, 동영상을 활용함으로써 분위기를 환기하여 청자의 (㉠)을/를 불러일으키고 시선을 집중할 수 있게 만들 수 있어요. 다음으로 그림이나 사진, 동영상을 활용함으로써 전달 효과를 높여 청중으로 하여금 내용 (㉡)을/를 용이하게 도와주지요. 즉, 말로만 전달하기 어려운 내용을 쉽고 일목요연하게 전달할 수 있으며, 청자가 정보의 내용을 좀 더 쉽게 (㉢)하도록 도와줍니다.

심화 예제

2 다음은 '매체 자료를 활용하여 내용을 체계적으로 구성하고 발표하기'에 대한 수업 자료이다. (가)와 (나)를 바탕으로 (다)의 교수·학습 활동을 분석한 내용을 〈작성 방법〉에 따라 서술하시오. [4점]

미래의 친구, 로봇! 그들이 온다

오늘은 '미래의 친구, 로봇! 그들이 온다'라는 제목으로 여러분들과 이야기를 나누려고 합니다. 먼저 '로봇'이라는 단어는 굉장히 친숙하고, 굉장히 익숙하죠. 그런데 '로봇'이 도대체 뭘까요? '로봇'은 사실 한 문장으로 딱 떨어지는 정의를 할 수 없습니다. 왜냐하면 로봇은 끊임없이 변화하고, 끊임없이 발전하고 있기 때문입니다. 그럼에도 로봇은 기본적으로 인식하는 기능, 생각하는 기능, 움직이는 기능, 이 세 가지 기능을 가지고 있어야 한다는 것은 변함이 없습니다.

먼저, 영화에 등장했던 로봇을 좀 소개해 드릴까요? (자료❶을 쳐다보며)

[A]

여기 맨 왼쪽은 '스타워즈'에 나오는 '알투디투(R2D2)'죠. 제가 좋아하는 로봇 중의 하나입니다. 얘도 역시 '스타워즈'에 나오는 '시-스리피오(C-3PO)', 이건 '터미네이터'죠. 이 왼쪽에 보이는 것은 '바이센테니얼 맨'에 나오는 '앤드루'라고 하고요, …(중략)…

제 강의보다 더 재미있겠지만 이 정도만 보여 드릴게요. 여러분들이 열심히 연구를 하면 가까운 미래에 저 정도의 로봇은 나오지 않을까요?
 자, 지금까지는 제가 여러분들한테 우리의 머릿속에 있는, 상상 속에만 있는 로봇을 보여 드렸습니다. 그러면 우리의 현실 속에는 어떤 로봇이 있는지 몇 가지 보여 드릴게요.
…(중략)…
 자, 제가 이렇게 로봇 중에서도 휴머노이드 로봇을 보여 드렸는데, 만드는 기술이 굉장히 어려울 것 같고, 굉장히 복잡할 것 같죠? 그렇다면 이 멋진 휴머노이드는 과연 뭘로 만들어졌을까요? (자료❹를 가리키며)

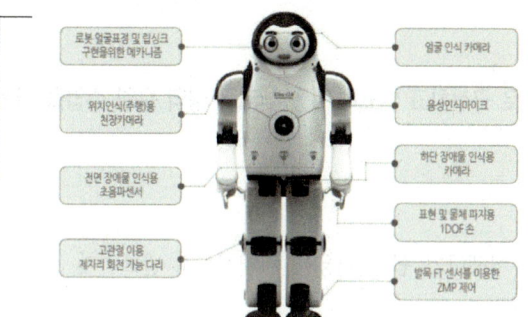

[B]
 네, 여러 가지를 느낄 수 있는 감지기, 계산을 할 수 있는 컴퓨터, 움직일 수 있도록 하는 팔다리입니다. 이거 세 개면 다 됩니다. 그게 끝이에요. 실제로는 이렇게 복잡해 보이는 휴머노이드도 들여다보면 카메라나 청각 감지기 같은 감지기 부분이 있고요, (자료❹를 가리키며) 그 다음에 여기에 보면 다양한 컴퓨터들이 있습니다. 이 컴퓨터에서는 느낀 것을 가지고 내가 무엇을 할까를 계산해야 하는 거죠. 바로 그 부분이 컴퓨터입니다. 그리고 그 컴퓨터 안에서 실제로 돌아가는 것이 바로 소프트웨어죠. 컴퓨터만 있다고 해서 계산이 되는 건 아닙니다. 나머지는 이 팔다리에 들어가는 모터들입니다. 움직일 수 있도록 하기 위한 거죠. 이와 같이 굉장히 복잡하고 굉장히 어려울 것 같은 휴머노이드도 막상 들여다보면 감지기들, 컴퓨터들, 모터들 이것밖에 없습니다. 그러니까 한번 해 볼만 하죠.
…(중략)…
 로봇, 굉장히 친근하게 다가오는 단어입니다만, 어떤 분들은 굉장히 어려워하시는 것 같아요. 근데 로봇, 어렵지 않습니다. 여기서 보는 것처럼 로봇이 현실에서 우리의 생활로 다가오는 날이 그렇게 멀지 않다고 생각합니다. 그렇게 되기 위해서는 여러분들의 적극적인 연구, 학문에 대한 열정, 이런 것들이 필요하다고 말씀을 드리면서 오늘 강연을 마치도록 하겠습니다. 감사합니다.

보기

발표란 여러 사람 앞에서 자신의 의견이나 어떤 사실을 진술하는 말하기로서 공적인 담화의 한 종류이다. 수업 시간에 조사한 내용을 설명하거나, 학회에서 연구 내용을 보고하거나, 기업체에서 새로운 아이디어를 제안하는 등 정보 공유의 효과적인 수단으로 널리 사용되고 있는 중요한 의사소통의 방법이다. 효과적으로 발표하기 위해서는 청자의 관심과 요구 고려하기, 발표 내용을 도입부·전개부·정리부로 나누어 체계적으로 구성하기, ㉠대상의 특성에 적절한 매체 활용하기, 발표 준비와 실행 과정을 되돌아보고 ㉡수행의 적절성 점검하기 등을 학습한다.

작성방법

- 〈보기〉의 학습 내용 ㉠을 고려하여 도입부 [A]와 전개부 [B]에서 근거를 들어 설명 대상의 성격과 이에 따른 매체 자료의 유형을 각각 서술할 것.
- 〈보기〉의 학습 내용 ㉡을 고려하여 도입부 [A]와 전개부 [B]에서 '매체 자료의 활용 효과'를 각각 서술할 것.

3~4 '매체 자료를 활용하여 내용을 체계적으로 구성하고 발표하기'를 주제로 영역 통합 수업을 다음과 같이 계획하였다. 글을 읽고 물음에 답하시오.

[화법 성취 기준]
- 다양한 자료를 재구성하여 청중이 이해하기 쉽게 내용을 체계적으로 발표한다.

〈교수·학습 요소〉
① 청자의 관심과 요구 고려하기
② 발표 내용의 체계적 구성
③ 설명하는 대상의 특성에 적합한 설명 방법 및 매체 자료 활용하기

[작문 성취 기준]
- 복수의 자료를 활용하여 다양한 표현 방법으로 정보를 전달하는 글을 쓴다.

[화법 영역 활동]

청자의 관심과 요구 고려, 발표 주제 선정	모차르트의 생애와 음악 세계		
	⇩		
	책에서	인터넷에서	영화 DVD에서
청자가 이해하기 쉬운 방향으로 수집된 자료나 내용 재구성	모차르트는 1756년 오스트리아의 잘츠부르크에서 출생하였다. 어렸을 때부터 음악에 뛰어난 재능을 보여 다섯 살 때부터 소곡(小曲)을 작곡하였고, 여섯 살 때부터 궁정에서 연주를 했다.	모차르트가 작곡한 교향곡이나 현악 사중주곡은 고전파 시대의 전형적인 양식을 확립한 작품이다.	모차르트의 라이벌이었던 궁정 악장 살리에리가 피아노곡을 연주하자 단 한 번을 듣고, 즉석에서 편곡하여 더 멋진 곡으로 만들어 낼 정도로 모차르트는 천재적인 재능을 갖춘 음악가였다.
	⇩		

발표 내용의 체계적 구성	도입	• 인사 • 대중이 알고 있는 모차르트의 모습 • 모차르트를 발표 주제로 선정한 이유
	전개	• 모차르트의 생애 • 모차르트의 천재적인 음악성에 대한 일화 소개 • 모차르트의 음악 세계
	정리	• 추천하고 싶은 모차르트의 음악 소개 • 끝인사

⇩

대상의 특성에 적절한 매체 활용하기	
대상 대중이 알고 있는 모차르트의 모습 매체 자료의 활용 ㉮	**대상** 모차르트의 생애 매체 자료의 활용 ㉯
주제 모차르트의 생애와 음악 세계	
대상 모차르트의 천재적인 음악성에 대한 일화 소개 매체 자료의 활용 ㉰	**대상** 모차르트의 음악 세계 : 모차르트가 작곡한 '반짝반짝 작은 별' 매체 자료의 활용 ㉱

⇩

발표 개요서 및 발표문 작성	• 작문 영역 활동과 통합

⇩

발표 수행	• 정제된 언어적 표현 전략 및 적절한 준언어적·비언어적 표현 전략을 활용하여 발표 • 내용 연결 표현과 매체 자료의 설명 표현

[작문 영역 활동]

• 글이나 자료에서 가치 있는 정보를 수집하여 내용을 생성하고 효과적으로 조직하면서 정보를 전달하는 글을 쓴다.

↓

생략

3 〈보기〉는 '매체 자료를 비판적으로 활용하여 내용을 체계적으로 구성하고 발표하기'를 주제로 한 영역 통합의 내용을 기술한 글이다. 괄호 안 ㉠~㉣에 해당하는 말을 순서대로 쓰시오. [2점]

> **보기**
>
> 매체 자료의 이해와 표현을 주제로 한 영역 통합 수업은 각 매체의 특성을 고려하여 매체 자료를 효과적으로 이용하며 정보를 전달하도록 하고, 정보 전달하는 글을 쓸 수 있도록 한다.
> 발표 과제를 수행하는 활동에서 먼저, '모차르트의 생애와 음악 세계'라는 주제로 모차르트의 '모습', '일화', '음악 세계' 등의 내용을 전달할 때 매체 자료를 활용하도록 지도한다. 이때 매체 자료 선정시에 (㉠)에 적합한 매체를 선정하도록 한다.
> 다음으로, 실제 발표를 수행할 때에는 청중은 제시된 매체 자료를 통해 한 눈에 많은 정보를 파악할 수 있기 때문에 매체 자료에 제시된 정보를 일일이 설명하는 것은 시간을 낭비하게 되며 내용 전달의 (㉡)도를 떨어뜨린다. 슬라이드에 제시된 정보를 서로 연결하여 청중에게 의미있는 정보를 도출한다. 제시된 정보는 서로 연관성을 가지고 있다. 항목을 비교하거나 변화의 추이 등을 파악하는 (㉢) 작업을 통해 매체 자료의 의미를 도출해서 표현해야 한다. 또한 선별한 정보를 논리적으로 연결하여 매체 자료에는 명시적으로 제시되어 있지 않지만, 새로운 핵심 정보를 (㉣)하여 전달할 수도 있다.
> [작문 영역]에서 객관적인 정보의 공유와 소통을 위해 다양한 정보를 담고 있는 복수의 자료를 활용하고, 정보를 전달하는 글의 내용을 생성하는 과정에서 책, 신문, 인터넷 등 다양한 매체에서 정보를 수집하여 정보의 중요도를 분석하고, 문자 언어와 함께 도표, 그림, 사진 등을 활용하여 다양한 표현 방법으로 정보 전달하는 글을 쓰도록 한다.

4 '다양한 자료를 재구성하여 청중이 이해하기 쉽게 내용을 체계적으로 발표하기'를 주제로 발표를 수행할 때 〈작성 방법〉에 따라 화법과 작문 활동을 서술하시오. [4점]

> **작성방법**
>
> - [화법 성취기준]과 [교수·학습 요소]를 고려하여 ㉮~㉰에 설명하고자 하는 대상 특성과 이에 적합한 매체 자료를 각각 서술할 것.
> - 발표문 작성 후 발표를 수행하는 과정에서 유의할 점을 '준비된 말하기'를 중심으로 서술할 것.

테마 2 : 발표 듣기 지도

1 [발표를 적극적으로 듣고, 이해되지 않거나 궁금한 사항을 메모하고 발표 후 질문하기]

기본 예제

1 '강연이나 발표를 듣고 정보를 능동적으로 수용할 수 있는 태도를 기를 수 있다.'라는 학습 목표로 수업을 진행하였다. 학생의 〈실제 활동〉을 고려하여, 〈보기〉의 괄호 안의 ㉠~㉢에 해당하는 '정보의 능동적 수용'을 위한 지도 내용을 쓰시오. [2점]

우주의 방랑자, 혜성

우주에는 우리의 상상을 초월하는 엄청난 사건들이 일어나고 있습니다. 그중에서 최고의 장관은 단연 혜성의 출현입니다. 어떤 혜성의 꼬리는 태양에서 지구까지 거리의 2배에 달할 정도로 길며, 공전 주기가 수십만 년에 이르는 것도 있습니다. 혜성이 남기고 간 부스러기인 별똥별을 보며 소원을 빌어 온 우리에게는 입이 딱 벌어지는 규모입니다.

[A] 이제부터 혜성의 구조에 대해 말씀드리겠습니다. (자료를 가리키며) 다음 준비한 스크린을 보겠습니다. 혜성은 크게 머리와 꼬리로 구분됩니다. 머리는 다시 안쪽의 핵과, 핵을 둘러싸고 있는 코마(coma)로 나뉩니다. 코마는 태양열 때문에 핵에서 분출되는 가스와 먼지로 이루어져 있으며, 대개 혜성이 목성 궤도에 접근하는 7에이유(AU) 정도의 거리가 되면 만들어지기 시작합니다. 우리가 혜성을 볼 수 있는 것은 이 코마기 빛에 반사되기 때문입니다.
코마의 크기는 보통 지름 2만~20만 킬로미터 정도로 목성 정도이거나 때로는 지구와 달 사이의 약 3배인 100만 킬로미터를 넘는 것도 있습니다. 핼리(Halley) 혜성의 경우, 핵의 지름은 2.2킬로미터 정도이지만, 태양 근처를 지날 때 코마의 지름은 40만 킬로미터나 됩니다.
혜성의 꼬리는 코마의 물질이 태양풍의 압력 때문에 뒤로 밀려나서 생기는 것입니다. 이 꼬리는 황백색을 띠며, 태양에 가까워질수록 길어집니다. 혜성이 태양에 가까워지면 두 개의 꼬리가 생기기도 하는데, 앞에서 말한 먼지 꼬리 외에 가스 꼬리 또는 이온 꼬리라고 불리는 것이 생깁니다.
가스 꼬리는 태양 반대쪽으로 길고 좁게 뻗으며 육안으로는 잘 보이지 않지만, 사진으로 보면 푸른색을 띤 꼬리가 길게 뻗어 있는 것을 알 수 있습니다. 지금까지 혜성의 구조에 대해 알아보았습니다.

[B] 최근 화제를 모았던 혜성은 1994년 목성과 충돌했던 '슈메이커-레비 9' 혜성입니다. 이 혜성은 목성의 영향을 받아 21조각으로 쪼개져 목성과 충돌했습니다. 이 사건은 외계 물체가 최초로 태양계의 물체에 충돌하는 것이었기 때문에 당시 전 세계 천문학자들의 관심을 모았습니다.

[C] 지금까지 혜성에 대해 살펴보았습니다. 혜성은 지구가 형성되기 전부터 존재했지만, 아직도 많은 부분이 신비에 싸여 있습니다. 어떤 사람은 혜성이 가져온 물이 지구의 바다를 만들고, 지구에 생명의 씨앗을 가져다주었다고 주장합니다. 중생대 말 공룡을 비롯한 지구의 생물 대부분을 멸종시킨 거대한 재앙의 근원이 혜성 충돌 때문이라는 주장도 있습니다. 어떤 면에서 혜성은 지구 생명의 창조자이자 파괴자인 것입니다.

이상으로 발표를 마치겠습니다. 고맙습니다.

> 보기

- 강연 제목: 우주의 방랑자, 혜성
- 날짜: 2018년 1월 16일
- 강연자: 송○○

지도 내용		실제 활동
듣는 목적을 인식하며 듣기		내가 강연을 듣기 위한 목적은 과학 과제의 해결을 위해서이다. 다양한 천문 현상에 대해 조사하고 그 현대적 의미를 알아보기 위해 이 강연을 선택했다.
핵심정보를 선별하며 듣기	(㉠)	• 혜성의 꼬리 - 코마가 태양풍의 압력 때문에 뒤로 밀려나서 생김! - 〈새롭게 알게 된 사실〉 황백색 먼지 꼬리, 가스 또는 이온 꼬리
	(㉡)	[A] 혜성은 머리와 꼬리로 구분되며 머리는 핵과 코마로 이루어져 있다. 코마는 핵을 둘러싼 물질로 가스와 먼지로 구성되어 있으며, 크기는 보통 지름 2만~20만 킬로미터 정도이다. 혜성의 꼬리는 코마의 물질이 태양풍의 압력 때문에 뒤로 밀려나서 생기는 것으로 먼지 꼬리와 이온 혹은 가스 꼬리가 있다. [B] 최근 화제를 모은 혜성은 '슈메이커-레비 9'으로, 21 조각으로 쪼개져 목성과 충돌했는데 이는 외계 물체 중 최초로 태양계의 물체에 충돌한 것으로 학자들의 관심을 받았다. [C] 혜성은 많은 부분이 신비에 싸여 있으며 지구 생명의 창조자이자 파괴자로 여겨진다.
(㉢)		• '슈메이커-레비 9' 혜성 이후에 또 태양계와 충돌한 다른 혜성이나 물질이 있을까요? • '슈메이커-레비 9' 혜성이 목성과 충돌한 것처럼 지구와 혜성이 충돌할 가능성은 없을까요?

> 심화 예제

2 (가)는 학생이 들은 강연 내용이고, (나)는 강연 후 질의 응답의 일부이다. 〈작성방법〉에 따라 서술하시오. [4점]

(가) 〈강연〉

● 강연 제목 : 소설 속 인물은 어떻게 만들까?
● 날짜 : 2023년 10월 14일   ● 강연자 : ○○○

  안녕하세요? 오늘 발표를 맡은 ○○○입니다. 오늘 강연의 주제는 '소설 속 인물의 표현 방법'입니다. 소설 속 인물의 설정보다 더 중요한 것은 그 인물이 소설 속에서 살아 움직이도록 표현하는 것입니다. 인물을 효과적으로 나타내기 위해서는 설명보다는 묘사를 사용하는 것이 좋지요. 소설에서 설명은 적을수록 좋은 법입니다. 특히나 인물에 대한 불필요한 설명은 글을 재미없게 만들고, 독자들이 그 인물에 대해 매력을 느낄 수 없게 합니다.
  가령 잘생긴 캐릭터를 설명하기 위해 '그는 눈이 튀어나올 정도로 미남이었다.'라고 쓴다면 소설에서는 낙제점이라고 하겠습니다. 최소한 이 정도는 써야지요. (슬라이드를 가리키며) '그가 지나가자 귀부인들 사이에서 작은 탄식이 새어 나왔다. 모두들 그의 얼굴에서 눈길을 떼지 못했다.'
묘사는 독자들의 상상력을 자극하는 반면, 설명은 독자들의 상상력을 제한합니다. 그 틀 안에서 사고하기를 강요하는 거지요. 풍부한 묘사는 독자들의 잠자고 있는 감성을 활성화시킵니다. 독자들은 묘사를 좇아가며 인물들의 모습을 상상하게 되고 인물에 대한 구체적인 형상을 마음속에 만들어 갑니다.
특히 인물의 성격은 행동 묘사를 통해서 드러내는 것이 좋습니다. (슬라이드를 가리키며) 예를 들어 몸이 허약한 인물을 설정했다면, '정희는 에스컬레이터 없이 계단을 오르기에는 너무 허약한 체질이었다.'라고 직접 설명하는 것보다는 '정희는 한숨을 내쉬었다. 에스컬레이터 앞에는 고장이라는 팻말이 놓여 있다. 벌써부터 다리에 힘이 빠지는 것 같았다. 정희는 가벼운 현기증을 느끼고 계단 옆의 난간을 붙잡았다.'처럼 묘사를 통해 드러내는 것이 좋지요. 독자들로 하여금 묘사를 통해 짐작하고 상상하게 해야 독자들이 그 인물에 쉽게 동화되고 작품 속에 빠져들게 되는 것이지요.
(슬라이드를 가리키며) 예를 들어, '그는 곧장 침대에 걸터앉았다. 머리를 쥐어뜯듯이 붙잡고는 일이 이렇게 될 때까지도 손을 쓰지 않았던 자신을 원망했다.'라고 묘사했다면, 이 남자는 걱정을 많이 하고 우유부단하며 결단력이 없는 인물임을 짐작해 볼 수 있습니다. 반면에 '그는 옷을 훌훌 벗어던지고 욕실로 향했다. 뜨거운 물을 뒤집어쓰면 오늘 일을 차분하게 되돌아볼 수 있을 것 같았다.'라고 했다면, 이 남자는 행동력 있으며 빠른 결정을 내릴 줄 아는 사람이라는 것을 짐작할 수 있겠지요.
이상으로 제 강연을 들어주셔서 감사합니다.

(나) 〈질의와 응답〉

ⓐ 청중 : 강연자에게 묻습니다. 인물을 효과적으로 나타내기 위해서는 설명보다는 묘사를 사용하는 것이 좋다고 했으나 오히려 묘사가 많으면 소설이 지루해질 것 같습니다. 저는 이러한 소설을 싫어합니다. 저뿐만 아니라 요즘의 독자들은 어려운 것을 싫어합니다. 강연자는 독자의 이러한 선호를 고려해서 많은 사람들이 소설에 관심을 가질 수 있도록 소설을 대중화시킬 수 있는 방법에는 어떠한 것이 있을까 말씀해주시면 감사하겠습니다.
ⓑ 강연자 : 묘사가 많으면 지루하다는 질문은 소설을 모르고 하시는 질문입니다. 소설의 대중화 방법은 강연의 논점과 취지와 맞지 않고 시간도 없으니 다음 청중의 질문을 받도록 하겠습니다.

―― 보기 ――

발표는 일대다의 의사소통 구도에서 이루어지지만, 발표 목적을 효과적으로 달성하기 위해서는 발표자와 청중의 역동적인 상호작용이 필요하다. 발표자는 청중의 반응을 통해 실시간으로 피드백을 받아 적절히 대응해야 한다. 또한 청중의 지속적 참여를 유도해야 한다. 청중은 화자의 발표 내용을 적극적으로 듣고, 발표를 들으면서 주요 내용을 정리하며 궁금한 사항을 메모하면서, 이를 바탕으로 화자의 발표 후 적절한 질문을 하는 것이 중요하다. 특히 질의응답은 발표자로 하여금 발표 내용 중 청중이 이해하지 못한 것을 추가적으로 설명할 수 있는 기회가 되는 것뿐만 아니라, 발표의 일방향성을 보완하여 발표자와 청중과의 양방향 의사소통을 가능하게 하는 선용해야 하는 좋은 기회이기도 하다

―― 작성방법 ――

- 〈보기〉를 고려하여 (가)의 도입부의 문제를 서술하고, 이를 해결하기 위한 지도 내용을 발표 도입부의 전략 2가지를 포함하여 서술할 것.
- 〈보기〉를 고려하여 (나)의 ⓐ 청중 질문에서 강연 듣기의 문제를 해결하기 위한 듣기 방법 1가지를 서술하고, ⓑ 강연자의 답변 문제를 해결하기 위한 답변 방법 2가지를 서술할 것.

3 '정보전달을 위한 듣기·말하기'를 효과적으로 수행하는 데 필요한 지식·기능의 이해를 목표로 화법 수업을 진행하였다. 글을 읽고 〈작성 방법〉에 따라 정보전달 듣기·말하기의 지도 내용을 서술하시오. [4점]

(가) 발표

안녕하세요, 저는 ○○모둠에서 발표를 맡은 ○○○입니다. 저희 모둠은 '유기 동물 문제에 관심을 두고 이를 해결하기 위해 함께 노력하자.'라는 주제로 발표하려고 합니다. 이를 위해 먼저 유기 동물의 실태를 알아보고, 유기 동물이 발생하는 원인과 그 해결 방안을 살펴보도록 하겠습니다.

주인에게 버려진 동물을 '유기 동물'이라고 하는데, 일반적으로는 집이나 주인을 잃어버린 동물, 즉 유실 동물까지 통틀어 유기 동물이라고 부르고 있습니다. 이 표와 그래프를 보시기 바랍니다. 유기 동물은 2014년까지 감소 추세를 보이다가 다시 증가하여 2016년에는 약 8만 9천여 마리가 발생했음을 알 수 있습니다. 그러나 이 수치는 전국의 유기 동물 보호소나 보호 센터에서 집계한 것으로, 통계에 잡히지 않은 유기 동물까지 포함하면 그 수는 더욱 증가할 것으로 예측됩니다.

유기 동물이 발생하는 원인은 무엇일까요? 조사 결과 가장 큰 원인은 경제적 부담이었습니다. 반려 동물에게 주기적으로 들어가는 예방 접종비나 먹이를 장만하는 데 드는 비용 등에 부담을 느껴 무책임한 태도로 결국 반려동물을 버리는 것입니다. 이에 따라 각 지방 자치 단체에서는 한 해 동안 유기 동물 구조와 보호 및 동물 보호 센터 운영 비용으로 100억 원 이상을 투입하며 유기 동물을 구조하고 보호하기 위해 적극적으로 나서고 있습니다. 또한 2014년부터는 동물의 보호와 유실·유기 방지를 위해 주택에서 기르는 개 등을 전국 시·군·구청에 등록하는 '동물 등록제'를 의무화하여 시행하고 있습니다. 그러나 이러한 노력에도 구조된 유기 동물 가운데 약 45퍼센트만이 주인을 찾거나 입양되고 또 다른 45퍼센트는 자연사하거나 안락사된다고 합니다. 다음 그래프를 보시면 이러한 상황을 확인할 수 있습니다.

지금까지 유기 동물의 실태와 발생 원인에 대해서 알아보았습니다. 그렇다면 유기 동물 문제를 해결하는 방안은 무엇일까요? 지방 자치 단체의 정책도 중요하지만 저희 모둠은 무엇보다 반려동물을 대하는 개개인의 태도가 중요하다고 생각합니다. 반려 동물을 키울 때는 동물이 소유물이 아니라 가족의 소중한 일원이라고 생각해야 합니다. 우리의 인식 개선을 통해 인간과 반려동물이 공존하는 사회를 만들어 나가야 합니다.

지금까지 유기 동물의 실태와 발생 원인, 유기 동물 문제를 해결하는 방안을 살펴봤습니다. 유기 동물 문제에 관심을 두고 이를 해결하기 위해 노력하면서 반려동물을 생명으로 존중하고 반려동물과 더불어 사는 사회를 만들어 나가면 좋겠습니다. 이상으로 유기 동물과 관련된 발표를 마칩니다. 끝까지 들어 주셔서 고맙습니다.

(나) 〈강연이 끝난 후 청중 질문〉

청중 : 우리 동네 근처에서도 버려진 고양이들이 떼를 지으며 다니는데, 사람들은 귀여워하던데 나는 시끄럽게 울거나 지나가는 사람들을 놀라게 해서 너무 불편했습니다. 게다가 고양이들에게 먹이를 챙겨 주는 주민도 있어서 어이가 없었는데요. 어떻게 하면 동네 길고양이를 마음대로 못 다니게 할까요?

〈보기〉

발표시 청중의 가장 중요한 역할은 적극적 듣기이다. 적극적 듣기란 단어의 뜻처럼 수동적으로 들리는 바를 듣는 것이 아니라, 청자가 적극적으로 의미 구성 행위에 참여하는 것이다. 발표 주제와 관련하여 알고 싶은 사항에 대해 스스로 질문을 만들고 발표를 들으면서 그에 대한 답을 적극적으로 탐색한다.

〈작성방법〉

- (가)의 학생 발표문에서 청자의 이해를 돕기 위하여 사용된 표현 전략 2가지를 쓰고 그 효과를 각각 설명할 것.
- 〈보기〉를 고려하여 (나)의 질문에서 강연 듣기의 문제점을 중심으로 1가지를 지적하고, 이를 해결하기 위한 적극적 듣기 지도 내용 2가지를 서술할 것.

2 [매체 자료의 효과성을 판단하며 듣기(비판적 듣기)]

심화 예제

1 〈보기〉는 '매체 자료의 효과를 판단하며 듣고 정보를 능동적으로 수용할 수 있는 태도를 기를 수 있다.'라는 학습 목표로 수업을 진행한 후 학생이 메모한 자료이다. 〈작성 방법〉을 고려하여 정보의 능동적 수용을 위한 지도 내용을 서술하시오. [4점]

> 〈발표 자료〉
>
> 안녕하세요. 저는 ○○모둠에서 발표를 맡은 이혜원입니다. 저희 모둠은 '학교 환경에 관심 갖기'라는 화제로 발표하려고 합니다. 이를 위해 먼저 우리 학교 환경의 실태를 살펴보고, 그다음에 깨끗한 학교 환경을 만드는 방법을 말씀드리겠습니다. 그리고 마지막으로 저희 모둠이 학교를 깨끗하게 만들기 위해 실천한 활동을 소개하면서 함께 노력하자고 말씀드리고자 합니다.
>
> (사진을 보여주며) 여러분, 저희가 직접 찍은 우리 학교의 모습을 봐 주시기 바랍니다. 쓰레기가 마구 버려져 있는 이곳은 어디일까요? 왜 이렇게 됐을까요?
>
> 이와 관련하여 저희가 우리 학교 학생들을 대상으로 설문 조사한 내용을 살펴보겠습니다. 우리 학교 학생 60명 중 75퍼센트가 학교의 환경이 깨끗하지 않다고 생각한다는 것을 알 수 있습니다. 또 학교에서 가장 지저분한 장소가 어디냐는 질문에 많은 학생이 학생 쉼터 주변과 운동장 구석이라고 답했습니다.
>
> 앞에서 보여 드린 사진이 바로 학생 쉼터 주변과 운동장 구석을 찍은 것입니다. 저희가 설문 조사 결과를 보고 실제로 이 장소들을 찾아 가 보았더니 과자 봉지나 빈 병 등이 여기저기 많이 버려져 있는 것을 확인 할 수 있었습니다. 학교 환경이 깨끗하지 않은 이유는 이렇게 쓰레기가 함부로 버려지고 있기 때문입니다.
>
> 그렇다면 우리 학교의 환경을 깨끗하게 만들기 위해 어떻게 해야 할까요? 학교 환경을 깨끗하게 만들기 위해 저희 모둠이 실천한 활동을 소개하겠습니다. 저희는 주변 환경을 정돈하는 여러 가지 방법 중에서 학교 꽃밭 만들기를 선택했습니다.
>
> 여러분 혹시 '게릴라 가드닝'이라는 말을 들어 보셨나요? '게릴라'는 '유격대, 몰래 기습하는 사람'을 뜻하고, '가드닝'은 '정원을 꾸미는 것'을 말합니다. 이 두 단어를 합해서, 관리가 소홀하거나 버려진 공간에 남몰래 식물을 심어 환경을 개선하는 시민운동을 '게릴라 가드닝'이라고 합니다.
>
> 저희는 이 운동을 보고 학교에서 쓰레기가 많이 버려지는 곳에 꽃밭을 만들어 가꾸어 보면 어떨까 생각했습니다. (동영상을 보여주며)저희 모둠의 활동을 촬영한 영상을 같이 보시지요.
>
> 영상에서 보시다시피 저희는 우리 학교에서 가장 지저분한 곳에 화분을 가져다 놓고 꽃을 심었습니다. 저희가 꽃밭을 만든 뒤 학생들이 그 주변에 쓰레기를 버리는 일이 눈에 띄게 줄었습니다. 작은 실천으로 학교의 환경이 깨끗해졌을 뿐만 아니라 아름답게 가꾸어져서 마음이 뿌듯했습니다.
>
> 지금까지 우리 학교 환경의 실태와 학교 환경을 깨끗하게 만드는 방법, 그리고 학교 환경을 깨끗하게 만들기 위해 저희 모둠이 실천한 활동을 발표했습니다. 발표를 준비하면서 저희는 주변 환경을 깨끗하게 하면 그 속에서 살아가는 우리도 행복해진다는 것을 깨달았습니다. 따라서 우리 모두를 위해 학교 환경에 꾸준히 관심을 기울이고 깨끗한 학교를 만들기 위해 노력해야 한다고 생각합니다.
>
> 이제 우리 학교의 환경을 깨끗하게 만드는 일에 여러분도 참여해 주십시오. 이상으로 발표를 마칩니다. 끝까지 들어 주셔서 고맙습니다.

> 메모

발표의 내용과 주제

[㉠]
- 우리 학교 환경의 실태: 쓰레기가 함부로 버려져 있어 깨끗하지 않음.
- 학교 환경을 깨끗하게 만드는 방법: 주변 환경을 깨끗하게 정돈해야 함.
- 혜원이의 모둠이 실천한 활동: 학교에서 가장 지저분한 곳에 꽃밭을 만듦.

★ 발표의 주제:
관리가 소홀하거나 버려진 공간에 남몰래 식물을 심어 환경을 개선하는 시민운동으로서 '게릴라 가드닝'의 의의

발표에 활용된 매체 자료

- 우리 학교 환경의 실태를 보여 주는 사진
- 게릴라 가드닝의 실제 사례를 보여 주는 사진
- 학교 꽃밭을 만드는 혜원이 모둠의 활동을 보여 주는 동영상

발표에 활용된 매체 자료의 적절성 판단

판단 기준
❶ 발표 내용과 상황에 적절한가?
❷ 청중의 주의를 끌고, 흥미를 유발하는가?
❸ ㉡

	효과 판단	그렇게 생각한 까닭
우리 학교 환경의 실태를 보여 주는 사진	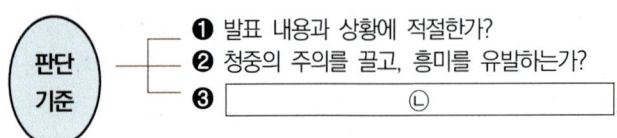	쓰레기가 함부로 버려져 있는 학교의 모습을 보며 무관심하게 지나쳤던 경험을 떠올릴 수 있어 발표 내용에 적절하다. / 사진으로 직접 보니까 문제 상황을 생생하게 확인할 수 있었다.
게릴라 가드닝의 실제 사례를 보여 주는 사진	☺ 😐 ☹	• 적절함, 게릴라 가드닝이 무엇인지 내용이 잘 전달되고 한눈에 잘 볼 수 있어서 내용 이해가 쉽다.
학교 꽃밭을 만드는 혜원이 모둠의 활동을 보여 주는 동영상	☺ 😐 ☹	• 적절하지 않다. • 모둠에서 실천한 활동을 보여 주는 동영상은 꽃밭을 만드는 상황만 보여 주고 있을 뿐 지저분한 곳에 꽃밭을 만드는 것이 실제로 학교 환경을 깨끗하게 만드는 데 어떤 도움이 되는지 보여 주지 못해 효과적이지 않은 것 같다.
보완이 필요한 매체		㉢

발표를 듣고 궁금한 점

- 꽃밭 만들기 외에 깨끗한 학교를 만드는 방법에는 어떤 것이 있을까?
- 학생들의 노력 외에 학교 차원에서 실천해야 할 사항은 없을까?

작성방법

- 메모 ㉠에 나타난 듣기의 문제점을 그 이유와 함께 지적하고, ㉡에 매체 자료의 적절성 판단 기준 1가지를 제시할 것.
- 메모 ㉢에 〈발표 자료〉에 보완이 필요한 매체를 제시하고 그 이유를 발표 내용을 고려하여 서술할 것.

2 다음은 '매체 자료의 효과성 판단하기'를 주제로 한 활동 자료의 일부이다. 〈작성 방법〉에 따라 〈보기〉 활동의 수정된 답안을 서술하시오. [4점]

〈활동 자료〉

(가)

먼저 흥미로운 실험을 하나 보고 가죠. 미국에서 한 실험인데요, 한 의류 회사에서 똑같은 옷을 두고 가격만 다르게 적은 세 종류의 상품 안내서를 만들었습니다. 첫 번째 안내서에는 옷의 가격을 34달러로 표시하였고, 두 번째에는 39달러로, 마지막 하나에는 44달러로 표시했지요. 그리고 이 안내서들을 무작위로 고객들에게 보냈습니다. 사람들이 가장 많이 주문한 옷은 어떤 것일까요?

그래프❶를 보면 알겠지만 놀랍게도 39달러로 표시된 옷이 가장 많은 주문을 받았다고 합니다. 이 실험을 한 사람들은 그 까닭을 숫자 '9'에서 찾았습니다.

자, 이번에는 이 사진을 한번 살펴봅시다.

사진❷에 나타난 가격에는 어떤 공통점이 있나요? 네, 가격에 숫자 9가 많이 들어 있다는 점을 눈치챘을 것입니다. 과연 9는 무엇 때문에 이렇게 많이 쓰였을까요? 그 까닭은 바로 '단수 가격(Odd Price)'을 이용한 판매 전략 때문입니다. 단수 가격이란 100원, 1,000원, 10,000원 등과 같이 딱 떨어지는 가격이 아니라, 그에 조금 못 미치는 가격을 말합니다. 예를 들어 9,900원, 990원 등이 이에 해당합니다.

(나)

단수 가격 전략과 유사한 판매 전략을 한 가지 더 알아볼게요.

그림❸의 첫 번째 가격표를 보면 5,200원짜리 제품을 할인해서 4,000원에 팔고 있다는 것을 알 수 있습니다. 두 번째 가격표를 살펴 볼까요? 5,000원짜리 제품을 할인해서 3,800원에 팔고 있네요.

혹시 둘 다 1,200원을 할인했다는 것을 눈치챘나요? 같은 금액을 할인했는데도 두 가격표에서 받는 느낌은 다릅니다. 5,200원에서 4,000원으로 낮아진 것은 천 원 정도 할인된 느낌이 드는데, 5,000원이 3,800원으로 낮아진 것은 2천 원 정도 할인된 느낌이 듭니다.

그렇다면 사람들은 왜 이렇게 느낄까요? 그건 사람들이 가격의 왼쪽 숫자를 보고 '이 제품의 가격은 이 정도일 것이다.' 하고 판단하는 경향이 있기 때문입니다. 이처럼 왼쪽에 표기된 숫자가 가격 판단에 영향을 미치는 것을 '왼쪽 자릿수 효과(Left Digit Effect)'라고 합니다.

(다)

가격과 관련한 판매 전략을 하나 더 소개하겠습니다. 바로 '준거 가격(Reference Price)'을 이용한 전략입니다. 준거 가격이란 소비자가 어떤 제품을 사려고 할 때 심리적으로 적정하다고 생각하는 수준의 가격을 말하는데요, 우리가 가격이 비싼지 싼지를 평가할 때 비교 기준이 됩니다.

예를 들어 쉽게 설명해 볼게요. 그림 ❹에서 한 친구가 펜을 사러 문구점에 갔다고 가정해 봅시다. 지금까지 1,000원 정도에 펜을 사 온 친구라면 '1,000원 정도면 사겠지?' 하고 생각할 것입니다. 이 경우 1,000원을 준거 가격이라고 할 수 있습니다. 그런데 펜의 가격이 2,000원이라면 살지 말지 망설일 것입니다. 반면 펜의 가격이 700원이라면 망설이지 않고 살 가능성이 크죠. 이렇듯 준거 가격은 소비자가 물건을 구입하는 데에 영향을 미치므로 판매자는 준거 가격을 이용한 다양한 판매 전략을 세웁니다.

(라)

준거 가격을 이용한 판매 전략에는 무엇이 있을까요? 자주 사용되는 전략은 바로 정가와 할인가를 함께 표시하는 것입니다.

사진❺를 보면 정가 28,000원짜리 셔츠를 22,400원에 팔고 있네요.

이렇게 정가와 할인가를 함께 제시하면 소비자는 정가를 준거 가격으로 삼아 자신이 얼마만큼 저렴하게 구매하는지를 생각하게 됩니다. 이러한 까닭에 판매자는 정가와 할인가를 함께 표시해서 소비자에게 물건을 저렴하게 판매하고 있다는 것을 보여 주는 전략을 자주 사용합니다.

(마)

준거 가격을 형성하는 데에는 다른 제품의 가격이 영향을 주기도 합니다. 예를 들어 설명해 보죠. 이어폰을 판매하는 김○○ 씨가 있었어요. 사진 ❻처럼 김 씨는 매장에 ㉮와 같이 23,000원짜리와 11,000원짜리 이어폰을 진열해 놓았습니다. 그런데 23,000원짜리 이어폰이 생각만큼 잘 팔리지 않았죠. 어떻게 할까 고민을 하고 있을 때, 좋은 생각이 떠올랐습니다.

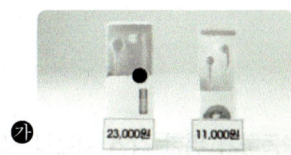
㉮ 23,000원 11,000원

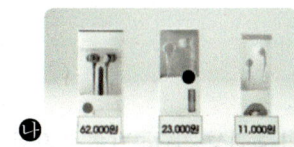
㉯ 62,000원 23,000원 11,000원

김 씨는 ㉯와 같이 62,000원짜리 이어폰을 함께 진열하기로 했습니다. ㉮처럼 23,000원짜리와 11,000원짜리 이어폰만 내놓았을 때에는 23,000원짜리가 매장에서 가장 비싼 이어폰이었습니다. 하지만 ㉯처럼 62,000원짜리를 내놓으면 23,000원짜리 이어폰이 상대적으로 저렴하게 인식되죠. 즉, 다른 제품의 가격이 준거 가격을 형성하는 데 영향을 준 것입니다.

〈보기〉

매체 자료	제시한 까닭	매체 자료 활용에 대한 판단
❶ 도표(막대 그래프)	39달러의 옷이 34달러, 44달러의 옷에 비해 많이 판매되었다는 실험 결과를 한눈에 보여 주고자 함.	〈생략〉
[A] ┌ ❷ 사진	준거 가격의 개념이 변화해 온 과정을 한눈에 볼 수 있게 하고자 함.	〈생략〉
❸ 그림	가격표의 정가와 할인가의 왼쪽에 표기된 숫자의 차이에 따라 할인된 정도를 다르게 인식한다는 점을 직접 느껴 보게 하고자 함.	가연: (나)의 그림은 청중이 왼쪽 자릿수 효과를 직접 느껴 볼 수 있게 제시되어 있어서 왼쪽 자릿수 효과가 무엇인지 이해하는 데 도움이 되는 자료인 것 같아.
❹ 그림	누구나 겪을 법한 일을 보여 주어 준거 가격의 개념을 이해하는 데 도움을 주고자 함.	윤구: (다)의 그림은 준거 가격이 소비자의 제품 구매에 영향을 미치는 예를 보여 주고 있기 때문에 강연의 내용을 이해하는 데 도움이 된다고 생각해.
❺ 사진	정가와 할인가를 함께 표시하는 판매 전략의 예를 보여 주어 청중이 준거 가격을 이용한 판매 전략을 이해하는 데 도움을 주고자 제시하였다.	[B] ┌ 준영: (라)의 사진은 실생활과 거리가 먼 자료이기 때문에 청중이 흥미를 느끼기 어려울 것 같아.
❻ 사진	다른 제품의 가격이 준거 가격의 형성에 영향을 준다는 사실을 이해하는 데 도움을 주고자 함.	[C] ┌ 도훈: (마)의 사진은 제품의 가격이 비쌀수록 잘 팔린다는 (마)의 내용을 이해하는 데 도움이 되기 때문에 효과적인 자료라고 생각해.

작성방법

- [A]에서 사진을 제시한 이유에 대한 학생의 답안은 문제가 있다. 이에 대해 수정된 답안을 제시할 것.
- [B]와 [C]에서 '준영'과 '도훈' 학생의 매체 자료 활용에 대한 판단이 적절하지 않은 근거를 들어 각각 서술할 것.

3. 다음은 '매체 자료의 효과성 판단하기'를 주제로 활동하기 위한 강연 자료의 일부이다. 〈작성 방법〉에 따라 강연 자료의 판단 내용을 서술하시오. [4점]

내가 보는 세상은 진짜일까

안녕하세요? 오늘 '착시'에 관한 발표를 맡게 될 ○○○입니다. 착시는 우리가 어떤 대상을 볼 때, 필요 없거나 잘못된 배경지식을 사용하는 바람에 실제와 다르게 해석하는 것을 말합니다. 간단히 말하자면, '그렇게 보았다고 착각하는' 현상이 바로 착시이지요.

착시의 예로는 독특하고 흥미로운 것들이 많습니다. 그림으로 확인해 볼까요? 자, 이제 한쪽 눈을 손으로 가리세요. 그리고 다른 한쪽 눈으로 여기 동전 세 개를 집중해서 바라봅시다.

> 매체 자료의 효과를 생각하며 강연을 들어 보세요.
>
> 불을 끄고 한쪽 눈을 가리라고 하는 이유가 뭘까?

어떤 동전이 가장 가까이 있는 것 같나요? 또 어떤 동전이 가장 멀어 보이나요?

정상적으로 착시가 일어났다면 500원 동전이 제일 멀리 떨어져 있는 거로 보일 거예요.

이제 눈을 가렸던 손을 치우고, 동전들을 다시 보시죠. 사실 이 그림에서 동전 세 개는 같은 크기로, 같은 평면에 나란히 배치되어 있습니다. 그런데 왜 한쪽 눈을 가리고 집중해 보았을 때, 동전 셋이 서로 다른 거리에 있는 것처럼 보였을까요? 배경은 어둡고, 우리는 한쪽 눈마저 가렸기 때문에 거리가 얼마나 떨어져 있는지 정확히 알기가 어려웠습니다. 그래서 우리의 뇌는 이미 아는 정보, 즉 배경지식을 활용하여 거리를 판단했던 겁니다. 500원 동전이 100원 동전보다 크고, 100원 동전은 50원 동전보다 크다는 걸 우리는 이미 알고 있지요. 멀리 있는 것은 작게, 가까이 있는 것은 크게 보인다는 사실도요. 이 동전들이 원래 크기 그대로 같은 거리에 나란히 있었다면 500원 동전이 제일 크게, 50원 동전이 제일 작게 보이겠죠? 그런데 이 그림에서는 동전 크기가 셋 다 같아 보이니, 우리 뇌가 어떻게 판단했겠어요? '아, 500원짜리 동전이 가장 멀리 떨어져 있구나.' 하고 판단한 것이죠. 그러니까 뇌가 배경지식의 영향을 받아, 실제로 보고 인식한 사실과 전혀 다르게 판단한 겁니다. 이런 현상이 바로 착시입니다.

또 다른 예를 살펴볼까요?

철길 위에 노란 막대가 두 개 보이지요? 두 막대 중 어떤 게 더 길어 보이나요? 이제, 실제 길이가 어떤지 확인해 볼까요?

두 막대의 실제 길이는 같습니다. 위에 있는 막대가 더 길다고 생각한 분들이 꽤 있을 거예요. 이것 역시 멀리 있는 사물은 작게 보이고 가까운 사물은 크게 보인다는 배경지식 때문에 일어난 착시입니다. 그 과정을 살펴볼까요? 사람들은 사진의 배경인 철길을 참고해 위 막대는 멀리 있고 아래 막대는 가깝게 있다고 여깁니다. 그러고는 실제로 길이가 같은 두 막대를 보면서, 멀리 있는 위 막대가 가까이 있는 아래 막대보다 원래는 더 길 거라고 판단하는 거죠.

착시 현상의 예를 더 보겠습니다.

자, 그림 속 판자 위에 네모 칸 중 A와 B가 각각 적힌 칸의 밝기를 비교해 보세요. 어떤 칸이 더 밝아 보이나요? 아마 많은 분이 B라고 생각할 겁니다. 그럼 실제로 A와 B 두 칸을 이어 붙여서, 밝기를 비교해 보겠습니다.

어떤가요? 두 칸의 밝기가 같죠? 이때 우리의 뇌가 사용한 배경지식은 '그림자가 드리우면 어두워진다.'라는 것입니다. 위 그림에서 원통의 그림자는 B가 있는 쪽으로 드리워 있습니다. 그림자가 있는 곳은 그림자가 없는 곳에 비해서 어둡겠죠? 우리는 이미 그렇게 알고 있습니다. 그래서 그림자 안에 있는 B는 그림자 때문에 어두워진 결과이고, 원래 B는 보이는 것보다 더 밝았을 거라고 우리 뇌가 판단한 것이죠. 하지만 뇌의 판단과는 달리, 실제 A와 B, 두 칸의 밝기는 같았습니다. 이 역시 사물을 볼 때 배경지식이 영향을 미쳐, 실제와 다른 것을 자기는 맞게 보았다고 착각한 경우입니다.

결국, 우리는 사물을 두 번 본다고 할 수 있습니다. 한 번은 감각 그대로, 망막에 맺힌 상을 인식하는 것이고, 두 번째는 그 감각에 배경지식을 적용한 결과대로, 즉 착시대로 보는 것이죠. 이 둘은 일치하지 않을 때가 많은데, 우리는 착시가 일어난 것을 깨닫지도 못한 채 사물을 보곤 합니다. 착시는 옳다, 그르다 하고 판단할 문제는 아닙니다. 그런데 착시 현상을 우리 생활에 이롭게 이용할 수는 있습니다.

다음 사진을 한번 보시죠.

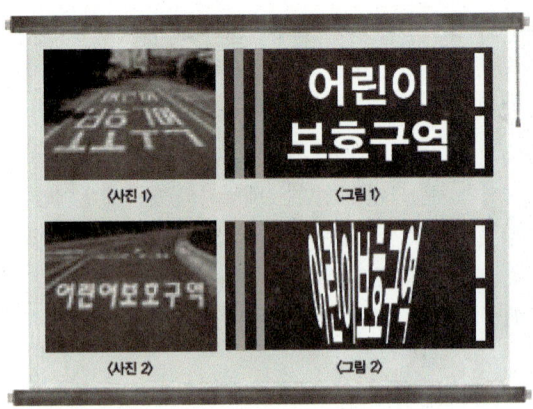

이 두 사진을 보면, 도로에 어린이 보호 구역을 알리는 표시가 있습니다. 차의 속도를 늦추고 조심해서 운전하도록 안내하는 글자이지요. 사진 옆에 있는 그림은 '어린이 보호 구역'이라는 글자가 실제로 바닥에 어떻게 그려져 있는지 나타냅니다. 〈사진 1〉은 흔히 볼 수 있는 표시인데 운전자의 눈높이에서는 잘 보이지 않습니다. 이에 비해 〈사진 2〉는 글자가 마치 서 있는 것처럼 잘 보이네요. 도대체 어떻게 했기에 이렇게 보이는 걸까요? 그 해답은 〈그림 1〉과 〈그림 2〉를 비교해 보면 알 수 있습니다. 〈그림 2〉와 같이 글자 윗부분을 아랫부분보다 두껍고 크게 하여 윗부분이 더 가까워 보이도록 했기 때문이지요. 앞에서 보았듯 우리는 '멀리 있는 것은 작게, 가까이 있는 것은 크게 보인다.'라고 알고 있잖아요? 그 지식을 바탕으로 우리의 뇌는 〈그림 2〉의 글자 모양이 아닌, 〈사진 2〉의 모양으로 인식하는 것이죠. 그러고는 다음과 같이 도로에 세워진 글자를 보게 되는 것입니다.

자, 지금까지 착시에 관해 살펴봤는데 어땠나요? 우리가 원래 알고 있던 지식 때문에 착시가 일어난다는 점이 재미있기도 하고, 신기하기도 하지요? 다시 말하지만, 착시는 옳고 그름을 판단할 수 없는 현상입니다. 그러니 자연스럽게 일어나는 인식의 하나로 받아들이고, 생활에 도움이 되도록 이용해 보는 게 바람직하겠죠. 앞에서 보았던 '어린이 보호 구역' 표시처럼, 착시 현상을 멋지게 활용할 방법을 한번 찾아보면 어떨까요? 그럼, 여기서 강연을 마치겠습니다.

작성방법

- 강연의 매체 자료의 효과성 판단을 위한 준거 2가지를 제시할 것.
- 이를 토대로 강연의 매체 자료의 효과에 대한 판단 내용을 각각 서술할 것.

2 설득

> **테마 1**   설득의 원리

❶ [설득 담화의 내용 조직]

`관련 기출`

`2012 2차 논술`

1 '청중의 특성을 파악하여 설득하는 말하기의 내용을 조직할 수 있다.'라는 학습 목표로 수업을 하고자 한다. 〈조건〉에 따라 한 편의 글로 논술하시오.

(가)

　유전자 변형 작물에 대한 연구·개발 및 산업화가 활발히 진행되고 있다. 그리고 유전자 변형 작물의 유용성에 대한 인식이 확산되면서 유전자 변형 작물을 직접 개발하는 국가도 기하급수적으로 늘어나고 있다. 그러나 유전자 변형 작물이 인체 및 환경에 유해하지 않다는 과학적 검증이 완전하게 이루어지지 않아, 그 안전성에 대한 논란은 여전히 계속되고 있다.

　유전자 변형 작물의 유해성이 실제로 증명된 적이 없다고 해서, 유전자 변형 작물이 안전하다고 말하는 것은 시기상조이다. 인위적으로 만들어진 새로운 품종이기 때문에 식품 안전성을 완벽하게 검증하는 데는 기존의 농작물에 비해 더 많은 시간이 필요하기 때문이다. 잠복기를 거쳐 수십 년 뒤에 부작용이 나타날 수도 있고, 유전을 통해 후대로 전달될 가능성도 있다. 또한 몇몇 동물 실험의 사례에서 보듯이 인체 면역력을 떨어뜨리거나 알레르기 등의 부작용을 일으킬 위험도 배제할 수 없다.

　유전자 변형 작물이 환경 친화적이라는 주장도 다시 한번 살펴볼 필요가 있다. 유전자 변형 작물이 해충이나 잡초에 대하나 저항력을 강화한 것이라 농약의 사용이 줄어들 것이라고 하지만, 오히려 내성을 가진 슈퍼 잡초나 슈퍼 해충이 등장해서 더 많은 농약이 필요해질 수 있다. 대부분의 전문가에 의하면 유전자 변형 작물을 개발하는 과정에서 위해 요소의 일부가 생태계에 유입될 경우, 돌연변이를 유발하여 생태계의 균형을 깨트릴 수 있다고 한다.

　과학의 힘이 가져다주는 마술이 당장에는 우리의 눈을 현혹할지 몰라도, 종국에는 환경을 오염시키고 생태계를 교란시키는 부작용을 낳을 수 있다. 재앙이 발생한 이후에 이를 되돌리려면 훨씬 오랜 시간과 많은 노력을 들여야 한다. 따라서 유전자 변형 작물의 재배와 유통은 신중하게 이루어져야 한다.

(나)

　유전자 변형 작물이란 유전자를 인공적으로 재배합하거나 돌연변이를 일으켜서 유전자의 성질을 바꾸어 만든 작물을 말한다. 1904년 '무르지 않는 토마토'가 개발된 이후 유전 공학은 놀라운 속도로 발전하였고, 그 결과 수많은 종류의 유전자 변형 작물이 재배되고 있다.

　유전자 변형 작물은 미래의 식량 부족 문제를 해결할 실질적인 대안으로 주목받고 있다. 기존 작물에 비해 병충해를 잘 견딘다는 점이 수확량 증가에 크게 기여하기 때문이다. 식량문제는 더 이상 먼 미래의 일이 아니다. 일부 국가에서는 이미 곡물 생산량의 증가율이 인구 증가율을 밑돌기 시작하였다. 의료 기술의 발달 및 수명 연장에 따른 인구 증가의 속도를 곡물 생산량이 따라잡지 못하기 때문이다. 전문가들은 이러한 상황이 지속된다면 2030년 이전에 심각한 식량 위기에 직면하게 될 것이라고 경고한다.

유전자 변형 작물은 인류의 건강 유지에도 도움을 줄 수 있다. 특정 성분을 강화하고 유해한 성분을 없앤 작물을 만드는 것이 가능해지기 때문이다. 먹기만 해도 백신 주사를 맞는 효과가 있는 과일, 식이 섬유나 단백질 성분을 강화한 쌀, 카페인이 없는 커피나 차 등이 그것이다. 이런 작물들이 상용화된다면 큰 비용을 들이지 않고 질병을 예방하거나 치료할 수 있게 되리라고 기대할 수 있다. 또한 유전자 변형 작물은 환경 친화적이라는 장점도 갖는다. 해충이나 잡초에 잘 견디는 작물의 개발은 유독한 농약이나 화학 비료를 사용하지 않고도 기존의 수확량과 품질을 유지할 수 있게 한다. 식물의 환경 정화 능력을 강화한 유전자 변형 작물은 차세대 환경 정화 방법으로 주목받고 있기도 하다.

인류의 식량 부족과 환경오염 등이 전 세계적인 문제로 떠오른 지금, 해결 방안이 있는데도 명확히 검증되지 않은 유해성을 근거로 논란만 일삼는 것은 인류의 위기를 자초하는 일이라 할 수 있다. 그러므로 유전자 변형 작물의 개발 및 재배 확대를 위해 적극적으로 투자해야 할 때이다.

자료

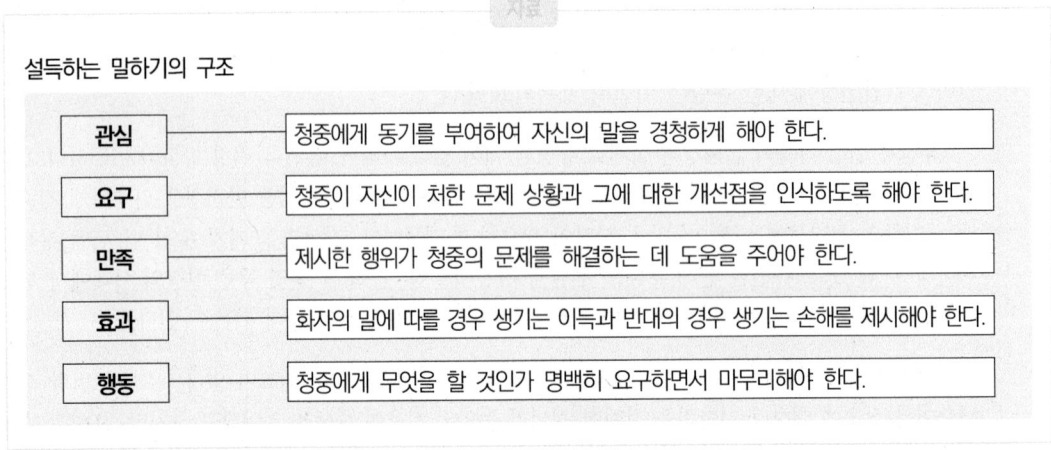

설득하는 말하기의 구조

관심	청중에게 동기를 부여하여 자신의 말을 경청하게 해야 한다.
요구	청중이 자신이 처한 문제 상황과 그에 대한 개선점을 인식하도록 해야 한다.
만족	제시한 행위가 청중의 문제를 해결하는 데 도움을 주어야 한다.
효과	화자의 말에 따를 경우 생기는 이득과 반대의 경우 생기는 손해를 제시해야 한다.
행동	청중에게 무엇을 할 것인가 명백히 요구하면서 마무리해야 한다.

조건

(3) '유전자 변형 작물에 대한 부정적 인식을 바꾸자.'라는 주제로 친구들 앞에서 설득하는 말하기를 할 학생 A에게 예시할 내용을 〈자료2〉를 토대로 구체적으로 제시할 것. 단, (가)와 (나)를 활용할 것.

심화 예제

2 '청자의 심리 변화 과정을 반영한 내용 전개 방법의 이해와 활용하기'라는 주제로 다음 〈자료〉를 활용하고자 한다. 〈작성 방법〉에 따라 학습 내용을 서술하시오. [4점]

(가)

유전자 변형 작물이란 유전자를 인공적으로 재배합하거나 돌연변이를 일으켜서 유전자의 성질을 바꾸어 만든 작물을 말한다. 1904년 '무르지 않는 토마토'가 개발된 이후 유전 공학은 놀라운 속도로 발전하였고, 그 결과 수많은 종류의 유전자 변형 작물이 재배되고 있다.

유전자 변형 작물은 미래의 식량 부족 문제를 해결할 실질적인 대안으로 주목받고 있다. 기존 작물에 비해 병충해를 잘 견딘다는 점이 수확량 증가에 크게 기여하기 때문이다. 식량문제는 더 이상 먼 미래의 일이 아니다. 일부 국가에서는 이미 곡물 생산량의 증가율이 인구 증가율을 밑돌기 시작하였다. 의료 기술의 발달 및 수명 연장에 따른 인구 증가의 속도를 곡물 생산량이 따라잡지 못하기 때문이다. 전문가들은 이러한 상황이 지속된다면 2030년 이전에 심각한 식량 위기에 직면하게 될 것이라고 경고한다.

유전자 변형 작물은 인류의 건강 유지에도 도움을 줄 수 있다. 특정 성분을 강화하고 유해한 성분을 없앤 작물을 만드는 것이 가능해지기 때문이다. 먹기만 해도 백신 주사를 맞는 효과가 있는 과일, 식이 섬유나 단백질 성분을 강화한 쌀, 카페인이 없는 커피나 차 등이 그것이다. 이런 작물들이 상용화된다면 큰 비용을 들이지 않고 질병을 예방하거나 치료할 수 있게 되리라고 기대할 수 있다. 또한 유전자 변형 작물은 환경 친화적이라는 장점도 갖는다. 해충이나 잡초에 잘 견디는 작물의 개발은 유독한 농약이나 화학 비료를 사용하지 않고도 기존의 수확량과 품질을 유지할 수 있게 한다. 식물의 환경 정화 능력을 강화한 유전자 변형 작물은 차세대 환경 정화 방법으로 주목받고 있기도 하다.

인류의 식량 부족과 환경오염 등이 전 세계적인 문제로 떠오른 지금, 해결 방안이 있는데도 명확히 검증되지 않은 유해성을 근거로 논란만 일삼는 것은 인류의 위기를 자초하는 일이라 할 수 있다. 그러므로 유전자 변형 작물의 개발 및 재배 확대를 위해 적극적으로 투자해야 할 때이다.

(나) 〈설득하는 말하기의 구조〉

[A] 관심	청중에게 동기를 부여하여 자신의 말을 경청하게 해야 한다.
요구	청중이 자신이 처한 문제 상황과 그에 대한 개선점을 인식하도록 해야 한다.
만족	제시한 행위가 청중의 문제를 해결하는 데 도움을 주어야 한다.
[B] 효과	화자의 말에 따를 경우 생기는 이득과 반대의 경우 생기는 손해를 제시해야 한다.
[C] 행동	청중에게 무엇을 할 것인가 명백히 요구하면서 마무리해야 한다.

작성방법

- (가)를 활용하여 '유전자 변형 작물에 대한 부정적 인식을 바꾸자.'라는 주제로 친구들 앞에서 설득하는 말하기를 할 학생에게 예시할 내용 (나)의 [A]와 [C]에 해당하는 내용을 각각 서술할 것.
- (나)의 설득하는 말하기의 구조가 지닌 의의를 [A]와 [B]를 활용하여 서술할 것.

3 다음은 '설득하는 말하기의 내용 조직 방법'을 지도하기 위해 구안된 교사용 교과서의 일부이다. 〈작성 방법〉에 따라 자료 활용 내용을 서술하시오. [4점]

1 〈지도의 주안점〉

청자와 독자를 효과적으로 설득하기 위해서는 효과적인 담화와 글의 구조와 내용 조직이 필요하다. 다른 사람을 효과적으로 설득하려면 담화나 글의 구조와 내용을 이해하고 적절하게 재구성하는 능력이 필요함을 주지시킨다. 내용을 구성할 때에는 담화와 글의 유형, 특성, 상황에 알맞게 내용을 조직하도록 지도한다.

2 〈단원 목표〉

이 단원에서는 청자의 마음이 움직이는 과정을 다섯 단계로 나누어 각 단계에서 화자가 해야 할 일을 제시하여 구성하는 동기화 단계 조직 방법을 구성해 보도록 지도한다.

각 단계의 명칭이 심리와 직결되어 있어서 설득을 위한 화법과 작문 조직 교육에 유용하다.

관심	청중에게 동기를 부여하여 자신의 말을 경청하게 해야 한다.
요구	청중이 자신이 처한 문제 상황과 그에 대한 개선점을 인식하도록 해야 한다.
만족	제시한 행위가 청중의 문제를 해결하는 데 도움을 주어야 한다.
효과	화자의 말에 따를 경우 생기는 이득을 제시해야 한다.
행동	청중에게 무엇을 할 것인가 명백히 요구하면서 마무리해야 한다.

[설득하는 말하기의 구조]

3 〈학생의 발표문〉

여러분, 지난 체험 학습 때 생태 공원의 교육관에서 함께 시청했던 다큐멘터리를 기억하시죠? 저는 그와 관련하여 생태 복원을 통해 환경 문제를 해결하는 방안을 소개하고자 합니다.

[A] ┌─ (화면을 가리키며) 이곳은 ○○ 나라의 항구 도시 □□입니다. 과거 이 지역은 수중 생물들이 방파제 역할을 했으나, 항구가 건설되면서 수중 생태계가 파괴되어 물이 범람하는 일이 잦아졌습니다. (화면을 가리키며) 여기는 운하인데요, 이 운하가 만들어져 물이 잘 순환되지 않아 오염되는 문제가 생겼습니다. 이러한 문제들의 해결을 위해 여러 방안이 강구되어 왔는데, 최근에 굴 구조체를 활용하는 프로젝트가 진행되고 있습니다.

지난 과학 시간에 굴이나 홍합이 자연의 방파제가 될 수 있고 물을 정화할 수 있다는 것을 함께 배웠는데, 기억하시나요? (청중의 반응을 살핀 후) 대부분 기억하시는군요. 제가 소개하는 프로젝트는 우리가 알고 있는 이러한 굴의 능력을 활용한 것입니다. □□ 도시의 해안가에는 원래 굴이 많이 서식했지만, 항구와 운하를 만들면서 일부 지역을 제외하고는 거의 사라졌습니다. 이 프로젝트에서는 이렇게 사라진 굴의 서식지를 복원하여 도시 환경을 개선하는 것을 목표로 삼고 있습니다.

(화면을 가리키며) 여기가 굴 서식지를 대규모로 조성하고 있는 곳입니다. 이곳에 굴 서식지가 조성되면 물이 정화되고 암초처럼 크고 단단하게 굳어진 굴 구조체가 방파제 역할을 하게 됩니다. 그런데 굴은 이곳에만 있는 것이 아닙니다. (화면을 가리키며) 여기 운하에도 굴이 있습니다. 운하에서는 '떠 있는 용승 시스템'을 설치하여 어린 굴을 키웁니다. 이 장치의 부표 아래에는 물을 흘려보내는 통로가 있으며, 통로 양옆에 굴을 키우는 방이 있습니다. 이곳의 굴들은 성장하면서 운하의 물을 정화합니다. 이 장치에서 어린 굴이 어느 정도 자라면 해안가 근처의 암초망으로 옮겨지고, 그곳에서 작은 굴 구조체 덩어리가 형성되면 대규모 서식지로 옮겨집니다.

[B] ┌─ 이 프로젝트가 완성되면 (화면을 가리키며) 이 지역은 파도에 의한 물의 범람이 없어지고, 깨끗한 물로 둘러싸인 쾌적한 환경이 될 것입니다. 그리고 (화면을 가리키며) 이곳에 대규모로 만들어진 굴 서식지에는 굴뿐만 아니라 다양한 수중 생물들이 새로운 생태계를 형성할 것으로 전망됩니다. 이와 같이 생태 복원을 통해 환경을 개선하는 것은 자연과 인간이 공생하는 좋은 방안이 될 것입니다.

4 〈설득 화법 평가〉

동기화 단계를 이용한 메시지 조직 방법을 지도하였다면 화법 평가도 교육 내용과 일관되어야 한다. 다음의 점검표를 사용하면 지도한 내용을 학생이 잘 반영하여 메시지를 조직하였는지 쉽게 진단할 수 있다.

점검 항목	기준	점검 내용
내용	관심	1. 도입부를 창의적으로 시작하고 있는가? 2. 청중을 화법의 주제와 연결하고 있는가? 3. (㉠)을 유발하고 있는가?
	요구	1. 현재 문제의 심각성을 상세히 유발하고 있는가? 2. 변화의 필요성을 명백히 진술하고 있는가? 3. (㉡)를 효과적으로 사용하고 있는가?
	만족	1. 구체적 해결 방안을 제시하고 있는가? 2. 해결 방안의 실현 양상을 설명하고 있는가? 3. 실현 가능성과 장애 극복 방법을 구체적으로 설명하고 있는가?
	효과	1. 해결 방안의 이익을 구체적으로 제시하고 있는가? 2. 이익에 대한 생동감 있는 (㉢)를 제공하고 있는가? 3. 이익의 개인적 적용에 대한 (㉣)를 시도하고 있는가?
	행동	1. 명확하고 구체적인 행동을 요구하고 있는가? 2. 열렬하고 고무적인 호소로 행동을 요구하고 있는가? 3. 행동과 문제 해결에 대한 연관성을 설명하고 있는가?
전달	언어적 요소	1. 어휘 선택과 생동감있는 언어 표현 2. 표준어와 표준발음
	비언어적 요소	1. 어조, 성량, 속도, 억양 2. 복장과 용모, 동작과 표정, 시선
기타		효과적인 시간 안배

작성방법

- ❷ [설득하는 말하기의 구조]를 고려하여 ❸ 〈학생의 발표문〉에서 누락된 단계 1개를 제시하고, [A], [B]가 [설득하는 말하기의 구조]의 어느 단계에 해당하는지 그 이유를 포함하여 각각 설명할 것.
- ❹ 〈설득 화법 평가〉의 ㉠, ㉡에 활용 가능한 방법을 각각 제시하고, ㉢, ㉣에 이 단계의 특징을 고려하여 해당하는 단어를 각각 제시할 것.

[매체 설득 전략 판단]

> 기본 예제

1 다음을 읽고 괄호 안의 ㉠에 들어갈 말을 쓰고, ㉡에 이유에 해당하는 내용을 1문장으로 제시하시오. [2점]

이제, 광고를 보고 비판적으로 분석하는 활동을 통해 설득 전략을 활용한 광고나 연설 등을 접할 때 어떻게 듣는 것이 바람직한 듣기 태도인지에 대해 생각해보도록 하겠습니다.

〈활동지〉
…(생략)…

활동지 1번 활동을 통하여 (가)와 (나)의 광고 문구를 세밀하게 분석하는 활동을 하겠습니다. 개인 학습이 어려울 때는 모둠 학습을 통해 모둠이 함께 의논해 보고 발표를 할 거예요.
…(중략)…
각 모둠별로 분석한 결과를 잘 발표해주었어요. 그렇다면, 활동지 2번 활동으로 이제 이들 광고가 설득력이 떨어지는 이유를 설득 전략을 중심으로 설명해 볼까요?
…(중략)…
그래요. 철수가 말했듯이 (가)에서 '허리가 편하면 성적이 오릅니다.'라는 문구는 '허리의 편안함'을 전제로 '성적을 올릴 수 있다'는 결론을 내리는 이성적 설득 전략을 활용하고 있지만, 논리적 타당성을 결여하고 있다는 점에서 설득력이 떨어지지요. 잘 말해주었어요. 그렇다면 (나)에 활용된 3가지 설득 전략이 적절한지를 판단해볼까요?

…(중략)…

그래요. (나)가 설득력이 떨어지는 이유를 잘 말해주었어요. 여러분의 발언을 선생님이 정리해볼게요. 먼저, '한류 스타도 즐긴다'를 전제로 '모두가 즐긴다'는 결론을 이끌고 있는 이성적 설득 전략을 활용한 부분은 (㉠)의 오류를 범하고 있다는 점에서 설득력이 떨어지지요. 다음으로 '오로라 빛', '환상의 성', '멋진 군주'가 될 수 있다는 등 비유적 표현으로 감성적 설득전략을 활용하고 있지만, 지나친 비유적 표현으로 감성을 자극하고 있다는 점에서 설득력이 떨어지고 있습니다. 마지막으로 인성적 설득 전략을 활용하고 있지만 설득력이 떨어집니다. 그 이유는 (㉡)

심화 예제

2 (가)는 '설득 전략을 비판적으로 분석하며 듣는다.'의 학습 목표를 성취하기 위한 활동지이고, (나)는 이에 대한 교사 협의회 대화의 일부이다. 〈작성 방법〉에 따라 서술하시오. [4점]

(가) 〈활동지〉

(수석 합격한 여학생과 학부모가 등장)

수석 합격생: …(중략)… 학교 공부에 충실했고요.

[A] ┌ 학생: 수석 합격한 또 다른 비결은 없습니까?
    └ 수석 합격생 학부모: 카레요, 카레!(강하게 발음) 제가 ○○ 카레(○○ 카레를 강조하며) 얼마나 자주 해 줬는데요!

수석 합격생: 그건 비밀인데!(강하게 발음)
수석 합격생 학부모: 비밀이야?
('수험생에겐 카레가 좋아'라는 표제를 가진 신문 기사를 보여줌)
(한의사 등장)

[B] ┌ 한의사: 네, 수험생에게는 카레가 좋습니다.

(시엠송이 나오며 ○○ 카레!를 반복 강조한다. 수석 합격한 학생이 카레를 먹는 장면이 흐른다.)

[내용 학습]
1. 위의 글을 읽고 다음 물음에 답해보자.
    (1) 이 광고의 목적은 무엇인가?
    (2) 이 광고의 구체적인 설득 대상은 누구인가?

[목표학습]
2. 호소력을 높이기 위해 광고에서 사용하는 다양한 전략을 찾아 내고, 그 효과를 비판적으로 평가해보자.
    (1) 이 광고에서 사용한 설득 방법을 찾아보고 평가해보자.

[정답 예시]

판단 근거 찾기	설득 전략의 파악	비판적으로 듣기 위한 방법
강한 발음		표현이 청자에게 미치는 효과를 파악하고 판단한다.
인쇄매체의 활용		

(2) 위의 내용을 참고하여 광고를 볼 때 유의하여야 할 점을 말하여 보자.

(나) 〈교사 협의회 교사들의 대화〉

송 교사 : 제가 구성한 활동지에 대해 조언을 해주실 수 있나요?
김 교사 : 학습 활동을 [내용 학습]과 [목표 학습]으로 나누어 학습 내용을 달성하고자 했다는 점에서 효과적이었습니다. 그런데, 목표 학습 2-1에서 "호소력을 높이기 위해 광고에서 사용하는 다양한 전략"을 학생들이 바로 찾아 내기에 어렵지 않았나 싶습니다. 그래서 저희가 먼저 이에 대한 답안을 구상한 후, 활동을 근거를 찾아 설득 전략 파악하고 이후 비판적 듣기 방법을 단계적으로 구성하는 것이 어떨까요?
김 교사 : 예를 들면 광고에서 강하게 발음하는 장면 즉, 'OO카레', '비밀' 등을 강하게 발음하거나 강조하는 것에 근거를 두고, 이러한 설득 전략을 비판적으로 듣기 위한 방법으로 "광고에서 반언어적 표현의 효과와 의미 파악하기"를 지도하면 어떨까요?
송 교사 : 아, 굉장히 효과적이라고 보입니다. 그렇다면, 제가 이를 적용해보자면 '수험생에겐 카레가 좋아'라는 표제의 신문 기사를 보여주는 것을 근거로 비판적으로 듣기 위한 방법으로 "인쇄 매체를 활용함으로써 얻는 효과를 파악하고 판단하기"를 유도할 수 있겠습니다.
…(중략)…

작성방법

- (나)에서 교사의 적용 사례를 참조하여 [A]에서 활용된 설득 전략을 쓰고, 그렇게 생각한 이유를 서술하고, 이를 비판적으로 듣기 위한 방법 1가지를 제시할 것.
- (나)에서 교사의 적용 사례를 참조하여 [B]에서 활용된 설득 전략을 쓰고, 그렇게 생각한 이유를 서술하고, 이를 비판적으로 듣기 위한 방법 1가지를 제시할 것.

2 [타당성 판단하며 듣기]

관련 기출

2019 A형 서술형

1 다음은 심포지엄의 일부이다. 심포지엄 진행 과정에서 발생한 문제점 해결 방법과 사회자의 역할에 대해 〈작성 방법〉에 따라 서술하시오. [4점]

> 사회자 : 지금부터 '인간 태도 변화의 원인 탐색'이라는 주제로 심포지엄을 시작하겠습니다. 먼저 한국대학교 정○○ 교수님께서 '행동 학습에 의한 태도 변화'라는 제목으로 발표해 주시겠습니다.
> 정○○ 교수 : (발표한다.)
> 사회자 : 지금까지 정○○ 교수님께서 발표해 주셨습니다. 정○○ 교수님의 발표 내용은 인간의 태도 변화는 행동 학습에 의한 변화로 연합에 의한 변화, 강화에 의한 변화 등으로 이루어진다는 것이었습니다. 다음으로 인간태도연구소 강○○ 박사님께서 '설득에 의한 태도 변화'라는 제목으로 발표해 주시겠습니다.
> 강○○ 박사 : (발표한다.)
> 사회자 : (강○○ 박사의 발표 내용을 요약하고 세 번째 발표자 황○○ 교수를 소개한다.)
> …(중략)…
> 사회자 : 세 분의 발표를 들었습니다. 이제 질의·응답 시간을 갖겠습니다. 궁금한 점이 있거나 추가로 보충 설명이 필요한 청중께서는 손을 들어 주십시오. 사회자가 지명 하면 1분 이내로 질의하시고, 발표자께서는 3분 이내로 답변하시기 바랍니다.
> (청중1이 손을 든다. 사회자가 지명한다.)
> 청중 1 : 황○○ 교수님께 질문 드리겠습니다. 사람의 태도 변화와 관련한 인지 부조화 이론 발표를 잘 들었습니다. ㉠인지 부조화 이론을 뒷받침하는 사례를 들어 주셨는데, 그 사례들이 오히려 교수님의 설명과 배치되는 것 아닌가요?
> 황○○ 교수 : ㉡제가 제시한 사례가 인지 부조화 이론과 어떻게 연계되는지를 잘못 판단하면서 들으신 것 같습니다. 태도가 변화하는 사례의 내용이 적절한지를 판단하며 들어 주시면 감사하겠습니다. (보충 설명을 한다.)
> …(중략)…
> 사회자 : 이제 심포지엄을 마무리할 때가 되었습니다. 지금까지 이루어진 발표 내용을 요약하면, 인간 태도 변화의 원인에 대하여 강○○ 박사님께서 설득에 의한 것을 말해 주셨고, 황○○ 교수님께서 인지 부조화 이론과 관련해 발표해 주셨습니다. 오늘 이 자리에 참석해 주신 모든 분께 의미 있는 시간이 되었기를 바랍니다. 이상으로 심포지엄을 모두 마치겠습니다. 감사합니다.

작성방법

- ㉡을 고려할 때 ㉠에서 확인되는 듣기의 문제점을 해결하는 데 도움이 되는 구체적인 듣기 방법을 3가지 서술할 것.

> 심화 예제

2. 다음은 '타당성 판단하며 듣기'를 주제로 한 화법 수업의 일부이다. 〈작성 방법〉에 따라 판단하며 듣기의 지도 내용을 서술하시오. [4점]

> 오늘은 '내용의 타당성을 판단하며 들을 수 있다.'를 목표로 듣기 수업을 하고자 합니다. 먼저, 선생님이 준비한 화면 자료를 봅시다. 남학생과 여학생이 버스에서 광고를 듣고 있는 장면이에요.
>
> 윤지: 이제 곧 시험이네. 현철아, 시험공부 많이 했어?
> 현철: 아니, 자꾸 딴생각만 들어서 공부가 잘 안돼. 윤지야, 쉽게 공부할 수 있는 방법이 없을까?
>
>> 광고
>> 집중이 잘 안된다고요? 쉽게 공부하고 싶다고요?
>> '똑똑 학습기'를 사용하면 누구나 성적을 올릴 수 있습니다.
>> '똑똑 학습기'를 사용한 열 명 중 일곱 명의 성적이 올랐습니다! 공부의 왕 나으뜸 군도 효과를 본 제품!
>> 올해의 디자인상을 받은 제품!
>> 이제 '똑똑 학습기'가 여러분의 성적을 책임지겠습니다.
>> 이번 기회를 놓치지 마세요!
>
> 현철: 우아! 이거 좋은데? 당장 사야겠다.
> 윤지: 뭐야! 말도 안 되는 내용이잖아. 이걸 왜 사?
>
> 광고에서 내세우는 주장과 근거가 무엇인지 파악해볼까요? 광고에서 내세우는 주장은 무엇인가요?
> 학생: "'똑똑 학습기'를 사용하면 누구나 성적을 올릴 수 있다"입니다.
> 교사: 그래요. 그렇다면 광고에서 제시한 근거는 무엇인가요?
> 학생: "'똑똑 학습기'를 사용한 열 명 중 일곱명의 성적이 올랐다."입니다.
> 학생: "공부의 왕 나으뜸 군도 효과를 본 제품이다."입니다.
> 학생: "올해의 디자인상을 받은 제품이다."입니다.
> 교사: 다들 잘 말해주었어요. 그럼 다음 장면을 볼까요? 여학생이 남학생에게 광고의 내용이 타당한지 짚어 주고 있는 장면이에요.
>
>> 현철: 너 방금 못 들었어? 이 학습기를 쓰면 누구나 성적을 올릴 수 있다잖아!
>> 윤지: 누구나 성적을 올릴 수 있다고 하고는 열 명 중 일곱 명만 올랐다고 했잖아. 앞뒤가 맞는다고 생각해?
>> 현철: 공부의 왕 나으뜸도 '똑똑 학습기'의 효과를 봤다는데?
>> 윤지: 그 사람이 공부를 잘하게 된 것이 그 학습기 때문만인지는 알 수 없잖아.
>> 현철: 그래도 올해의 디자인상을 받았으니까 믿을 만한 제품 아니야?
>> 윤지: 아이고, 그건 성적이 오르는 거랑 아무 상관도 없는 거잖아! 광고 내용을 꼼꼼히 따져 보면서 들어야지!
>> 현철: 아, 그렇구나. 광고 내용을 따지며 들어야 하는데, 내가 아무생각 없이 들었나 봐. 나는 귀가 얇아서 큰일이야.

교사: 잘 들었나요? 윤지가 광고 내용이 앞뒤가 맞지 않는다고 판단한 까닭은 무엇인가요?
학생: 누구나 성적을 올릴 수 있다고 하고는 열 명 중 일곱 명만 올랐다고 했기 때문입니다.
교사: 그래요. 그럼 윤지가 판단한 대로라면 '나으뜸'이 성적을 올릴 수 있었던 다른 이유에는 무엇이 있을까요?
학생: 원래 공부를 잘 하는 사람이었을 것 같아요.
학생: 예습과 복습을 철저히 했을 것 같아요.
학생: 많은 시간을 들여 공부했을 것 같습니다.
교사: 잘 말했어요. 이처럼 내용의 타당성을 판단하며 들을 때에는 근거로부터 주장을 이끌어 내는 과정에 영향을 미치는 다른 정보는 없는지도 따져 보아야 해요. 정보를 생략하거나 일부러 감추는 경우도 있기 때문이지요. 광고에서 제품의 부작용을 언급하지 않는 것이 그 예입니다.

이제 여학생의 말을 바탕으로 하여 광고 내용의 타당성을 판단하며 들을 때 고려해야 할 점이 무엇인지 정리해 봅시다. 선생님이 나눠 준 활동지의 빈 칸에 들어갈 말이 무엇일지 친구들과 이야기해봅시다.

〈활동지〉

광고에서 제시한 근거	윤지의 판단	⇨	타당성을 판단할 때 고려해야 할 요소
'똑똑 학습기'를 사용한 열 명 중 일곱 명의 성적이 올랐다. ⇨		㉠	
공부의 왕 '나으뜸' 군도 효과를 본 제품이다. ⇨		㉡	
올해의 디자인상을 받은 제품이다. ⇨	성적이 오르는 것과 아무 상관이 없는 내용이다.	⇨	근거와 주장 사이에 연관성이 있는가?

작성방법

• 제시된 자료에서 교사와 학생의 대화를 고려하여 활동지 ㉠과 ㉡에 해당하는 내용을 각각 서술할 것.

전공국어 / 국어교육론 실전 문제집

| 테마 2 | 연설 |

1 [연설 전략]

관련 기출

2016 A형 기입형

1 다음은 연설의 설득 전략에 대한 교사의 설명이다. 괄호 안의 ㉠, ㉡에 해당하는 말을 순서대로 쓰시오. [2점]

> 청중을 설득할 때는 논리적으로 입증하는 것도 중요하지만 다른 요인도 적극적으로 고려해야 해요. 1968년에 케네디(R. Kennedy)가 미국의 흑인 거주 지역에서 했던 연설은 이것을 보여 주는 대표적인 예에요. 당시 케네디가 연설을 시작하기 바로 전에 인권 운동가로서 흑인의 큰 지도자였던 킹(M. King) 목사가 백인이 쏜 총에 죽었어요.
>
> 케네디는 이런 상황에 처한 흑인 청중 앞에서 연설을 해야만 했어요. 케네디는 연설에 앞서 이 소식을 흑인 청중에게 알렸고, 당연히 흑인들은 흥분하기 시작하죠. 케네디는 킹 목사가 정의를 위해 헌신하고, 그 정의를 실천하다가 돌아가셨다는 사실을 언급한 다음 이런 내용으로 연설을 이어 갔어요.
>
> "이런 억울한 사태에 대해 흑인 여러분들의 가슴에서 백인에 대한 불신과 증오가 들끓기 시작할 것입니다. 이런 여러분에게 제가 이 한마디만은 꼭 말해드리고 싶습니다. 저도 여러분과 같은 심정이라는 것입니다. 제 가족도 암살을 당했습니다. 그리고 암살범은 백인이었습니다."
>
> 여러분이 그 자리에 있었다면 어떻게 반응했을까요? 킹 목사가 죽은 후 대부분의 흑인 거주 지역에서 큰 폭동이 일어났지만 이 지역은 이 연설 덕분에 큰 폭동이 없었어요. 자, 이제 생각해 보세요. 지난 시간에 설득 전략 몇 가지를 배웠지요? 관심 끌기 전략, 일화 제시하기 전략 등……. 그럼, 케네디가 이 부분에서 사용한 전략은 무엇일까요? 음, 자신의 아픈 사연을 제시하여 청중의 관심을 끌려고 했다고 볼 수도 있겠죠. 그러나 이보다 더 중요한 전략이 있어요. 맞아요. (㉠) 전략을 사용했어요. 이것은 아리스토텔레스가 『수사학』에서 강조했던 효과적인 설득의 요인들 가운데 (㉡)에 호소를 한 거요.

2022 B형 서술형

2 다음은 '화자의 공신력'에 대한 수업 자료이다. (가)와 (나)를 바탕으로 (다)의 교수·학습 활동을 분석한 내용을 <작성 방법>에 따라 서술하시오. [4점]

> **(가) 화자의 공신력에 대한 설명 자료**
>
> 아리스토텔레스가 개념화한 '에토스'는 설득 의사소통을 연구하는 후대 여러 학자들에 의해 공신력으로 다루어지고 있다. 공신력은 화자의 능력, 지성, 성품, 진실성 등을 포함하는 차원에서 논의되고 있다. 한편 화자의 능력이나 성품 등에서 비롯된 화자의 공신력은 담화 밖에서 이미 형성되어 발표나 연설에 영향을 준다고 생각하기 쉽다. 그러나 화자의 공신력은 청중에 의해 지각되고 판단된다는 점을 간과해서

는 안 된다. 청중이 발표나 연설을 듣기 전에 인식한 화자의 공신력은 연설 내용과 전달 과정에서 강화되기도 하고 약화되기도 한다. 이러한 특성은 화법 교육에서 중요한 의미를 갖는다. 청자의 입장에서 화자의 공신력을 경험하게 함으로써 화자의 공신력에 영향을 미치는 여러 요소에 대한 감수성을 높이고, 담화 이전에 형성된 공신력과 이후의 공신력을 구분하여 접근하는 태도를 기를 수 있다.

(나) 강연 영상 자료

안녕하세요. 작가 윤○○입니다. 혹시 저를 잘 모르시는 분을 위해 제 소개를 잠깐 하겠습니다. 전는 문예 창작을 전공하고 작품 활동을 꾸준히 해 오면서 현재까지 10여 편의 책을 출간 했습니다. 이 과정에서 운이 좋게도 ▽▽문학상을 수상했고, 베스트셀러 작가라는 타이틀도 얻었습니다. 아마 저의 이런 이력 덕분에 오늘 이 자리에서 여러분을 만나게 되었다고 생각 합니다. 제가 오늘 강연할 내용은 '글쓰기의 두려움을 이기는 방법'에 대한 것입니다. 저의 지난 경험을 바탕으로 솔직하게 이야기 나누고자 합니다. 글쓰기가 왜 어려울까요? 가장 큰 이유는 두렵기 때문입니다. 글쓰기의 두려움을 이기는 것은 제 오랜 화두였습니다. 여러분도 아시다시피 제 인생에는 늘 글쓰기가 함께 했습니다. 그런 저조차 쓰기는 쉽지 않았습니다. 조정래 작가 역시 자신의 책에서 '황홀한 감옥'이라는 표현을 쓴 적이 있지 않습니까. 제 생각에 쓰기가 어려운 이유 중 하나는 '첫 문장' 때문입니다. 첫 문장을 쓰기 직전이 가장 두렵습니다.

…(중략)…

"글을 쓸 수 있는 한, 우리는 살아 있습니다."라고 했던 어느 소설가의 말처럼, 쓰기를 우리의 삶의 일부로 인식한다면 여러분도 쓰기의 어려움을 극복할 수 있을 것이라 생각합니다.

(다) 교수·학습 활동 자료

[학습 활동]

1. 강연을 듣기 전에 아래 제시된 강연자의 이력을 확인하고, 강연자의 공신력에 대한 자신의 생각을 말해 보자.

> 윤○○ 작가
> - ▽▽문학상 외 다수 수상
> - 소설 △△△, □□□ 외 다수 출판
> - 현재 연 50회 이상의 쓰기 강연

2. 강연을 들으면서 청자의 입장에서 강연자의 공신력을 분석해 보자.

강연 내용		관련되는 공신력 요소와 그 이유
• 저는 문예 창작을 전공하고 ~ 타이틀도 얻었습니다.	➡	㉠
• 쓰기의 두려움을 이기는 것은 제 오랜 화두였습니다. 여러분도 ~ 쉽지 않았습니다.	➡	㉡
…		…

3. 강연을 듣고 난 후, 강연자에 대한 공신력의 변화를 청자의 입장에서 평가해 보자.
    (1) 강연을 듣고 난 후에 느낀 강연자에 대한 공신력을 정리해 보자.

(2) 강연자에 대한 공신력이 '강연 전'과 '강연 후'에 어떻게 달라졌는지 판단해 보자.

강연을 듣기 전	강연을 들은 후

(3) (2)의 활동을 통해 강연자에 대한 공신력이 달라진 부분이 있다면, 그 이유가 무엇인지 말해 보자.

4. 3을 바탕으로 화자로서 공신력을 높이기 위한 실천 방안을 말해 보자.

작성방법

- ㉠, ㉡에 들어갈 내용을 공신력 구성 요소와 관련지어 각각 서술할 것.
- (가)를 활용하여 학습 활동 3의 의의를 '화자의 공신력' 교육 차원에서 2가지 서술할 것.

심화 예제

3 '화자의 공신력을 이해하고 적절한 설득 전략을 사용하여 연설할 수 있다.'를 학습 목표로 다음의 연설 자료를 평가하고자 한다. 〈작성 방법〉에 따라 판단 내용을 서술하시오. [4점]

(가)

(굳은 표정) 안녕하세요. 저는 2학년 4반 유○○입니다. ('PPL'이라고 적힌 종이를 들어 보이며) 여러분 혹시 피피엘이 무엇인지 알고 계시나요? 음..... 피피엘이란(약간 느린 속도로) 영화, 드라마 등에 상품을 간접적으로 등장시키는 광고 기법의 하나로, 간접 광고라고도 합니다. (불안한 목소리로) 저는 이 간접 광고의 문제에 대해 말하고자 합니다.

요즘 텔레비전을 시청하다 보면 여기저기서 간접 광고를 많이 볼 수 있습니다. 드라마는 물론이고, 예능 프로그램이나 교양 프로그램에서도 자주 볼 수 있는데요, 그 이유는 무엇일까요? (준비한 연설 원고를 쳐다 보며) 음.....그 이유는 바로 제작 경비 때문입니다. 일례로 드라마는 자체 제작보다 외부 제작이 많은데요. 외부 제작의 경우 방송사에서는 제작비를 50퍼센트에서 70퍼센트밖에 주지 않는다고 합니다. (원고를 보면서 말이 빨라지며) 결국 제작사는 부족한 제작 경비를 채우기 위해 간접 광고를 할 수밖에 없고, 광고주들의 요구를 들어줄 수밖에 없는 상황에 처합니다.

[A] 하지만 이렇게 간접 광고가 지나치게 자주 노출되면 소비자들의 시청권을 훼손할 수 있는데요. 얼마 전 방영된 인기 드라마 ○○○에서, 남녀 주인공이 이야기를 하고 있었는데 그 주변에 많은 도넛이 있었습니다. 주인공들이 대화를 하는데 왜 이렇게 많은 도넛이 필요한 걸까요? 그 다음 장면은 남자 주인공이 여자 주인공을 위해서 이벤트를 준비하고 있었는 데, 재료가 도넛 밖에 없어요. (어색한 웃음으로) 주인공들의 주식이 도넛밖에 없는 것일까요? 아니죠. 이렇게 이 드라마는 과도한 간접 광고로 시청자들의 눈살을 찌푸리게 만들었습니다. (불안한 목소리로) 이런 노골적인 간접 광고는 작품의 개연성을 떨어뜨리고 몰입을 방해할 뿐만 아니라 방송의 공공성을 훼손하고 결국 작품의 완성도를 하락시키며 시청권을 훼손합니다.

(원고를 읽으며) 음⋯⋯이렇게 이야기를 하다 보니까 간접 광고가 나쁘다고 생각하실 수 있습니다. 하지만 간접 광고는 필요합니다. 아직 드라마에 대한 투자 관념이 거의 없는 우리나라에서는 간접 광고가 부족한 제작비를 채우는 거의 유일한 방법이기 때문입니다. (떨리는 목소리로)음⋯⋯ 그러나 넘치면 부족한 것보다 못하다는 말이 있습니다. 방송 관계자들이 과도한 간접 광고가 시청자들에게 그만큼 반감을 줄 수도 있다는 사실을 하루 빨리 깨닫고, 시청자들에게 수준 높은 방송을 보여 줄 수 있도록 제작 환경을 개선해야 할 것입니다.

(원고를 쳐다보며 말이 빨라지며) 마지막으로, 간접 광고에 의존할 수밖에 없는 제작 현실이 안타깝고 빨리 극복되었으면 좋겠습니다. 감사합니다.

(나)

평가 항목	나의 의견
이성적 설득 전략	• 여러 가지 구체적인 사례를 근거로 들어 간접 광고의 문제점을 제시하고 있다. • 화자가 전달하려는 주장이 명확하게 드러났고, 제시한 논거들도 주장을 적절하게 뒷받침하였다.
감성적 설득 전략	• ㉠
공신력	• 〈보기〉의 전문성 측면에서 직접 경험한 내용을 바탕으로 말하고 전문 용어를 활용하여 전문적인 지식이나 경험을 드러내고는 있으나, 설득력이 떨어진다. 그 이유는 (㉡) 때문이다.

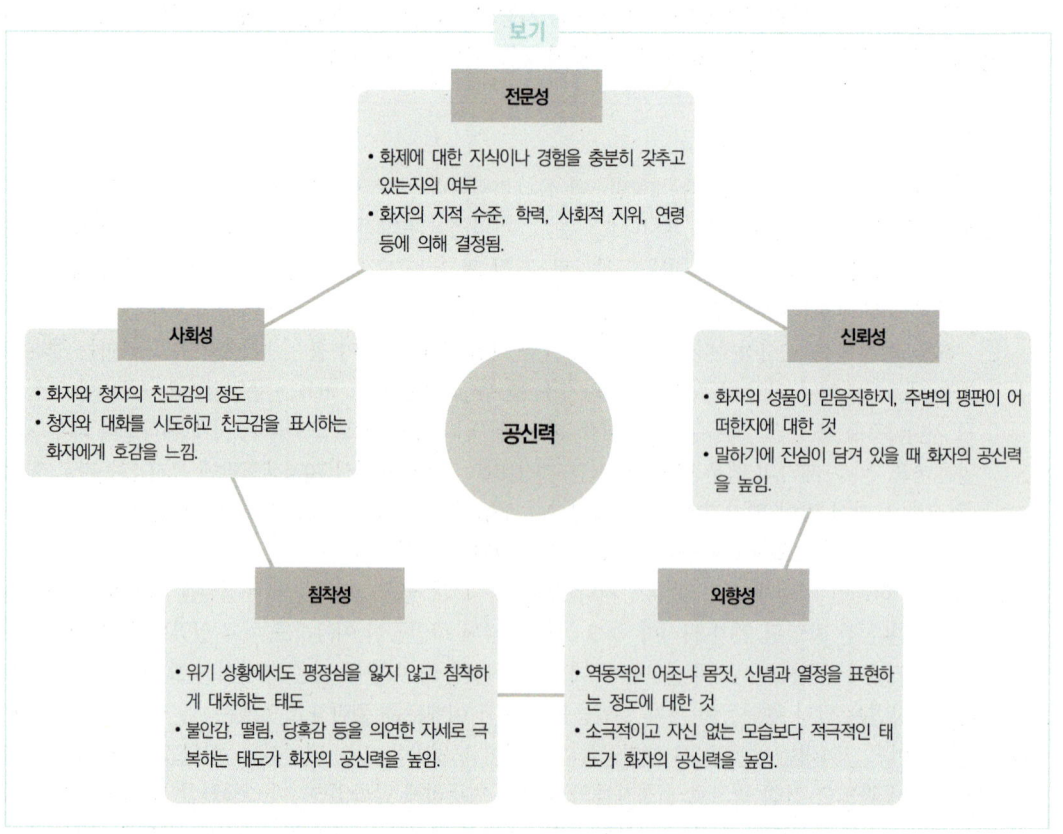

작성방법

- ㉠은 감성적 설득 전략이 효과적으로 활용된 이유를 (가)의 [A]에서 근거를 들어 서술할 것.
- ㉡은 공신력이 떨어진 이유를 〈보기〉를 고려하여 (가)에서 근거 2가지 이상을 들어 서술할 것.

4. '화자의 공신력을 이해하고 적절한 설득 전략을 사용하여 연설할 수 있다.'를 학습 목표로 다음의 연설 자료를 선정하였다. 〈작성 방법〉에 따라 서술하시오. [4점]

㉮ [연설 의뢰서]

> 저는 20××년 세계 □□ 사이클 대회 A시 유치 위원회 위원장입니다. 지난 대회 우승자인 ○○○ 선수께 개최지 결선 투표를 위한 지지 연설을 부탁드리고자 합니다. 투표단은 대부분 사이클에 애정을 지닌 선수 출신들로, 전문적 지식을 갖추고 있으며, 개최지가 대회 취지에 잘 부합하는지를 중시 한다는 점을 고려해 주시기 바랍니다.

㉯ [연설문]

여러분, 안녕하세요? 사이클 선수 ○○○입니다. 새로운 역사를 만드는 자리에 섰다고 생각하니 무척 설렙니다.

여러분도 아시다시피 세계 □□ 사이클 대회의 취지는 세계적으로 사이클을 활성화하는 데 있습니다. 하지만 그동안 개최된 마흔두 번의 대회 중 사이클 강국인 유럽과 북미가 아닌 곳에서 개최된 지역은 단 두 번뿐이었습니다. 우리 A시는 사이클 비인기 지역인 아시아의 도시이고 경쟁 도시는 유럽의 도시입니다. 흔히 사이클 비인기 지역의 도시가 대회를 개최하는 것이 대회의 취지를 실현하는 데 부적합하다고 합니다. 하지만 달리 생각해 보면 대회를 통해 사이클에 대한 A시의 시민들, 나아가 아시아 각국 시민들의 관심을 증폭할 수 있으므로 사이클 활성화에 기여할 수 있습니다.

우리는 개최지로서 좋은 여건을 갖췄습니다. 사이클에 대한 시민들의 관심이 높아지고 있고 사이클 인구도 빠르게 늘어나고 있습니다. 경쟁 도시는 시민의 지지가 낮지만 우리는 90퍼센트가 넘는 시민의 합의를 이끌어 냈고 정부도 재정 지원을 약속했습니다. 사이클용 경기장에 비해 도로 경기장이 노후화됐다는 우려도 있지만, 선수로 출전해 본 제 경험에 비추어 볼 때 A시의 도로 경기장은 천혜의 자연조건을 갖추고 있어 정비만 하면 최적의 경기장이 될 것이라 자신합니다.

이미 많은 분들이 인정하신 것처럼 우리는 각종 국제 대회를 성공리에 개최하여 전 세계인의 찬사를 받은 바 있습니다. 이러한 경험은 이번 대회도 충분히 잘 치를 수 있는 능력이 있다는 사실을 뒷받침하는 것입니다.

우리는 그동안 사이클 회원국과의 친선을 도모하고 사이클 활성화에 앞장서면서 세계 사이클 대회와의 약속을 지켜 왔습니다. 이 대회의 유치에는 성공하지 못했지만, 세계 우호 증진에 힘쓰겠다는 당시의 공약대로 사이클용 경기장이 없는 해외 도시들의 청소년을 초청하여 지도하는 프로그램을 운영해 왔습니다. 개최지로 확정되면 이러한 신뢰를 바탕으로 대회 준비에 매진하겠습니다.

여러분처럼 저도 사이클을 사랑합니다. 여러분과 마찬가지로 사이클 없는 제 삶은 상상할 수 없습니다. 이제 제 꿈은 A시에서 열리는 대회에 전 세계 젊은이들이 참가하는 모습을 보는 것입니다. 이것은 A시 모든 시민들의 꿈이기도 합니다. 이 꿈이 꼭 실현될 수 있도록 지지를 부탁드립니다. 감사합니다.

> **보기**
>
> 연설은 공식적 상황에서 청중에게 자신의 견해를 말로 전달하는 의도적이며 목표 지향적인 의사소통 방법이다. 성공적으로 연설하기 위해서는 연설자가 청중에게 신뢰를 주는 공신력 있는 화자가 되어야 한다. 성품, 평판, 전문성 뿐만 아니라 화자의 솔직하고 수용적인 태도, 적극성과 자신감이 드러나는 태도 또한 화자의 공신력에 영향을 미친다.

> **작성방법**
>
> • 〈보기〉의 공신력에 영향을 미치는 요소를 고려하여, 제시된 자료가 성공적인 연설임을 판단 내용을 서술할 것. 단, 공신력있는 연설임을 입증할 수 있는 근거를 ㉮와 ㉯에서 찾아 제시할 것.

5 '화자의 공신력을 이해하고 적절한 설득 전략을 사용하여 연설할 수 있다.'를 학습 목표로 다음의 연설 자료를 활용하여 〈활동지〉를 구성하였다. 〈작성 방법〉에 따라 활동 내용을 서술하시오. [4점]

(가)

[A] 안녕하세요. 저는 여러분이 위험할 때 달려가는 대한민국 소방관, 오영환이라고 합니다. 여러분, 이렇게 길에서 소방관과 마주치는 건 처음이시죠? 저는 현재 ○○소방서에서 오토바이 구급 대원으로 근무하고 있습니다.

정말 많은 분들이 '소방관' 하면 깊이 신뢰하고 많은 관심과 사랑으로 아낌없는 응원을 보내 주십니다. 때로는 저희를 '영웅'이라고 불러 주시는 분들도 많더라고요. 정말 영광입니다.

하지만 최근 들어 소방관 앞에 수식어가 붙기 시작했습니다. 인터넷에서 화재 진압 후 급히 컵라면으로 허기를 때우는 소방관의 사진이 화제였죠. '불쌍한 영웅', '불쌍한 소방관'. 그 모습이 불쌍하게 보이실지 모르겠지만, 저에게는 그 모습이 당연한 것입니다. 생사의 현장이 어떻게 편안할 수 있겠어요? 그것은 당연히 소방관이 감수해야 하는 일입니다. 저희는 여러분의 소중한 세금으로 월급을 받고 여러분과 똑같은 생활을 하고 있습니다.

[B] 소방관이 정말로 힘든 순간은 체력적으로 힘든 순간이 아닙니다. 소방관이 가장 괴로울 때는…… 눈앞에서 사람을 구조하지 못했을 때. 그때 저희 소방관은 가장 괴롭고 힘듭니다. (중략)

(나)

저희 소방관은 최선을 다해 누구보다 빠르게 달려갑니다. 하지만 모든 사람을 저희의 힘만으로는 구해 낼 수 없습니다. 여러분, '황금 시간' 들어 보셨죠? 골든 타임은 단 오 분입니다. 이 시간을 지키는 것이 굉장히 어려워요. 서울 도심은 항상 많은 차량으로 꽉 막혀 있고 골목길의 불법 주차 문제는 몇 년째 해결되지 않고 있어요.

또 하나의 중요한 이유는 사람들이 119를 너무 쉽게 누르고 있어요. '하수구에 휴대전화가 빠졌으니 꺼내 달라', '집에 바퀴벌레가 들어왔다'……. 그리고 더 큰 문제는 구급차입니다. 여러분의 동네에 단 한 대밖에 없어요. 거동 가능한 분이 집 앞까지 걸어 나와서 '머리가 아프다', '배가 아프다'……. 얼마든지 도와드릴 수 있습니다. 하지만 그때 그 동네에 응급 환자가 생긴다면 그 환자의 생명은 절대로 보장할 수 없습니다. 뉴스에서 나오는 사고 소식들, 항상 남의 이야기 같으실 거예요. 하지만 언젠가 그 응급 환자가 여러분이 될 수도, 여러분의 가족이 될 수도 있습니다.

(다)

여러분, 저희는 절대 영웅이 아닙니다. 오히려 저희가 영웅의 도움이 필요합니다. 그리고 그 영웅은, 소방관을 도울 수 있는 유일한 사람은 여러분밖에 없습니다. 제가 말씀드린 영웅이란 극적인 상황에서의 영웅적인 행동들이 아닙니다. 골목길에 불법 주차를 하지 않는 것만으로도, 사이렌이 울릴 때 소방차에 길을 비켜 주는 것만으로도 누군가의 생명을 살리는 데 가장 큰 도움을 줍니다.

여러분, 저희 소방관에게 영웅이 되어 주세요. 여러분의 가족에게, 가까운 이웃에게, 친구에게, 사랑하는 사람들에게 영웅이 되어 주셨으면 좋겠습니다.

이상 소방관의 이야기를 마치겠습니다.

〈활동지〉

활동 1. 화자의 공신력이 느껴지는 부분을 찾아 써 보자. 그리고 그렇게 생각한 까닭을 말해 보자.

[예시답안]

공신력이 느껴지는 부분	이유
[A]	[예시답안] (㉠) ⇨ 화자에 대한 신뢰를 줌
	[예시답안] 소방관으로서의 품성이 느껴짐 ⇨ 화자에 대한 신뢰를 줌
[B]	[예시답안] (㉡) ⇨ 청중과 더 깊은 공감대를 형성함

활동 2. 화자가 사용한 이성적 설득 전략을 분석해 보자.

주장	[예시답안] 소방관의 구조 활동에는 시민들의 도움이 필요하다.
논거	[예시답안] ㉢
논증의 방법	[예시답안] 인과 관계를 밝혀 결론을 끌어내고 있다.

활동 3. 화자가 감성적 설득 전략을 활용한 부분을 찾아보고, 찾은 부분이 감성적 설득 전략에 해당하는지 이유를 말해 보자.

• 감성적 설득 전략을 활용한 부분과 그렇게 생각한 이유:

[예시답안]
'뉴스에서 나오는 사고 소식들에서 응급 환자가 여러분이 될 수도, 여러분의 가족이 될 수도 있다'고 언급한 대목이 이에 해당한다. 그 이유는 (㉣)을 주기 때문이다.

> **작성 방법**
> - ㉠, ㉡에 해당하는 내용을 (가)의 [A], [B]에서 각각 근거를 들어 서술할 것.
> - ㉢에 해당하는 내용을 (나)에서 찾아 2가지를 제시하고, ㉣에 감성적 설득 전략에 해당하는 이유를 서술할 것.

2 [연설의 방법]

`관련 기출`
`2020 A형 서술형`

1 (가)는 강연의 결론 부분이고, (나)는 연설의 방법에 대한 설명이다. (나)를 참고하여 (가)에 사용된 연설의 방법을 〈작성 방법〉에 따라 서술하시오. [4점]

> **(가)**
> 젊은이가 젊은이다운 건, 이 시대의 진리를 추구하며 미래 지향적인 사고방식을 탐닉할 때 진면목을 보여 줍니다. 현실 사회의 부조리, 부패, 부정, 무질서 등 모든 악습을 일소하고 쇄신하려면 아니 쇄신할 수 있는 소망 있는 전제가 있다면, 그건 바로 청춘을 누리는 젊음에 있습니다. …(중략)… 우리에겐 땅도, 돈도, 자연도 많지 않습니다. 이제 우리에게는 무엇이 의지할 근본일까요? 하나밖에 없습니다. 그것은 바로 '인간의 질'입니다. 청춘에 사는 '젊은이의 질'에 있습니다. 사람 수를 말하는 것이 아닙니다. …(중략)… 우리의 심장인, 우리의 장래를 떠맡은 청춘 여러분! 사랑을 하지 않고는 살 수 없다는 여러분, 여성을 사랑해야 되겠고, 남자도 사랑해야 되겠지만, 민족도 사랑하고, 국가도 사랑하십시오. 운명 공동체인 내 민족이 죽으면 나도 같이 죽으리란 생각을 한다면, 나 하나 잘사는 것은 아무 의미 없다는 것을 내 젊을 때 알았으면 내가 그렇게 했을 것을, 다 늙어 죽어 가며 이를 깨달아 여러분에게 전해 주니 위대한 민족 사회를 위해 살아 주기를 기대하며 다음의 당부를 하고 말을 마치고자 합니다. ㉠여러분! 청춘 중의 위대한 청춘, 건실한 청춘, 동심을 갖춘 청춘, 절도 있는 청춘, 부지런한 청춘, 함께 살며 번영하길 원하는 청춘, 세계에서 제일가는 청춘 중의 청춘이 돼라!
>
> — 이태영 변호사의 '언어교양학' 강연 (1974)
>
> **(나)**
> 청중이 듣고 이해하기 좋은 연설을 하기 위해서는 아이디어가 한 자리에서 다음 자리로 자연스럽게 이동해야 한다. 급작스럽게 논의가 바뀌면 사고 연결에 무리가 생기므로 청자가 내용의 논리적 구조를 쉽게 이해하도록 앞의 내용 정리하기, 뒤의 내용 안내하기 등의 기능을 가진 내용 연결 표현을 적절히 사용하는 것이 필요하다. …(중략)… 연설의 결론은 '종료 신호', '요점 재강조', '결언'으로 구성된다. 결언은 연설의 결론 중의 결론에 해당하는 것으로 더 이상 새로운 아이디어를 소개하거나 지나간 요점을 재강조할 필요는 없고, 청중에게 연설 전체에서 논의했던 모든 것들이 의미를 갖도록 결언 방법을 적절히 사용해야 한다. 결언에서는 유명한 말, 고사성어, 문학 작품, 유머 등을 인용하기, 연설의 내용이 가지는 미래 상황에 대한 의미를 언급하기, 청중을 끌어들이면서 연설을 끝맺기 등으로 여운을 남기며 마무리한다.

작성방법
• (가)의 ㉠에 사용된 결언 방법을 쓰고, 이 방법에 대하여 설명할 것.

1장 교과내용

테마 3 : 토의

1 [의견 교환을 통한 합리적 문제 해결(의사 결정 단계의 이해를 통한 합리적 문제 해결)]

관련 기출

2023 A형 서술형

1. (가)는 김 교사가 실시한 토의 수업의 기록이고, (나)는 (가)를 자료로 수업 연구회에서 논의한 내용이다. 〈작성 방법〉에 따라 서술하시오. [4점]

> **(가) 수업 기록**
>
> [학습 목표]
> • 토의에서 의견을 교환하여 최선의 해결안을 도출할 수 있다.
>
> [교수·학습 활동]
>
> > [도입 단계]
> > • 교사는 학생들에게 학습 목표를 제시하고, 이전 수업에서 다룬 학습 내용을 상기시킴.
> >
> > [전개 단계]
> > • 교사가 토의에서 최선의 해결안을 도출하는 과정을 설명하고, 학생들은 모둠 토의를 수행함.
> >
> > > [한 모둠의 토의 내용 일부]
> > > 사회자 : 지금 우리가 '학급 내 혐오 표현을 줄이는 해결 방법은 무엇인가?'라는 문제로 토의를 하고 있는데요. 이제 각자 자신이 생각하는 해결안을 말씀해 주시기 바랍니다.
> > > 참여자 A : 교실에서 혐오 표현을 한 사람에게 똑같이 말해줘요.
> > > 참여자 B : 혐오 표현 줄이기 캠페인을 제안합니다. 혐오 표현의 문제점을 지속적으로 생각할 수 있게 한다는 점에서 교육적이라고 생각합니다.
> > > 참여자 C : 혐오 표현을 쓰면 벌 청소를 하는 것으로 해요. 손해를 본다는 생각을 해야 혐오 표현을 쓰지 않게 될 것 같아요.
> > > 사회자 : 지금까지 혐오 표현을 줄이는 해결안을 제시해 주셨습니다. 그러면 이 중 어떠한 해결안이 가장 좋을지를 정해 보겠습니다.
> > > 참여자 C : 제가 제시한 해결안이 실현 가능성 면에서 좋다고 생각합니다. 학급 규칙으로 정하기만 하면 실현 가능하므로 최선의 해결안으로 채택되어야 합니다.
> > > 참여자 B : 제가 혐오 표현 줄이기 캠페인을 제안한 것은 그것이 혐오 표현의 문제점을 지속적으로 생각할 수 있게 한다는 점에서 교육적이라고 보았기 때문입니다. 벌 청소는 벌만 받고 아무런 교육적 효과 없이 끝날 것 같아요. 혐오 표현을 한 사람에게 똑같이 말해 주자는 해결안은 우리가 쓰지 않으려는 혐오 표현을 써야 한다는 점에서 비교육적으로 보여요.
> > > 참여자 A : 저도 실현 가능성 면에서 제 해결안이 좋다고 생각하는데요.

> 사회자 : 의견이 잘 안 모아지네요. 어떻게 결정할지에 대해서는 더 깊은 논의가 필요해 보입니다. 전체 토의에서 이 문제를 공유해 보도록 하겠습니다.

- 교사는 순회 지도를 하며 모둠별 토의 과정을 점검하고, 학생들에게 모둠별 토의 활동에 대한 피드백을 제공함.

[정리 단계]
- 교사는 모둠별 토의 결과를 바탕으로 다음 시간에는 학급 전체 토의를 진행할 것임을 학생들에게 미리 알림.

(나) 수업 연구회의 대화록 일부

김 교사 : 이번에 토의 수업을 했는데요, 수업 중 모둠 토의에서 이루어진 학생들의 수행을 논의 자료로 가져왔습니다. 학생들이 토의 과정에서 최선의 해결안 도출에 이르지 못했거든요. 오늘 논의를 바탕으로 더 좋은 토의 수업을 준비해 보려고 합니다.

최 교사 : 이 수업에서 선생님이 강조하고 싶었던 학습 내용은 무엇이었나요?

김 교사 : 저는 토의의 각 단계별로 학생들이 알아야 할 것들을 토의 과정을 통해 경험해 보게 하고 싶었어요. 그런데 그 학습이 충실히 이루어지지는 않은 것 같아요. 그래서 학생들의 토의 수행 활동 자료를 바탕으로, 개별 학습자들이 토의 과정에서 서로 의견을 내고 어떻게 조율해서 문제를 해결해가야 하는지를 이 자리에서 선생님들과 이야기해 보고 싶었습니다.

박 교사 : 자료의 앞 부분을 보면 학생들이 해결안을 제시하고 있는데, ⓐ 해결안이 갖출 최소한의 구성 요건에 대해서 다시 한 번 더 설명해 주면 좋을 학생이 있는 것 같아요.

김 교사 : 저도 같은 생각입니다. 해결안이 제대로 구성되어야 그 내용을 바탕으로 최선의 해결안을 도출할 수 있지요.

최 교사 : 그리고 사회자의 두 번째 발언 이후에 최선의 해결안을 도출하는 부분인데요, 특히 '참여자 B'가 최선의 해결안을 이끌어 내기 위한 해결안 검토 방법을 사용하고 있어요. ⓑ 하지만 모든 참여자들이 그렇게 하고 있지는 못합니다. 선생님 반 학생들의 모둠 토의에서는 이 부분이 제대로 이루어지지 않아서 토의 참여자들이 최선의 해결안 마련에 이르지 못한 것으로 보여요.

김 교사 : 바로 그 부분이 어렵더라고요. 다음 시간에 잘 반영해 보겠습니다.

작성방법

- 밑줄 친 ⓐ와 같이 판단한 이유를 참여자의 해당 발언을 인용하여 서술할 것.
- 밑줄 친 ⓑ와 같이 판단한 이유를 쓰고, 이를 근거로 김 교사가 학생들에게 지도할 학습 활동 1가지를 서술할 것.

2019 A형 서술형

2 다음은 심포지엄의 일부이다. 심포지엄 진행 과정에서 발생한 문제점 해결 방법과 사회자의 역할에 대해 〈작성방법〉에 따라 서술하시오. [4점]

> 사회자 : 지금부터 '인간 태도 변화의 원인 탐색'이라는 주제로 심포지엄을 시작하겠습니다. 먼저 한국대학교 정○○ 교수님께서 '행동 학습에 의한 태도 변화'라는 제목으로 발표해 주시겠습니다.
> 정○○ 교수 : (발표한다.)
> 사회자 : 지금까지 정○○ 교수님께서 발표해 주셨습니다. 정○○ 교수님의 발표 내용은 인간의 태도 변화는 행동 학습에 의한 변화로 연합에 의한 변화, 강화에 의한 변화 등으로 이루어진다는 것이었습니다. 다음으로 인간태도연구소 강○○ 박사님께서 '설득에 의한 태도 변화'라는 제목으로 발표해 주시겠습니다.
> 강○○ 박사 : (발표한다.)
> 사회자 : (강○○ 박사의 발표 내용을 요약하고 세 번째 발표자 황○○ 교수를 소개한다.)
> …(중략)…
> 사회자 : 세 분의 발표를 들었습니다. 이제 질의·응답 시간을 갖겠습니다. 궁금한 점이 있거나 추가로 보충 설명이 필요한 청중께서는 손을 들어 주십시오. 사회자가 지명 하면 1분 이내로 질의하시고, 발표자께서는 3분 이내로 답변하시기 바랍니다.
> (청중1이 손을 든다. 사회자가 지명한다.)
> 청중 1 : 황○○ 교수님께 질문 드리겠습니다. 사람의 태도 변화와 관련한 인지 부조화 이론 발표를 잘 들었습니다. 인지 부조화 이론을 뒷받침하는 사례를 들어 주셨는데, 그 사례들이 오히려 교수님의 설명과 배치되는 것 아닌가요?
> 황○○ 교수 : 제가 제시한 사례가 인지 부조화 이론과 어떻게 연계되는지를 잘못 판단하면서 들으신 것 같습니다. 태도가 변화하는 사례의 내용이 적절한지를 판단하며 들어 주시면 감사하겠습니다. (보충 설명을 한다.)
> …(중략)…
> 사회자 : 이제 심포지엄을 마무리할 때가 되었습니다. 지금까지 이루어진 발표 내용을 요약하면, 인간 태도 변화의 원인에 대하여 강○○ 박사님께서 설득에 의한 것을 말해 주셨고, 황○○ 교수님께서 인지 부조화 이론과 관련해 발표해 주셨습니다. 오늘 이 자리에 참석해 주신 모든 분께 의미 있는 시간이 되었기를 바랍니다. 이상으로 심포지엄을 모두 마치겠습니다. 감사합니다. ⎤[A]

작성방법

- [A]에서 사회자의 역할로서 미진한 점을 1가지 서술할 것.

> 기본 예제

3 '토의에서 의견을 교환하여 합리적으로 문제를 해결한다.'를 학습 목표로 화법 수업을 계획하였다. 〈자료〉는 수업에서 학생들에게 제시될 자료이고, 〈보기〉는 교사의 설명 중 일부의 내용이다. 〈작성방법〉에 따라 괄호 안의 ㉠~㉢에 해당하는 말을 쓰시오. [2점]

주제: '생활속에서 소음을 줄이는 방법'

사회자: 우리가 생활 속에서 겪는 불편함 중에서 '생활 속 소음 문제'에 대한 주제를 선정하였습니다. 의견을 발표해 주십시오.
토의자 1: 저희 집은 큰 도로변에서 있어서 그런지 밤에 잠을 자기 힘들 정도로 소음이 심합니다.
토의자 2: 저는 공장, 공사장 주변의 소음이 가장 심하다고 생각합니다.
토의자 3: 공공장소에 울리는 휴대 전화 벨소리도 소음으로 규정할 수 있지 않을까요?
사회자: 그러면 생활 속에 만연한 소음문제를 조사해 보고 이를 줄이는 방법에 대해 생각해봅시다. 교통 소음, 공사장이나 공사장 주변 소음, 공공장소에서의 휴대 전화 벨소리를 각자 역할을 나누어서 조사하면 좋겠습니다.
토의자 1, 2, 3: 네, 좋습니다. 각자 맡은 것에 대한 조사를 하면 좋겠습니다.

··· (중 략) ···

사회자: 각자 맡은 소음 문제에 대한 조사가 끝났으면 대안을 마련해 자유롭게 발표해 주십시오.
토의자 1: 자동차가 늘어남에 따라 소음의 정도가 심해지고 있습니다. 교통 소음 대안으로 방음벽 설치를 제안합니다. 방음벽은 ··· (중 략) ···
토의자 2: 그 문제는 이미 방음벽 등이 설치되어 전혀 문제 될 것이 없다고 생각합니다.
사회자: 그렇다면 토의자 2는 어떤 생각을 갖고 있는지 말씀해주시겠습니까?
토의자 2: 제가 말씀드렸던 것처럼 공장이나 공사장 주변 소음 문제는 정말 문제입니다. 이에 대한 대안으로 ··· (생 략) ···
사회자: 토의자 3은 앞의 두 분의 대안을 들었을 텐데요. 어떤 대안을 가지고 있습니까?
토의자 3: 앞의 두 분은 너무 협소하게 문제를 인식하고 대안을 도출하고 있는 것 같습니다. 그것들은 우리 일상생활에서 그리 자주 직면하는 문제가 아닙니다. 오히려 공공장소에서 울리는 휴대 전화 벨소리 문제는 사람들의 인식을 바꾸도록 해서 되도록 공공장소에서는 휴대 전화 벨소리를 진동 모드로 바꾸도록 하는 방법이 있습니다.
사회자: 그렇다면 각자 제시한 대안을 평가할 수 있는 시간을 갖겠습니다. 각자 어떠한 기준으로 평가할 것인지 말씀해 주시기 바랍니다.
토의자 1: 소음 문제의 해결책은 과연 현실적으로 실효성이 있는지가 중요할 것 같습니다.
토의자 2: 뿐만 아니라 해결책이 현실성이 있는 대책인지도 중요할 것 같습니다.

··· (중 략) ···

사회자: 그렇다면 현실 가능성과 적합성, 효과 등 다양한 측면에서 평가해 주시기 바랍니다.
토의자 3: 방음벽을 설치하는 것은 효과 면에서 아주 좋은 방법이라는 생각이 듭니다. 하지만 경제적 비용이 많으므로 비용 마련 방법을 현실적으로 따져 봐야 하지 않을까요?

··· (중 략) ···

사회자: 대안에 대한 각각의 평가를 바탕으로 최선의 대안을 선택해 보도록 하겠습니다.

토의자 1, 2, 3: 각 대안에 대해 다수결로 논의해 결정합시다.

… (하 략) …

〈토의 절차에 따른 토의 참여자의 역할〉

문제 인식	이 단계는 해결해야 할 문제와 그것이 문제가 되는 이유에 대한 인식을 공유하고 문제를 분석하는 단계이다. 사회자가 '생활 속 소음 문제'에 대한 주제를 선정하였다고 말하면서 의견 발표를 요구하는 것을 볼 수 있다. 이 처럼 사회자는 어떤 문제에 대해 토의할 것인지를 정하고 이를 협력자에게 명확히 알리고, 협력자가 자신의 의견을 자유롭게 이야기 할 수 있도록 분위기를 조성해야 한다. 토의자들은 각각 도로변 소음 문제, 공장, 공사장 주변의 소음 문제, 공공장소에서 휴대 전화 벨소리 문제 등을 제시하고 있다. 이처럼 이 단계에서 토의자들은 토의 할 문제를 명확히 인식하고 참여한다.
⇩	
대안 도출	사회자가 토의자들에게 각자 맡은 소음 문제에 대한 대안을 마련해 발표할 것을 요구하고 있다. 이처럼 이 단계에서 사회자는 여러 대안을 자유롭게 제시할 수 있도록 다양한 의견 제시를 허용하는 분위기를 만들어 다양한 대안이 제시될 수 있도록 안내한다. 토의자 1과 3은 각각 (㉠) 등의 해결책을 말하고 있다. 이처럼 이 단계에서 토의자들은 문제를 조사하면서 생각한 대안들을 적극적으로 말하고 다른 사람의 의견을 잘 들으면서 좋은 대안을 함께 만들어 가도록 노력해야 한다. 이 과정에서 다른 사람의 의견을 존중한다.
⇩	
판단준거 선정	㉡
⇩	
대안 분석 및 평가	이 단계에서 토의자들은 도출된 대안들을 앞에서 선정한 기준에 따라 검토한다. 토의자 3은 핸드폰 소음 문제를 주장하는 입장이지만, 토의자 1이 제시했던 방음벽 설치 대안을 '효과성' 측면에서 긍정적으로 평가를 하고 있다. 이처럼 이 단계에서 토의자들은 도출된 대안들을 선정한 평가 기준에 따라 객관적으로 평가하고 이러한 과정을 통해서 최선의 대안을 모색한다.
⇩	
(㉢)	

작성방법

- ㉠, ㉡은 자료에서 찾아 쓸 것.
- ㉢은 이 단계의 특성을 고려하여 명칭을 제시할 것.

심화 예제

4 다음은 '여러 사람의 의견에 협력적으로 반응하고 새로운 대안을 생성하며 토의한다.'를 학습 목표로 계획한 토의 수업의 자료이다. 〈작성 방법〉에 따라 토의 지도 내용을 서술하시오. [4점]

(가)

사회자: 오늘은 '학급의 자리 배치에 대한 불만을 해소하기 위해서는 어떻게 해야 할까?'라는 논제로 토의를 진행하겠습니다. 각자 우리가 공통적으로 해결해야 할 문제가 무엇인지 말씀해주실까요?

토의자 1: 제 생각에는 한 학기에 한 번만 자리 배치를 하여 다양한 친구들과 짝이 될 수 있는 기회가 없습니다.

토의자 2: 저 같은 경우는 뒷자리에 앉는 저와 제 짝은 안경을 쓰고 있는데도 시력이 좋지 않아 수업 중 칠판 글씨가 제대로 보이지 않습니다.

토의자 3: 모든 책상이 교실 정면의 칠판을 향하고 있어 모둠 활동 시 불편한 경우가 많습니다.

사회자: 그렇다면 이러한 문제를 해결하기 위해 각자 생각한 대안을 제시해봅시다.

토의자 1: 일주일에 한 번씩 제비뽑기를 통해 자리를 바꾸어 다양한 친구들과 짝이 될 수 있는 기회를 만들어야 합니다.

토의자 2: 시력이 좋지 않은 학생이나 특정 자리를 불편해하는 학생들의 특성을 파악하여 이를 자리 배치에 반영해야 합니다.

토의자 3: 옆 반의 경우와 같이 책상을 원형 또는 'ㄷ'자 형태로 배치하여 토론 등의 모둠활동을 하기 편하게 자리를 배치해야 합니다.

[A]
사회자: 학급 자리 배치 방안으로 일주일에 한 번씩 제비뽑기를 통해 자리 바꾸기, 시력이 좋지 않은 학생 등을 파악하여 이를 자리 배치에 반영하는 방법, 모둠 활동을 편하게 하기 위한 자리 배치 방법이 제안되었습니다. 그렇다면 여러분들이 제시한 대안 가운데 가장 좋은 대안을 선택하기 위해 '실현 가능한 것인가?', '학급 구성원 모두에게 공정한 것인가?', '개인의 특성과 공익을 모두 고려한 것인가?'를 기준으로 대안을 분석하고 평가해 봅시다.

토의자 2: 토의자 1께서 일주일에 한 번씩 자리를 바꾸자고 했는데, 이것은 오히려 수업 분위기를 산만하게 하며, 일주일이라는 시간은 짝과 친해지기에 너무 짧은 시간입니다. 따라서 한 달에 한 번 정도 자리를 바꾸는 것이 적당하다고 생각합니다.

토의자 3: 저도 현실적으로 실현 가능한 방안으로 한 달에 한 번씩 자리 이동에 대해서 동의를 합니다. 그러나, 아무리 제비뽑기로 자리를 정했다고 하더라도 토의자 2의 경우에서와 같이 시력이나 체격 등 개인적인 특성으로 인해 불이익을 받는 학생들에 대한 배려가 필요합니다.

토의자 1: 토의자 3의 대안은 현재 우리 반의 실정을 고려하고 주장하고 있는지 의문입니다. 원형이나 'ㄷ'자 형태로 자리를 배치하고 싶으면 옆반으로 가는게 어떨까요? 중이 절이 싫으면 떠나면 됩니다. 결론은 토의자 3의 방안은 현재 우리 반의 인원수로 볼 때 실현이 불가능한 대안입니다.

사회자: 한 달에 한 번씩 자리 이동에는 이견이 없지만, 제비뽑기를 통한 자리 배치에 대해서는 불이익을 받는 사례가 없도록 논의가 필요할 것 같습니다. 자, 그렇다면 대안의 분석 및 평가를 바탕으로 하여 최적의 대안을 정리해보면, '한 달에 한 번 자리를 바꾸어 다양한 친구들과 짝이 될 수 있는 기회를 늘리도록 하되, 공정하게 제비뽑기로 자리 배치를 하되,

시력이나 체격 등 개인적인 특성으로 인해 불이익을 받는 친구들이 없도록 자리를 배치하는 방안입니다.

(나)

의사 소통을 통해 합리적으로 공동체의 문제를 해결하는 능력은 현대 사회에서 매우 중요하다. 공동의 사고 과정이 효율적으로 진행되려면 ㉠일련의 대안 생성을 위한 절차가 필요하다. 즉 공동체가 해결해야 할 문제를 명확히 인식하고 가능한 대안들을 도출해야 한다. 대안의 선택에 필요한 판단 준거를 선정하고 이에 맞추어 대안의 장단점을 분석한 후 최적 대안을 선택해야 한다. 새로운 대안을 생성하기 위한 토의는 ㉡여러 사람의 의견에 협력적으로 반응하면서 참여자가 효율적인 의사 소통을 하는 것이 중요하다. 사회자는 토의자들에게 토의 문제를 명확하게 규정하고, 토의 사항에 대한 적극적이고 진지한 의견 교환을 장려하며, 토의 내용을 요약하고 종합해 주면서 토의 문제에 대해 어떤 결론을 얻는 방향으로 유도하되 자유롭고 편안하며 협조적인 분위기를 조성하고 유지하도록 노력한다. 토의자는 토의 절차를 숙지하고 사회자의 지시에 따라 질서를 지키고, 토의 문제에서 벗어나거나 불필요한 말, 확실한 증거가 없는 말, 남의 감정을 상하게 하는 말을 하거나, 다른 사람의 말을 가로막고 혼자 너무 오랫동안 이야기하는 것을 삼가고, 예의바른 태도로 말함으로써 다른 참여자와 의견 충돌을 피하면서 합의점을 찾도록 노력한다.

작성방법

- 제시된 [A] 부분이 해당하는 '토의의 절차'를 ㉠의 '대안 생성을 위한 절차'를 고려하여 제시하고, 이 과정에서 사회자의 역할을 ㉡을 참조하여 설명할 것.
- [A]에서 협력적 반응에 문제가 있는 토의자를 찾아 제시하고, ㉡에서 제시된 토의자의 역할을 고려하여 적절하지 않은 이유를 서술할 것.

5 '의견을 교환하여 합리적으로 문제를 해결한다.'를 학습 목표로 다음과 같이 토의 수업을 진행하였다. 학생들의 토의 과정을 읽고 〈작성 방법〉에 따라 서술하시오. [4점]

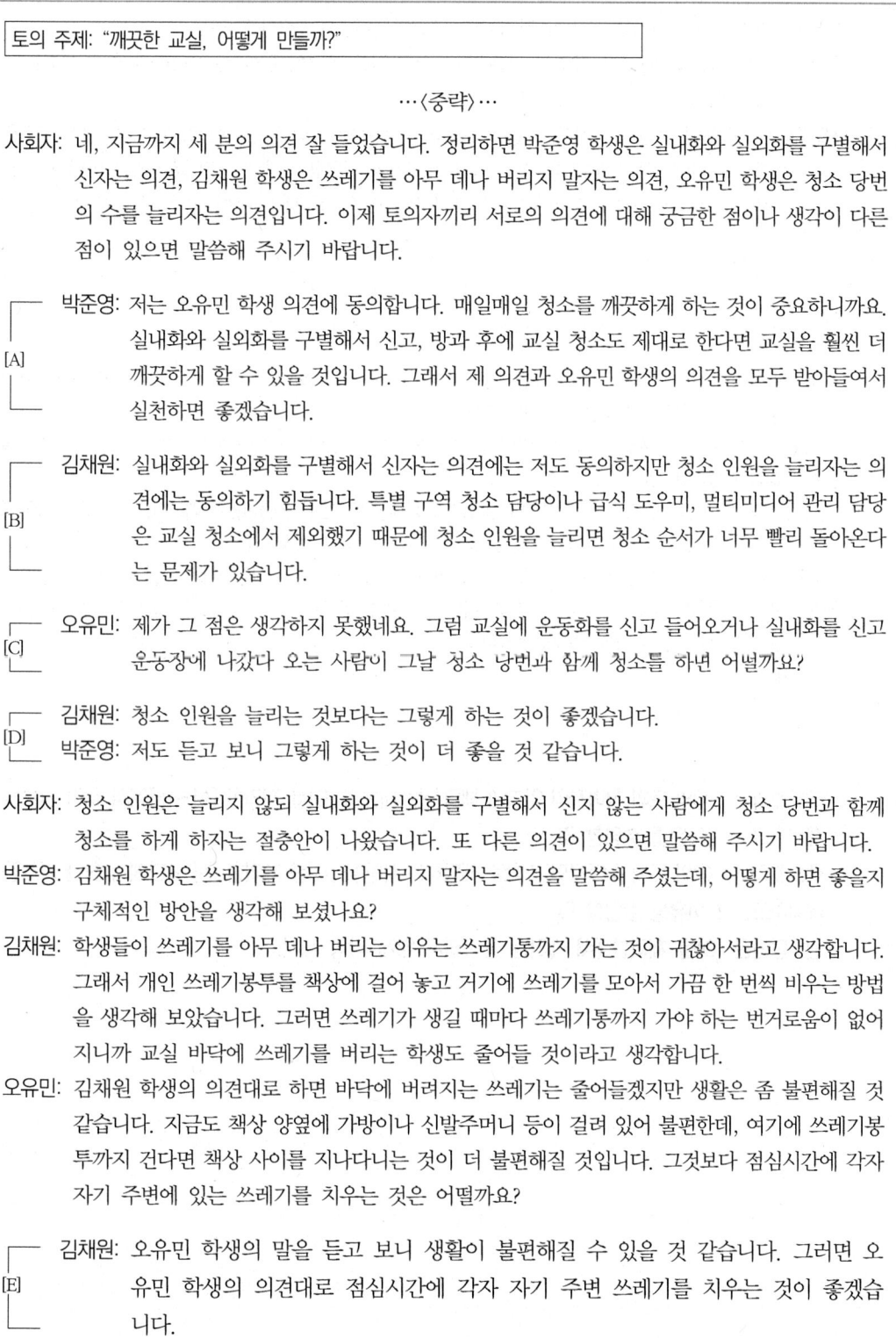

토의 주제: "깨끗한 교실, 어떻게 만들까?"

…〈중략〉…

사회자: 네, 지금까지 세 분의 의견 잘 들었습니다. 정리하면 박준영 학생은 실내화와 실외화를 구별해서 신자는 의견, 김채원 학생은 쓰레기를 아무 데나 버리지 말자는 의견, 오유민 학생은 청소 당번의 수를 늘리자는 의견입니다. 이제 토의자끼리 서로의 의견에 대해 궁금한 점이나 생각이 다른 점이 있으면 말씀해 주시기 바랍니다.

[A] 박준영: 저는 오유민 학생 의견에 동의합니다. 매일매일 청소를 깨끗하게 하는 것이 중요하니까요. 실내화와 실외화를 구별해서 신고, 방과 후에 교실 청소도 제대로 한다면 교실을 훨씬 더 깨끗하게 할 수 있을 것입니다. 그래서 제 의견과 오유민 학생의 의견을 모두 받아들여서 실천하면 좋겠습니다.

[B] 김채원: 실내화와 실외화를 구별해서 신자는 의견에는 저도 동의하지만 청소 인원을 늘리자는 의견에는 동의하기 힘듭니다. 특별 구역 청소 담당이나 급식 도우미, 멀티미디어 관리 담당은 교실 청소에서 제외했기 때문에 청소 인원을 늘리면 청소 순서가 너무 빨리 돌아온다는 문제가 있습니다.

[C] 오유민: 제가 그 점은 생각하지 못했네요. 그럼 교실에 운동화를 신고 들어오거나 실내화를 신고 운동장에 나갔다 오는 사람이 그날 청소 당번과 함께 청소를 하면 어떨까요?

[D] 김채원: 청소 인원을 늘리는 것보다는 그렇게 하는 것이 좋겠습니다.
박준영: 저도 듣고 보니 그렇게 하는 것이 더 좋을 것 같습니다.

사회자: 청소 인원은 늘리지 않되 실내화와 실외화를 구별해서 신지 않는 사람에게 청소 당번과 함께 청소를 하게 하자는 절충안이 나왔습니다. 또 다른 의견이 있으면 말씀해 주시기 바랍니다.
박준영: 김채원 학생은 쓰레기를 아무 데나 버리지 말자는 의견을 말씀해 주셨는데, 어떻게 하면 좋을지 구체적인 방안을 생각해 보셨나요?
김채원: 학생들이 쓰레기를 아무 데나 버리는 이유는 쓰레기통까지 가는 것이 귀찮아서라고 생각합니다. 그래서 개인 쓰레기봉투를 책상에 걸어 놓고 거기에 쓰레기를 모아서 가끔 한 번씩 비우는 방법을 생각해 보았습니다. 그러면 쓰레기가 생길 때마다 쓰레기통까지 가야 하는 번거로움이 없어지니까 교실 바닥에 쓰레기를 버리는 학생도 줄어들 것이라고 생각합니다.
오유민: 김채원 학생의 의견대로 하면 바닥에 버려지는 쓰레기는 줄어들겠지만 생활은 좀 불편해질 것 같습니다. 지금도 책상 양옆에 가방이나 신발주머니 등이 걸려 있어 불편한데, 여기에 쓰레기봉투까지 건다면 책상 사이를 지나다니는 것이 더 불편해질 것입니다. 그것보다 점심시간에 각자 자기 주변에 있는 쓰레기를 치우는 것은 어떨까요?

[E] 김채원: 오유민 학생의 말을 듣고 보니 생활이 불편해질 수 있을 것 같습니다. 그러면 오유민 학생의 의견대로 점심시간에 각자 자기 주변 쓰레기를 치우는 것이 좋겠습니다.

박준영: 좋은 의견입니다. 그런데 각자 쓰레기를 치울 때 분리배출도 잘했으면 좋겠습니다. 일반 쓰레기와 재활용 쓰레기 분리가 잘 안 되다 보니 쓰레기통 안도 지저분하고, 쓰레기통이 넘쳐 그 주변이 지저분해지는 일도 많습니다.

오유민: 지저분한 쓰레기통 주변이 정리되면 교실이 한결 깨끗해지겠네요.

김채원: 재활용품 분리배출을 잘하는 것은 우리 반 교실을 깨끗하게 할 뿐 아니라 환경을 살리는 방법이기도 하니까 저도 찬성합니다.

사회자: 네, 김채원 학생의 의견을 실천하기 위한 구체적인 방법을 논의한 결과, 매일 점심시간에 각자 자기 주변에 있는 쓰레기를 줍고 일반 쓰레기와 재활용 쓰레기를 잘 분리해서 버리자는 데 의견을 모았습니다. 이제 토의 내용과 관련하여 청중 가운데 질문이 있는 분은 말씀해 주십시오.

…〈중략〉…

보기

토의의 목적은 문제 해결에 있으므로 다른 참여자와 의견 충돌을 피하면서 [D]에서와 보는 바와 같이 다른 사람의 의견을 수용하면서 합의점을 찾아가는 것이 중요하다.

이를 위해서 토의 참여자들은 다른 사람의 발언을 적극적으로 경청하는 태도와 토의에 도움이 되는 발언을 하는 능력을 지니고 있어야 한다.

즉, 상대방의 의견에 대해 말할 때 이견이 있다면 ㉠상대방의 의견을 존중하면서 예의바른 태도로 말하며, 그렇지 않다면 ㉡다른 사람의 의견에 적극적으로 동의를 표현하는 방법도 효과적이다.

상대방이 자신의 의견에 대해 말하는 것을 들었을 때는 ㉢상대방 의견이 타당하다면 자신의 의견을 보완하여 문제 해결을 위해 협력하는 태도를 갖거나, ㉣다른 사람의 지적이 있었을 때 이를 긍정적으로 받아들여 자신의 의견을 철회하거나 수정하는 등 협력적 자세도 필요하다.

작성방법

- 〈보기〉의 ㉠, ㉡의 토의 참여자의 역할에 해당하는 내용을 [D]를 제외한 [A]~[E]에서 찾아 기호를 각각 제시하고, 그 이유를 설명할 것.
- 〈보기〉의 ㉢, ㉣의 토의 참여자의 역할에 해당하는 내용을 [D]를 제외한 [A]~[E]에서 찾아 기호를 각각 제시하고, 그 이유를 설명할 것.
- 단, 답안은 [D]를 제외한 [A]~[E]는 중복되지 않게 각각 제시.

2 [토의 유형 이해 지도]

> 관련 기출
>
> 2016 B형 서술형

1 다음은 "규칙에 맞게 회의를 진행할 수 있다."라는 학습 목표에 따라 학생들이 진행한 회의의 의안 심의 과정이다. 의장의 잘못 2가지를 〈작성 방법〉에 따라 서술하시오. [4점]

> 의 장 : '체험 여행을 남원으로 가자.'라는 의안을 상정하겠습니다. 총무는 이 의안에 대해 설명을 해 주세요.
> 총 무 : 이번 6월 15일 여행의 체험 주제는 '고전의 향기'입니다. 그래서 임원 회의에서는 여행지로 몇 곳을 검토한 끝에 「춘향」의 배경인 남원을 선정하여, 이 의안을 학급 회의에 제출했습니다. 남원에서 12일부터 20일까지 '춘향제'가 열려 「춘향」 체험을 할 수 있습니다.
> 의 장 : 이제부터 질의응답을 하겠습니다. 궁금한 것들을 질문 해 주세요.
> 회원 1 : (발언권을 얻어) 임원 회의에서 어디 어디를 검토해 보았습니까?
> 총 무 : 남원을 비롯해서 안동, 강릉, 그리고 몇 곳을 검토했습니다.
> 회원 2 : (발언권을 얻어) 남원에서 「춘향」 체험 말고 다른 것은 없을까요?
> 총 무 : 남원은 추어탕이 유명해서 지역 음식을 체험할 수 있습니다.
> 회원 3 : (발언권을 얻어) 저는 남원에 가는 것을 반대합니다. 작년에 전주에 가지 않았습니까? 이번에는 다른 지역으로 가면 좋겠어요.
> 의 장 : 미안하지만, 지금은 질의응답 시간이니 ㄱ 내용은 다음 단계에서 다루겠습니다. 자, 여러분, 궁금한 점을 질문해 주시면 감사하겠습니다.
> 회원 4 : (발언권을 얻어) 저는 남원을 좋아하지만 추어탕은 싫습니다. 다른 음식을 먹고 싶어요. 다른 음식 체험이 가능합니까?
> 의 장 : 단체가 하는 체험이니까 개인적인 질문은 하지 않으면 좋겠습니다. 음…, 궁금한 것이 더 없는 것 같네요. 질의 응답을 종결해도 좋습니까?
> 회원들 : 좋습니다.
> 의 장 : 그럼, 이제부터 이 의안을 거수로 표결하겠습니다. 총무는 의사 정족수가 충족되었는지 확인해 주세요.
> 총 무 : 재 27명 모두가 참석해 있으므로 의사 정족수가 충족되었습니다.
> 의 장 : 그럼 표결하겠습니다. 이 의안에 찬성하는 분은 손을 들어 주세요. 13명입니다. 이제 반대하는 분 손들어 주세요. 11명입니다. 그럼, 기권이 3명이네요. 그래서 '체험 여행을 남원으로 가자.'라는 안은 찬성 13표, 반 11표, 기권 3표로 부결되었음을 선포합니다. 다음 의안으로 넘어가겠습니다.

작성방법

- 의장이 의안 심의 과정에서 누락한 단계 1가지를 쓸 것.
- 의장이 질의응답을 진행하면서 잘못한 점 1가지를 이유와 함께 서술할 것.

1장 교과내용

2009

2 다음 자료는 심포지엄을 개회하기 위해 학생들이 마련한 계획이다. 교사의 사전 지도 내용으로 적절하지 <u>않은</u> 것은?

> - 의제 : 황사로 인한 피해 실태와 대처 방안
> - 진행 순서
>   1. 발표자 소개(사회자 : 학생1)
>   2. 발표
>   1) 황사 피해를 줄이기 위한 일상생활 대처 방안(학생2)
>   2) 황사 발생 시 야외 활동 대처 요령(학생3)
>   3) 황사로 인한 피해 실태(학생4)
>   4) 황사 문제 해결을 위한 국제 협력 방안(학생5)
>   3. 질의·응답
>   4. 정리

① 질의·응답을 통해 결론을 도출하게 한다.
② 발표 주제를 고려하여 발표 순서를 조정하게 한다.
③ 발표와 질의·응답을 위한 시간 계획을 세우게 한다.
④ 발표자 간에 발표 내용이 겹치지 않도록 조정하게 한다.
⑤ 사회자가 토의를 시작할 때 의제에 대해서도 소개하게 한다.

심화 예제

3 다음 〈자료〉를 활용하여 '토의의 유형'을 학습하고자 한다. 〈작성 방법〉에 따라 토의 유형을 서술하시오. [4점]

> [A] 토의 주제: 바람직한 청소년 문화, 어떻게 만들어야 하는가?
>
> 사회자: 학부모 연합회 총무 이○○
> 참여자 1: ○○고등학교 교사 김○○
> 참여자 2: △△ 대학교 청소년 상담학과 교수 박○○
> 참여자 3: 문화 체육 관광부 정책관 정○○
>
> 사회자: 안녕하십니까? 오늘은 '바람직한 청소년 문화, 어떻게 만들어야 하는가?'라는 주제로 함께 고민해 보겠습니다.
> 참여자 1: 학교에서 생활하다 보면 아무렇지 않게 욕설을 사용하거나, 폭력을 사용하는 학생들을 보곤 합니다. 이처럼 잘못된 청소년 문화는 텔레비전이나 인터넷의 영향이 크다고 생각합니다. 따라서 청소년 문화를 바람직한 방향으로 이끌기 위해서는 텔레비전 프로그램의 내용과 인터넷 게시물 내용의 규제를 강화해야 합니다.

[B]
참여자 2: 그것보다는 우선 청소년들이 스스로 시간을 관리하고 문화를 누릴 수 있도록 청소년 문화 공간을 확대하는 것이 필요하지 않을까요? 각 지방 자치 단체마다 청소년 문화 센터를 하나씩 만들어야 합니다.
참여자 3: 지자체의 노력도 중요하지만, 예산 불균형으로 인해 문화간 지역 불균형 문제를 초래할 수 있습니다. 이에 대하여 정부 차원에서 문화 체육 관광부에서는 문화 바우처 제도를 시행하여 저소득층 청소년들도 다양한 문화 혜택을 누릴 수 있도록 하고 방과 후 학교에 문화 예술 강사를 파견하기도 했습니다. 앞으로는 올바른 청소년 문화의 육성을 위하여 지역마다 우수한 사례를 발굴하여 보급할 예정입니다.

사회자: 세 분이 다양한 의견을 제시해 주셨는데, 앞서 발표해 주신 여러 의견을 바탕으로 대안을 조율해 보면 어떻겠습니까?

[C]
참여자 2: 잘못된 청소년 문화는 매체의 영향이 크다는 김 선생님의 생각에 일부분 동의합니다. 하지만 매체의 내용을 규제하는 것은 현실성이 없고, 규제 수준과 방식에 문제가 있을 수 있습니다. 청소년 스스로 매체 수용에 관한 의식을 갖고 올바르게 수용하는 태도가 중요합니다. 따라서 청소년 문화 센터에 매체 수용에 대한 강좌를 개설하는 것은 어떨까요?
참여자 1: 좋은 의견입니다. 그러나 강좌를 개설해도 따로 시간을 내서 찾아가는 청소년은 많지 않을 것입니다. 학교에 강사를 초빙해 강의를 들을 수 있게 한다면 많은 청소년이 공평하게 교육을 받을 수 있을 것입니다.
참여자 3: 모든 청소년이 고루 혜택을 받을 수 있어야 한다는 점에 공감합니다. 하지만 전면적으로 실시하는 것은 재정적인 이유 때문에 현실적으로 어려울 것입니다. 단계적으로 대상을 확대하는 방안을 검토해야 할 것입니다.

사회자: 청소년 문화 형성에 매체의 영향이 크다는 점과 바람직한 청소년 문화를 만들기 위해 매체 수용 교육이 필요하다는 점에 대해서는 의견이 일치했습니다. 다만 교육 방식에 관해서는 이견이 있었습니다. 더 많은 청소년에게 강좌를 들을 기회를 줄 수 있는지를 염두에 두고 논의해 보아야 할 것 같습니다. 박 선생님께 묻겠습니다. 문화 센터가 아닌 학교에서 특강을 진행하는 방식은 어떻습니까?
참여자 2: 기본적인 강의는 학교에서 함께 듣고 세부 강좌는 청소년 문화 센터에 개설하여 선택적으로 듣는 방법이 좋을 것입니다. 그렇게 하면 모두 동등한 혜택을 누릴 수 있고, 또 접근 기회가 다양하게 열려 있으니 교육 효과도 클 것입니다.
사회자: 이번 토의 내용을 요약하면 청소년 문화에 매체가 미치는 영향이 크기 때문에 바람직한 청소년 문화를 위해서는 매체 수용 교육이 필요하다는 것이었습니다. 또 학생들이 많이 참여하기 위해서는 학교에서 교육이 이루어져야 한다는 것으로 의견이 모였습니다. 문화 센터 운영과 같이 추가되는 부분에 대해서는 추후 논의할 시간을 마련하겠습니다. 이상으로 토의를 마칩니다. 고맙습니다

작성방법

- 〈자료〉에서 도출할 수 있는 토의 유형의 특성 3가지를 근거를 찾아 제시할 것.
- 단, 토의 유형의 특성을 선정하는 기준은 '토의 참여자가 각자의 의견과 해결책을 발표하는 방식', '사회자의 역할', '논제의 성격'에서 선정할 것.
- 답안 작성 시 근거를 들 때, [A]~[C]에서 관련 내용을 고려할 것.

4 다음 〈자료〉를 활용하여 토의의 유형을 학습하고자 한다. 〈작성 방법〉에 따라 토의의 특징을 서술하시오. [4점]

〈자료〉

[A]
사회자: 지금부터 '○○ 지구 택지 개발 계획 합리적인가'라는 주제로 ○○시 담당 공무원과 시행사 대표를 모시고 시민들과 토의를 하도록 하겠습니다. 그럼 왜 이러한 사업을 하게 되었는지 그 배경을 ○○시 측에서 먼저 시민들에게 설명 좀 해주시죠.

담당 공무원: 경부와 중부 고속도로가 인접한 ○○지역에 택지개발이 잇따르고 있는 것은 신행정수도 충청권 이전 등의 호재와 수도권과 교통 연계성이 뛰어나기 때문입니다. 특히 인근 ○○ 과학산업단지와 ○○ 생명 과학 산업단지 조성으로 인구 유입이 계속될 것이 예상되기 때문입니다. 그리고 ○○3지구를 포함해 이들 6곳의 택지개발 사업지가 총 1조 2000억여원에 달해 지역 경제 활성화에 큰 영향을 줄 것입니다.

사회자: 그럼 ○○3지구에는 어느 정도 규모로, 언제쯤 개발할 예정인지 시행사 측에서 설명 좀 해주시지요.

시행사 대표: 우리 한국토지공사의 계획에 따르면 약 33만 2000여평 면적에 해당하는 ○○3지구를 총 사업비 2300억원을 투자하여 2011년에 착공할 예정입니다. 이곳에 법원과 검찰청 등 6102가구가 들어서게 될 것입니니다.

사회자: 물론 지역 경제 활성화와 주택난 해소에 많은 도움을 줄 사업으로 생각되지만, 시민들의 불만과 걱정도 많습니다. 원활한 진행을 위해 환경 문제 등 시민들의 긴박한 의견을 먼저 들은 다음, 직접 참여하지 못한 시민들의 서면 질의 중 중요한 내용만을 골라 보도록 하겠습니다. 그럼 시민들의 의견을 읽어 보도록 할까요?

[B]
사회자: (청중의 질문지를 읽는다.) 택지 개발도 좋지만 ○○○ 방죽은 당연히 살려야 한다. 지역 주민들 그리고 어린아이들조차도 ○○○ 방죽 살려달라고, 두꺼비를 살려달라고 애원하고 있는데, 토공은 마치 너그러운 통치권자인 양 '고려해보마, 한번 생각해보지' 라고 하면서, 지역 주민의 기원을 기만하는 근시안적이고 사기적인 대처방안을 자랑질하고 있어요. ○○○ 방죽 살리는 것은 두꺼비로 부각된 자연 생태계를 보존하자는 것인데, 방죽만 놔두고 빙 둘러 개발하면 뱀이나 개구리 등은 방죽 안에만 갇혀 살고 알도 낳지 말고, 알아서 살라고 하는 말인가. 저수지를 가둬놓고 썩기만을 기다렸다가 썩어서 민원이 올라오면 메워서 택지로 쓰려는 속셈은 아닌지.

시행사 대표: 결코 그런 속셈은 없습니다. ○○시 ○○3지구를 택지 개발하고 있는 우리 토지공사는 두꺼비 집단 서식지가 있는 ○○○ 방주 인근 3만 6천여 ㎡에 생태공원을 조성하고 지하 1층, 지상 1층(연면적 520㎡) 규모의 '두꺼비 생태문화관'을 지어 지난해 말 시에 기부하기로 약속했습니다.

사회자: 다음은 청중의 질의를 직접 받겠습니다. 말씀해주세요.

청중②: L 모씨가 살고 있는 집의 대지는 170 여 평으로 1억원이 조금 넘는 보상금을 받았는데, 인근 35평 아파트는 2억 대입니다. 그렇다면 외지에서 온 투기꾼만 횡재를 만났지 정작 주민은 집터를 빼앗기고 유랑민으로 전락하는 것이 아닌가요. 그리고 M 모 씨는 땅없이 형들 농사를 조금씩 도와주며 사는 무토지 영세농인데, 그가 사는 집터는 정부 소유라 보상은 집에 대해서만 받는다고 합니다. 집도 크지 않아서 그가 받은 정부 보상액은 3천만원에도 못 미치는데, 이 돈으로 임대 아파트에 들어간다 해도 먹고사는 것이 문제입니다. 이들을 시에서 책임져야 하는 것이 아닌가요?

담당 공무원: 토지 보상금을 통해 일부는 혜택을 입었지만 갖고이 파괴되거나 유랑민으로 전락하는 경우도 비일비재하게 나타나며 토지보상금의 폐해가 심각한 실정은 잘 알고 있습니다. 다른 땅을 사서 집도 짓고 먹고 살 길을 찾을 수 있는 보상금의 적정 액수를 조사하여 가족 공동체와 농촌 공동체가 무너지는 일을 방지하는데 최선을 다하겠습니다.

사회자: 더 많은 토의가 이루어졌으면 좋겠지만, 시간관계상 이상으로 OO3지구 택지 개발 계획 합리적 인가에 대한 시민들과의 1차 토의를 마치도록 하겠습니다. 여러분의 의견으로 인해 OO3지구가 친환경 마을로 다시 태어나기를 바랍니다. 오랜 시간 토의에 참여해 주셔서 감사드립니다.

작성방법

- 〈자료〉에서 도출할 수 있는 토의 유형의 특성을 [A]와 [B]에서 근거를 들어 1) 토의 논제의 성격, 2) 토의 참여자 각자의 의견과 해결책을 발표하는 방식 3) 청중의 참여 여부 측면에 초점을 맞춰 서술할 것.

5 다음을 읽고 〈작성 방법〉에 따라 서술하시오. [4점]

미래중학교 학생회는 '청소년의 날'을 맞이해서 한 방송사에서 주최하는 빈곤 국가 학교 짓기 후원 활동에 참여하기로 했다. 민서네 학급에서도 이 후원 활동에 참여할 방법을 구체적으로 마련하기 위해 토의하려고 한다.

민서: 애들아, 우리 반도 학교 짓기 후원 활동에 참여할 방법을 마련해야 하잖아. 토의를 통해 여러 사람의 생각을 모으면 합리적인 방안을 찾을 수 있을 것 같아서 토의의 유형을 정리해 봤어. 어떤 것을 선택하는 것이 좋을까?

| 토의 유형 〈생략〉 |

[A]
예준: 내 생각에는 빈곤 국가 학교 짓기 후원 활동이라는 논제를 고려하면 좋겠어.
하영: 그러기 위해서는 논제를 깊이 있게 이해할 수 있는 토의가 좋을 것 같아.
지호: 나는 되도록 다양한 방안이 제시될 수 있으면 좋겠어. 여러 친구가 의견을 말할 수 있으려면 원탁 토의는 참여 인원에 제한이 있어서 다양한 방안에서 합리적 해결방안을 내기가 어려워.
지호: 포럼은 정책안이나 개발안을 중심으로 하고, 찬성과 반대 의견을 지닌 청중들도 처음부터 적극적으로 참여하는 토의잖아. 청중으로 참여하는 친구들이 부담되지 않을까?
다빈: 그러면 패널 토의가 어떨까? 그 이유는 _____

〈토의 진행〉

사회자: 우리 학교 학생회는 지난 대의원 회의에서 빈곤 국가 학교 짓기 후원 활동에 참여하기로 했습니다. 이에 따라 학급별로 구체적인 방안을 마련하기 위해 오늘은 '빈곤 국가 학교 짓기 후원, 어떻게 할까?'라는 논제로 토의하겠습니다. 이 논제에 관심이 있는 네 명의 친구가 토의자를 맡았는데요, 여러분들이 논의한 뒤에 청중과 질의응답을 하겠습니다. 그럼 토의를 시작해 주십시오.

지호: 후원 방법에는 여러 가지가 있겠지만, 저는 무엇보다 후원금을 걷는 것이 좋은 방법이라고 생각합

니다. 제가 조사해 보니 우리가 보내는 후원금이 빈곤 국가 아이들이 사용할 교실과 운동장을 만들 때 필요한 벽돌, 흙, 물 등을 마련하는 데 쓰인다고 합니다. 그래서 저는 일정한 금액을 정해서 후원금을 걷고 우리 반의 이름으로 전달하는 방법을 제안합니다.

[B①]사회자: 최지호 학생의 의견 잘 들었습니다. 일정한 금액을 정해 후원금을 걷는 방안을 제안해 주었습니다. 이어서 다른 토의자의 의견을 들어 보겠습니다.

예준: 후원금을 걷으면 학생 대부분은 부모님께 돈을 받아서 내야 합니다. 그렇게 되면 우리 힘으로 후원에 참여하려는 활동의 취지에 어긋나고 형식적인 활동으로 그칠 수도 있습니다. 또한 정해진 금액을 내는 것에 부담을 느끼는 친구들도 있을 것입니다. 그래서 저는 거리 모금을 제안합니다. 순서를 정해 돌아가면서 거리 모금을 한다면 부담도 크지 않고 학교 짓기 후원 활동을 홍보하는 효과도 있을 것입니다.

지호: 거리 모금을 하자고요? (인상을 찌푸리며) 정말 황당한 의견이네요. 거리 모금을 하려면 방과 후 시간이나 주말을 이용해야 하는데 누가 하려고 하겠습니까? 각자의 사정으로 하나둘 빠지기 시작하면 모금은커녕 후원 자체가 흐지부지될 수도 있습니다. 후원금의 액수를 정해서 내는 것이 부담된다면 각자 형편에 맞게 후원금을 내는 방법도 있습니다.

[B②]사회자: 지금까지의 내용을 정리해 보면, 후원금을 마련하는 것에는 이의가 없으나 모금 방법에는 의견 차이가 있네요. 우리 모두가 쉽게 참여해서 후원금을 마련할 수 있는 방법을 중심으로 의견을 조정해 보면 좋겠습니다.

다빈: (부드러운 목소리로) 거리 모금도 의미 있는 일이지만 중학생인 우리가 하기에는 현실적으로 무리가 있다고 생각합니다. 제가 이 후원 활동에 참여한 학교들을 조사해 보니 자선 장터나 벼룩시장을 열어 성공적으로 후원금을 마련한 사례가 있었습니다. 우리 반도 중고 물품을 모아 자선 장터를 열면 어떨까요?

예준: 이다빈 학생이 좋은 의견을 제안해 주었다고 생각합니다. 그런데 판매할 물품을 충분히 모으지 못한다면 자선 장터에서 얻는 수익이 기대에 못 미칠 것 같은데요, 이런 문제도 생각해 봐야 합니다.

다빈: 충분히 예상할 수 있는 문제라고 생각합니다. 그 문제는 앞에서 나온 의견을 반영한 절충안을 만들어서 해결할 수 있을 것 같습니다. 아까 최지호 학생이 각자 형편에 맞게 후원금을 내자는 의견을 냈는데요, 학급 저금통을 만들고 매점에서 쓰고 남은 거스름돈을 자유롭게 내서 평소에 조금씩 용돈을 모으면 어떨까 합니다.

지호: 좋은 절충안이라고 생각합니다. 이다빈 학생의 의견대로 자선 장터를 열어서 얻는 수익과 학급 저금통에 모인 돈을 활용하면, 우리 힘으로 후원금을 마련한다는 의미도 살리고 일정 금액 이상의 후원금을 모을 수 있을 것입니다.

예준: 저도 찬성합니다. 이다빈 학생이 제시한 절충안은 큰 무리 없이 우리 힘으로 후원금을 마련할 수 있는 방법이라고 생각합니다.

[C] 사회자: 의견 감사합니다. 아직 발언하지 않은 오하영 학생도 의견을 말씀해 주시기 바랍니다.

…(중략)…

> **작성방법**
> - [A]에서 다빈이 패널 토의를 제안한 이유를 논제의 성격을 고려하여 제시하고, [B]와 [C]를 고려하여 토의 사회자의 역할을 각각 서술할 것.
> - 토의 진행 과정에서 적절하지 않은 발언을 한 토의자를 찾아 제시하고 그 이유를 서술할 것. 단, 이유를 설명할 때, 토의 참여자의 역할을 포함하여 서술할 것.

테마 4 　 토론

1 [타당한 논증 구성과 논리적으로 반박하면서 토론]

`관련 기출`
`2024 B형 서술형`

1 (가)는 학생들의 토론이고, (나)는 (가)에 대해 수업 연구회에서 논의한 내용이다. 〈작성 방법〉에 따라 서술하시오. [4점]

> **(가) 토론 수행 내용(일부)**
>
> 사회자 : 이번 시간에는 '개인 컵 사용을 의무화해야 한다.'라는 논제로 토론하겠습니다. 먼저, 찬성 측 제1 토론자께서 입론해 주십시오.
> 찬성 1 : 개인 컵은 학생들이 휴대하거나 사물함에 두고 개별적으로 사용하는 컵을 말합니다. 학생회의 조사에 따르면 지난해 우리 학교 학생의 일회용 종이컵 하루 사용량이 1인당 2.8개로, 전국 평균 1.3개보다 2배 이상 많았습니다. 우리 학교 학생의 종이컵 사용량이 많은 것은 개인 컵을 사용하는 학생이 거의 없기 때문입니다. 사용한 종이컵은 재활용률이 매우 낮고, 소각 과정에서 각종 유해 성분이 발생합니다. 순간의 편리함을 선호하는 학생들의 태도로 인해 우리 학교의 종이컵 사용량 문제는 지속될 것입니다. 이 문제는 학생들의 개인 컵 사용 의무화로 해결할 수 있습니다. 학교 차원에서 관련 규정을 만들고 학생회 조직을 통해 학급 단위로 관리·감독하면, 방안 실행에 문제가 없습니다. 개인 컵 구입에 따른 학생의 비용 부담이 발생한다는 우려가 제기될 수 있지만, 이는 학교 예산으로 전교생 개인 컵을 구입해 지급하면 문제가 되지 않습니다. 개인 컵을 사용하면 자원을 절약하고 학교에서 배출되는 쓰레기양을 줄일 수 있습니다. 무엇보다 학생들에게 환경 보호에 동참한다는 인식을 심어 주어 인식이 환경 문제에 대한 관심과 실천으로 확산될 수 있을 것입니다.
> … (중략) …
> 사회자 : 이어서 반대 측 제2 토론자께서 반박해 주십시오.

반대 2 : 찬성 측이 입론에서 언급한 것과 달리 우리 학교 학생들의 종이컵 사용량은 심각한 편이 아닙니다. 왜냐하면 전국 평균과 비교해 보았을 때 차이가 크지 않기 때문입니다. 학생회 조사를 분석해 보니 학생들이 물을 마시는 횟수가 특별히 많은 7~8월을 제외한 지난해 일회용 종이컵 사용량은 1인당 하루에 1.5개로 확인되었습니다. [A]
개인 컵은 여름철 위생 문제 등을 비롯해 관리와 보관이 어렵습니다. 환경부에 따르면 친환경 종이컵은 재활용률이 높고 소각 시 유해 물질도 발생하지 않으므로, 이것을 사용하면 위생이나 보관·관리 면에서도 효과적입니다. 한편 학교 차원에서 규정을 만들고 학급 단위로 관리하는 것은 실행상 어려움이 있습니다. 학교 규정을 만들려면 구성원의 동의가 필요하고, 관리 주체를 학급으로 지정하면 관리 부실이 발생할 수 있습니다. 더구나 학교 예산은 사용처가 정해져 있어서 다른 용도로 사용하는 것은 운영 위원회의 승인 없이는 어렵습니다. 또한 학생들을 의무적으로 개인 컵 사용에 참여하게 하는 것은 개인의 자율성 침해라는 점에서 문제가 될 수 있습니다. 자발적 참여가 아니어서 환경 보호에 대한 부정적 인식도 생길 수 있습니다.

사회자 : 마지막으로 찬성 측 제2 토론자의 반박이 있겠습니다.

… (후략) …

(나) 수업 연구회 대화록

김 교사 : 논제에 따라 쟁점별로 논증을 구성하고, 상대의 주장을 논리적으로 반박할 수 있도록 토론 수업을 진행해 보았는데요. 학생들의 토론 수행을 점검하고 지도할 부분에 대해 논의하고 싶습니다.

이 교사 : 학생들의 입론서와 토론 녹화 자료를 보니 논제에 따른 필수 쟁점 구성이 잘 이루어졌더라고요. 특히 입론에서 찬성 1의 ㉠'양면 메시지 전략' 사용이 인상적이었어요.

장 교사 : 그에 비해 ㉡반대 측의 세부 논증 구성에서는 논증 요소와 관련해서 지도가 필요한 부분이 있어요.

김 교사 : 맞습니다. 타당한 논증 구성에 대해 설명을 했는데도 학생들이 어려워했어요.

이 교사 : 입증 책임의 원리에 따라 찬성 측은 현재 상태의 변화를 설득하고 모든 쟁점에 대해 입증해야 하지만 반대 측은 변화가 필요하지 않음을 설득한다는 점이 강조되었나요?

김 교사 : 그 부분은 한 번 더 설명해 주어야 할 것 같습니다.

장 교사 : 이러한 점 외에 특히 ㉢반대신문식 토론에서 반박은 입론과 반대신문에 이어지는 최종 발언임을 고려하여 효과적으로 수행할 수 있도록 내용 구성을 안내할 필요가 있겠네요.

작성방법

- 찬성 1의 입론에서 ㉠이 나타난 부분을 찾고, 그 효과를 설명할 것.
- ㉡과 관련하여 [A]에 나타난 문제점을 지적하고, ㉢을 위해 교사가 안내할 내용을 1가지 쓸 것.

심화 예제

2 다음은 '쟁점별로 논증을 구성하여 토론을 수행할 수 있다.'를 목표로 토론을 지도하기 위한 송 교사의 수업 계획이다. 〈작성 방법〉에 따라 서술하시오. [4점]

- 학습 목표: 쟁점별로 논증을 구성하여 토론을 수행할 수 있다.
- 토론의 논제: ㉠<u>백해무익한 흡연을 억제하기 위해 담뱃값을 인상해야 하는가?</u>
- 교수·학습 활동 및 유의점
  - ㉡<u>토론의 목적이 논제를 대하는 양측 입장에 대한 이해의 폭을 넓혀 공동체의 문제 해결을 위한 것임</u>을 고려하여, 말하기 방식이 갈등을 유발하지 않도록 유의한다.
  - 토론의 논제가 정책 논제이므로 찬반 양측이 문제의 심각성, 제시된 방안의 문제 해결 가능성, 방안의 실행에 따른 효과 및 개선 이익의 쟁점을 다루도록 한다.
  - 논증을 구성할 때는 주장, 이유, 근거를 갖추도록 한다.
- 평가 방법 및 유의사항
  - 학급의 다른 학생이 배심원이 되어 찬반 양측의 논증을 평가하는 동료 평가를 도입한다.
  - 상대 측 논증의 타당성, ㉢<u>공정성</u>, 신뢰성을 비판적으로 판단하여 미흡한 논증을 효과적으로 공략하고 있는지를 평가한다.

작성방법

- ㉠의 문제점을 2가지 쓰고, 수정안을 제시할 것.
- ㉢을 판단하기 위한 준거를 1가지 쓰고, ㉡과 관련하여 토론에서 ㉢을 판단하는 것의 필요성을 서술할 것.

3~4 다음은 '타당한 근거를 들어 논박하기'를 주제로 토론 준비과정에 대해 학생과 교사가 나눈 대화와 토론 자료이다. 글을 읽고 물음에 답하시오.

〈학생과 교사와의 대화〉

세 윤: 선생님, 저희가 교내 토론 대회에 참가하려고 해요. 그런데 토론을 어떻게 준비해야 할지 몰라서 선생님께 도움을 받고 싶어요.

선생님: 토론을 준비하려면 먼저 토론의 논제를 정확하게 이해하는 것이 중요해. 그러려면 논제와 관련된 자료를 살펴보면서 쟁점을 설정해 보는 것이 좋아.

민 재: 쟁점을 설정해 보면 논제와 관련된 찬성 측과 반대 측의 의견 차이를 잘 이해할 수 있겠네요. 그다음에는 무엇을 해야 하나요?

선생님: 이와 관련된 다양한 자료를 수집하고 정리해서 찬성 측과 반대 측의 주장을 뒷받침하는 근거를 마련해야 해. 이때 주장을 뒷받침하는 구체적인 사례나 통계 등을 근거로 활용할 수 있지.

세 윤: 그렇게 쟁점별로 주장을 뒷받침하는 근거를 마련하면 입론을 준비할 때 도움이 되겠네요.

선생님: 그렇지. 논제와 관련된 핵심적인 주장과 근거를 정리해서 입론을 준비하면 토론에서 자신의 주장을 논리적으로 내세울 수 있어.

민 재: 선생님, 그럼 반론은 어떻게 준비하면 좋을까요?

선생님: (㉠) 이렇게 반론을 준비하면 토론할 때 상대측의 주장을 비판적으로 듣고 효과적으로 논박할 수 있어.

세 윤: 최종 발언은 어떻게 해야 할까요?

선생님: 최종 발언은 우리 측의 발언 내용을 요약해서 정리하고, 우리 측의 주장과 근거를 다시 한번 강조하면 돼.

민 재: 감사합니다.

〈토론 수행〉

미래중학교 제3회 교내 토론 대회를 개최합니다!
논제: 동물원을 폐지해야 한다.

● 일시: 20○○년 5월 2일(예선), 5월 12일(결승)
● 장소: 본교 학생회실
● 대회 방식: 2인 1조로 구성, 승자 진출전 방식으로 진행
● 토론 형식: 입론 → 반론 → 최종 발언 → 판정
● 참고 사항: 찬성·반대의 입장은 예선과 결승 당일에 추첨하여 결정

…(생략)…

사회자: 지금부터 '동물원을 폐지해야 한다.'라는 논제로 교내 토론 대회를 시작하겠습니다. 동물원은 '동물 보호와 연구를 진행하고 관람객에게 동물 관련 지식과 오락을 제공하려는 목적으로 동물을 모아 기르는 곳'입니다. 그런데 최근 동물원을 둘러싼 사회적 논란이 커지고 있습니다. 이와 관련하여 동물원 폐지에 찬성하는 측과 반대하는 측 토론자가 '입론 - 반론 - 최종 발언'의 순서로 토론한 뒤 배심원들이 판정하도록 하겠습니다. 먼저 찬성 측 토론자께서 입론해 주십시오.

[A] 찬성 1(정세윤): 저희는 '동물원을 폐지해야 한다.'에 찬성합니다. 그 첫 번째 이유는 동물원이 동물을 제대로 보호하지 못하기 때문입니다. 사진에서 보시는 것처럼 동물원의 많은 동물이 좁은 사육장에 갇혀 살면서 관람객의 시선과 소음에 시달리고 있습니다. 이 때문에 동물들이 극심한 스트레스를 받아 이상 행동을 보이며 심지어 죽기도 합니다. 동물원을 폐지해야 하는 두 번째 이유는 동물원이 교육적인 기능을 하지 못하기 때문입니다. 동물원에 갇혀 있는 동물을 보는 것이 과연 교육적인 효과가 있을까요? 오히려 관람객은 동물을 전시와 오락의 대상으로 여기고 동물의 생명과 생태를 존중하지 않는 그릇된 인식을 지니게 될 수 있습니다. 이와 같이 동물을 제대로 보호하지 못하고 교육적이지도 않은 동물원은 폐지해야 합니다.

…(생략)…

사회자: (2분 뒤) 이제 반박과 재반박의 순서로 양측의 반론을 듣겠습니다. 먼저 반대 측에서 찬성 측 입론의 내용을 반박해 주십시오.

반대 2 (이수진): 찬성 측에서는 동물들이 극심한 스트레스를 받는다는 이유를 들어 동물원이 동물을 제대로 보호하지 못한다고 했습니다. 그러나 야생의 동물들도 천적의 위협이나 먹이 부족, 서식지 파괴 등 위험한 상황에 노출될 수 있고 불행하게 죽는 일도 많습니다. 동물원은 오히려 이런 야생의 위험으로부터 동물을 안전하게 보호하고 있습니다. 또 입론에서 말씀드린 것처럼 많은 동물원이 동물의 스트레스를 줄이려고 노력하고 있습니다. 예를 들어 2018년에 한 동물원은 곰이 생활하던 기존의 공간을 열 배 이상 넓히고, 물웅덩이와 통나무 등 곰의 생태 특성에 맞는 다양한 시설을 마련했습니다. 이뿐만 아니라 동물원은 반달가슴곰이나 삵 등 멸종 위기종을 보호하고 성공적으로 복원하고 있습니다. 이렇게 동물을 보호하려는 동물원의 노력을 보더라도 동물원을 폐지해야 한다는 찬성 측의 주장은 옳지 않습니다.

사회자: 이제 찬성 측에서 반대 측의 반박을 재반박해 주십시오.

찬성 2(김민재): 반대 측의 주장처럼 야생의 동물들도 많은 위험을 겪는 것은 사실입니다. 하지만 동물원의 동물은 인간의 잘못 때문에 위험을 겪고 있습니다. 2015년 한 동물원에서 호랑이 한 마리가 관람객이 던진 신발을 먹고 죽은 사건이 있었고, 또 다른 동물원에서는 죽은 물범의 배 속에서 120개가 넘는 동전이 나온 사례도 있습니다. 또 야생 돌고래의 평균 수명이 30여 년인 데 비해 동물원이나 수족관 돌고래의 평균 수명이 4년에 불과하다는 점은 동물원 동물들의 처지를 잘 보여줍니다. 덧붙여 동물원이 야생과 비슷한 환경을 조성한다고 해도 실제 서식지와 비교할 수는 없습니다. 예를 들어 동물원의 북극곰은 야생 북극곰의 활동 영역에 비해 백만분의 일도 안 되는 좁은 공간에 갇혀서 살고 있습니다. 이러한 점에서 동물원은 동물을 제대로 보호하지 못한다고 보는 것이 더 타당합니다.

사회자: 이번에는 찬성 측에서 반대 측 입론의 내용을 반박해 주십시오.

찬성 1(정세윤): 반대 측에서는 동물원을 방문한 관람객이 동물과 관련된 지식을 얻고 생명 존중 의식을 기를 수 있다는 점을 들어 동물원이 교육적이라고 보았습니다. 그러나 동물원에 갇혀 사는 동물은 야생 상태에서와는 다르게 행동하고, 스트레스 때문에 이상 행동을 반복하거

[B] 나 공격적으로 변하기도 합니다. 그런 모습에서 동물과 관련된 제대로 된 지식을 얻기는 어렵습니다. 제 경험으로도 동물원에서 유익한 지식을 얻은 적이 한 번도 없었습니다. 또한 현재 동물원에서 이루어지고 있는 교육 내용 중 상당수가 동물을 만지거나 먹이를 주는 체험을 하는 것에 그치고 있어 오히려 동물을 장난감처럼 여기게 합니다. 이 같은 점을 고려할 때 동물원은 교육적이라고 할 수 없습니다.

사회자: 이제 반대 측에서 찬성 측의 반박을 재반박해 주십시오.

[C] 반대 1(노태현): 찬성 측의 의견과는 달리 동물원에서 동물과 관련된 지식을 충분히 얻을 수 있습니다. 2014년 세계동물원수족관협회에서 발표한 보고서에 따르면, 동물원을 자주 방문할수록 생물 다양성을 보호해야 한다는 인식이 높아지고 이를 실천에 옮길 확률이 크다고 합니다. 또 동물원 방문에서 좋았던 점이 무엇이냐는 설문에 동물 관련 지식을 얻을 수 있었다는 대답도 63퍼센트나 됩니다. 이러한 점을 고려할 때, 동물원이 교육적이지 않다는 주장은 타당하지 않다고 생각합니다.

사회자: 네. 2분 뒤에 양측의 최종 발언을 듣겠습니다.

―― 보기 ――

토론에서 반론이란 상대측 주장의 논리적인 모순점을 지적하고 자신의 주장을 강화하는 단계에 해당한다. 이 단계에서는 입론에서 제기된 내용에 대해서만 반론해야 하고, 상대측이 발언한 내용에 대해 논제와의 관련성, 자료의 적절성과 신뢰성, 자료 해석의 적절성 등에 대해 논박해야 한다. 토론 참여자들은 상대측이 입론에서 제시할 주장과 근거를 예상해 보고 이를 어떻게 반박할지 고민하면서 우리 측의 입론과 관련된 상대측의 반론도 예상해 보고 이를 논리적으로 재반박할 수 있게 준비함으로써 반론을 준비하면 토론할 때 상대측의 주장을 비판적으로 듣고 효과적으로 논박할 수 있다.

3 입론 단계의 지도 내용을 〈작성 방법〉에 따라 서술하시오. [4점]

작성방법

- 〈보기〉를 고려하여 ㉠에 교사의 조언 내용을 서술할 것.
- 찬성 측 입론 [A]에서 쟁점 2가지를 찾아 의문형으로 제시하고, 제시된 쟁점 중 1개를 선택하여 논증 구성요소를 서술할 것.

4 반론 단계의 지도 내용을 〈작성 방법〉에 따라 서술하시오. [4점]

작성방법

- [B]에서 반박을 진행할 때 문제점을 근거를 들어 서술할 것.
- [C]에서 재반박이 설득력 높게 진행된 근거를 서술할 것.

5 (가)는 토론의 일부이고, (나)는 '상대의 주장과 근거가 타당한지 평가하며 듣기' 수업 활동을 정리한 표이다. 〈작성 방법〉에 따라 서술하시오. [4점]

(가)

토론 논제: 대체 휴일 제도를 실시해야 한다.

[A] 찬성 측 : 저는 대체 휴일 제도에 찬성합니다. <u>제가 지인들에게 조사한 결과 제 주변 사람들은 모두 대체 휴일 제도에 찬성하였습니다.</u> 이렇게 국민들 대다수가 대체 휴일 제도에 찬성하고 있으므로 시급히 대체 휴일 제도를 실시해야 합니다.

[B] 반대 측 : 우리나라가 선진국인 미국, 영국, 프랑스 등보다 공휴일이 많은 상황에서 대체 휴일 제도까지 시행된다면, 우리나라는 경제 성장에 많은 어려움을 겪을 것입니다. <u>경제가 성장하지 않는다면 침체된다는 것인데, 찬성 측에서는 이를 바라시는지요?</u> 대체 휴일 제도는 잘못된 제도입니다. 찬성 측 토론자께서도 지난번 논문에 대체 휴일 제도의 문제점에 대해 언급하며 이 제도를 반대한 것으로 알고 있습니다만······.

[예] 찬성 측 : <u>반대 측 토론자께서도 이미 지난해 대체 휴일 제도에 찬성하는 칼럼을 신문에 기고하셨잖아요.</u> 찬성과 반대 입장은 충분히 바뀔 수 있다고 생각합니다.

[C] 반대 측 : 정부에서 대체 휴일 제도를 실시하지 않은 것은 휴일이 길어지면 사람들이 나태해지기 때문입니다. 왜 사람들이 나태해지냐고요? 그야 휴일이 길어지기 때문입니다.

(나)

학습 목표	• 토론에서 타당한 논증을 구성하고 논리적으로 반박할 수 있다.
선정의도	• 학습목표는 상대방의 주장을 비판적으로 듣고 논리적으로 반박하는 토론 능력을 기르기 위해 설정.
주요학습 내용	• 논증의 논리 전개 과정에서 오류나 모순이 없는지 분석하기 • 근거를 들어 상대의 논리적 허점 및 오류에 대해 반박하기

교사의 설명 내용	논리적 오류의 유형	연역 논증	• 일반화된 원칙은 입증된 사실인가? • 일반화된 원칙을 이 사례에 적용할 수 있는가? • 예외를 고려하지 않고 무조건 원칙을 고수하지 않는가?	'우연의 오류' 또는 '원칙 혼동의 오류'
		귀납 논증	• 주장과 근거가 연관성이 있는가? • 대표성이 결여된 사례로 주장을 이끌어 내지 않는가?	'성급한 일반화의 오류'
		유추 논증	• 차이점보다 유사점이 많은가? • 유사점은 본질적인 것인가?	
	일상 언어 생활에서의 오류 유형	무지의 오류	어떤 주장이 거짓이라고 입증되지 않았음을 근거로 하여 참이라고 추론하거나 어떤 주장이 참이라고 입증되지 않았음을 근거로 하여 거짓이라고 추론하는 것	
		논점 일탈의 오류	다루고 있는 핵심을 논증하지 않고 논점과 관련 없는 문제를 다루는 것	

	순환 논증의 오류	주장을 뒷받침하는 근거를 그 주장을 다른 말로 바꾼 것으로 제시하는 것
	피장파장의 오류	상대방의 잘못을 근거로 하여 자신의 주장이 정당하다고 내세울 때 흔히 발생하는 오류
	흑백 사고의 오류	중간 개념을 인정하지 않고 두 가지 극단적인 경우만 가능하다고 판단하는 것

예

찬성 측은 "반대 측 토론자께서도 이미 지난해 대체 휴일 제도에 찬성하는 칼럼을 신문에 기고하셨잖아요."라는 것을 근거로 입장은 충분히 바뀔 수 있다는 결론을 내리고 있다. 이는 '피장파장의 오류'에 해당한다. 주장이나 의견에 대한 근거를 제시할 때에는 논리적 연관성을 고려하여 제시해야 하는데, 상대방의 잘못을 근거로 하여 자신의 주장이 정당하다고 내세우는 오류는 상대방의 잘못을 자신의 주장이나 의견의 근거로 삼고 있다는 점에서 문제가 있다.

작성방법

- (나)의 〈주요 학습 내용〉과 〈설명 내용〉을 고려하여 (가)의 [A]~[C]에 대한 반박 내용을 논리적 허점 혹은 오류의 유형을 포함하여 각각 서술하시오.(단, 예를 참조할 것)

2 [논제에 따라 쟁점별로 논증을 구성하기(입론 단계 수행)]

> 관련 기출
>
> 2011

1. "OO 제도를 폐지해야 한다."라는 정책 논제에 대해 '입증의 부담' 원칙을 중심으로 반대 신문식 토론의 말하기 전략을 지도하고 있다. 찬성측 학생에게 지도할 내용으로 가장 적절한 것은?

   ① 토론의 발언 규칙에 따라 입론을 먼저 시작한다는 장점을 살려 입증의 부담을 줄여야 한다. 첫 번째 입론에서는 쟁점의 범위를 한정하기 보다는 논제와 관련된 쟁점을 최대한 폭넓게 다루어 논의의 영역을 먼저 확보한다.

   ② 핵심 개념은 '입증의 부담'을 줄이는 방향으로 다시 정의해야 한다. 교차조사를 할 때 부정적인 어감이 있는 '폐지'와 같은 어휘는 반대 측에 유리한 느낌을 주므로, 편향적이지 않고 균형성을 강조하는 표현으로 바꾸어 질문한다.

   ③ 현재 제도에 문제가 있으며 그로 인한 폐해가 크다는 것을 입증 해야 한다. 사안의 중대성과 심각성, 문제의 지속성, 제도 폐지 요구 등에 관련된 논거를 사용하여, 현재 상태의 변화 필요성을 주장한다.

   ④ 정책 논제의 경우 해결 방안의 실행 가능성까지 입증해야 한다. 실행 가능성에 대한 쟁점에서는 반대 측 주장의 일부를 논파해도 성공한 것으로 간주하므로 비교 우위에 있는 하위 쟁점에 초점을 두어 집중적으로 논증한다.

   ⑤ '입증의 부담'이 있더라도 마지막 반박 단계까지 객관적인 토론 태도를 유지하는 것이 중요하다. 제시한 해결 방안이 사회 전체에 미치는 공익이 크지만 그 부작용이나 역효과로 인한 사회적 비용이 더 클 수 있음도 인정한다.

> 심화 예제

2. 다음은 '효과적으로 논증을 구성하여 토론하기'를 주제로 한 수업에서 활용하고자 하는 자료이다. 〈작성 방법〉에 따라 서술하시오. [4점]

   > 사회자: 지금부터 "의약품 개발을 위한 동물 실험을 금지해야 한다."라는 논제로 토론을 시작하겠습니다. 이 논제와 관련하여 양측의 의견을 들어 보겠습니다. 토론 규칙을 잘 지키면서 토론해 주시기 바랍니다. 먼저 찬성 측 제1 토론자의 입론으로 시작하겠습니다.
   >
   > 찬성 1: 현재 전 세계에서 연간 1억 마리 이상의 동물이 인간을 위한 동물 실험으로 죽어 가고 있습니다. 여기에서 동물 실험이란 새로운 약품이나 치료법의 효능과 안전성을 확인하기 위해 동물을 대상으로 실시하는 의학적인 실험을 말합니다.

[A]
　이 동물 실험은 무엇보다도 동물 실험은 비윤리적이라는 심각한 문제가 있습니다. 실험 과정에서 동물에게 큰 고통을 주고, 생명을 빼앗기도 하기 때문입니다. 동물 실험에서는 실험동물의 먹이와 물의 공급을 제한하여 특정 사료만을 먹게 하거나, 실험동물을 묶어 놓고 피부에 상처를 입힌 뒤 그 치유 과정을 관찰하기도 합니다. 미국 농무부의 보고에 따르면, 2010년에 9만 7천여 마리의 동물이 실험 과정에서 마취제나 진통제 투여 없이 실험을 받았습니다. 이 같은 사실은 동물 실험이 동물에게 큰 고통을 주는 현실을 잘 보여 줍니다. 이뿐만 아니라 동물 실험은 수많은 동물의 생명을 빼앗습니다. 특정 약물을 개발할 때는 실험 약물의 투여 농도를 점점 높여 가면서 동물이 사망에 이르는 용량을 알아내는 실험을 하기도 합니다. 또 이산화 탄소를 주입하거나 목뼈를 빠지게 하는 등의 방법으로 실험동물의 생명을 빼앗기도 합니다. 이렇게 희생되는 실험동물의 수는 계속하여 증가하고 있습니다. (그래프를 보여주며)이 그래프를 보시면, 우리나라에서 동물 실험으로 희생되는 동물의 수가 해마다 급격히 늘어나고 있음을 알 수 있습니다.

　이러한 문제를 해결할 수 있는 대체 방안이 있습니다. 동물 실험을 하지 않고도 의약품의 효능과 안전성을 확인하는 방법에 대한 연구가 진행되고 있습니다. 인간의 세포를 배양해서 실험하는 생체 밖 실험이 있고, 인체를 대상으로 최소 용량만을 투여하여 인체 내의 약물 활동을 측정하는 실험도 있습니다. 또 인체 피부 세포를 배양하여 만든 인공 피부를 사용하는 피부 질환 실험, 컴퓨터 모의실험을 이용한 독성 연구 등도 있습니다.

[B]
　이와 같은 대체 실험을 상용화하는 데에는 새로운 비용이 발생하겠지만, 장기적으로는 실험동물의 막대한 구입비와 유지비를 줄일 수 있고, 동물 실험이 안고 있는 윤리 문제도 피할 수 있어 그 이익이 훨씬 큽니다.

　이상과 같은 측면에서 보았을 때 동물 실험은 금지되어야 합니다.

― 〈보기〉 ―

토론에서는 쟁점별로 논증을 구성하여 말해야 한다. 논증을 구성할 때에는 쟁점에 관한 주장이 명확해야 하고, 주장의 이유와 근거가 타당해야 한다. '이유'는 주장을 정당화할 수 있어야 하고, 근거가 어떻게 주장과 연결되는지를 설명할 수 있어야 한다. '근거'는 객관적인 사실 정보를 가리키는데, 근거와 이유 사이에는 밀접한 연관성이 있어야 한다.

주장	자동차 요일제를 시행해야 한다.
이유	자동차 요일제를 시행하면 대기 오염을 줄일 수 있기 때문이다.
근거	○○○ 보고서에 따르면, 자동차 매연이 대기 오염의 주된 원인 가운데 하나라고 한다.

― 작성방법 ―

• 〈보기〉를 참조하여 [A]에서 논증 구성 요소에 해당하는 내용을 각각 밝힐 것.
• [B]는 논증 구성 요소를 갖추지 못하여 적절하지 않다. 그렇게 판단한 이유를 서술할 것.

3 '정책 논제의 필수 쟁점별로 논증을 구성하여 입론 단계를 수행'(2015)하는 것을 목표로 토론 수업을 하고자 한다. 아래는 수업에서 활용된 언어 자료이고, 〈보기〉는 교사의 설명 내용이다. 〈작성 방법〉에 따라 교사의 설명 내용을 서술하시오. [4점]

[A] 저는 이번 달부터 우리 학교에서 개인 컵 사용을 의무화해야 한다고 생각합니다. 제가 말하는 개인 컵이란 학생들이 각자 휴대하거나 개인 사물함에 넣고 다니는 개인용 컵이나 물병 등을 포함합니다.

학교생활을 하다 보면 학생들이 쉬는 시간이나 점심시간, 특히 체육 시간이 끝난 후에 물을 마시는 모습을 자주 봅니다. 이때 어떤 학생들은 정수기 옆에 비치된 일회용 종이컵을 사용하기도 하고, 어떤 학생들은 개인 컵을 사용하기도 합니다.

[B] 문제는 학생들이 물을 마실 때 일회용 종이컵을 사용하는 것입니다. 일회용 종이컵을 사용하면 환경 오염이 발생합니다. 사용한 종이컵은 분리수거 후 재활용된다고 알고 있지만 현실은 그렇지 않습니다. 며칠 전 신문 기사를 보니, 종이컵은 수거 비용이 많이 들어 재활용률이 1퍼센트도 안 되고, 이렇게 버려진 종이컵은 모두 소각장에서 태운다고 합니다. 그 과정에서 이산화탄소가 발생하고, 미세하기는 하지만 유해 성분도 배출됩니다.

[C] 이렇게 학교에서 종이컵을 사용하여 발생하는 문제는 학생들에게 개인 컵 사용을 의무화하면 해결할 수 있습니다. 먼저 학교 차원에서는 관련 규정을 만들고, 이를 학급 단위로 관리하고 감독합니다. 이와 함께 종이컵을 사용할 때의 부작용과 개인 컵을 사용할 때의 이점을 꾸준히 홍보하면서 월별 또는 주별로 점차 비치하는 종이컵의 양을 줄여 나갑니다. 이렇게 시간을 두고 해결하면 처음에는 불편을 느끼던 학생들도 개인 컵을 사용하는 일에 익숙해질 것입니다.

따라서 저는 학교에서 개인 컵 사용을 의무화하는 것이 바람직하다고 생각합니다.

〈보기〉

토론의 원칙으로 "주장하는 자는 증명해야 한다."라는 말이 있습니다. 토론에서 찬성 측이 현재 상태에 대한 변화를 주장하므로, 찬성 측에게 입증책임이 있어요. 그래서 주장하는 사람은 변화에 대한 단순한 주장만으로는 불충분하므로 근거를 내세워야 할 의무가 있답니다.
자, 위의 자료를 보면서 토론의 입론 과정에서 입증책임을 다하는 모습이 무엇인지 알아볼게요.
(㉠)
하지만, 이 학생의 입론 과정에서 아쉬움이 있어요.
그 이유는 (㉡)하기 때문입니다.

〈작성방법〉

- ㉠은 정책논제의 필수 쟁점을 중심으로 입증 책임을 설명할 것. 단, 학생의 발표 자료 [A]~[C]에서 근거를 들 것.
- ㉡은 학생의 입론에서 설득력이 약화된 이유를 정책논제의 필수 쟁점을 고려하여 제시할 것.

4 (가)는 김 교사가 실시한 토의 수업의 기록이고, (나)는 (가)를 자료로 수업 연구회에서 논의한 내용이다. 〈작성 방법〉에 따라 서술하시오. [4점]

(가) 수업 기록

■ 학습 목표
- 토론에서 타당한 논증을 구성하고 논리적으로 반박할 수 있다.

■ 교수·학습 활동

[도입 단계]
- 교사는 학생들에게 학습 목표를 제시하고, 이전 수업에서 다룬 학습 내용을 상기시킴.

[전개 단계]
- 교사가 토의에서 논증을 구성하고 논리적으로 반박하는 방법을 설명하고, 학생들은 토론을 수행함.

[토론 내용 일부]

찬성 1: 현재 우리 농촌의 큰 문제 중 하나는 노동 가능 인구가 줄고 고령화되고 있다는 점입니다. 일손 부족으로 생산성이 떨어지고 소득도 줄면서, 남은 사람들마저 도시로 떠나고 있습니다. 유전자 변형 작물을 재배는 이러한 문제를 해결할 수 있는 방안입니다. 유전자 변형 작물이란 유전자 변형 기술을 통해 자연에 없는 새로운 성질을 부여한 작물인데, 2016년 호주에서 발표된 보고서에 따르면, 유전자 변형 작물을 재배한 농민들의 소득이 20년 동안 13억 7천만 호주 달러나 증가했다고 합니다. 물론 유전자 변형 작물의 재배가 생태계에 미치는 영향을 걱정하는 우려도 있습니다. 하지만, 이는 주변 작물의 종류를 제한하거나 주기적으로 바꾸면 생태계에 미치는 영향을 최소화할 수 있을 것입니다. 일반적으로 서로 다른 종에는 유전적 성질이 옮겨 가지 못하기 때문입니다. 이처럼 우리 농촌에서도 품질이 뛰어난 유전자 변형 작물을 재배한다면, 적은 힘으로 많이 수확할 수 있어서 농가 소득이 크게 늘어날 것입니다.

사회자: 네, 유전자 변형 작물 재배가 농가 소득 증대에 도움이 된다는 말씀이군요.

이번에는 반대 측 입론을 들어 보겠습니다.

반대 1: 찬성측은 유전자 변형 작물이 생태계에 미친 악영향을 우려로 여기지만 이는 실제 문제가 되어 생태계를 어지럽힐 수 있다는 보고 있습니다. 2013년 미국에서 시험 재배만 거치고 승인되지 않은 유전자 변형 밀이 한 농가에서 우연히 발견되었습니다. 이는 유전자 변형 작물의 씨앗이나 꽃가루가 인간의 통제에서 벗어나 다른 지역으로 퍼져 생태계를 어지럽힐 수 있음을 보여 주는 사례입니다. 또한 아르헨티나 차코 지역에서는 유전자 변형 작물 재배를 한 지 20년 만에 기형아 출생률이 증가하고 가축들이 이유를 알 수 없는 질병으로 죽는 사태가 벌어졌습니다. 우리는 이제 유전자 변형 작물을 재배하는 것이 생태계나 인체에 미칠 위험을 직시해야 합니다. 이를 종합해 볼 때 유전자 변형 작물의 재배는 장기적으로 생태계 전체를 위험에 빠뜨릴 수 있다고 생각합니다.

사회자: 네, 반대 측에서는 유전자 변형 작물이 생태계에 미칠 악영향을 강조했습니다.

- 교사는 토론 과정을 점검하고, 학생들에게 토론 활동에 대한 피드백을 제공함.

[정리 단계]
- 교사는 토론 결과를 바탕으로 다음 시간에는 모둠 별 토론을 진행할 것임을 학생들에게 미리 알림.

(나) 수업 연구회의 대화록 일부

김 교사 : 이번에 토론 수업을 했는데요, 수업 중 토론에서 이루어진 학생들의 수행을 논의 자료로 가져왔습니다. 학생들이 토론 과정에서 타당한 논증을 구성하고 논리적으로 반박을 적절하게 수행하는 데에 이르렀는지 검토하고, 더 좋은 토론 수업을 준비해 보려고 합니다.

최 교사 : 이 수업에서 선생님이 강조하고 싶었던 학습 내용은 무엇이었나요?

김 교사 : 저는 토론 과정에서 주장·이유·근거·반론에 대한 고려 등 논증 구성 요소들이 타당한지 비판적으로 분석하기에 초점을 두었어요. 그런데 그 학습이 충실히 이루어지지는 않은 것 같아요. 그래서 학생들의 토론 수행 활동 자료를 바탕으로, 학생들이 토론 과정에서 논증과 반박을 어떻게 수행해야 하는지를 이 자리에서 선생님들과 이야기해 보고 싶었습니다.

박 교사 : 찬성 측과 반대 측 학생들이 입론을 구성하고 있는데, ⓐ 논증의 구성 요건에 대해서 다시 한 번 더 설명해 주면 좋을 것 같아요.

최 교사 : 저도 같은 생각입니다. 하지만, ⓑ 상대방이 제기할 수 있는 반론을 고려하고 있다는 점에서는 긍정적인 측면이 있는 것 같아요. 그런 점에 비추어 보면, '반대 측'은 그렇게 하고 있지는 못합니다. 선생님 반 학생들의 토론에서는 이러한 부분들이 제대로 이루어지지 않아서 학습 내용에 이르지 못한 것으로 보여요.

김 교사 : 바로 그 부분이 어렵더라고요. 다음 시간에 살 반영해 보겠습니다.

작성방법

- 밑줄 친 ⓐ와 같이 판단한 이유를 '찬성 측'에서 근거를 들어 서술하고, 이러한 논증 구성이 토론 과정에서 지닌 약점을 서술할 것.
- 밑줄 친 ⓑ와 같이 판단한 이유를 '반대 측'에서 근거를 들어 서술하고, 이를 토대로 '상대방이 제기할 수 있는 반론을 고려하기'가 지닌 의의를 서술할 것.

3 [논증의 타당성, 신뢰성, 공정성에 대해 반대신문하며 토론하기]

관련 기출

2018 A형 서술형

1. 다음은 "'잊힐 권리'를 법제화하여야 한다."라는 논제에 대한 학생 토론의 일부이다. 찬성 측 (1)의 '입론'과 반대 측 (2)의 '반대 신문'에 대한 지도 내용을 〈작성 방법〉에 따라 쓰시오. [4점]

> 찬성 측 (1) : 찬성 측 입론 시작하겠습니다. '잊힐 권리'란 온라인에서 자기와 관련된 정보의 삭제를 요구할 수 있는 권리를 말합니다. 취업 준비생인 김 모 씨는 과거에 한 사이트에 자신이 올린 게시물을 지우고 싶지만, 해당 게시물에 댓글이 달려 지울 수 있는 방법이 없어 고민이라고 합니다. 자신의 이름을 검색하면 검색 결과에 해당 게시물이 노출되어 취업에 불이익을 받을까 두렵다고 합니다. 취업 준비생을 포함한 많은 사람들이 이러한 문제를 고민하고 있지만 '잊힐 권리'가 인정되지 않고 있어 문제가 심각합니다. 이러한 상황이 계속된다면 개인의 인권에 대한 심각한 침해가 발생할 수 있고 사회적 갈등도 확대될 것입니다. '잊힐 권리'를 법제화하면 법 구속력이 생기기 때문에 이러한 문제를 해결할 수 있습니다. 자신에 대한 정보나 자신이 작성한 게시물만 삭제하는 것이기 때문에 특별히 어려운 문제가 아니라고 생각합니다. 방송통신원회에서도 이 문제에 대한 가이드 라인을 제시한 바 있고 이에 대한 여론의 지지도가 높기 때문에 '잊힐 권리'의 법제화는 실행 가능성 측면에서도 문제가 없습니다.
> 반대 측 (2) : 반대 신문하겠습니다. ㉠ '잊힐 권리'를 보장하는 법으로 이 문제를 실질적으로 해결할 수 있을까요?
> 찬성 측 (1) : 물론입니다. '잊힐 권리'를 법제화하면 원치 않는 게시물을 삭제할 수 있습니다. 따라서 게시물을 삭제하지 못해서 발생할 수 있는 명예 훼손이나 취업 기회 박탈 등 개인이 누려야 할 자유권 침해 문제를 해결할 수 있다고 생각합니다.
> 반대 측 (2) : 이미 관련 법률이 있을 경우에는 법제화가 필요 없겠죠?
> 찬성 측 (1) : 그렇습니다.
> 반대 측 (2) : 「정보통신망 이용촉진 및 정보보호 등에 한 법률」 제44조의 2에 '정보의 삭제 요청'에 관한 사항이 규정되어 있다는 사실을 알고 계십니까?
> 찬성 측 (1) : 확인해 보지 못했습니다.
> 반대 측 (2) : ㉡ 저는 '잊힐 권리'보다 '표현할 권리'가 더욱 중요하다고 생각합니다. '잊힐 권리'가 '표현할 권리'와 충돌 한다면 어떤 권리가 우선되어야 한다고 생각하십니까?
> 찬성 측 (1) : 그거야 상황에 따라서 다르겠죠.
> …(하략)…

> **작성방법**
> - 정책 논제에 대한 토론의 '입론'에서 다루어야 할 필수 쟁점으로는 '문제 쟁점, 해결 쟁점, 이익 쟁점'의 3가지를 들 수 있다. 이 중에서 찬성 측 입론에 누락된 쟁점 1가지를 밝히고, 그 쟁점에 포함되어야 할 내용을 서술할 것.
> - ㉠과 ㉡이 반대 신문으로 적절하지 않은 이유를 각각 서술 할 것.

심화 예제

2. 다음은 "상대측 입론과 반론의 논리적 타당성에 대해 반대 신문하며 토론할 수 있다."(2015)를 학습 목표로 수행한 학생들의 토론이다. 〈보기〉를 고려하여 토론 절차에 따른 올바른 수행을 〈작성 방법〉에 따라 서술하시오. [4점]

> **사회자** 지금부터 "드론에 대한 규제를 완화해야 한다."라는 논제로 토론을 시작하겠습니다. '드론'은 무선 전파로 조종하는 무인 항공기로, 카메라, 센서, 통신 시스템 등이 탑재돼 있으며 25그램부터 1,200킬로그램까지 종류가 다양합니다. 이러한 드론에 대한 규제를 완화해야 한다는 논제에 대해 찬성과 반대 양측의 의견을 들어 보겠습니다. 토론 규칙을 잘 지키면서 적극적이고 예의 바르게 토론해 주시기 바랍니다. 먼저 찬성 측 제1 토론자의 입론을 들어 보겠습니다.
>
> **찬성 1** 4차 산업 혁명의 핵심인 '드론' 산업이 최근 빠르게 성장하면서 전 세계의 드론 출하량도 300만 대를 넘어서고 있습니다. 하지만 우리나라는 각종 규제로 인해 발목이 잡혀 그 시장 규모가 전 세계의 1.2퍼센트에 머물고 있습니다. 예를 들어 세계 거대 물류 회사인 아마존은 이미 2016년 12월 영국과 인도에서 드론을 이용해서 택배 서비스 운행에 성공했지만, 우리나라의 드론 택배의 기술 발달은 아직도 요원한 상태입니다.
> 우리나라의 드론 산업이 더딘 성장을 보이는 것은 드론에 대한 규제가 다른 나라에 비해 지나치기 때문입니다. 따라서 법 규제를 완화해야 합니다. 현재 우리나라에서는 항공법상 12킬로그램 이하의 단순 취미용 드론도 야간 비행은 물론이고 고도 150미터 이상의 비행이나 인구 밀집 지역에서의 비행을 할 수 없습니다. 이렇다 보니 서울에서는 거의 모든 지역에서 드론을 날릴 수 없고, 이를 위반할 경우 1차 50만 원, 2차 100만 원, 3차 200만 원의 무거운 과태료가 부과되고 있습니다.
> 드론에 대한 규제를 완화하면 우리는 여러 가지 이익을 얻을 수 있습니다. 그중의 하나가 '순찰용 드론'인데, 이는 기존 시시 티브이(CCTV)보다 넓은 각도에서 촬영할 수 있기 때문에 우리나라의 치안이 훨씬 좋아질 것입니다. 따라서 저희는 드론에 대한 규제 완화를 통해 드론 산업을 육성하고 치안 등에 드론을 사용함으로써 그 효율성을 극대화해야 한다고 생각합니다.
>
> **사회자** 네, 반대 측 제2 토론자, 반대 신문해 주십시오.
>
> **반대 2** 드론에 대한 우리나라의 규제가 다른 나라에 비해 지나치다고 말씀하셨는데, 맞습니까?

찬성 1: 네, 맞습니다.

반대 2: 그런데 제가 조사한 자료에 따르면 드론 산업 경쟁국인 미국이나 중국과 비교할 때 국내 드론 규제는 유사하거나 낮은 수준을 유지하고 있습니다. 예를 들어 드론 비행 고도 제한의 경우 우리나라는 지면 기준 150미터 이하이지만, 미국과 중국은 120미터 이하입니다. 또한 미국과 중국에서 규정해 놓은 비행 속도 제한도 우리나라엔 없습니다. 그런데도 우리나라의 규제가 지나치다고 생각하십니까?

[A] 찬성 1: 아, 네. 그 부분은 더 생각해 보도록 하겠습니다. 하지만 미국에서는 1킬로그램 미만의 작은 드론은 어디서든 비행할 수 있다고 하는데, 우리나라에서는 이런 작은 드론에 대해서도 엄격하게 규제하는 것으로 알고 있습니다.

반대 2: 드론에 대한 규제 완화를 통해 '순찰용 드론' 등을 치안에 사용할 수 있다고 하셨는데, 그럴 경우 개인의 사생활 침해 문제가 더욱 심각해질 것으로 보입니다. 드론은 기존의 시시 티브이(CCTV)와는 비교도 안 될 정도로 개인의 사생활을 침해할 수 있는데, 그럼에도 불구하고 규제 완화를 주장하십니까?

찬성 1: 드론은 기동성이 있기 때문에 순찰용으로 사용했을 경우 범죄 예방에 큰 효과가 있을 것입니다. 물론 사생활 침해 등의 문제가 있을 수 있지만, 순찰은 대부분 공공 장소에서 이루어질 것이므로 큰 피해는 없을 것이라⋯⋯.

[B] 반대 2: 생각이 너무 짧은 게 아닐까요? 드론으로 인한 사생활 침해의 피해가 크지 않을 거라고요? 참, 어처구니가 없습니다. 심지어 최근에는 ○○축제장에서 드론이 추락하여 8세 정도의 어린이가 크게 다치는 사고까지 발생했습니다. 드론은 하늘을 날아다니는 흉기입니다. 따라서 저희 측은 드론에 대한 규제를 완화하는 것이 아니라, 오히려 규제를 더욱 강화해야 한다고 생각하는데, 이에 대해 동의하십니까?

[C] 찬성 1: (침착한 어조로) 갑자기 드론 추락 사건을 얘기하셔서 당황스럽긴 하지만, 그것은 조작 미숙으로 인한 사건입니다. 자동차도 조작 미숙으로 종종 사고가 나고는 하는데, 그렇다고 자동차 운행을 크게 규제하지는 않습니다. 조작 미숙으로 인한 부분은 앞으로 차차 나아질 것이라고 생각합니다.

〈후략〉

보기

반대신문식 토론은 어떤 논제에 대해 긍정 측과 부정 측이 상대방에게 질문을 하여 상대방의 논지를 반박함으로써 승부를 가리는 토론 유형이므로 반대신문(교차조사)의 내용과 방법과 태도가 중요하다. 인신공격성 발언은 상대방을 불쾌하게 만들어 논리적 토론을 방해하기 때문에 주의해야 한다. 다음으로 상대방이 발언하는 중간에 말을 끊는 것은 무례한 행동이므로 삼간다. 특히 주어진 시간 내에 상대측 주장의 문제점을 드러내어 자기 측의 주장에 설득력이 있음을 보여 주어야 하므로, 새로운 논증이나 근거는 제시하지 않아야 한다. 답변시에도 입론에서 주장한 것과 다른 내용으로 답변하지 않도록 하고, 상대의 감정적 대응을 유도하는 질문에 답변을 할 때는 심리적 여유를 유지하고 감정을 조절하면서 간단명료하게 근거를 제시하여 이를 뒷받침해야 한다. 특히 정확하지 않은 내용을 즉흥적으로 답변하지 않도록, '모르겠다', '생각해 보지 않았다' 대신 '바로 답변 드리기 어려운 문제이다.', '~은 더 생각해 봐야 할 문제이다.' 등으로 솔직하게 답변한다.

> **작성방법**
> - 〈보기〉를 고려하여 [B]에서 '반대 측 2'가 사용한 질문이 적절하지 않은 이유 2가지를 각각 서술할 것
> - 〈보기〉를 고려하여 [A]와 [C]에서 '찬성 측 1'의 답변이 적절한 이유를 반론 단계의 유의점을 포함하여 서술할 것.

3 다음은 '반대 신문식 토론'을 실행한 학생들의 토론의 일부이다. 교사가 지도해야 할 내용을 〈작성 방법〉에 따라 서술하시오. [4점]

'학생회장 선거에 의무 투표제를 실시해야 한다.'

〈중략〉

사회자: 이제 찬성 측 두 번째 토론자가 입론을 하겠습니다.

찬성 2: 저는 의무 투표제를 통해 많은 긍정적 효과를 거둘 수 있다고 생각합니다. 의무 투표제는 학생들에게 학생회에 대한 관심을 갖게 할 수 있습니다. 투표를 하지 않는 학생들은 대체로 학생회 활동에 대해 무관심한 경우가 많습니다. 하지만 의무 투표제를 실시하게 되면 반드시 행사해야 하는 자신의 한 표를 조금이라도 더 의미 있는 한 표로 만들기 위해 노력을 기울이게 될 것입니다. 즉, 지금보다 더욱 학생회 활동에 관심을 가지고, 자신의 한 표를 보다 의미 있게 행사하게 될 것입니다. 뿐만 아니라 투표 결과에 따른 학교생활의 변화에 대해서도 생각해 보게 함으로써 투표의 중요성을 일깨워 주고, 민주 시민의 자질을 갖추도록 하는 교육적인 효과도 있습니다.
　또한 의무 투표제는 학생들을 투표에 참여시키기 위해 사용했던 홍보 비용과 시간을 줄여 주어 학생회의 예산과 시간을 절약할 수 있습니다. 또한 학생회는 투표율을 높이기 위해 사용했던 노력과 비용을 다른 사업에 사용할 수 있기 때문에, 좋은 학생회 사업을 추진하는 데에도 도움이 될 것입니다.

사회자: 반대 측 토론자의 반대 신문이 있겠습니다.

[A] 반대 1: 네. 의견 잘 들었습니다. 의무 투표제가 가져올 교육적 효과와 경제적 효과에 대해 말씀하셨습니다. 그런데 투표에 참여하지 않는 것이 모두 학생회에 무관심하기 때문만은 아닐 것입니다. 학생회 사업에 관심이 많은 학생들 중에도 개인적인 사정 때문에 투표를 할 수 없는 사람들 말입니다. 이들에 대한 어떤 대책이 필요할 것 같은데요. 이에 대해서 찬성측은 어떤 견해를 갖고 있는지 궁금합니다.

찬성 2: 질문 감사합니다. 물론 의무 투표제가 소기의 성과를 달성하기 위해서는 실효성 있는 제재 방안을 마련해야 할 것입니다. 하지만 선의의 피해자가 생기지 않도록 하기 위한 방안도 함께 생각해야겠지요. 우선 투표 불참자가 불참 사유를 충분히 소명할 수 있도록 기회를 주고, 그 소명이 타당하지 않다고 판단되는 경우에만 제한적으로 불이익을 주어야 할 것입니다. 제재 방안으로는 투표 불참자에게 벌점을 부여하는 방법도 있을 수 있고, 일정 기간 동안 교내 봉사 활동을 시키는 방안도 있을 것입니다. 또한 학급회장 선거를 비롯하여 모든 선거에서 피선거권을 제한하는

방법 등도 도입할 수 있을 것입니다.

사회자: 이제 반대 측 두 번째 토론자가 입론을 하겠습니다.

〈생략〉

작성방법

- 반대 측의 교차 조사 질문(A)이 교차 조사 전략으로 적절하지 않은 이유를 설명할 것. 단, 이유를 설명할 때 반대신문식 토론의 질문 내용과 질문 방법을 포함할 것.
- 위에 나타난 문제를 해결하기 위하여 반대신문식 토론의 질문 내용과 질문 방법을 중심으로 각각 1가지씩 지도 내용을 서술할 것.

---

4 다음은 "상대측 입론과 반론의 논리적 타당성에 대해 반대 신문하며 토론할 수 있다."(2015)를 학습 목표로 수행한 학생들의 토론이다. 반대 신문 단계의 적절한 수행을 〈보기〉를 바탕으로 〈작성 방법〉에 따라 서술하시오. [4점]

〈중략〉

사회자: 이제 찬성 측 두 번째 토론자가 입론을 하겠습니다.

찬성 측 2: 학교 청소를 용역 업체에 위탁해야 하는 이유를 더 제시해 보겠습니다. 용역 업체에 학교 청소를 맡기면 학교가 더 청결해집니다. 한 청소 용역 업체의 광고에 의하면 학생들이 학교 청소를 할 때보다 용역 업체에서 학교 청소를 할 때, 청결도가 3배 이상 향상된다고 합니다. 특히 창문이나 계단, 난간 등은 학생들이 청소하다가 안전사고가 일어날 수 있고, 화장실이나 실내의 냉난방 기구 등은 학생들이 깨끗하게 청소하기에는 어려움이 많습니다. 따라서 이를 청소를 전문적으로 하는 용역 업체에 맡기는 것이 효과적입니다.

사회자: 반대 측 첫 번째 토론자께서 교차 조사해 주시기 바랍니다.

[A] 반대 측 1: 용역 업체에서 청소를 할 경우, 학생들이 청소할 때보다 청결도가 3배 이상 향상된다고 말씀하시면서 청소 업체의 광고를 인용하셨는데, 그 자료가 믿을 만한 것입니까?

찬성 측 2: 네, 신뢰할 수 있는 자료입니다. 해당 청소 업체에서 아무런 근거 없이 청결도가 향상된다고 광고한 것이 아니라, 검증된 소비자 단체에서 실시한 설문 조사 자료를 인용한 것입니다. 소비자 단체의 조사에 따르면 용역 업체에 학교 청소를 위탁한 경우 청결도가 향상되었을 뿐만 아니라, 교사와 학생들의 만족도 역시 학생들이 직접 청소를 할 때보다 높아졌다고 합니다.

사회자: 이제 반대 측 두 번째 토론자께서 입론해 주시기 바랍니다.

반대 측 2: 용역 업체에 의한 학교 청소는 학교의 청결 문제를 근본적으로 해결할 수 없습니다. 용역 업체에서 청소한 직후는 깨끗하겠지만, 학생들의 생활 습관에 변화가 없다면 기대하는 청소의 효과를 얻기는 어려울 것입니다. 실제로 이웃 학교에 다니는 제 친구의 말에 의하면, 작년부터 용역 업체에서 그 학교의 청소를 담당하고 있지만 학교의 청결

| [B] | 상태는 특별히 개선된 것이 없다고 합니다. 오히려 청소를 해 주는 사람이 따로 있다는 생각에 학교 시설을 더 지저분하게 사용하게 된다고 합니다. 이는 용역 업체에서 학교 청소를 하는 것이 큰 효과가 없음을 보여 주고 있습니다.

사회자: 찬성 측 두 번째 토론자께서 교차 조사해 주시기 바랍니다.

찬성 측 2:

작성방법

- [A]에서 '반대 측 1'이 사용한 반대 신문 토론의 질문 전략을 서술할 것.
- [B]에서 '반대 측 2'의 입론에서 주장과 근거를 각각 밝히고, 이를 참조하여 '찬성 측 2'가 시도할 수 있는 반대 신문 토론의 질문을 구체적으로 제시하여 빈 칸을 완성할 것.

테마 5 : 협상

1 [협상 절차]

관련 기출

2021 B형 서술형

1 (가)는 협상에 대한 교수·학습 자료이고, (나)는 협상에 대한 설명이다. (가)에 대한 분석 내용을 〈작성 방법〉에 따라 서술 하시오. [4점]

(가)

행복시 ○○구에서는 주민과 관광객을 위하여 대규모의 공공 주차장 건립을 추진하고 있다. 현재 대다수 지역민이 주차장 건립을 찬성하고 있지만 주차장 예정 부지에 주거 중인 주민들은 이 사업에 대하여 반대를 하고 있다. 구청 측에서는, 해당 부지 주민들이 구에서 제시한 토지 보상을 받고 공공 주차장 건립에 동의하기를 바라고 있다. 반면, 부지 주민 측에서는 구에서 제시한 토지 보상이 충분하지 않다고 생각하고, 현재 주거지 근처에서 계속 살고 싶어 한다.

[A]
구청 측: 안녕하세요? 바쁘신 가운데 공공 주차장 건립 추진을 위한 협의회에 참석해 주셔서 감사합니다. 지난번 모임에서 양측의 입장을 서로 확인한 바 있습니다. 저희 측이 강조했던 바와 같이 이 부지에 공공 주차장을 만들면 관광객이 더 많이 찾아오게 되고 지역 경제가 활성화되어 주민들에게도 좋고 지역 발전에도 도움이 됩니다.

주민 측: 이 지역에 공공 주차장을 만들었을 때 어떤 장점이 있는가에 대해서는 저희 측에서도

충분히 이해하고 있습니다. 그러나 주차장을 건립하게 되면 우리 주민들은 원하지 않아도 땅을 팔아야 하고 수십 년 살던 정든 곳을 떠나야 합니다. 지역 주민 전체와 이곳을 어쩔 수 없이 떠나야 하는 우리를 구분해서 생각하셔야 합니다.
　구청 측 : 주민 여러분께서 이 지역에 얼마나 애정이 깊으신지 충분히 이해합니다. 그러나 지역 전체의 발전을 위해서 부디 주차장 건립에 동의해 주시기 바랍니다.

주민 측 : 이 사안은 우리 측이 이 지역에 얼마나 애정이 깊은 가에 대한 것이 아닙니다. 우리 측의 말을 오해하고 있으신 것 같습니다. "주민의 행복을 위해 최선을 다한다!"가 우리 구청에서 항상 강조하시는 바 맞지요?
구청 측 : 맞습니다. 그래서 이번 사업도 주민들을 위해서 추진하고 있는 것입니다.

　주민 측 : 살던 곳에서 이주해야 하는 이 지역 주민들은 지금 행복하지 않습니다. 구청 측에서 제시한 토지 보상으로는 인근에 살기에 턱없이 부족합니다. 제안하셨던 토지 보상 이외에, 별도로 이주 정착비를 지원해 주시고, 공공 주차장 건물에 들어설 상가의 운영 수익의 일부를 부지 주민들에게 배분해 주신다면 우리 측에서도 공공 주차장 건립에 동의하겠습니다.
[B]
　구청 측 : 이주 정착비에 대한 제안은 저희 측에서 수용할 수 있습니다. 그러나 주차장 건물 내 상가 운영 수익 배분에 대한 것은 여러 기관이 함께 논의할 문제라서 현 상태에서 답변을 드리기 어렵습니다. 이에 대해서는 추후 다시 논의했으면 합니다.

(나)
협상은 자기 측의 주장을 일방적으로 상대에게 강요하는 것보다 양측 모두에게 이익이 될 수 있는 방법을 찾아가는 태도가 필요하다. 대개 사람들은 협상에서 단일 의제를 제시하고 협상의 답변을 기다린 후 이에 대하여 양보하는 과정을 반복 한다. 그러나 단일 의제에 대하여 상대가 양보하게 하는 것은 교섭 영역이 좁아 파국의 가능성이 크다. 또한 단일 의제 협상에서는 양측이 쉽게 타협할 경우 최선책이 되는 윈-윈 협상에 이르지 못하는 경우가 많다. 그러므로 이러한 상황을 효과적으로 해결해야 한다.

작성방법

- [A]에서 구청 측의 협상 방법에 나타난 문제점을 쓰고, 그 문제의 원인을 (나)를 참고하여 서술할 것.
- [B]에서 주민 측이 사용한 협상 전략을 쓰고, 이 전략을 사용 할 때 얻을 수 있는 장점을 정보적 측면에서 서술할 것.

기본 예제

2. 다음은 협상 화법 수업의 일부이다. 교사의 설명 내용 '제안'에 해당하는 내용을 [A]에서 찾아 쓰시오. [2점]

자, 협상이란 협상 당사자들 사이의 근원적 이해를 증진시키고자 하는 상호교섭적 행위라고 지난 시간에 배웠을 것입니다. 이를 바탕으로 오늘은 협상 상황이 제시된 글을 읽고, 협상의 기능과 전략을 학습할 것입니다. 자, 선생님이 준비한 영상을 볼까요?

[목적]
체육 대회 응원을 위해 학급 단체 티셔츠를 사려고 한다.

[학생의 사고 과정 기록]
티셔츠를 전문적으로 파는 상점들이 많은 곳인 ○○시장 주변 상점들이 좋을 것 같아. 단체 티 가격을 조사해 보니까 대부분 만 원이야. 저렴하게 옷을 구입할 수 있으면 좋겠어. 이왕이면 디자인 예쁘고, 질 좋은 걸로 해야지. … 그렇다면 나의 요구를 전하기 위해서는… (중략)…

[협상 상황]
(가게 문을 열 때 종소리 들림)
아저씨: 어서 오세요.
학생: 안녕하세요. 다음 주가 우리 학교 체육 대회라서요. 단체 티를 맞추려고요.
아저씨: 그래, 잠깐 기다려 봐라. 여기 견본 있다. 마음에 드는 걸 골라 보렴.
학생: 와, 종류가 참 많네요. 근데 요즘 어느 게 잘 나가요?
아저씨: 이건 값이 싸서 부담은 없는데, 합성 섬유라서 촉감이 별로 안 좋아. 근데 이건 가볍고 땀 흡수도 잘 돼서, 요즘 단체 티로 많이 나가.
학생: 좋아 보이네요. 얼만데요?
아저씨: 그리 안 비싸. 만 원이야.

[A]
학생: 너무 비싸요. 저희도 품질 좋은 걸로 하고 싶은데, 학생인 저희들로서는 너무 부담스러워요. 6천 원에 해 주시면 안 돼요?
아저씨: 많이 사면 모르지만, 몇 장 사는데 그 가격에 주기는 힘들지. 학생들이니까 내가 9천 원까지는 깎아 주지.
학생: 저희 두 반만 해도 70장이 넘는 걸요. 또 다른 반 애들도 여기 디자인이 예쁘다고 가격만 적당하다면 여기서 사겠대요. 가서 얘기 잘 할게요. 그러니까 6천 원에 해 주세요.
아저씨: 그래도 6천 원에는 힘들지.
학생: 그럼 옷에 학급 로고를 새겨 주시면, 7천 원에 살게요.
아저씨: 로고라……. 그것도 제대로 하려면 돈이 좀 드는데. 음, 로고를 그냥 해 주는 대신 9천 원에 하지. 어때?
학생: 어우, 그래도 비싸요. 아저씨, 체육 대회 때 쓸 모자도 여기서 단체로 살 테니까 조금 더 깎아 주세요. 네?

아저씨: 좋아. 그러면 8천 원에 하자. 대신 다른 애들한테도 말 잘 해 줘야 돼.
학생: 좋아요. 그런데 다음 주 월요일까지는 되겠죠?
아저씨: 그럼. 이제 계약서를 적어 볼까? 8천 원에 학급 로고 새겨서, 다음 주 월요일까지. 자, 됐지?

협상에서 제일 중요한 것은 협상의 당사자들이 서로의 교섭범위 내에서 실현 가능한 타협점을 찾아야 하는 것입니다. 이때 교섭범위란 협상 당사자 자신의 목표점에서 양보점까지의 영역을 말합니다. 여기 준비된 그림을 보세요.

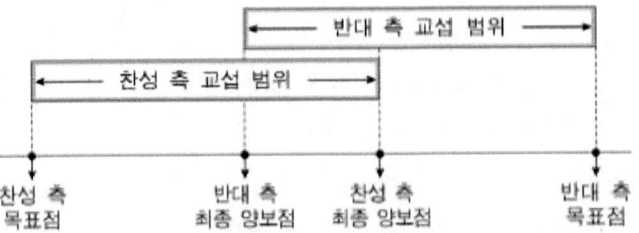

구매자 학생은 질 좋고 디자인 좋은 물건을 싸게 사는 목표를 설정하고 어떻게 협상할 것인지 전략을 마련하고 있지요? 이처럼. 협상 당사자는 자신이 협상을 통해 이루고자 하는 목표를 생각하여 보고, 자신이 협상에서 제시할 요구 사항과 상대를 설득할 대안을 미리 준비하는 것이 필요합니다.

다음 단계는 여러 제안을 통해 성공적인 협상을 위해 노력합니다. [A]를 보면 구매자 학생은 판매자에게 물건 값을 낮추고자 시도하는 것을 볼 수 있지요?

…(중략)…

결국 협상은 여러 단계를 통해 협상 당사자들이 모두 만족하는 결론에 이르고 있음을 알 수 있습니다. 이를 도표로 정리하면 다음과 같습니다.

- 협상의 당사자가 각자 갈등의 원인을 분석하고 문제를 해결할 수 있는 가능성이 있는지 확인
  - 문제의 중요성, 갈등의 원인, 협상에 의한 문제 해결의 가능성 등

▼

- 문제를 확인하여 상대의 처지와 관점을 이해하며 구체적인 제안이나 대안에 대하여 상호 검토하는 과정을 통해 서로 입장 차이를 좁혀 나가는 단계

▼

- 최선의 해결책을 제시하여 타협과 조정을 통해 문제를 해결하고 합의.

3 송 교사는 학생들의 듣기·말하기 능력을 신장시키기 위해 다음과 같이 수업하였다. 괄호 안의 ㉠~㉢에 해당하는 말을 찾아 순서대로 쓰시오. [2점]

듣기와 말하기는 화자와 청자의 상호 작용을 통한 의미 구성 과정입니다. 따라서 의사소통 과정에서 의사소통의 목적, 상대방의 생각과 감정, 상황과 맥락 등의 요소를 고려하여 자신의 듣고 말하는 행위를 끊임없이 점검하고 조정해야 합니다. 선생님이 준비한 화면 자료를 보고 의사소통의 점검과 조정에 대해 알아봅시다.

'재민'네 반은 교내 합창 대회에 참가하기로 했다. 반 친구들은 음악실에서 연습하기를 원한다. 그러나 현재 음악실은 청소년 밴드 경연 대회에 학교 대표로 참가하는 밴드 동아리가 매일 사용하고 있다.

재민: 안녕? 만나서 반가워. 나는 3반 반장 강재민이라고 해.
정연: 안녕? 나는 밴드 동아리 회장 박정연이라고 해. 나도 반가워.
재민: 요즘 우리가 음악실 사용 문제 때문에 서로 불편을 겪고 있잖아. 음악실을 어떻게 사용하면 좋을지 얘기를 좀 해 보자.
정연: 그래, 그게 좋겠어. 너도 알다시피 우리 동아리는 지금 청소년 밴드 경연 대회 준비로 한창 연습 중이야. 게다가 대회가 이제 한 달도 채 남지 않아서 방과 후에는 물론, 주말까지 계속 연습을 해야 하는 상황이야. 따라서 동아리 연습 시간을 지금처럼 유지할 수만 있다면, 너희 반이 음악실을 사용하는 것에 반대하지 않아.
재민: 그렇지만 시기적으로 아직 여유가 있는 청소년 밴드 경연 대회보다 당장 보름 뒤에 열릴 교내 합창 대회가 더 급하다고 생각해. 우리도 너희 동아리 연습 일정을 최대한 고려하여 음악실 사용 시간을 잡겠지만, 주중과 주말 시간 모두를 양보할 수는 없어.

[A]
　정연: (흥분한 목소리로) 교내에서 열리는 합창 대회와 학교를 대표하여 나가는 외부 대회가 같니? 우리 동아리의 대회 출전은 학교의 명예를 높이기 위한 일이야. 평소에도 우리 동아리가 매일 음악실을 청소하고 관리했는데, 청소 한 번 안 했으면서 이제 와서 음악실 사용을 양보하라는 건 너무하지 않니?
　재민: (진정하라는 듯 손을 펼쳐 내리며) 정연아, 너희 동아리가 처한 상황은 충분히 이해가 돼. 하지만 우리 학교 학생이라면 누구나 음악실을 동등하게 사용할 권리가 있어. 그러니까 무조건 음악실 사용을 양보할 수 없다고만 하지 말고, 서로의 상황과 일정을 고려해서 음악실 사용 시간을 정해 보자. 지금 우리 반은 갑자기 합창 대회에 참가하기로 한 거라 다른 참가 팀에 비해 연습 시간이 매우 부족해. 최소한 일주일에 사 일 이상은 모여서 연습해야 하는 상황이야. 게다가 반 친구들이 직접 피아노와 바이올린 등을 연주할 거라 악기와 음향 시설이 갖추어진 음악실이 꼭 필요해.
　정연: ㉠교내 합창 대회가 코앞이라 너희도 연습 시간이 많이 필요하겠다는 생각은 들어. 악기 연주까지 하려면 더더욱 피아노가 있는 음악실에서 연습하는 게 좋겠지. 하지만 우리 동아리에서 사용하는 악기들이 이미 음악실에 마련되어 있는 데다, 다른 공간에서 연습하려면 드럼과 같은 크고 무거운 악기와 전자 장비를 모두 옮겨야 해서 힘든 게 사실이야.
　재민: ㉡(고개를 끄덕이며) 네 말을 듣고 보니, 너희 동아리는 음악실이 아닌 다른 공간에서 연습하기 힘들겠다. 그럼, 이렇게 하면 어떨까? 우리 반이 주중에 하루, 주말 이틀 이렇게 음악실을 일주일에 삼 일만 사용할게. 대신 너희 동아리는 사 일을 사용할 수 있으니 우리보다 형편이 나은 거지?

자, 모두 잘 읽었나요? 이 협상에서 재민이와 정연이의 의사소통 태도를 판단해볼까요? 선생님이 여러분에게 나눠 준 활동지에는 효과적인 의사소통의 점검 방법을 판단하는 기준이 제시되어있어요. 이를 바탕으로 분석해봅시다.

> ㉠ 의사소통의 목적과 주제를 고려하여 말함.
> ② 적절한 언어적, 준언어적, 비언어적 표현을 사용하여 말함.
> ③ 상대방의 발화 의도와 핵심을 파악하며 들음.
> ④ 상대방의 입장에서 공감하며 듣기
> ⑤ 우호적인 자세로 의사소통에 참여함.

이 기준으로 정연이의 의사소통 태도를 평가해보면 [A]에서 "(흥분한 목소리로) 교내에서 열리는 합창 대회와 학교를 대표하여 나가는 외부 대회가 같니?"라고 말하는 대목은 상대방의 감정을 자극하거나 상대방과의 갈등을 심화시킬 수 있는 공격적인 발언이므로 적절하지 않은 것 같아요. 감정적으로 대응하는 것은 협상에서 적절하지 못한 태도이지요. 따라서 (㉠)번 항목에서 보는 바와 같은 태도로 의사소통에 참여하면서 이에 적절한 차분한 목소리와 정중한 어법의 발화로 바꾸는 것이 좋겠어요.

그런데도 재민이와 정연이의 협상이 결렬되지 않았습니다. 그 이유는 여러 가지 있겠지만, 먼저, [A]에서 알 수 있듯이 재민이는 (㉡)을 (㉢)하는 태도를 보이며 감정적으로 대립하는 상황을 회피하고자 했기 때문입니다. 또한, ㉮와 ㉯를 보면 서로 상대가 (㉡)을 (㉢)하고 상대방의 입장에서 공감하며 듣기를 통해서 갈등을 해소하고자 했기 때문입니다.

심화 예제

4 다음 <보기 1>은 협상 과정을 기록한 글이고, <보기 2>는 협상 절차와 단계별 특성을 제시한 도표이다. <작성 방법>에 따라 협상 지도 내용을 서술하시오. [4점]

> **보기 1**
>
> 밴드부 부장: 학교에서 축제 때 공연 순서를 동아리 부장들이 합의해서 결정하라고 했잖아. 다른 동아리에서는 우리 밴드부와 풍물부가 첫 무대와 끝 무대를 맡으면 좋겠다고 해. 그러니 누가 첫 무대를 맡고, 누가 끝 무대를 맡을지 이야기해 보자.
>
> [A] ┌ 풍물부 부장: 그럼 우리가 마지막 순서에 공연할게. 첫 무대는 사람들의 시선을 확 끌어야 하니까, 우리보다는 밴드부가 하는 게 더 좋을 것 같아.
> └ 밴드부 부장: 첫 무대 때는 분위기가 어수선하잖아. 우리 동아리를 띄우는 척하지만 실은 너희 동아리가 관심이 집중되는 끝 무대를 맡고 싶은 거 아냐?
>
> 풍물부 부장: 그런 마음이 없다고 하기는 어렵지만……. 그래도 밴드부의 기타와 드럼이 사람들의 시선을 확 끌 수 있는 것은 사실이잖아?
>
> 밴드부 부장: 풍물패야말로 자유롭게 이동하면서 사람들을 무대 앞으로 이끌고 올 수 있으니 첫 무대에 더 알맞지 않을까?
>
> 풍물부 부장: 너희도 결국 끝 무대를 맡고 싶은 거구나.
> 이거 난감하네. 우리도 꼭 마지막에 공연하고 싶은데…….
>
> ┌ 풍물부 부장: 밴드부에서 꼭 마지막 순서에 공연해야 하는 까닭을 들을 수 있을까? 우리는 이번이 개교 30주년 기념 축제라 특별히 졸업한 선배들이 함께하기로 해서 다음 주부터 연습을 하기로 했어. 다음

[B]
밴드부 부장: 주부터 같이 연습도 시작할 거야. 그런데 선배들은 축제 시작 시각 전까지 모두 도착하기가 어려울 수 있어. 그래서 가능하면 마지막에 공연했으면 해.

밴드부 부장: 그렇구나. 의미가 있는 무대네. 우리는 선배가 참여하지는 않지만, 30주년 기념이어서 특별히 무대에서 사용할 특수 효과 장비를 마련했어. 그런데 이건 다음 무대에 방해가 될 수 있어서 마지막에 사용하는 것이 효과적이라 가능하면 마지막에 공연했으면 해.

풍물부 부장: 그래, 비싼 장비를 빌렸으니 꼭 사용해야겠네. 그럼 너희가 첫 무대에서 특수 효과를 사용하고, 그 뒤에 있을 사회자 인사 시간에 우리가 무대를 정리해 주면 어떨까?

밴드부 부장: 특수 효과 중에 비눗방울 같은 건 짧은 시간에 정리하는 것이 어려울 것 같아. 미끄러질 수도 있어서 다음 공연에 방해가 될 것 같기도 하고. 그럼 이건 어때? 우리가 마지막에 공연하는 대신 우리 공연 시간을 조금 줄여서 풍물부에게 공연할 시간을 줄게. 오프닝은 선배들 없이 재학생들끼리 하고, 마지막에 다 같이 함께하면 괜찮지 않겠어?

풍물부 부장: 그러면 너무 산만할 것 같은데……. 보는 사람들도 우리 보고 왜 또 나오는 거냐고 할 수도 있고……. 자연스럽지 않을 것 같아.

밴드부 부장: 그건 그러네. 그럼 무슨 다른 방법 없을까?

풍물부 부장: 다른 동아리 부장들에게 풍물부와 밴드부 모두 축제 마지막쯤에 공연을 하겠다고 이야기할까?

밴드부 부장: 다른 동아리 부장들도 우리 밴드부와 풍물부가 규모가 큰 공연을 해서 중요한 첫 무대와 끝 무대를 각각 나눠 맡으라고 한 것 같아. 그것도 사실 우리를 배려해 준 건데, 둘 다 끝에 하겠다고 하는 건 욕심 같아.

풍물부 부장: 그렇지. 아무래도 첫 무대와 끝 무대는 규모도 중요하니까.

밴드부 부장: 우리, 마지막 곡에서 합주를 하는 건 어떨까? 첫 공연은 너희가 맡되 무대에서 진행하는 게 아니라 교문에서부터 사람들을 무대 앞으로 끌고 오면서 운동장에서 끝내는 거야. 그리고 끝 무대는 우리가 맡되 마지막 곡은 우리 밴드부와 너희 풍물부가 함께하는 거지. 최근에는 국악과 밴드가 어우러지는 공연도 많잖아. 풍물부 선배들도 끝 무대에서 함께 참여하고 말야.

풍물부 부장: 그거 괜찮은데? 사실 선배들도 한 곡 정도만 참여할 수 있는 상황이니 합주할 곡으로 연습하면 되고, 이번 축제의 주제인 '하나가 되어요'의 의미도 살릴 수 있겠어.

[C] 밴드부 부장: 우리가 준비하던 곡 하나를 취소해야 하지만, 너희가 끝 무대를 양보해 준다면 그 정도는 받아들여야지. 특수 효과도 마지막 곡에서 많이 사용할게.

풍물부 부장: 그래 주면 고맙지. 비록 한 곡뿐이지만 선배들이 참여할 수도 있고, 마지막에 너희와 함께 새로운 도전도 할 수 있으니 우리는 좋아.

밴드부 부장: 좋아. 그럼 그렇게 하자. 잘 부탁할게.

풍물부 부장: 그래. 좋은 곡을 하나 정해서 우리 함께 멋지게 공연을 마무리해 보자.

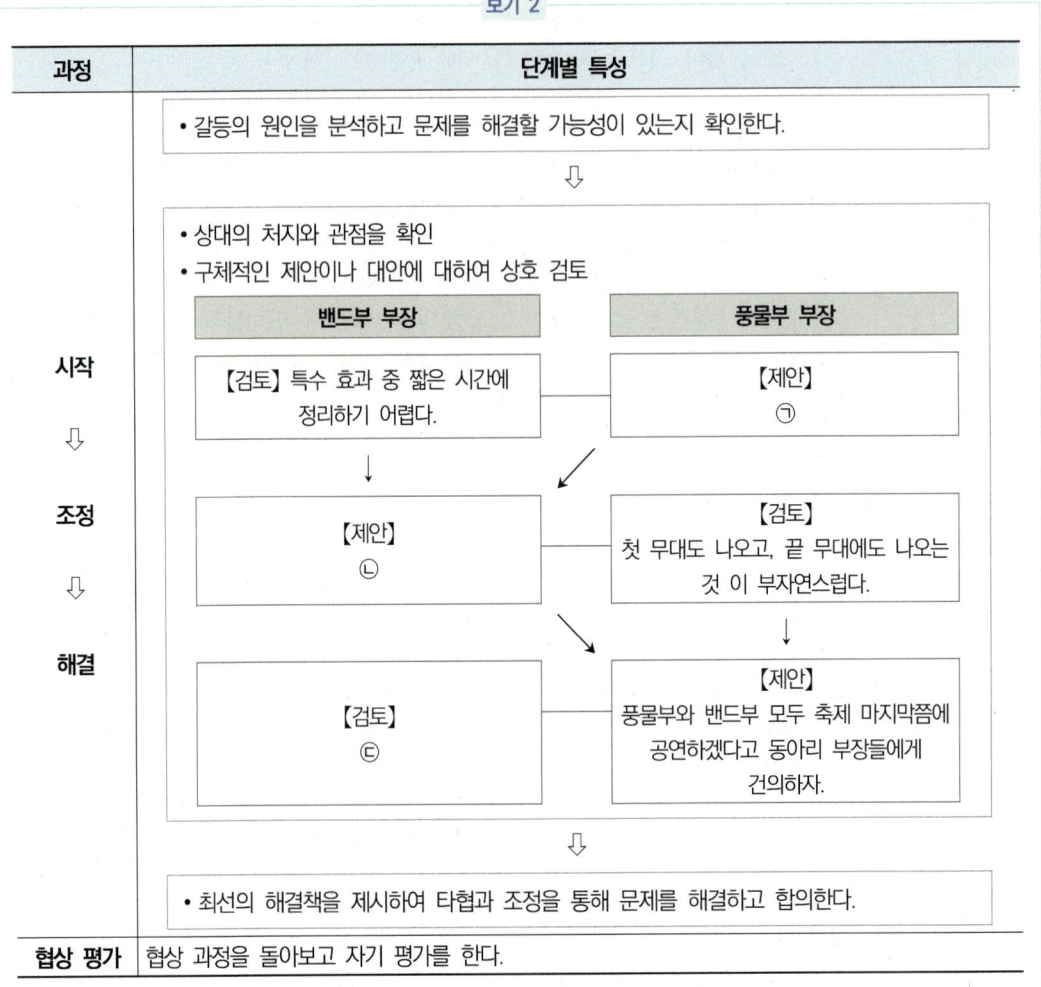

작성방법

- <보기 1>의 [A]에서 나타난 문제 상황을 제시하고, [C]에서 발화 의도를 협상의 단계별 특성을 고려하여 제시할 것.
- <보기 1>의 [B]에서 '상대의 처지와 관점을 확인'에 해당하는 내용을 서술하고, <보기 2>의 ㉠, ㉡의 제안 내용과 ㉢의 검토에 해당하는 내용을 근거를 들어 서술할 것.

2 [협상 방법]

> 관련 기출

1 다음은 "입장이 다른 상대와 협상 방법을 활용하여 문제를 해결할 수 있다."를 학습 목표로 수행한 학생들의 모의 협상이다. 교사의 지도 내용을 〈보기〉를 바탕으로 〈작성 방법〉에 따라 서술하시오. [4점]

> 학생 1(구청 대표) : 지난번 협상에서 지역의 상생 발전을 위해 학교 도서관 개방과 재학생들의 구립 체육 시설 이용에 관해 협약을 체결했는데요, 이와 관련하여 오늘은 도서관 개방 방식을 논의했으면 합니다. 우선 저희는 도서관의 모든 시설을 지역 주민들이 학생들과 동등하게 이용할 수 있었으면 합니다. 구체적으로 도서 대출 권한과 책을 읽을 수 있는 자율학습실 이용 권한을 학생들과 동일하게 해 주십시오.
> 학생 2(학교 대표) : 도서 대출 권한은 학생들과 동일하게 부여 할 수 있지만 자율학습실은 지역 주민들에게 개방하기 어렵다는 게 저희 입장입니다.
> 학생 1(구청 대표) : 조사한 바에 따르면, 우리 지역 주민들은 지역 내 편의 시설로 도서관을 가장 원하고 있습니다. 도서관에서 자유롭게 책을 빌리기도 하고, 조용히 책을 읽고 싶다는 것이지요. 이 대학 도서 이용 실태를 알아보니, 시험 기간을 제외하면 학생들이 자율학습실을 효율적으로 이용하지 않던데 자율학습실을 왜 개방하지 못하겠다는 것인지 이해되지 않습니다.
> 학생 2(학교 대표) : 자율학습실은 학생들이 24시간 이용하는 공간이라서 학교에서 관리하기가 가장 어려운 공간입니다. 24시간 이용하는 공간을 구민들에게 개방하게 되면 도난 사고가 우려되어서 저희로서는 그 안을 수용하기 어려우니 양해해 주시기 바랍니다.
> [A] ┌ 학생 1(구청 대표) : 애초에 지역 주민들에게 도서관을 개방 하겠다고 결정했던 이유 중의 하나가 학교 이미지를 제고하기 함이라고 그러셨지요. 맞나요?
> │ 학생 2(학교 대표) : 네, 그습니다.
> └ 학생 1(구청 대표) : 그렇다면 그것이 학교 측에서 도서관을 개방하는 목적 중 하나일 텐데요, 만약 주민들이 학교가 자율학습실을 개방하지 않아서 책 읽을 공간이 없어 불편하다는 민원을 제기한다면 도리어 학교 이미지 제고에 도움이 되지 않을 것입니다.
> [B] ┌ 학생2(학교 대표) : 저희가 충분히 고려할 부분이기는 합니다. 그럼에도 불구하고 저희 입장에서는 도난 사고와 같은 불미스러운 일이 교내에서 발생하는 데 대한 부담이 더 크기 때문에 자율학습실 개방은 곤란합니다.
> │ 학생 1(구청 대표) : 지역 내 학교 이미지를 제고하는 것 보다 도난 사고 발생에 대한 부담이 더 크다는 말씀이신가요? 그렇다면 저희가 한발 양보할 테니 시험 기간을 피해서 자율학습실을 제한적으로 개방해 주시면 어떨까요?
> └ 학생 2(학교 대표) : 제한적으로 개방하는 방안도 여전히 문제가 있어 수용하기 어렵습니다.
> 학생 1(구청 대표) : 그렇다면 협상을 더 진행하기 어렵겠네요. 이 문제는 추후에 다시 논의했으면 합니다.

<보기>

모두가 이익을 얻는 협상을 위해서는 서로의 입장이 어떤 점에서 다르고, 왜 다른지를 파악해야 한다. 그러면 서로에게 이익이 되는 것과 우려되는 것이 무엇인지를 파악할 수 있다. 서로가 원하는 이익이 무엇이냐에 따라 이를 충족시키거나, 우려하는 바를 해소할 수 있는 안을 제시하는 것은 입장을 좁히는 데 중요한 방법이다. 또한 서로의 이익을 파악하면 무엇을 양보 하고 무엇을 얻을 것인지에 대한 계획을 세울 수 있다. 구체적으로 양보의 크기, 범위, 시기 등을 조절하여 조건으로 내세우거나 내가 양보할 수 있는 부분에서 상대에게도 가치 있는 부분을 찾아 맞교환할 수 있다. 한편 협상에서는 이익이 실현 되지 않을 경우를 가정하여 발생할 수 있는 불이익을 언급하여 설득하기도 한다.

<작성방법>

- '학생 1'이 [A]에서 사용한 협상 방법을 쓸 것.
- '학생 1'이 [B]에서 시도한 협상 방법을 쓰고, 협상이 결렬된 이유를 그 협상 방법과 관련하여 서술할 것.

3 자기 표현 및 사회적 상호작용

테마 1 대화

1 [자아개념(자아인식)·자아노출(자기표현)]

`관련 기출`
`2017 A형 기입형`

1. 다음은 '의사소통과 대인 관계'를 주제로 한 수업 장면이다. 괄호 안의 ㉠, ㉡에 해당하는 말을 순서대로 쓰시오. [2점]

> 대인 관계를 긍정적으로 형성하고 발전시키기 위해서는 자기를 적절하게 표현할 수 있어야 합니다. 먼저, 화면에 준비한 학생의 대화를 같이 들어 봅시다.
>
> > (종례가 끝나고 교실을 나오며)
> > 성현 : 내일 뭐 해? 집도 가까운데 농구할래?
> > 인우 : 나 약속이 있어.
> > 성현 : 약속? 무슨 약속?
> > 인우 : 음, 나랑 매형이 집에 와서 가족끼리 밥 먹기로 했어.
> > 성현 : 결혼한 누나가 있었어? 나이 차이가 많이 나겠네. 왜 말 안 했어?
> > 인우 : 그걸 굳이 말해야 돼? 너랑 만난 지 겨우 일주일밖에 안 됐잖아.
> > [A] ┌ 성현 : 난 우리 집 사정이며 내 고민까지 너한테 다 털어 놓았는데…. 일주일이면 친해지기에 충분한 시간 아냐?
> > └ 인우 : 충분하다고? 사실 나는 아직도 많이 부담스러워.
>
> 둘의 대화를 보니, 성현이와 인우는 만난 지 얼마 되지 않은 친구 사이로 보입니다. 그런데 [A]를 보니, 선생님은 이 두 친구가 계속 친해질 수 있을지 걱정이 돼요. 대화에 어떤 문제가 있는지 같이 이야기해 봅시다.
>
> (학생들의 대답)
> 여러분이 말했듯이, 성현이는 인우에게 집안 사정과 자신의 고민까지 서슴없이 밝힌 데 비해, 인우는 성현이가 개인 사정과 고민을 말해 준 것에 해 오히려 부담스러워 합니다. 대인 관계 의사소통에서는 이러한 차이를 (㉠)(으)로 설명 합니다. 일반적으로 사람들은 대인 관계 초기에 서로를 알아 가기 위해 상호 작용을 합니다. 주로 공적 영역에 속하는 사회적 자아를 드러내다가 관계가 발전할수록 점진적으로 개인의 감정, 가치관, 내재된 두려움과 같은 개인적 자아를 드러낸다고 합니다.
> 다시 이 대화를 살펴볼까요? 성현이와 인우는 자아에 대한 정보의 양과 수준 그리고 그 정보를 드러내는 (㉡)이/가 상호 균형을 이루지 못하고 있습니다. 그래서 친밀한 관계를 형성하는 데 어려움을 겪을 수도 있습니다.

1장 교과내용

[2014 A형 서술형]

2 〈화법과 작문〉 과목을 담당하고 있는 교사가 자기 표현과 사회적 상호 작용에 관한 내용으로 수업을 하였다. 〈보기 1〉은 '자아 개념'을 설명한 후 학습 활동에 활용한 과제이고, 〈보기 2〉는 학생이 쓴 글의 일부이다. 〈보기 1〉과 〈보기 2〉를 활용하여 '자아 개념'의 의미와 그 특징을 설명하고, 이를 토대로 〈보기 2〉를 쓴 학생의 대화 능력을 키우기 위해 지도할 수 있는 내용을 서술하시오. [4점]

보기 1

〈학습 목표〉
대화 방식에 영향을 끼치는 자아를 인식하고 관계 형성에 적절한 방식으로 자기를 표현할 수 있다.

〈과제〉
다음 중에서 자신이 해당하는 유형을 고려하여 자기 성찰적인 글을 써 보자.

구분	대화방식		자아개념
	대화 빈도	자아 노출 수준	
유형 1	많음	높음	긍정적
유형 2	많음	낮음	부정적
유형 3	적음	높음	긍정적
유형 4	적음	낮음	부정적

보기 2

나는 평상시 다른 사람과 대화를 많이 하는 편이지만, 주로 TV 프로그램이나 스포츠와 관련된 이야기에 한정되어 있다. 나는 주변 사람들로부터 스스로에 대해 부정적인 표현을 자주한다는 지적을 받고 있으며, 남들이 나를 이렇게 평가하고 있다는 생각에 갈수록 더 깊이 있는 대화를 피하게 된다. 선생님께서는 다른 사람과 소통하기 위해서는 나를 드러내야 한다고 하셨는데, 나는 어느 정도 수준으로 무엇을 드러내야 할지 잘 모르겠다.

기본 예제

3 송 교사는 다음 〈자료〉를 활용하여 자아 개념의 형성 과정에 대해 화법 수업을 계획하였다. 괄호 안의 ㉠~㉣에 해당하는 말을 순서대로 쓰시오. [2점]

  〈자료〉의 (가)에서 지현이 친구는 (㉠)적인 측면을 부각하고 있고, (나)의 성준이 친구는 성준이가 자신감을 지닐 수 있도록 하고 있지요? 또한 이에 대한 반응으로 (가)에서 지현이는 친구의 (㉠)적인 말에 영향을 받아 더욱 (㉡)적인 태도를 보이고 있고, (나)에서 성준이는 친구의 (㉢)적인 말에 영향을 받아 더욱 (㉣)적인 태도를 보이고 있는 것을 알 수 있어요.
  이처럼 우리가 오늘 배우고 있는 '자아 개념'이란 타인으로부터의 의사소통에서 자신에 대해 들어온 메시지에 의해 형성됨을 알 수 있어요. 다시말하면 (㉢)적인 피드백을 들어서 건강한 자아 개념을 가진 사람은 자신을 적극적으로 드러내며 타인의 반응을 (㉣)적으로 수용합니다. 반면에 (㉠)적인 피드백을

받아서 건강하지 못한 자아가 형성된 사람은 타인과 의사소통하는 데 (ⓒ)적이며, 타인의 반응에 대해 수동적으로 반응하게 됩니다.

이렇게 타인의 말에 의해 형성된 자아 개념으로 다시 '타인과의 의사소통'을 하게 됨으로써, 결국 자아 개념은 타인과 의사소통하는 방식에 영향을 미치게 됨을 알 수 있지요.

심화 예제

4. 다음은 '자아 개념과 의사소통'을 주제로 한 자료이다. 〈자료〉를 참조하여 〈작성 방법〉 따라 서술하시오. [4점]

보기

(가) [수업 상황]

중학생인 선영이는 어렸을 때부터 글쓰기를 좋아했다. 선영이는 새로 부임하신 송 선생님이 평소 좋아하는 국어 과목을 맡게 되어 기분이 좋았다. 정보전달 글을 쓰는 과제를 해 온 국어 시간에 송 선생님께서 선영이 글을 보시고 다른 친구들 앞에서 칭찬을 해 주셨다.

"여러분이 제출한 정보전달 글을 모두 읽어 보았는데 선영이의 글이 인상적이었어요. 선영아, 네 글을 보니 정보도 풍부하고 간결한 문장 표현도 훌륭하더구나."

선영이는 송 선생님의 칭찬을 듣고 하늘을 나는 것처럼 기분이 좋았다. 그런데, 갑자기 선생님께서 선영이의 글을 앞에 나와서 발표해 보라고 하셨다. '여러 사람 앞에서 말하는 것이 부담스럽다.'는 생각을 자주 해 온 선영이는 매우 당황했다. 얼떨결에 앞에 나가서 발표했다.

> 안녕하세요?(작고 떨리는 목소리로) 김 선영입니다.(고개를 숙여 발표문만 바라본다.)
> 오늘은 매콤하면서도 어……고소한 비빔국수를 만드는 방법을 알려 드리겠습니다. ……
> … (발표문을 바라보다) 어…맞다. 비빔국수의 주재료와 양념장 재료를 먼저 살펴보겠습니다. 주재료는 국수, 애호박, 양파, 오이, 당근, 양배추, 달걀, 식용유, 소금입니다. …어 …양념장 재료로는 고추장, 간장, 설탕, 깨소금, 참기름, 식초를 준비하시면 됩니다.(발표문을 계속 바라보며 재료를 설명한다. 말의 속도는 빠르다.)
> (어색한 웃음을 지으며) 지금까지 비빔국수를 만들기 위해 필요한… 어……주재료와 (다시 발표문을 보며) …어… 맞다. 양념장 재료를 알아보았습니다.
> 앞서 설명한 재료들을 활용해서 이제 비빔국수를 만드는 방법 …어 …방법을 순서대로 …어 …순서대로 설명해 드리겠습니다.(계속 발표문을 주시하며 읽어가다가 청중을 쳐다본다.)
> (굳은 표정으로)…어 … 애호박, 당근, 양파는 …어 …채를 썰어 (목소리가 심하게 떨리며)…어…소금으로 …소금으로… 간하여 식용유에 살짝 볶습니다. …어 그 다음 … 그 다음에 … 어 …오이와 양배추도 같은 크기로 채를 씁니다. …어… 그리고…(발표문을 빠르게 읽는다.) 달걀은 얇게 부친 다음 가늘게 채를 썰어서 준비해 둡니다. 이들 재료가 모두 준비되었다면, 이제는 양념장을 만들 차례입니다.
> (계속 발표문을 주시하며 읽어가다가 청중을 쳐다본다.) … 음 … 제가 생각하기로는 … 어 … 비빔국수의 핵심은 …양념장 … 양념장이라고도 할 수 있을 만큼 … 어 …양념장이 중요하죠.
> 이제 (목소리가 심하게 떨리며)… 어 … 어디까지 이야기했더라? … 어 … (잠시 머뭇머뭇) 아, 맞다. 앞서 말씀드린 양념장 재료들을 잘 섞어 주시면 됩니다. …음…양념장을 만드는 저만의 비법?(어색한 웃음) …비법이 하나 더 있습니다.(어색한 표정) …그건…어…바로…설탕 대신에 매실액이나 …음…뭐더라…(잠시 머뭇머뭇) 아, 맞다…사과즙, 사과즙 등의 천연 단맛을 낼 수 있는 재료를 넣는 것입니다. …그리고… (목소리가 심하게 떨리며)어…아, 다 끝났구나. 그래서 이제 냄비에 물을 붓고 국수를 삶은 후 찬물에 헹구어 물기를 뺍니다. …어…
> …(중략)…

두서없이 글 내용을 말하고는 얼른 자리에 돌아와 앉았다.
조금 전까지 칭찬을 하셨던 선생님의 얼굴이 약간 굳어지는 것 같았다.
"선영아, 너는 글을 참 잘 쓰는데 말하는 것은 조금 서툰 것 같구나. 앞으로 발표 연습을 조금 더 해야겠는걸."

(나) [다른 발표를 앞두고 나눈 모둠원들의 대화]

지호: 너 표정이 굳어 보이는데,

[B]
선영: 그러게. 난 발표하려면 꼭 이래. ㉠ 지난번에도 국어 수업시간에 비빔국수 만드는 방법을 발표하면서 완전히 망쳤는데.
기호: 맘 편하게 먹어. 이번에는 다 외울 정도로 준비 많이 했잖아.
선영: 그러게. 왜 나만 이렇게 긴장하는지 모르겠다. 다른 애들은 잘만 하는 것 같은데. 이번 발표를 잘 하면 곧 있을 반장 선거에도 도움이 될 텐데. 나도 이상해. ㉡ 암튼 발표 직전의 이 불안감, 정말 싫어. 발표 내내 이러면 안되는데……

작성방법

- (가)에서 선영이의 자아 개념의 형성에 영향을 미치는 선생님의 피드백이 부적절한 이유를 서술하고, 이러한 피드백이 미치는 부정적 영향을 (나)에서 찾아 제시할 것.
- (가)를 참조하여 (나)의 [B] ㉠, ㉡에서 선영이의 말하기 불안에 해당하는 인식적 문제를 각각 제시하고, 이를 해소할 수 있는 방안을 각각 서술할 것.

5 다음은 '개인적 자아의 유형'을 설명한 글과 사회적 상호작용의 사례이다. 글을 읽고 〈작성 방법〉에 따라 서술하시오. [4점]

(가) 루프트는(Luft)는 '조하리의 창(Johari window)'을 통해서 자아를 네가지 유형으로 분류하고 있다. '조하리의 창'이라는 명칭은 이 모델을 개발한 조셉 루프트와 해링톤 인그램의 이름 첫 자를 딴 것인데, 이 창문은 다른 사람과 내가 아는 '열린 자아'(open self), 다른 사람은 아는데 나는 모르는 '가려진 자아(blind self)', 나는 알지만 다른 사람은 모르는 '숨겨진 자아(hidden self)', 나도 다른 사람도 모르는 '미지의 자아(unknown self)'로 구성되어 있다. 열린 자아란 이름, 신분, 신분증 번호 등과 같은 일반적인 정보들로서 노출되더라도 불안해하지 않을 만한 비교적 객관적인 정보들로 이루어진 부분이다. 이에 비해 가려진 자아란 남들은 아는데 자신은 모르는 영역으로 그 사람의 목소리, 언어적·비언어적 행동, 태도 등이 이에 속한다. 숨겨진 자아란 다른 사람들에게는 알리고 싶지 않은 자신만의 개인적인 영역으로 자신만의 감정, 느낌, 경험, 비밀, 부끄러운 일들이 여기에 속하는 예들이다. 이에 비해 미지의 자아란 자신의 의식속에서도 아직 파악되지 못한 자신에 관한 것들로 내밀한 욕망이나 기대, 무의식적인 두려움 등이 이에 속한다. 이 조하리의 창은 사람들 사이에 이루어지는 상호 작용의 역동성을 설명해줄 수 있다.

	요구하는 피드백	
드러내는 피드백	내가 아는 것	내가 모르는 것
남이 아는 것	㉠자유로운 영역	㉡눈먼 영역
남이 모르는 것	㉢감춰진 영역	㉣미지의 영역

(나)

〈사례1〉
"네 목소리를 들으니, 화가 난 것 같은데 무슨일 있니?"
"........아닌데?... 그렇게 들렸니?"

〈사례2〉
'내 감정을 사람들에게 솔직하게 드러내고 싶진 않다'-한 학생의 일기장에서-

〈사례3〉
"오늘 날씨가 너무 좋은데요?"
"이런 날씨에 프로야구 경기장에서 노래부르며 게임을 보면 최고지요."

작성방법

- 개인적 자아의 유형 ㉠~㉣과 〈사례1〉~〈사례3〉을 하나씩 짝지어 연결하여 기호로 제시하고, 그렇게 생각한 이유를 서술할 것.
- 이러한 '개인적 자아의 유형'을 활용하여 사회적 상호작용의 과정을 관계의 형성시기 및 친밀감을 포함하여 서술할 것.

2 [대화의 구조와 순서 교대의 원리]

기본 예제

1 (가)와 (나)는 '듣기·말하기의 본질'을 주제로 한 수업에서 활용한 대화 자료이고, (다)는 의사소통의 원리에 대한 설명 글이다. 괄호 안의 ㉠~㉢에 해당하는 말을 순서대로 쓰시오. [2점]

(가)
[엄마와 아들이 전화하는 상황]
엄마: 뭐? 도저히 배고파서 못 참겠다고? 그럼 네가 먼저 밥 좀 해 볼래? … 어떻게 하냐고? 엄마가 쌀 씻어서 식탁 위에 뒀으니까, 그걸 전기밥통에 넣어! … 그래, 흘리지 말고……. 그다음에 물을 부어! 물은 네 손목까지만 찰랑찰랑할 정도로……. 옳지, 그다음에 취사 버튼만 누르면 돼! (다 키웠어, 다 키웠어! 벌써 밥을 다 하고……)
아들: (오호, 손목까지 찰랑찰랑할 정도라…….)

[전화 후 상황]
'엄마'의 말을 들은 '아들'은 밥이 아닌 죽을 쑤게 되었다.

(나)
유정: 연수야, 어제 그 드라마 마지막 회 봤어?
연수: 그럼 봤지. 남자 주인공 우는데 표정이 신…….
유정: 그렇지? 표정 연기가 정말 사람 마음을 울리더라.
연수: 맞아. 더구나 위기의 순간에 반…….
유정: 그러니까 마지막 반전이 충격적이었어. 정말 대본도 사람 빨려 들어가게 잘 썼어. 그리고 주인공도 멋있고 잘생겼어. 넌 어때?
연수: 음, 난…….
유정: 아! 연기도 잘하고 얼굴도 작고, 또 드라마 주제곡 직접 부른 거 들어 봤어? 꺄! 진짜 좋아.
연수: 야! 너 혼자 다 해라. 나는 간다.
유정: 어! 왜 그래? 같이 가.

(다)
첫째, (㉠)성의 원리는 의사소통 참여자가 발화한 담화텍스트의 의미 상대방의 의도에 따라 재구성하여 이해하는 것을 말한다. (가)의 대화가 성공하기 위해서 아들은 자신이 밥을 해 본 경험이 없다는 사실을 엄마에게 말씀드리고, 물을 '손목까지 찰랑찰랑할 정도'라는 말의 의도를 (㉡)하여 뜻을 확인해야 했을 것이다. 우리는 일상 생활에서 전달하고자 하는 말의 의미를 제대로 파악하도록 하기 위해서는 대화의 맥락과 상황에 대한 바른 인식이 선행되어야 한다. 발화문의 의미와 의도된 의미가 일치하지 않은 경우 참여자는 맥락을 이해하고 (㉡)을 통해 의도를 찾으려는 적극적인 자세를 지녀야 한다. 진정한 음성언어 의사소통은 담화 텍스트의 의미가 참여자들 간에 공유될 때 가능한 것이다.
둘째, (㉢)성의 원리는 음성언어 의사소통의 상황에 맞게 참여자의 역할이 원활하게 교대되고 정보가 교환되어 의사소통의 목적이 달성되는 것을 말한다. (나)에서 연수가 말을 하려고 할 때마다 유정이가 말을 자르거나 가로채어 일방적 이야기가 되어 버렸다. 말하기와 듣기의 연속적 과정인 음성언어 의사소통에서 참여자의 역할이 적절히 분배되고 교환되지 않으면 일방적 의사 표현과 수용이 되므로 효과적인 의사소통을 기대하기 어렵다. 참여자의 역할 교대, 즉 화자와 청자로의 역할 (ⓒ)과 함께 정보도 (ⓒ)되어야 한다.

2 다음은 일상 생활에서 겪는 의사소통의 단절을 나타내는 사례이다. 〈작성방법〉에 따라 원활한 의사 소통을 위한 지도 내용을 서술하시오. [4점]

(가)
고등학교에서 국어과목을 담당하고 있는 송 교사는 오늘 말하기·듣기 수업을 하였다. 수업 후, 한 학생이 메일을 보내와 자신의 고민을 털어놓았다.

선생님, 수업 잘 들었어요. 화법 수업을 통해 제가 무슨 문제가 있는지를 깨닫게 되었어요. 그런데

평소에 제가 부딪히는 문제의 해결책이 생각나지 않아 고민이 됩니다. 며칠 전 친구와 대화하다 갈등을 겪은 적이 있었어요. 친구가 자기가 좋아하는 텔레비전 프로그램 이야기를 하는데, 갑자기 내가 본 텔레비전 프로그램이 생각나서 그 이야기를 했어요. 친구는 이야기를 듣는 내내 표정이 좋지 않았고, 이후 우리 사이가 멀어진 것 같아요. 제가 잘못한 줄은 알겠는데, 무엇을 구체적으로 잘못했는지, 또 어떻게 고쳐야 친구와 예전처럼 지낼 수 있는지 잘 모르겠어요.

(나)
명수: 어제 집에 가는 길에 나한테 무슨 일이 있어는지 알아? 우연히 어렸을 적 친했던 친구를 만났지 뭐야. 하나도 안 변했더라고.
민지: 나도 ……
명수: (말을 끊으며) 그리고 오늘은 ……

〈보기〉

대화의 구조는 일반적으로 '시작부-중심부-종결부'의 세 부분으로 구성된다. 대화는 화자와 청자의 역할은 고정된 것이 아니라 끊임없이 화자가 청자가 되고, 청자가 화자가 되는 순서 교대에 의해 순환된다. 즉, 자신이 말해야 할 때에 말을 하고, 적절한 때에 상대방에게 말할 기회를 넘겨주는 역할 바꿈이 빈번하게 일어나면서 대화는 진행된다.

〈작성방법〉
• (가)와 (나)에서 드러나는 공통적인 의사소통의 문제가 무엇인지 근거를 들어 서술할 것.
• 위의 문제를 해결하기 위해 〈보기〉를 고려하여 원활한 의사소통을 위한 대화 지도 내용을 서술할 것.

3. 다음은 화법 수업 시간에 송 교사가 대화의 원리를 가르치기 위하여 학생들에게 들려준 녹음자료와 설명 자료의 일부이다. 〈작성 방법〉에 따라 대화 수업의 내용을 서술하시오. [4점]

(가)

[A]
- 다솜 : 어, 한솔이네, 안녕? (손을 흔들며)
- 한솔 : (눈을 맞추며) 응, 다솜아, 안녕?
- 다솜 : 시험 공부는 많이 했니?
- 한솔 : (시무룩한 표정으로 고개를 저으며) ……

[B]
- 다솜 : (어깨를 다독이며) 너도 걱정이 크구나, 나도 그래. 그나저나 언제 다 하냐?
- 한솔 : (한 숨을 내쉬며 고개를 떨구며) 그러게 말이야. 하지만 어쩌냐? 지금부터 힘을 좀 내야지. 시험도 곧 끝나겠지, 뭐. …(잠시 휴지를 두며)…
- 다솜 : (고개를 끄덕이며) 그래. 그 날만 기다리고 있다.
- 한솔 : 그래, 빨리 가서 공부나 하자.
- 다솜 : 그래. 그럼, 잘가. 공부 열심히 하고.
- 한솔 : 그럴게. 너도 열심히 해. 그럼, 안녕!

(나)
인간의 의사소통에서 비언어적 메시지는 다양한 기능을 한다. 비언어 의사소통의 주요 기능을 ㉠ 감정 표현, ㉡ 대인관계의 태도 표현, 상호작용의 단서 제공, 자기표현, 관습적 행위 표출 등으로 구분할 수 있다. 예를 들면 ㉢ 화자와 청자가 순서를 교대하며 대화할 때 여러 단서로 대화의 시작과 끝, 전개부의 흐름, 화제 전환 등을 조절하는 '상호작용의 단서를 제공'하는 기능을 수행하고 있다.

작성방법

- 비언어적 의사소통의 기능 ㉠은 [A]에서, ㉡은 [B]에서 근거를 들어 설명할 것.
- ㉢은 (가) 전체의 대화의 구조에서 2가지 이상의 근거를 들어 서술할 것.

3 [대화의 원리]

관련 기출

1 (가)는 '상대를 배려하며 말할 수 있다.'라는 학습 목표를 성취하기 위한 대화 자료이고, (나)는 차시별 수업 계획의 일부이다. 대화상의 문제점을 〈작성 방법〉에 따라 서술하시오. [4점]

(가) 대화 자료

[국어 수업 시간에 수행 평가 발표를 제대로 하지 못한 정후를 중심으로 모둠원들이 대화하고 있다.]

현희 : (속상한 표정으로) 이제 우리 어떡해. 수행 평가 점수에 들어가는데.
태수 : (정후에게 거친 말투로) 야! 한심하다, 한심해. 대체 왜 그래? 멍청하게 중간에 다시 한다고 하면 어떡해?
정후 : (멋쩍은 표정으로) 아이, 내용이 연결 안 되잖아. (작은 목소리로) 어쩌라고…….
민우 : 남자가 여자처럼 앵앵대기는.

[A] ┌ 유리 : 잘할 수 있었는데……. 선생님께 다시 발표한다고 말해 볼까?
    └ 현희 : 우리 기분도 그런데, 같이 공원이나 갈까?

…(하략)…

(나) 차시별 수업 계획

차시	학습 내용

1차시	• 동기 유발 : 대화 예절 관련 동영상 시청
	• 말하기의 문제점 파악 1
	  – ㉠ <u>공손성의 원리(정중어법)</u>
	  – ㉡ <u>체면 유지 원리(예의 이론)</u>
	• 말하기의 문제점 파악 2
	  – ㉢ <u>협력의 원리</u>
	• 말하기의 영향력 이해

2차시	• 1차시의 말하기 문제점 조정 및 해결 방법 탐색 • 배려하는 말하기 – '나-전달법', '우리-전달법' …(하략)…

작성방법

- ㉠을 활용하여 (가)의 '태수'의 말하기 문제점을, ㉡을 활용하여 (가)의 '민우'의 말하기 문제점을 각각 서술할 것.
- ㉢을 바탕으로 [A]에서 '현희'가 어긴 격률을 쓰고, 이를 통해 현희가 의도한 대화 함축의 의미를 추론하여 서술할 것.

> 2024 A형 서술형

5 다음은 김 교사가 진행한 수업의 일부이고, (가), (나)는 수업에서 사용한 교수·학습 자료이다. 〈작성 방법〉에 따라 서술하시오. [4점]

김 교사 : 오늘의 학습 목표는 '상황과 대상에 맞게 예의를 갖추어 대화할 수 있다.'예요. 다음의 사례를 볼까요?

(가)
[상황]
팀 회의에서 이번 주 금요일에 제출할 보고서 작성 업무를 분담하였다. 신입 사원 A는 자신이 맡은 부분의 작성량이 많아서 동료인 B가 도와주기를 바라고 있다.

A : 오늘이 목요일인데, ㉠ 제가 맡은 보고서를 기한 내에 마무리하지 못할까 봐 걱정이에요.
B : ① 제가 맡은 부분이랑 연결되는 것 같은데, 좀 도와줄까요?
  ② 서두르지 않으면 마무리를 못 할 수도 있겠네요.

(나)
[상황]
역사 탐구 동아리 부원인 C, D, E가 다음 달 방문할 답사 장소를 정하기 위해 의견을 나누고 있다.

C : 다음 번 답사지는 제주도가 좋겠어. 이번 역사 수업 시간에 삼별초 항쟁에 대해 배웠잖아. 그것을 실제로 확인해 보고 역사의 현장을 느낄 수 있을 것 같아.
D : 난 반대야. 제주도는 일단 너무 멀어. 내가 삼별초에 관심이 없기도 하고.
E : 수업 시간에 배운 곳을 직접 방문해 본다니 의미가 있네. 다만 거리가 있으니 학기 중에 다녀오기는 어려울 것 같아. 이번에는 관련 유적지인 가까운 강화도에 다녀오는 게 어떨까?

김 교사 : 먼저, (가)를 봅시다. A의 발화에 대해 B의 대답이 ①과 ②에서 다르게 제시되어 있는데요. 관계 형성의 측면에서 보았을 때, 어떤 대답이 더 효과적이라고 할 수 있을까요?
학생 1 : ①요.
김 교사 : 네, 맞아요. 작성할 보고서의 양이 많아서 A가 걱정하고 있으니, B가 ①처럼 말하면 고맙게 생각할 것 같아요.
  다음 (나)를 같이 볼까요? (나)에는 동아리 친구들의 대화가 제시되어 있어요. C의 제안에 대한 두 친구의 답변 중 어느 쪽이 더 정중하게 느껴지나요?
학생 2 : E요.
김 교사 : 그렇게 생각한 이유는 무엇인가요?
학생 2 : ㉡
김 교사 : 잘 말해 주었어요. 대화 상황에서는 상대를 존중하는 가운데 자신의 생각을 표현하는 것이 중요해요. 특히 대화 참여자 간의 상호 작용에서 인간관계의 형성과 발전을 중시할 때는 명료성보다 예의 바름이 우선시될 수 있다는 점을 잊지 말아야 해요.

작성방법

- A가 ㉠에서 사용한 체면 유지 전략을 밝히고, 이 전략의 효과를 1가지 쓸 것.
- ㉡에는, E의 발화에서 공손성의 원리가 실현된 표현을 구체적으로 쓰고 그 효과를 서술할 것

기본 예제

2 다음은 대화의 원리 이해를 주제로 한 화법 수업이다. 괄호 안의 ㉠~㉢에 해당하는 말을 순서대로 쓰시오. [2점]

> 오늘은 대화의 원리를 배울 거에요. 다음 PPT 자료는 이러한 원리를 지키기 위한 3가지 지침인데요.
>
> - 상대방과의 거리를 유지하라.
> - 상대에게 선택권을 주어라.
> - 우호적 태도를 견지하라.
>
> 첫 번째 지침으로 '상대방과 거리를 유지하라'는 것은 상대방의 (㉠)의 욕구를 존중해줌으로써 상대방을 편안하게 해 주는 것이고, 세 번째 지침으로 '우호적인 태도를 견지하라'는 지침은 상대방과의 (㉡)을 확보하라는 것이에요. 이 중에서 핵심은 바로 상대방에게 선택권을 주라는 두 번째 지침에서 찾아볼 수 있어요. 상대방으로 하여금 의견을 말하도록 유도하라는 이 지침은 상반된 두 욕구 사이에서 균형을 잡고 적절한 거리를 유지할 수 있게 해줍니다.
>
> 이제 사례를 통해서 설명해볼게요. 다음 자료를 함께 볼까요?
>
> **(가)**
> 엄마: 얼굴 빛이 안 좋구나. 학교에서 무슨 일이 있었니?
> 딸: (퉁명스럽게) 엄마는 몰라도 돼.
> 엄마: 무슨 일인데 그래? 엄마가 모르면 누가 알아야 해?
> 딸: 엄마, 제발...... 이래서 엄마랑은 아무 말도 하고 싶지 않아. 정말 짜증 나.
>
> **(나)**
> ⓐ 우리 이번 주말에 등산 가요.
> ⓑ 주말에 바쁘지 않아요?

(가)의 예문은 사춘기 자녀에게 대화를 시도하다가 문제가 되고 있는 사례에요. 자신의 삶을 주체적으로 영위하고자 하며 다른 누구에게도 권리를 침해받지 않으려 하는 (㉠)의 욕구를 가진 자녀에게, 가까워지고 싶다고 일방적으로 다가가는 엄마의 방법은 오히려 자녀를 움츠러들게 하는 결과를 가져오기 쉽지요. 결국 바람직한 대화는 상대방의 관점을 고려하는 대화인 것이고, 이는 상대방과 적절한 거리를 유지하는 것에서 출발합니다.

(나)의 예문은 주말에 등산이나 갔으면 하고 바라는 아내가 출근길을 나서는 남편에게 건넨 발화문이에요. ⓐ는 상대방에게 심리적 부담감을 줄 수 있어요. 만일 남편이 불가피한 사정으로 인해서 시간을 낼 수 없는 경우라면 이러한 표현법은 문제가 될 수 있지요. 즉, 청자는 제안에 대해서 거절해야 한다는 부담감을 느껴야 하고 동시에 화자는 자신의 제안이 거절당함으로써 체면에 손상을 입게 되는 것입니다. 이에 반해 ⓑ는 단순한 질문의 형식을 취함으로써 상대방에게 심리적인 부담감을 주지 않고, 선택권을

주고 있지요? 이러한 (ⓒ)적인 표현은 상대방과의 정면 충돌을 피할 수 있게 해준다는 점에서 자기 방어의 효과가 있으며 상대방과의 욕구를 손상시키지 않는다는 점에서 그 효용 가치가 높아요.

결국, 위의 사례들에서 보듯이 상대방과 적절한 유대관계를 가지면서 동시에 상대방으로부터 자기 방어를 할 수 있게 해 주는 (ⓒ)적인 표현법은 의사소통의 동기가 되는 (㉠)과 (㉡)이라는 상반된 두 가지 욕구 사이의 균형을 유지할 수 있게 해 주는 최상의 방법이 될 수 있지요.

심화 예제

3 다음 〈자료〉는 대화 담화 유형의 특성에 대한 이해를 목표로 전개된 화법 수업의 일부이다. 〈작성 방법〉에 따라 서술하시오. [4점]

> 교사: 대화는 상호성을 전제로 하며, 사람들은 대화를 하면서 반드시 지금 하는 말이, 지금 이야기 되고 있는 대화의 목적이나 요구에 합치되도록 대화를 한다는 원리가 있습니다.
> 다음 자료를 봅시다.
>
> A: 진수야, 집이 어디니?
> B: 대한민국 서울시 서초구 반포4동 197-8 미도 아파트 309호에 살아.
>
> 이 대화를 보면 상대방이 원하는 정보보다 필요 이상으로 많은 정보를 제공하여 바람직한 대화를 가로막는 원인이 됩니다. 이처럼 지금 주고 받는 대화 목적에 필요한 만큼만 정보를 제공하고 필요 이상의 정보를 제공하지 말라는 원리를 양의 격률이라고 하지요.
> 다음 자료를 보겠습니다.
>
> A: 오늘은 날씨가 좋은데 내가 잘 아는 고깃집 가 볼래?
> B: 나 채식주의자인 것 몰라?
>
> 그런데, 이 사례를 보면 협력의 원리를 의도적으로 어긋나게 벗어나고 있음을 알 수 있어요. 이처럼 발화 내용의 표면적인 의미를 넘어서 화자가 어떤 의도를 암시하거나 함의하고 있다는 전제에서 의미 해석이 이루어지게 하는 것을 '대화함축'이라고 합니다.
> 다음은 영상 광고를 보면서 대화 함축이 어떻게 이루어지는지 알아볼까요?
>
> (아들과 영상 통화하는 부모님)
> 어머니: 아범아, 잘 있지?
> ┌─ 아버지: ㉠ 우리 아무것도 필요 없다.
> │ 어머니: (TV를 때리며) 아무것도 안 나온다. 하하하.
> │ 아버지: 연속극 옆집 가서 본다. 허허.
> [A] 아들: 아, 아버지, ㉡ 알았어요. 알았어요. 바꿔 드릴게요.
> │ (고장이 나서 물이 솟는 세탁기를 배경으로)
> │ 어머니: 우린 아무것도 필요 없다.
> └─ 아버지: 아들아.

작성방법

- ㉠이 '대화 함축'에 해당하는 이유를 ㉡과 관련하여 서술할 것. 단, ㉠은 화자의 발화 과정을, ㉡은 청자의 이해 과정을 포함하여 서술할 것.
- 이러한 특성이 의사소통 과정에서 지니는 의의를 제시할 것.

4 다음은 대화 담화 유형의 특성에 대한 이해를 목표로 화법 수업을 하기 위해 선정된 제재이다. 〈작성 방법〉에 따라 서술하시오. [4점]

승기: 자, 그럼 다 모였으니 모둠 활동 발표 주제를 정해 보자. 선생님께서 가장 좋아하는 시인의 작품 세계에 대해 발표하라고 하셨는데, 어떤 시인이 좋을까?

[A] ┌ 수빈: 나는 윤동주 시인이 좋을 것 같아. 잘생겼잖아!
    └ 현창: 맞아. 윤동주 시인의 옛날 사진 보니까 정말 멋있더라! 하지만 난 백석 시인이 더 잘생겼다는 생각이 들어.

승기: 아무리 그래도 잘생겼다는 이유로 시인을 선정하면 안 되지. 시인은 시를 쓰는 사람이잖아.
수빈: 하지만 단지 잘생겼다는 이유만은 아니야. 윤동주 시인의 시 가운데 좋은 작품이 얼마나 많다고.
혜윤: 나는 윤동주 시인의 '서시'를 좋아해. '오늘 밤에도 별이 바람에 스치운다.' 난 이 구절이 참 좋더라!
승기: 와, 혜윤이 너 '서시'를 외우니? 대단하다, 정말!
혜윤: 아니야, 너희들도 기본으로 외우는 시인걸.

[B] ┌ 현창: 자자, 그럼 다른 의견이 없으면 우리 윤동주 시인으로 결정하자. 그럼 오늘 방과 후부터 모두 교실에 남도록 해.
    └ 수빈: 오늘부터? 난 오늘 오후에 친구랑 약속이 있는데…….

보기

정중 어법은 상대방에게 정중하지 않은 표현은 최소화하고 정중한 표현을 최대화하는 것으로 '공손의 원리'라고도 한다. 정중 어법을 이루는 격률에는 다음과 같은 것들이 있다.

㉠ 요령의 격률: 상대방에게 부담이 되는 표현이 최소화하고 상대방의 이익을 극대화한다.
㉡ 관용의 격률: 화자 자신에게 혜택을 주는 표현은 최소화하고 자신에게 부담을 주는 표현을 최대화하라.
㉢ 칭찬의 격률: 듣는 이에 대한 비방은 최소화하고, 칭찬을 극대화하라.
㉣ 겸양의 격률: 말하는 이가 자신을 칭찬하는 표현은 최소화하고, 자기를 내세우지 않는 겸손한 표현은 최대화하라.
㉤ 동의의 격률: 자신의 의견과 다른 사람의 의견 사이의 다른 점을 최소화하고 자신의 의견과 다른 사람의 의견 사이의 일치점을 극대화하라.

작성방법

- [A]에서 '현창'이의 말에 나타난 격률은 무엇인지 〈보기〉를 고려하여 제시할 것.
- [B]에서 '현창'의 발언이 어떤 격률에 어긋난 것인지 제시하고, 그 이유를 〈보기〉를 고려하여 설명하고, 이를 개선하기 위한 지도 내용을 서술할 것.

5 (가)는 '청자 지향적 관점으로 표현할 수 있다'라는 학습 목표를 성취하기 위한 대화 자료이고, (나)는 청자 지향적 관점의 표현에 대한 설명 자료이다. 대화상의 문제점을 〈작성 방법〉에 따라 서술하시오. [4점]

(가)

승기: 자, 그럼 다 모였으니 모둠 활동 발표 주제를 정해 보자. 선생님께서 가장 좋아하는 시인의 작품 세계에 대해 발표하라고 하셨는데, 어떤 시인이 좋을까?

[A]
수빈: 나는 윤동주 시인이 좋을 것 같아. 잘생겼잖아!
현창: 맞아. 윤동주 시인의 옛날 사진 보니까 정말 멋있더라! 하지만 난 백석 시인이 더 잘생겼다는 생각이 들어.

승기: 아무리 그래도 잘생겼다는 이유로 시인을 선정하면 안 되지. 시인은 시를 쓰는 사람이잖아.
수빈: 하지만 단지 잘생겼다는 이유만은 아니야. 윤동주 시인의 시 가운데 좋은 작품이 얼마나 많다고.
혜윤: 나는 윤동주 시인의 '서시'를 좋아해. '오늘 밤에도 별이 바람에 스치운다.' 난 이 구절이 참 좋더라!
승기: 와, 혜윤이 너 '서시'를 외우니? 대단하다, 정말!
혜윤: 아니야, 너희들도 기본으로 외우는 시인걸.

[B]
현창: 자자, 그럼 다른 의견이 없으면 우리 윤동주 시인으로 결정하자. 그럼 오늘 방과 후부터 모두 교실에 남도록 해.
수빈: 오늘부터? 난 오늘 오후에 친구랑 약속이 있는데…….

(나)

인간의 음성언어 의사소통에는 두 차원의 목적이 공존한다. 의사소통의 목적을 두 층위로 나누게 되면 의사소통에 대한 이해가 용이할 뿐만 아니라 교육적 관점에서 보았을 때 화법 능력의 신장을 위하여 다루어져야 할 교육 내용에 대해서도 한결 접근이 용이해진다. 화법 교육에서 대화에 대해 지도할 때는 의사소통에 문제가 발생하는 경우를 중심으로 갈등을 해소할 수 있는 효과적인 방법을 지도한다. 상대방을 존중하고 상대의 입장에서 생각하고 말하는 청자 지향적 관점의 표현은 상대의 체면을 존중해 주는 표현의 방법이다. 고프만은 한 사람이 다른 사람과의 사회적 접촉에서 투사하는 이미지를 의미하는 체면이라는 개념을 소개한 것으로 공손 현상의 연구에 통찰력을 제공하였다. 브라운과 레빈슨은 고프만의 연구에 영향을 받아 체면에 대한 위협 강도와 언어적으로 실현되는 공손성 사이의 관계에 대한 이론을 발전시켰다. 상대에게 부담을 적게 줌으로써 더 공손한 표현이 되고, 체면 손상 행위를 범할 경우, 간접적으로 표현하는 것이 가장 상대에게 부담을 적게 주는 것이 되어 공손성의 원리를 준수하는 것이 된다.

1장 교과내용

> **작성방법**
> - (나)를 고려할 때, (가)의 [A]와 [B]에 공통적으로 도출할 수 있는 의사소통의 목적이 무엇인지 쓰고, [A]에서 '현창'이의 말에 나타난 격률은 무엇인지 제시할 것.
> - (나)를 활용하여 [B]에서 '현창'의 발언이 지닌 문제점을 2가지 이유를 들어 설명하고, 이를 개선하기 위한 지도 내용을 구체적으로 사례를 들어 서술할 것.

4 [언어예절]

기본 예제

1 다음은 '상황과 대상에 맞게 언어예절을 갖추어 대화하기'를 주제로 한 수업 장면이다. 괄호 안의 ㉠에 공통적으로 해당하는 말을 쓰고, ㉡에 해당하는 말을 순서대로 쓰시오. [2점]

> 대화의 내용 자체가 정당하다 하더라도 상황과 대상에 적절하지 않으면 적절하게 받아들여질 수 없습니다. 따라서 대화에서 상황과 대상을 고려하여 말하는 일이 중요하지요.
> 이를 위해서 선생님이 우리가 주변에서 흔히 볼 수 있는 의사소통 상황의 사례를 준비했어요. 먼저, 화면에 준비한 대화를 같이 살펴 보고, 언어 예절을 생각해 보기로 합시다.
>
> > (가)
> > 승우: 내가 주말에 이모 댁에 가야해서 그러는데, 혹시 금요일까지 자료 정리해서 보내 줄 수 있겠니? 마무리는 내가 할게.
> > 서연: 좀 급하긴 하지만 해 볼게.
> >
> > (나)
> > 승우: 다음 주에 우리 모둠이 발표해야 하니까 금요일까지 자료 정리해서 나한테 보내 줘.
> > 서연: 그렇게 빨리?
>
> (가)와 (나)의 대화 상황은 무엇인가요?
> (학생들의 대답)
> 그래요. 여러분이 말했듯이 (㉠)의 상황이에요. 승우는 모둠 발표를 위해 서연에게 자료 정리를 (㉠)하고 있어요.
> 그런데, (가)와 비교하여 (나)의 대화에서 두 사람의 의사소통이 제대로 안 된 이유는 무엇일까요?
> (학생들의 대답)
> 맞아요. (나)에서 승우는 서연의 처지는 고려하지 않고 자신의 요구만 명령하듯 말하고 있어요. 이러한 말하기는 서연에게 부담을 줄 수 있겠지요. 이처럼 상대에게 (㉠)을 해야 하는 상황에서는, (가)에서와 같이 자신의 사정을 이야기하거나, 상대에게 선택권을 주는 등 상대의 처지를 고려하면서 부담을 줄여 표현하는 것이 좋겠어요. 상대방이 부담을 가질 수 있는 상황에서 직접적인 명령보다는 간접적이고 우회적이며 (㉡)한 표현이 상대의 부담을 덜어 주므로 정중하고 공손한 표현이 됩니다.

2. 다음은 '상황과 대상에 맞게 언어 예절을 갖추어 말하기'를 주제로 한 수업에서 학생의 수행 기록 일지와 교사의 조언이다. 괄호 안의 ㉠, ㉡에 해당하는 말을 순서대로 쓰시오. [2점]

〈학생의 화법 수행 기록 일지〉

오늘은 우리 모둠이 면담을 위한 사전 준비를 하는 날이다. 면담의 절차에 따라 우선 모둠에서 토의하여 계획표를 작성하고 면담 대상자에게 면담을 요청하여 일정을 확정해야겠어.

…(생략)…

면담 계획표

면담 목적	삶의 경험과 지혜를 듣고 배우기 위해
면담 대상자	꽃집 할머니
면담 대상자로 정한 까닭	꽃집 할머니는 우리 동네에서 오랫동안 꽃집을 운영하시면서 삶의 경험과 지혜를 많이 얻으셨을 것이라고 생각한다. 가게를 운영하는 것은 여러모로 쉬운 일이 아니기 때문이다.
면담 희망 일시	20○○년 ○월 ○일 오후 5시
면담 희망 장소	사랑의 꽃집
준비물	녹음기, 수첩, 필기도구, 카메라

면담 절차에 따라 면담 계획표를 작성한 후에 면담 대상자의 특성을 정리하고, 면담 대상자에게 면담을 요청해야지. 그러기 전에 선생님께 우리 모둠 활동의 결과를 보여드려야 겠다.

면담 대상자	• 이름: ○○○ • 연령대: 60대 • 성별: 여 • 직업이나 그 밖의 사항: 꽃집 주인으로, 30년 동안 꽃집을 운영함.
면담 대상자에게 말할 때 고려할 점	• 면담자의 상황을 살피고, 면담 목적을 분명하게 밝혀야 한다.

〈교사의 조언〉

면담에서 면담 대상자를 선정하는 것은 면담의 성패를 좌우하는 중요한 일인데, 면담 대상자를 선정하여 면담 계획표를 잘 작성해주었어요. 하지만 보완할 부분이 있어서 조언을 해볼게요. '면담 대상자에게 말할 때 고려할 점'을 보면 면담 대상자를 고려한 말하기에 2가지 정도 추가해야 할 사항이 있어요. 우선, 면담 대상자의 연령을 고려하면 연장자이기 때문에 세대를 고려하여 젊은 층에서만 사용하는 어휘를 쓰지 않도록 주의해야 할 것 같아요. 더욱 중요한 점은 면담 요청의 말하기는 (㉠)하는 말하기이므로, 이러한 말하기 상황을 고려하여 상대방이 부담을 덜 느낄 수 있도록 (㉡)하게 말하는 것이 정중하고 공손한 말하기가 될 거예요. 즉, 면담 대상자는 대체로 여러분들보다 연장자일 것이므로 세대에 따른 특성을 고려해야 하며, (㉠)의 상황이므로 이에 적절한 언어 예절을 갖추어 정중한 태도로 면담을 수행해야 합니다.

3 다음은 '언어 예절'을 주제로 한 수업이다. 괄호 안의 ㉠, ㉡에 해당하는 말을 각각 쓰시오. [2점]

> 오늘 수업 주제는 "대화를 잘하려면 어떻게 해야 할까?"입니다. 이 주제와 관련하여 사례를 살펴보고 이야기를 해 보려 합니다.
> 대화는 두 사람 이상이 모여 말로써 서로의 생각과 느낌을 주고받는 의사소통 방법입니다. 하지만 모든 대화가 생각대로 잘 이루어지는 것은 아니지요. 여러분은 대화하면서 어려움을 느낀 경험이 있나요? 대화하다가 마음에 상처를 받거나 반대로 상대방에게 상처를 준 적은 없나요?
> 대화할 때에는 무엇보다 상황과 대상에 맞게 언어 예절을 갖추어 말하는 것이 중요합니다. 그렇다면 '언어 예절'이란 무엇일까요? 이는 상대방을 존중하고 배려하는 마음을 언어로 표현하는 방식이 사회적으로 관습화된 것을 가리킵니다. 언어 예절을 갖추어 대화하려면 말하는 이와 듣는 이 사이의 관계, 상황 등을 고려해야 합니다. 이들을 고려하지 않으면, 말하는 내용이 올바르더라도 오해가 생기거나 감정이 상하는 등 이런저런 문제가 일어날 수 있기 때문입니다.
> 다음은 동아리 선배와 후배의 대화 장면이에요. 이 사례를 활용해서 설명해볼게요.
>
> > 선배: 내일 동아리방 꾸며야 하는 거 알지? 그거 네가 맡아서 했으면 하는데, 혼자 가라 하는 건 아니고, 너 편한 친구들 몇 명 말하면 내가 남으라고 얘기해 줄게. 네가 우리 동아리에서 미술 실력이 가장 뛰어나니까 네가 하는게 좋겠어.
> > 수진: 네? 선배님, 오늘 집안 행사가 있어서요. 친척분들이 모두 오세요. <u>못 할 것 같아요.</u>
> > 선배: 그럼 누가 하니? 친척분들은 다음에도 만날 수 있지만 신입생 환영회가 이번 주인데 동아리방은 당장 꾸며야지. 네가 맡아서 예쁘게 꾸며 주면 모두 좋아할 텐데, 혼자 하라는 것도 아니고 말야.
> > 수진: 저 말고 다른 친구들도 마찬가지예요. 저희들 모두 사실 바빠요. 바쁜데 갑자기 남으라고 하면 너무 불공평한 것 같아요. 차라리 자원을 받으시는게 ⋯⋯
> > 선배: <u>너 지금 선배한테 이래라 저래라 하는 거냐?</u> 너네 바쁜거 나도 알아. 그렇지만 하루잖니?
> > 수진: 죄송해요. 그렇지만 선배님이 화내셔도 못 할 것 같아요.
>
> 이 사례에서 선배는 후배에게 부탁을 했는데 선배의 무리한 요구에 수진은 "못 할 것 같아요."라고 거절 의사를 표시하고 있어요. 그런데, 선배는 이에 상처를 받고 "너 지금 선배한테 이래라 저래라 하는 거냐?"라고 자신을 훈계하냐며 불쾌감을 드러내고 있어요.
> 그렇다면 이러한 갈등 상황은 왜 벌어졌을까요? 어떠한 점에서 그런지 말해볼까요?
>
> (학생들의 대답)
>
> 그래요. 여러분이 말했던 것처럼 선배가 부탁을 들어줄 만한 상황인지 살피지 않고 자신의 요청을 말했어요. 그러나, 후배 또한 "못할 것 같다."라고 직접적으로 거절의 의사를 표현하여 선배가 상처를 받던 것이지요. 그렇다면 이 갈등을 어떻게 해결해야 할까요?
>
> (학생들의 대답)
>
> 자, 여러분들의 대답에 선생님이 추가해보면 상대의 요청을 거절하거나 여러 사람 앞에서 상대의 잘못을 비방할 때 상대에게 감정을 상하게 하는 행위를 하게 되는 경우 직접적인 표현보다는 (㉠)적인 표현을 활용하면 좋습니다. 우리 말문화의 전통중의 하나는 상대방의 체면에 위협을 가하는 직접적인 표현보다는 (㉡)한 표현을 방식을 사용함으로써 언어생활을 통해 의사소통 공동체를 이상적으로 만들어 나가기 위한 노력을 해왔어요. 이렇게 사회적으로 관습화된 언어 예절을 갖춰 말함으로써 갈등을 해결해 나갑시다.

> 심화 예제

4 송 교사는 '상황과 대상에 맞는 언어 예절을 갖추어 대화하기'를 주제로 다음 자료를 활용하여 화법 수업을 하고자 한다. 〈작성 방법〉에 따라 서술하시오. [4점]

(가)

    일요일 아침, 동생은 연극 동아리 정기 모임에 입고 나갈 옷을 빌리려고 언니의 방으로 들어간다.

[A] 동생: (옷걸이에 걸린 외투를 덥석 집으며) 언니, 오늘 이 옷 빌려줘. 나한테 잘 어울릴 것 같아.
언니: (당황하며) 어? 그 옷은 내가 무척 아끼는 옷이라 좀 그런데…….
동생: (실망하며) 그렇구나. 오늘 내가 입고 나가면 좋을 텐데. 얼마 전에 산 내 바지하고도 잘 어울리고.

[B]
  언니: 근데 넌 왜 항상 빌려 달라는 사람이 이런 식이야? 참, 그러고 보니 저번에 옷 빌려 가서 엉망으로 해 놓고 사과도 안 했잖아.
  동생: 아……. 그랬었나? (억지로 웃음을 지으며) 그건 미안. 이제 됐지? 그럼 이 옷 빌려줄 거지?
  언니: (기분이 상하여) 뭐라고? 그게 무슨 말이야? 네 말을 들으니 빌려줄 마음이 싹 사라졌어.

(나)

    주원이가 대표로 활동하는 연극 동아리는 달마다 연극을 단체로 관람한다. 이번에 관람할 연극을 정하려고 할 때, 주원이 손을 번쩍 들고 선생님께 말한다.

[C] 주원: 선생님, 이제부터는 관람할 연극을 선생님께서 알아서 정해 주세요. 저희 너무 힘들어요.
선생님: 왜 힘들지?

[D] 주원: 서로 취존이 잘 안 되거든요. 네가 고른 거 노잼일 것 같다느니, 취향이 안습이라느니, 그런 말이 오가서 기분도 안 좋고요.
선생님: (어리둥절하여) 응? 무슨 말이니?

> 보기

대화의 내용 자체가 정당하다 하더라도 상황과 대상에 적절하지 않으면 적절하게 받아들여질 수 없음을 이해하게 하여, 대화에서 상황과 대상을 고려하여 말하는 일이 중요함을 강조한다. '부탁'이나 '건의', '사과'의 상황에서 정중하고 공손한 표현을 활용하도록 지도한다.

> **작성방법**
>
> - [A]~[D]의 대화가 적절하지 않은 이유를 〈보기〉를 참조하여 다음과 같이 정리할 때, [A], [C]에 해당하는 상황을 각각 밝히고, 이에 따른 공통적인 문제점을 서술하고, [D]는 대상을 고려할 때 언어 표현의 문제를 서술할 것.
>
> | | 고려 요소 | 적절성 판단 |
> |---|---|---|
> | [A]~[C] | 상황 | [A] |
> | | | [B]는 '사과'하는 상황이다. 그런데, 상대방의 기분을 살피지 못하고 사과가 제대로 이루어지지 않아서 문제다. |
> | | | [C] |
> | [D] | 대상 | |
>
> - 위의 사례에서 대화의 문제를 해결하기 위한 공통적인 방법을 〈보기〉를 고려하여 서술할 것.

5 일상 생활에서 겪는 의사소통의 단절을 나타내는 사례를 활용하여 원활한 의사소통 능력을 기르기 위한 화법 수업을 구안하고자 한다. 〈작성 방법〉에 따라 서술하시오. [4점]

> **(가)**
>
> 남학생: <u>야, 거기 문 좀 닫아.</u>
> 여학생: 네가 그렇게 말하니까, 부담이 되잖아. 나 지금 바쁘니까 네가 닫아.
>
> **(나)**
>
> 여학생: 이따 영화 보러 갈래?
> 남학생: <u>시간 없어.</u>
>
> **(다)**
>
> 남학생: <u>늦어서 미안. 근데 왜 여기서 보자고 그랬어? 길 막히는 데인지 몰랐어?</u>
> 여학생: 네가 늦어 놓고 잘잘못 따져 보자는 거야?
>
> **(라)**
>
> 여학생: 교장 선생님, 도서관이 별관에 있어서 이용하기가 불편해요. 본관에 도서관을 새로 만들어 주세요. 새로 만들 수 없다면 차라리 도서관을 없애는 게 낫다고 생각합니다.

보기	
학습 목표: 상황과 대상에 맞게 언어 예절을 갖추어 대화한다.	
(가) 학습 요소	• 대화하기(대화의 원리, 언어 예절) • 상황에 따른 화행(부탁, 거절, 사과, 감사)
(다) 교수·학습 방법 및 유의 사항	• 상황과 대상에 맞게 대화하기를 지도 • 언어 예절 지도
(라) 평가 방법 및 유의 사항	• 학교 안팎에서 주고받는 대화가 언어 예절에 맞는 것인지에 대하여 점검표를 사용하여 지속적으로 돌아보고 성찰하게 함으로써 평가가 학습자의 삶과 연계되도록 한다.

작성방법

• 〈보기〉를 참조하여 (가)~(다)의 사례에서 의사소통의 상황이 무엇인지 각각 제시하고, 의사소통 상황에서 남학생들의 대화의 문제점과 이에 대한 지도 내용을 각각 서술할 것. 단, 답안을 작성할 때 예 와 같이 서술할 것.

> 예
> (라)는 '건의'의 상황이다. 여학생은 실현하기 어려운 방안을 제시하면서 상대방의 입장을 고려하지 않고 감정적으로 말하고 있어 상대방에게 부담을 느끼게 한다는 점에서 문제가 있다. 따라서 건의하는 상황에서는 상대방을 존중하는 태도로 차분하게 말하면서 상대방의 부담을 덜어 주도록 한다.

5 [나-전달법·공감적 대화]

관련 기출

2021 A형 서술형

1 다음을 읽고, 공감적 듣기의 효과에 대하여 〈작성 방법〉에 따라 서술하시오. [4점]

(가)

김 교사는 국어 시간에 '상대의 감정에 공감하며 적절하게 반응할 수 있다.'를 학습 목표로 수업을 하고 있다. 학생들에게 학습 활동으로 '최근에 친구와 대화를 하다가 속상했던 상황과 그때 오갔던 말'을 적어 보게 한 후 이를 짝과 함께 역할극으로 재연해 보게 하였다. 다음은 그중 일부이다.

학생 A: 이번 달에 모둠 발표 과제가 3개나 있어. 나는 모둠으로 해야 하는 과제는 정말 싫어. 모둠 구성원들과 서로 시간 맞춰야 하지, 의견이 다르면 계속 토의해야 하지, 같이 모여서 발표문 써야 하지, 시간도 많이 들고….

학생 B: (고개를 끄덕이며) 맞아, 그렇지.

학생 A: 남의 말은 잘 듣지도 않고 무조건 자기 말만 맞는다고 하는 사람이 있으면 다시는 보기 싫을 때도 있어.

학생 B: (상대를 바라보며) 그래도 그게 혼자 하는 것보다 나으니까 선생님께서 하라고 하시는 거잖아.
학생 A: 그렇지만 맡은 부분을 잘 안 해 오는 친구들 때문에 속상할 때도 있고, 모둠으로 평가를 받으니까 비협조적인 사람 몫까지 내가 해야 할 때도 있어. 차라리 과제를 혼자 하는 게 낫다 싶을 때도 있어.
학생 B: ㉠불평불만 늘어놓으면 끝도 없잖아. 모둠 과제니까 좀 손해 본다 싶더라도 참고 해야지.
학생 A: 누가 모르니? 그만하자. 너랑 이야기하니까 나만 못난이 같아 더 화가 난다.

(나)
공감적 듣기는 대화에서 상대방의 말을 분석하거나 비판하지 않고 상대방의 관점에서 문제를 이해하며 듣는 방법이다. 공감적 듣기는 크게 소극적 들어 주기와 적극적 들어 주기로 구분한다. 공감적 듣기는 참여자 간에 메시지가 원활하게 소통되게 할 뿐만 아니라 ㉡대인 관계 측면에서도 긍정적인 기능을 한다.

작성방법
- 공감하며 듣고 반응하기의 맥락으로 볼 때, ㉠의 문제점을 ㉡의 관점에서 2가지 서술할 것.
- 학생 B에게 필요한 '적극적 들어 주기' 방법의 명칭을 쓰고, 이 방법을 적용하여 ㉠의 표현을 수정할 것.

기본 예제

2 '갈등 상황에서 자신의 생각, 감정이나 바라는 바를 진솔하게 표현할 수 있다.'는 학습 목표로 다음과 같이 교수·학습 지도안을 마련하였다. 괄호 ㉠~㉣에 들어갈 단어를 순서대로 쓰시오. [2점]

학습 목표	갈등 상황에서 자신의 생각, 감정이나 바라는 바를 진솔하게 표현한다.	
도입	• 동기유발 친구와 다투었던 경험을 떠올려 보고, 이를 해결하기 위해 어떻게 말하고 행동했는지 생각해 보자.	〈지도 요령〉 친구와 다툰 경험을 바탕으로 갈등이 발생할 때 갈등을 증폭시키지 않고 처리할 수 있는 대화 방법을 이해하기 위한 만화이다. 만화의 내용을 통해 실제 생활 속에서 친구와 다툰 경험을 떠올려 보고 대화 상황에서 갈등을 관리하고 상대방과의 관계를 유지하는 방법을 알아본다.
전개	• 사례분석 친구들이 갈등하는 원인이 무엇인지 말해 보고, 갈등을 증폭시키지 않고 원활하게 의사소통하려면 어떻게 말해야 할지 생각해 보자.	(가) [A] 연경: 체육복을 빌려 갔으면 바로 돌려줘야지. 너 때문에 선생님께 꾸중을 들었잖아. 너 진짜 생각 없다. 민선: 미안하긴 한데, 너 무슨 말을 그렇게 해. 생각이 없다니? 연경: 그럼, 그게 생각이 없는 거지, 있는 거냐? (나) 연경: 네가 체육복을 빌려 가고 제때 돌려주지 않아서 체육 시간에 복장 불량으로 선생님께 혼나서 너무 속상하고 화가 나. 앞으로는 내 물

		[B] 건을 빌려 가면 바로 돌려주면 좋겠어. 민선: 정말 미안해. 점심시간에 상담 받으러 갔다가 5교시 종이 치고 난 후에 교실로 돌아왔어.
		위의 갈등 상례에서 상호 협력적으로 갈등을 처리하는 경험을 쌓는 데 주안점을 둔다.
		• 갈등 관리를 위한 대화 방법으로 '나-전달법'의 활용 - (가)의 [A]에서처럼 다른 사람을 평가하고 비판하는 대신 (나)의 [B]에 서처럼 메시지를 3가지 측면에서 구성하여 전달 ⇩ • "네가 체육복을 빌려 가고 제때 돌려주지 않아서"에서 보는 바와 같이 [㉠] 측면에서 자신이 문제로 인식한 상대의 행동이나 상황만을 대상으로 삼아, 체육 시간에 복장 "불량으로 선생님께 혼나서 너무 속상하고 화가 나."에서 알 수 있는 바와 같이 [㉡]측면에서 이에 대한 자신의 (㉢)을 (㉣)하게 이야기하고, "앞으로는 내 물건을 빌려 가면 바로 돌려주면 좋겠어."에서 보듯이 [㉤]측면에서 그러한 것을 반복적으로 경험하지 않기 위해 자신이 바라는 상대의 행동이나 상황을 상대가 들어 줄 수 있는 수준에서 구체적으로 이야기한다.
	• 적용 활동 다른 상황에 적용해보자.	대화에서 갈등 관련 사례를 더 찾아서 점검·개선하여 갈등 관리 방법을 내면화한다.
정리	• 학습 목표 달성 여부를 확인한다.	

심화 예제

3 '갈등 상황에서 자신의 생각, 감정이나 바라는 바를 진솔하게 표현할 수 있다.'(2015)는 학습 목표로 다음과 같이 교수·학습 지도안을 마련하였다. 〈작성 방법〉에 따라 서술하시오. [4점]

학습 목표	• 대화 방식에 영향을 미치는 자아 개념을 인식하고, 적절하게 자기 표현할 수 있다. • 갈등 상황에서 자신의 생각이나 감정, 요구를 진솔하게 표현할 수 있다.	
활동의 주안점	1. 자아 개념과 의사소통 방식의 관계 파악하기 2. 관계 형성에 적절한 자기표현 방법 이해하기 3. 갈등 해소 및 원만한 관계 유지를 위한 대화 방법 살펴보기	
도 입	• 동기유발 친구와 다투었던 경험을 떠올려 보고, 이를 해결하기 위해 어떻게 말하고 행동했는지 생각해 보자.	〈자료 선정 의도〉 이 담화 자료는 한 학생이 친구들과 관계를 형성해 가는 과정을 그린 만화이다. 자아 개념과 의사소통 방식의 관계 및 자기표현이 대인 관계에 미치는 영향 등이 잘 나타나 있으며, 갈등이 발생한 대화 상황을 제시하여 '나-전달법'을 활용한 갈등 해결 방법을 살펴볼 수 있기에 이 만화를 선정하였다.

전개	• 사례분석 친구들이 갈등하는 원인이 무엇인지 말해 보고, 갈등을 증폭시키지 않고 원활하게 의사소통하려면 어떻게 말해야 할지 생각해 보자.	〈전학와서 학급에서 자기 소개하는 상황?〉 ㉠ ┌ 이구: 안녕하세요. 이구입니다. 　　〈쉬는 시간〉 　　김수민: 안녕? 난 김수민이야. 너 어느 지역에서 왔니? 부모님 일 때문에 온 거야? 이전 학교에서 성적은 어땠어? 　　이구: (당황하면서)…(중략)… 　　└ 김수민: 내가 원래 궁금증이 많아. 궁금한 걸 물어보려고 밤늦게 친구들한테 전화해서 싫은 소리를 듣기도 해. 이구: 아직 우리는 서로에 대해 잘 알지 못하는데 그런 개인적인 이야기를 하니 내가 좀 당황스럽다. 개인적인 이야기는 우리가 조금 더 친해진 뒤에 하도록 하자. ㉡ ┌ 김수민: 아, 그랬구나. 불편했다면 미안해. 사실 나는 너랑 친해지고 싶어서 그랬던 거야. 그런데 내가 너에 대해 물어봤을 때, 네가 너무 차갑게 반응해서 서운했어. 앞으로 나도 지나치게 개인적인 이야기는 자제할 테니, 너도 좀 더 상냥하게 말을 해 주면 좋겠어 위의 갈등 사례에서 상호 협력적으로 갈등을 처리하는 경험을 쌓는 데 주안점을 둔다. [A] 자기표현을 바탕으로 효과적인 자기표현 방법에 대해 알아보기 　　　관계 형성의 초기에 해당하는 대화 상황의 문제 [B] 갈등 상황을 '나 – 전달법'을 사용하여 해결하기 　　－ 다른 사람을 평가하고 해석하는 대신 메시지를 3가지 측면에서 구성하여 전달 　　　　　　　　⇩ 　　　　　　　　㉮
	• 적용 활동 다른 상황에 적용해보자.	대화에서 갈등 관련 사례를 더 찾아서 점검·개선하여 갈등 관리 방법을 내면화한다.
정리	• 학습 목표 달성 여부를 확인한다.	

작성방법

- ㉠이 문제가 되는 이유를 [A]를 고려하여 설명할 것.
- 설명 내용 빈 칸 ㉮에 들어갈 내용을 [B]를 참조하여 ㉡에서 근거를 들어 서술할 것.

4 (가)는 '비폭력 대화 방법'을 주제로 화법 수업을 위한 전체 교수·학습 계획이고, (나)는 차시 수업 계획이다. 〈작성 방법〉에 따라 서술하시오. [4점]

(가) 〈차시별 수업 계획〉

학습 목표	• 서로의 감정이나 바라는 바를 진솔하게 표현하면서 갈등을 조정한다.
차시	학습 내용
1차시	• 동기 유발: 대화 관련 동영상 시청 • 갈등 문제 해결을 위한 의사소통 방법 설명, 시범 - '비폭력 대화 방법'의 활용
2~3차시	• 사례를 활용한 말하기 문제점 조정 및 해결 방법 탐색 …(하략)…
정리 및 평가	[평가 목표] • 갈등을 원만히 조정할 수 있는 비폭력 대화 방법을 배울 수 있다. • 서로 간의 갈등을 유연하게 관리하고, 상대방과의 관계를 유지할 수 있다. [평가 방법] 〈유의할 점〉 ❶ 교수·학습 목표와 관련하여 선정되고 지도된 필수 학습 요소를 평가 요소로 제시 [필수 학습 요소] • 자신의 생각과 감정, 경험을 진솔하게 표현하는 것이 왜 중요한지 이해하기 … • 사건의 객관적 전달 • 감정의 진솔한 표현

평가 항목	평가 요소	평정
지식	㉮ 자신의 생각과 감정, 경험을 진솔하게 표현하는 것이 왜 중요한지 이해하고 있는가?	1 2 3 4 5
기능	㉯ 청자에게 맞는 화제를 선택하였는가?	1 2 3 4 5
	㉰ 언어적, 반언어적, 비언어적 표현을 적절하게 활용하고 있는가?	1 2 3 4 5

❷ 갈등 해소를 위한 표현 등에 중점을 두어 평가하되, 다양한 갈등 상황을 제시하거나 연극 놀이나 역할극 등을 활용할 수 있다.

(나) ⟨2차시 수업 계획⟩

학습 목표	갈등 상황에서 자신의 생각, 감정이나 바라는 바를 진솔하게 표현한다.	
도입	• 동기유발	⟨지도 요령⟩ 친구와 다툰 경험을 바탕으로 갈등이 발생할 때 갈등을 증폭시키지 않고 처리할 수 있는 대화 방법을 이해하기 위한 만화이다. 만화의 내용을 통해 실제 생활 속에서 친구와 다툰 경험을 떠올려 보고 대화 상황에서 갈등을 관리하고 상대방과의 관계를 유지하는 방법을 알아본다.
전개	• 사례분석	[사례 ❶] [A] 연경: 체육복을 빌려 갔으면 바로 돌려줘야지. 너 때문에 선생님께 꾸중을 들었잖아. 너 진짜 생각 없다. 민선: 미안하긴 한데, 너 무슨 말을 그렇게 해. 생각이 없다니? 연경: 그럼, 그게 생각이 없는 거지, 있는 거냐? [사례 ❷] [B] 연경: 네가 체육복을 빌려 가고 제때 돌려주지 않아서 체육 시간에 복장 불량으로 선생님께 혼나서 너무 속상하고 화가 나. 앞으로는 내 물건을 빌려 가면 바로 돌려주면 좋겠어. 민선: 정말 미안해. 점심시간에 상담 받으러 갔다가 5교시 종이 치고 난 후에 교실로 돌아왔어. 위의 갈등 사례에서 상호 협력적으로 갈등을 처리하는 경험을 쌓는 데 주안점을 둔다. • 갈등 관리를 위한 대화 방법으로 '비폭력 대화방법'의 활용 – [A]에서처럼 다른 사람을 평가하고 비판하는 대신 [B]에서처럼 비폭력 대화 방법을 활용 즉, 메시지를 3가지 단계로 구성하여 전달. 이들 요소는 대화의 흐름에서 일련의 단계를 이루어 대화 구조의 패턴을 형성. ⇩ • (㉠)
	• 적용 활동 다른 상황에 적용해 보자.	대화에서 갈등 관련 사례를 더 찾아서 점검·개선하여 갈등 관리 방법을 내면화한다.
정리	• 학습 목표 달성 여부를 확인한다.	

작성방법

• (가)에서 [평가 방법]의 [유의할 점] ❶을 고려할 때 ㉯와 ㉰의 평가 요소가 지닌 문제점을 서술하고, 수정된 평가 요소를 문장으로 각각 제시할 것.
• (나)에서 [A]의 문제점을 서술하고, [지도의 주안점] 빈 칸 ㉠에 들어갈 내용을 [B]에서 근거를 들어 서술할 것.

테마 2 : 면접 및 면담 지도

1 [면담의 절차 및 질문 전략]

`관련 기출`
`2022 A형 서술형`

1 (가)는 면담 수업을 위한 교과서 단원의 일부이고, (나)는 교사가 단원 재구성을 위해 분석한 내용이다. (나)를 활용하여 (가)를 재구성하는 방안을 〈작성 방법〉에 따라 서술하시오. [4점]

(가)
[학습 목표] 목적에 맞게 질문을 구성하여 면담을 수행할 수 있다.
[학습 활동] 자신의 진로 탐색을 위해 면담 대상자를 정하고 면담을 수행해 보자.

1. 자신이 일하고 싶은 분야를 탐색하고 면담 대상자를 정해 보자.

   • 일하고 싶은 분야나 직업을 탐색해 보자.
   • (㉠   )
   • 면담 대상자에게 면담을 요청하고 약속을 정해 보자.

2. 1을 바탕으로 진로 탐색 목적에 맞게 면담 질문을 마련해 보자.

   • 진로와 관련하여 알고 싶은 내용을 적어 보자.
   • 작성한 내용을 질문으로 만들어 보자.
   • (㉡   )

3. 2를 바탕으로 면담 대상자를 만나 면담을 진행해 보자.
4. 면담한 내용을 정리하고 친구들과 공유해 보자.

(나)
① (가)는 화법의 교수·학습 방법 차원에서 볼 때, 학습자의 경험 세계에서 수용 가능한 화제를 활용하여 과제를 설정했다는 점에서 의미가 있다. 특히 학습자가 면담 수행을 머릿 속으로 연상하거나 가상의 역할을 수행하는 것이 아니라, 전체 면담 과정을 직접 경험할 수 있도록 구성한 점에서도 적절하다고 생각한다.
② 학습 활동의 전체 구조 차원에서 활동 1과 2는 '면담 전' 단계, 활동 3은 '면담 중' 단계, 활동 4는 '면담 후' 단계로 학습 활동을 순차적으로 잘 구현하였다. 그런데 활동 1이 면담 대상자를 정하기 위한 활동이므로 하위 활동의 단계성을 고려하여 사전 조사 활동을 추가할 필요가 있다.
③ 활동 2는 진로를 탐색하는 목적에 맞게 질문을 준비하는 활동이어야 하므로, 질문을 만드는 활동에 대한 상위인지 활동을 추가할 필요가 있다.

작성방법

- (가)에 적용된 화법 교수·학습 방법을 (나)의 ①에 근거하여 쓰고, 그 이유를 (가)에서 찾아 서술할 것.
- (나)의 ②에 근거하여 ㉠에 들어갈 활동을, (나)의 ③에 근거하여 ㉡에 들어갈 활동을 각각 작성할 것.

기본 예제

2 다음 자료를 읽고 교사의 설명 내용 괄호 안의 ㉠~㉢에 들어갈 말을 자료에서 찾아 쓰시오. [2점]

(가)는 소개하기 발표를 앞두고 있는 서준이와 면담을 조언하는 선생님의 대화이고, (나)는 면담 질문 준비 과정을 보여주는 자료이다.

(가)
서준: 선생님, 이번 진로 발표회에서 '꿈을 찾아서'라는 주제로 발표하려는데 어떻게 하면 좋을까요?
선생님: 어떤 내용으로 발표할지 구체적으로 생각해 보았니?
서준: 자신의 꿈을 이루기 위해 열심히 노력하고 있는 친구를 찾아서 소개하고 싶어요.
선생님: 그럼 우선 발표 주제에 어울리는 대상을 찾아야겠네. 그리고 그 친구와 면담을 해 보는 것이 좋겠다. 면담을 통해 발표에 필요한 정보를 얻을 수 있을 거야.
서준: 면담을 하려면 무엇을 준비해야 할까요?
선생님: 면담 대상을 정했다면 면담 대상에게 허락을 구하고 면담 시간과 장소를 정해야겠지. 그리고 면담 질문을 준비해야 하는데, 제한된 시간 안에 원하는 정보를 충분히 얻으려면 면담 목적에 맞는 적절한 질문을 마련해야 해. 면담 목적에 맞는 질문을 만들기 위해서는 사전에 면담 대상과 관련된 다양한 정보를 수집하는 것이 좋아. 수집한 정보를 바탕으로 면담 질문을 더욱 풍성하게 만들 수 있거든. 만약 면담 대상이나 주제가 생소하다면 정보를 더욱 꼼꼼하게 수집해야겠지?
서준: 예, 알겠습니다. 그리고 면담을 마친 뒤에 면담한 내용을 정리하고 그중 발표 주제에 맞는 것을 추려서 발표를 준비하면 되겠지요?
선생님: 응, 그래. 그리고 발표를 준비할 때에는 계획을 세운 뒤에 발표 내용을 체계적으로 정리해야 해.
서준: 예, 선생님. 도움을 주셔서 감사합니다.

(나)
[면담 대상자]
- **대상**: 학교 태권도부 선수 다현
- **선정 이유**: 면담 목적을 고려할 때, 전 세계에 태권도를 알리겠다는 꿈을 이루기 위해 열심히 노력하는 다현이가 면담 대상으로 적절함.

[서준의 면담 질문 준비]
1. 우리 학교 태권도부의 자랑거리는 무엇인가요? ← 면담 목적에 맞지 않는 질문은 빼는 것이 좋겠어.

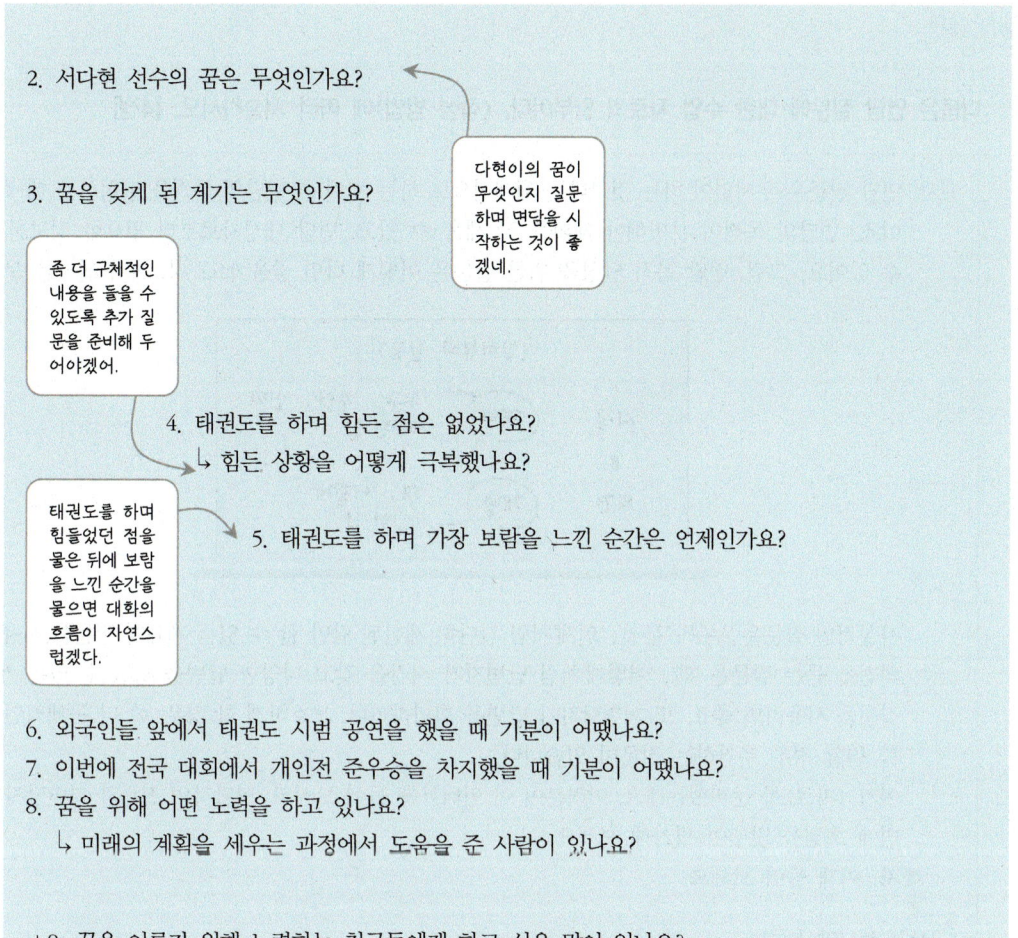

교사: (가)와 (나)는 서준이가 면담을 준비하면서 면담 대상과 관련된 정보를 수집하고 이를 바탕으로 면담 질문을 만드는 과정을 보여 주는 자료예요. 선생님이 미리 읽어 오라고 했는데, 다들 잘 했나요?
(학생들의 대답)
교사: 그래요, 그럼 바로 본격적으로 수업으로 들어가 볼게요. 서준이가 면담을 위해 만든 질문을 보면서 면담 질문을 마련할 때 고려할 점이 무엇인지 알아볼까요?
먼저, 1번 질문과 관련하여 면담의 (㉠)을 고려하여 질문을 삭제하고 있네요. 또 다른 고려 사항이 있나요?
(학생들의 대답)
맞아요. 4번에서 보면 이미 마련한 질문 이외에도 (㉡)을 준비도 하고 있어요. 그러면 5, 6번의 면담 질문은 무엇과 관련이 있을까요?
(학생들의 대답)
그래요. 면담의 전체적인 (㉢)을 고려하여 순서를 조정하고 있어요.
이처럼 면담을 준비하고 시행할 때에는 먼저 면담 (㉠)을 분명히 하는 것이 중요해요. 이를 고려하여 적절한 면담 대상을 선정하고, 면담 질문을 마련해야 해요. 적절한 면담 질문을 만들기 위해서는 면담 대상과 관련된 정보가 필요하겠지요. 다음으로는 실제 면담 진행 과정을 살펴보도록 해요.

심화 예제

3 다음은 면담 질문에 대한 수업 자료의 일부이다. 〈작성 방법〉에 따라 서술하시오. [4점]

교사: 면담 질문은 두서없이 하는 것보다는 체계적으로 하는 것이 ㉠면담의 목적을 달성하는 데 효과적이죠. 면담의 목적이 분명해야 계획을 잘 세울 수 있고, 면담 대상자로부터 필요한 정보를 얻을 수 있어요. 그럼, 면담 목적 달성을 위한 질문은 어떻게 하면 좋을까요? 자, 여기 칠판을 보세요.

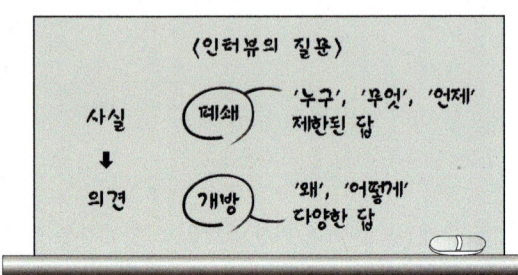

사실적인 질문은 '누구', '무엇', '언제'처럼 간단히 제한된 답만 할 수 있는 폐쇄형 질문을 사용하고, 의견을 묻는 질문은 '왜', '어떻게'처럼 답변자가 시간을 갖고 다양한 답변을 보일 수 있는 개방형 질문을 사용하면 좋죠. 또 피면담자가 답변을 회피하거나, 모호하게 할 경우, 좀 더 구체적인 정보를 원할 경우 추가하는 질문이 있습니다.

여기 〈자료〉를 준비했는데요, 여러분이 이 인터뷰를 들어 보시고, 면담자의 질문과 피면담자의 답변에 초점을 맞추어 평가해 보세요.

자, 이제 들어 보세요.

(교사가 제시한 자료)

동물원 사육사를 만나다.

학생: 선생님 안녕하세요? 바쁘신 중에도 이렇게 시간을 내주셔서 감사합니다. 저희는 한국 중학교 학습 신문 기자입니다. 앞으로 사육사가 되려는 친구들에게 필요한 정보를 제공해 주기 위해 이렇게 선생님을 찾아뵈었습니다. 우선 사육사가 되신 지는 얼마나 되셨나요?

사육사: 2010년에 처음 입사했으니까, 올해로 7년 차네요.

학생: 사육사가 되기로 결심하시는 데에 무슨 특별한 계기가 있었나요?

사육사: 특별한 계기는 없었어요. 그냥 어릴 적부터 동물을 유난히 좋아했죠. 어릴 때 외갓집에서 목장을 해서 동물을 접할 기회가 많아서 그랬던 것 같아요.

학생: 사육사가 되기 위해서는 어떠한 과정을 거쳐야 하나요?

사육사: 이쪽 분야는 아직 자격증이 없어요. 하지만 대학의 전공이 동물관련 학과라면 아무래도 사육사가 되기에 좀 더 유리하겠죠. 제가 듣기로는 20여 개 대학에 특수 동물 학과, 애완 동물 자원 학과 등이 있다고 하던데요. 그리고 대학말고도 사육사를 전문적으로 양성하는 곳도 있어요.

학생: ㉡사육사의 선발 과정을 알고 싶은데요. 시험이 따로 있나요?

사육사: 물론 동물에 대한 지식과 애정이 있는 사람을 선발하겠죠?(웃음) 사실 저는 대학에서 동물 관련 전공을 하지 않았어요. 그래서 동물에 대한 기본 지식을 따로 공부했죠. 그

[A]
리고 면접심사에서 제게 동물을 한없는 애정과 진심으로 사랑하고 아끼는 마음이 있다는 점을 보여 드리려고 애썼어요. 무엇보다도 그런 점이 사육사가 되기 위해 중요하다고 생각했거든요.
학생: ⓒ그렇다면 동물에 대한 지식이나 애정 말고 사육사가 되기 위한 자질과 성격에는 어떤 것이 있을까요?
사육사: 성격? 아무래도 내성적이고 소심한 성격보다는 외향적이고 적극적인 성격이 좋겠죠. 저는 본래 매우 내성적인 사람입니다. 그래서 처음엔 관중들 앞에 서는 것이 굉장히 힘들었어요. 하지만 이 일을 하다 보니 성격도 많이 바뀌어서 요즘엔 사람들 앞에 나서는 일이 한결 수월해졌습니다.

…(중략)…

작성방법

- 교사가 제시한 〈자료〉의 ㉠의 면담의 목적이 무엇인지 〈자료〉에서 찾아 쓰고, ㉡은 교사의 설명 내용에서 적절한 면담 질문 유형을 찾아 쓸 것.
- [A]에서 ㉡에 대한 사육사의 답변을 고려할 때, ㉡에서 ㉢으로 면담 질문이 이어지는 과정이 적절하지 않은 이유를 교사의 설명 내용을 고려하여 서술할 것.

4 다음은 면담 수업 자료의 일부이다. 〈작성 방법〉에 따라 서술하시오. [4점]

교사: 면담 질문은 두서없이 하는 것보다는 체계적으로 하는 것이 면담의 목적을 달성하는 데 효과적이죠. 면담의 목적이 분명해야 계획을 잘 세울 수 있고, 면담 대상자로부터 필요한 정보를 얻을 수 있어요. 그럼, 면담 목적 달성을 위한 질문은 어떻게 하면 좋을까요? 자, 여기 칠판을 보세요.

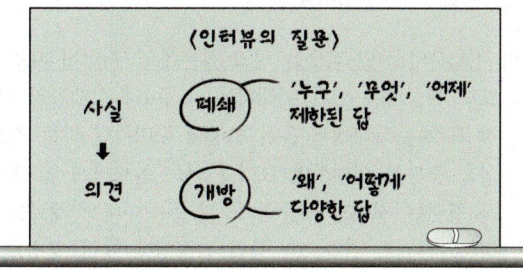

사실적인 질문은 '누구', '무엇', '언제'처럼 간단히 제한된 답만 할 수 있는 폐쇄형 질문을 사용하고, 의견을 묻는 질문은 '왜', '어떻게'처럼 답변자가 시간을 갖고 다양한 답변을 보일 수 있는 개방형 질문을 사용하면 좋죠. 또 피면담자가 답변을 회피하거나, 추상적이거나 모호하게 할 경우, 좀 더 구체적인 정보를 원할 경우 추가하는 질문이 있습니다.
여기 〈자료〉를 준비했는데요, 여러분이 이 인터뷰를 들어 보시고, 면담자의 질문과 피면담자의 답변에 초점을 맞추어 평가해 보세요.

자, 이제 들어 보세요.

(교사가 제시한 자료)

나라: 안녕하세요? 저는 행복 중학교 1학년 김나라입니다.
정우: 안녕하세요? 저는 전자 우편으로 인사드렸던 이정우입니다. 바쁘실 텐데 이렇게 면담을 허락해 주셔서 감사합니다.
요리 예술사: 학생들이 온다고 해서 기쁜 마음으로 기다리고 있었어요.
정우: 고맙습니다. 전자 우편으로 말씀드렸듯이 저희가 음식과 요리에 관심이 있다 보니 요리 예술사라는 직업이 어떤 직업인지 궁금한 점이 많습니다. 요리 예술사에 대한 정보를 얻기 위해 면담을 하려고 하니 진솔한 답변 부탁드립니다. 그리고 저희가 면담 내용을 녹음하고 중간에 사진도 찍으려고 하는데, 괜찮으신지요?
요리 예술사: 네, 괜찮아요. 편하게 질문하세요.

[A]
나라: 고맙습니다. 그럼, 지금부터 질문드리겠습니다. ㉠요리 예술사는 주로 어떤 일을 하나요?
요리 예술사: 저는 요리 예술사를 '요리를 예술로 승화하는 요리의 예술가'라고 표현하고 싶어요. 요리를 아름답게 표현하여 상품 가치를 높이는 일을 한다고 생각하면 돼요.
정우: ㉡좀 더 자세히 알고 싶은데요, 요리 예술사의 활동 영역을 말씀해 주세요.
요리 예술사: 음식과 관련된 모든 분야에서 활동할 수 있어요. 광고나 잡지, 드라마, 영화 속의 음식 모양새 꾸미기는 물론이고 요즘은 행사 음식 기획이나 새로운 식단 개발 등 여러 방면에서 활동해요.

나라: 활동 분야가 무척 넓군요. 요리 예술사가 되신 계기는 무엇인가요?
요리 예술사: 어려서부터 요리를 좋아해서 대학에서도 요리를 전공했어요. 학교에 다니면서 요리와 관련된 간단한 일들을 했는데요, 그때의 경험을 통해 요리에 아름다움을 더하는 요리 예술사란 직업에 관심이 생겼죠.
정우: 요리 예술사가 되기 위해서는 어떠한 과정을 거쳐야 하나요?
요리 예술사: 제가 공부할 당시만 해도 요리 예술사를 양성하는 학원이라든가 요리 예술사로 활동하시는 분들이 많지 않았기 때문에 전문가에게서 배우는 것이 어려웠어요. 그런데 요즘에는 관련 학원은 물론이고 전공 학과도 있고 활동하는 분들도 많아서 처음부터 전문적으로 배울 기회가 많이 있어요.

[B]
정우: ㉢요리 예술사의 선발 과정을 알고 싶은데요, 시험이 따로 있나요?
요리 예술사: 요리 예술사가 되기 위해서는 음식이나 식재료와 관련된 지식이 필요합니다. 전혀 모르는 상태에서 음식 모양새 꾸미기만 하는 것보다는 음식이나 식재료의 특성을 충분히 이해하면 요리를 더욱 돋보이게 할 수 있죠. 처음부터 음식 모양새를 꾸미는 것에만 치중하기보다 음식이나 식재료를 깊이 공부할 필요가 있어요. 식재료의 색, 질감, 맛 등의 특성이나 요리 방법을 알면 음식의 본질을 이해할 수 있고, 이를 통해 요리를 더욱 풍성하게 표현할 수 있죠.
정우: ㉣음식 모양새 꾸미기보다 음식이나 식재료를 이해하는 것이 우선이군요. 그렇다면 요리 예술사에게 필요한 능력은 무엇인가요?
요리 예술사: 호기심이 많고 색감과 요리에 대한 기본적인 감각이 있으면 좋습니다. 이런 능력이 있어도 노력하지 않으면 시장의 빠른 변화를 좇아가기가 힘들어서 꾸준히 노력하는 열정과 성실성도 필요하고요.

…(중략)…

나라: 그렇군요. 선생님 덕분에 요리 예술사가 어떤 직업인지 잘 알게 되었습니다. 친절하게 답변해 주셔서 감사합니다.
요리 예술사: 저도 학생들과 만나서 즐거웠어요. 더 궁금한 점이 생기면 언제든 연락하세요.
정우: 네. 바쁘실 텐데 소중한 시간을 내어 주셔서 정말 감사합니다.

작성방법

- [A]에서 ㉠에 대한 피면담자의 답변을 고려할 때, ㉡의 면담 질문 유형이 무엇인지 교사의 설명 내용을 고려하여 제시하고, 그 질문이 적절한 이유를 구체적으로 서술할 것.
- [B]에서 ㉢에 대한 피면담자의 답변을 고려할 때, ㉢에서 ㉣로 면담 질문이 이어지는 과정이 적절하지 않은 이유를 구체적으로 서술할 것.

5 다음은 면담의 방법을 가르치기 위하여 학생들에게 들려줄 자료이고, 〈보기〉는 교사와 학생이 나눈 대화이다. 〈작성 방법〉에 따라 서술하시오. [4점]

[면담 절차]	
주제 선정하기	
청소년 또래 관계 문제와 해결책에 대한 정보 파악하기	
면담 대상자 선정 및 섭외하기	면담 주제에 대한 정보 수집하기
• 청소년 심리 상담 선생님을 면담 대상자로 선정하기 • 청소년 심리 상담 선생님에 대한 정보 수집하기 • 청소년 심리 상담 선생님의 사정을 고려하여 면담 시간 정하기	• 도서나 잡지 등 인쇄 매체를 활용하여 정보 수집하기 • 영상 매체를 활용하여 정보 수집하기 • 인터넷을 활용하여 정보 수집하기
핵심적인 질문 준비하기	
• 또래 스트레스가 학교생활에 미치는 영향은 무엇인가? • 좋은 친구를 사귀는 방법은 무엇인가? • 친구 관계에서 어려움을 겪는 친구들이 많은 이유는 무엇인가?	
면담하기	
수집한 정보를 목적에 맞게 정리하고 재구성하기	

[면담 수행]

학생들: 안녕하세요. 선생님.

선생님: 반가워요.

[A] 현진: 바쁘실 텐데 흔쾌히 시간을 내주셔서 감사합니다. 저희가 이렇게 찾아온 이유는 전자 우편으로 말씀드렸다시피 청소년들의 또래 관계에 대한 궁금증을 해소하기 위해서입니다.

서린: 선생님께서는 학창 시절에 친구를 사귈 때 어떤 어려움을 겪으셨나요?

선생님: 저는 성격이 내성적인 편이라 학년이 바뀔 때마다 새로운 친구를 사귀는 것에 부담을 느

꼈어요.

[B] 현진: 저희랑 비슷한 고민을 하셨군요. 얼마 전 인터넷에서 친구 관계에 어려움을 겪는 학생들이 '또래 스트레스'에 시달린다고 하는 것을 보았어요. 사실 저 같은 평범한 학생도 친구 관계에서 어려움을 겪는 경우가 많은데, 학업 문제나 학교생활의 무기력 등이 친구 관계와 관련이 있나요?

선생님: 학생들이 학교생활에서 문제가 되는 행동을 하는 원인을 살펴보면 주로 친구들과의 문제 때문이에요. 청소년기에는 또래와의 관계가 굉장히 중요해서 그 관계 안에서 서로 결속력을 추구하는데, 그것이 약해지면 친구 관계에서의 소속감을 더욱 많이 갈구하게 되죠.

[C] 서린: 그런 모습을 보이면 또래 관계에서 더 어려움을 겪게 되지 않을까요?

선생님: 네, 맞아요. 불안할수록 친구의 한마디에 이리저리 휘둘리게 되죠. '나는 이 관계밖에 없어.'라며 친구 관계에 집착하게 되는 악순환이 일어나죠.

현진: 그럴 때는 학교생활이 매우 힘들겠네요. 그렇다면 좋은 친구를 사귀려면 어떻게 해야 할까요?

선생님: 좋은 친구와 사귀고 싶다면 '나는 좋은 친구인가'를 스스로에게 먼저 질문할 필요가 있어요. 이렇게 서로 노력한다면 건강한 친구 관계를 만들 수 있죠. 그리고 사실 인간관계는 자석과 같아요. 내가 남들과 구별되는 특성을 갖게 되면 나만의 개성을 좋아하는 친구들이 모여들게 되죠. 이때 개성은 좋고 나쁘고를 따질 수 있는 것이 아니라 각자의 기준으로 파악하는 것이에요.

[D] 현진: 그렇다면 선생님께서 말씀하신 건강한 친구 관계를 만들기 위해서는 구체적으로 어떤 준비가 필요한지 방법을 말씀해주시겠어요?

선생님: 자신만의 독립성을 가지고 있어야 해요. 친구 사이에서 독립성을 갖는다는 것은 상대방의 특성을 존중하는 독립적인 관계를 맺는다는 것을 의미해요. 상대방은 상대방으로서의 자유가 있고, 나는 나로서의 자유가 있기 때문에 서로를 존중하고 친구를 자신의 것으로 만들려 하지 말아야 합니다.

[E] 서린: 하지만 친한 친구가 다른 친구와 친한 모습을 볼 때 질투가 나기도 하는데 어떡하죠?

선생님: 보통 이런 마음이 드는 이유는 친구를 하나의 독립된 사람으로 보지 않고 '나의' 누구로 보았기 때문이에요. 만약 내가 누구의 소유물이 된다면 기분이 나쁠 수 있잖아요. 조금 여유를 가져 보세요. 친구 관계는 한순간에 끝나는 것이 아닌 만큼 자신만의 매력을 더 쌓아 보는 게 어떨까요? 그럴 가치가 있는 친구라면 나의 노력을 알아볼 겁니다.

서린: 요즘 매체에서 또래 관계에 어려움을 겪는 친구들이 많이 보이고 저희 주변에도 비슷한 고민을 하는 친구들이 많아요. 그 이유가 무엇일까요?

선생님: 과도한 학업 스트레스를 받는 학생들은 놀 시간과 놀 거리가 부족합니다. 건강하게 스트레스를 풀고, 놀이 속에서 건전한 인간관계를 배울 기회가 부족하죠. 문자 메시지나 온라인 대화 등으로 종일 소통하지만, 엄밀히 따지면 이것은 기계와 노는 것이죠. 기계가 사라지는 순간 학생들은 무엇을 하고 놀지 몰라서 당황해요. 남몰래 친구들에 대해 험담을 하며 스트레스를 푸는 모습을 볼 때는 매우 안타까워요.

서린: 오늘 여러 가지 도움 말씀 주셔서 감사합니다.

현진: 앞으로 친구를 사귈 때, 좀 더 자신감이 생길 것 같아요. 안녕히 계세요.

> **보기**
>
> 교사: 현진 학생의 발언 [A]를 보면 면담 일정과 내용에 대한 사전 협의가 있었다는 것을 알 수 있지요? 이렇게 면담에 앞서 편지로 또는 전화로 면담의 목적과 이유를 밝히고 허락해 줄 것을 정중하게 부탁해야 하며 면담을 준비하는 것이 좋겠어요. 서린 학생의 발언 [B]에서 면담 주제에 대한 질문을 곧바로 시작하지 않고 "학창 시절에 친구를 사귈 때 어려움"이라는 개인적인 경험을 물어보고 있어요. 이처럼 개인적 경험에 관한 대화로 시작하여 분위기를 조성한 뒤 주제에 대한 본격적인 질문으로 이어지는 것도 좋아요. 하지만, 면담의 끝부분에 대해서는 문제가 있어요.
>
> ┌─────────────────────────────────┐
> │   ㉠   │
> └─────────────────────────────────┘
>
> 자, 이제 여러분들이 보기에 이 자료를 보고 느낀 점, 생각나는 점을 말해볼까요?
>
> 명호: [C]~[E] 발언을 보면 면담 전 '핵심적인 질문 준비하기'에서 준비한 질문 이외에도 추가적인 질문을 하고 있는 것으로 보여요. 이것은 면담 대상자에게 실례가 되는 것은 아닐까요?

> **작성방법**
>
> - 〈보기〉에서 ㉠에 들어갈 내용을 문제점을 포함하여 서술할 것.
> - 〈보기〉에서 명호의 면담 방법에 대한 이해가 문제가 되는 이유를 설명할 것.

1장 교과내용

2 [면접의 절차 및 답변 전략]

관련 기출

2023 B형 서술형

1 다음은 면접에 관한 수업 대화의 일부이다. 〈작성 방법〉에 따라 서술하시오. [4점]

> 교사 : 면접에서는 지원자의 답변 전략이 중요합니다. 개별 면접 중 일대일 면접의 사례를 바탕으로 생각해 봅시다.
>
> [사례 자료]
> 면접관 : 지원자는 10년 후의 모습이 어떨 거라고 생각합니까?
> 지원자 : 죄송하지만 '10년 후의 모습'이 직장에서의 모습을 말씀하시는지 아니면 개인적인 모습을 말씀하시는지 알려 주시면 고맙겠습니다.
> 면접관 : 자신의 신념이나 의지에 비추어 볼 때, 10년 후 우리 출판사에서 어떤 일을 수행하고 있을 거라고 생각합니까?
> 지원자 : 저는 책에 대한 신념이 분명합니다. 저는 10년 후에도 제 신념을 지키면서 세상을 향해 무언가를 말하고 싶은 이들이 책으로써 말할 수 있도록 출판의 기회를 확장해 가고 있을 겁니다.
> 면접관 : 예, 잘 들었습니다.
>
> 교사 : 제시된 사례에서 지원자가 ⊙ 효과적인 답변 전략으로 필요한 정보를 얻은 후, 면접관의 요구에 적합한 내용을 구성한 것을 볼 수 있습니다.
> 학생 : 그러면 다수의 면접관들이 다수의 지원자들을 동시에 평가하는 집단 면접에서는 어떤 답변 전략을 준비해야 할까요?
> 교사 : 답변 전략을 세우려면 집단 면접을 왜 하는지, 무엇에 중점을 두고 하는지를 살펴봐야겠지요. 그에 따라 면접의 방식이 달라지기 때문입니다.
> 학생 : 집단 면접에서는 대개 여러 지원자가 미리 정해진 공통의 질문들에 각자 답변하는 방식을 사용한다던데요. 그러면 이를 통해서도 집단 면접을 사용하는 목적을 알 수 있을까요?
> 교사 : 그렇지요. 한번 생각해 봐요. 여러 명을 함께 면접하면 개별 면접을 할 때보다 어떤 장점이 있을까요? 개별 면접에서는 지원자에 따라 앞 질문에 이어지는 추가 질문이 달라질 수도 있고, 앞 지원자에 대한 면접관들의 인상이 뒤 지원자를 평가하는 기준처럼 작용하잖아요? 그리고 상대적으로 시간이 많이 필요하기도 하고요. 그런데 집단 면접으로 방식을 바꾸어 보면, 앞 지원자의 답변이 뒤 지원자의 답변에 미치는 영향을 배제할 수는 없지만, (ⓒ)의 측면에서 보면 면접관의 질문이 지원자의 특성에 따라 치우지지 않고 좀 더 나은 평가를 할 수 있지 않을까요? 경제적이기도 하고요.
> 학생 : 예, 그런데 집단 면접에서는 다른 지원자들이 무척 신경쓰일 것 같아요. 이 점이 면접을 준비하는 데 염려가 돼요.
> 교사 : 그래서 면접 상황에 적절히 대응하기 위해 실제 면접에 앞서 면접의 전 과정을 가상으로 연습해 보면 도움이 돼요. ⓒ 간접적으로라도 한번 경험해 본 상황에 대처하는 것과, 상상과 가정만을 갖고 상황에 대처하는 것은 차이가 크니까요.

> **작성방법**
>
> - [사례 자료]에 나타난 밑줄 친 ㉠을 쓰고 그 목적을 서술할 것.
> - 괄호 안의 ㉡에 해당하는 1단어를 제시하고, 밑줄 친 ㉢의 관점에서 필요한 학습 활동 1가지를 서술할 것.

기본 예제

2 다음은 효과적인 면접 방법을 주제로 한 화법 수업에서 활용된 것이다. 〈작성 방법〉에 따라 서술하시오. [4점]

> 남학생: 축하해. 한 번에 취직됐다며? 대단하다.
> 여학생: 대단하긴 뭘.
> 남학생: 나한테도 비결 좀 가르쳐 줘. 내일 면접 보러 가거든.
> 여학생: 그래? 당연한 얘기지만 공손하고 솔직한 게 가장 중요한 거 같아. 그러면서도 자기 삶의 자세를 당당하게 보여 줄 필요가 있어.
> 남학생: 음, 간단할 거 같진 않은데. 한번 예를 들어 줘 봐.
> 여학생: 지난 번 면접관이 나한테 이런 질문을 했어. "1학년 때 학점이 유난히 안 좋았는데, 그 이유가 뭡니까?" 그때 난 좀 난처했어. 하지만 당황하지 않고 솔직하게 말하면서, 내 삶의 자세를 드러낼 수 있는 대답을 찾아냈지.
> 남학생: 그래? 뭐라 그랬는데?
> 여학생: "제가 그때 고민이 많아서 공부를 열심히 하지 못했습니다. 하지만 그 시간은 스스로를 이해하는 성숙의 시간이었습니다." 이렇게 대답했어.
> 남학생: 야, 대단한데. 그래 이제 좀 알 거 같다.

보기

면접자의 질문 의도를 정확하게 파악한 후 핵심적인 내용을 바탕으로 간결하고 효과적으로 답변하는 것이 중요하다. 이를 위해서 피면접자는 질문자의 의도를 파악하기 위해 주의 깊게 듣고 질문 내용을 정확히 파악한 후, 제한된 시간 내에 명료하게 답변하고, 불필요한 진술이나 자신 없는 태도를 피해야 한다. 다음은 면접 질문에 대한 답변 방법이다.

심리 압박형 질문의 답변	질문 의도	지원자의 약점을 자극하여 심리적인 반응을 떠보려는 유형으로 서류 내용과 관련된 몇 가지 약점을 토대로 질문하고 답변하는 것임을 염두
	전환적 기술의 활용	• 실패에 대해 간단한 개요를 설명 • 실패를 통해 배운 교훈을 설명 • 실패 이후 어떻게 새로운 성공과 성취를 이루었는지 순으로 말하는 기술
능력 취재형 질문의 답변	질문의도	지원자의 과거 업무 경험(전공 포함)과 지금 지원한 업무와의 연관성을 알아보기 위한 것임을 염두
	문제(P) - 해결책(S) - 결과(R)의 내용 전개	• 문제: 무대를 펼쳐놓고 문제가 무엇인지, 만약 문제가 해결되지 않는다면 어떤 결과가 초래될지, 어떤 제약들이 있는지 말함 • 해결책: 어떤 행동을 취할지, 그리고 어떤 기술과 능력을 발휘할지 등인데, 이는 핵심 단계를 요약하되, 상세하게 설명하고자 하는 유혹을 피하는 것이 좋음 • 결과: 간결하되, 가능한 수량화로 하고, 자신의 고안된 행위로 말미암아 직접적이고 장기적으로 효과를 간결하게 말하는 것이 좋음

딜레마 해결형·열린 자유형 질문의 답변	질문 의도	면접관이 인성을 평가하기 위해서 자주 사용하는 질문 유형
	딜레마 해결형	일상생활의 문제 상황을 제시하고 그 해결방안을 말하라고 하는 유형
	열린 자유형	지원자가 좋은 직원이 될 수 있을지, 회사에 잘 맞는 사람인지를 평가

작성방법

- 〈보기〉를 고려하여 〈자료〉의 여학생의 면접 상황에서 제시된 질문 유형이 무엇인지 제시할 것.
- 이러한 질문에 대해 여학생의 대응 방법을 〈보기〉를 고려하여 근거를 들어 서술할 것.

심화 예제

3 송 교사는 화법과 작문의 통합 수업을 진행하기 위해 학생이 쓴 자기소개서를 활용하여 모의 면접을 준비하였다. 〈작성 방법〉에 따라 면접 지도 내용을 서술하시오. [4점]

선생님: 이 시간에는 예고한 대로 모의 면접을 진행해 볼 거예요. 지난 시간에 배웠던 내용을 선생님이 화면으로 정리해보았어요.

질문 내용	질문 의도	답변 방법
약점을 묻거나 지적하는 질문	침착함, 순발력, 노력, 의지 등을 파악하기 위함.	약점을 솔직하게 말하고, 이를 극복하고 개선하기 위해 어떤 노력을 했는지에 대해 구체적인 경험을 중심으로 답변함.
역량이나 전문성을 묻는 질문	학업이나 업무, 단체 활동 등을 수행할 능력이 있는지 파악하기 위함.	역량이나 전문성을 갖추고 있음을, 구체적인 경험 중심으로 답변함. 특히 전문성과 관련해 어떤 노력을 했으며 어떤 일을 할 수 있는지 명확히 드러내는 것이 좋음.
문제 상황을 제시하고 해결 방법을 묻는 질문	문제 해결력, 창의성, 인성 등을 파악하기 위함.	합리적이고 창의적인 문제 해결 방법을 제시하여 자신의 문제 해결력을 드러냄. 이때 협동심, 열정, 솔선수범 등의 인성을 지니고 있음을 함께 나타냄.

…(중략)…

      자, 이제 피면접자가 되는 학생은 자기 소개서를 써서 면접관이 되는 학생에게 전해 주라고 했었죠? 질문을 예상해 보고 효과적으로 답변할 준비를 했나요?
학생들: 네.
선생님: 면접관이 되는 학생은 면접 목적을 고려해서 질문을 준비하는 것이 과제였어요. 관련 질문을 충분히 준비했나요?
학생들: 네.
선생님: 좋습니다. 여러분이 직접 질문하고 답하면서 면접 담화에 대해 더 잘 이해할 수 있게 되리라 기대합니다. 이제 모의 면접을 시작하겠습니다. 면접을 진행하면서 여러분 스스로 과제를 잘 해결했는지 점검해 보세요.

[모의 면접 ❶]

광고 회사의 면접 상황이다.

[A]
㉠ 면접관: 직무와 관련된 자신의 전문성을 소개해 보세요.
학생: 네. (턱을 치켜들고 자신 있게) 저는 학교에 다니면서 틈틈이 독학으로 컴퓨터 활용 능력 1급을 비롯하여 제빵 기능사, 한식 조리 기능사 등 국가 공인 자격증을 세 개나 땄습니다.
㉡ 면접관: 꽤 부지런하시네요. 그런데 제빵 기능사나 한식 조리 기능사 자격이 광고를 제작하는 우리 회사 업무에 어떤 도움이 될까요?
학생: (당황한 표정으로) 아, 그건……. 일단은 요식업 분야 홍보 업무를 맡으면 도움이 될 것으로 생각하고, 그리고, 음……. (머리를 긁적이며) 사실 저는 어떤 업무를 맡겨 주시든 다 잘할 수 있습니다.

[모의 면접 ❷]

한국대학교 경영학과 면접장에서 면접을 치르고 있다.

면접관: 다음 179번 면접자, 들어오세요.
학생: (문을 열고 들어와 면접관에게 공손하게 인사하며) 안녕하세요? 저는 179번 이동건입니다.
면접관: 네, 자리에 앉으세요.
학생: 네, 알겠습니다. (자리에 앉는다.)
면접관: 우리 학과에 지원한 동기는 무엇인가요?
학생: 제 꿈은 기업가가 되는 것입니다. 이 꿈을 이루기 위해서는 경영학 전반을 깊이 있게 이해하는 것이 필요하다고 생각하여 지원했습니다.
면접관: 우리 학과에 지원하기 위해 고등학교 때 한 활동에는 어떤 것이 있으며, 그 활동을 통해 깨달은 점은 무엇인가요?
학생: 저는 고등학교 때 경제·경영 동아리 활동을 했는데, '윤리적 경영과 소비'라는 주제로 신문 자료를 검색하고 친구들과 토론도 했습니다. 이때 우리나라의 기업 '함께 사는 가게' 등이 공정 무역을 하여 개발 도상국의 생산자들에게 가난에서 벗어날 기회를 주고 있다는 것도 알게 되었습니다. 그리고 이를 통해 기업의 사회적 책임이 중요하다는 것을 깨달았습니다.
면접관: 학교 생활 기록부를 보니 봉사 활동을 매우 열심히 했는데, 자신이 했던 봉사 활동의 의미를 말해 보세요.
학생: 저는 2주일에 한 번씩 지역 아동 센터에 가서 초등학교 저학년 아이들에게 수학을 가르쳐 주었습니다. 처음에는 아이들에게 공부를 어떻게 가르쳐주어야 하는지 몰라서 힘들었지만, 차츰 아이들과 친해지면서 아이들의 눈높이에 맞추어 가르치는 것이 중요하다는 것을 알게 되었습니다. 이를 통해 서로의 소통을 위해서는 상대방의 입장을 이해하고 배려하는 것이 중요하다는 것을 느낄 수 있었습니다. 또한 제가 앞으로 기업을 운영할 때에도 소비자의 눈높이에 맞추어 제품을 만들고 홍보해야만 성공할 수 있다는 것도 깨달을 수 있었습니다.

[B]
면접관: 학생이 생각하는 자신의 장점과 단점에 대해 말해 보세요.
학생: 저의 장점은 한번 시작한 일은 열정을 갖고 끝까지 최선을 다한다는 것입니다. 동아리 발표 대회를 준비할 때에도 다른 친구들은 귀찮고 힘들다며 대충했지만, 저는 밤을 새워 가면서까지 발표 자료를 만들어 좋은 결과를 얻었습니다. 다만, 저는 성격이 불같아서 가끔 화를 내곤 하는데, 누구나 약점 하나씩은 있는 법이니 괜찮다고 생각합니다.

> 면접관: (당황한 표정으로) 아, 그렇게 생각하는군요. 알겠습니다. 그럼 마지막으로 최근 본 기사 중 가장 관심을 끈 것이 무엇인지 말해 보세요.
> 〈생략〉

작성방법

- 〈자료〉의 교사의 설명 내용을 고려하여 [A]의 ㉠~㉡에서 공통적으로 활용된 면접관의 질문 유형 및 질문 의도를 제시할 것.
- 〈자료〉의 교사의 설명 내용을 고려하여 [B]에서 활용된 면접관의 질문 유형 및 질문 의도를 제시하고, 이를 토대로 학생 답변의 문제점과 이에 대한 지도 방안을 서술할 것.

4 (가)는 면접 수업을 위한 절차의 일부이고, (나)는 교사가 수업 내용과 평가 계획을 분석한 내용의 일부이다. (나)를 활용하여 수업의 내용과 평가 내용을 〈작성 방법〉에 따라 서술하시오. [4점]

(가)

차시	학습 내용			
1차시	• 동기 유발: 면접 관련 동영상 시청 • 답변을 위한 설명, 시범 교사: 이 시간에는 예고한 대로 모의 면접을 진행해 볼 거예요. 지난 시간에 배웠던 내용을 선생님이 화면으로 정리해보았어요.			
		질문 내용	질문 의도	답변 방법
	❶	약점을 묻거나 지적하는 질문	침착함, 순발력, 노력, 의지 등을 파악하기 위함.	약점을 솔직하게 말하고, 이를 극복하고 개선하기 위해 어떤 노력을 했는지에 대해 구체적인 경험을 중심으로 답변함.
	❷	역량이나 전문성을 묻는 질문	학업이나 업무, 단체 활동 등을 수행할 능력이 있는지 파악하기 위함.	역량이나 전문성을 갖추고 있음을, 구체적인 경험 중심으로 답변함. 특히 전문성과 관련해 어떤 노력을 했으며 어떤 일을 할 수 있는지 명확히 드러내는 것이 좋음.
	❸	문제 상황을 제시하고 해결 방법을 묻는 질문	문제 해결력, 창의성, 인성 등을 파악하기 위함.	합리적이고 창의적인 문제 해결 방법을 제시하여 자신의 문제 해결력을 드러냄. 이때 협동심, 열정, 솔선수범 등의 인성을 지니고 있음을 함께 나타냄.
2~3차시	면접 전 준비 단계	예상되는 질문들을 정리하고, 이에 대한 정확하고 효과적인 답변 방안을 준비. 교사 : 자, 이제 피면접자가 되는 학생은 자기 소개서를 써서 면접관이 되는 학생에게 전해 주라고 했었죠? 질문을 예상해 보고 효과적으로 답변할 준비를 했나요? 학생들: 네.			

		선생님: 면접관이 되는 학생은 면접 목적을 고려해서 질문을 준비하는 것이 과제였어요. 관련 질문을 충분히 준비했나요? 학생들: 네. 선생님: 좋습니다. 여러분이 직접 질문하고 답하면서 면접 담화에 대해 더 잘 이해할 수 있게 되리라 기대합니다. 이제 모의 면접을 시작하겠습니다. 면접을 진행하면서 여러분 스스로 과제를 잘 해결했는지 점검해 보세요. 그리고 역할을 바꾸어 동일한 순서대로 면접 담화 수행을 진행해봅시다.
	본 면접 단계	• 면접자의 질문 의도를 정확하게 파악한 후 핵심적인 내용을 바탕으로 간결하고 효과적으로 답변 • 피면접자는 질문자의 의도를 파악하기 위해 주의 깊게 듣고 질문 내용을 정확히 파악한 후, 제한된 시간 내에 명료하게 답변하고, 불필요한 진술이나 자신 없는 태도를 피해야 함

4차시		• 자신의 면접 결과에 대해서 평가.
		
		❶ 평가 목표
		• 면접에서의 <u>답변 전략</u>을 이해할 수 있다.
		• <u>질문의 의도를 파악하여 효과적으로 답변할 수 있다.</u>
		
		❷ 평가 방법
		1) 〈교수·학습 목표와 관련하여 선정되고 지도된 필수 학습 요소를 평가 요소로 제시〉
		
		| 평가 요소 | 평가 항목 | 평정 |
		|---|---|---|
		| 약점을 묻거나 지적하는 질문하기 | 〈생략〉 | 1 2 3 4 5 |
		| 역량이나 전문성을 묻는 질문하기 | | |
		| 문제 상황을 제시하고 해결 방법을 묻는 질문하기 | | |
		
		2) 교사평가와 상호평가를 실시하여 평가 주체의 다양화 시도
		  ① 〈학생의 동료 평가와 자기 평가를 실시〉
		    • 동료평가와 자기평가는 말하기 능력에 대한 성찰의 기회를 제공
		  ② 〈교사의 관찰 평가도 동시에 진행〉

(나)

① (가)는 화법의 교수·학습 방법 차원에서 볼 때, 학습자가 다른 사람의 입장에서 담화를 수행하고, 자신의 입장에서 이를 다시 되돌아보게 한다는 점에서 의미가 있다. 특히 학습자가 면접 수행을 가상의 역할을 수행하게 함으로써 담화에서 참여자들의 관점에 따라 발생할 수 있는 여러 가지 문제를 이해할 수 있게 하는 방법이다.

② 학습 활동의 전체 구조 차원에서 2~3차시는 '면접 전 준비 단계' 단계, '본 면접 단계', 정리 및 평가 단계로 순차적으로 잘 구현하였다.
③ 하지만, 정리 및 평가 단계는 상호평가를 실시하여 평가 주체의 다양화를 시도하고 있으므로, 상호 평가를 위한 절차를 구체화 할 필요가 있다.

작성방법

- (가)에 적용된 화법 교수·학습 방법을 (나)의 ①에 근거하여 쓰고, 이러한 화법 지도 방법이 가지는 의의를 서술할 것.
- (나)의 ③을 참조하여 평가의 '실행 단계'에서 학생의 활동을 중심으로 설명하고, '평가 결과의 활용 단계'에서 교사 측면에서 평가 결과의 활용 방안을 서술할 것.

2장 / 교과교육

1절 | 화법 교수·학습 방법 및 화법 평가

테마 1 | 화법 교수·학습 방법

관련 기출

2022 A형 서술형

1 (가)는 면담 수업을 위한 교과서 단원의 일부이고, (나)는 교사가 단원 재구성을 위해 분석한 내용이다. (나)를 활용하여 (가)를 재구성하는 방안을 〈작성 방법〉에 따라 서술하시오. [4점]

(가)
[학습 목표] 목적에 맞게 질문을 구성하여 면담을 수행할 수 있다.
[학습 활동] 자신의 진로 탐색을 위해 면담 대상자를 정하고 면담을 수행해 보자.

1. 자신이 일하고 싶은 분야를 탐색하고 면담 대상자를 정해 보자.

- 일하고 싶은 분야나 직업을 탐색해 보자.
- (㉠)
- 면담 대상자에게 면담을 요청하고 약속을 정해 보자.

2. 1을 바탕으로 진로 탐색 목적에 맞게 면담 질문을 마련해 보자.

- 진로와 관련하여 알고 싶은 내용을 적어 보자.
- 작성한 내용을 질문으로 만들어 보자.
- (㉡)

3. 2를 바탕으로 면담 대상자를 만나 면담을 진행해 보자.
4. 면담한 내용을 정리하고 친구들과 공유해 보자.

(나)
① (가)는 화법의 교수·학습 방법 차원에서 볼 때, 학습자의 경험 세계에서 수용 가능한 화제를 활용하여 과제를 설정했다는 점에서 의미가 있다. 특히 학습자가 면담 수행을 머릿 속으로 연상하거나 가상의 역할을 수행하는 것이 아니라, 전체 면담 과정을 직접 경험할 수 있도록 구성한 점에서도 적절하다고 생각한다.

② 학습 활동의 전체 구조 차원에서 활동 1과 2는 '면담 전' 단계, 활동 3은 '면담 중' 단계, 활동 4는 '면담 후' 단계로 학습 활동을 순차적으로 잘 구현하였다. 그런데 활동 1이 면담 대상자를 정하기 위한 활동이므로 하위 활동의 단계성을 고려하여 사전 조사 활동을 추가할 필요가 있다.
③ 활동 2는 진로를 탐색하는 목적에 맞게 질문을 준비하는 활동이어야 하므로, 질문을 만드는 활동에 대한 상위인지 활동을 추가할 필요가 있다.

작성방법

- (가)에 적용된 화법 교수·학습 방법을 (나)의 ①에 근거하여 쓰고, 그 이유를 (가)에서 찾아 서술할 것.

심화 예제

2 (가)는 '비폭력 대화 방법'을 주제로 화법 수업을 위한 차시 수업 계획이고, (나)는 교사가 수업 재구성을 위해 분석한 내용이다. 〈작성 방법〉에 따라 서술하시오. [4점]

(가)

학습 목표	• 서로의 감정이나 바라는 바를 진솔하게 표현하면서 갈등을 조정한다.
차시	학습 내용
1차시	• 동기 유발: 대화 관련 동영상 시청 • 갈등 문제 해결을 위한 의사소통 방법 설명 -'비폭력 대화 방법'
2~3차시	〈사례를 활용한 말하기 문제점 분석 및 해결 방법 탐색과 내면화〉 • 실제 생활 속에서 겪을 수 있는 갈등 관련 대화 사례를 제시하고, 대화 상황에서 갈등을 관리하고 상대방과의 관계를 유지하는 방법을 알아본다. • 제시된 대화 사례에서 갈등 관련 사항을 점검·개선하여 갈등 관리 방법을 내면화한다. ① 동기 유발 : 친구와 다툰 경험을 바탕으로 갈등이 발생할 때 갈등을 증폭시키지 않고 처리할 수 있는 대화 방법을 이해하기 위한 만화를 통해 실제 생활 속에서 친구와 다툰 경험을 떠올려 보기 ⇩ ② 사례 분석 : 문제점 분석 및 비폭력 대화 방법 활용 ⇩ ③ 적용 활동 : 다른 상황적 사례를 찾아 이에 적용하여 비폭력 대화 방법을 내면화
정리 및 평가	[평가 방법의 유의할 점] ❶ 교수·학습 목표와 관련하여 선정되고 지도된 필수 학습 요소를 평가 요소로 제시 [필수 학습 요소] • 자신의 생각과 감정, 경험을 진솔하게 표현하는 것이 왜 중요한지 이해하기 …

- 사건의 객관적 전달
- 감정의 진솔한 표현

평가 항목	평가 요소	평정
지식	㉮ 자신의 생각과 감정, 경험을 진솔하게 표현하는 것이 왜 중요한지 이해하고 있는가?	1 2 3 4 5
기능	㉯ 청자에게 맞는 화제를 선택하였는가?	1 2 3 4 5
	㉰ 언어적, 반언어적, 비언어적 표현을 적절하게 활용하고 있는가?	1 2 3 4 5

❷ 갈등 해소를 위한 표현 등에 중점을 두어 평가하되, 평가 주체의 다양화를 시도할 수 있다.

(나)
① (가)는 화법의 교수·학습 방법 차원에서 볼 때, 담화의 특성에 따른 화법 지도 방법 즉, 담화를 분석하는 활동을 통하여 화법에 대한 지식을 이해하게 하는 방법이라는 점에서 의미가 있다. 특히 자료에 나타난 담화 상황에서 의미 표현과 이해가 어떻게 진행되었으며, 문제점은 무엇이며, 이를 해결하기 위해서는 어떻게 해야 하는가를 탐색하는 과정에서 효과적인 의사소통 수행에 필요한 지식들을 깨닫게 된다. 담화 자료를 학습자에게 제공함으로써 교사가 직접 시범을 보이지 않더라도 의사소통의 방법을 깨닫게 할 수 있다.
② 학습 활동의 구조 차원에서 2~3차시는 '동기 유발'을 통한 경험 활성화 단계, '사례 분석 단계', '적용' 단계로 순차적으로 잘 구현하였다.
③ 하지만, 정리 및 평가 단계는 교사 평가 이외에 평가 주체의 다양화를 시도하고 있으므로, 평가 주체의 다양화를 위한 방법과 절차를 구체화 할 필요가 있다.

작성방법

- (가)에 적용된 화법 교수·학습 방법을 (나)의 ①에 근거하여 쓰고, 그 이유를 (가)에서 찾아 서술하고, 이러한 화법 지도 방법의 한계를 보완할 수 있는 방안을 서술할 것.
- (가)의 [유의할 점] ❶에서 제시된 평가 방법의 명칭을 쓰고, (나)의 ③을 참조하여 ❷에서 활용할 수 있는 평가 방법을 2개 제시하고, [유의할 점] ❶을 고려할 때 ㉯와 ㉰의 평가 요소가 지닌 문제점을 서술하고, 수정된 평가 요소를 문장으로 각각 제시할 것.

테마 2 : 화법 평가

> 심화 예제

3 (가)는 '상대를 배려하며 말하기'라는 주제로 화법 수업을 위한 대화 자료이고, (나)는 차시별 수업 계획의 일부이다. 〈작성 방법〉에 따라 서술하시오. [4점]

(가)

철호: 공연이 얼마 안 남았는데 우리 둘이 기타 화음을 좀 더 맞춰야 할 것 같아.
영수: 아무래도 그렇겠지? 그럼 우리 토요일에 연습할까? 주중에는 방과 후에 내가 학생회 회의가 계속 있거든.
철호: (고개를 저으며) 안 될 것 같아. 나는 토요일에 공연 홍보지를 만들기로 약속이 잡혀있어. 기타 연습은 주중에 했으면 했는데. 서로 시간이 안 맞네.
영수: 아, 연습을 더 하긴 해야 하는데 어떻게 하지?
철호: 연습 시간을 맞출 방법이 없을까?
영수: 수요일과 금요일에 연습하는 건 어때? 네가 주말에 바쁘다고 하니까 내가 주중 회의 시간을 조정해 볼게. 그런데 그것만으로는 연습 시간이 부족할 것 같아. 너도 시간을 좀 조정해.
철호: 그래. 내가 토요일 오전까지 홍보지를 마무리하면 오후에는 같이 연습할 수 있을 텐데.
영수: 토요일 오전에는 마무리할 수 있겠어?
철호: 그런데 처음 해 보는 일이라 빨리 끝낼 수 있을 지 모르겠어. 경험자가 도와주면 빨리 할 수 있을 것 같은데. 너는 경험이 많고 잘 하잖아. 혹시…….
영수: 응? 왜 그래?
철호: 혹시 시간이 괜찮다면 홍보지 만드는 걸 좀 도와 줄 수 있을까?
영수: 음… 알았어. 그럼 내가 도와줄게.
철호: 그럼 수요일과 금요일 방과 후와 토요일 오후에 연습하도록 하자.
영수: 그래 좋아.

[A] ┌ 철호: 그럼 연습 장소는 어디가 좋을까? 이제부터는 강당에서 연습하는 게 어때? 무대에서 여러 번 연습을 해야 공연 당일에 떨리지 않을 것 같아.
    └ 영수: 그래, 네 말은 무대에서 연습하는 기회를 많이 갖자는 것이구나. 무대 연습도 꼭 필요하긴 해. 하지만 아직 우리는 화음도 제대로 맞춰 보질 못했잖아. 조용한 연습실에서 우리 둘이 화음을 맞춰 보고 연습도 충분히 해 보는 게 중요한 것 같아. 그래야 무대에서도 떨리지 않지.

철호: 그래 좋아.

(나)

차시별 수업 계획

| 학습 목표 | • 상대의 감정에 공감하며 적절하게 반응하는 대화를 나눌 수 있다. |

차시	학습 내용
1차시	• 동기 유발: 대화 관련 동영상 시청 • 공감적 듣기 설명, 시범 　-㉠ <u>공감적 듣기</u> • 말하기의 영향력 이해
2차시	• 사례를 활용한 말하기 문제점 조정 및 해결 방법 탐색 　…(하략)…
정리 및 평가	(가) 평가 목표 • 대화 과정에서 상대방의 상황과 처지를 이해하며 들을 수 있다. • 상대방에게 공감을 표시할 수 있는 내용을 선정하여 표현할 수 있다. (나) 평가 방법 (나)-1) 〈교수·학습 목표와 관련하여 선정되고 지도된 필수 학습 요소를 평가 요소로 제시〉 | 평가 요소 | 평가 항목 | 평정 | |---|---|---| | 집중하기 기술 | ㉮ 상대를 향해 앉아 부드러운 표정으로 자연스럽게 눈맞춤을 하고 있는가? | 1　2　3　4　5 | | | ㉯ '그래? 정말? 으음' 등을 사용하여 적절한 음성적 반응을 보이고 있는가? | 1　2　3　4　5 | | 격려하기 기술 | ㉰ 청중에게 맞는 화제를 선택하였는가? | 1　2　3　4　5 | | | ㉱ '좀 더 자세히 말해주겠니?'와 같은 질문을 사용하여 이야기를 이끌어 내고 있는가? | 1　2　3　4　5 | | 반영하기 기술 | ㉲ 자신이 이해한 말로 풀어서 말하고 있는가? | 1　2　3　4　5 | | | ㉳ 전달하고자 하는 내용이 분명히 드러나는가? | 1　2　3　4　5 | (나)-2) 교사평가와 학생평가를 실시하여 평가 주체의 다양화 시도 ① 〈학생의 동료 평가와 자기 평가를 실시〉 　• 동료평가와 자기평가는 말하기 능력에 대한 성찰의 기회를 제공 ② 〈교사의 관찰 평가도 동시에 진행〉

작성방법

- ㉠을 활용하여 영수가 [A]에서 수행한 공감적 듣기의 방법을 근거를 들어 서술할 것. 단, '공감적 듣기의 표지'를 포함할 것.
- (나)-1)에서 제시된 평가 방법을 고려할 때 평가 항목 ㉮~㉳에서 수정해야 할 항목 2가지를 기호로 제시하고, (나)-1)의 '평가 요소'를 고려하여 수정 내용을 각각 제시할 것.

전공국어 국어교육론 실전 문제집

독서교육론

1장 / 교과내용

1절 독서의 본질과 특성

테마 1 독서의 특성

1 [문제해결 과정으로서 독서]

기본 예제

1 송 교사는 학생들의 읽기 능력을 신장시키기 위해 다음과 같이 수업하였다. 괄호 안의 ㉠에 해당하는 내용을 〈자료〉에서 찾아 쓰고, ㉡에 해당하는 말을 쓰시오. [2점]

자료

승수: 선생님께서 말씀하신 세 권 중 하나를 읽고 독후감을 쓰는 과제였지. 보자. 첫 번째 책 제목이 『위험한 사회』 재밌어 보이네. 이 책으로 결정하자. (첫 장을 읽으며) '전자 판옵티콘'이란 단어가 여러 번 나오네. 무슨말이지? 이외에도 모르는 단어가 많군. 선생님께서 모르는 단어는 글에서 그 의미를 생각해보라고 하셨으니까, 더 읽어보자. (잠시 책을 읽은 후) "판옵티콘의 통제는 '비대칭적인 시선'을 가능케 한 건축구조에 체화되었던 것이다." '판옵티콘'이 또 나왔네. 뜻은 아직 모르겠고. '비대칭적 시선'은 뭘까? '체화'도 모르겠고, 갑자기 건축 이야기네. 이 부분도 이해가 안 되니 문제네. 왜 이렇게 안 읽히지? 이대로는 안 되겠다. 어떻게 해야 이 책의 내용을 이해할 수 있을까?

〈자료〉를 잘 읽어보셨나요? 학생이 책을 어떤 이유로 선택했나요?

(학생들의 대답)

그래요. 학생은 독후감 과제의 해결을 위해 책을 선택했지요. 다음으로 책을 선택한 이후 승수가 책을 읽어 나가면서 어떤 일이 있었나요?

(학생들의 대답)

맞아요. 승수가 책 내용을 검토하는 과정에서 "~무슨말이지?" "이외에도 모르는 단어가 많군." 하면서 모르는 단어와 만나게 되요. 또, 무슨 일이 있었나요?

(학생들의 대답)

그래요. 또 다른 문제에 놓여 있어요. 어디에서 근거를 찾을 수 있나요?

(학생들의 대답)

그래요. "~이 부분도 이해가 안 되니 문제네." "~어떻게 해야 이 책의 내용을 이해할 수 있을까?"라는 대목으로 보아 무슨 뜻인지 그 의미를 파악하기 힘든 과정에 놓여있어요.

그런데, 승수는 책을 읽어 나가면서 부딪히는 인지적인 문제에 직면해있고 (㉠)라는 대목을 보면 이를 해결하기 위해 노력하는 등 고민하는 과정이 엿보입니다.

이처럼 독자는 글의 의미를 구성하는 과정에서 여러 가지 문제에 부딪히게 되고 이를 적극적으로 해결하는 주체이며, 독서는 (㉡)의 과정이라고 할 수 있습니다.

2. (가)는 읽기 과제를 수행하는 한 학생의 사고 과정을 보여주는 자료이고 (나)는 이를 활용한 독서 수업의 일부이다. 괄호 안의 ㉠, ㉡에 해당하는 말을 쓰시오. [2점]

(가)

헐려 짓는 광화문
— 설의식

헐린다, 헐린다 하던 광화문이 마침내 헐리기 시작한다. [A] (광화문이 헐리고 다시 지어졌다는 말은 처음 들었어.) 총독부 청사(廳舍)인 까닭으로 헐리고 총독부 정책 덕택으로 다시 지어지리라 한다. 원래 광화문은 물건이다. 울 줄도 알고, 웃을 줄도 알며, 노할 줄도 알고, 기뻐할 줄도 아는 사람이 아니다. 밟히면 꾸물거리고 죽이면 소리치는 생물이 아니라, 돌과 나무로 만들어진 건물이다.

…(중략)…

[B] 풍우 오백 년 동안에 충신도 드나들고 역적도 드나들며, 수구당도 드나들고 개화당도 드나들던 광화문아! 평화의 사자(使者)도 지나고 살벌(殺伐)의 총검도 지나며, 일로(日露)의 사절도 지나고 원청(元淸)의 국빈도 지나던 우리의 광화문아! 그들을 맞고 그들을 보냄이 너의 타고난 천직이며, 그 길을 인도하고 그 길을 가리킴이 [너]의 타고난 천명이라 하면, 너는 그 자리 그곳을 떠나지 말아야 네 생명이 있으며 그 방향 그 터전을 옮기지 말아야 네 일생을 마친 것이다. (밑줄 친 부분의 어려운 어휘들과 표현들이 나오는 부분을 잘 모르겠어.)

[너]의 천명과 너의 천직은 이미 없어진 지 오래였거니와, 너의 생명과 너의 일생은 지금 헐리는 순간에, 옮기는 찰나에 마지막으로 없어지려고 하는구나! 오오, 가엾어라! 너의 마지막 운명을 우리는 알되 너는 모르니, 모르는 너는 모르고 지내려니와 아는 우리는 어떻게 지내랴느냐.
[C] (지금까지의 전개 과정도 이해하기 쉽지 않아. 처음에는 객관적인 사실을 전달하다가 광화문을 '너'라고 의인화하여 하는 말이 나오고 있어.)

총독부에서 헐기는 헐되 총독부에서 다시 지어 놓는다 한다. 그러나 다시 짓는 그 사람은 상투 짠 옛날 그 사람이 아니며, 다시 짓는 그 솜씨는 피 묻은 옛날의 그 솜씨가 아니다. 하물며 그때 그 사람의 감정과 기분과 이상이야 말하여 무엇하랴? 다시 옮기는 그곳은 북악을 등진 옛날의 그곳이 아니며 다시 옮기는 그 방향은 경복궁을 정면으로 한 옛날 그 방향이 아니다.

서로 보지도 못한 지가 벌써 수년이나 된 경복궁 옛 대궐에는 장림(長霖)에 남은 궂은비가 오락가락한다. 광화문 지붕에서 뚝딱 하는 망치 소리는 장안을 거쳐 북악에 부딪친다. 남산에도 부딪친다. 그리고 애달파하는 백의인(白衣人)의 가슴에도 부딪친다…….
[D] (나는 이 글의 주제가 무엇일지 많이 궁금해.)

(나)

교사: 다음은 이 글을 함께 읽은 친구들이 나눈 대화입니다. 자신과 비슷한 고민을 가진 사람을 찾아보고, 이와 같은 문제들을 어떻게 해결할 수 있을지 서로 말해 봅시다.

민호: 나도 [B]에서처럼 어려운 어휘들 때문에 고생이 많았어. '평화의 사자(使者)도 지나고 살벌(殺伐)의 총검'같은 표현들이 나오는 부분에서는 생각이 딱 멈추더라고.

세연: 나도 [C]에서처럼 글의 전개 과정도 이해하기 쉽지 않았어. 같은 표현을 반복하면서도 내용이 조금씩 달라지고 있거든. 이런 방식으로 글을 전개한 데에는 이유가 있을 것 같아.

시영: 나도 [A]에서처럼 광화문의 역사에 대해 잘 몰라서 그런지 글의 내용이 잘 이해되지 않았어. 도대체 언제, 왜 이런 일이 있었던 걸까?

진수: [D]에서처럼 나도 글쓴이는 이 글을 읽는 사람들에게 어떤 생각을 전하고 싶었던 것일까 궁금해.

…(중략)…

교사: 지금까지 여러분들은 독서 활동에서 공통적으로 알 수 있는 독서의 특성에 대해서 배웠어요. 바로 '문제해결 과정'입니다. [A]에서 제시된 기사문을 통해 본문의 내용에서 다루어진 역사적 사실에 대해 모르고 있으며, 이를 통해 이해의 어려움에 직면하고, [B]에서 이해하기 어려운 어휘나 구절들을 통해서 이해의 어려움에 직면하고, [C]에서는 이 글의 전개 과정에서 서술 방식이 객관적인 설명에 이어 광화문을 의인화하여 하는 말로 바뀌고, 같은 표현을 반복하는 구조를 활용하는 이유에 대한 의문을 제기하고, 마지막으로 [D]에서 주제를 궁금해 하고 있어요. 이처럼 독자는 의미 구성 과정에서 여러 가지 인지적 문제에 직면하고 있음을 알 수 있어요. 결국 독서 과정은 글을 읽으면서 발생하는 여러 가지 인지적인 문제를 해결해 나가는 행위라고 할 수 있습니다. 이러한 문제를 해결하기 위해 여러분들이 지금까지 활동했던 것처럼 (㉠)을/를 단서로 하고 (㉡)을/를 활용하며 글을 읽어가야 합니다.

---

3 (가)는 읽기 과제를 수행하는 한 학생의 사고 과정을 보여주는 자료이고 (나)는 이를 활용한 독서 수업의 일부이다. 괄호 안의 ㉠, ㉡에 해당하는 번호를 순서대로 쓰고, ㉢, ㉣에 들어갈 어구를 각각 쓰시오. [2점]

(가)

벼락치기의 마술

벼락치기의 원동력, 스트레스

'스트레스(Stressed)'를 거꾸로 보면 '디저트(Desserts)'가 된다. 그래서 외국에서는 적당한 스트레스는 오히려 생활의 활력을 주고 일의 능률을 높이는 디저트와 같다고 생각하기도 한다. 그렇다면 디저트를 넘어서 과도한 스트레스를 유발하는 벼락치기라면 어떨까?

❶ 디저트를 넘어서 과도한 스트레스를 유발하는 벼락치기라면 어떨까?'라는 의미를 정확하게 모르겠어.

한 중학교의 시험이 끝난 며칠 후 다시 학교를 찾아가 출제 문항을 조금씩 변형해 재시험을 보았다. 재시험은 A, B 두 과목을 보았고, 각 시험지에 평소에 꾸준히 학습했는지 또는 벼락치기를 했는지를 표시하게 했다. 시험 결과 양쪽 모두 점수가 조금씩 떨어졌다. 그런데 벼락치기를 한 쪽의 점수가 크게 낮아졌다. 특히 대부분의 학생이 벼락치기를 했다고 답을 한 B 과목의 점수는 그렇지 않은 A 과목의 점수에 비해 더 크게 떨어졌다.

이렇듯 벼락치기를 통해 얻은 정보는 우리 머릿속에 오래 남지 않는다. 벼락치기 상황이 끝나면 싹 지워지고 마는 것이다. 시험을 볼 때까지는 머릿속에 쏙쏙 들어왔던 내용이지만 시간이 지나면 금세 빠져나가게 된다. 왜 그럴까?

❷ '벼락치기의 한계'의 중심 생각은 무엇일까? 소제목과 관련 된 문단을 끝까지 읽어 봐야겠어.
❸ '해마'라는 단어의 의미를 모르겠어.

일장춘몽, 벼락치기의 한계

뇌에서 장기 기억을 저장할 때에는 습득한 학습 정보 중에서 해마에 의해 기억해야 할 것만 대뇌 피질로 보낸다. 이때 신경 세포들 사이에 새로운 회로망이 생성된다. 이 과정에서 중요한 것은 반복이다. 반복하지 않으면 기억으로 자리 잡은 회로망이라 할지라도 점차 약해져 결국 사라지고 만다.

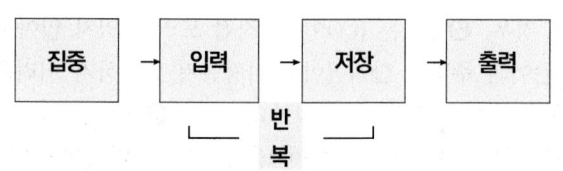

기억은 세 가지 과정으로 나눠진다. 정보가 들어오면 우선 입력하고, 자체적으로 판단해 저장하고 출력한다. 입력 전 단계가 바로 집중이다. 벼락치기는 집중하기에는 아주 좋아서 많이 입력할 수 있다. 하지만 정보가 제대로 저장되지 않는다. 저장은 여러 번의 반복이 필요하기 때문이다. 따라서 여러 번의 반복을 통해서만 저장을 가능하게 하는 장기 기억의 경우는 벼락치기를 통해 저장하기에 한계가 있다.

…(중략)…

캘리포니아 대학 신경 생물학 센터의 연구 결과에 따르면 건강한 사람에게 코르티솔을 투여했더니 기억력이 현저히 떨어졌다고 한다. 과도한 스트레스로 인해 분비되는 코르티솔은 해마의 신경 세포 수를 현저하게 떨어뜨린다고 한다. 어쩌면 반복되는 스트레스가 뇌 신경 세포의 구조적 변화를 일으켜 기억력 감퇴, 우울증 등 현대인들에게 생기는 신종 질병들을 만들고 있는지 모른다. 그러니 시간에 쫓기는 바쁜 현대인들이여, 벼락치기 문화가 우리 뇌에 보내는 또 다른 경고를 기억해야 할 것이다. 벼락치기의 마술 같은 효과를 기대하기 전에 벼락치기의 한계를 기억해야 하지 않을까?

❹ 벼락치기의 마술 같은 효과를 기대하기 전에 벼락치기의 한계를 기억해야 한다는 글쓴이의 생각은 합리적일까?

(나)

교사: 다음은 이 글을 읽은 철수가 글을 읽으면서 드는 생각을 다시 정리한 것입니다. 철수는 이와 같은 문제들을 어떻게 해결할 수 있었는지 서로 말해 봅시다.

❶ 앞 문장에서 적당한 스트레스는 오히려 생활의 활력을 주고 일의 능률을 높이는 디저트와 같다는 이야기가 나와. 이 내용과 연결 지어 생각해 보면 이 문장은 '적당 함을 넘어선 과도한 스트레스를 유발하는 벼락치기는 어떤 향을 미칠까?'라는 의미인 것 같아.
❷ 글속에 나와 있는 한 중학교의 실험 결과와 신경 생물학 센터의 연구 결과를 봤을 때 벼락치기는 기억을 오래 저장하는 데 도움이 되지 않는 것 같아. 벼락치기로 얻은 정보는 장기 기억에 저장되지 않아 금세 잊어버리는 한계가 있다는 것이 '벼락치기의 한계'의 중심 생각이구나.

> ❸ '해마'가 뇌의 일부분인 것은 알고 있어. 을 읽어 보니 과도한 스트레스를 받으면 코르티솔이 분비되면서 해마가 수축하고 이로 인해 기억력이 떨어진다고 해. '해마'는 기억에 관여하는 뇌의 부위인 것 같아.
> ❹ 지난번에 벼락치기로 공부한 과목의 성적이 예상 보다 잘 나와서 놀란 적이 있는데 그때 공부한 내용 이 지금은 전혀 기억나지 않아. 나의 이런 경험이나 에 제시된 실험 결과들을 보면 벼락치기로 계속 공부하는 것은 한계가 있겠어. 그래서 글쓴이의 의견이 합리적이라고 생각해

…(중략)…

교사: 교사 : (나)는 (가) 글을 읽은 철수가 글을 읽으면서 드는 생각을 다시 정리한 것입니다. 철수는 이와 같은 문제들을 어떻게 해결할 수 있었는지 서로 말해 봅시다.

…(중략)…

교사 : 지금까지 여러분들은 독서 활동에서 공통적으로 알 수 있는 독서의 특성에 대해서 배웠어요. 바로 '문제해결 과정'입니다. 이 글을 읽은 철수는 ❸에서는 모르는 단어가 나오는 경우, ❶에서는 의미가 모호한 문장이 나오는 경우, ❷에서는 (㉠)이/가 직접 드러나 있지 않아서 그것을 추론해야 하는 경우, ❹에서는 글쓴이의 주장이 합리적이고 타당한지 판단하기 어려운 경우 등의 문제에 직면하고 있었고, 이를 적절하게 해결한 것 같아요. 특히 ❹에서는 직면한 인지적 문제를 해결하기 위해 글에 나타난 정보를 단서로 하고 (㉡)을/를 활용하며 글을 읽고 있음을 알 수 있겠지요.

심화 예제

4 다음 〈보기〉는 '읽기의 본질'을 주제로 한 수업 장면이다. 〈작성 방법〉에 따라 읽기의 본질을 서술하시오. [4점]

> **보기**
>
> 우리는 한 편의 글을 읽으면서 많은 사고 과정을 거치게 됩니다. 독서는 단순한 읽기 행위가 아니라는 점이지요. 화면에 준비한 학생의 사고 과정을 같이 살펴 보고, 읽기의 본질을 생각해 보기로 합시다.
>
> …그렇다면 증가하는 외국인의 국내 체류가 사회 문제화되지 않고 서로에게 혜택이 될 수 있게 하기 위해서는 어떠한 준비가 필요한가? 가장 먼저 필요한 것은 외국인에 대해서 우리 사회가 어떠한 관점을 보일 것인지를 명확하게 정하는 일이다. 왜냐하면, 이 관점에 따라서 앞으로 만들어질 제도와 규정 그리고 문화를 포함하는 제반 환경들의 방향이 설정될 것이기 때문이다. 예컨대 외국인들을 기본적으로 외집단(外集團)으로 규정하면 그들의 경제 활동 이외에 국내에서의 다른 활동들을 규제하는 방향으로 제도와 환경이 마련될 것이다.
> [A] '외집단' '동화' 가 무슨 뜻이지?
> 국제적으로 외국인을 바라보는 관점은 크게 두 가지로 나뉜다. 하나는 외국인들이 이주 혹은 이민을 선택했기 때문에 그들이 이주한 나라의 제도와 언어 그리고 문화에 스스로 적응하고 동화하여야 한다는 관점이고, 다른 하나는 외국인들이 본래 지니고 있는 문화적 전통을 간직한 채 이주한 사회와 융화할 수 있도록 외국인 보다는 이들이 이주한 사회가 이들에게 적응하고 이들을 포용해야 한다는 관점이다.

[B] 사실 외국인 이민자들에 대한 관점은 전자가 더욱 지배적이었다. 한때 미국을 인종과 문화의 용광로라고 부르기도 하였다. 이 말은 모든 이민자와 그들이 지니고 있었던 전통과 문화가 모두 용해되어 미국화된다는 뜻으로, 이는 첫 번째 관점의 전형적인 예라 할 수 있다. 이러한 관점에서 볼 때 이주민 혹은 이민자는 모두 개인들이고, 개인 스스로 새로운 사회에 적응하고 동화되어야 한다. 이 경우 외국인 범죄도 이들이 적응하고 동화하지 못했을 때 발생하는 것으로 보기 때문에 다른 구성원들은 이러한 사건에 혐오감을 가지게 된다.

> 문단의 중심 내용을 파악하기 어려워.

[글을 읽는 과정에서 독자의 사고 과정 분석]

❶
- [A]에서 '외집단', '동화'의 단어를 이해하기 어려웠다.
- [B]에서 문단의 중심 내용을 파악하기 어려웠다.

→

❷
- 글의 맥락을 통해 추론하거나 백과사전을 찾아본다.
- 일반적인 진술과 구체적인 진술을 구별한다.

↓

❹
- 글을 읽다가 단어의 뜻을 모를 때에는 사전이나 백과사전을 활용한다.
- 문단의 중심 내용을 파악하기 위해서는 일반적 진술과 구체적 진술을 구분하며 읽는다.

←

❸
- 백과사전을 통해 '외집단, 동화'의 뜻을 파악할 수 있었다.
- 일반적 진술을 중심으로 문단의 중심내용을 파악했다.

작성방법

- [A]와 [B]를 고려하여 글 읽는 과정에서 독자의 사고 과정을 설명할 것.
- 이를 토대로 읽기의 본질을 서술할 것.

2 [의미구성 과정으로서 독서]

관련 기출
2013 2차

1 의미 구성 행위로서의 독서의 특성을 지도하려 할 때, 이 특성과 관련된 지도 내용 2가지를 제시할 것.

기본 예제

2 다음은 '읽기의 특성'에 대한 교사의 설명 중 일부이다. 괄호 안의 ㉠~㉢에 해당하는 말을 순서대로 쓰시오. [2점]

> 독서는 독자가 글을 읽고 의미를 구성하는 사고 활동입니다. 여기서 의미 구성이란 독자가 글에 제시된 정보와 자신의 배경지식을 결합하여 독자 나름의 의미를 만들어 가는 일을 말하지요.
> 의미 구성에 관여하는 독자 요인을 다음에 준비된 영상을 보면서 알아봅시다.
>
> **기준 금리 41개월 만에 하락**
>
> 한국은행 금융통화위원회가 12일 기준 금리를 연 3.0%로 0.25%p를 내렸다. 금리 인하는 2009년 2월 0.5%p를 내린 이후 41개월 만이다. 금리를 인하하면 시중에 돈이 많이 풀리면서 기대 인플레이션을 자극해 물가가 오를 수 있다. 또 기존 대출자의 금리 부담을 줄여 줄 수 있지만, 가계 부채 증가라는 위험이 따를 수 있다.
>
> - 경향신문, 2012년 7월 13일 자에서
>
> 우선, 위 기사의 의미를 구성하려면 여러 가지 (㉠)이 필요하겠지요. '기준 금리', '한국은행', '금융통화위원회', '인플레이션' 등이 무엇인지, '금리와 물가는 어떤 관계에 있는지' 등을 알아야 해요. 이 밖에도 '신문 기사의 특성과 구조' 등 글의 종류, 우리나라 경제 상황을 알고 있으면, 이 기사의 의미를 더 효과적으로 구성할 수 있을 것이에요.
> 둘째, 독자가 어떤 (㉡)을 하였는가에 따라 위 기사에 대해 서로 다른 의미를 구성할 것 같아요. 예를 들면 금리 인하로 이익을 본 사람과 손해를 본 사람은 위 기사에 대한 반응이 서로 다르겠지요. 이처럼 독자들의 반응이 다른 가장 큰 이유는 그들의 (㉡)이 서로 다르기 때문이에요.
> 셋째, 독자의 (㉢)이 글의 의미 구성에 영향을 주기도 합니다. 예를 들면 경제 성장을 중시하거나 경기 부양 정책을 펴야 한다는 생각을 지닌 사람은 위 기사를 읽고 긍정적인 반응을 보일 것이고, 분배를 중시하거나 물가 안정 정책을 펴야 한다는 생각을 지닌 사람은 부정적인 반응을 보일 것입니다. 이처럼 서로 다른 (㉢)을 지닌 두 독자는 위 기사의 내용에 대해 서로 다르게 평가할 것입니다.

3 (가)는 학생의 독서 과정을 보여주는 자료이고, (나)는 교사의 '독서의 특성'에 설명 내용이다. 교사의 설명 내용 ㉠~㉢에 해당하는 번호를 (가)에서 찾아 제시하고, ㉣에 해당하는 말을 쓰시오. [2점]

(가)

살다 보면 되는 일도 있고 안 되는 일도 있다지만, 곰곰이 따져 보면 안 되는 일이 더 많다. 그럴 때마다 생각나는 법칙이 있으니 이름 하여 '머피의 법칙(Murphy's law)'.

(❶ 맞아, 나도 우산을 갖고 나간 날은 해가 쨍쨍 나고, 우산을 챙겨 가지 않은 날은 꼭 비가 오더라.)

수많은 구체적인 항목들로 이루어진 머피의 법칙을 한마디로 요약하자면 '잘될 수도 있고 잘못될 수도 있는 일은 반드시 잘못된다.'라는 것이다. 세상이 우리에게 얼마나 가혹한지 정리해 놓은 이 법칙은 불행하게도 중요한 순간엔 어김없이 들어맞는다.

머피의 법칙에 대해 과학자들은 그동안 별다른 관심을 보이지 않았다. 그들은 머피의 법칙은 단지 우스갯소리일 뿐, 종종 들어맞는다는 사실조차 우연이나 착각으로 여겨 왔다. 그런데 영국의 과학자인 로버트 매슈스는 머피의 법칙이 그토록 잘 들어맞는 이유를 과학적으로 하나씩 증명해서 화제가 되었다. 그가 처음 증명했던 머피의 법칙은 '버터 바른 토스트'에 관한 것이었다. 아침에 출근 준비로 부산을 떨며 토스트에 버터를 발라 허둥대며 먹다 보면 빵을 떨어뜨리기 쉽다. 그런데 공교롭게도 하필이면 버터나 잼을 바른 쪽이 꼭 바닥으로 떨어진다.

그는 식탁 높이나 사람의 손 높이에서 토스트를 떨어뜨릴 때 토스트가 한 바퀴를 회전할 만큼 지구의 중력이 강하지 않다는 것을 간단한 계산으로 증명했다. 대부분 반 바퀴 정도를 돌고 바닥에 닿기 때문에 버터를 바른 면이 반드시 바닥을 향해 떨어진다는 것이다. 결국 '버터 바른 면이 늘 바닥으로 떨어진다.'는 머피의 법칙이 들어맞는 이유는 지구의 중력과 토스트의 회전력 때문이라는 것이다.(❷과학 시간에 지구의 중력에 대해 배운 바가 있지.)

로버트 매슈스가 약간의 수학으로 증명했던 머피의 법칙들은 우리에게 무슨 이야기를 들려주고 있는 걸까? 세상에는 되는 일보다 생각대로 안 되는 일이 훨씬 더 많다. 더 나은 상황이란 언제든지 있게 마련이니까. (❸글쓴이는 머피의 법칙은 과학적으로 실재하는 것으로 보는군.) 로버트 매슈스의 계산은 그것이 '재수의 문제'가 아니라는 것을 말해 준다. 어쩌면 우리가 그동안 바라 왔던 것들이 이 세상에서는 상당히 무리한 요구였는지도 모른다. (❹글쓴이는 우리가 살아가면서 항상 자신에게만 유리한 일이 일어나기를 바라고 있었다고 하는군.)

머피의 법칙은 세상이 우리에게 얼마나 가혹한가를 말해 주는 법칙이 아니라, 우리가 그동안 세상에 얼마나 많은 것을 무리하게 요구했는가를 지적하는 법칙이었던 것이다.

(❺이 글을 읽고 보니, 내가 원하는 대로 일이 풀릴 확률보다 그렇지 않을 확률이 실제로 높다는 것을 알게 되었다. 그리고 다른 사람들도 내가 겪는 확률만큼 일이 잘못되는 것을 경험한다는 것도. 앞으로 일이 잘 풀리지 않는 경험을 하게 된다면, 예전처럼 억울해하기보다는 내가 요행을 바라고 있었다는 것을 생각하고 상황을 긍정적으로 받아들일 수 있을 것 같다.)

(나)

제시된 글은 과학과는 전혀 상관없을 것 같은 삶의 일상적인 부분을 과학자의 통찰력으로 이해하고 이를 독자들이 이해하기 쉽게 풀어 쓰고 있다. 이 글을 읽은 학생-독자는 책을 읽어 나가는 과정에서 자신의 생각을 알 수 있게 하는 사고 구술 장면을 토대로 독서의 특성을 알 수 있게 해 준다.

학생-독자는 글의 첫 부분에 소개된 '머피의 법칙'에 대해 자신이 경험했던 불운의 연속을 떠올리고 있다. ㉠제재 글의 화제를 자신의 경험과 관련하여 이해하고 있다는 점에서 주목된다. 또한, 영국의 과학자 로버트 매슈스의 머피의 법칙에 대한 과학적 증명을 이해할 때 지구의 중력과 같은 ⓒ과학적 지식을 이용하였다. 이러한 이해를 바탕으로 학생-독자는 이전에 알고 있던 경험이나 지식을 재구성·재해석하고 ⓒ깨달음을 얻는다.

따라서 이를 통해 보건대 독자는 독서의 과정에서 특정 구절로부터 자유로운 연상·상상을 하는 과정이며, 글을 읽는 것은 독자 개인의 경험과 가치관을 바탕으로 글을 능동적으로 이해하는 과정이며 이 과정에 적극적일수록 글에서 많은 것을 얻어 낼 수 있다.

이처럼 독서는 단순히 활자를 눈으로 읽어 내는 과정, 단순히 언어 기호를 풀어 그것이 가리키는 바를 인식하는 과정인 해독(解讀)의 과정이 아니라, 글을 의미있는 전체로 이해하는 독해(讀解)의 과정이다. 독서는 글의 고정적 의미를 독자가 그대로 받아들이는 과정이 아니라, 독자가 자신의 경험과 지식, 가치관과 신념 등을 적극적으로 동원하는 (ⓔ) 활동이라고 할 수 있다.

3 [사회적 상호작용·사회적 의사소통으로서 독서]

관련 기출

2019 A형 기입형

1 다음은 독서 지도 방법에 대한 설명이다. 괄호 안의 ㉠에 들어갈 수 있는 방법 1가지를 쓰고, ㉡에 해당하는 말을 쓰시오. [2점]

독서는 독자 개인의 경험과 배경 지식을 활용하여 의미를 구성하는 활동으로 인식되어 왔다. 일반적으로 의미 구성의 주체는 개별 독자로 전제되는데, 이는 독서가 사적인 활동으로 인식되기 때문이다. 그러나 최근 협동 학습의 원리를 반영하여 독자들이 글에 대한 이해와 반응을 서로 교류할 수 있게 하는 독서 지도 방법이 확산되고 있다. 이러한 방법으로는 (㉠) 등이 있는 데, 이 독서 지도 방법들은 독자들 간 의미 경쟁을 통해 내용을 명료하게 파악하게 하고, 합리적인 의미로 내면화할 수 있게 해 준다. 또한 새로운 생각을 얻거나 입장의 변화를 가져오게 할 수 있는 장점도 있다. 그리하여 개별 독자의 독서는 개인 차원에 머무르지 않고 확장되어 소통하는 효과를 낳는다. 이때 글의 의미는 (㉡) 차원에서 재구성되며 독자 공동체에서 공유되고 소통된다. 이로써 독자는 개인 차원의 독서에서와는 다른 새로운 주체로서의 독자로 성장할 수 있다.

> 기본 예제

2 (가)는 학습지의 활동이고 (나)는 이에 대한 교사의 대화의 일부이다. 괄호 안의 ㉠, ㉡에 해당하는 말을 순서대로 쓰시오. [2점]

(가)	
읽기 전	〈활동 목표〉 읽기는 읽기를 통해 서로 영향을 주고받으며 소통하는 사회적 상호 작용임을 이해하고 글을 읽는다. 〈학습 활동〉 ❶ 우리 사회에서 최근 이슈가 되는 소재와 제재를 다룬 글을 찾아보자. ◎ 자신이 찾은 글에서 다룬 이슈가 무엇인지를 정리해보자.
읽기 수행	다음 제재글을 읽고 활동에 답해보자. 　인간은 오랫동안 동물의 본성이나 동물답게 살 권리를 무시하고 소와 돼지, 닭을 사육해 왔다. 오로지 더 많은 고기와 계란을 얻기 위해 '공장식 축산' 방식을 도입한 것이다. 공장식 축산이란 가축 사육 과정이 공장에서 규격화된 제품을 생산하는 것과 같다는 말이다. 공장식 축산 환경에서 소와 돼지, 닭은 몸조차 자유롭게 움직일 수 없는 좁은 공간에 갇혀 자라야 한다. 가축은 자연 스트레스를 많이 받아 면역력이 떨어지고, 이는 결국 항생제 대량 투입으로 이어질 수밖에 없는데, 우리는 그렇게 생산된 고기와 계란을 맛있다고 먹고 있는 것이다. 　이 같은 공장식 축산의 문제를 인식하고 개선하려는 '동물 복지 운동'은 1960년대 영국을 중심으로 유럽에서 시작됐다. 인간이 가축의 고기 등을 먹더라도 최소한 배려를 해 항생제 사용을 줄이고 고품질 고기나 계란을 생산하자는 것이다. 　동물 복지는 가축뿐 아니라 인간의 건강을 위한 것이기도 하다. 정부와 소비자 모두 동물 복지에 좀 더 많은 관심을 가져야 할 때다.
읽은 후	[학습 활동] ❷ 우리 사회의 맥락과 자신이 처해 있는 상황을 고려하여 자신의 생각을 형성해보자. ◎ 위 글은 어떤 사회적 이슈와 관련된 문제를 다루고 있는지 말해보자.

(나)

송 교사: 김 선생님, 제가 만든 학습지에 대한 논평을 부탁드립니다.
김 교사: 송 선생님의 수업은 읽기의 과정을 염두에 둔 활동을 제시하고 있어서 학습자의 능동적인 읽기 행위를 의도한다는 점에서 인상적이었습니다. 그런데, 활동 목표와 관련해서는 보완해야 할 점이 있어 아쉽군요.
송 교사: 어떤 점을 보완해야 할까요?
김 교사: 활동 목표가 사회적 상호작용으로서의 독서의 특성에 대한 이해라는 점에서 독서의 특성은 개별 독자의 머릿속에서 자신만의 독창적인 의미를 구성하는 과정을 넘어서지 않을까요?
송 교사: 네, 그렇습니다. 그래서 의도적으로 사회적 이슈에 관한 글을 제시하여 이러한 문제에 관해 학습자 자신이 처한 구체적 상황이나 사회·문화 및 역사적 배경을 고려하여 글 읽기를 유도했습니다.
김 교사: 이후에 읽기 활동도 글에 제시된 사회적 문제에 대한 학습자의 입장을 형성하도록 의도하고 있다는 점에서 활동 목표를 잘 고려했어요. 그런데, '사회적 상호 작용'은 다른 구성원들과 만남

을 통하여 의미를 구성하는 과정이라는 특성을 갖지 않을까요?

송 교사: 아, 그렇군요. 제가 구안한 활동에는 다른 구성원들과의 상호 작용이 고려되어 있지 않다는 말씀이군요.

김 교사: 그렇지요. 따라서 ❷번 활동 이후에 토론 활동을 제시하여 앞에서 형성된 학습자의 견해를 다른 사람과 (㉠)하도록 하면 어떨까요? 이는 결국 사회적 상호작용으로서의 독서가 다양한 타자와 만나는 장이며, 텍스트를 함께 읽고 의미를 (㉠)할 수 있도록 장려하는 데 의의가 있을 것입니다.

송 교사: 결국 읽기란 자신이 속한 사회의 맥락을 이해함으로써 그 사회에 참여하고, 그 사회에 속한 다른 사람과 서로 소통하는 과정임을 이해할 수 있겠군요.

김 교사: 또 하나 덧붙이자면, 마지막 활동으로 "자신의 입장이 담긴 글을 인터넷에 올려 다른 이를 설득해보자."라는 과제를 제시하여 인터넷에 자신의 견해를 발표하도록 하면 어떨까요? 이는 활동 목표와 관련하여 일정한 (㉡)을 형성하는 활동을 펼치도록 한다는 점에서 의의가 있을 것 같은데요.

송 교사: 제가 미처 생각하지 못했던 점을 활동 목표에 근거해서 자세히 말씀해주셔서 감사합니다.

3 다음은 〈독서의 특성〉을 이해하기 위해 마련한 자료와 수업 과정의 일부이다. 괄호 안의 ㉠에 들어갈 내용을 제시하고, 활동 과제의 흐름을 고려하여 ㉡, ㉢에 해당하는 활동을 제시하시오. [2점]

(가)

최악의 저출산 현상 해결책은 공동 육아

2016년 5월까지 국내 출산과 혼인 건수가 사상 최저치를 기록했다. 통계청이 발표한 '인구 동향'에 따르면 통계를 작성한 2000년 이래 올해 5월에 가장 적은 신생아가 태어났다. 지난 1월부터 5월까지 누계로도 신생아 수는 통계 작성 이후 가장 적다. 출산에 직접적인 영향을 미치는 혼인 건수도 계속 줄어 역대 가장 적은 수치를 나타냈다. 신생아와 혼인 건수의 감소 추세는 앞으로도 이어져 최저치를 계속 경신할 것으로 보인다.

국내 출생률을 높이기 위해 정부는 다양한 지원 정책을 마련해 적극적으로 추진하고 있다. 정부 정책의 성과를 높이려면 출산에 대한 사회 인식을 높이고 새로운 육아 문화가 형성되어야 한다. 출산에 대한 사회 인식을 높이기 위해서는 우선 저출산이 심각하다는 사회적 공감대를 형성하는 것이 절실하다. 저출산은 인구 감소로 직접 연결되며, 인구 감소는 생산 가능 인구를 축소해 노동력의 약화를 불러온다. 저출산은 급속도로 진행되고 있는 고령화 추세와 맞물려 있어 더 큰 문제이다. 젊은 세대의 노인 부양 부담이 커질수록 세대 간 불화와 갈등이 심화되고, 국가의 복지 재정 부담도 점점 증가한다. 궁극적으로는 국가 경쟁력 자체가 떨어지게 된다.

따라서 각급 학교나 언론, 시민 단체들은 기회가 있을 때마다 저출산으로 생기는 문제점을 인식하게 하고 널리 알리는 데 힘을 모아야 한다.

국내 적정 인구의 규모를 오늘날에 맞게 정확히 계산하는 것도 필요하다. 우리 사회는 점점 일자리가 줄어 고용난이 심화되고 있으며, 새로운 과학 기술의 발달로 노동 대체 현상이 나타나고 있다. 또한 인간 수명이 늘어나 생산 가능 연령이 높아짐에 따라 고령자들의 근로 기간이 연장되고 있다. 이와 같은 상황에서 무조건 인구를 늘리는 것이 최선의 대안은 아니라는 의견도 있다. 국제 경쟁력을 떨어뜨리지 않으면서도 경제 활력을 불어넣을 수 있는 적정 인구가 정확하게 계산되면 출생률을 높이기 위한 정책의 당위성이 확보될 것이다.

출생률을 실질적으로 높이려면 신생아 출산에 대한 인식을 높이고 새로운 육아 문화를 이루어야 한다. 가장 시급한 것이 이제 결혼을 앞둔 젊은 세대들을 대상으로 출산과 결혼에 대한 인식 및 가치관을 변화시키는 것이다. 지금의 결혼 적령기 층은 '아이 덜 낳기 운동'으로 출생률이 떨어지기 시작한 1980년 이후에 출생한 세대이다. 이들은 대개 두 명 이하의 형제 속에서 성장하여 다자녀 가정이 매우 낯설므로, 결혼하고 다자녀 가정을 이루는 것이 생활을 풍요롭게 하는 것임을 이들이 자연스럽게 받아들일 수 있도록 사회 분위기를 만들어야 한다. 이를 위해 교육 기관과 방송 매체 등에서도 기회가 될 때마다 다자녀 가정의 행복함을 알리는 데 힘썼으면 좋겠다.

남녀가 함께 아이를 키우는 육아 문화를 하루빨리 정착하는 일도 서둘러야 한다. 젊은 여성 직장인들이 결혼과 출산을 꺼리고 피하는 가장 큰 원인은 육아로 인해 발생하는 경력 단절을 걱정하기 때문이다. 공공 기관뿐만 아니라 일반 기업에서도 여성은 물론 남성도 육아 휴직을 편히 쓰는 분위기가 만들어져야 출산과 육아에 대한 여성의 부담을 덜 수 있게 된다. 이와 함께 조부모와 부모 그리고 손주들이 함께 생활하는 다세대 공존 주택 환경을 조성하고 육아 도우미 제도를 정착하여 대가족 공동체를 복원해야 한다. 더 나아가 각 지역이나 기업 단위로 공동 육아 시설을 확충하여 사회 전체가 육아에 참여하는 '육아 공동체'를 형성해야 비로소 한국에 아이 울음소리가 끊이지 않을 것이다.

(나)

교사: 우리들은 읽기를 통해서 동서고금의 많은 작가가 생산해 낸 글들과 만나요. 이 세상에는 다양한 지식과 지혜가 있고, 이를 읽기를 통해서 비판적으로 받아들이거나 공감하지요. 이처럼 독서는 그 자체가 이전 세대에서 이후 세대로 전수되는 사회적 (㉠)이라고 할 수 있어요. 또한 독서는 독자가 속한 구체적인 상황과 사회·문화적인 맥락 속에서 다른 구성원들과 서로 (㉠)하며 의미를 만들어 가는 과정이라고 할 수 있겠지요. 이것은 독자와 글 사이에 일어나는 일반적인 것일 뿐만 아니라 독해에 관하는 기능 요소들이 동시에 결합하는 것이시오.

자, 선생님이 나눠 준 활동지를 보면서 구체적으로 이에 대해 알아볼까요?

먼저, 활동지의 첫 번째 활동으로 "글을 읽고, 사회적 문제를 바라보는 글쓴이의 생각을 파악"해봅시다. 이 글에서 다루고 있는 사회적 문제가 무엇일까요?

학생 1: 날로 심각해지는 저출산 현상입니다.

교사: 그래요. 그렇다면 글쓴이가 제시한 해결 방안과, 그와 관련한 구체적인 실현 방법은 무엇인가요? 예를 들면 "출산에 대한 사회 인식을 높여야 한다."는 해결 방안과 관련하여 글쓴이는 '저출산이 심각하다는 사회적 공감대를 형성해야 한다.' 또는 '국내 적정 인구의 규모를 오늘날에 맞게 정확히 계산해야 한다.' 등을 내세우고 있어요. 그렇다면 이외에도 찾을 수 있는 방안과 실현 방법이 있을까요?

학생 2: "새로운 육아 문화가 형성 되어야 한다."고 주장하는 것 같아요.

학생 3: 이에 대한 방안으로 '다자녀 가정의 행복함을 알리는 데 힘써야 한다.' '남녀가 함께 아이를 키우는 육아 문화를 정착시켜야 한다.'고 제시하고 있어요.

교사: 잘 파악했어요. 그렇다면, 이제 두 번째 활동인 (㉡)을 해결하고, 세 번째 활동인 (㉢)은 모둠에서 해결해보세요.

…(중략)…

교사: 지금까지 여러분들은 독서의 본질과 관련하여 독자는 읽기를 통해서 자신이 속한 사회의 맥락을 이해함으로써 그 사회에 참여하고, 그 사회에 속한 다른 사람과 서로 영향을 주고받는 행위라는 점을 이해했습니다.

심화 예제

4 (가)는 활동 중심 읽기 수업을 위한 활동지이고, (나)는 독서 교육 이론을 설명한 글의 일부이다. 〈작성 방법〉에 따라 활동 중심 수업 내용을 서술하시오. [4점]

(가)

읽기 전	〈학습 활동〉 ❶ 우리 사회에서 최근 이슈가 되는 소재와 제재를 다룬 글을 찾아보자.
읽기 수행	이전에 권리를 보장받지 못했던 집단에 속한 사람을 적극적으로 채용하는 것은 역차별의 한 예이다. 다시 말해 역차별자의 지지자들은 취업 지원자들을 의도적으로 불평등하게 처리한다. 즉 그들은 지금껏 상습적으로 차별을 받았던 집단에 속한 사람들을 우대한다. 이런 방식으로 사람들을 불평등하게 다루는 것의 요점은 이런 방식이 비단 특정 직종 내에 현존하는 불균형을 제거할 뿐만 아니라, 전통적으로 혜택을 덜 받았던 집단에 속하는 젊은 사람들에게 본받고 존경할 만한 역할 모델을 제공하여, 더 평등한 사회로의 진행을 가속한다는 데 있다. …

읽은 후	[목표 학습]
	❷ 윗 글에서 필자가 궁극적으로 말하고자 하는 바를 사회·문화적 맥락을 고려하여 파악해보자.
	
	사회적 이슈와 관련하여 필자는 어떤 의도를 갖고 있는지 말해보자.
	
	☞ 〈지도의 주안점〉
	    이 활동은 텍스트 이해를 통해 '텍스트 생성의 상황 맥락과 사회문화적 맥락'을 파악하도록 구성되었다.
	
	❸ 오늘날 우리 사회에서 이와 유사한 상황을 찾아 모둠별로 토론을 실행하고 토론 과정에서 논의된 내용을 아래 표에 정리하여 보자.
	
	☞ 〈지도의 주안점〉
	    '모둠별 토론'은 (㉠)
	
	❹
	                          (㉡)
	☞ 〈지도의 주안점〉
	    사회적 이슈와 관련하여 '새로운 의미 발견하기'를 학습 내용으로 한다.

(나)

글을 이해한다는 것은 독자의 머릿속에서 자신만의 독창적인 의미를 구성하는 것이 아니라 독자가 속한 구체적인 상황과 사회·문화적인 맥락 속에서 다른 구성원들과 상호 작용하며 의미를 만들어 가는 과정이다. 독자는 공동체 내 구성원들이 구성한 의미를 협력적으로 소통함에 따라 구성원들의 삶에 대한 이해나 공동체가 지향해야 할 가치를 발견해갈 수 있는 것이다. 이처럼 독자는 자신이 처한 상황이나 사회·문화, 역사적 배경에 따라 의미를 형성해간다고 볼 수 있다.

작성방법

- (나)에서 독서 혹은 독서 교육의 관점을 읽기의 본질을 포함하여 서술하고, 이를 바탕으로 (가)의 2번 학습 활동을 통해서 달성하고자 하는 교수·학습 내용을 각각 서술할 것.
- (나)의 독서 혹은 독서 교육의 관점을 고려하여 (가)의 활동 3 ㉠ 〈지도의 주안점〉을 '모둠별 토론 활동'의 의의를 포함하여 서술하고, (가)의 ㉡에 〈지도의 주안점〉을 고려하여 적절한 활동을 제시할 것.

2절 독서 요인 및 독서 이론

테마 1 : 텍스트 요인 및 구조 이론

1 [텍스트 구조]

관련 기출
2022 A형 서술형

1 학습 독서를 지도하기 위해 '글 구조 활용하기 전략을 사용하여 내용을 종합하고 정리할 수 있다.'를 학습 목표로 수업을 진행하고자 한다. (가)는 수업 자료로 사용할 '한국지리' 교과서의 글들이고, (나)는 활동지이다. 글 구조 활용하기 전략에 대하여 〈작성 방법〉에 따라 서술하시오. [4점]

(가) '한국지리' 교과서의 글들

특수 지형: 화산 지형과 카르스트 지형

❖학습 목표 : 화산 지형과 카르스트 지형을 이해할 수 있다.

〈화산 지형〉
화산 지형은 지하 깊은 곳의 마그마와 가스가 지각의 틈을 통해 지표로 분출하여 형성된다. 우리나라의 화산 지형은 백두산을 비롯하여 제주도, 울릉도, 독도 등에 분포한다. 화산 지형은 지표로 분출한 마그마의 성과 폭발 형태 등에 따라 화산, 칼데라, 용암 동굴 등 다양한 모습으로 나타난다. 화산 지형은 형태가 매우 독특하며 경치가 뛰어나 자원으로 활용되는 경우가 많다. 화산 지형은 제주도의 경우만 보더라도 기반암이 물 빠짐이 쉬운 현무암으로, 벼농사에 불리하여 대부분의 경지가 밭농사에 이용된다.

〈카르스트 지형〉
독특한 형태를 띠는 카르스트 지형은 석회암의 주성분인 탄산 칼슘이 빗물이나 지하수에 용식되어 형성된다. 카르스트 지형은 석회암이 분포하는 지역에서만 볼 수 있는데, 대표적인 곳으로 강원도 삼척, 충청북도 단양 등을 들 수 있다. 카르스트 지형에는 지표가 우묵하게 파인 돌리네와 이곳에서 용식 작용이 더욱 진행되어 발달된 우발라, 지표 아래에 형성되는 석회 동굴 등이 있다. 카르스트 지형은 경관이 독특하여 관광 자원으로 많이 활용되는데, 삼척의 환선굴, 단양의 고수 동굴 등이 대표적이다. 카르스트 지형의 석회암 지대 토양은 물 빠짐이 쉬워서 논농사보다는 밭농사에 주로 이용된다.

(나) 활동지

※ 오늘의 과제 : 글 구조 활용하기 전략을 사용하여 교과서 내용을 종합하고 정리하기

1. 두 글을 읽고 각각의 구조를 파악해 보자.

2. 아래 밑줄 친 곳에 알맞은 말을 채우며 교과서 글의 내용을 종합 정리해 보자. 그리고 이때 전체적으로 활용한 구조가 무엇인지 말해 보자.

<종합 정리>

특수 지형: 화산 지형과 카르스트 지형

(1) 차이점
• _____
    ┌─ 화산 지형: 지하 깊은 곳의 마그마와 가스가 지각의 틈을 통해 지표로 분출하여 생김.
    │   (백두산, 제주도, 울릉도, 독도 등에 분포)
    └─ 카르스트 지형: _____

• 종류
    ┌─ 화산 지형: 화산, 칼데라, 용암 동굴
    │   (_____)
    └─ 카르스트 지형: 돌리네, 우발라, 석회 동굴
                (지표에 발달할 때와 지하에 발달할 때로 나뉨.)

(2)
• 지형 활용: 경관이 독특하여 관광 자원으로 활용됨.
  (제주도, 삼척 환선굴, 단양 고수 동굴 등)
• _____ : 기반암의 성질 때문에 벼농사보다는 밭농사로 이용됨.

3. <종합 정리>를 보며 친구와 짝을 지어 '화산 지형과 카르스트 지형'에 대해 이야기해 보자. 그리고 이 구조를 활용함으로써 어떤 점이 좋았는지 이야기해 보자.

작성방법

- (가)의 <화산 지형> 글 전체에 나타난 '설명적 글의 구조 유형'이 무엇인지를 쓰고, 그 특성을 설명할 것.
- (나)의 <종합 정리>에 전체적으로 활용된 '설명적 글의 구조 유형'이 무엇인지를 쓰고, 그 장점을 서술할 것.

2013

2 다음은 "글의 구조를 파악하며 글을 읽는다." 라는 학습 목표에 근거하여 구성한 학습 자료이다. 이 자료에 대한 설명으로 적절한 것만을 〈보기〉에서 있는 대로 고른 것은?

| 글 구조 유형:
비교·대조, 원인·결과, 문제·해결, 열거

ⓒ 첫째 문단을 '소득 격차 심화 현상의 배경'에 초점을 맞추어 읽어 보자. | 활동 1. 소득 격차의 원인에 대해서 이야기해 보자.

㉠ 활동 2. 〈자료〉를 읽고 '소득 격차는 갈수록 벌어지는데'의 내용을 예측해 보자.

자료
과학 기술의 발전과 그것을 토대로 한 산업화는 인간성을 상실하는 문제를 낳았다. 자본주의 사회의 산업화는 인간에게 물질적 풍요로움과 생활의 편리함을 주었지만, 인간의 기본적인 정체성과 개성을 잃어버리게 했다.

㉡ 활동 3. 글의 구조를 생각하며 '소득 격차는 갈수록 벌어지는데'를 읽어 보자.

소득 격차는 갈수록 벌어지는데
소득 격차 심화 현상은 기본적으로 장기적인 불황과 고용 사정의 악화로 인한 저임금 근로자와 영세 자영업자들의 생업 기반이 무너진 탓이다. 고소득층의 소비가 주로 해외에서 이뤄지기 때문에 내수 회복이나 서민 경제에 별 도움이 되지 않는다는 지적도 있다.
이와 같은 문제를 해결하기 위해, 먼저 기업 투자와 내수 경기를 살려 일자리도 만들고 서민 소득도 늘려야 한다. 세제를 통한 재분배 정책을 추진할 필요가 있다. 동시에 장기적인 관점에서 각 부분의 양극화 개선을 위해 경제 체질과 구조 개선을 서두르지 않으면 안 된다.

활동 4. 글 전체의 내용을 다음 그림을 활용하여 정리해 보자.
㉢ | 원인 | ➡ | 결과 |

활동 5. 정리한 내용을 모둠별로 비교해 보자. |

보기

(가) 위 학습 자료는 결과 중심 독서 지도법을 적용하고 있는데, 이것은 읽기 후 활동에 초점을 맞추어 독서 기능과 전략을 직접적으로 가르치는데 효과적이다.
(나) 〈자료〉와 제시 글은 내용적 관련성이 부족하여 ㉠은 제시 글에 대한 학생들의 배경지식을 활성화하는데 적절하지 않다.
(다) ㉡은 제시 글의 거시구조에 대한 독자들의 스키마를 활성화하여 제시글에 대한 학생들의 독해력을 증진한다.

(라) ⓒ은 첫째 문단의 중요 정보에 독자들의 주의를 집중시켜 심도 깊은 정보처리를 유도한다.
(마) 제시 글 전체는 '열거구조'로 되어 있어 ⓔ의 '원인·결과 구조' 도해 조직자로 요약하기 어렵다.

① (가), (나)   ② (다), (라)   ③ (나), (다), (라)
④ (다), (라), (마)   ⑤ (가), (나), (다), (마)

심화 예제

3 다음은 '글의 형식적 특징에 대한 이해'를 목표로 하는 독서 수업 계획서의 일부이다. 〈작성방법〉에 따라 서술하시오. [4점]

지난 7월 세계적으로 저명한 미국의 신경 과학자 3명이 동물에게도 의식이 있다고 선언했다. 이들이 '의식에 관한 케임브리지 선언'에서 "포유류와 조류, 그리고 문어를 포함한 다른 많은 생물도 인간처럼 의식을 생성하는 신경학적 기질을 갖고 있다."라고 주장한 것이다. 동물도 의식이 있는 만큼 합당한 대우를 받아야 한다는 얘기다. 그러나 아직도 동물에게 의식이 있다는 데 회의적인 과학자가 많다.
인간의 동물관은 고대부터 두 가지로 나누어 왔다. 그리스 철학자 피타고라스는 윤회설에 입각해 동물에게 경의를 표할 것을 주장했으나, 아리스토텔레스는 "동물에게는 이성이 없으므로 인간의 이익을 위해서만 존재한다."라고 말했다. 근세에 들어서도 그랬다. 17세기 철학자 데카르트는 "동물은 정신을 갖고 있지 않고 고통을 느끼지 못하므로 심한 취급을 해도 좋다."라고 한 반면, 18세기 계몽 철학자 루소는 "인간 불평등 기원론"에서 인간과 동물은 동등한 자연의 일부라는 주장을 처음으로 제기했다.
그러나 인간은 오랫동안 동물의 본성이나 동물답게 살 권리를 무시하고 소와 돼지, 닭을 사육해 왔다. 오로지 더 많은 고기와 계란을 얻기 위해 '공장식 축산' 방식을 도입한 것이다. 공장식 축산이란 가축 사육 과정이 공장에서 규격화된 제품을 생산하는 것과 같다는 말이다. 공장식 축산 환경에서 소와 돼지, 닭은 몸조차 자유롭게 움직일 수 없는 좁은 공간에 갇혀 자라야 한다. 가축은 자연 스트레스를 많이 받아 면역력이 떨어지고, 이는 결국 항생제 대량 투입으로 이어질 수밖에 없는데, 우리는 그렇게 생산된 고기와 계란을 맛있다고 먹고 있는 것이다.
이 같은 공장식 축산의 문제를 인식하고 개선하려는 '동물 복지 운동'은 1960년대 영국을 중심으로 유럽에서 시작됐다. 인간이 가축의 고기 등을 먹더라도 최소한 배려를 해 항생제 사용을 줄이고 고품질 고기나 계란을 생산하자는 것이다. 한국도 올해부터 먼저 산란계를 시작으로 '동물 복지 축산 농장 인증제'를 시행하고 있다. 배고픔·영양 불량·갈증으로부터의 자유, 두려움·고통으로부터의 자유 등 5대 자유를 보장하는 농장이라야 인증을 받을 수 있다. 동물 복지는 가축뿐 아니라 인간의 건강을 위한 것이기도 하다. 정부와 소비자 모두 동물 복지에 좀 더 많은 관심을 가져야 할 때다.

단계	교수·학습 내용		
도입	• 목표 확인 • 배경 지식 활성화		
글의 형식적 특징을 파악하기 위한 절차	▶ 원리 설명	▶ 글의 형식적 특성: 글의 내용을 효과적으로 전달하기 위해 글쓴이가 글을 적절한 방법으로 구조화한 것 ▶ 글의 형식적 특징에 대한 지식의 필요성: 글 전체 내용을 구조적으로 이해할 수 있게 하고, 글의 내용을 쉽고 빠르고 정확하게 파악할 수 있게 하며, 글의 내용을 더욱 오랫동안 체계적으로 기억할 수 있게 함	
	▶ 시범	㉠	
	▶ 교사의 안내에 의한 읽기	㉡	
독립적 읽기	• 본격적으로 이해한 의미 구조 파악을 통한 내용 이해의 활동을 다른 글에 활용해 보게 함		
정리 및 평가	• 자기 점검 • 차시 예고		

작성방법

• ㉠은 읽기 수업의 목표 성취를 위한 '시범 보이기'의 내용을 서술할 것.
• ㉡은 제재 글의 형식적 특징을 근거를 들어 설명할 것.

4 다음은 송 교사가 "글의 구조를 파악하며 글을 읽는다."라는 학습 목표를 달성하기 위하여 구성한 활동지의 일부이다. 송 교사가 구성한 활동지와 관련하여 〈작성 방법〉에 따라 서술하시오.[4점]

글 구조 유형 : 비교·대조, 원인·결과, 문제·해결, 열거	활동 1. '유전자 변형 작물(GMO)'에 대해서 들어본 적이 있는가? 이를 친구들과 이야기해 보자. 활동 2. 다음 〈자료〉를 읽고 '형질 전환을 이용한 유전자 변형 작물(GMO) 육종 기술'의 내용을 예측해 보자. 세상에 존재하는 미생물의 종류는 매우 많다. 그 많은 미생물 중 어느 것이 체내에 유입되어 질병을 일으킬지 알 수 없기 때문에 우리 몸에 항체를 모두 준비해 둘 수는 없다. 따라서 우리 몸의 면역계는 유전의 방법이 아니라, 외부에서 미생물이 침입했을 때 이를 정확하게 인식하고 그에 맞는 항체를 만들어 내는 과정을 통해 면역력을 획득한다.

활동 3. 글의 구조를 생각하며 다음 글을 읽어 보자.

〈형질 전환을 이용한 유전자 변형 작물(GMO) 육종 기술〉

형질 전환을 이용한 품종 육성은 교잡과 같은 생식 과정을 거치지 않고 다른 종의 유전자를 이전하여 새로운 품종을 만드는 기술이다. 외래 유용 유전자를 이식하여 개체의 특성을 변화시킨 작물을 유전자 변형 작물(GMO)이라 부른다.

일반적으로 형질 전환은 복제된 외래 유전자를 유전자 운반체에 옮기고 이렇게 만들어진 재조합 운반체를 식물에 도입하는 과정을 통해 이루어진다. 특히 박테리아를 이용하여 외래 유용 유전자를 식물에 도입하는 과정은 크게 네 단계로 진행된다. 첫 번째 단계는 먼저 농업적으로 유용한 형질을 결정하는 것으로 판단되는 외래 유전자를 발굴하여 복제하는 단계이다.

두 번째 단계는 복제한 유전자를 운반하고 식물 세포 내에서 효과적으로 발현할 수 있도록 하는 재조합 운반체를 만드는 단계이다. 원하는 유전자를 식물 세포에 운반하는 재조합 운반체로는 토양성 세균인 아그로박테리아의 플라스미드가 이용된다.

세 번째 단계는 외래 유용 유전자가 식물에서 발현되도록 재조합 운반체를 식물의 유전체로 이식하는 단계로서, 아그로박테리아를 이용하여 재조합된 플라스미드를 식물의 염색체에 도입하는 방법이 사용된다.

네 번째 단계는 외래 유전자를 도입한 식물 세포를 증식하고 완전한 식물로 재분화시킨 후 형질 전환된 식물을 선발하는 단계이다. 항생제가 함유된 선발 배지에서 식물 세포를 배양하면 외래 유용 유전자가 이식된 세포만 선택적으로 선발할 수 있다. 그 후 필요한 영양분과 식물 호르몬을 함유한 재분화 배지에서 선발된 세포의 재분화를 유도하면 하나의 세포로부터 완전한 식물체를 얻을 수 있다. 이를 식물 조직 배양이라 하고, 세포가 완전한 식물로 재분화될 수 있는 성질을 진형성이라고 한다.

이렇게 얻어진 형질 전환 식물은 농업적인 성능 및 효율성, 안정성 검정을 거쳐 상품화를 위한 개체를 최종적으로 선발되게 된다. 선발된 개체는 정밀한 안정성 검사와 더불어 품종화가 이루어지고 종자 증식에 들어간다.

활동 4. 글 전체의 내용을 다음 그림을 활용하여 정리해 보자.

문제	➡	해결

활동 5. 정리한 내용을 모둠별로 비교해 보자.

작성방법

- 〈활동 1〉이 학생의 독서 수행 과정에서 담당하는 역할을 제시할 것.
- 〈활동 2〉와 〈활동 4〉가 학생의 독서 수행 과정으로 적절하지 않은 이유를 제재에서 근거를 들어 각각 서술할 것. (단, 〈활동 4〉의 경우 제재 글의 글 구조를 포함할 것.)

5 다음은 송 교사가 "글의 구조를 파악하며 글을 읽고 이를 활용하여 글 쓰기"를 주제로 구성한 활동지의 일부이다. 송 교사가 구성한 활동지와 관련하여 〈작성 방법〉에 따라 서술하시오. [4점]

글 구조 유형(비교·대조, 원인·결과, 문제·해결, 열거)에 따른 읽기 활동	활동 1. 민주주의와 자본주의는 각각 어떤 특성을 갖고 있는지 친구들과 이야기해 보자. 활동 2. 다음 〈자료〉를 읽고 제재 글의 내용을 예측해 보자. 한글이 창제된 일이 조선 시대 이후 계속 사실(史實)로서 선택됐음은 더 말할 것 없지만, 그것이 가지는 역사적 의미는 시대에 따라 달라져 왔다. 조선 시대에는 한글 창제라는 사실(史實)이 가지는 역사적 의미가 주로 한문을 모르는 '어리석은 백성'을 '불쌍히 여김'에 한정되었다. 그런데 근대화를 지향하였던 개항기에 들어오면서 백성이 나라의 주인이라는 생각이 확산됨에 따라 서민들이 주로 사용하는 한글이 언문에서 국문의 지위로 올라섰고, 그것을 창제한 일은 세종의 가장 위대한 업적으로 부각되었다. 그러나 '역사를 보는 눈'을 지배자 중심의 관점에서, 혹은 영웅주의적 관점에서 조금 다른 각도로 돌려 보면 한글 창제의 주된 동기도 백성을 효과적으로 다스리기 위한 데 있었다고 해석하기도 한다. 한글을 창제하였다는 한 가지 사실(史實)을 두고도 왜 만들었으며 어떤 의미를 가지고 있는지 등과 같이 사실(史實)을 해석하는 데까지 나아가게 되면 그 해답은 시대의 발전에 따라, 그때마다의 현재적 요구에 따라 계속 바뀌지 않을 수 없다. 그 이유는 바로 역사의 현재성 때문이다. 활동 3. 글의 구조를 생각하며 다음 글을 읽어 보자. 우리 사회의 체제는 정치적으로는 민주주의, 경제적으로는 자본주의이다. 하지만 많은 사람들은 이러한 사실을 의식하고 있지 못하는 경우가 많다. 그리고 그들은 자본주의와 민주주의가 인류의 역사만큼이나 오래되었다고 생각한다. 그러나 이 둘의 역사는 그리 길지 않고, 이 둘이 결합한 것은 더더욱 최근의 일이다. 먼저 민주주의, 특히 대중 민주주의의 역사는 생각보다 짧다. 고대 그리스의 민주주의나 마그나 카르타(대헌장) 이후의 영국 민주주의는 귀족이나 특정 신분 계층만이 누릴 수 있는 체제였다. 우리가 흔히 알고 있는 대중 민주주의, 즉 모든 계층의 성인들이 1인 1표의 투표권을 행사할 수 있는 정치 체제는 영국에서 독립한 미국에서 시작되었다고 보는 것이 맞다. 하지만 미국에서조차도 20세기 초에야 여성에게 투표권을 부여하면서 제대로 된 대중 민주주의의 형태를 갖추게 되었다. 유럽의 본격적인 민주주의 도입도 19세기 말에야 시작되었고, 유럽과 미국을 제외한 각국의 대중 민주주의의 도입은 이보다 훨씬 더 늦었다. 자본주의의 역사는 얼마나 될까? 자본주의를 '개인 소유권의 인정'이라고 본다면 구약 성경에도 기록될 정도로 오래된 것으로 추정된다. 왕이 국가의 모든 자산을 소유하는 것으로 여겨졌던 절대 군주주의 시대에도 상업 활동을 통해서 부를 축적한 상인 계급이 존재했다. 그러나 보통 근대 자본주의의 시작은 1776년으로 간주된다. 이 해는 미국이 독립하고, 애덤 스미스의 『국부론』이 출간된 때이다. 아나톨 칼레츠키는 그의 저서 『자본주의 4.0』에서 대중 민주주의(이하 민주주의)와 자본주의는 제대로 결합하여 발전을 서로 도와 온 것으로 설명하고 있다. 실제로 산업 혁명 이후, 식민지 경영 시대, 공산주의와 자본주의의 대립 등을 거쳐, 지금은 세계 수많은 나라가 민주

주의와 자본주의를 결합한 정치·경제 체제를 갖추고 있다.
그런데 이 두 체제의 결합은 사실 자연스러운 것은 아니다. 레스터 서로는 그의 저서에서 이렇게 설파했다.

"민주주의와 자본주의는 적절한 권력의 분배에 대해 매우 다른 믿음을 갖고 있다. 하나는 '1인 1표'라는 정치권력의 완전한 분배가 좋다고 믿는 반면, 다른 하나는 경제적 비적격자를 몰아내어 경제적으로 멸종시키는 것이 경제적 적격자의 의무라고 믿는다. '적자생존'과 (구매력상의) 불평등이 자본주의적 효율성의 모든 것이다."

그렇다면 본질적으로 어울리기 어려운 정치 체제(민주주의)와 경제 체제(자본주의)가 어떻게 잘 결합하고 상호 작용을 하면서 19세기 이후 크게 번영을 이루어 왔을까? 레스터 서로는 민주주의 절차에 의해 선출된 정부가 시장을 가만히 놔두지 않고 더 평등한 소득 분배를 이루는 데 적극적으로 나섰기 때문이라는 설명을 내놓는다.

활동 4. 글 전체의 내용을 다음 그림을 활용하여 정리해 보자.

문제		해결
	➡	

활동 5. 정리한 내용을 모둠별로 비교해 보자.

읽은 글을 참고로 쓰기 활동	〈생략〉

작성방법

- 〈활동 1〉이 학생의 독서 수행 과정에서 담당하는 역할을 쓰고, 글 구조에 대한 지식의 읽기 교육적 의의를 서술할 것.
- 〈활동 2〉가 학생의 독서 수행 과정으로 적절하지 않은 이유를 읽기 전 활동에 비추어 근거를 들어 서술하고, 〈활동 4〉가 학생의 독서 수행 과정으로 적절하지 않은 이유를 제재 글의 구조를 포함하여 근거를 들어 서술할 것.

② [텍스트 난도]

관련 기출

2024 B형 기입형

1 다음을 읽고, 괄호 안의 ㉠, ㉡에 들어갈 말을 순서대로 쓰시오.

> 김 교사 : 오늘 교사 연구회 모임 주제는 텍스트 수준의 설정 방법입니다. 텍스트 수준이 학생들 수준에 맞아야 교수·학습 효과를 높일 수 있으니까요.
> 최 교사 : 텍스트 수준을 설정하는 데에는 양적 평가 방법인 이독성 공식을 쓸 수 있습니다. 어휘의 등급, 문장의 (㉠), 문단의 구조 등을 수치화하여 텍스트의 난이도를 보여주는 것입니다. 이때 문장의 (㉠)은/는 문장의 길이를 고려하면서, 문장의 기본 형식에 일정한 점수를 부여하고 내포절이나 수식어가 있는 경우에는 추가 점수를 부여하는 등의 방식으로 산정하여 문장의 난이도를 비롯한 텍스트 난이도 설정에 영향을 미칠 수 있습니다.
> 윤 교사 : 교사의 경험과 전문성을 활용할 수 있는 질적 평가 방법도 있습니다. 이 방법은 교사가 글을 정성 평가하여 세밀하게 적정 학년 수준을 조정할 수 있다는 장점이 있지만, 평가자의 전문성에 크게 의존하기 때문에 평가자 간 (㉡)을/를 확보하기 위한 장치가 필요합니다. 교사의 전문 지식이나 경험에 따라 동일한 텍스트를 서로 다른 수준으로 평정한다면 텍스트 난이도 설정 결과에서 (㉡)을/를 확보하기 어렵기 때문입니다.

2 다음은 읽기 텍스트 선정을 위한 대화이다. 괄호 안의 ㉠, ㉡에 해당하는 말을 순서대로 쓰시오. [2점]

> 김 교사 : 선생님, 제가 이번 학기 방과 후 수업에서 읽기 부진 학생 2명의 지도를 맡게 되었어요. 그런데 이 학생들에게 적합한 읽기 텍스트를 어떻게 선정해야 할지 좀 막막하네요.
> 박 교사 : 저도 읽기 수업에서 학생들에게 적합한 읽기 텍스트를 선정하는 것이 늘 고민거리입니다. 선생님이 이번에 수업하실 학생들의 수준은 어느 정도라고 짐작하세요?
> 김 교사 : 저의 판단으로는 대략 또래 학생들보다 2년 정도 읽기 발달 수준이 낮은 것 같습니다. 제가 책을 찾아 보니 어휘 수, 문장 복잡도를 중심으로 텍스트의 이독성을 계산해서 특정 학년에 맞는 텍스트를 선정 하는 방법이 있던데 그 방법을 활용하면 어떨까요?
> 박 교사 : 이독성 공식에만 의존하면 (㉠) 요인 이외의 다른 요인은 거의 고려하지 않는다는 점에서 문제가 있어요.
> 김 교사 : 아, 독자의 배경 지식과 같은 요인도 고려해야 한다는 거죠?
> 박 교사 : 독자의 배경 지식도 중요한 요인이죠. 독자 요인에서는 그런 인지적인 특성 이외에 흥미나 읽기 효능감 같은 정의적인 특성도 중요합니다. 그리고 또 한 가지 고려할 것은 상황 요인입니다. 예를 들어, 읽기의 목적이 무엇인지, 독서 환경은 어떠한지 등도 살펴볼 필요가 있지요.
> 김 교사 : 독서 환경에 대해서는 저도 들어 본 적이 있어요. 저는 독서 환경 중에서도 (㉡) 환경이 중요하다고 생각합니다. 부모와의 대화 빈도, 부모의 독서 행위, 가정 내 읽을거리의 양과 질 등이 여기에 해당되지요.

테마 2 독자 요인 및 스키마 이론

1 [스키마의 기능]

`관련 기출`
`2021 A형 기입형`

1 다음을 읽고, 괄호 안의 ㉠, ㉡에 들어갈 말을 쓰시오. [2점]

(가) 독해 과정에 대한 실험

연구자들은 '집'이라고 제목 붙여진 글을 두 집단의 학생들에게 읽게 하였다. 이 글은 도둑이 관심을 가질 만한 정보와 집을 사려는 사람이 관심을 가질 만한 정보를 함께 포함하고 있으며, 그 정보의 수도 비슷하다. A집단에게는 도둑의 입장에서, B집단에게는 집을 사려는 사람의 입장에서 이 글을 읽게 하였다. 실험 결과, A집단의 독자들은 차고에 있는 좋은 자전거, 외따로 떨어져 있는 집의 경치 등의 정보를 많이 기억하고, B집단의 독자들은 지붕이 썩어 햇빛이 새어 들고 지하실에 습기가 많다는 등의 정보를 많이 기억하였다. 다른 연구에서는 실험에 참여한 학생들에게 "철수는 부모님과 함께 패스트푸드 가게에 갔다. 가게에서 햄버거도 먹고 아이스크림도 먹었다."라는 글을 읽게 한 후 "철수는 왜 줄을 서서 기다렸는가?"라고 물었을 때 학생들은 글에 포함되지 않았던 내용을 채워 넣으며 답을 했다.

(나) 독서 교육에 주는 시사

이상의 연구들은 독해 과정에 영향을 미치는 (㉠)의 기능을 밝혀내었다는 점에서 그 의미를 찾을 수 있다. 특히, 첫 번째 연구에서는 (㉠)이/가 정보의 선택과 기억에 영향을 미친다는 점을 밝혀내었다. 그리고 두 번째 연구에서는 독자가 의미 구성을 하는 과정에서 글에 제시된 정보를 기반으로 생략되거나 감추어진 내용을 채워 나가는 (㉡)을/를 한다는 점을 밝혀내었다.

2009

2 2명의 피험자에게 글을 읽게 한 뒤 3일 후 읽은 내용을 회상하여 적게 하는 실험을 실시했다. 이 실험의 '갑'이나 '을'의 회상지로부터 도출할 수 있는 스키마의 특성과 거리가 먼 것은?

> **원문**
>
> 세제는 적당량을 사용한다. 정량보다 많은 양의 세제를 사용하더라도 세탁 효과는 거의 없으며 오히려 헹굼이 충분히 못하게 되어 의류 손상의 원인이 된다. 세제를 필요한 양보다 많이 사용하면 환경오염의 원인이 된다. 수온이 너무 낮아도 세제가 완전히 녹지 않아 세탁기에 끼이거나 의류에 남아 피부병을 유발할 수 있다.
> (44어절, 175자)

- 갑[38세 주부]
  세탁기를 사용할 때는 주의할 점이 있다.
  먼저 세제량이 중요하다. 세제를 과다하게 쓰면 물도 많이 낭비하고 아이들의 아토피나 피부암을 일으킨다. 세제를 많이 사용한다고 해서 효과가 좋은 것은 아니고 환경오염만 낳는다. 다음은 수온이 중요하다. 물이 너무 차가우면 세제가 잘 녹지 않아서 호스에 끼이거나 세탁조에 남아 헹굴 때도 계속 세제가 나와서 물을 낭비한다. 너무 뜨거우면 옷감이 상하기 쉽다. 물샴푸도 마찬가지로 물이 뜨거우면 모직이 상한다.
  (62어절, 284자)

- 을[중2 남학생]
  물의 수질은 매우 중요하다. 특히 세탁 시 세탁 효과를 좌우하기 때문이다. 때도 잘 안 빠진다. 그래서 세탁 시 수질을 유의해야 한다.
  (21어절, 75자)

① 정보를 위계적 구조로 저장한다.
② 중요도에 따라 정보의 양을 줄인다.
③ 명시적으로 드러나지 않은 내용을 추론하게 한다.
④ 관련 경험이 많고 적음에 따라 회상 정도에 영향을 미친다.
⑤ 신정보를 구정보에 동화시켜 원래와 다른 형태의 지식이 인출되게 한다.

> 기본 예제

3 다음을 읽고, 괄호 안의 ㉠~㉢에 들어갈 말을 쓰시오. [2점]

(가) 독해 과정에 대한 실험

연구자들은 독서의 하위기능들을 모두 습득한 독자들에게 이 글을 읽게 하였다.

> 절차는 매우 간단하다. 먼저 항목들을 몇 종류로 분류한다. 물론 해야 할 양이 얼마나 되느냐에 따라서 때로 한 묶음으로도 충분할 수 있다. 시설이 모자라 다른 곳으로 옮겨야 한다면 그렇게 한다. 그렇지 않다면 이제 준비는 다 된 셈이다. …(생략)…

독자들은 소리 내어 읽을 수는 있었지만, 글의 내용이 잘 이해되는지 묻는 질문에 대답을 하지 못하였다. 이번에는 연구자들은 글을 읽기 전 제목을 알려주고 읽게 하였고 이후 독자들은 동일한 질문에 적절한 대답을 하였다. 제목을 알고 읽었을 때와 모르고 읽었을 때 이해의 정도에 차이가 발생함을 알 수 있었다.

(나) 독서 교육에 주는 시사

(㉠) 과정 모형을 주장하는 연구자를 난처하게 했던 것은 위의 실험이다. 글만 읽었을 때는 어려운 단어나 구절이 없음에도 내용이 잘 이해되지 않았지만, 제목을 알고 읽으니 글 내용이 쉽게 이해된 것은 배경지식이 글의 의미를 구성하는 데 중요한 역할을 한 것이다. 이처럼 의미 구성이 독자에게 중요한 지위를 부여하고 접근한 모형이 '(㉠) 과정 모형'이다.

이 모형은 '독자 중심의 독서'라 할 수 있다. 독서는 글의 의미를 구성하는 행위인데, 의미는 '글'에 있지 않고 독자의 '머리'에 있다고 보았다. 글은 의미를 전달하는 단초(端初)나 자극에 불과하지 의미 그 자체는 아니라는 뜻이다.

이 모형에 의하면 독서를 통해 의미를 구성하기 위해서는 독자는 배경지식을 이용하여 글의 내용을 예측하고, 생략된 내용을 추론하고, 새로 알게 된 내용을 자신의 배경지식에 통합하여 기억하게 된다. 이런 과정은 매우 목적 지향적이며 여러 가지 대안 중에서 최적의 방법을 선택하고 유연하게 진행되는 사고의 과정으로 '(㉢)'이라고 명명하였다.

---

4 다음은 읽기 이론에 영향을 미친 인식론을 중심으로 읽기 지도의 관점을 주제로 토의를 나눈 교사 협의회의 일부이다. 괄호안의 ㉠에 해당하는 단어를 찾아 쓰고, ㉡에 해당하는 말을 쓰시오. [2점]

송 교사: 오늘은 읽기 지도의 방법을 모색하기 위해 자리를 마련했습니다. 선생님들의 읽기 지도 방법을 들어볼까 합니다.

김 교사: 읽기 지도의 방법은 먼저 그것의 근거가 되는 인식론을 검토해보아야 하지 않을까요? 제가 알아본 바에 의하면 지식은 개인의 정신과 독립적으로 존재하는 어떤 객체로서 내부로 전달된다고 합니다. 그러한 관점에서 학습이란 교사에 의해 이미 존재하는 지식이 전수되는 것으로 학습자들은 교사에 의해 전달되는 지식을 받아들이게 되는 것 아닐까요?

박 교사: 아마도 김 선생님의 견해는 객관주의에 해당할 것 같습니다. 저는 이에 반발하여 나온 관점에 주목하고자 합니다. 지식이란 끊임없이 (㉠)의 과정을 반복하며 진행되는 것이기 때문에, 이런

과정을 통해 (㉠)되는 지식 혹은 의미는 학습자 개인마다 개별적 의미를 지니게 된다는 것이 중요하기 때문입니다.

최 교사: 박 선생님의 관점도 일리가 있지만, 읽기 지도의 방법으로 구현하기가 어려운 것 같아요. 제가 보기엔 김 선생님의 말씀대로 텍스트를 중심으로 하는 읽기 수업이 우리 교실에 확실한 방법이 아닐까 생각합니다. 언어 요인에 주목하면서 글 속에 내재된 필자의 의미를 발견하는 것에 주목하는 것이지요.

김 교사: 그렇습니다. 그러기 위해서는 언어 이해의 과정에서 학습자들은 먼저 글을 정확하게 해독해야 합니다.

박 교사: 글쎄요. 제가 보기엔 우리 교실에서 필요한 것은 독자를 읽기 수행 과정에서 자신의 (㉡)을/를 토대로 텍스트에서 의미를 끌어내는 존재로 보아야 하지 않을까요?

송 교사: 박 선생님의 말을 보충하자면, 이해의 과정은 학생들이 텍스트를 해석해 보거나 추론하는 등의 작업을 통해 다양한 읽기를 수행하여 의미를 나름대로 구성한다. 뭐, 이런 관점을 취하는 것인가요?

박 교사: 그렇습니다. 독서 행위에서 독자에 주목해보면, 읽기 수업은 독자가 글을 읽는 전 과정에서 자신의 (㉡)을/를 능동적으로 활용할 수 있도록 구성되어야 합니다.

심화 예제

5 송 교사는 학생들의 읽기 능력 향상을 위해 다음과 같은 독서 수업을 진행하였다. 수업 활동의 의도와 활동의 결과를 〈보기〉와 같이 정리할 때, 〈작성 방법〉에 따라 서술하시오. [4점]

> 바다에서 그곳까지는 꽤 멀리 떨어져 있기 때문에 만일 풍선이 터진다면 소리는 전달되지 않을 것이다. 만일 창문이 닫혀 있어도 소리는 역시 전달되지 않을 것이다. 왜냐하면, 요즘 짓는 건물들은 방음 장치가 꽤 잘 되어 있기 때문에 전선의 어느 한 부분이라도 끊어 진다면 이 또한 문제가 된다. 물론 젊은이가 크게 소리를 지를 수도 있다. 그러나 인간의 목소리는 그 정도의 거리에까지 도달할 수 있을 만큼 크지는 않다. 만일 그렇게 된다면 메시지만 전달해야 하기 때문이다. 거리만 가깝다면 사정은 훨씬 나을 것이다. 그러면 걱정거리도 적어질 것이다. 얼굴과 얼굴을 가까이 할 수만 있다면 일이 잘못될 가능성은 거의 없다.

1 다음 질문에 답하며 이 글이 어떤 상황을 설명하고 있는지 짐작하여 말해 보자.

바다에서 꽤 멀리 떨어져 있다는 '그곳'이 어디일까?	'젊은이'는 누구에게 어떤 메시지를 전달하려고 하는 것일까?
악기의 줄이 끊어지면 어떤 문제가 생길까?	"얼굴과 얼굴을 가까이 할 수만 있다면 일이 잘못될 가능성은 거의 없다."라는 말의 뜻은 무엇일까?

〈답안 생략〉

② 다음 두 그림 중에서 이 글의 내용을 파악하는 데 도움이 되는 그림이 무엇인지 이유를 들어 말해 보자.

〈답안 생략〉

③ 이 글에 나오는 단어나 문장을 쉽게 이해하면서도 글 전체의 내용을 파악하기 어려웠다면 그 이유가 무엇인지 친구들과 이야기해 보자.

〈토론의 일부〉

은주: 건물 밖에서 남자가 여자에게 노래를 부르며 청혼이나 구애를 하는 것은 우리에게 익숙하지 않기 때문이야. 특히 스피커를 풍선에 매달아 노래를 전달하는 상황은 생소하게 느껴지거든.
병주: 맞아. 만약 주변에서 흔히 볼 수 있는 상황이었다면 이 글의 내용을 좀 더 쉽게 파악할 수 있었을 거야.
찬주: 만약 2번 활동의 (가) 그림을 미리 보고 이 글을 읽었다면 그 내용을 이해하기가 훨씬 쉬웠을 거야.

보기

[활동 의도]
이들 활동은 글을 이해한다는 것은 단순히 글자를 읽어 나가는 '해독'과는 다르며, 글에 나타난 정보를 단서로 독자가 (㉠)하는 등 독자와 글이 빈번하게 상호작용하는 역동적인 과정임을 이해하도록 하기 위해 구안하였다.

[활동 결과 분석]
학생들이 전체의 내용을 파악하기 어려웠던 것은 아마도 건물의 위층에 사는 애인에게 건물 밖에서 노래를 부르며 청혼을 하는 광경을 본 경험이 없었기 때문일 것이다. 그러나 그림을 본 뒤에는 글에서 말하는 표현들이 의미하는 바를 쉽게 이해할 수 있었다. 이와 같이 독자의 (㉡)는 글의 의미를 이해하는 데 중요한 역할을 한다는 것을 알도록 지도한다.

[결론]
앞의 활동으로부터 얻을 수 있는 결론은

㉢

> **작성방법**
> - 활동 의도와 활동 결과 분석의 빈 칸 ㉠과 ㉡에 들어갈 말을 각각 제시할 것.
> - 결론 ㉢에 독서에 영향을 미치는 요인과 위의 활동에서 ㉡과 같은 역할을 맡은 것이 무엇인지 쓰고, 위의 활동으로부터 도출할 수 있는 읽기의 본질을 〈보기〉를 고려하여 서술할 것.

6 다음을 읽고, 괄호 안의 ㉠, ㉡에 들어갈 말을 쓰시오. [2점]

> 다음 예문에서 일어난 일은 어디에서 일어난 일인가?
> "①석유 파동이래 사업은 저조해만 갔다. ②아무도 더 이상 우아한 것을 찾으려 하지 않는 것 같다. ③갑자기 문이 열리고, 정장을 한 신사 한 분이 전시장 안으로 들어섰다. ④영호는 정중하면서도 친근감 있는 태도로 그 신사를 향해 걸어 갔다."

 이러한 질문을 해결하기 위해 독자들은 첫 문장 ①의 '석유 파동이래'에 주목하여 석유 파동' 때문에' 사업이 저조하게 되었다고 해석할 것이다. 여기서 독자는 최소한 두 가지의 (㉠)을 구성 할 것이다. 첫째, 이 사업은 석유와 관련 있는 사업일 것이고, 둘째, 그렇다면 아마 자동차 사업이든지 또는 석유 사업(정유 공장 또는 주유소)일 것이다. 두 번째 문장 ②를 읽으면서 독자들은 석유에 관한 위의 두 가지 (㉠) 중에서 석유 사업은 이 글의 내용을 적절하게 설명하지 못함을 깨닫게 된다. 석유 사업은 '우아한 것'과는 관련이 적기 때문이다. 그렇지만 자동차 사업은 '우아한 것'과 관련이 될 수 있으므로 이 (㉠)은 계속 남게 된다. 세 번째 문장 ③을 읽으면서, 특히 '전시장'이란 단어를 참조하면서 독자들은 이 글이 자동차 사업 가운데 생산보다는 판매와 관련되는 글임을 확인하게 된다. 그리고 '정장을 한 신사'와 '우아한 것'이 어느 정도 맞아 떨어지고, 이 신사를 자동차를 사려는 고객으로 해석할 수 있을 것이다. 그리고 '전시장'은 아마 자동차 전시장일 것이라고 더 세분하여 해석하게 된다. 마지막 문장에서, 영호는 아마 자동차 판매원일 것이라고 해석하게 될것이다. 그가 취한 정중하면서도 친근감 있는 태도와 행동은 판매원에 대한 우리의 일반적인 (㉡)와(과) 합치되기 때문이다. 따라서 영호의 직업에 대한 위의 해석은 더욱 확실한 증거를 갖게 된다. 이처럼 언어 이해의 과정에서 스키마가 하는 핵심적인 기능은 사건, 대상, 상황 등에 구조화된 해석을 가능하게 하는 데 있으며 (㉠) 구성자로서의 스키마의 역할이 중요하게 된다. 즉, 텍스트에 대한 이해자는 그 텍스트에 대한 가장 적합한 해석이 무엇인지에 관한 (㉠)을 수립하고 그것을 끊임없이 평가하게 되기 때문이다.

2 [독서 과정 모형]

관련 기출

2009

1 글의 이해 과정을 설명하는 하향식 모형의 관점에서 볼 때, 다음 '학습 활동'들이 공통적으로 지니는 읽기 교육적 의의로 가장 적절한 것은?

읽기 전	[학습 활동] • '절대 영도'가 무슨 말일지 생각해 보자. • 온도를 어느 정도까지 낮출 수 있을지 생각해 보자.
읽기	(······)그러나 온도를 계속 내리면 마지막에는 압력이 완전히 사라져 버린다. 그 온도를 절대 영도라 한다. 그보다 더 추울 수 없는 가장 낮은 온도이다. 열역학 법칙에 의하면 절대 영도에는 결코 도달할 수 없다. 온도를 절대 영도까지 내리려면 열을 저온에서 빼앗아 고온으로 보내는 일을 엄청나게 해야 한다. 그 일은 온도가 내려갈수록 점점 더 어려워진다. 특히 (······)
읽은 후	[학습 활동] • 문맥을 통해 '열역학 법칙'의 내용을 짐작해 보자. • 글을 읽기 전에 알고 있던 내용과 읽은 후 새로 알게 된 내용을 써 보자.

① 정보 처리가 자동적으로 이루어지면 해독보다 의미 구성에 주의가 집중될 수 있음을 설명해 준다.
② 읽기가 문장의 이해로부터 상위 단계인 문단의 이해로 진행되는 연속적 과정임을 뒷받침해 준다.
③ 내용을 추측하거나 읽은 내용을 자신이 알고 있는 사실과 관련짓는 것이 중요함을 말해 준다.
④ 글에서 전달하려는 정보에 초점을 두고 있어 글의 내용 파악이 중요함을 알려 준다.
⑤ 낱말 뜻의 정확한 이해가 내용 이해에 필수적임을 보여 준다.

1장 교과내용

기본 예제

2 다음은 글의 이해 과정에 대한 수업에서 교사와 학생의 대화이다. 괄호 안의 ㉠~㉢에 해당하는 말을 순서대로 쓰시오. [2점]

　글을 이해한다는 것은 단순히 글자를 읽어 나가는 것과는 달라요. '읽기 전, 중, 후'의 전 과정에서 글과 독자가 상호작용하는 역동적인 사고의 과정이지요.
　자, 다음 글을 묵독해봅시다.

> 잡지보다는 신문으로 만드는 것이 더 좋다. 거리보다는 바닷가가 더 낫다. 처음에는 걸으면 안 되고 달려야 한다. 한 번에 성공하지 못할 때가 많으므로 여러 번 시도해야 한다. 기술이 필요하지만 배우기는 쉽지 않다. 그렇지만 어린아이라도 이것을 즐길 수는 있다. 일단 성공하기만 하면, 그다음부터는 별문제가 없다. 새들은 거의 가까이 오지 않는다. 그렇지만 비가 내리면 금방 젖는다. 같은 일을 하는 사람이 너무 많아도 문제가 된다. 각각 넓은 공간이 필요하기 때문이다. 골칫거리만 없으면 아주 평화롭다. 그러나 이것이 도망을 치고 나면 당신에게는 다시는 기회가 오지 않는다.

　자, 이 글의 내용이 잘 이해되는지 말해 볼까요?
　　　　　　　　(학생들의 대답)
　그래요. 그럼 이 글의 제목이 '연날리기'임을 알고 다시 읽어 볼까요?
　　　　　　　　(학생들의 대답)
　제목을 알고 읽었을 때와 모르고 읽었을 때 이해의 정도에 차이가 나는 이유가 무엇일까요?
　　　　　　　　(학생들의 대답)
　그래요. 글을 읽으면서 내용이 생소하거나 이해하기 어려운 이유는 여러분들의 경험을 동원하지 않았기 때문이에요. 글만 읽었을 때는 어려운 단어나 구절이 없음에도 내용이 잘 이해되지 않았지만, 제목이 '연날리기'임을 알고 읽으니 글 내용이 쉽게 이해되었어요. 이와 같이 연날리기의 경험은 글의 의미를 구성하는 데 중요한 역할을 한답니다. 여기에서 '제목'은 그러한 역할을 수행하는 것이지요.
　이처럼 독서를 수행할 때, 스키마는 우리가 글을 읽을 때 글의 의미를 이해하고 예측이나 추론하고 비판하는 등의 활동을 하는 데 영향을 끼치고 글의 내용을 기억하거나 인출하는 등에서 영향을 끼칩니다.
　결국 이해의 과정이란 단순히 문자 기호를 읽어 나가는 해독이 아니라, 독자가 자신의 스키마를 동원하여 이를 내용과 관련지어 추측하고 확인해 나가는 과정임을 알 수 있습니다. 이렇게 독자가 글의 내용을 추측하고, 그러한 예측에 맞춰 글에 나온 정보들을 해석하고, 글을 읽어 가면서 확인하며, 자신의 예측을 수정해 나가는 과정으로 글을 읽어나가는 모형을 (㉠)식 모형이라고 부릅니다.
　이 모형에 의하면 독자의 스키마는 다양한 측면에서 영향을 미친다고 합니다. 첫째는 위에서 알 수 있듯이 연날리기의 경험 정보와 글에 나타난 새로운 정보를 결합하며 읽도록 돕는다는 점에서 구정보와 신정보를 (㉡)하는 일이며, 둘째는 자동차의 겉만 보고도 그 안에 엔진이 있음을 알고, 이야기의 앞부분만 보고도 뒷부분을 예측할 수 있는 등 글에 언급되지 않은 많은 내용을 추론하여 행간을 읽을 수 있는 기반을 제공하는 일이며, 마지막으로 위의 예에서 〈제목〉이 하는 역할처럼 글 속의 수많은 여러 정보들을 (㉢) 있는 형태로 재구성하는 기능을 수행합니다.

3 다음은 글의 이해 과정에 대한 수업에서 교사의 설명이다. 괄호 안의 ㉠~㉣에 들어갈 말을 쓰시오. [2점]

> ① **유람선 여행**은 참 재미있다. 그러나 때가 되면 우리는 새 **승객**을 위해서 **하선**을 해야 한다. ㉮(<u>'유람선 여행, 승객, 하선' 등의 단어가 등장해. 이를 통해 이 글은 '유람선 여행'을 그 내용으로 하고 있겠군.</u>) 약속된 일정이 끝났기 때문이다. 얼마나 아름다운 유람이었던가! 우리는 유람의 기회를 얻은 걸 고마워하면서 후회 없이 하선을 한다. 이 유람에서 가장 고맙고 아름다운 일은 그 누군가 나에게 공짜 표를 선물해 주었다는 데 있다. 이것이 **인생**이 아닐까. ㉯(<u>어, 그런데 여행 이야기를 하다가 갑자기 인생이라니? 이상한 걸?</u>)
> ② 나의 유람은 거의 끝나 가고 있다. 나는 참으로 이 유람을 즐겼다. **배 안에서** 재미있는 **사람들**을 여럿 **사귀었는데** 그중에서 가장 소중한 사람들은 천건희 씨, 데니스, 데이비드, 셀리나였다. ㉰(<u>배안에서 사귀었다고 지목했던 사람들은 진짜로 배안에서 사귀었던 사람이 아닌 것 같아. 인생을 생각한다면 아마도 필자와 가까운 관계에 있는 사람들 아닐까?</u>) 자리를 떠나면서 나는 여러분을 상면할 수 있는 행운을 가진 데 대해 심심한 감사를 표하고 앞으로 끝까지 즐거운 유람을 하기를 축원한다.
> ③ 내가 **죽은 뒤** 땅속에 묻히게 된다면 ㉱(<u>죽은 뒤?. 아, 그렇구나. 결국 이 글은 인생에 대한 글이로군. 지금까지 유람선 여행을 인생의 여행에 비유하고 있었어.</u>) 비문을 어떻게 써 달라고 할까 생각해 봤다. 심사숙고 끝에, 멘컴(H. L. Menkem)의 비문을 꾸어다 쓸까 한다.
> "내가 이 속세를 뜬 뒤, 나를 아직도 기억하고, 내 유령을 즐겁게 해 주겠다는 분이 있으면, 죄인을 용서하고 못생긴 아가씨에게도 윙크를 던져 주십시오."
> 그럼 소인은 물러갑니다. 오래오래 길이길이 잘 사십시오. ㉲(<u>이 글 전체는 결국 죽음을 앞둔 사람이 그를 아는 지인 혹은 가족들에게 남기는 말을 유언 형식으로 쓴 글이겠군.</u>)

독자는 ㉮에서 글에 등장하는 단어에 주목하고 있다. 이를 통해 이제부터 나올 이 글의 내용은 글의 표면에 드러난 쓰인 그대로 '유람선 여행'에 대한 것으로 이해하고 있다. 따라서 처음에 학생은 글 혹은 자료가 중심이 되는 (㉠)식 과정으로 읽고 읽다고 할 수 있다. 그런데 이후 독자는 ㉯에 이르러서 이전까지 글의 내용을 유람선 여행으로 이해했던 자신의 이전의 해석에 의문을 품기 시작한다. 그래서 ㉰에서 '배안에서 사귀었다고 지목했던 사람들'을 '인생'이라는 글 내용의 단서를 활용하여 '필자와 가까운 관계'라는 것을 추측하고 있다. 이를 통해 보면 독자는 자신의 배경지식과 경험을 동원하여 이를 내용과 관련지어 추측하여 (㉡)식으로 글을 이해하는 과정을 보여주고 있다. ㉱에서 독자는 ㉰에서부터 추측해왔듯이 이 글이 인생에 대한 내용이라는 것을 확인하고 있고, 여기에서 '인생을 여행에 비유하기도 한다'는 스키마가 작용하고 있다. 결국 ㉲에서 글 전체를 읽은 후 이 글을 쓴 필자의 의도와 목적을 파악하고 있다. 이처럼 독서는 글과 독자가 서로 영향을 주고 받는 (㉢)의 과정이라고 할 수 있다. 이러한 관점에 의거한 독서 지도로 (㉣)적 지도법을 들 수 있다. 이는 음독과 해독 중심의 정음법 등을 강조한 (㉠)식 모형과 예측 및 통합을 강조한 총체적 언어 지도법 등을 강조한 (㉡)식 모형을 절충한 (㉣)지도법이다. 이러한 읽기 지도는 좁은 의미에서 발음 중심 지도와 총체적 언어 지도의 절충적인 지도 방식을 의미하지만, 넓은 의미에서는 읽기 교육에 접근하는 다양한 방식의 선택에서도 절충적으로 접근하는 것이 효과적이고 합리적이라는 지도 방식을 의미하기도 한다.

심화 예제

4 다음은 어느 고등학생의 눈동자 움직임을 분석한 결과를 정리한 글이다. 〈작성 방법〉에 따라 독서 과정 모형을 서술하시오. [4점]

(가)

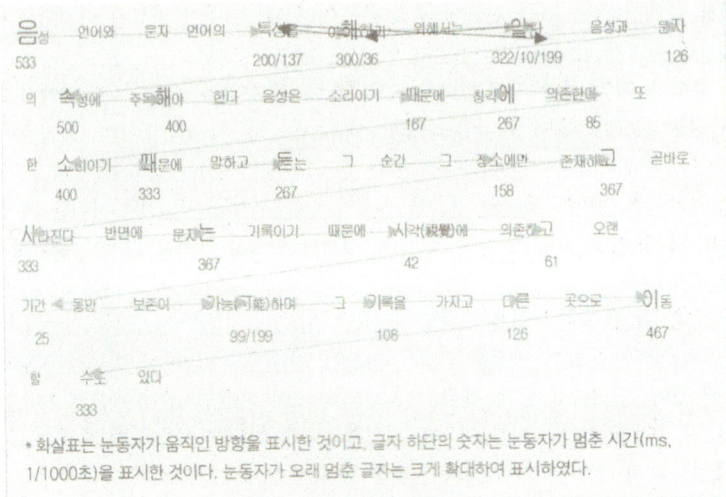

* 화살표는 눈동자가 움직인 방향을 표시한 것이고, 글자 하단의 숫자는 눈동자가 멈춘 시간(ms, 1/1000초)을 표시한 것이다. 눈동자가 오래 멈춘 글자는 크게 확대하여 표시하였다.

(나)

　고등학생 독자가 글을 읽어가는 과정을 보면 글을 읽어 나갈 때 모든 문자와 단어에 눈동자를 고정하는 것이 아니라 글에 등장하는 단어 중 일정한 단어에만 시선을 고정한다. 즉, 글을 읽는 눈동자가 미끄러지듯 각각의 단어를 훑어가는 것이 아니라, 마치 뜀틀을 뛰어넘듯 문자와 단어를 건너뛰며 읽고 있다. 예를 들면 특정한 단어는 눈동자를 멈추지 않은 채 건너뛰기도 하고, 의미를 담고 있는 단어에는 눈동자를 멈추되 그 중요도가 클수록 오래 멈추기도 하는 경향성을 갖는 것이다. 특히 독자가 처리하지 못한 정보가 있을 때 다시 돌아가기도 한다. 즉, 그 상황에서 독자는 해당 정보가 위치한 곳에 돌아가는 특징을 보이고 있다.
　이처럼 눈동자 움직임 연구는 ㉠독자가 글을 읽을 때 글이나 단어의 특정 부분에 머무는 고정 시간이나 빈도, 회귀나 도약의 정확성이나 거리에 대한 정보를 제공함으로써 독자의 읽기에 대한 인지적 과정을 추론할 수 있는 측정 방법이다.
　눈동자 움직임 분석을 통해 독자의 고정 시간에 대한 정보를 얻을 수 있고, 이를 통해 독자의 주의 집중 경향이나 지식 변인의 수준을 측정할 수 있다.

작성방법

· (나)의 ㉠을 고려하여 (가)의 결과를 보인 학생이 '능숙한 독자'임을 이유를 들어 서술할 것.
· (나)를 고려하여 상향식 모형의 관점을 비판할 것.(단, 상향식 모형의 특성을 포함할 것.)

5 송 교사는 다음과 같이 읽기 교재를 재구성하였다. 독서 과정의 모형을 고려할 때, 제시된 읽기 활동들의 의도를 〈작성 방법〉에 따라 서술하시오. [4점]

[학습 활동]
[읽기 전에]
① '문화산업', '문화전쟁'이라는 말과 관련하여 문화의 특성을 생각해 보자.
② 기업이 문화 예술을 지원하는 사례를 알아 보자. 그 이유가 무엇인지 생각해보자.

경예불이(經藝不二)
우리가 일상에서 자주 쓰는 '문화'라는 말은 그 개념의 폭이 워낙 넓어 쓰는 사람에 따라 의미하는 바가 제각각이기 때문에 때로는 혼란을 불러일으키기도 한다. 그러나 그것이 어떤 의미로 쓰이든 문화라는 것이 지금처럼 인류의 삶 속에 깊이 들어온 적은 없었으며, 보통 사람들과 긴밀한 관계를 맺은 적도 일찍이 없었다.
문화는 이제 주변적인 요소가 아니라 핵심적 요소로 떠올랐다. 그리하여 그것은 먹고사는 문제와 직결되었고, 세계는 기술 전쟁 시대에서 문화 전쟁 시대로 접어들었다. 21세기가 어떤 것인가를 제대로 알기 위해서는 먼저 문화가 무엇인지 규명해야 하는 이유가 바로 여기에 있다.
필자는 문화의 실체를 만나기 위하여 여행을 떠나고자 한다. 문화산업의 실체를 먼저 살펴보아야 이야기를 쉽게 풀어 갈 수 있을 것 같다.

…(생략)…

우리의 다음 여행지는 기업이다. 기업은 시장을 상대로 상품과 서비스를 파는 조직이다. 이제 기업은 시장을 최우선으로 고려하지 않고는 못 배기는 상황에 이르렀다. 익명의 다수가 만들어내는 시장이 기업의 번영은 물론 생존 여부까지 결정하는 열쇠를 쥐고 있다는 사실을 이제야 알게 되었기 때문이다. 그 주된 이유는 최근 일고 있는 시장 구조의 근본적 변화에서 찾을 수 있다. 얼마 전까지만 하여도 공급자 중심이던 시장이 완전히 수요자 중심으로 바뀌었다. 지난날 궁핍과 불편에서 벗어나고자 대량 생산 체제를 유지하던 산업화 시대에는 성능과 가격, 품질과 같은 구체적이고도 물질적인 요소가 중요하였다. 하지만 이제는 똑같은 성능과 품질을 가진 제품이라 하여도 누가 만들었느냐(브랜드파워), 디자인이 어떤가(디자인 파워), 다른 상품과 비교하여서 차별성이 있는가, 나의 개성을 드러내는 데 효과적인가 하는, 주관적이고 심리적인 요소가 상품의 값어치를 결정 짓는다.

…(중략)…

이제 사람들은 물질이 아니라 훈훈한 감동을 원한다. 상품과 서비스를 생산하는 기업은 이런 시대적 요청에 부응하여 제품과 서비스에 감정적 요소를 투입하지 않을 수 없게 되었으며, 그리하여 예술적·문화적 요소를 찾게 된 것이다. 기업 활동과 문화 예술의 만남은 그렇게 해서 시작되었다. 한편 1960년대에 들어 베트남 전쟁이 터지고 히피, 소비자 운동 등이 기승[2]을 부리면서 미국 기업들의 이미지가 실추되었는데, 기업과 문화의 만남은 그렇게 실추된 이미지를 제고하려는 차원에서 시도되었다. 당시 기업들이 내세운 것은 '필란드로피(philanthropy)'[3], 즉 사회 공헌 활동이었고, 문화 예술 분야에 대한 지원 내지 후원 사업은 그 일환이었다.

[각주]
1) 경예불이(經藝不二) 경제와 예술이 서로 분리되는 것이 아니라는 뜻
2) 기승(氣勝) 성미가 군세가 억척스러워 좀처럼 남에게 굽히지 않는 것
[B] 3) 필란드로피(philanthropy) 인간성을 존중하고 평등 사상에 입각한 인류애

[📂 도움말]
히피(hippie) 기성의 사회 통념·제도·가치관에 구애됨이 없이 인간성의 회복, 자연에의 귀의 등을 주장하며 자유로운 생활양식을 추구하는 행동을 하는 젊은이들을 지칭함.

📖 생각하며 읽기

[A] '브랜드 파워', '디자인 파워'의 의미와 관련하여 어떤 상품을 구매했을 때, 브랜드나 디자인을 우선 고려한 경험이 있는지 생각해보자.

[학습 활동]
[읽은 후에]
① 글을 읽기 전에 알고 있던 내용과 읽은 후 새로 알게 된 내용을 써 보자.
② 우리 나라가 세계적으로 경쟁력을 갖출 수 있는 문화적 이미지에는 무엇이 있는지를 생각해 본 다음, 그것의 근거를 제시하여 친구들과 토론해 보자.

작성방법

- 교재의 읽기 전, 후의 학습 활동들이 공통적으로 근거하고 있는 독서 과정의 모형을 제시하고 그 이유를 구체적으로 서술할 것.
- [A]와 [B]의 교재의 구성 요소들이 근거하고 있는 독서 과정의 모형을 각각 제시하고, 그 이유를 서술할 것.

| 테마 3 | 맥락 요인 및 사회적 상호작용 이론 |

관련 기출

2017 A형 기입형

1. 다음은 읽기 텍스트 선정을 위한 대화이다. 괄호 안의 ㉠, ㉡에 해당하는 말을 순서대로 쓰시오. [2점]

김 교사 : 선생님, 제가 이번 학기 방과 후 수업에서 읽기 부진 학생 2명의 지도를 맡게 되었어요. 그런데 이 학생들에게 적합한 읽기 텍스트를 어떻게 선정해야 할지 좀 막막하네요.
박 교사 : 저도 읽기 수업에서 학생들에게 적합한 읽기 텍스트를 선정하는 것이 늘 고민거리입니다. 선생님이 이번에 수업하실 학생들의 수준은 어느 정도라고 짐작하세요?
김 교사 : 저의 판단으로는 대략 또래 학생들보다 2년 정도 읽기 발달 수준이 낮은 것 같습니다. 제가 책을 찾아 보니 어휘 수, 문장 복잡도를 중심으로 텍스트의 이독성을 계산해서 특정 학년에 맞는 텍스트를 선정 하는 방법이 있던데 그 방법을 활용하면 어떨까요?
박 교사 : 이독성 공식에만 의존하면 (㉠) 요인 이외의 다른 요인은 거의 고려하지 않는다는 점에서 문제가 있어요.
김 교사 : 아, 독자의 배경 지식과 같은 요인도 고려해야 한다는 거죠?
박 교사 : 독자의 배경 지식도 중요한 요인이죠. 독자 요인에서는 그런 인지적인 특성 이외에 흥미나 읽기 효능감 같은 정의적인 특성도 중요합니다. 그리고 또 한 가지 고려할 것은 상황 요인입니다. 예를 들어, 읽기의 목적이 무엇인지, 독서 환경은 어떠한지 등도 살펴볼 필요가 있지요.
김 교사 : 독서 환경에 대해서는 저도 들어 본 적이 있어요. 저는 독서 환경 중에서도 (㉡) 환경이 중요하다고 생각합니다. 부모와의 대화 빈도, 부모의 독서 행위, 가정 내 읽을거리의 양과 질 등이 여기에 해당되지요.

기본 예제

2. (가)는 독서 수업의 일부이고, (나)는 강연의 일부이다. 괄호 안의 ㉠, ㉡에 해당하는 단어를 순서대로 쓰시오. [2점]

(가)

교사 : 다음 제재 글을 읽고 물음에 답해봅시다.

삼가 아룁니다. 신은 천지간의 한 죄인입니다. 선신(先臣)이 화를 입은 지 6년이 지났는데도 완악하고 미련한 자가 아직까지 죽지 못하여 구차스레 살아가는 것이 부끄러운 줄도 모르는 것처럼 되었습니다. 그러니 살아서는 불효한 사람이고, 죽어서는 불효한 귀신이 될 따름입니다.
…(중략)…

> 바라건대 어지신 은혜를 베푸시어 신에게 내리신 직책을 속히 거두어들일 것을 명하시고, 나아가 벼슬아치의 명부에서 신의 성명을 삭제하시어, 다시는 어떤 직책에 임명하지 말도록 조처해 주신다면, 신은 임금의 은혜를 입어 전원에서 여유 있게 지내며, 나무꾼이나 목동들과 손뼉을 치고 노래하면서 태평 만세를 송축할 것이며, 죽어서도 결초보은(結草報恩)할 것을 도모하겠습니다. 불쌍히 여기시고 굽어살펴 주시기 간절히 바랍니다.
>
> — 김창협, 「호조 참의를 사양하는 상소문」에서 —

(…)

다 읽었나요? 여러분들이 읽은 글은 임금이 내린 벼슬을 간곡하게 사양하는 내용의 상소문이라고 해요. 지금과는 다른 어휘와 문장이 있어서 어렵지요? 하지만 이러한 어휘와 문장에서 우리는 당시의 글쓰기 관습을 알 수 있어요. 그것이 무엇인지 글에서 찾아 말해 볼까요?

(…)

그래요. 잘 찾았어요. 자, 그러면 글쓴이가 결국 제안하거나 호소하고 있는데, 주장의 설득력을 높이기 위해서 어떤 전략을 사용하고 있는지 짝과 함께 말해보고 발표해봅시다.

(…)

여러분들이 잘 활동한 것 같아 선생님은 기분이 좋아요. 마지막으로 여러분들에게 물어볼게요. '고전'의 뜻을 참고하여 지금 시대를 살아가는 우리들이 왜 이런 글을 읽어야 할까요? 어떤 점에서 가치 있는지 모둠별로 토의해 봅시다.

(나) 〈강연〉

제가 진행했던 독서 수업은 독자는 개인적 경험만으로 글을 읽는 것이 아니라 자신을 둘러싸고 있는 (㉠) 요인의 영향을 받아 의미를 구성한다는 점을 보여주고자 했습니다. 첫 번째 질문은 제시된 상소문을 어휘와 문장의 측면, 설득력을 높이기 위한 쓰기 전략 등 쓰기 관습을 파악하도록 구성했고, 마지막 질문을 통해서 현대의 독자들이 과거의 글을 읽고 그것의 가치를 생각해봄으로써 글의 의미가 확장되거나 풍부해지고, 지식 또한 이렇게 규정될 수 있다는 점을 전달하려고 했습니다.

(…)

이처럼 읽기 교육에서, 과거의 글 혹은 다른 지역의 글을 오늘날의 관점 혹은 우리 문화권에서 새로운 관점으로 읽어 보는 것은 글을 더 깊이 이해하는 데 도움이 됩니다. 여기에서 읽기는 글과 독자뿐만 아니라 (㉠)이라는 요소가 개입됩니다. 이에는 저자, 독자의 친구들, 선생님, 부모 등과 같은 인적 상황, 독서의 시간적 배경 공간적 배경, 조명 등과 같은 물리적 환경, 모둠이나 짝 등과 같은 관계적 상황, 계층, 이념, 직업, 언어, 종교, 지역 등과 같은 포괄적인 요소 등이 개입되는 것이지요. 결국 텍스트의 의미는 상황 (㉠) 즉 독자의 목적, 텍스트의 성격(유형), 읽기의 과제와 관점 등, 구체적인 상황이나 환경 등에 직접적으로 좌우되며, 독자가 몸담고 있는 사회문화적 (㉠)에 의해 조정되는 것이지요. 이때 독자가 글을 읽고 구성하는 의미는 독자와 글과의 (㉡)의 결과로, 이는 독자와 글 사이뿐만 아니라 독자에 영향을 주는 다른 독자, 교사, 상황, 과제 사이에서도 일어납니다. 이러한 관점에서 상호작용 과정 모형에서 (㉠) 변인을 추가한 (㉡) 과정 모형에 주목할 수 있습니다. 이 모형은 (㉠) 중심의 독서라고 할 수 있는데, 그 이유는 독서의 의미 구성은 독자 개인의 경험을 넘어서서 (㉠) 속에서 다른 독자나 교사와의 (㉡) 속에서 진행되기 때문입니다. 이 모형에 근거한 읽기 지도는 다음과 같은 내용을 포함하고 있습니다. 사회문화적으로 가치 있는 주제의 글을 선정하여 읽기, 사회문화적 (㉠)을 고려하여 필자의 의도 파악하기 등 입니다. 이때 필자 혼자 만의 의미구성을 넘어서서 독서 토론을 통해 구성원 간의 다양한 의미 (㉡)을 유도하고 새로운 의미를 발견하거나 구성하도록 돕는 것이 중요합니다.

> 심화 예제

3 (가)는 "읽기는 사회·문화적 맥락에서 의미를 구성하는 과정임을 이해하고 글을 읽을 수 있다."의 학습 목표 달성을 위한 활동지이고, (나)는 독서 교육 이론을 설명한 글의 일부이다. 〈작성 방법〉에 따라 수업 내용을 서술하시오. [4점]

(가)

읽기 전	〈학습 활동〉 **1** 우리 사회에서 최근 이슈가 되는 소재와 제재를 다룬 글을 찾아보자.
읽기 수행	이전에 권리를 보장받지 못했던 집단에 속한 사람을 적극적으로 채용하는 것은 역차별의 한 예이다. 다시 말해 역차별자의 지지자들은 취업 지원자들을 의도적으로 불평등하게 처리한다. 즉 그들은 지금껏 상습적으로 차별을 받았던 집단에 속한 사람들을 우대한다. 이런 방식으로 사람들을 불평등하게 다루는 것의 요점은 이런 방식이 비단 특정 직종 내에 현존하는 불균형을 제거할 뿐만 아니라, 전통적으로 혜택을 덜 받았던 집단에 속하는 젊은 사람들에게 본받고 존경할 만한 역할 모델을 제공하여, 더 평등한 사회로의 진행을 가속한다는 데 있다. …
읽은 후	[목표 학습] **2** 윗 글에서 필자가 궁극적으로 말하고자 하는 바를 사회·문화적 맥락을 고려하여 파악해보자. 　사회적 이슈와 관련하여 필자는 어떤 의도를 갖고 있는지 말해보자. ☞ 〈지도의 주안점〉 　이 활동은 텍스트 이해를 통해 '텍스트 생성의 상황 맥락과 사회문화적 맥락'을 파악하도록 구성되었다. **3** 오늘날 우리 사회에서 이와 유사한 상황을 찾아 모둠별로 토론을 실행하고 토론 과정에서 논의된 내용을 아래 표에 정리하여 보자. ☞ 〈지도의 주안점〉 　'모둠별 토론'은 (㉠) **4** (㉡) ☞ 〈지도의 주안점〉 　토론 과정에서 논의된 내용을 토대로 사회적 이슈와 관련하여 자신의 견해를 제시함으로써 여론을 형성하는 등 구성원들의 삶에 대한 이해나 공동체가 지향해야 할 '새로운 의미 발견하기'를 학습 내용으로 한다.

(나)

읽기는 사회·문화적 맥락에서 의미를 구성하는 과정이다. 글을 이해한다는 것은 독자의 머릿속에서 자신만의 독창적인 의미를 구성하는 것이 아니라 독자가 속한 구체적인 상황과 사회·문화적인 맥락 속에서 다른 구성원들과 상호 작용하며 의미를 만들어 가는 과정이다. 독자는 공동체 내 구성원들이 구성한 의미를 협력적으로 소통함에 따라 구성원들의 삶에 대한 이해나 공동체가 지향해야 할 가치를 발견해갈 수 있는 것이다. 이처럼 독자는 읽기를 통해서 자신이 속한 사회의 맥락을 이해함으로써 그 사회에 참여하고, 그 사회에 속한 다른 사람과 서로 영향을 주고받는 것이다.

작성방법

- (나)에서 독서 혹은 독서 교육의 관점을 읽기의 본질을 포함하여 서술하고, 이를 바탕으로 (가)의 학습 활동들을 통해서 달성하고자 하는 교수·학습 내용을 서술할 것.
- (나)의 독서 혹은 독서 교육의 관점을 고려하여 (가)의 활동 3 ㉠ 〈지도의 주안점〉에 '모둠별 토론 활동'의 의의를 포함하여 서술하고, (가)의 ㉡에 〈지도의 주안점〉을 고려하여 적절한 활동을 제시할 것.

3절 독서 과정의 기능 및 전략에 대한 이해

테마 1 독해 수준·독서 과정·독서 전략

관련 기출

2012

1 〈자료〉는 한 고등학생의 독서 과정을 정리한 프로토콜이다. 이 학생에게 부족한 독해 전략 및 관련 지도 방법을 제시한 것으로 가장 적절한 것은?

> 솟대란(㉠ 솟대가 뭐지?) 나무나 돌로 만든 새를 장대나 돌기둥 위에 앉힌, 마을의 신앙 대상물을 일컫는다.(아, 그렇구나. 예전에 들은 적 있어.) 이러한 솟대를 마을 사람들은 음력 정월 대보름에 동제를 모실 때에, 마을의 안녕과 수호, 풍농을 위하여 마을 입구에 세운다. 마을 입구는 사람들뿐만 아니라 모든 초자연적 존재들도 드나드는 장소로서 때로는 재액(災厄), 악역(惡疫), 부정(不淨)이 침입하는 곳이기도 하다. 따라서 솟대를 세워 강한 신성으로써 마을 밖의 부정을 막아 마을의 신성을 지키려 하였던 것이다. 솟대는 대부분 장승, 선돌, 탑(돌무더기), 신목(神木) 등과 함께 세워져 마을의 하당신(下堂神) 또는 상당신(上堂神)이나 주신(主神)으로 모셔진다.(㉡ 이게 무슨 뜻이지? 신목은 신령스러운 나무 같고, 하당신, 상당신이 무엇인지 찾아보자.) 이러한 솟대에 대한 신앙은 북아시아 여러 민족에서도 공통적으로 나타나는 현상이다. 이는 어쩌면 이 지역을 휩쓴 샤머니즘의 문화 파동이라는 맥락에서 이해될 수 있을 것이다.(㉢ "이는"이 가리키는 게 뭐지?)
> 솟대의 발생은 이른바 우주 나무와 하늘 샘의 결합을 통한 신앙으로서 북아시아 샤머니즘의 수직적 우주관에서 비롯된 것으로 보인다. 나무는 땅속 지하계는 물론 지상과 천상으로 구분되는 상, 중, 하 세계의 수직적 우주(세 개의 우주 층?)을 연결하는 우주 축으로 적합하기 때문이다. 이때 솟대 위의 새는 천상, 지상, 수중(㉣ 세 개의 우주 층이 바로 여기구나.)의 각 우주 층을 왕래할 수 있는 하나의 사자로서 오리나 백조, 독수리 등으로 나타난다.(그렇구나. 그냥 오리뿐인 줄 알았는데.) 이들은 초월적인 세계와 인간 세계를 넘나드는 신조(神鳥)로 인식되기에 충분하였던 것이다.
> (㉤ 음, 그러니까 솟대는 나무와 새의 조합이고, 솟대는 우주 층을 연결하는 신앙의 기능을 한다는 거구나. 정리하면 → 솟대 = 나무+새. 3개의 수직적 우주 층. 초월적 세계와의 소통)

① ㉠에서는 핵심적인 단어 이해가 부족하여 문장 차원의 미시 과정 처리와 상위 인지 전략 적용에 어려움을 보이고 있으므로, 단어와 중심 내용 이해 학습을 통해 지도하는 것이 효과적이다.

② ㉡에서는 미시적인 독해 처리에 어려움이 있지만 상위 인지 전략 활용을 통해 문제 해결을 시도하고 있으므로, 자기 질문법과 미리 보기 전략을 활용하도록 지도한다.

③ ㉢에서는 대용표현과 관련되는 통합 과정의 독해에 어려움이 있기 때문에, 추론하기 등의 활동을 통해 지도한다.

④ ㉣에서는 대단위 독해 과정인 거시 과정의 독해 처리가 성공적으로 이루어지고 있으나 통합 과정의 처리가 능숙하지 못하기 때문에, 어구 나누기 활동으로 지도하는 것이 효과적이다.

⑤ ⑩에서는 문장 간 연결 관계를 파악하는 거시 과정 처리가 효과적으로 이루어지고 있으나 정교화 과정의 처리에는 여전히 어려움을 보이고 있으므로, 추론하기와 회상하기 방법을 활용하여 지도한다.

기본 예제

2 다음 글을 읽고 〈작성 방법〉에 따라 서술하시오.

> 솟대란(㉠ 솟대가 뭐지?) 나무나 돌로 만든 새를 장대나 돌기둥 위에 앉힌, 마을의 신앙 대상물을 일컫는다.(아, 그렇구나. 예전에 들은 적 있어.) 이러한 솟대를 마을 사람들은 음력 정월 대보름에 동제를 모실 때에, 마을의 안녕과 수호, 풍농을 위하여 마을 입구에 세운다. 마을 입구는 사람들뿐만 아니라 모든 초자연적 존재들도 드나드는 장소로서 때로는 재액(災厄), 악역(惡疫), 부정(不淨)이 침입하는 곳이기도 하다. 따라서 솟대를 세워 강한 신성으로써 마을 밖의 부정을 막아 마을의 신성을 지키려 하였던 것이다. 솟대는 대부분 장승, 선돌, 탑(돌무더기), 신목(神木) 등과 함께 세워져 마을의 하당신(下堂神) 또는 상당신(上堂神)이나 주신(主神)으로 모셔진다.(이게 무슨 뜻이지? 신목은 신령스러운 나무 같고, 하당신, 상당신이 무엇인지 찾아보자) 이러한 솟대에 대한 신앙은 북아시아 여러 민족에서도 공통적으로 나타나는 현상이다. 이는 어쩌면 이 지역을 휩쓴 샤머니즘의 문화 파동이라는 맥락에서 이해될 수 있을 것이다.
> (㉡ "이는"이 가리키는 게 뭐지?)
> 솟대의 발생은 이른바 우주 나무와 하늘 새의 결합을 통한 신앙으로서 북아시아 샤머니즘의 수직적 우주관에서 비롯된 것으로 보인다. 나무는 땅속 지하계는 물론 지상과 천상으로 구분되는 상, 중, 하 세계의 수직적 우주(세 개의 우주 층?)을 연결하는 우주 축으로 적합하기 때문이다. 이때 솟대 위의 새는 천상, 지상, 수중(세 개의 우주 층이 바로 여기구나.)의 각 우주 층을 왕래할 수 있는 하나의 사자로서 오리나 백조, 독수리 등으로 나타난다.(그렇구나. 그냥 오리뿐인 줄 알았는데.) 이들은 초월적인 세계와 인간 세계를 넘나드는 신조(神鳥)로 인식되기에 충분하였던 것이다.
> (㉢ 음, 그러니까 솟대는 나무와 새의 조합이고, 솟대는 우주 층을 연결하는 신앙의 기능을 한다는 거구나. 정리하면 → 솟대 = 나무+새. 3개의 수직적 우주 층. 초월적 세계와의 소통)

보기

기존의 독해 기능 분류는 수동적이고 정적이며 위계적으로 설명하므로 독서의 실제성을 반영하는 데 한계를 가진다고 보고, 다양한 기능들이 단계적이 아니라 동시적이고 상호작용하는 양상으로 실현된다고 보는 관점이 있다. 이에 따르면 독해의 과정은 독자가 개별 문장에서 아이디어를 이해하여 선택적으로 회상하는 '미시 과정', 절이나 문장 사이의 관계를 이해하거나 추론하는 '통합 과정', 회상한 아이디어를 중심 내용으로 조직하거나 종합하는 '거시 과정', 필자가 의도하지 않은 정보를 추론하고 정보 간의 관계를 보다 구체적으로 파악하는 '정교화 과정', 독서 목적에 맞추어 전략을 선택하고, 독해 과정들을 점검하고 조정하여 평가하며, 새로운 전략으로 수정는 등 전략을 조절하는 '초인지 과정' 등으로 나뉜다. 이러한 독해 과정은 상보적으로 작용하므로, 각각의 과정은 다른 과정이 성공적으로 수행하는 데 일정 부분 기여한다.

작성방법

- 〈보기〉를 고려하여 ㉠, ㉡에서 학생의 이해에 어려움을 겪고 있는 독해의 과정을 각각 제시하고, 그 이유를 서술할 것.
- ㉢은 학생의 텍스트 이해 과정이 효과적으로 이루어지고 있음을 알 수 있다. 그 이유를 〈보기〉를 고려하여 서술할 것.(단, 독해 과정을 포함할 것)

테마 2 : 독서의 준비

❶ [예측하기]

심화 예제

1 (가)는 한 학생의 독서 수행 활동에서 사고의 과정을 정리한 프로토콜이고, (나)는 독서 수업을 위한 활동지의 일부이다. 〈작성 방법〉에 따라 수업 내용을 서술하시오. [4점]

(가)

로봇도 권리가 있을까

 '로봇의 권리'라는 말이 좀 이상하게 들리는 건 당연합니다. 이런 말은 공상 과학 영화 속에나 나오는 말이니까요. 그리고 아직 그런 권리를 주장할 만한 로봇이 우리 곁에 존재하지 않으니 더 낯설고 터무니없게 느껴질 거예요. 하지만 낯설다는 이유로 로봇의 권리를 인정하는 일을 미루어 둘 수는 없습니다. 오늘날 많은 사람이 인정하는 '어린이의 권리', '여성의 권리'도 처음엔 낯설고 터무니없는 말로 들렸으니까요.
 물론 우리는 길거리의 돌멩이를 보습니다. 돌멩이는 권리를 가질 수 없 보통 생명을 가진 것에만 권리를 부렇다고 모든 생명체가 똑같은 권리를에는 식물에 걸맞은 권리가, 동물에리가, 인간에겐 인간에게 걸맞은 권 고 권리를 논하지는 않기 때문입니다. 우리는 여기니까요. 하지만 그 갖는 건 아닙니다. 식물 겐 동물에게 걸맞은 권리가 있으니까요. 만약 '로봇이 인간과 동등한 권리를 갖는다.'라고 말하려면 로봇은 인간과 동등한 존재여야 할 거예요.

〔돌멩이는 권리를 논할 가치가 없는데 로봇은 그와 다르다고 보는 거네. 둘 사이의 차이점은 뭘까? 로봇에게도 생명이 있다고 보는 것일까?〕

…(중략)…
 인간은 분명히 몸과 마음을 가지고 있습니다. 그렇다면 로봇은 어떨까요? 로봇이 '몸'을 가진 것은 분명합니다. 그러나 로봇의 몸은 인간의 몸과 달리 금속과 실리콘 칩 등으로 이루어져 있지요. ❶ 하지만 겉모습과 재료가 권리의 차이를 가져오지는 않습니다. 권리는 겉모습에서 나오는 것이 아니기 때문입니다. 단지 겉모습만 가지고 권리를 줄지 말지 판단한다면 예전에 백인들이 피부색이 다르다는 이유로 유색 인종들을 차별했던 것처럼 불공평하고 불합리한 일이지요. 중요한 건 마음이 아닐까요?

그렇다면 '마음'은 어떤가요? 로봇에게도 인간과 똑같은 마음이 있을까요? 로봇에게 권리를 부여하기 위해선 로봇도 인간과 똑같은 마음을 가져야 할 것입니다. 그런데 로봇에게 인간과 동등한 권리를 주어서는 안 된다고 하는 사람들은 로봇이 아무리 인간과 똑같이 '사랑하고, 미워하고, 분노한다' 해도 그것은 진짜 그러는 것이 아니라 '사랑하고 미워하고 분노하는 것처럼 흉내 내는 것'이라고 말합니다. 로봇은 그저 세탁기와 같은 기계일 뿐, 기계에 무슨 마음이 있냐고 쓴웃음을 짓지요.

❷ 영화 속에서 마음을 가진 것처럼 그려지는 로봇은 그저 우리 인간의 상상 속에서나 있는 걸까요? 마음은 인간만이 갖는 걸까요? 그럼 인간에게 마음은 무엇일까요?

인간은 마음을 가졌기 때문에 다른 동물이나 생명체와 근본적으로 구분됩니다. 그래서 우리는 몸보다는 마음을 인간의 본질로 생각하는 경향이 있습니다. ❸ 그런 의미에서 우리는 마음을 담고 있다고 말할 수 있는 뇌를 인간의 특별한 부분으로 여기지요. 다음 이야기를 볼까요?

영희와 경희가 교통사고를 당해 병원에 실려 왔다. 영희는 뇌의 기능이 돌이킬 수 없게 망가졌지만 나머지 몸은 멀쩡한 데 반해, 경희는 다른 곳은 완전히 망가지고 뇌의 기능만이 멀쩡하게 보존되었다. 만일 영희의 몸과 경희의 뇌를 합치는 수술이 가능하다면 그렇게 만들어진 사람을 영희라고 해야 할까, 경희라고 해야 할까?

여러분 생각은 어떤가요? 아마도 보이는 얼굴이 영희이다 보니 얼마간 혼란스럽기는 하겠지만 결국에는 경희라고 부를 것입니다. 몸은 비록 영희지만 우리와 이야기하는 사람은 몸이 아닌 뇌의 주인인 경희이고, "너는 누구야?"라고 물어본다면 당연히 경희라고 대답할 테니까요. 여기에 정답이 정해져 있는 것은 아닙니다. 하지만 이 이야기를 통해 우리는 인간의 몸보다 몸속에 담겨 있는 마음이 훨씬 더 중요하다는 사실을 깨달을 수 있지요. 그럼 여기서 한 발짝 더 나아가 볼까요? ❹ 마음은 꼭 인간의 뇌 속에만 있는 걸까요?

> 경희의 뇌와 영희의 몸으로 이루어진 사람은 경희일까, 영희일까? 글쓴이의 생각은 어떨까?
> - 내 생각에는 경희라고 해야 할 것 같아. 왜냐하면 뇌가 경희이기 때문에 경희의 입장에서 생각하고 말할 것이고, 경희의 가족을 자신의 가족이라고 느낄 것 같기 때문이야.

[예측하기 ❶]
겉모습과 재료가 권리의 차이를 가져오지는 않는다는 점을 이야기하기 위한 논거는 무엇일까?
- 권리를 가질 수 있는 조건이 겉모습의 재료가 아니라는 것에 대한 논거가 나올 것 같아.

[예측하기 ❷]
내가 본 영화나 만화에 나온 로봇 중에, '마음을 가진 것 같은 로봇'은 왜 그렇게 보인 걸까?
- 주인공을 살리기 위해 일부러 적에게 포로 잡힌 로봇을 본 적이 있어.

[예측하기 ❸]
다음에는 어떤 이야기가 나올까?
- 사람들이 몸보다는 마음을 인간의 본질로 생각한다는 이야기가 나올 것 같아.

[예측하기 ❹]
글쓴이가 이러한 질문을 한 까닭은 무엇일까?
- 글쓴이는 인간의 뇌뿐만 아니라 다른 대상에도 마음이 존재할 수 있다고 생각하는 것 같아.

(나)

[활동 과제]

활동 1

[예측하기 ❶~❹] 중 자신의 예측과 어긋난 부분을 찾아 번호를 쓰고, 실제 글의 내용과 어떻게 다른지 정리해 봅시다.

번호	내가 예측한 내용	실제 글의 내용
1	권리를 가질 수 있는 조건이 겉모습의 재료가 아니라는 것을 뒷받침하는 논거가 나올 것이므로 동물에게도 인간과 같은 권리가 있다고 인정하는 요즘의 풍토가 나오지 않을까 생각했다.	겉모습의 차이가 권리의 차이를 가져오지 않는다는 주장의 논거로, 유색 인종을 차별하면 안 된다는 것을 들었다.
4	나는 겉모습이 영희이기 때문에 다른 사람들은 영희라고 생각할 것이고 영희라고 불리다 보면 뇌도 영희로 받아들이지 않을까 생각했다.	글을 읽어 보니 글쓴이는 뇌를 경희로 인식하므로 경희의 뇌와 영희의 몸으로 이루어진 사람은 경희로 봐야 한다고 생각하고 있었다.

활동 2

다음은 로봇과 관련된 영화 〈에이아이(A.I.)〉의 줄거리입니다. 영화 속의 등장인물들이 〈로봇도 권리가 있을까〉를 읽었다고 가정할 때, 그 반응을 예측해 봅시다.

〈지문 내용 생략〉

작성방법

- 읽기의 과정에 따라 학생이 예측하기 전략을 활용할 때 ❷에서 고려한 요소를 쓰고, 학생이 글을 읽으며 ❶, ❸, ❹에서 예측 한 내용이 무엇인지 제시할 것.
- 활동지의 〈활동 2〉는 무엇을 예측하기 위한 활동(예측 내용)인지 쓰고, 그렇게 생각한 이유를 서술할 것.

2 다음은 한 고등학생의 독서 수행 활동에서 사고의 과정을 정리한 프로토콜 중 일부이다. 〈작성 방법〉에 따라 서술하시오. [4점]

> ㉠ 제목을 보니 다양한 문화를 가진 사람들과 잘 어울리며 살자는 내용을 다루고 있을 것 같아.

더불어 사는 세상, 함께하는 문화

〈다문화 사회가 된 우리나라〉

    길거리에서 또는 지하철 안에서 우리는 자주 외국인을 보게 된다. 불과 10년 전만 해도 우리나라 안에서 외국인을 만나는 경우는 매우 드물었는데, 이제 상황이 크게 달라진 것이다.

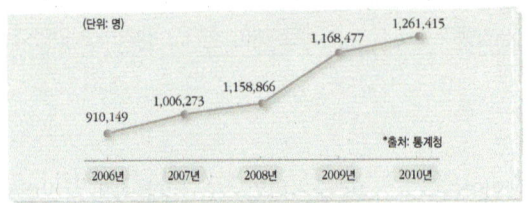

> ㉡ 그림과 도표를 보니 거주 외국인 수가 계속 증가하고 있다는 내용을 다루고 있을 것 같아.

[그림] 국내 거주 외국인 수

    위의 표에서 보듯이 국내 거주 외국인 수는 빠른 속도로 증가하고 있다. 이 글에서는 우리나라에 거주하고 있는 외국인의 현황과 그들이 겪는 어려움이 무엇인지 살펴보고, 그들과 우리가 더불어 살아가는 데 필요한 정책에는 어떤 것들이 있는지 생각해 보고자 한다.

〈국내 거주 외국인의 현황〉

    국내에 거주하고 있는 외국인은 어떤 사람들일까? 전체 외국인의 수가 증가하는 가장 큰 이유는 아래 표에서 보듯이, 결혼 이민자 수와 이주 노동자 수의 증가이다. …(중략)… 이렇게 한국인과 외국인 사이의 결혼이 늘어나면서 이들 사이에서 태어난 자녀의 수도 늘어가고 있다. 최근에는 한국 남성과 재혼하는 엄마를 따라 들어오는 외국인 자녀들도 늘고 있어 다문화 가정의 자녀 수는 빠르게 증가하는 추세이다.

[표] 다문화 가정 자녀 수

연도	2007	2008	2009	2010
다문화 가정 자녀 수	44,258	58,007	107,689	121,935

> ㉢ 소제목을 보니 외국인들이 우리나라에서 여러 가지 어려움을 겪으며 살고 있다는 내용이 있을 것 같아.

〈이주민들이 겪는 어려움〉

    그런데 그들 중 대부분은 문화가 다른 낯선 곳에 와서 살아가는 데 많은 어려움을 겪고 있다. 그들이 한국 생활에서 겪는 어려움 가운데 대표적인 것은 언어 문제로 생기는 것이다. 언어가 통하지 않으니 한국인들과 원만하게 어울리기가 어렵고, 사회 활동에서 불이익을 당하는 경우도 있다. 다문화 가정의 자녀는 언어 때문에 더 큰 어려움을 겪는다. 언어 능력의 부족은 낮은 학업 성취도로 이어진다.

언어 문제 때문에 겪는 어려움도 크지만, 한국인들의 차별 때문에 겪는 어려움은 그보다 더 크다고 할 수 있다. 부모 중 한 사람이 외국인인 아이들의 경우 84.3%가 한국 사람들로부터 차별을 받는다고 느낀다는 조사 결과도 있다.

〈앞으로의 다문화 정책 방향〉
그렇다면 바람직한 이주민 정책은 어떠해야 할까?
첫째, 한국인들의 의식 변화를 위한 정책이 필요하다. 이주민들이 느끼는 차별이나 소외감을 없애려면 가장 먼저 한국인들이 생각을 바꾸어야 한다. 그러기 위해서 우리가 알지 못하는 이주민들의 문화를 자주 접할 기회를 많이 만드는 것이 중요하다.

…(중략)…

외국인 이주민 문제는 하루아침에 해결할 수 있는 것이 아니다. 조급해하지 말고, 멀리 내다보면서, 한 걸음 한 걸음 나아가야 할 것이다. 민족, 종족, 문화가 다르다고 하여 그들과 우리를 나누지 말자. 그리고 서로가 조화롭게 어울리는 '다문화 사회'를 만들어 가자.

ⓔ 앞으로의 정책 방향은 우리나라 사람들이 그들에게 관심을 가지고 먼저 다가가는 방향으로 제시되어 있을 것 같아.

작성방법

- 읽기의 과정에 따라 ㉠~㉣에서 공통적으로 학생이 활용한 독해 전략을 쓸 것.
- 다음은 학생의 독서 수행을 촉진하기 위해 교사가 제시한 활동 과제이다. 이 활동이 의도하는 독해 전략을 쓸 것.

　이 글이 어떤 사회적 상황에서 쓰이게 되었는지, 어떤 사람들을 독자로 삼고 있는지 생각해 보고, 이를 바탕으로 이 글의 주요 내용을 예측해 봅시다.

- 학생의 독서 수행을 촉진하기 위해 교사가 제시할 활동을 제시할 것.

3 송교사는 '예측하며 읽기' 수업을 위해 다음과 같이 자료를 준비하고 학생들에게 시범 보이고자 한다. 〈작성 방법〉에 따라 교사의 시범 내용을 서술하시오. [4점]

〈지구 온난화란 무엇인가요?〉

지구 표면의 평균 기온이 10년마다 0.13도씩 증가하고 있습니다. 우리는 이것을 '지구 온난화', '기후 변화', 또는 '온실 효과' 등으로 부릅니다.

㉠ 지구 온난화란 무엇이지? 이 글을 좀 더 읽다보면 지구 온난화의 뜻이 밝혀져 있을 거야.

〈지구가 왜 자꾸 더워질까요?〉

㉡ 온실 효과를 일으키는 화석 연료의 사용 – 자동차와 공장 굴뚝의 연기가 찍힌 사진을 보니 온실 효과를 일으키는 원인이 나올 것이다.

보통 지구는 태양으로부터 흡수한 열의 3분의 1을 다시 우주로 반사시킵니다. 태양에서 오는 빛은 대기권을 쉽게 뚫고 들어오지만, 지구에 왔다가 반사되는 열은 대기 중의 수증기나 이산화탄소 등에 잡힙니다. 이 열은 다시 지표면에 쏘아지고, 이런 과정이 반복되면서 지구의 온도는 따뜻하게 유지됩니다. 문제는 지구를 보호하는 대기 중의 가스(온실가스)가 점점 더 늘어나 필요 이상의 열을 가지게 된 것에 있습니다. '온실가스'에는 어떤 것들이 있을까요? 이산화탄소, 메탄,

▲ 온실 효과를 일으키는 화석 연료의 사용

▲ 온실가스의 종류

㉢ 온실가스의 종류 – 대기 중의 온실가스의 종류와 양을 나타낸 원그래프를 보니, 온실가스의 종류에 대한 설명이 나올 것이다.

프레온 가스, 이산화질소가 있습니다. 이 중에서 지구 온난화의 주범은 이산화탄소입니다. 숲을 개간하고 숲이나 화석 연료(석탄, 석유, 가스)를 태우게 되면 이산화탄소가 발생합니다. 대기 중의 이산화탄소의 양은 1750년 이후 30%가 늘었습니다. 현재 우리가 배출하는 이산화탄소(1년에 62억 톤)는 50년 전의 네 배나 됩니다. 메탄은 적은 양으로도 열을 붙잡을 수 있는 강력한 가스입니다. 그리고 아주 빨리 늘고 있습니다. 메탄은 소의 방귀와 트림, 논, 하수 오물 처리장, 매립지의 쓰레기, 석탄광 등에서 나옵니다.

〈지구 온난화가 왜 문제일까요?〉

지구 온난화는 벌써 모든 종류의 사물에 영향을 미치고 있으며, 우리는 미래에 다가올 몇 가지 결과에 대해 다음과 같이 예측할 수 있습니다. 만년 빙하가 녹아 바닷물 수위가 상승합니다. 이런 일이 일어나면 세계 인구의 약 절반이 보금자리를 잃게 됩니다. 바다 온도가 올라갑니다. 바닷물 온도가 올라가면 이미 멸종의 위협을 받고 있는 식물에 영향

㉣ 〈지구 온난화가 왜 문제일까요?〉라는 소제목을 보니 지구 온난화의 부정적 영향이 나와 있을 것이다. 그렇다면 이것이 문제이므로 다음은 해결방안의 내용이 나오지 않을까?

을 줍니다. 기후의 변화는 특별한 장소에서 살 수 있는 식물에게 영향을 줍니다. 2030년 무렵이면 수확되는 식량의 10~30%가 줄어들 거라고 합니다. 기온이 올라간 지역의 많은 식물과 동물이 멸종할 것입니다. 오스트레일리아의 희귀한 동물인 '산주머니쥐'가 그러합니다. 이 동물은 빅토리아와 뉴사우스웨일즈의 눈이 오는 산꼭대기에 있는 아주 작은 지역에서 서식합니다. 그런데 스키 휴양지가 확장되면서 그 작은 섬 같은 서식지가 이미 줄어들었습니다. 지구 온난화는 산주머니쥐에게는 사형 선고와도 같습니다. 지구

▲ 지구 온난화의 결과

온난화는 날씨에 또 다른 변화들을 가져오고 있습니다.
더 혹독한 자연재해, 다시 말해서 사나운 폭풍, 매서운 바람, 사이클론(인도양 방면의 폭풍우), 허리케인(멕시코 방면의 폭풍우), 가뭄, 폭염, 잘 꺼지지 않는 산불과 홍수 등이 더 많이 생길 것입니다.

ⓒ 지구 온난화의 결과 – 지붕까지 물에 잠긴 집 사진, 얼음이 녹아 떠 있는 바다 사진을 보니 지구 온난화의 부정적 영향에 대한 설명이 나올 것 같아..

〈우리는 무엇을 할 수 있을까요?〉

▲ 환경 보호 홍보

지구 온난화를 막는 데에는 우리 모두가 참여할 수 있습니다. 가정에서 에너지 사용을 줄이면 큰 효과를 볼 수 있습니다. 될 수 있으면 전기 난방기, 전기 주전자, 세탁물 건조기와 다리미 등과 같이 전기를 많이 소모하는 장치의 사용을 피하고 사용하지 않을 때에는 가정용 가전제품과 전등을 끕니다. 또한 에너지가 조금 드는 전구를 사용합니다. 걷거나, 자전거 또는 버스를 타는 것도 좋은 방법입니다. 걷거나 자전거를 타거나, 대중교통 수단을 이용하면 공기 중 이산화탄소양을 줄일 수 있을 뿐만 아니라, 건강에도 많은 도움이 됩니다. 정원에 나무를 심으세요. 지역 사회 단체에 가입해서 여러 사람이 함께 사용하는 공간에 나무를 심도록 도우세요. 그러면 지구가 더워지는 속도가 점점 느려지고 결국에는 예전과 같은 지구의 모습을 되찾을 수 있습니다.

ⓑ 환경 보호 홍보 – 비닐을 뒤집어쓰고 온도계를 물고 있는 지구 인형 사진을 보니, 지구를 보호하기 위한 행동에는 무엇이 있는지가 설명되어 있을 것이다.

작성방법

• ㉠~㉥의 교사의 시범 내용에서 제시된 '글에 나타난 정보'가 무엇인지 3가지를 찾아 제시할 것.
• 이를 활용하여 읽게 되면 얻는 효과를 각각 서술할 것.

4 다음은 한 고등학생의 독서 수행 활동에서 사고의 과정을 정리한 프로토콜 중 일부이다. 〈작성 방법〉에 따라 서술하시오. [4점]

책 표지

❶ 이 책 재미있겠다. 책 제목이 『관계의 심리학』이고 책 표지에 여러 생각들로 가득 찬 머릿속 그림이 있으니, 사람들의 심리와 관련된 책이겠지?

차례

❷ 책의 차례를 보니 이 책은 인간관계에 영향을 미치는 요인별로 글을 묶어 책의 내용을 구성한 것 같아.

❸ 이 글의 제목을 보니 글쓴이는 인간관계에서 '첫인상'이 어떤 역할을 하는지 설명하려는 의도로 이 글을 쓴 것 같아.

관계는 첫인상부터 시작된다.

❹ 이 글은 설명하는 글이니 설명하는 글의 일반적인 구조에 따라 내용이 '처음 - 가운데 - 끝'으로 전개되겠지?

사람 사이의 모든 관계는 만남에서 시작된다. 만남 없는 관계란 있을 수 없고, 설사 있다 하더라도 극히 드물다. 다른 사람과 직접 얼굴을 마주하는 만남이 일반적이지만 전화나 전자 우편을 통한 만남도 얼마든지 있을 수 있다. 이러한 만남 가운데 가장 중요한 것은 첫 만남인데, 왜냐하면 사람들이 처음에 형성된 인상을 좀처럼 바꾸려 하지 않기 때문이다.

…(중략)…

이러한 '가설 검증 바이어스'는 첫인상뿐만 아니라 우리의 생활 전반에 영향을 미치고 있다. 혈액형에 따라 성격을 분류하는 '혈액형 성격학'이 들어맞는 것처럼 생각하는 주된 근거도 '가설 검증 바이어스'이다. 사람들은 상대의 혈액형에 부합한다고 생각하는 성격이나

❺ 예전에 사람의 첫인상은 단 6초 만에 결정된다는 내용의 다큐멘터리를 본 적이 있어. 이 글도 사람들이 다른 사람의 첫인상을 쉽게 결정한다는 내용일까?

❻ '가설 검증 바이어스'가 우리의 생활 전반에 영향을 미치고 있다는 내용으로 볼 때, 우리가 일상에서 접할 수 있는 '가설 검증 바이어스'의 사례가 이어질 것 같아.

행동만을 의도적으로 수집하고 또 그것들을 ④축적하여, 혈액형이 성격과 관련 있다고 믿는다. 가령, 사람들은 A형인 사람의 여러 행동 중 내성적이고 소심하다는 것을 입증할 수 있는 정보만을 받아들인다. A형의 사람이 대범하게 행동하는 것을 보더라도 대수롭지 않게 받아들이고 그것은 곧 기억에서 사라진다. 기억에 남는 것이 내성적이고 소심한 행동뿐이다 보니 혈액형 성격학이 맞는 것처럼 여기는 것이다.

❼ 결국, 이 글을 읽은 독자들은 첫인상만으로 사람을 판단하지는 않을 것 같아.

작성방법

- 읽기의 과정에 따라 학생이 예측하기 전략을 활용할 때 ❶❷❺에서 고려한 요소를 각각 쓰고, 학생이 글을 읽으며 ❸❹❻❼에서 예측한 내용이 무엇인지 각각 제시할 것.
- 예측하기 전략의 읽기 교육적 의의를 서술할 것.

5 (가)는 학생의 독서 수행 활동을 정리한 포트폴리오 자료 중 일부이고, (나)는 교사가 작성한 수업일지의 일부이다. 〈작성 방법〉에 따라 서술하시오. [4점]

(가) 〈독서 수행 활동 기록지〉

국어 선생님께서 글을 읽기 전에 수도 글의 화제나 개념에 대해 내가 알고 있는것을 생각해보면 이해가 쉬워진다고 했어. 그리고, 글에서 '단서'(?)를 찾아 읽으면 된다고 했는데……가만 있자, 이 글에 나타난 단서가 무엇이 있을지 찾아보고 내가 알고 있는 것이 확인하고, 글을 읽어 나가야겠다.

내가 버린 전기·전자 제품의 행방은?

악취가 나고 검은 폐수가 흐르는 곳에서 사람들이 아무 보호 장비 없이 버려진 전기·전자 제품들, 곧 전자 폐기물들을 분해하고 있고, 아이들은 그 쓰레기 더미 위에서 놀고 있다. 이미 오염으로 생활 터전이 망가져 쓰레기 처리 말고는 생계 수단이 없는 사람들이다. ……㉠ 2010년 서울 환경 영화제에서 상영된 영화 〈중금속 인생〉의 내용이다.
㉡ 전자 폐기물이 일으키는 이런 끔찍한 일을 막을 수 있는 방법은 없을까?
㉢ 전자 폐기물이 매년 지구를 한 바퀴나 돈다고?
　현대인들은 많은 전기·전자 제품을 만들어 사용하고 있다. 잠시 우리의 생활을 한번 돌아보자.
　　　　　　　…(중략)…

㉠ 영화의 내용이 이 글의 내용과 관련 있으니까 소개했겠지? 영화는 전자 폐기물 때문에 심각한 피해를 보고 있는 마을 사람들의 이야기야. 그렇다면 글쓴이가 이 글에서 전자 폐기물 때문에 생기는 문제점들을 다룰 것이라고 예측할 수 있어. 그런데 이 영화가 환경 영화제에서 상영되었다고? 환경 영화제에서는 환경을 주제로 한 영화를 상영하는 것으로 알고 있어. 그렇다면 이 글에는 전자 폐기물과 환경의 관계를 다룬 내용도 나오겠군.)

이 문장을 보니 이 글에는 전자 폐기물 문제를 해결할 수 있는 방법이 나오겠군. ㉡ 글쓴이는 이 글에서 무엇을 말하고자 하는 것일까? 전자 폐기물 문제의 심각성을 알리고, 전자 폐기물을 줄이자는 말을 하려는 것 같다.

㉢ 소제목을 보니, 전자 폐기물의 양이 많아서 문제가 생긴다는 내용을 다룰 것 같군.)

[ㄹ] 전자 폐기물에 들어 있는 여러 가지 유해 물질은 강과 바다, 땅과 공기를 오염하고 주민들의 건강에 영향을 미치면서 오랫동안 사라지지 않고 생태계 안에서 돌고 돈다. 앞으로 더 많은 전자 폐기물이 버려지게 될 테니, 우리의 공기와 땅, 물은 점점 더 오염될 것이고, 해로운 화학 물질은 우리의 건강을 점점 위협하게 될 것이다.	㉣ 앞에서 소개한 영화와 소제목에서 예상했던 것이 나오는군. 그런데 내가 예상한 것보다 더 심각한 내용이 다루어지는군. 새롭게 알게 된 정보니까 다시 기억해야겠네.
	㉤ 처음 부분의 문장에서 문제 해결 방법을 예상했는데 그 내용이 나오고 있고 이는 내 예상이 맞다는 것을 알 수 있어.
[ㅁ] 덜 쓰고 덜 버리기! 앞에서 우리는 전자 폐기물 때문에 생기는 몇 가지 문제점을 살펴보았다. 그렇다면 전자 폐기물 문제를 해결하려면 어떻게 해야 할까? 가장 근본적인 방법은 생산자가 만들 때부터 폐기물을 덜 발생시키고 덜 해로운 제품을 만드는 것이다.	아하, 결국 글쓴이는 전자 폐기물 문제와 그 해결 방법을 알리고, 지구 환경을 생각해서 전자 폐기물을 줄이자는 말을 하고자 하였군.

(나) 〈수업 일지〉

이번 교사 연수회에서 교사가 주도하는 교실 평가에서 교수학습과 통합되어 진행한 평가가 중요하다고 느꼈다. 독서 능력은 학생의 사고 과정으로 진행되는 심리적인 사고 현상인데, 이를 직접 들여다볼 수 없기 때문에 정확하게 측정한다는 것은 매우 어려워. 평가 장면과 교수학습 장면이 통합되어 있으며, 학생의 독서 수행을 파악하기 위해서는 연수회에서 강사가 제시했던 대안적 평가 방법을 활용해야겠다. 학생이 글을 소리내어 읽으면서 그 순간 머릿속에 떠오르는 생각도 함께 말한 자료가 있으니 이를 살펴봄으로써 학생의 사고 과정을 짐작해 볼 수 있겠다.

작성방법

- (가)에서 읽기의 과정에 따라 학생이 예측하기 전략을 활용할 때 ㉠, ㉢에서 고려한 요소를 각각 쓰고, 학생이 글을 읽으며 ㉡에서 예측한 내용이 무엇인지 제시할 것.
- (나)에서 교사가 활용한 평가 방법을 특징을 포함하여 서술하고, (가)의 ㉣과 ㉤에서 학생이 예측한 내용을 확인하는 과정의 특징을 각각 구체적으로 서술할 것.

② [질문 만들기]

> 관련 기출
>
> 2019 B형 서술형

1 다음은 '글에 사용된 다양한 논증 방법을 파악하며 읽는다.'라는 성취 기준을 바탕으로 구성한 수업 자료이다. 교수·학습 활동에 대해 〈작성 방법〉에 따라 서술하시오. [4점]

```
┌─────────────────────── 교사의 메모 ───────────────────────┐

▶ 어떻게 수업을 구성할까?
  • 학습 목표 설정 : 교육과정 성취 기준을 주장의 타당성을 판단하는 데까지 확장
  • 학생들이 자발적으로 참여할 수 있는 방법 구안
    - 읽기 전 '질문하기'는 본문을 읽기 전에 이 글에 대한 궁금한 점을 질문하는 활동으로 구성
    - [내용 학습]은 학생들이 읽은 글의 내용을 자신의 입장에서 자유롭게 정리하도록 구성
    - [목표 학습]은 학습 목표를 달성할 수 있는 활동을 구성하여 제시
```

• 학습 목표 : 글에 사용된 다양한 논증 방법을 악하며 주장의 타당성을 판단할 수 있다.
• 질문하기

> 본문을 훑어본 뒤, 이 글의 제목이나 핵심적인 단어를 활용하여 질문을 만들어 봅시다.
> •
> •   [A]

• 글 읽기

> **디지털 치매, 걱정할 일 아니다**
>
> (가) 최근 '디지털 치매', 또는 '아이티(IT) 건망증'으로 걱정하는 사람들이 많다. 전화번호가 휴대 전화에 저장돼 있어 외우고 있는 전화번호가 거의 없고, 계산기가 없으면 암산은 커녕 간단한 계산조차 하지 못한다. 이러한 문제는 분명 우려할 만한 일이다. 하지만 이 현상을 단지 '좋다, 나쁘다'의 차원에서만 보는 것은 적절하지 않다. 왜냐하면 이것은 인류 사회의 노동 환경 변화와 연관된 복잡한 현상이기 때문이다.
>
> (나) 우리는 먼저 기술 의존이 인간 진화의 자연스러운 양상이라는 점을 인정해야 한다. 프랑스 철학자 미셸 셰르는 디지털 치매 또한 인류 진화 과정의 한 단면으로 보아야 하며, 인류의 진화의 역사를 돌아볼 때 상실하는 능력이 있으면 동시에 얻게 되는 능력이 있는 것처럼 디지털 치매 또한 두려워할 필요가 없다고 주장한다.
>
> (다) 인간의 역사에서 그 예를 생각해 보자. 인류는 직립 원인으로 진화하는 과정에서 손을 도구로 사용하면서 그 이전까지 먹이나 물건을 무는 데 쓰던 입의 기능이 퇴화한 반면 입은 말하는 기능을 획득했다. 또 문자와 인쇄술이 발명되면서 호메로스의 서사시를 암송할 수준의 기억력을 상실했지만, 기억의 압박에서 해방되어 새로운 지식 생산과 같은 일에 능력을 활용할 수 있게 되었다. 그렇다면 이와 마찬가지로 오늘날의 디지털 기술 역시 인간의 기억력, 계산력 등의 약화를 가져온 대신 그보다 창조적인 능력을 향상시킬 것으로 볼 수 있을 것이다.

(라) 세상은 훨씬 복잡해졌고, 제공되는 정보의 양은 많아졌다. 상대해야 하는 사람의 수도 많아졌고, 발달된 정보 통신 기술 때문에 이들을 실시간으로 상대해야 하는 환경이 조성되었다.

…(하략)…

- 학습 활동

  [내용 학습]

  1. 이 글을 읽기 전에 각자 질문했던 사항에 답하면서 내용을 정리해 봅시다.

     | 질문 1 | |
     | 답 | |
     | 질문 2 | |
     | 답 | |

  [목표 학습]

  1. 이 글에 나타난 주장과 근거를 정리해 봅시다.
     - 주장 :
     - 근거 :
  2. 이 글의 논증 방법을 파악해 봅시다. ·························· ㉠
  3. 글쓴이의 주장이 타당한지 평가해 봅시다.

- 자기 점검하기

	점검 내용	그렇다	그렇지 않다
지식	• (㉡)		
수행	• 글에 사용된 논증 방법을 파악할 수 있게 되었다.		
	• 논증 방법을 바탕으로 주장의 타당성을 평가할 수 있게 되었다.		
태도	• 글을 읽을 때 논증 방법을 파악하며 읽는 습관의 중요성을 깨닫게 되었다.		

작성방법

- [A] 활동이 학습 과정에서 담당하는 기능을 2가지 설명할 것.

2017 B형 서술형

2 다음은 "질문 생성 전략을 활용하여 주장하는 글을 비판적으로 읽는다."라는 학습 목표 달성을 위하여 학생들에게 제시한 글이다. 〈보기 1〉은 학생들이 생성한 질문 목록을 교사가 분류한 것이고, 〈보기 2〉는 질문에 대한 교사의 지도 내용이다. 〈보기 2〉의 밑줄 친 부분에 해당하는 내용을 〈작성 방법〉에 따라 서술하시오. [4점]

남북한 언어 이질화에 대한 단상

나는 남북한 언어의 이질화를 크게 걱정하지 않는다. 나는 남북의 언어 이질화를 '정책'으로 해결하려는 시도에 찬성하지 않을 뿐만 아니라, 그것이 정책으로 해결할 수 있는 문제라고 생각하지도 않는다. 실상 분단이 반세기를 넘기면서 남과 북의 언어는 꽤 달라졌다. 부분적으로 그 차이는 본디부터 있었던 방언의 차이를 반영하는 것이기도 하지만, 주로는 인 교류가 거의 없었던 두 이질 체제의 구축 과정을 반영하는 것이다. 어떤 낱말은 남한과 북한에서 형태는 같으나 의미가 다르고, 반대로 형태는 차이 나지만 의미가 같은 경우도 있다. 게다가 북한에서 쓰이는 많은 낱말들이 남쪽에서는 아예 쓰이지 않는 경우도 있다. 말하자면 표준어라는 이름의 남쪽 한국어와 문화어라는 이름의 북쪽 한국어가 흔히 지적되듯 '이질화'하고 있는 것이다.

이런 이질화는 남북의 지식인들(과 일부 정책 결정자)에게 적지 않은 걱정을 끼쳐 왔다. 물론 그 이질화의 책임을 어느 쪽이 더 크게 져야 하느냐에 대해서는 양측의 견해가 달랐다. 남쪽에서는 '어학 혁명'이라는 이름으로 북한이 추진한 언어 정책의 과잉을 이질화의 주된 원인으로 꼽았고, 북쪽에서는 서구 언어에 과도하게 노출된 남쪽의 언어 현실에 그 주된 책임을 돌렸다.

그러나 이런 정치·이데올로기 공세 곁에는, 언어의 이질화가 민족의 분열을 고착화할지도 모른다는 순수한 걱정으로 이질화의 물결을 되돌리려는 진지한 모색도 있었다. 한국어의 로마자 표기를 통일하기 한 남과 북의 상이나 북한·연변의 어휘를 표제어로 포함하는 국어사의 편찬 작업 같은 것은 그런 모색의 일단이다. 이런 노력들은 남북 언어의 이질화가 심각한 수준에 이르렀다는 위기의식의 소산이라고 할 수 있다.

나는 이런 위기의식을 공유하지 않는다. 그 이유는 두 가지다. 첫째, 남북 언어의 이질화는 많이 과장되었다. 만일 남북 정상 회담이 열린다면 두 정상에게 통역이 필요하지 않을 것은 분명하다. 그리고 남한의 독자들이 북한의 텍스트를 대할 때 겪는 것은 다소의 낯섦이지 불가해(不可解)가 아니다.

둘째, 만약에 남북의 언어가 정말 이질화다고 하더라도 그리고 그 과정이 가속도를 얻고 있다고 하더라도, 그것은 어쩔 수 없는 일이다. 우리가 전체주의 질서를 채택하지 않는 한, 그 이질화의 흐름을 바꿀 방법이 없기 때문이다. 만일 남과 북의 한국어가 소통 가능성의 경계 바깥으로까지 이질화한다면, 그때에는 서로 상대방의 말을 배우면 되는 것이다.

보기 1

(가)	(나)
① 남북한 언어 이질화 문제를 정책을 통해 해결하는 방법에 대해 글쓴이는 어떤 입장을 가지고 있는가? ② 글쓴이는 남북한 언어 이질화의 원인을 어디에서 찾고 있는가? ③ 남과 북이 언어 이질화에 대한 위기의식으로 인해 벌	① 남북한 언어 이질화에 대한 글쓴이의 태도는 지나치게 낙관적인 것이 아닐까?

인 사업은 무엇인가?
④ 글쓴이는 이질화에 대한 흐름을 바꾸는 것이 전체주의 질서 속에서만 가능 하다고 생각하는가?

보기 2

지난 시간에는 글을 읽으며 질문을 만드는 방법에 대해 공부하고 좋은 질문이 어떤 것인지 알아보았습니다. 또한 질문은 다양한 차원에서 만들 수 있는데, 글의 종류나 읽기의 목적 등에 따라 만들어 보면 더 의미 있는 학습이 이루어질 수 있음도 공부하였습니다. 오늘은 여러분의 질문 만들기가 학습한 대로 잘 수행되었는지 검토해 봅시다.

작성방법

- 질문의 답을 어디에서 찾을 수 있는지를 기준으로 하여 (가)와 (나)의 차이를 설명할 것.
- 학습 목표의 달성이라는 관점에서 학생들의 질문 생성에 나타난 문제점과 그에 대한 지도 내용을 포함하여 쓸 것.

기본 예제

3 송 교사는 '읽기의 과정과 원리의 이해'를 주제로 읽기 수업을 준비하였다. 괄호 안의 ㉠~㉣에 들어갈 말을 순서대로 쓰시오. [2점]

(1) 글을 읽기 전에, 제목과 관련하여 질문을 만들어 봅시다.
- 사과 껍질에 농약이 묻어 있을 텐데 왜 껍질째 먹으라고 하는 걸까?
- 사과는 어떤 점에서 먹을 만한 과일일까?
- 사과의 껍질에는 어떤 성질의 성분이 들어 있는 것일까?

(2) 질문의 답을 찾으며 글을 읽어 봅시다.

사과, 껍질째 먹어라

사과는 질병 예방은 물론 미용에도 상당한 효과가 있다고 알려져 있다. 이렇게 사과를 건강의 제왕으로 만든 것은 사과에 들어 있는 식물성 섬유인 '펙틴(pectin)'이다.
사실 오랜 세월 동안 식물성 섬유는 몸속을 통과해서 배출되는 식물의 찌꺼기에 불과하다고 여겨졌다. 왜냐하면 그 자체가 영양소가 되지 않으며, 인간의 몸에서 나오는 소화 효소로는 분해가 되지 않는 물질이기 때문이다.
　음식에 포함된 갖가지 영양소에 대한 연구가 활발하게 진행되면서 식물성 섬유의 효능이 속속 밝혀지기 시작했다. 그중 가장 놀라운 것은 식물성 섬유가 '장 청소'를 한다는 것이다. 식물성 섬유는 사람의 몸속을 빠져나갈 때 인체에 해로운 물질을 함께 끌어안고 나가기 때문에 장을 깨끗하게 청소한다.
　펙틴은 사과의 속 부분보다 껍질에 더 많이 들어 있다. 그렇기 때문에 사과를 껍질째 씹어 먹으면 치아 건강에 좋은 것은 물론이고, 우리 몸에 유익한 펙틴을 더 많이 섭취할 수 있다.

- 윤동혁, "색, 색을 먹자"에서

- 펙틴이 사과의 속 부분보다 껍질에 더 많이 들어 있기 때문이다.
- 질병 예방, 미용 효과 등의 측면에서 볼 때 건강의 제왕이다.
- 식물성 섬유의 일종인 '펙틴'이 들어 있어서 사람의 장을 깨끗하게 청소한다.

(1) 윗글을 읽고 나서, 다음과 같이 정리하려고 합니다. 빈칸을 채워 봅시다.

| 펙틴이란 | 사과에 들어 있는 식물성 섬유 |

| 펙틴의 효능 | 펙틴과 같은 식물성 섬유는 사람의 몸속을 빠져나갈 때 인체에 해로운 물질을 끌어안고 나가 장을 깨끗하게 청소한다. |

| 사과를 껍질째 먹어야 하는 이유 | 펙틴이 사과의 속 부분보다 껍질에 더 많이 들어 있기 때문이다. |

↓

| 결론 | 사과는 껍질째 먹는 것이 좋다. |

(2) 윗글에서 얻은 정보가 자신에게 어떤 의미가 있는지, 자신의 생활과 관련지어 말해 봅시다.
- 평소에 사과 껍질은 아무 쓸모도 없는 것이라는 생각이 있었는데, 그 생각이 바뀌게 되었다.
- 평소에 고기와 곡식만 많이 먹고 섬유질은 잘 먹지 않았는데, 앞으로 건강을 위해 섬유질을 많이 먹어야겠다는 생각이 들었다.

(3) (1)~(4)의 활동이 글을 이해하는 데 어떤 도움을 주었는지 생각해 보고, 이 밖에 더 활용할 수 있는 방법에는 어떤 것이 있는지 말해 봅시다.

> **보기**
>
> 　제시된 '학습 목표'에서 '읽기의 과정에 따른 원리'를 강조하고 있기 때문에 이를 중심으로 학습 활동을 만들어 보았다.
> 　학습 목표에서 강조된 읽기의 과정에 따른 읽기의 기본 원리란 '읽기 전·중·후 활동'의 읽기 과정에 읽기의 기능과 전략을 말한다. 이 수업은 글과 독자의 배경지식(스키마)이 끊임없이 (㉠)하면서 이해가 이루어진다는 점을 학습자에게 설득시키는 수업이라고 볼 수 있다.
> 　이러한 학습 목표를 달성하기 위해 읽기 전의 학습 활동을 기획해 보았다. 즉, (㉡) 활동을 통해 글을 적극적으로 읽기 위한 준비를 하게 하였다. 읽는 중에는 글을 읽기 전 활동의 내용을 확인하는 등 (㉢)을/를 능동적으로 수행하기 위한 활동을 펼치게 하였다. 읽기 후에는 주요 내용을 구조화하여 정리함으로써 글의 내용을 한눈에 파악하기 위한 활동을 펼친다. 특히 글을 통해 새롭게 알게 된 내용을 자신의 상황에 적용해 보게 한다. 결국 이러한 활동들은 읽기를 해독이 아니라 글과 독자의 능동적인 (㉣)의 과정에서 이루어지는 활동들임을 강조하고자 한다.

4 다음은 학생의 독서 과정을 수집한 포트폴리오의 일부이다. 〈보기〉의 예를 참조하여 학생이 독서 자료를 읽으면서 활용한 독해 전략 2가지를 쓰시오. [2점]

> '이상적인 온방 시스템 온돌'이라는 제목과 오랜 역사의 온돌이 과학적이고 경제적이라는 내용을 대표하는 개관, 그리고 온돌의 구조에 대한 그림을 보니 이 글은 우리 전통의 온돌 문화에 대한 특성을 전달하려는 글이군.

> 강원도에 있는 외가댁에 갔을 때 어머니께서 나무를 때서 밥을 하시고 물을 끓이셨는데 방안에 들어가니 아랫목이 따뜻했다. 겨울인데도 춥지가 않았고 온기가 참 오래갔었던 기억이 있어.

> 온돌은 열량을 어떻게 구들에 저축했을까?

가장 이상적인 온방 시스템
온돌

온돌은 서양보다 1000년 이상을 앞선 발명이다.
과학적이고 경제적이고 효율적인 온방 시스템인 온돌, 그 찬란한 문화에 대한 탐구.

최준식

　한국사에서 20세기는 대단한 변화의 시기였습니다. 한국인들이 조상 대대로 이어오던 생활 방식을 거의 버리고 서양식으로 바꾸었기 때문입니다. 그러나 이런 엄청난 격변 속에서도 한국인들이 고집하는 오래된 관습들이 있습니다. 그중에서 오늘 보게 될 온돌, 혹은 구들은 아주 대표적인 것입니다.

온돌, 구운 돌로 바닥을 데우다.
　온돌은 순수 우리말로 '구들'이라고 합니다. 구들은 '구운 돌'의 약자입니다. 그러니까 온돌은 구운 돌로 바닥을 데우는 온방법(溫房法)을 말합니다. 바닥을 데우는 게 왜 좋은 방법일까요? 사람은 손발을 따뜻하게 하고 머리를 차갑게 하는 게 건강에 좋습니다. 온돌은 바로 이것을 가능하게 해 주는 온방법입니다.
　아울러 온돌은 대단히 경제적인 온방법이기도 합니다. 서양의 벽난로는 전 열량 가운데 약 5분의 1만 방 안으로 전달됩니다. 이에 비해 온돌은 열량을 구들에 저축해 오랫동안 열을 뿜어내게 할 수 있습니다.
　…(중략)…

우리나라 고유의 과학적인 온방법

온돌의 구조에서 가장 중요한 것은 그림에 보이는 것처럼 뜨거운 연기가 지나는 (구들) 고래입니다. 구들은 이 고래 위에 놓는 것이지요.

아하, 뜨거운 연기가 지나가는 길에 구들을 놓았기 때문에 열이 계속 유지되었구나.

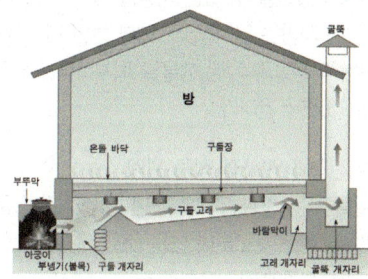

▲ 온돌의 구조

…(후략)…

보기

예 경험 떠올리기 등을 통한 배경 지식 활성화하기

---

③ [예측하기·질문 만들기와 독서 과정 모형]

심화 예제

1 송 교사는 '독해의 원리, 과정, 방법의 통합적 이해'를 주제로 한 독서 수업을 위해 다음과 같은 활동지를 준비하였다. 〈작성 방법〉에 따라 활동의 의의를 서술하시오. [4점]

읽기 전	[학습 활동] 이 글의 제목과 소제목을 훑어보고 아래의 활동을 해 보자. 1. 제목과 소제목에서 다음 단어의 의미를 파악해보고, 내가 알고 있는 사실이나 경험을 말해 보자. | 숙주 | | |---|---| | 기생 생물 | | 2. 필자가 '미생물과 인간의 공존관계'에 대하여 어떠한 견해를 지니고 있을지 예측하여 말해 보자. 3. '미생물과 인간의 공존관계'와 관련하여 궁금한 점을 질문으로 만들어 보자.
읽기	미생물과 인간의 공존관계 • 이 글을 읽으면서 제시된 질문에 답해보자. 　① 세상에 존재하는 미생물의 종류는 매우 많다. 그 많은 미생물 중 어느 것이 체내에 유입되어 질병을 일으킬지 알 수 없기 때문에 우리 몸에 항체를 모두 준비해 둘 수는 없다. 따라서 우리 몸의 면역계는 유전의 방법이 아니라, 외부에서 미생물이 침입했을 때 이를 정확하게 인식하고 그에 맞는 항체를

만들어 내는 과정을 통해 면역력을 획득한다.

- 인간과 미생물 사이에 맺어진 공존 계약
  ② 인간과 인간에 기생해야만 살아갈 수 있는 미생물 사이에 모종의 공존 계약이 맺어진 것을 알고 있는 사람은 많지 않다. 예를 들면 한 지역에서 풍토성 질병은 숙주에 기생하는 미생물과 기생 생물을 퇴치하려는 인간 사이에 일어나는 진화적 적응의 결과인 것이다.

  > '공존계약'이 어떤 의미인지 짐작해 보자.

- 기생 생물의 장기적 생존 전략과 진화적 적응 관계
  ③ 기생 생물과 숙주는 날을 세운 창과 무쇠를 덧댄 방패와 같이 문제가 발생한다. 기생 생물은 가능한 한 숙주로부터 많은 것을 빼앗는 것이 유리하지만 숙주가 죽게 되면 기생 생물에게도 오히려 해가 된다. 따라서 기생 생물은 최적의 생활 조건을 유지하기 위해 '중용의 도'를 깨달아야 하는 상황에 놓인다. 숙주를 살려 둔 상태로 장기간 수탈하는 것이 더 낫다고 판단한 것처럼 행동한다.

  > 어떤 문제가 발생하고 그 해결책은 무엇일까?

- 인간과 장내 세균의 동반자 관계
  ⑤ 인간은 방해자로 여겼던 미생물과 적절히 균형을 맞추면서 살아가는 방법을 익힌다. 예를 들면 장내 세균이 그렇다. 아주 작은 미생물인 이들 장내 세균은 분명히 한때는 외부 침입자였지만 지금은 인간과 더없이 좋은 동반자 관계를 유지하고 있다. 장내 정상 세균이 장 점막을 코팅하고 있기 때문에 외부에서 들어온 세균이 점막을 통해 혈액으로 침입하지 못한다. 또 장내 세균은 장의 면역력을 증가시키는 데 도움을 준다. 또한 장내 세균은 음식물의 소화와 영양분의 합성을 도와서 건강에 도움을 준다.

- 진화의 원동력
  ⑥ 맷 리들리는 "붉은 여왕"에서 기생충과 숙주의 경쟁 관계를 '붉은 여왕 이론'으로 설명한다. 붉은 여왕 이론이란 루이스 캐럴이 쓴 소설 '거울 나라 앨리스'에 등장하는 '붉은 여왕'의 나라가 지닌 특징에 착안해 붙인 이름이다. 맷 리들리는 붉은 여왕의 나라가 지닌 특성에 빗대어 기생충과 숙주는 제자리에 있기 위해서, 즉 생존하기 위해서 끊임없이 서로를 공격하고 방어해야 하는 관계로 설명하면서 경쟁을 통한 이러한 변화 과정을 진화의 원동력이라고 주장한다.

읽은 후

[학습 활동]

❶ 위 글을 읽고 앞에서 만들었던 질문에 답해 보자.

예

질문	답
1. 질병에 대한 면역력은 유전이 되는가? 2. 미생물과 인간의 공존 관계가 인간에게 어떤 도움이 되는가?	

❷ 문단의 내용을 파악하며 다음 활동을 해 보자.
  (1) 각 문단의 핵심어와 중심 내용을 정리해 보자.
  (2) 이 글의 중심 내용을 요약해 보자.

❸ 글을 읽기 전에 알고 있던 내용과 읽은 후 새로 알게 된 내용을 써 보자.

> **작성방법**
> - 제시된 '학습 활동'에서 활용된 '독해 방법(전략)'들을 읽기 과정을 중심으로 각각 제시할 것.
> - 이러한 활동의 의의를 서술할 것.

2 글의 이해 과정을 설명하는 '읽기 과정의 모형'을 고려할 때, 다음 학습 활동들이 의도하는 바를 〈작성 방법〉에 따라 서술하시오. [4점]

읽기 전에	활동 1. 다음은 이 단원에서 우리가 읽을 글의 표지와 차례입니다. 이를 보고, 이 글이 어떤 내용을 다룰지 예측해 봅시다. 활동 2. 다음은 이 글의 글쓴이에 대한 정보입니다. 이를 바탕으로 이 글의 소재가 무엇일지 예측해 봅시다. 활동 3. 다음은 이 글에 제시된 시각 자료 중 일부입니다. 각각의 자료들이 어떤 내용의 이해를 돕기 위해 활용될지 예측해 봅시다. 활동 4. 인간이 생태계에 관여하여 영향을 끼친 사례를 생각해 보고, 이를 바탕으로 이 글의 결론을 예측해 봅시다. 활동 5. 이와 같은 활동을 통해 글쓴이가 이 글을 쓴 의도를 예측해 봅시다. "다양한 활동을 통해 이 단원에서 읽을 글의 내용을 예측해 보았어. 글을 읽기 시작한 후에도 내가 가지고 있는 배경지식과 글의 정보, 읽기 맥락을 바탕으로 끊임없이 내용을 예측해 봐야겠어."

읽기	생명의 그물을 함부로 끊지 말아요
	최재천
	카이밥 고원의 생명의 그물 ☞
	
	  1907년 미국 정부는 한 해 동안 늑대 1,800마리와 코요테 2만 3,000마리를 잡아 죽였어요. 그 동물들이 인간뿐만 아니라 다른 약한 야생 동물에게도 해를 끼치기 때문에 죽여도 괜찮다고 생각했어요. 늑대와 코요테뿐만이 아니에요. 퓨마와 곰처럼 날카로운 이빨과 발톱을 지닌 동물은 토끼나 사슴 같은 초식 동물에게 위협을 준다고 생각해 아무런 거리낌 없이 죽였어요. 다른 동물을 잡아먹고 사는 포식 동물은 없어져야 할 악당처럼 여겨졌어요. ☞
	  그렇다면 약하고 순한 동물들에게 악당이 사라진 자연은 천국이었을까요? 카이밥 고원에서 있었던 일이 그에 대한 답이 될 것 같네요. 미국의 그랜드 캐니언 북쪽에 있는 카이밥 고원에는 1906년에 약 4,000마리의 검은꼬리사슴들이 살고 있었어요. …(중략)…
	  인간은 늑대나 코요테 같은 악당이 없어지면 카이밥 고원이 평화로운 낙원이 될 것으로 생각했어요. <u>그런데 그 예측은 보기 좋게 빗나갔어요.</u> ☞ 사나운 포식 동물이 사라진 카이밥 고원은 검은꼬리사슴들에게도 결코 살기 좋은 곳이 아니었어요. 늑대 같은 포식 동물이 있어서 검은꼬리사슴은 카이밥 고원에서 굶어 죽지 않고 살
		〈생각할 문제〉
		
		☞ ① 소제목을 통해 무엇을 예측할 수 있는가?
		
		☞ ② 포식 동물이 사라진 자연에는 어떤 일이 일어났을까?
		
		☞ ③ 예측이 빗나갔다는 말에서 추측할 수 있는 이어질 내용은 무엇일까?

아갈 만큼 적당한 수를 유지할 수 있었어요. 그런데 포식 동물이 사라지자 저희끼리 먹이를 두고 경쟁이 심해졌어요. 인간은 먹고 먹히는 자연의 세계에 끼어들어 그 질서를 마음대로 바꾸어 보려 했지만 결국 성공하지 못했어요.

…(중략)…

생명의 그물을 끊지 말아요 ☞

　자연에서 생명은 마치 그물처럼 이어져 있어요. 카이밥 고원에서는 늑대와 검은꼬리사슴과 식물의 싹이, 바닷속에서는 불가사리와 따개비와 홍합과 갖가지 해조류가, 클리어 레이크에서는 날파리와 물고기와 논병아리가 줄줄이 연결되어 있지요. 각각의 생명은 그물에서 한 코를 차지할 뿐인데, 그물 한 코가 망가지면 그와 연결된 다른 그물코들이 줄줄이 영향을 받습니다.

　그러므로 수많은 생명이 오랜 시간에 걸쳐 함께 짜 내려온 생명의 그물을 함부로 끊어서는 안 돼요. 생명의 그물은 인간이 상상하는 것보다 훨씬 복잡하고 거대합니다. 잘못 건드리면 그 영향이 어떻게 나타날지 아무도 알 수 없어요. 재앙이 닥친 뒤에야 원인을 추측할 수 있을 뿐이에요. 그런데 생명의 그물에서 한 코를 차지할 뿐인 인간은 지금도 생명의 그물에 마음대로 손을 대고 있어요. 카이밥 고원에서, 클리어 레이크에서 아직도 교훈을 제대로 얻지 못한 거예요.

　나는 자연의 속살을 들여다보는 과학자로서, 또 한 사람의 인간으로서 생명의 그물을 오롯하게 지켜 내는 것이 우리 스스로를 지키는 길임을 사람들이 하루빨리 깨닫게 되기를 간절히 바랍니다.

④ 소제목을 고려하여 글쓴이가 궁극적으로 주장하고자 하는 바는 무엇인지 말해 보자.

⑤ 결국 글쓴이는 이 글을 통해 우리 사회에 어떤 영향을 미치고 싶은 것일까?

[학습 활동]

[이해 활동]

활동 1. 이 글을 읽고, 소제목에 따라 글의 내용을 정리해 봅시다.

[목표 활동]

활동 1. 생각 열기에서 했던 예측하기 활동을 살펴보고, 예측한 내용과 실제 글의 내용을 비교해 봅시다. 예측이 빗나갔다면 어떤 점이 다른지 확인해 봅시다.

활동 2. 다음 학생들이 이 글을 읽으면서 사용한 내용 예측 방법은 무엇인지 알아봅시다.
- 자신이 글의 내용을 이해하는 데 활용한 예측의 방법은 무엇인지 친구들과 이야기를 나누어 봅시다.

활동 3. 글을 읽으면서 예측했던 내용을 실제 글의 내용과 비교하여 봅시다.

활동 4. 예측하며 읽기 활동으로 자신의 읽기에 어떤 긍정적인 변화가 있었는지 생각해 봅시다.

작성방법

- 제시된 학습 활동들은 독서를 읽기 전-중-후로 구분하여 지도하는 과정 중심 독서 지도에 근거하고 있다. 활동지의 학습 활동에 반영된 독서 과정 모형이 무엇인지 제시하고, 그렇게 판단한 근거를 '읽기 전' 학습 활동을 근거로 설명할 것.
- '읽는 중' 활동은 〈생각할 문제〉 ②와 ③의 공통적인 기능을 제시하고, '읽은 후' 활동은 목표학습 활동 1이 의도하는 바를 서술할 것.

테마 3 : 사실적 독해(내용확인)와 하위 전략

① [중심 내용, 주제, 글의 구조와 전개 방식 등 사실적 내용을 파악하기]

`관련 기출`
`2014 B형 논술형`

1 〈독서와 문법〉 과목을 담당하고 있는 김 교사는 해례본 『훈민정음』을 설명하는 글을 활용하여 글의 짜임을 파악하고 내용을 이해하는 수업을 진행하였다. 다음 학습 자료는 수업에 활용한 글이고, 〈보기 1〉은 문단별 중심내용을 파악한 후 학생이 그린 구조도이다. 이들을 참조하여 〈보기 2〉의 지시에 따라 한 편의 글로 논술하시오. [10점]

> ① 혹 문자의 사용 설명서를 본 적이 있는가? 인류의 문자사에서 문자 제작자가 직접 제공한 문자의 사용 설명서가 존재하는 경우는 거의 찾아보기 힘들다. 그러나 한글은 창제자에 의해 그것의 사용 설명서가 분명하게 제공되었다는 점에서 다른 문자들과 차이가 있다. 1446년 세종과 집현전 학자들에 의해 만들어진 해례본 『훈민정음』이 바로 그것이다.
> ② '훈민정음'은 신문자(新文字)의 이름이 자책의 이름이기도 하다. 해례본『훈민정음』의 앞부분에는 본문에 해당하는 어제 서문과 예의가 있다. 그 뒤를 이어서 다섯 개의 '解'(제자해, 초성해, 중성해, 종성해, 합자해)와 하나의 '例'(용자례)의 순서대로 구성된 해례가 자리하고 있다. 책의 마지막에는 편찬에 참여한 8명의 집현전 학자들을 대표해 대제학 정인지가 쓴 시문이 실려 있다.
> ③ 다섯 개의 '解' 중 첫 번째인 제자해에는 신문자의 제자 원리가 분명하게 설명되어 있다. 제자해의 모든 설명은 중국의 성운학과 성리학의 형이상학적 세계관을 바탕으로 하고 있는데, 특히 신문자의 제자와 운용에 천지만물의 원리가 담겨있음을 강조하였다.
> ④ 초성은 오음(五音)과 청탁(淸濁)을 기준으로 분류되었다. 'ㄱ ㄴ ㅁ ㅅ ㅇ' 5개의 글자가 각각 오음을 대표하는 기본자 인데, 이 기본자는 사람의 발음기관을 상형한 것이다. 'ㄱ'은 혀뿌리가 목구멍을 막는 모양을, 'ㄴ'은 혀가 윗잇몸에 닿는 모양을, 'ㅁ'은 입의 모양을, 'ㅅ'은 치아의 모양을, 'ㅇ'은 목구멍의 모양을 본뜬 것이다. 문자의 모양이 그것을 발음하는 기관의 모양을 본떠 만들어졌다는 이러한 설명은 실로 놀라운 것이다. 현대 조음 음성학의 관점에서 볼 때 당시 발음되는 말소리에 대한 정확한 조음 위치와 조음 방법을 알지 못했다면 이와 같은 설명은 불가능한 것이었기 때문이다. 그리고 이러한 기본글자에 획을 더하여 'ㄱ→ㅋ ㄴ→ㄷ→ㅌ ㅁ→ㅂ→ㅍ ㅅ→ㅈ→ㅊ ㅇ→ㆆ→ㅎ'과 같은 방식으로 다른 글자들을 만들어 냈다. 이때 획이 더해지는 것은 소리가 조금씩 세어지는 특성과 관련이 있는데, 이러한 점에 착안해 후대의 학자들은 한글이 말소리의 음성적 특성, 즉 변별적 자질을 문자 제작에 반영한 유일무이한 자질 문자라는 주장을 하기도 한다.
> ⑤ 중성의 경우에는 천지인(天地人) 삼재(三才)를 상형해 기본자 3개(·, ㅡ, ㅣ)를 만들고, 이를 다시 서로 결합하여 초출자(ㅗ, ㅏ, ㅜ, ㅓ)와 재출자(ㅛ, ㅑ, ㅠ, ㅕ)를 만들었다. 초출자의 경우 '·'와 'ㅡ'가 결합된 'ㅗ, ㅜ'는 천지가 처음 만난 뜻을, '·'와 'ㅣ'가 결합된 'ㅏ, ㅓ'는 천지의 작용이 사람을 매개로 사물에 발현된 뜻을 지니고 있다. 재출자의 경우에는 공통적으로 '起於ㅣ'의 특성을 지니고 있다고 했는데, 이것은 재출자가 반모음 'ㅣ'로 시작되는 상향이 중모음임을 말한 것이다. 또한 'ㅗ, ㅏ, ㅛ, ㅑ' 에서는 '·'가 'ㅡ'와 'ㅣ'의 위쪽과 바깥쪽에, 'ㅜ, ㅓ, ㅠ, ㅕ' 에서는 'ㅡ'와 'ㅣ'의 아래쪽과 안쪽에

위치하는데, 여기에는 각각 하늘과 땅에서 생겨나 양과 음이 되는 원리가 반영되어 있다. 이처럼 음양의 원리로 중성을 설명한 것은 모음조화에 대한 이해를 바탕으로 한 것이다.

⑥ 음절을 이루는 세 요소인 초·중·종성에 대해 해례에서는 각각 초성해, 중성해, 종성해를 마련해 설명하고 있다. 초성과 중성에 대해서는 제자해에 이어 초성해와 중성해에서 다시 한번 언급되고 있다. 초성해에서는 음절에서 초성이 무엇인지를 설명했고, 중성해에서는 중성이 무엇인가와 더불어 상합(相合)에 대한 내용을 언급하였다. 종성해에는 완급(緩急) 대립과 종성에 대한 설명이 있다. 오음에서 'ㆁ'과 'ㄱ', 'ㄴ'과 'ㄷ', 'ㅁ'과 'ㅂ', 'ㅿ'과 'ㅅ', 'ㅇ'과 'ㆆ'이 각각 종성에서 서완(舒緩)함과 촉급함의 발음 특성으로 대립되고 있으며, 실제로 8개의 종성(ㄱㆁㄷㄴㅂㅁㅅㄹ)으로 종성 표기가 가능하다는 점이 언급되었다. 이것은 동일 조음위치에서 발음되는 자음들이 조음 방식에 따라 그 발음이 어떻게 다른지, 그리고 종성 위치에 나타났던 음절 말 중화 현상에 대한 인식이 어떠했는지를 보여 주는 대목으로 당시 말소리에 대한 음성학적, 음운론적 이해의 수준을 짐작할 수 있게 해 준다.

⑦ 초·중·종성이 하나의 음절로 합하여 표기되어야 하며 중성에 따라 초성과 중성의 결합양상이 상하 또는 좌우로 달라진다는 점이 설명되었다. 또한 '짜', '홰', '낛'에서처럼 초·중·종성에서 2자와 3자가 합용될 수 있음도 언급되었다. 그리고 각 음절의 성조표시를 위한 방점 표기의 마련은 분절음이 아닌 초분절음을 표기법에 반영하고 있다는 점에서 특별하다. 반설경음 및 특이한 이중 모음 표기에 대한 언급은 해례편찬자들이 얼마나 세밀하게 당시의 말소리를 관찰했는가를 잘 보여 준다. 이처럼 합자해에는 초·중·종성의 음절표기 및 합용에 대한 설명, 방점 표기, 그리고 세밀한 음성적 표기에 대한 설명이 들어 있다.

⑧ 끝으로 용자례에는 94개의 국어 어휘들에 대한 실제의 표기 용례가 실려있다. 용자례는 신문자의 실험장으로서뿐만 아니라 당시 존재했던 어휘들의 모습을 한자리에서 볼 수 있는 어휘 자료로서도 중요한 가치를 지닌다. '러울'[獺], '사비'[蝦], '비육'[鷄雛], '슈룹'[雨繖] 등과 같이 이곳 용자례에서만 찾아볼 수 있는 어휘 표기의 존재가 소중하다.

⑨ 이처럼 우리는 해례본 『훈민정음』의 곳곳에서 언어에 대한 당시 학자들의 놀랄만한 관찰과 이해를 보여주는 대목과 만날 수 있다. 이것은 마치 20세기 구조주의 언어학자들의 눈으로 당시의 언어를 관찰하고 기술한 것 같은 느낌을 준다. 독보적인 문자와 그것의 사용 설명서를 제대로 이해하고 이를 소중히 여길 줄 아는 것이 우리에게 필요한 자세가 아닐까한다.

보기 1

※ 위 글의 구조도를 그리시오.

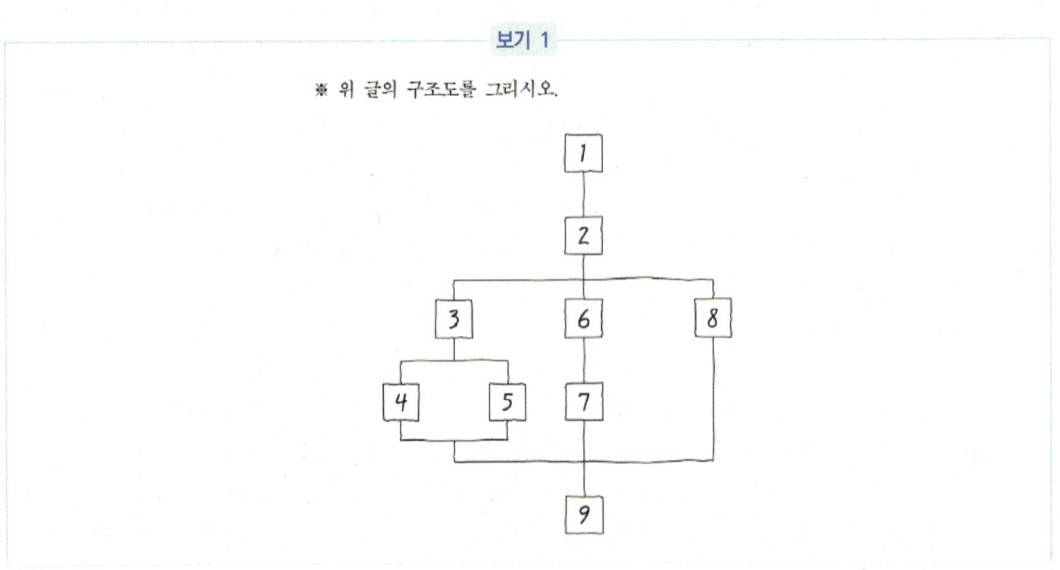

보기 2

1. 〈보기 1〉에서 학생이 그린 구조도에 문제가 있는 곳을 찾아 지적하고, 제시된 학습자료에서 신문자 '훈민정음'의 제자 원리를 요약하여 쓸 것.
2. 지시 1을 바탕으로 읽기 교육에서 글의 짜임 파악하기와 요약하기를 지도하는 데 필요한 내용을 쓸 것.

심화 예제

2 사실적 독해의 기본 원리에 대한 학습을 목표로 다음과 같이 읽기 수업 자료를 준비하였다. 〈작성 방법〉에 따라 서술하시오. [4점]

(가)

쓰나미라는 말은 정확히 무슨 뜻일까? 그리고 쓰나미를 직접 목격한 사람들은 이를 어떻게 설명할까? 쓰나미라는 단어는 원래 일본어로, 항구를 뜻하는 '쓰〔津〕'와 파도를 뜻하는 '나미〔波〕'로 이루어진 합성어다.

> (가)의 처음을 통해 글에서 쓰나미에 대해 말할 것임을 예측할 수 있다.

(나)

단어 자체가 암시하듯이, 쓰나미는 위협적인 파도를 동반해 일본의 항구 지역에 수시로 타격을 입혔다. 그런데 신기하게도 그 시간 먼 바다에 나가 있던 어부들은 아무런 이상을 느끼지 못했다. 이처럼 쓰나미의 특징은 해안에 나타나 엄청난 파괴력을 발휘하지만 먼 바다에서는 눈에 잘 띄지 않는다는 것이다. 또 한 가지 흥미로운 점은, 쓰나미를 목격한 사람들 대부분은 당시 날씨가 아주 평온했고 바다도 무척 잔잔했다는 점을 강조한다는 것이다. 다시 말해 쓰나미는 일반적인 태풍처럼 특정 기상 조건 때문에 생성되는 것이 아니라는 뜻이다.

> (나)의 중간 부분에서 쓰나미의 특징이 거론되고 있음을 알 수 있고, 그 특징이 한 가지 이상임을 연결어를 통해 알 수 있다.

(다)

위의 내용을 참고로 하여 쓰나미의 발생 원리를 물리적으로 설명하면 다음과 같다. 끈을 양쪽으로 묶은 다음, 한쪽 끝에서 수직 방향으로 갑작스러운 충격을 보내면 어떻게 될까? 위로 솟았다가 내려가는 연속적인 움직임이 끈을 타고 나아갈 것이다. 이것이 바로 간단하게 파동을 만드는 방법이다.

> (다)의 첫 문장을 통해 쓰나미의 발생 원리를 설명할 것임을 알 수 있다.

(라)

쓰나미의 원리는 바로 이 파동 현상으로 설명할 수 있다. 해안에 나타나는 파도는 끈의 끝에서 일어나는 파동과 같다. 끈 자체가 움직이는 게 아닌 것처럼, 바닷물도 그 자체가 이동하는 것이 아니라 물결의 일렁임이 해안 쪽으로 옮겨 오면서 확대되는 것이다. 쓰나미의 규모가 큰 경우에는 마지막에 파도가 크게 부서지면서 바닷물이 땅으로 넘치고, 그중 일부는 원래의 바다로부터 떨어져 나와 물 자체가 이동하게 된다.

> (라) 문단의 첫 문장이 쓰나미의 발생 원리를 설명하는 중심 문장이라면, 나머지 문장은 이를 뒷받침한다는 것을 알 수 있다.

> **작성방법**
>
> - 학습 목표 성취를 위한 지도 내용을 2가지 이상 제시할 것.
> - 제재 글을 활용하여 각각을 설명할 것.

3 '글에 드러난 정보를 바탕으로 글의 구조와 전개 방식 등 사실적 내용을 파악하며 읽는다.'를 학습 목표로 다음 제재를 활용하여 〈보기〉와 같은 활동지를 마련하였다. 〈작성 방법〉에 따라 서술하시오. [4점]

뇌 속의 전달자, 신경 전달 물질

① 인간의 뇌는 그 무게가 평균 1,300~1,500그램으로 몸무게의 약 2.5퍼센트밖에 되지 않는다. …〈생략〉…

② 한 개의 신경 세포는 수천, 수만 개의 신경 세포와 정보를 주고받고 있다. 이러한 정보 교신을 담당하고 있는 주역이 바로 화학 물질인 신경 전달 물질이다. 이 신경 전달 물질의 발견은 20세기의 가장 획기적인 발견 중 하나다. 20세기 초까지만 하더라도 신경 세포와 신경 세포 사이에는 세포질이 서로 전깃줄처럼 연결되어 정보가 전달되는 것으로 생각하였다. 그러나 현미경으로 자세히 관찰한 결과, 신경 세포 사이에는 항상 일정한 틈이 존재한다는 사실이 밝혀졌다. 이에 따라 틈을 뛰어넘어 정보가 전달되기 위해서는 어떤 매개 물질의 존재가 필요하다는 추론이 자연스럽게 나오게 되었고, 이는 사실로 증명되었다.

③ 1921년 오토 뢰비 박사는 미주 신경이 붙어 있는 개구리 심장과 미주 신경을 제거한 개구리 심장을 준비하여 각각 링거액에 담고 링거액이 서로 통하게 연결했다. 첫 번째 개구리의 심장에 붙어 있는 미주 신경을 자극하자 심장의 박동이 느려졌다. 그런데 놀랍게도 미주 신경이 없는 두 번째 개구리의 심장 박동도 느려졌다. 이를 통해 오토 뢰비 박사는 첫 번째 개구리의 심장에 붙어 있는 미주 신경을 자극하면 이 신경의 말단에서 어떤 물질이 방출되어 나와 링거액을 통해 신경이 없는 두 번째 개구리의 심장에 직접 영향을 미친다는 사실을 밝혀냈다. 신경 전달 물질의 존재를 처음으로 증명한 셈이다. 이 공적으로 그는 1936년에 노벨 생리·의학상을 받았다. 미주 신경 말단에서 나온다는 의미로 이 신경 전달 물질을 '미주 신경 물질'이라 명명하였다. 이후 이 물질은 아세틸콜린임이 밝혀졌고, 현재까지 뇌에서는 마흔 종류가 넘는 신경 전달 물질이 발견되었다.

④ 신경 전달 물질은 보통 때는 신경 섬유 말단부의 조그마한 주머니인 소포체에 저장되어 있다. 신경 정보가 전기적 신호로 신경 섬유막을 통해 말단부로 전파되어 오면, 이 주머니가 신경 세포막과 결합한 후 터져서 신경 전달 물질이 연접(시냅스) 틈으로 방출된다. 방출된 신경 전달 물질은 2만분의 1밀리미터 정도의 짧은 간격을 흘러서 다음 신경 세포막에 다다른다. 세포막에 있는 특수한 구조와 결합함으로써 정보가 전달되는 것이다. 이 특수한 구조는 정보를 받아들이는 물질이라는 의미에서 '수용체'라고 한다. 이 수용체는 단백질로 구성되어 있다.

⑤ 비유하자면 신경 전달 물질은 일종의 열쇠이며 이를 받아들이는 수용체는 열쇠 구멍에 해당한다. 신경 전달 물질이라고 하는 열쇠가 수용체라고 하는 열쇠 구멍에 맞게 결합함으로써 다음 신경 세포막에 있는 대문이 열려 정보가 전달될 수 있는 것이다. 정리하자면 각각의 신경 전달 물질들은 각자 특유의 수용체 분자하고만 결합하여 특정 정보를 전달한다. 즉 신경 정보를 가지고 있는 신경 전달 물질이라고 하는 화학 분자와 그 정보를 받아들이는 수용체라고 하는 특수 단백질 분자의 상호 결합으로 고도의 정신 기능에서부터 행동·감정에 이르기까지 모든 것이 결정되는 것이다.

⑥ 신경 전달 물질이 신경 세포막에 있는 수용체 단백질과 결합하면 연접 틈에서 신경 세포로 이온이 들어올 수 있는 길, 즉 이온 통로가 열린다.

…〈생략〉…

보기

① 다음은 윗 글을 읽고 문단의 중심 내용을 정리한 표이다. 빈 칸에 중심 내용을 정리해보자.

구성	문단	중심 내용
머리말	1	복잡한 인간의 뇌가 수많은 정보를 교신하는 방법에 의문을 가지게 됨.
본문	2	(신경 세포 사이에는 일정한 틈이 있고, 신경 전달 물질은 이 틈에서 정보를 전달하는 매개 물질임이 20세기에 발견됨.)
	3	오토 뢰비에 의해 신경 전달 물질의 존재가 증명됨.
	4	(신경 전달 물질이 연접 틈으로 방출되고, 이것이 수용체와 결합하여 정보가 전달됨.)
	5	(㉠)
	6~	〈생략〉
맺음말		〈생략〉

② 제시된 문단의 중심 내용을 참조하여 ②~⑤문단의 구조도를 그리시오.
〈학생 답〉

2~5문단은 모두 대등한 문단이다. 따라서 구조도를 그리면 다음과 같다.

| 2 |
| 3 |
| 4 |
| 5 |

작성방법

- 〈보기〉의 활동 ①의 빈 칸 ㉠에 들어갈 문단의 중심 내용을 제시하고, 〈보기〉의 활동 ②에서 학생이 그린 문단 구조도에 문제점이 있는 이유를 문단 간 관계를 고려하여 설명할 것.
- 글 구조에 대한 지식의 읽기 교육적 의의를 서술하고, 글 구조 읽기 전략 2가지를 제시하고 각각 설명할 것.

4 송 교사는 '글의 구조를 바탕으로 중심 내용 파악하기'를 주제로 독서 수업을 진행하였다. 송 교사의 수업과 관련하여 〈작성 방법〉에 따라 서술하시오. [4점]

① 다수의 학자들이 주장해 온 다문화주의를 정의해 본다면, 하나의 사회 내에서 다양한 문화적 특성을 지닌 집단 또는 계층이 존재하는 것을 구성원들이 인식하고 존중하며, 이들 집단의 사회적·문화적 차이를 인정하고, 모든 구성원들에게 동등한 권리가 보장되는 포용적 맥락에서 이들 집단이 사회를 위해 지속적으로 이바지하도록 장려하는 가치관과 행동의 체계라고 요약할 수 있다.

② 이 개념을 구체적으로 살펴보면 네 가지 요소로 논점을 제시할 수 있다. 이는 첫째, 문화의 다양성을 인식하고 존중하는 것, 둘째, 문화 간 차이를 인정하는 것, 셋째, 다른 문화가 사회에 이바지하도록 장려하는 것, 넷째, 앞의 세 가지 요소를 포용하는 가치관과 행동 체계로 정리할 수 있다.

③ 이러한 요소를 더 구체적으로 풀어 본다면, 우선 다양성의 인식과 존중은 하나의 영토 안에서 복수의 인종 또는 민족이 존재하거나, 사회적 약자를 비롯한 다수의 계층이 공존하는 구조를 사회 구성원들이 받아들이고, 이와 관련된 일정한 규칙에 동의하고 지지함을 뜻한다. 이를 통해 구성원들은 자신과 다른 계층과 민족이 섞여서 생활하는 사회를 당연한 체계로서 받아들이게 되는 것이다.

④ 다음으로 문화 간 차이의 인정은 다양성의 인식과 존중을 전제로 하여 단일 문화가 아닌 다양한 문화가 존재함으로써 그 사회가 더욱 발전하고 역동적으로 성장한다는 가치를 깨닫는 것이다. 당연히 구성원들은 그러한 사회를 선호하고 소중하게 지켜 가기 위한 노력을 기울이게 될 것이다.

⑤ 또한 타문화가 사회에 이바지하도록 장려하는 일은 사회 구성원들이 열린 가치관을 소유하고 타문화에 대한 이해 정도가 높아져 있을 때 가능하다. 모든 문화는 고유의 특성과 색채를 띠고 있기 때문에 문화를 우월한 문화와 열등한 문화로 위계적 구분을 지을 수 없다. 문화는 수직적 단층 구조가 아닌 수평적 병렬 상태로 공존하는 인문적 자산인 것이다. 그런데 현실에서는 국가의 경제적 수준이나 국제 관계상의 지위에 따라 문화의 우월성까지 담보되는 경우가 종종 발생한다. 바람직한 다문화 사회가 되려면 하나의 영토 안에서 여러 가지 문화가 공존할 수 있는 환경이 갖추어져야 하며, 모든 구성원이 동등한 권리를 누리면서 문화적 교류와 상호 이해를 도모하고 정치, 경제 등 사회 활동에 제한 없이 참여할 수 있도록 해야 한다.

⑥ 끝으로 다문화주의는 이와 같은 요소를 포용하는 가치관과 실천하는 행동 체계가 갖추어질 때 비로소 완성된다고 설명할 수 있다. 동시에 이러한 네 가지 차원의 다문화주의 요소는 서로 단절된 의미로 구성되고 작용하는 것이 아니라 상호 유기적인 결합을 통해 총체적인 의미 작용을 하는 통합적인 관계로 이해해야 할 것이다.

⑦ 교통과 통신의 발달로 세계 여러 나라는 서로 긴밀히 교류하게 되었다. 결혼 이주민, 북한 이탈 주민, 유학생, 관광객, 사업가, 일자리를 찾는 구직자 등 많은 사람이 한국으로 오고 있다. 이 영향으로 우리나라도 빠르게 다문화 사회로 진입하고 있다. 이러한 사회적 변화에 대처하려면 우리 사회의 공동체 구성원 모두가 다문화주의에 대한 이해를 공유해야 한다.

〈학습활동〉

활동 1. 각 문단의 중심 내용을 정리해 보자.

구분	중심 내용
①	다문화주의의 개념
②	
③	

④	
⑤	
⑥	
⑦	다문화주의에 대한 사회 구성원들의 이해의 필요성

활동 2. 앞의 활동을 바탕으로 이 글에 제시된 정보들이 맺고 있는 의미 관계를 구조화한 도표를 그려보자.

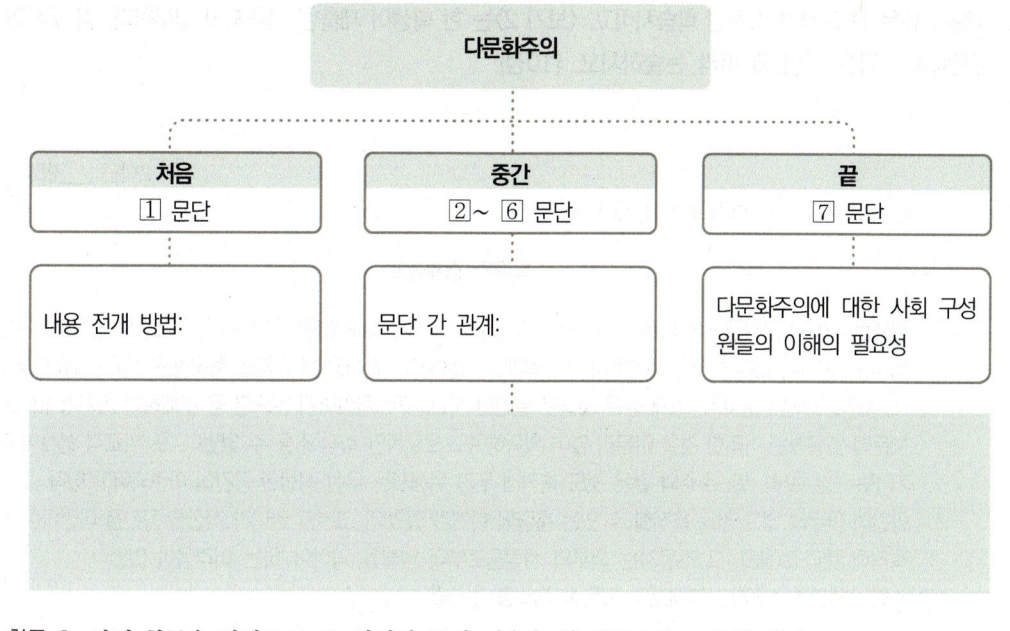

활동 3. 앞의 활동을 바탕으로 글 전체의 중심 내용을 한 문장으로 요약해 보자.

작성방법

- 〈활동 1〉의 모범인 답을 ②~⑥의 각 문단의 중심 내용을 포함하여 각각 제시할 것
- 앞의 답을 토대로 〈활동 2〉의 모범인 답을 ① 문단은 내용 전개 방법을 밝히고, ②~⑥ 문단은 문단 간 관계를 각각 구체적으로 서술할 것

1장 교과내용

2 [요약하기]

`관련 기출`
`2018 B형 서술형`

1 김 교사는 요약하기 규칙을 적용하여 요약문을 만들고 이를 발표하기에 활용하는 통합 수업을 진행하였다. 〈보기 1〉은 김 교사가 마련한 학습지이고, 〈보기 2〉는 한 학생이 제출한 학습지의 일부이다. 김 교사의 수업과 관련하여 〈작성 방법〉에 따라 논술하시오. [10점]

보기 1

2학년 ___반 _____

※ 다음 글을 읽고 요약하기 활동을 해 보자.

<화폐와 경제생활>

① 화폐는 재화의 교환을 용이하게 하기 위해 생겨났다. 그러나 화폐의 출현은 인간의 경제생활에 '가치의 축적'이라는 예기치 않은 상황을 초래했다. 즉, 화폐를 사용하기 시작하면서 가치를 축적하는 것이 쉬워진 것이다.
② 소, 돼지, 양이나 물고기, 조개 같은 것들은 일정한 시간 내에 처리하지 않으면 곧 부패하여 가치가 없어지기 때문에 옛날에는 이러한 것을 아무리 많이 획득하여도 오랫동안 축적해 둘 수 없었다. 또 비교적 쉽게 부패하지 않는 쌀, 보리, 밀, 수수와 같은 것도 축적해 두기 위해서는 우선 적합한 공간이 마련되어야 했다. 그리고 공간이 아무리 넓고 커도 축적할 수 있는 총량에 한계가 있었다. 그분만 아니라 적합한 공간을 마련하여 많이 축적해 둔다고 해도 그 소유자는 외부의 사람들로부터 약탈을 막아야 하는 어려움이 있었다.
③ 수렵 채취의 시대에는 그때그때 획득한 재화를 2~3일

〈학습 활동〉

1. 다음 표를 완성하시오.

구분	요약문	비고
①		50자 내외
②		150자 내외
③		150자 내외
④		150자 내외
⑤		50자 내외

2. 1을 바탕으로 다음 표를 완성하시오.

구분	요약문	비고
처음 ①		50자 내외
중간 ②③④		300자 내외
끝 ⑤		50자 내외

3. 2를 바탕으로 윗 글의 내용을 요약하시오. (250자 내외)

4. 1~3에서 요약한 내용을 활용하여 〈말하기 상황〉에 알맞게 발표하여 보자.

말하기 상황

- 화제 : 화폐와 경제생활
- 목적 : 핵심 정보를 이해하기 쉽게 설명하기
- 청중 : 화제에 대한 관심도가 낮고 배경 지식이 부족한 학급 친구들

보기 2

| ② | 화폐가 생기기 전에는 재화를 축적하는 데 여러 가지 한계가 있었다. 육류나 어패류는 일정한 시간 내에 처리하지 않으면 부패하여 가치가 떨어지기 때문에 오랫동안 축적해 둘 수 없었다. 쉽게 부패하지 않는 곡물도 축적해 두려면 공간을 마련해야 했고, 총량에 한계도 있고, 약탈을 막아야 하는 어려움이 있었다. |

작성방법

- 서론과 결론은 생략하고, 본론은 세 문단으로 구성하여 쓸 것.
- 본론의 1문단은 김 교사가 요약하기 활동을 학습 활동 1~3과 같이 구성한 의도를 글의 구성단위를 중심으로 서술할 것.
- 본론의 2문단은 요약 규칙 중 '일반화(대치) 규칙'과 '재구성 규칙'에 대해 각각 설명하고, 〈보기 2〉의 요약문에서 두 규칙이 적용된 양상을 구체적으로 분석하여 쓸 것.
- 본론의 3문단은 학습 활동 4에서 청중 특성을 고려한 '도입부'의 내용 구성에 대한 지도 내용을 2가지 쓸 것.

2010

2. 다음 글을 읽고 학생이 요약문을 작성하였다. 요약하기의 일반적인 규칙과 관련하여 이 학생에게 지도할 내용으로 적절하지 않은 것은?

> 인간은 동물과 달리 예술이 세계를 향유해 왔다. 회화, 조각, 건축, 공예, 음악, 무용, 문학, 연극, 영화 등이 그것이다. 이것들은 우선 공간 예술과 시간 예술로 나눌 수 있다. 회화, 조각, 건축, 공예는 공간 예술이고 음악, 무용, 문학, 연극, 영화는 시간 예술에 속한다. 공간 예술은 작품이 일정한 공간을 통해 표현되어 정지된 모습으로 존재하는 것들이고, 시간 예술은 시간적 흐름 속에서 앞부분이 사라지고 뒷부분이 나타나는 연속적 흐름으로 실현되는 것들이다. 가령, 음악을 들을 때에는 작품 전체를 동시에 접할 수 없고, 오직 시간의 흐름에 따라 체험을 엮어 가게 된다.
> 예술은 시각 예술, 청각 예술, 언어 예술로 나누기도 한다. 공간 예술은 모두 시각 예술이며, 음악은 청각 예술, 문학은 언어 예술에 속한다. 그러면 무용, 연극, 영화는 어디에 속하는가? 무용의 몸짓은 시각적이지만, 그것과 어울린 음악은 청각적 요소이다. 연극과 영화의 경우에는 이 두 요소와 함께 등장인물의 대사라는 언어적 요소까지 포함된다. 따라서 우리는 종합 예술 또는 혼합 예술이라는 네 번째 부류를 추가하지 않을 수 없다.

요약문

> 회화, 조각, 건축, 공예, 음악, 무용, 문학, 연극, 영화 등은 우선 시간성에 따라 공간 예술과 시간 예술로 나눌 수 있다. 비록 공간 예술은 작품이 일정한 공간을 통해 표현되어 정지된 모습으로 존재하는 것들이지만, 시간 예술은 시간적 흐름 속에서 앞부분이 사라지고 뒷부분이 나타나는 연속적 흐름으로 실현되는 것이다. 음악을 들을 때 작품 전체를 동시에 접할 수 없고, 오직 시간의 흐름에 따라 체험을 엮어 가게 된다. 이에 따라 매체에 따라서는 시각 예술, 청각 예술로 나누기도 한다. 우리는 종합 예술 또는 혼합 예술이라는 부류를 추가로 더해야 한다.

① 불필요한 수식어를 삭제하는 활동을 하게 한다.
② 세부적인 예들을 찾아서 삭제하는 활동을 하게 한다.
③ 하위 개념을 상위 개념으로 대치하는 활동을 하게 한다.
④ 내용 분류의 적절한 기준을 만들어 넣는 활동을 하게 한다.
⑤ 중요한 내용들을 선택하여 자연스럽게 연결하는 활동을 하게 한다.

심화 예제

3 송 교사는 '요약하기'를 활용하여 내용을 파악하고 이해하는 수업을 진행하였다. 다음 학습 자료는 수업에 활용한 글이고, 〈보기〉는 문단별 중심내용을 파악한 후 학생이 그린 구조도이다. 이들을 참조하여 〈작성 방법〉에 따라 요약하기 지도 내용을 서술하시오. [4점]

> ① 해마다 봄이면 우리 하늘은 황사로 누렇게 물이 든다. 황사는 바람을 타고 하늘로 올라간 미세한 모래 먼지가 대기 중에 퍼져 있다가 서서히 떨어지는 현상이다. 옛날에는 '토우(土雨)'라고 했는데 일제 강점기부터 '황사(黃砂)'라고 부르기 시작했다.
> ② 대륙을 거쳐 우리나라에 온 황사에는 산업화의 몸살을 앓고 있는 중국의 여러 도시에서 배출되는 중금속까지 섞여 있어 더욱 문제이다. 봄의 불청객인 황사는 천식 등 호흡기 질환을 일으키고, 아토피 피부염을 악화시키는 원인이 되어 초등학교가 휴교하는 일이 벌어지기도 한다. 황사가 동반하는 흙먼지와 탁한 공기는 항공 운항과 통신에도 장애를 일으킨다.
> ③ 그렇다면 황사는 왜 생기는 것일까? 황사의 원인은 다양하지만 크게 두 가지로 나눌 수 있다. 첫째, 황사 발원지의 자연적인 요인을 들 수 있다. 주기적인 가뭄과 아주 낮은 강수량, 풍부한 모래 등이 황사를 일으키는 주범들이다.
> ④ 둘째, 인위적인 요인들을 들 수 있다. 무분별한 경작과 목축, 땔감과 식물 채취, 과도한 물 사용 등으로 인해 발원지 주변의 자연이 파괴되고 있는 것이다. 또한 급격한 인구 증가와 에너지 소비 증가도 자연 파괴를 가속화시키고 있다.
> ⑤ 그렇다면 우리는 해마다 찾아오고 점점 심해지는 황사의 피해를 고스란히 맞아야 할까? 그렇지 않다. 우리의 작은 노력과 실천들이 황사를 줄이는 데 큰 도움을 줄 수 있다. 지금 세계 여러 나라 사람들이 몽골이나 중국에 찾아가서 그 지역 사람들과 힘을 모아 나무를 심고 있고, 푸른 숲과 초원을 가꾸기 위해 전 세계가 함께 노력하고 있다. 하지만 무엇보다 중요한 것은 생활 속에서의 작은 실천이다. 나무젓가락과 같이 숲을 베어서 만든 일회용품의 사용을 줄이는 일부터 시작해 보자.

〈보기〉

※ 윗 글의 구조도를 그리시오.

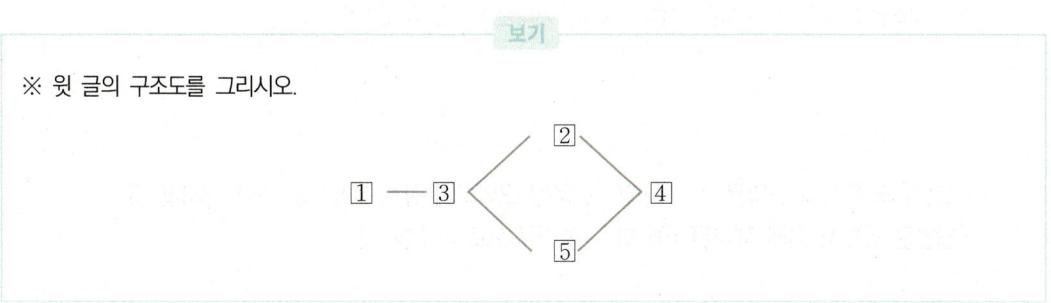

작성방법

- 〈보기〉에서 학생이 그린 구조도에 문제가 있는 문단 배치를 찾아 그 이유를 설명할 것. 단, 이유를 설명할 때, 이 글의 글 구조와 각 문단간 관계를 고려할 것.
- 글 구조 파악의 독서 교육적 의의를 서술할 것.

4. 다음 〈보기〉는 아래에 제시된 글을 읽고 학생이 작성한 요약문이다. 〈작성방법〉에 따라 요약하기의 지도내용을 서술하시오. [4점]

(가)
　인류는 오랜 세월 동안 발전해 왔다. 그 과정에서 수많은 발견과 발명, 지혜의 축적을 통해 현재의 문명을 이룩하였다. 그중에서 초기 인류의 발전에 가장 결정적인 역할을 한 것은 불의 이용이다.

(나)
　불을 이용하기 시작하면서 인간은 자연의 속박과 자연에 대한 무조건적인 숭배에서 벗어나 자연을 이용하고 다스리기 시작했다. 예를 들면, 불을 난방에 이용하면서부터 추운 지방에서도 살 수 있게 되어 거주 지역이 넓어졌다. 그리고 불을 이용하여 음식을 요리하거나 건조해서 저장할 수 있게 됨에 따라 생활 능력도 더욱 확대되었다.

(다)
　그뿐만 아니라 불을 이용하면서 점토(粘土)를 구워 접시나 그릇을 만들어 사용하게 되었다. 또한, 온도가 높은 화로에서 금속을 녹여 칼이나 화살촉 등과 목걸이, 팔찌 등도 만들 수 있었다.

(라)
　이후 중세 사회에서는 불을 무기로 이용한 군사 기술이 발달하였다. 근대 사회에 접어들어서는 증기 기관이 발명됨으로써 불이 가진 열에너지로 여러 종류의 기계를 움직일 수 있었고, 이를 통해 산업 혁명을 이루었다. 오늘날에도 불은 화력 발전 등을 통해 산업 발전을 이끌고 있다.

〈보기〉

① 초기 인류의 발전에 가장 결정적인 역할을 한 것은 불의 이용이다. ② 불을 이용하기 시작하면서 인간은 자연을 이용하고 다스리기 시작했다. ③ 불을 이용하면서 토기, 무기나 장신구 등 다양한 도구를 만들게 되었다. ④ 이후 중세에서 오늘날에 이르기까지 불은 인류의 발전에 커다란 역할을 하고 있다.

〈작성방법〉

- 〈보기〉의 학생의 요약문 ①~③에서 활용된 요약하기 규칙 3가지를 각각 제시할 것.
- 답안은 반드시 아래 제시된 〈예〉의 기술 방식으로 서술할 것.

　〈예〉
　학생의 요약문 ④는 (라)문단에서 중심 내용이 명시적으로 주어져 있지 않아서 '중심 내용을 재구성'하였다.

5 다음 〈보기〉는 아래에 제시된 글을 읽고 작성한 학생의 요약문이다. 학생에게 지도할 내용을 〈작성 방법〉에 따라 서술하시오. [4점]

> ① 예나 지금이나 많은 사람이 한옥에 대해 잘못된 시각을 가지고 있다. 한옥이 겨울에는 춥고, 지저분하고, 화장실도 변변치 않고, 유지비가 많이 들고, 비가 새는 등 사람들이 살기에 불편하다는 것이다. 이런 시각 때문에 1960년 이후 서울에서만 70만 채의 한옥이 없어졌다. 전국적으로는 훨씬 더 많은 한옥이 역사 속으로 사라졌다. 이렇게 한옥이 사라져 가도록 두어도 되는 것일까?
> ② 한옥은 우리 고유의 건축 양식으로 지은 전통 가옥을 말한다. 오랜 세월에 걸쳐 한국 역사와 함께 발전해 온 독특하고 소중한 건축물인 것이다. 그렇기 때문에 한옥은 한국인의 정신세계를 잘 반영하는 가치 있는 존재라고 할 수 있다.
> ③ 그렇다면 한옥이 지니고 있는 가치는 무엇일까? 우선 한옥은 사람들에게 편안함을 느끼게 하는 인간적인 집이다. 한옥은 나무, 흙, 돌, 종이 등과 같은 자연 소재로만 지은 건물이다. 따라서 콘크리트, 알루미늄, 유리, 비닐 등으로 지은 빌딩과는 비교할 수 없는 건강한 환경을 제공한다. 이를 통해 사람들은 몸과 마음의 평화를 얻을 수 있게 된다.
> ④ 다음으로, 지붕에서 시작한 곡선은 처마까지 아름답게 이어진다. 수직적인 기둥과 수평적인 들보는 완벽하게 균형적인 비율로 한옥의 각 칸을 에워싼다. 각 칸의 폭도 적당하다. 또한, 각 건축 요소는 매우 섬세하게 연결되어 조화를 이루어 낸다. 한옥의 아름다운 문은 한 편의 공예 미술이라 할 수 있다.
>
> ● 한옥의 기둥과 들보 ●
>
> ⑤ 마지막으로, 한옥에는 한국인의 과학적 지혜가 숨어 있다. 한옥은 비 피해를 피할 수 있는 장소에 지어지며, 건물을 'ㄱ', 'ㄷ', 'ㅁ' 등의 형태로 지어 강풍을 막아 낼 수 있게 한다. 또한, 지붕 밑을 지탱하는 서까래는 비가 벽에 스며들지 않게 해 준다. 아궁이에 3, 4시간 불을 때면 온종일 온기가 보존되도록 설계된 온돌은 건물을 뽀송뽀송하고 청결하게 해 준다.
> ⑥ 지금까지 살펴본 바와 같이 한옥은 자연 소재, 건축미, 과학적 지혜가 만나 거기에 사는 사람들의 스트레스를 줄여 주는 평화로운 주거 환경을 만들어 낸다. 최근 한옥의 가치와 편안함을 이해하는 사람들이 늘어나는 것은 다행스러운 일이다. 앞으로도 한옥의 가치를 잘 이해하고 이를 계승·발전시키기 위해 노력하자.

―〈보기〉―

㉠ 한옥에 대한 잘못된 시각 때문에 한옥이 점점 사라지고 있다. ㉡ 한옥은 우리 고유의 건축 양식으로 지은 전통 가옥을 말한다. ㉢ 한옥이 지니고 있는 가치는 콘크리트, 알루미늄, 유리, 비닐 등으로 지은 빌딩과는 다른 건강한 환경을 제공한다는 것이다. ㉣ 다음으로 한옥은 지붕과 처마의 곡선, 수직적인 기둥과 수평적인 들보는 완벽하게 균형적인 비율, 각 건축 요소의 조화, 문에 이르기까지 아름답다. ㉤ 마지막으로 한옥에는 한국인의 과학적 지혜가 숨어 있다. ㉥ 따라서 한옥의 가치를 잘 이해하고 이를 계승·발전시키기 위해 노력하자.

―〈작성 방법〉―

- 학생의 요약문에서 문제가 있는 문장을 찾아 기호를 제시할 것
- 요약하기의 규칙을 초점으로 이 학생에게 지도해야 할 내용을 서술할 것

테마 4 : 추론적 독해(추론)와 하위 전략

관련 기출

2023 A형 서술형

1 (가)는 김 교사가 정리한 학생 A의 독자 프로파일이고, (나)는 독서 태도에 관한 교사 연수회의 강연 내용이다. 〈작성 방법〉에 따라 서술하시오. [4점]

(가) 독자 프로파일 : 학생 A(중학교 1학년)

영역	평가 방법	결과 요약
독서 기능	오독 분석	• 중학교 1학년 수준의 글을 적정한 속도로 정확하게 소리 내어 읽음.
	독해 질문	• 글에 드러난 정보를 바탕으로 중심 내용, 주제, 글의 전개 순서 등을 이해함. • 글에 드러나지 않은 정보를 예측하지 못하고, 숨겨진 필자의 의도나 글의 목적, 글에 암시된 주제와 생략된 내용을 이해하지 못함.
독서 태도	수업 관찰	• 교실 전체 수업에서 조용한 편임. • 독서 토의에서 자기가 이해하지 못한 글 내용에 대해서 솔직하게 대화함.
	비형식적 상담	• 독서 모임에서 이해하기 쉬운 글을 읽을 때 적극적으로 참여한다고 함.
	자기평가	• 전반적으로 부정적 태도를 보임. • 특히 책에 30분 이상 집중하거나 적극적으로 책을 찾아 읽은 경험이 거의 없다고 반응함.

(나) 교사 연수회의 강연 내용

읽기 수업 중에 어떤 학생은 자신감이 많이 떨어져 보입니다. 때론 글 읽기를 아예 싫어하는 것 같기도 하고요. 단어와 문장을 못 읽는 것도 아닌데, 왜 이런 일이 생길까요?

모든 아이들이 독서에 성공적인 것은 아닙니다. 성공적 독서를 위해서는 적어도 두 가지 수준의 독해, 즉 사실적 독해와 추론적 독해가 필요합니다. 그런데 독서 수업에서 오가는 질문들은 사실적 독해를 넘어 많은 경우 추론적 독해를 요구합니다. 하지만 추론적 독해가 어려운 학생은 이런 질문에 쉽게 답하지 못하고 자연스레 대화에서 소외될 수 있어요. 문제는 이때 학생 스스로 '나는 글을 못 읽는 사람이구나!'라고 생각하게 된다는 겁니다.

그리고 이런 일이 반복되면 학생의 독서 태도가 부정적으로 형성될 수 있지요. 그러니 수업 시간에 조용한 아이들이 그저 글 읽기에 소극적이거나 부정적이라고 간단하게 볼 일이 아닙니다. 무엇보다 먼저 이런 상황의 원인을 학생의 독해 능력에서 찾아봐야 합니다.

그렇다면 독해가 어려운 학생들은 우리 교실에서 언제나 조용한 독자로 남아 있어야 할까요? 책에 집중하지 못하고, 스스로 책을 찾지 않는 독서 태도는 어떻게 해야 긍정적으로
바뀔 수 있을까요? 여러분도 수업을 하면서 이 점에서 많이 고민하셨을 겁니다.

저는 학생이 어떤 상황에서 적극적 독자의 모습을 보이는지 살펴봅니다. 특히 독서 지도 활동을 계획할 때 어떻게 해야 이러한 긍정적 독자의 모습이 발현될 수 있을지 고려합니다.

예를 들어 독서 모임에서는 혼자 읽을 때보다 적은 부담으로 글에 집중할 수 있습니다. 또한 아무리 좋은 독서 지도 활동이라도 글이 어려우면 여전히 학생에게 어려움이 남습니다. 가령, 학생이 독서 토론에서

너무 어려운 책을 읽어야 하는 상황이라면 동료들과의 상호작용에 참여하기 어려워집니다. 따라서 쉽게 읽되, 깊게 대화할 수 있는 기회를 찾게 해 주어야 합니다.

작성방법

• (나)를 근거로 (가)의 '독서 기능' 영역에서 알 수 있는 학생 A의 독해 능력 수준을 2가지 제시할 것.

2016 A형 서술형

2 다음에서 김 교사는 글을 읽을 때 일어나는 사고 과정을 학생들에게 시범 보이고 있다. 김 교사가 ㉠~㉣을 통해 지도하고자 하는 내용을 〈작성 방법〉에 따라 서술하시오. [4점]

김 교사 : 여러분, 지난 시간에 읽기란 글과 독자의 만남이라고 배웠어요. 그리고 능숙하게 읽기 위해서는 읽기 전략을 활용하고 자신의 읽기 과정도 살필 필요가 있다는 것을 알게 되었어요. 이제 선생님이 글을 읽으면서, 밑줄 그은 부분을 어떻게 읽고 있는지 시범 보일 테니 여러분도 함께 생각해 보세요.

20세기 중반 이후 인류는 우주 개발이라는 역사상 가장 큰 개발을 진행하고 있다. 이에는 막대한 예산이 필요하다. 그런데 지금 지구는 가난과 질병, 전쟁과 환경 피괴에 시달리고 있다. 인류가 매년 수백 억 달러의 비용을 우주에 쏟아 부을 가치가 있는지 논란이 된다. 이에 비해 우주 개발의 정당성을 외치는 몇 가지 주장들이 있다. (㉠ '이에 대해', '몇 가지'가 있다고 하니 이제부터 그런 주장이 하나씩 차례 차례 나오겠구나. 이런 말을 하면 보통 그렇게 나오던걸.)
첫째, '우리의 관심을 지구에 한정한다는 것은 인류의 숭고한 정신을 가두는 것'이라는 호킹의 주장이다. (㉡ 아, 그 유명한 천체물리학자! 요즘 이 사람 영화가 나왔다던데 보러 갈까? 시험도 끝났는데…. 아, 그런데 내가 지금 무슨 생각 하는 거야. 글 읽다 말고. 다시 읽자. 음….) 지동설, 진화론, 상성 이론, 양자 역학 같은 과학 성과들은 인류의 문명 뿐만 아니라 정신 패러다임의 변화에 지대한 영향을 끼쳤다. 우주는 어떻게 탄생하고 어떻게 변하고 있는가? 생명은 어떻게 시작되었는가? 지구 밖에도 생명체는 있는가? 이러한 의문에 대한 답을 구하기 위해 우리는 우주로 나아가야 한다.
둘째, 우주 개발의 노력에 따르는 부수적인 기술 파급 효과를 고려해야 한다는 것이다. 실제로 우주 왕복선 프로그램을 통해 산업계에 이전된 새로운 기술이 100여 가지나 된다고 한다. 예를 들어, 인공 심장, 바이오 리액터, 신분 확인 시스템, 비행 추 적 시스템 등이 대표적이다.
지금까지 두 가지 대표적인 주장들을 살펴봤다. (㉢ '지금 까지'라고 하니 이제 슬슬 끝날 모양이야. 이러면 보통 요약 같은 게 오던데.) 이 주장들을 종합해 보면 우주 개발은 인류에게 정신적·물질적 차원에서 많은 가치를 제공하고 있다고 할 수 있다. 근래 인류는 우주의 시대를 밝히게 되었고, 우주의 끄트머리를 바라볼 수 있게 되었으며, 우주 공간에 인류의 거주지를 만들 수 있게 되었다. 우주 개발을 '해야 할 것이냐, 말아야 할 것이냐'는 이제 더 이상 문제가 아닐지 모른다. 우리가 다루어야 할 문제는 우주 개발을 '어떻게 해야 할 것이냐'일 것이다. (㉣ 그래, 이게 현명한 거 같아. 다시 한 번 읽으면서 놓친 내용은 없는지 살펴봐야겠어.)

작성방법

• ㉠, ㉢에서 김 교사가 무엇을 단서로 하여 어떤 전략을 사용 하고 있는지 서술할 것.

심화 예제

3 다음은 학생이 글을 읽을 때 일어나는 사고 과정을 기록한 프로토콜 자료이다. 읽기 과정에서 활용한 학생의 전략을 〈작성 방법〉에 따라 서술하시오. [4점]

국제적으로 외국인을 바라보는 관점은 크게 두 가지로 나뉜다. 하나는 외국인들이 이주 혹은 이민을 선택했기 때문에 그들이 이주한 나라의 제도와 언어 그리고 문화에 스스로 적응하고 동화하여야 한다는 관점이고, 다른 하나는 외국인들이 본래 지니고 있는 문화적 전통을 간직한 채 이주한 사회와 융화할 수 있도록 외국인보다는 이들이 이주한 사회가 이들에게 적응하고 이들을 포용해야 한다는 관점이다.

㉮ ('두 가지', '하나'가 있다고 하니 다음에는 다른 하나의 관점이 차례대로 나오겠구나. 이런 말을 하면 보통 그렇게 나오던 걸.)

사실 외국인 이민자들에 대한 관점은 전자가 더욱 지배적이었다. 한때 미국을 인종과 문화의 용광로라고 부르기도 하였다. 이 말은 모든 이민자와 그들이 지니고 있었던 전통과 문화가 모두 용해되어 미국화 된다는 뜻으로, 이는 첫 번째 관점의 전형적인 예라 할 수 있다. 이러한 관점에서 볼 때 이주민 혹은 이민자는 모두 개인들이고, 개인 스스로 새로운 사회에 적응하고 동화되어야 한다. 이 경우 외국인 범죄도 이들이 적응하고 동화하지 못했을 때 발생하는 것으로 보기 때문에 다른 구성원들은 이러한 사건에 혐오감을 가지게 된다.

한편, 후자인 포용의 관점은 외국인을 개인으로 보지 않고 사회의 다양한 인구 집단 가운데 하나로 여긴다. 이 관점은 주로 아프리카와 중동으로부터의 외국인 유입이 많은 유럽을 중심으로 발전하였는데, 이민자들이 자신의 문화적 배경을 유지한 채 이주한 나라의 다른 모든 사람들과 마찬가지로 그 사회의 법과 제도를 준수하는 것을 기본적인 내용으로 하고 있다. 우리가 최근 외국인이 포함된 가정에 대해 '다문화 가정'이라고 부르기 시작하였는데, 이 용어가 바로 포용의 관점에 기반을 두고 있다. 이와 같은 포용의 관점을 취하면 외국인에 대한 편견과 차별이 줄어들고, 갈등을 해소하여 외국인 범죄 예방에도 도움이 될 것이다.

머지않은 장래에 우리나라도 외국인들을 이민자로 받아들이기 위한 법과 제도가 만들어질 것이다. 이를 위해서도 우리나라의 외국인에 대한 관점이 선택되어야 하고 이는 국민적인 합의를 통해서 이루어져야 한다. 현재 외국인에 대한 우리나라의 관점은 위 두 가지가 모두 존재하는 것으로 보인다. 물론 바람직한 것은 전자의 관점보다는 후자의 관점이다. 하지만 우리 대부분은 하나의 민족이 하나의 언어를 가지고 수천 년을 한반도에서만 살아온 것을 자랑스러운 사실로 배우고 자랐기 때문에 후자인 포용의 관점을 그대로 수용하는 것은 쉽지 않은 일이다. 그래서 외국인에 대해 부정적인 감정을 가지고 있는 사람들을 무조건 잘못했다고 비판할 수도 없다. 그나마 다행인 것은 다문화라는 표현이 사회적으로 점차 익숙해져 가고 있고, 정부에서도 다문화 주의를 외국인 정책의 기조(基調)로 삼고 다문화 가정과 국내 체류 외국인들을 위해 정책적으로 지원 계획을 마련하고 있다는 것이다.

지금까지 우리 사회가 다문화 문제를 어떻게 해결해야 할 것인지 살펴보았다. 외국인 이민자에 대한

㉯ ('지금까지'라고 이제 결론을 맺을 모양이야. 이러면 보통 요약 같은 게 오던데.)

동화의 관점과 포용의 관점 가운데, 포용의 관점이 바람직하지만, 이를 그대로 수용하기에 현실적인 문제가 존재한다. 그럼에도 불구하고, 우리나라에 들어오는 외국인에게 동화되거나 흡수되기보다는 각자의 전통과 가치관을 유지한 채 함께 더불어 사는 것을 요구해야하는 것이다. 이것이 가능할 때 외국인의 증가는 사회 문제가 아니라 우리 사회의 가능성을 배가(倍加)시켜 주는 훌륭한 자원으로서 기능할 것이다. 이는 탈산업화, 저출산과 고령화 시대인 우리 사회의 발전을 위해 선택이 아닌 필수 요건이다.

㉰ (필자는 왜 이 글을 썼지? 결국 무엇을 말하려고 하는 것일까?)

작성방법

- ㉮, ㉯에서 학생이 무엇을 단서로 하여 어떤 전략을 사용 하고 있는지 쓸 것.
- ㉰는 질문에 대한 답변을 하기 위해 동원해야 하는 사고의 수준을 기준으로 하여 이 질문이 무엇인지를 쓰고, 질문의 답을 제시할 것. 단, 제재 글에서 핵심 어구를 활용하여 답안을 작성할 것.

4 다음은 한 고등학생의 글을 읽을 때 일어나는 사고 과정을 보여주는 자료이다. [A]와 [B]의 학생의 사고 과정에 대한 내용을 〈작성 방법〉을 고려하여 서술하시오. [4점]

보이지 않는 돈, 보이지 않는 경제
(보이지 않는 돈과 경제는 무엇일까? 돈과 경제가 왜 보이지 않지?)

인간의 삶에서 돈은 막강한 힘을 가지고 있다. 지구상에는 돈의 힘을 누리는 부자들도 많지만 하루에 1달러도 안 되는 돈으로 연명하는 사람들도 10억 명 이상은 된다. 그보다 더 못한 여건 속에서 가난에 찌들어 겨우 생존만 하고 있는 사람들도 많이 있다.

[A] 그리고 화폐 경제(화폐 경제는 무엇일까?)와는 무관하게 살아가는 사람들도 여전히 많다. 그들은 인류의 먼 조상들이 그랬던 것처럼 아무런 소득 없이 자급자족하면서 살아가고 있는 것이다.(아, 그렇구나. 화폐 경제와 무관하게 사는 것이 자급자족하면서 사는 것이니, 화폐 경제는 화폐를 가지고 상품을 사고 파는 경제를 의미하겠군.)

이처럼 가난한 사람이 많은데도 오늘날 전 세계의 화폐 경제는 연간 총 생산액이 50조 달러에 이른다. 이를 한국 돈으로 환산하면 약 4경 7500조 원이다. 1경이란 1 뒤에 0이 16개나 붙는 수의 단위로서, 1조 원의 1만 배에 해당한다. 상상이 안 될 만큼 정말 어마어마한 금액이다. 이만한 돈의 가치가 지구상에서 해마다 만들어지고 있는 것이다.

그런데 그 액수가 연간 50조 달러가 아니라 100조 달러라면 어떨까? 즉, 4경 7500조 원 외에 보이지 않는 곳에 또 다른 4경 7500조 원이 있다고 한다면 말이다. 그런 돈이 어디 있느냐고 반문하겠지만 그 돈은 분명히 우리 주위에 있다. 그럼 이제부터 숨어 있는 절반의 부, 즉 보이지 않는 50조 달러를 찾아보자.

미국에 사는 엔키 탠 씨는 2004년 12월 한밤중에 캘리포니아에서 인도네시아 아체 지역으로 비행기를 타고 날아갔다. 당시 그곳은 갑자기 밀어닥친 쓰나미로 인해 폐허가 되어 있었다. 내과 의사인 엔키 씨는 그곳에서 변변한 의료 장비도 없이 다친 아이들에게 붕대를 감아 주고, 치료를 하고, 피해자들을 살리기 위해 노력했다. 엔키 씨뿐만 아니라 수천 명의 자원봉사자들이 대재앙의 희생자들을 돕기 위해 28개국에서 모여들었다. 영국에 사는 샤론 베이츠 씨는 관절염으로 움직이기가 불편하면서도 간질병 환자인 남편을 간병한다. 2명의 자녀를 돌보고 있는 그녀는 '최고의 엄마상'을 받기도 했다. 그러나 그녀는 남편을 보살피는 일로 돈을 받지는 않는다. 물론 앞에서 얘기했던 엔키 씨나 베이츠 씨의 자원봉사도 보수를 받지 않고 하는 활동이다.(이 사례들은 무엇과 관련이 있을까?)

바로 이런 것들에 보이지 않는 부가 숨어 있다. 이런 무보수 활동들은 돈을 받고 하는 경제 활동과 마찬가지로 무척 가치 있는 일이다.(아, 이 사례들이 모두 보이지 않는 돈과 관련되어 있구나. 글쓴이는 보이지 않는 돈에 대한 독자들의 이해를 돕기 위해 이런 사례들을 제시했던 것이군.)

돈을 받지는 않지만 아주 중요하고도 가치 있는 활동이 하나 더 있다. 그것은 어머니의 가사 노동이다. 대부분의 어머니는 집에서 가족을 위해 요리를 하고 빨래와 청소를 한다. 그런데 어머니가 만약 다른 집에 가서 그와 같은 집안일을 한다면 어떨까? 당연히 보수를 받을 수 있을 것이다. 그러니까 어머니의 헌신적인 가사 노동이나 자원봉사 활동은 돈만 오가지 않을 뿐 그 하나하나가 모두 돈이 되는 생산적인 일이다. 이러한 활동을 위해 사람을 고용한다면 어마어마한 비용을 지불해야 할 것이다.

[B] 사람들은 모두 행복하게 살고 싶어 한다. 그런데 자본주의 사회에서는 돈이 많아야 행복하게 살 수 있다고 생각하는 사람이 많다. 하지만 잘 사는 것의 기준이 돈에만 있지는 않을 것이다. 돈은 적게 벌지만 훨씬 더 행복하게 살고, 보다 가치 있는 일들을 하는 사람도 많다. 경제적인 수치만으로 부를 평가하는 사회는 머지않아 수명을 다하게 되리라 본다.(음, 그러니까 정리하자면 '보이지 않는 돈'은 돈이 오가지 않으며 수치로 측정되지 않는 비화폐경제를 말하는 것이고, '봉사활동, 환자 간병, 가사노동'은 '보이지 않는 경제'의 사례이고, 필자는 겉으로 드러나는 경제적 수치뿐만 아니라 무보수활동도 포함시켜 경제적 가치를 평가하자는 것이군.)

작성방법

- [A]에서 학생이 직면한 문제와 이의 해결을 위해 어떠한 시도를 하고 있는지 설명할 것.
- [B]에서 학생이 활용한 읽기 전략이 무엇인지 쓰고 그 근거를 서술할 것.

테마 5 : 비판적 독해(평가)와 하위 전략

1 [글 내용 비판-타당성, 공정성, 자료의 적절성 판단]

관련 기출

2020 A형 서술형

1 (가)와 (나)는 비판적 읽기 수업에서 사용된 읽기 자료와 교수·학습 자료이고, (다)는 학생들의 대화 내용이다. 〈작성 방법〉에 따라 교수·학습 활동을 분석하시오. [4점]

(가) 읽기 자료

인문학은 왜 필요한가

현대화의 필수 요건인 첨단 과학과 기술은 어떤 점에서 인간성의 상실을 야기하는 것인가? 우선 검증 가능한 진리를 얻기 위해 실험을 반복하는 자연 과학은 우리로 하여금 자신의 개성을 포기 할 것을 요구한다. 자연 과학은 계산 가능성과 예측 가능성을 중시 한다. 만약 연구자의 개성과 주관적인 가치관이 개입한다면, 실험의 결과는 모든 사람이 인정할 수 있는 결과를 도출할 수 없을 것이다.

자신의 역사적 배경을 포기하기를 강요하는 자연 과학적 태도가 사회에 만연하게 된다면 인간은 점점 더 개성 있는 인격에서, 교체될 수 있는 단순한 구성원으로 전락하게 된다. 만약 전통적 세계가 객관적이고 합리적인 지식으로 교체되는 것이 현대화라고 한다면, 현대화는 필연적으로 획일화와 표준화의 방향으로 진행될 수밖에 없다.

자연 과학으로 인해 훼손된 삶은 보상을 요구하며, 이러한 보상의 문화적 제도가 바로 인문학이다. 자연 과학의 기술 문명에 의한 삶의 훼손은 대체로 세 가지 방향에서 진행되고 있다. 첫째, 우리의 삶이 엮어 내는 구체적인 이야기들이 합리화를 강요하는 현대화로 훼손된다. 사회는 합리성, 객관성을 요구하면서 개인의 구체적인 이야기에는 관심을 갖지 않는다. 그렇지만 우리는 우리의 정체성을 위해서도 우리 자신의 고유한 이야기를 가져야 한다. 우리 사회가 한편으로는 과학과 기술을 통해 계몽되고 미신을 타파하는 탈(脫) 마법화의 과정을 걷지만, 다른 한편으로는 예술과 문화를 통해 새로운 신화와 이야기를 만들어 내는 까닭이 여기에 있다.

기술 문명에 의한 두 번째 훼손은 인간의 자연성 상실이다. 우리의 세계는 점차 자연인 환경을 상실하고 인공 세계로 변하고 있다. 그 어떤 시대도 현대만큼 자연 세계를 파괴하지 않았지만, 현대처럼 자연 세계를 보존한 시대도 없다. 이처럼 현대화는 보존할 만한 가치에 대한 성찰을 요구함으로써 인문학을 더욱 더 불가피하게 만든다.

끝으로 현대화는 전통의 의미를 박탈함으로써 우리가 나아가야 할 규범 방향을 불투명하게 만든다. 개발과 관련하여 논란을 일으키는 문제들은 경제성과 효율성만으로는 결정할 수 없는 문제들이다. 그것은 인간다운 삶에 대한 성찰과 규범 방향을 요구한다. 우리가 빈곤과 재해로부터 벗어날 수 있도록 도와주는 것이 자연 과학과 기술이라고 한다면, 현대화 과정에서 야기되는 인간성 상실을 견뎌낼 수 있도록 도와주는 것은 인문학이다. 우리 사회가 과학과 기술로 현대화되면 될수록 인문학이 더욱더 필요하게 되는 까닭이 여기에 있다.

(나) 교수·학습 자료

활동1 다음 표를 활용하여 '인문학은 왜 필요한가'의 내용을 정리해 봅시다.

현대화의 특성	• 첨단 과학, 자연 과학 기술의 발전 • •
	• 우리의 삶이 엮어 내는 이야기 훼손 • •
인문학의 역할	• 우리 자신의 고유한 이야기 회복 • •

활동2 글쓴이의 주장을 '문제 -해결 방안' 방식으로 작성해 봅시다.
• _____ ㉠ _____

(다) 학생들의 대화 내용

학생 A: 나는 글을 읽으면서 인문학의 필요성에 대해서 다시 생각하게 되었어. 너희들은 이 글을 어떻게 읽었는지 궁금해.

　　[A] ┌ 학생 B: 나는 현대화의 방향을 '획일화'와 '표준화'로 설명한 것이 적절한지 의문이 들었어. 우리 주변만 보더라도 삶의 보편성과 다양성이 존재하잖아. 그렇다면 현대화의 방향을 이렇게 두 가지로만 설명하는 것은 무리가 아닐까?
　　　　└ 학생 C: 글쓴이는 인문학에 대해서 긍정정인 시각을 갖고 있는 것으로 보여. 글에서 이런 주장이 반복되는 것이 문제를 해결하기 위한 방안을 강조하는 의도라고 이해되기는 하지만, 그래도 필자가 한쪽으로 너무 치우쳤다고 생각해.

학생 A: 너희들 이야기를 들으면서 많은 생각을 하게 되었어. 나는 필자의 주장이 옳다고만 생각했는데, 그렇지 않을 수도 있다는 것을 알게 되었어.

작성방법

• (가)와 (나)를 바탕으로, ㉠에 들어갈 내용을 쓰고, 활동1 이 읽기 전략으로 어떤 의의가 있는지 서술할 것.
• (다)의 [A]에서 학생 B, 학생 C가 사용한 비판적 읽기의 준거를 쓰고, 각 준거에 대해 설명할 것.

2016 B형 서술형

2 김 교사는 "글에 나타난 표현 의도를 파악할 수 있다."를 학습 목표로 (가)제재에 대한 (나) 학습 활동지를 제작하였다. 김 교사의 학습 활동 구성 방식을 〈작성 방법〉에 따라 서술하시오. [4점]

(가) 보존된 유산과 사라진 유산

① 우리는 어떤 의미에서든 과거를 토대로 하여 살아간다. 긍정이든 부정이든 오늘에 영향을 미치는 지난 시간의 유·무형의 모든 삶의 흔적이 곧 '유산'이다. 그 가운데서도 '문화유산'이란 후에 계승될 만한 가치를 지닌 전대의 문화 소산을 가리킨다.

② 1968년 이집트. 람세스 2세의 거대 신전 아부심벨이 다시 그 위용을 드러냈다. 댐 건설로 수몰 위기에 처한 아부심벨 구출 작전은 실로 거대한 과업이었다. 세계 50여 개국이 지원하고 1천여 명의 기술자들이 5년여의 싸움 끝에 완공한 이 과업에는 총 4천만 달러가 소요되었다. 그 규모와 아름다움으로 최고의 성전으로 꼽히는 아부심벨을 구하기 위한 유네스코의 청원 운동이 마침내 결실을 맺는 순간이었다.

③ 1995년 8월 15일 광복 50주년 서울. 국립 중앙 박물 건물이 순식간에 사라져 버렸다. 식민지 시대 일본이 경복궁 앞에 지어 이용하던 조선 총독부 건물이었다. 복원 후 주한 미군의 군정청으로, 정부 수립 후 행정 관청으로, 국립 중앙 박물관으로 사용되어 왔다. 그러나 이 건물은 민족의 이름으로 폭파, 철거되었다. 식민지 시대를 거쳐 분단의 역사를 아프게 목도해 온 중앙청. 현대 한국의 신산한 삶을 <u>몸소</u> 증언하였던 이 유산은 국립 중앙 박물으로 10여 년을 더 <u>버티다가</u> 결국 우리의 기억 속으로 영영 묻히고 말았다.

④ 결국 아부심벨은 보존해야 할 문화유산이었고, 중앙청은 지워야 할 치욕의 유산이었던 것이다. 아부심벨이 있던 수몰 지역에는 200여 고대 문명의 유적지가 산재해 있었고, 그 가운데 구출된 것은 몇 안 되는 <u>스타 유물들</u>이었다. 아부심벨은 어떤 대가를 치르고라도 구해야 할 <u>아름답고 영광스러운</u> 유산이 되었다. 반면에 중앙청은 식민지 시대의 치욕적 증거라는 상징성 때문에 지워진 유산이 되었다. 식민지 과거의 청산이라는 명분으로 철거가 이루어졌으나 이는 <u>초라한</u> 과거와의 대면을 회피하고 망각하고자 한 것은 아니었는가.

(나)

학습 활동

1. 이 글의 전체 내용을 파악해 보자.
   (1) 이 글의 주요 내용을 말해 보자.
   (2) 다음을 중심으로 각 문단의 내용을 정리해 보자.

   ① '유산'과 '문화유산'의 차이는?
   ② '거대한 과업'이 뜻하는 것은?
   ③ '한국의 신산한 삶'이 뜻하는 것은?
   ④ '어떤 대가'가 뜻하는 것은?

2. 글에 나타난 표현의 의도를 중심으로 다음 활동을 해 보자.
   2-1. 이 글에 쓰인 표의 의도를 생각해 보자.
      (1) 다음 표현이 사용된 이유를 대상과 관련지어 생각해 보자.

표현	대상
• 위용 • 스타 유물들 • 아름답고 영광스러운	아부심벨
• 몸소 • 버티다가 • 초라한	국립 중앙 박물관

  (2) 글쓴이가 각각의 대상에 대해 이러한 표현을 사용한 의도를 생각해 보자.
 2-2. 이 글에 사용된 표현이 글쓴이의 의도를 드러내는 데 효과적이었는지 판단해 보자.
  (1) ②, ④에서 아부심벨에 대해 사용된 표현이 효과적이었는지 생각해 보자.
  (2) ③, ④에서 국립 중앙 박물관에 대해 사용된 표현이 효과적이었는지 생각해 보자.

작성방법

- (나)에서 활동 2와 구별되는 활동 1의 학습 활동으로서의 성격을 쓰고, 활동 1이 필요한 이유를 서술할 것.
- (나)의 활동 2-1에서 활동 2-2로 가는 구성 방식을 독해 수준과 관련지어 설명할 것. 단, 단순한 것에서 복잡한 것, 쉬운 것에서 어려운 것, 포괄적인 것에서 상세한 것 등 교과 일반적인 구성 원리는 제외할 것.

2009 모의

3 다음 글을 비판적으로 읽을 때, '판단의 준거'와 '비판적 이해의 예'의 연결이 적절하지 <u>않은</u> 것은?

> 우리가 옳은 것이라고 확신하는 윤리는 상대적인 것인가, 아니면 절대적인 것인가? 보편타당한 삶의 원리가 인생의 목적 또는 행동의 법칙으로서 절대적으로 인간에게 주어져 있다고 보는 관점이 있다. 그런가 하면, 어떤 윤리 규범은 그것이 받아들여지고 있는 사회에서만 타당하다고 보는 관점도 있다.
> 이는 문화적 다양성과 깊은 관련을 맺는다. 예컨대, 뉴기니의 어떤 부족은 남의 물건을 훔치는 행동을 허용한다고 하고, 멜라네시아의 어느 부족은 친절과 정직함을 악덕으로 본다고 한다. 이런 예들은 규범과 가치관이 문화마다 다르다는 것을 보여 준다.
> '이 컵 속의 액체는 산성이다, 아니다.'라는 주장은 서로 모순되므로 오직 하나만이 참일 수 있다. 우리가 이렇게 말할 수 있는 것은 리트머스 시험지라는 객관적인 기준이 있기 때문이다. 그러나 윤리나 가치의 문제는 초문화적인 기준도 독립된 기준도 없다. 용기, 절제, 충성, 효 등의 덕목은 대부분의 문화권에서 찬양되는 공유 가치이나, 이 가치들 사이의 서열과 해석은 서로 다르다.
> 이를 바탕으로 상충하는 다원적 가치들을 인정하는 상대론적 윤리설을 받아들이면 어떤 결과가 나오는가? 우리가 받아들인 가치가 보편타당한 것이 아니라는 것을 인정하게 되면 이 세상에는 옳은 것도 없고 옳지 않은 것도 없다는 윤리적 허무주의에 빠지는 것은 아닐까? 윤리적 허무주의에 빠지게 되면 윤리 문제에 관한 확신을 가질 수 없기 때문에 어떤 윤리 문제에 대해서도 진지한 의견을 개진 할 수 없는 상황에 봉착하게 된다.
> 그렇다면 윤리적 상대주의는 포기되어야 할까? 윤리적 상대주의가 우리로 하여금 좀 더 개방적이고 객관적인 태도를 갖게 하는 장점을 지니고 있는 것만은 분명하다. 윤리적 상대주의는 우리와 다른 가치와 윤리를 가진 사회를 우리의 기준에 비추어 비난하고 비판하는 자기중심적, 독선적, 폐쇄적 태도가 아니라, 그들의 가치를 인정하고 이해, 관용하는 태도를 갖게 한다.
> 어느 힌두교 소년이 쇠고기를 먹었다는 죄책감 때문에 스스로 목숨을 끊었다고 하자. 그 소년이 자기가 믿는 가치가 보편 타당한 진리가 아닐 수도 있다는 개방적인 태도를 지녔더라면 과연 어떠했을까?

	판단의 준거	비판적 이해의 예
①	내용의 타당성	상대론적 윤리설이 윤리적 허무주의를 낳을 수도 있다는 논리를 구체적으로 검토하지 않은 채 상대론적 윤리설의 장점을 부각시키는 것은 타당하지 않다.
②	내용의 공정성	필자는 상대론적 윤리설의 단점을 먼저 언급한 후 장점을 들어 반박함으로써, 균형 있는 시각을 유지하고 있다.
③	자료의 신뢰성	이 글의 자료는 출처가 명확하지 않고 간접적인 인용이 많아, 논거라기보다는 예시 수준에 그치므로 객관적인 자료를 더 보강해야 한다.
④	표현의 적절성	이 글은 서구의 경직된 윤리관을 무조건 받아들여 우리의 윤리적 전통을 구식으로 생각하는 오늘날의 세태를 풍자하고 있다.
⑤	표현의 효과성	이 글은 대조와 예시의 설명 방법과 수사의문의 문장 표현 등을 주로 사용하여 주제를 효과적으로 표현하고 있다.

심화 예제

4 '복합양식으로 구성된 글과 자료의 내용 타당성과 신뢰성, 표현 방법의 적절성을 평가하며 읽을 수 있다.'는 학습 목표를 성취하기 위해 독서 수업을 계획하였다. 〈작성 방법〉에 따라 판단 준거와 판단 내용을 서술하시오. [4점]

유전자 재조합 농산물이 생태계에 미치는 영향

① 유전자 재조합 생물체(Genetically Modified Organisms) 논쟁의 중심에는 항상 안전성이 자리 잡고 있다. 특히 먹을거리의 안전성을 둘러싸고 민감하게 찬반의 견해가 엇갈리기도 한다. 하지만 최근 유전자 재조합 농산물이 외부 환경으로 퍼질 경우 생태계에 미칠 영향에 대한 경각심 또한 높아지고 있다.

② 농작물은 오랜 진화 과정을 거치면서 수많은 병충해에 적응하고 그 지역의 풍토에 맞게 진화하면서 사람을 포함한 모든 생태계와 공생할 수 있는 특성을 갖추게 되었다. 그러나 유전자 재조합 농산물의 시험 재배와 검증 기간은 길어야 6개월에서 2~3년을 넘기지 않는다. 이렇게 짧은 기간 좁은 면적에서 실험한 결과만을 가지고 오랜 기간 상업적으로 재배했을 때 나타날 부작용을 예측한다는 것은 불가능에 가깝다.

③ 하지만, 1990년대 중반 유전자 재조합 농산물이 상업화된 이후에 각국의 학자들은 수많은 연구 논문을 통해 유전자 재조합 농산물의 환경 위해성을 경고하기 시작하였다.[*1] 특히 제초제에 대한 저항성을 갖도록 유전자를 조작한 농산물이 같은 종의 잡초에 자신의 유전자를 전파하여 제초제 저항성을 갖는 '슈퍼 잡초'를 양산해 낸다는 '슈퍼 잡초론'은 뜨거운 논란을 불러일으킨 바 있다.

④ 유전자 재조합 농산물과 비슷한 내성을 지닌 슈퍼 잡초는 2000년 미국 동부 델라웨어 주에서 처음 발견된 이후, 2003년에는 옥수수 곡창 지대인 인디애나 주와 오하이오 주로까지 확산된 사실이 미국에서 보고되기도 하였다. 또한 2010년 미국 네브래스카 대학 연구 팀은 유전자 재조합수수의 제초제 저항 유전자가 야생 잡초 수수에 전해져 불필요한 잡초가 걷잡을 수 없이 증가한 사실을 보고하며 이 유전자가 다른 잡초에 전해질 경우 그 피해는 엄청날 것이라고 경고하였다.

작물별 유전자 재조합 재배 면적 비중 – 〈자료 1〉

단위: 백만 ha

작물	전체 재배 면적 (A)	유전자 재조합 재배 면적 (B)	비중 (B/A)
콩	100	75.4	75%
목화	30	24.7	82%
옥수수	159	51.0	32%
유채 (카놀라)	31	8.2	26%

[*2] • 국제 연합 식량 농업 기구 통계(2009년 재배 면적 기준)
출처: 국제 농업 생명 공학 정보 센터(ISAAA)

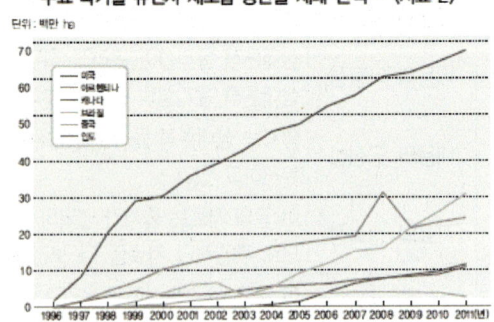

주요 국가별 유전자 재조합 농산물 재배 면적 – 〈자료 2〉

[A]
⑤ 〈자료 1〉에서 볼 수 있듯이 현재 우리가 이용하는 농산물 가운데 유전자 재조합 농산물이 차지하는 비중은 예상보다 크다. 실제 유전자 재조합 콩은 전 세계 재배 면적의 75%인 7,540만ha를 차지하고 있다. 유전자 재조합 목화는 82%인 2,470만ha, 유전자 재조합 옥수수는 32%인 5,100만ha를 각각 점유하고 있다.

⑥ 더구나 〈자료 2〉에서 확인할 수 있듯이 유전자 재조합 농산물을 재배하는 국가에서의 재배

면적 규모는 전반적으로 늘어나고 있다. 그리고 유전자 재조합 농산물은 대부분 외부 환경과 접촉할 수 있는 조건에서 재배된다. 따라서 이들의 재조합된 유전자가 외부 천연종 식물의 유사한 유전자와 맞닿을 경우 새로운 잡종이 발생할 가능성이 매우 높다.

[B]

⑦ 제초제 및 해충 저항성 유전자 재조합은 다른 잡초와 해충에 쉽게 옮겨 가면서 내성이 급속히 증가되어 초강력 잡초와 해충을 등장시킬 것이다.*³ 이는 더욱 강력한 화학 물질을 사용해야 하는 악순환을 초래할 것이며, 결국 잡초와 해충뿐만 아니라 이로운 곤충까지 몰살하게 될 것이다.

⑧ 뿐만 아니라, 유전자 재조합 농산물을 섭취함으로써 생기게 되는 결과도 심각할 수 있다. 위의 영상 자료는 GMO 식품의 안전성에 이의를 제기하고 있다. 환경 단체의 의뢰를 받아 서울대 기초 연구원이 실시한 GMO의 위해성 실험 연구 결과 유전자 조작 콩을 먹인 쥐의 장기 손상, 생명 유지 기능의 약화와 점진적 상실 등 심각한 문제를 보이고 있다는 것이다. 실험에 참여 했던 김훈기 교수는 실험에 사용된 GMO 농산물이 사람이 섭취했을 때의 문제점은 첫째, 인체 내 새로운 독성물질 생성 가능성, 둘째, 특정 알레르기 유발 가능성, 셋째, 필수 영양성분의 변화 유발 가능성, 넷째, 항생제 내성 문제 유발 가능성, 다섯째 생명 유지 기능에 대한 장기적 부정적 영향을 들어 경고를 하고 있다.*⁴

⑨ 환경·보건·식품 안전 분야에서 국제 조약의 기초가 되는 원칙인 사전 예방 원칙(Precautionary Principle)이라는 것이 있다.*5 사전 예방 원칙이란 지금 당장 증명할 수 있는 과학적 증거가 불충분하더라도 사람이나 환경에 대한 피해를 되돌릴 수 없거나, 그 피해가 지연되어 나타날 위험이 있는 경우 필요한 사전적 예방 조치를 취해야 한다는 원칙이다. 슈퍼 잡초 자체가 우세해져 다른 순수종을 밀어내거나 멸종시킨 사례에 대한 보고는 아직 없다. 하지만 유전자 재조합 농산물이 삽입된 유전자가 야생종이나 천연종에 들어갈 경우 종의 특성 자체를 변화시켜 예상하지 못한 재앙을 일으킬 위험은 언제나 존재한다. 사전 예방 원칙에 따라 유전자 재조합 농산물의 개발 및 수용을 재고해야 할 때이다.

〈참고〉
* 1) OECD 전지구적 환경 문제 대응 위원회(2009) "OECD 국가 유전자 재조합 농산물 환경 위해성 논문 초록집"
* 2) 미국 네브래스카 대학(2010) '유전자 재조합수수 제초제의 사용에 따른 보고', "환경 생태 연구 저널"10-1호
* 3) 미국 네브래스카 대학(2010) '유전자 재조합수수 제초제의 사용에 따른 보고', "환경 생태 연구 저널"10-1호
* 4) JTBC 뉴스룸 특집, 2014, 11월 3일
* 5) UN 환경·보건·식품 안전 분야 조약 3호, 2011

작성방법

- ⑤~⑥에서 설명하고 있는 그래프 자료 [A]를 평가하며 읽기 위한 판단 준거 1가지를 제시하고, 이를 고려하여 판단 내용을 서술할 것.
- [B]에서 제시된 영상 자료를 평가하며 읽기 위한 판단 준거 1가지를 제시하고, 이를 고려하여 판단 내용을 서술할 것.

5 '글의 내용이나 자료, 관점 등에 나타난 필자의 생각을 비판하며 읽을 수 있다'(2012 고등2)는 학습 목표를 성취하기 위해 독서 수업을 계획하였다. 〈작성 방법〉에 따라 서술하시오. [4점]

① 기후 변화는 전 지구적인 것이다. 세계의 어느 구석에서 문명을 등지고 원시적인 생활을 영위한다고 해도 기후 변화의 영향에서 벗어날 수는 없다. 기후 변화로 지구의 평균 기온이 상승하면 지구 전체가 영향을 받기 때문이다.

② 예를 들어 남태평양의 투발루 섬이 바닷속으로 점점 가라앉는 것은 투발루 섬 주민들 때문이 아니다. 태평양의 해수면이 점점 높아져서 섬이 가라앉는 이유는 유럽이나 미주 대륙의 선진국들이 자신들의 문명을 유지하기 위해 화석 연료를 대량으로 사용하였기 때문이다. 이 때문에 기후 변화가 일어나 해수면이 상승하여 섬이 가라앉고 있다. 기후 변화로 인한 해수면 상승은 그래프에서 보는바와 같이 2013년 이후부터 진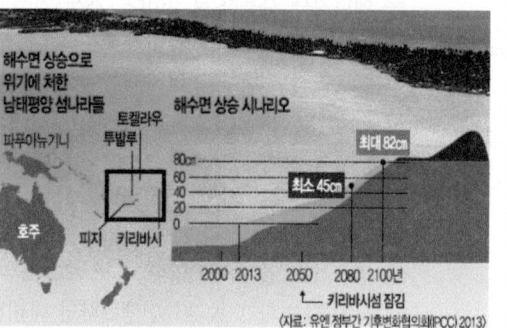
행되다가 2050년을 기점으로 점차 가파르게 진행되어 지구상의 해수면보다 낮은 지대의 대부분은 100여년 이후 잠기게 될 것이라는 예측이 되고 있다.

③ 기후변화는 이산화탄소와 관련이 있다. 지구 대기는 대부분 질소와 산소로 이루어져 있지만, 이산화탄소와 아르곤 같은 기체도 조금씩 섞여 있다. 이들 기체 중 이산화탄소는 지구의 평균 기온을 일정한 범위 안에서 유지시킴으로써 지구 상에서 생물체가 살 수 있는 환경을 조성해 준다. 이산화탄소가 없으면 지구는 매우 추워질 것이다. 이산화탄소는 지구의 기온이 낮아지지 않도록 하는데, 이는 이산화탄소가 지구에 온실 효과를 일으키기 때문이다. 이러한 온실 효과는 지난 200년 동안의 산업화 시대와 맞물려 지구의 대기 온도를 26~33℃가량 상승시킨다. 뿐만 아니라 메탄, 수증기, 염화불화탄소도 이와 같은 온실 효과를 일으킨다.

④ 지구 상에서 기후 관측을 시작한 것은 1854년이다. 지금까지 약 150년 정도의 자료가 축적된 셈이다. 이 기간에 평균 기온이 올랐다는 것이 단순하게 365일의 기온이 고르게 상승하였음을 의미하지는 않는다. 여름 기온은 큰 변화가 없지만 겨울 기온만 크게 오를 수도 있고, 거꾸로 여름 기온이 유난히 크게 오를 수도 있다. 예를 들면 여름 기온이 5℃ 올라간다는 것은 35℃를 넘는 날이 많아져 더위로 고통을 겪는 일이 잦아지는 것을 의미하기도 하지만, 여름의 기후가 매우 불안정해져서 홍수, 뇌우, 강한 돌풍 같은 기상 이변이 심하게 일어날 수도 있음을 의미한다. 기상 이변의 횟수도 이전에 비해 잦아졌고, 이로 인한 피해도 크게 증가하였다. 또한 큰비나 폭설로 인한 피해가 커지는 피해는 더욱 크게, 그리고 자주 나타날 것이다.
▲ 폭설로 인해 꽉 막힌 도로

⑤ 한국의 기상청에서 내놓은 연구 결과에 따르면, 우리나라는 독일과 달리 여름보다 겨울에 기온 상승이 더 크게 일어난다. 최저 기온이 영하 10℃ 이하로 내려가는 날의 수는 해가 갈수록 적어지고 있다. 예를 들어 1991년부터 1997년까지의 8년 동안 최저 기온이 영하 10℃ 이하였던 날은 1971년부터 1977년까지의 8년간 수치의 절반밖에 되지 않았다. 이 수치는 겨울이 따뜻해지고 있음을 보여 준다.

⑥ 강수량에도 변화가 있는데, 기상청 자료에 따르면 약간 증가 추세를 보이고 있다. 수량에는 큰 변화가 없지만 강도가 점차 커지는 것으로 나타난다. 다시 말해 게릴라성 호우와 같이 갑자기 큰비가 내리는 일이 잦아졌다는 것이다. 1920년대와 대비해서 최근 20년간의 강수를 보면 강수량은 7% 증가하는 데 그쳤지만 강수일수가 14% 감소하였으므로 강수 강도는 18%나 증가한 셈이다. 강수 강도가 높아진다

는 것은 큰비나 눈으로 인한 피해가 커진다는 것을 의미하는데, 앞으로 기후 변화가 더 심해지면 이러한 피해는 더욱 크게, 그리고 자주 나타날 것이다.

7 기후 변화의 결과가 이토록 심각하다면 우리는 어떻게 해야 할 것인가? 이것을 막을 수 있는가? 방법은 있다. 온실가스 배출량을 줄이면 된다. 가장 효과적인 방법은 화석 연료에서 벗어나 재생 가능 에너지를 사용하는 것이다. 재생 가능 에너지는 고갈되지 않으면서 온실가스도 만들어 내지 않는다. 재생 가능 에너지의 이용을 확대하여 기후 변화를 억제하는 방식은 전지구적인 온실가스 배출량 감소 협약을 이끌어내었다.

8 기후 변화는 전 지구적인 현상이기 때문에 한 지역, 한 나라의 노력만으로 억제될 수 있는 것이 아니다. 따라서 지구 상의 모든 국가, 모든 사람이 힘을 합쳐서 온실가스 배출량을 줄여 가는 데 최선의 노력을 기울여야 한다. 우리나라는 아직 기후 변화 협약의 적용을 받지는 않지만, 많은 양의 온실가스를 방출하고 있어 머지않아 국제 사회로부터 온실가스 배출량을 줄이라는 요구를 받게 될 것이다. 그리고 기후 변화가 좀 더 진행된다면 우리나라도 상당한 피해를 입게 될 것이다. 이를 막기 위해서는 우리도 온실가스 배출량 감소를 위해 많은 노력을 기울여야 할 것이다.

▲ 게릴라성 호우로 인해 침수된 도로

판단 준거	판단 내용
㉠ 내용의 타당성	• 필자의 주장 • 제시된 근거
㉡ 자료의 적절성	• 2에서 제시된 그래프 자료의 적절성 판단 • 4와 6에서 제시된 사진 자료의 적절성 판단

작성방법

- 비판적 독해의 수업 내용을 ㉠, ㉡의 〈판단 준거〉를 〈제재 글〉에 적용하여 서술할 것.
- 답안을 작성할 때 제시된 〈판단 내용〉을 반드시 포함하여 제시할 것.
- 답안을 작성할 때 문단 번호를 활용해도 무방함.

2 [표현 방법의 적절성 비판]

1 다음은 송 교사가 '매체의 비판적 읽기'를 주제로 마련한 교수·학습 목표·내용과 자료이고 〈보기〉는 수업 장면의 일부이다. 〈작성 방법〉에 따라 서술하시오. [4점]

[학습 목표 및 교수·학습 내용]

학습 목표	매체에 드러난 다양한 표현 방법과 의도를 평가하며 읽을 수 있다.(2015 중학)
학습 요소	• 표현 방법과 의도 평가하기(매체)
교수·학습 방법 및 유의 사항	• 글에 제시된 정보를 파악하는 데 그치지 말고 그 내용이나 표현 방법의 적절성을 판단하는 데까지 나아갈 수 있도록 지도 - 표현 방법이란 글에 사용된 언어 표현 및 시각 자료·동영상 자료를 모두 포함 - 표현 방법이 설명하려는 대상이나 관념에 적절한지, 어떤 효과를 지니는지를 판단하면서 읽도록 한다.

[영상 자료]

〈기자〉
현금이 사라진 2030년, 20대 직장인의 어느 일요일.
외출 길, 지갑은 없습니다. 스마트폰 하나면 됩니다.
(편의점에서 결제하는 영상 화면) 편의점에서 요깃거리를 산 뒤에 스마트폰으로 결제 완료.
버스 요금 결제도 스마트폰을 누르면 끝.
점심값도, 커피값도 스마트폰을 한 번 누르는 것으로 끝.
쇼핑 역시 스마트폰만 대면 결제 완료.
지하철 보관함을 쓸 때도 마찬가지입니다.
(QR 코드를 찍고 있는 영상 화면) 회사 선배의 결혼식. 접수대 앞에 줄을 서서 축의금을 내는 건 옛날 얘기. 예식을 본 뒤 무인 접수대에서 신랑 측 큐아르(QR) 코드를 찍으면 됩니다.
기부도 스마트폰을 한 번 누르면 끝.

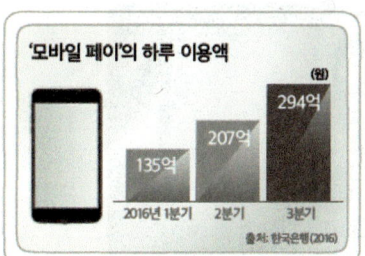

모바일 페이만으로 보낸 미래의 하루였습니다.
미래 사회를 가정했지만, 앞서 나온 장면은 이미 서비스를 하고 있거나 상용화할 수 있는 기술입니다. (현금을 사용할 수 없는 가게를 보여주는 영상 화면) 해외의 경우 스웨덴에서는 현금 없는 가게가 늘고 있고, 중국에서는 노점상에서도 모바일 페이를 쓸 수 있습니다.
한국의 모바일 페이 시장은 이제 막 성장 궤도에 올랐습니다. 지난해 3분기 모바일 페이의 하루 이용액은 294억 원으로, 반 년 만에 배 이상으로 늘었습니다.

〈인터뷰〉

김○○/직장인: 저는 하루에 한두 번은 사용하는 것 같아요. 지갑을 꺼낼 필요 없이 비밀번호만 스마트폰 ●앱에 입력하면 되니까 편리해요.

〈기자〉

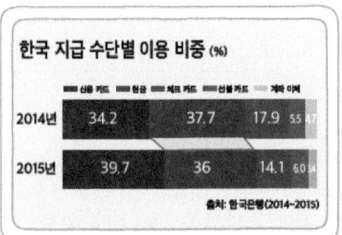

현재 10여 개의 모바일 페이 업체가 시장의 주도권을 잡기 위해 경쟁하고 있습니다.

반면 현금은 갈수록 사용 비중이 줄고 있습니다. 2015년 전체 지급한 결제액 중 현금 비중은 36%로, 신용 카드 결제 금액을 밑돌았습니다.

한국은행은 다음 달부터 동전 없는 사회를 위해 시범 사업을 시작합니다. 편의점에서 물건을 산 뒤 거스름돈을 받는 대신 선불 카드에 충전하는 제도입니다.

현금이 사라지면 금전 거래가 투명해지기 때문에 불법 자금 세탁이나 탈세 등이 줄어들 것이라는 기대감이 있습니다.

반면, 가상 화폐나 금은, 물물 교환 등 다른 은밀한 거래가 늘어나는 부작용이 생길 수도 있습니다. 보안 문제도 해결해야 합니다.

〈인터뷰〉

임○○/정보보호대학원 교수: 부정 결제 방지 시스템, 에이아이(AI, 인공 지능), 사이버 보험으로 위험을 최소화하고 편리성을 ●증대하는 제도가 필요하다고 생각합니다.

〈기자〉

현금 없는 사회가 현실화되기 전에 해결해야 할 과제가 있습니다.

아직 현금이 더 익숙한 노년층 등 취약 계층이 차별받지 않도록 지원책을 마련하고, 모바일 페이로 큰돈을 결제하거나 송금해도 문제가 없도록 확실한 보안 시스템을 갖춰야 합니다.

〈보기〉

교사: 텔레비전 뉴스는 화면이 흘러가는 영상으로 현장의 모습을 전달한다는 특징이 있어요. 또 그림이나 사진, 도표와 같은 시각 자료를 다양하게 제시하여 음성으로 전달하는 내용을 보완하기도 해요. 이런 매체의 특성을 고려하여 <u>TV 뉴스에 쓰인 표현 방법과 효과</u>를 정리해볼까요?

[A] _____

작성방법

- 〈보기〉에서 밑줄 친 'TV 뉴스에 쓰인 표현 방법과 효과'와 관련하여 [A]에 들어갈 교사의 설명 내용을 읽기 자료를 활용하여 서술할 것. 단, 답안 서술은 제시된 [학습 목표 및 교수·학습 내용]과 예 를 참조할 것.

예

표현 방법	내용	효과
현장 화면 영상	모바일 페이로 결제하는 여러 모습을 담은 화면을 한 번에 보여주고 있다.	이를 통해 실제 모습을 한눈에 보여 줌으로써 다양한 상황에서 모바일 페이를 사용할 수 있다는 보도 내용을 강조한다. /현장에서 일어나는 상황을 한눈에 보여줌으로써 이해를 돕고 생생한 느낌을 준다.

2 다음은 송 교사가 '매체의 비판적 읽기'를 주제로 마련한 교수·학습 목표와 자료이고 〈보기〉는 활동지의 일부이다. 〈작성 방법〉에 따라 서술하시오. [4점]

[학습 목표 및 교수·학습 내용]

학습 목표	매체에 드러난 다양한 표현 방법과 의도를 평가하며 읽을 수 있다.(2015 중학)
학습 요소	• 표현 방법과 의도 평가하기(매체)
교수·학습 방법 및 유의 사항	• 글에 제시된 정보를 파악하는 데 그치지 말고 그 내용이나 표현 방법의 적절성을 판단하는 데까지 나아갈 수 있도록 지도 - 표현 방법이란 글에 사용된 언어 표현 및 시각 자료·동영상 자료를 모두 포함 - 표현 방법이 설명하려는 대상이나 관념에 적절한지, 어떤 효과를 지니는지를 판단하면서 읽도록 한다.

[읽기 자료]

사라진 명태의 귀환 …… 명태 살리기 연구 과제 성공

2년 전 방류한 양식 '어린 명태', 속초 앞바다에서 잡혀

명태 살리기 연구 과제의 하나로 2년 전 방류한 인공 1세대 어린 명태가 속초 앞바다에서 잡혀 명태 살리기 연구 과제의 성공을 알린 것이다.

자료 1 명태를 건조하여 황태를 만드는 모습
자료 2 명태 치어 방류 행사(2015년 12월 강원도 대진항)

해양 수산부는 지난해 동해안에서 잡힌 명태 600여 마리 가운데 디엔에이(DNA) 분석이 가능한 67마리를 대상으로 유전자 분석을 한 결과 이 가운데 2마리의 유전 정보가 2015년에 방류한 인공 1세대 명태와 일치한다고 밝혔다. 국내 기술로 인공 배양해 바다에 방류한 명태가 자연환경에 성공적으로 정착해 살고 있다는 사실이 처음으로 확인된 것이다.
[연관 기사 ☞ '인공 수정 방류' 명태 동해로 돌아왔다]

'인공 1세대'와 디엔에이(DNA) 일치, 명태 살리기 연구 과제 성공

해양 수산부는 과도한 어획 등으로 동해안에서 사라진 명태 자원을 회복하기 위해 2014년부터 '명태 살리기 연구 과제'를 추진해 왔다. …생략…
해양 수산부는 지난해 10월 세계 최초로 개발에 성공한 명태 완전 양식 기술을 바탕으로 올해 전문 생산 시설을 확충해 방류용 명태 종자(種子)를 대량으로 생산하고 방류 규모를 더욱 확대할 계획이다.

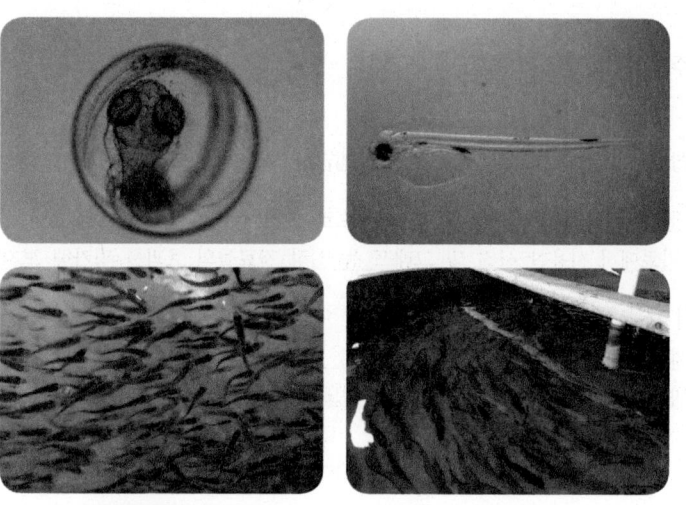

자료 3 명태 완전 양식 기술 개발(2016년 10월)

"2008년 이후 우리 바다에서 명태 자취 감춰"

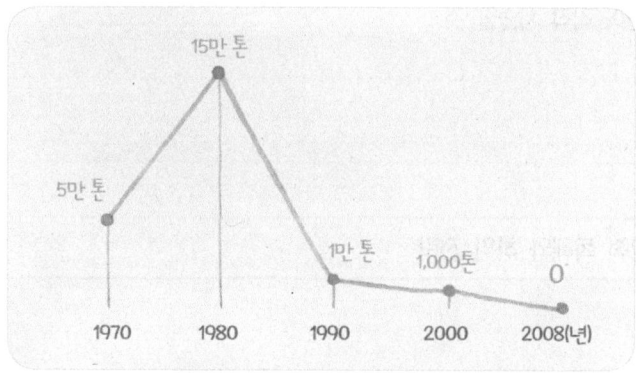

자료 4 한국의 명태 어획량 추이

명태는 단일 어종으로는 세계에서 어획량이 가장 많은 어류이다. 1980년대 중반 전 세계 명태 어획량은 600만 톤을 넘었으나 근래에는 400만 톤 수준에 머물고 있다.
한국의 명태는 동해에서 생산량이 가장 많았던 어종으로 1970년대 중반에 5만 톤 정도 잡혔던 것이 1980년대 초반에는 15만 톤까지 잡혀 최고치를 기록했다. 이후 1990년대에는 1만여 톤으로 급감했고 2000년대에는 1천 톤을 넘지 못하다가 급기야 2008년에는 공식적으로 어획량이 '0'으로 보고되었다.
현재 우리 식탁에 올라오는 명태는 수입 명태가 대부분이며 그 가운데에서도 러시아산이 90퍼센트를 넘는다.

…생략…

> **보기**

1. 기사의 주요 내용을 정리해 보자.

…생략…

2. 매체 특성을 고려하여 기사에서 사용한 표현 방법과 의도를 평가해 보자.

> ❶ "기사문의 제목이 기사의 내용을 효과적으로 드러내는지 생각해 보자."
> ❷ 읽기 자료에서 사용한 사진 및 그래프 등 시각 자료들의 효과를 평가해 보자.
>
> [활동의도]
> 기사에 제시된 시각 자료의 적절성과 효과를 평가하는 활동으로 시각 자료가 기사의 내용을 이해하는 데 어떤 효과가 있는지 생각해 보도록 의도한다.

> **작성방법**

- 〈활동 2-❷〉의 [활동 의도]와 [교수·학습 방법 및 유의 사항]을 고려하여 활동 과제의 모범 답안 2가지를 근거를 들어 각각 서술할 것.

테마 6 : 감상적 독해와 하위 전략

관련 기출
`2012 2차`

1 (가)와 (나)를 읽고 글의 구성이나 관점을 비교해 보는 수업을 하기 위하여 교사는 〈보기〉와 같이 읽기 수업을 계획하였다. 〈조건〉에 따라 ㉠~㉢에 들어갈 내용을 구체화하여 수업 내용을 서술하시오. (25±3행)

> **제재**

(가)
생물 다양성이란 원래 한 지역에 살고 있는 생물종의 많고 적음을 뜻한다. 그러나 생물학적으로는 지구상에 서식하는 생물 종류의 다양성, 그러한 생물들이 생활하는 생태계의 다양성, 생물이 지닌 유전자의 다양성 등을 총칭한다. 그래서 이는 자연 환경의 풍요로움을 평가하는 지표로 사용되기도 한다.
생물 다양성 문제가 최근에 우리의 관심의 대상으로 떠오르게 된 것은 단순히 쾌적하고 풍요로운 자연환경을 그리워해서가 아니라 자연의 파괴는 자칫 인류 생존까지 위협할 수 있는 중대한 문제가 될 수 있음을 인식했기 때문이다. 그렇다면 생물자원이 인류에게 어떤 가치가 있는가?
우선, 생물자원은 인류가 생활하는 데 필요한 식량과 의약품이나 공산품의 원료가 된다. 인류 전체 식량 수요의 90%이상을 차지해 온 밀, 쌀, 옥수수 등 20여 종 이외의 3천 종에 이르는 식물들은 전혀 쓸모없다고 여겨졌지만, 오늘날에는 과학의 발달로 인해 우리 생활에 절대적으로 필요한 자원으로 활용되고 있다. 또한, 생물자원은 자연계에서 물질 순환의 주요 매체가 되어 대기, 물, 토양의 보존에 기여한다. 쉬운 예로 녹색식물은 우리가 매일 들이마시는 공기 속에 산소의 양이 20% 가량 들어 있도록 조절해 준다. 즉, 이 생물자원은 지구를 정화하기도 하지만 이산화탄소와 산소의 양의 균형이 깨지지 않도록 한다. 생물자원의 가치는 전 인류적 차원에서뿐만 아니라, 국가 간 관계에서도 중요한 영향을 미친다. 미래에는 생물자원이 부족한 나라들이 생존에 필요한 각종 자원을 자원 부국으로부터 얻어 써야 하는 사태가 벌어질 것이다. 왜냐하면 생물의 종은 한 지역에 주어진 환경 요인의 총체적인 산물로서 다른 지역에서는 결코 복제될 수 없기 때문이다.

예를 들면, 어떤 나라의 식량 자원이 되는 종자 자체가 사라지게 되면 다른 나라로부터 종자를 수입하더라도 그 고유성 때문에 다른 환경에서는 그 종자로부터 식량을 얻으려 해도 어려운 경우가 많다. 그렇게 되면 그 나라에 식량을 수출하거나 그 종자를 보유하고 있는 상대국은 이를 무기로 삼아 한 국가의 생존을 위협할 수도 있다.

요컨대, 지구상에 존재하는 모든 생물의 종은 장차 어떻게 이용될지 모르는 잠재적인 가치를 지니고 있다는 점에서 인류의 생존을 위해 필수적인 자원이며, 그렇기 때문에 보전되어야 한다.

(나)

워싱턴에 있는 그대들의 대추장으로부터 우리 땅을 사고 싶다는 전갈을 받았다. 대추장은 우정과 선의의 말도 함께 보내왔다. 그러나 우리가 땅을 팔지 않으면 그대들은 총으로 우리 땅을 빼앗을 것임을 알고 있다.

그대들은 어떻게 저 하늘이나 땅의 온기를 사고팔 수 있는가? 우리로서는 이상하다고 생각한다. 신선한 공기와 반짝이는 물을 우리가 소유하고 있지도 않은데 어떻게 팔 수 있다는 말인가? 우리에게는 이 땅의 모든 부분이 거룩하다. 빛나는 솔잎, 모래 기슭, 어두운 숲 속의 안개, 맑게 노래하는 온갖 벌레들, 이 모두가 우리의 기억과 경험 속에서는 신성한 것들이다.

그러니 우리 땅을 사겠다는 그대들의 제안을 한번 고려해 보겠지만, 우리에게 이 땅은 거룩한 것이기에 그것은 쉬운 일이 아니다. (중략) 우리의 할아버지에게 첫 숨결을 베풀어 준 바람은 그의 마지막 한숨도 받아 주었다. 바람은 또한 우리 아이들에게 생명의 기운을 준다. 바람은 그것이 지탱해 주는 온갖 생명과 영기를 나누어 갖는다는 사실을 그대들은 기억해야만 한다. 우리가 땅을 팔게 되더라도 그것을 잘 간수해서 백인들도 들꽃들로 향기로운 바람을 맛볼 수 있는 곳으로 만들어야 한다.

만약에 우리 땅을 사겠다는 그대들의 제의를 받아들일 경우 한 가지 조건이 있다. 그것은 이 땅의 짐승들을 형제처럼 대해야 한다는 것이다. 나는 미개인이니 달리 생각할 길이 없다. 나는 초원에서 썩어 가고 있는 수많은 물소를 본 일이 있는데 모두 달리는 기차에서 백인들이 총으로 쏘고는 그대로 내버려 둔 것들이었다. 연기를 뿜어내는 철마가 물소보다 어째서 더 중요한지를 모르는 것도 내가 미개인이기 때문인지 모른다.

짐승들이 없는 세상에서 인간이란 무엇인가? 모든 짐승이 사라져 버린다면 인간은 영혼의 외로움으로 죽게 될 것이다. 짐승들에게 일어난 일은 인간들에게도 일어나게 마련이다. 만물은 서로 맺어져 있다. (중략) 우리는 땅이 인간에게 속하는 것이 아니라 인간이 땅에 속하는 것임을 알고 있다. 인간은 생명의 그물을 짜는 것이 아니라 다만 그 그물의 가닥에 불과하다. 그가 그 그물에 무슨 짓을 하든 그것은 곧 자신에게 하는 짓이다.

한 가지 우리는 알고 있다. 우리 모두의 신은 하나라는 것을. 이 땅은 그에게 소중한 것이다. 백인들도 이 공통된 운명에서 벗어날 수 없다. 결국 우리는 한 형제임을 알게 될 것이다.

보기

주요 학습 활동		학습 활동에 따른 학습 내용
배경 지식 활성화하기		• (가)의 제목 '생물자원, 미래의 무기'에서 생물자원과 무기의 관련성을 예측해 봄. • (나)는 1856년 피어슨 대통령이 대표를 파견하여 아메리카 원주민에게 땅을 팔라고 요청한 것에 대한 추장의 답변서임을 알게 됨. ……
글 분석 하기	두 글의 구성(형식 및 표현) 비교 기준 • 글감과 유형 • 설득의 방법으로서 내용 전개 방식 • 주장이나 의도를 드러내는 표현 방식	㉠
	두 글의 관점 비교 기준 • 자연이나 세계에 대한 필자의 관점 또는 태도	㉡
㉢		• 생물자원이 우리 삶에 중요함을 느끼게 됨. • 아메리카 원주민 추장의 처지에 공감할 수 있음. ……

조건

1) ㉠과 ㉡은 '주요 학습 활동'에 제시된 비교 기준에 따라 〈제재〉를 분석하여 각각 서술할 것.
2) ㉢은 적절한 '읽기 후' 활동 1가지를 '학습 활동에 따른 학습 내용'을 참조하여 예시하고, 이 활동이 갖는 읽기 교육적 의의를 설명할 것.
3) 학습 활동의 흐름을 고려하여 한 편의 논술이 되도록 할 것.

기본 예제

2 다음을 읽고 괄호 안의 ㉠~㉢에 들어갈 말을 쓰시오. [2점]

> 오늘은 지난 시간에 배웠던 감상적 읽기의 방법에 대해서 알아볼거예요. 감상적 읽기란 글에 대해 즐거움을 느끼거나 깨달음을 얻으며 읽는 것을 말하지요? 먼저, 글의 내용에 (㉠)하거나 글에 담긴 경험을 자신의 경험과 (㉡)하면서 정서적 변화를 느끼며 읽어야 해요.
> 자, 여러분들에게 나눠 준 활동지와 선생님이 준비한 화면 자료를 볼게요.
>
>> 나무는 모든 고독을 안다. 안개에 잠긴 아침의 고독을 알고, 구름에 덮인 저녁의 고독을 안다. 부슬비 내리는 가을 저녁의 고독도 알고, 함박눈 펄펄 날리는 겨울 아침의 고독도 안다. 나무는 파리 옴짝 않는 한여름 대낮의 고독도 알고, 별 얼고 돌 우는 동짓달 한밤의 고독도 안다. 그러나 나무는 어디까지든지 고독에 견디고 고독을 이기고 또 고독을 즐긴다.
>> — 이양하, 「나무」 중에서
>
> 잘 읽어요? 그러면 여러분들이 생각을 말해볼까요?
> (학생들의 대답)
> 그래요. 이 글을 읽으면서 영호는 나무에 자신의 감정을 이입하거나 미순이처럼 '부슬비 내리는 가을 저녁'의 고독한 감성을 떠올리며 글의 내용에 (㉠)할 수 있었어요. 글을 읽고 그 내용에 (㉠)하는 것은 필자의 삶에 대해 이해하는 것이며, 이는 여러분들의 정서 변화를 불러일으키기도 한답니다. 시를 읽으면서 작은 시구 하나로부터 마음의 울림을 느끼기도 하고, 인물이 처한 상황 앞에서 고개를 끄덕이기도 하지요. 두 번째 방법으로는 글을 통해 얻은 생각이나 교훈을 (㉡)하면서 읽어 가는 거예요. 선생님이 준비한 자료 화면을 같이 볼까요?
>
>> 무엇을 하든 전심과 전력을 다해야 한다. 이는 수긍할 만한 좋은 결과를 내기 위함이 아니라 자기 자신을 소홀히 대하지 않기 위함이다. 전력을 쏟지 않고 얕은꾀를 부리는 것, 적당한 선에서 물러나 방관하는 것은 결국 스스로를 바보 취급하는 것과 다름없다. 그렇게 되면 자신이 하는 일에 가치도, 의미도 부여할 수 없게 된다. 이는 자신을 서서히 죽이는 것과 같다.
>> — 프리드리히 니체, 「우상의 황혼」 중에서
>
> 이 글을 읽고 어떤 일을 함에 있어 소홀했던 경험이 있는 독자라면, 윗글은 성찰을 위한 하나의 계기가 될 수 있을 거예요. 그러한 독자는 이 글을 마음에 새기고 앞으로 살아가는 데 있어 중요한 교훈으로 삼을 수 있겠지요. 이와같이 글에 감동을 받은 독자가 글에서 다룬 대상에 대한 생각을 바꾸거나 태도를 새롭게 형성한다면, 감동의 (㉢)가 이루어졌다고 볼 수 있어요.
> 마지막으로, 동일한 글을 읽었다 하더라도 사람에 따라 정서적 (㉣)이 다를 수 있어요. 그렇기 때문에 글을 읽고 다른 사람과 이것을 나누고 비교하며, 격려하는 태도가 필요합니다.

3 다음은 교사와 학생의 독서 수업 중 대화의 일부이다. 괄호 안의 ㉠과 ㉡에 해당하는 말을 순서대로 쓰시오.
[2점]

> 찰밥을 싸서 손에 들고 새벽에 문을 나선다. 오늘 친구들과 소풍을 가기로 약속을 하고 점심 준비로 찰밥을 마련한 것이다.
> 내가 소학교 때 원족을 가게 되면 여러 아이들은 과자, 과실, 사이다 등 여러 가지 먹을 것을 견대에 뿌듯하게 넣어서 어깨에 둘러메고 모여들었지만, 나는 항상 그렇지가 못하였다. 견대조차 만들지 못하고 찰밥을 책보에 싸서 어깨에 둘러메고 따라가야 했다. 어머니께서는 새벽같이 숯불을 피워 가며 찰밥을 지어 싸 주시고 과자나 사과 하나 못 사 주는 것을 몹시 안타까워하셨다.
> 어머니께서는 가난한 살림에 다른 여축은 못 해도, 내 원족 때를 생각하고 고사 쌀에서 찹쌀을 떠 두시는 것은 잊지 아니하셨다. 나는 이 어머니의 애틋한 심정을 아는 까닭에 과자나 사과 같은 것은 아예 넘겨다보지도 아니하였고, 오직 어머니의 **정성 어린 찰밥**이 소중했었다. 이것을 메고 문을 나설 때, 장래에 대한 자부와 남다른 야망에 부풀어 새벽하늘을 우러러보며 씩씩하게 걸었다. 말하자면 이 어머니의 애정의 선물이 어린 나에게 커다란 격려와 힘이 되었던 것이다. 이것이 인연이 되어, 소풍 혹은 등산을 하려면 으레 찰밥을 마련하는 것이 한 전례가 되고 습성이 된 셈이다.
> 오늘도 친구들과 들놀이를 약속한 까닭에 예와 같이 이 찰밥을 싸서 손에 들고 나선 것이다. 밥을 들고 퇴를 내려서며 문득 부엌문 쪽을 둘러봤다. 새벽에 숯불을 피우시던 어머니의 모습이 눈앞에 떠오르다가는 안개처럼 사라져 버린다. 슬픈 일이다. 손에 밥은 들려 있건만 그 어머니가 없다.
> 어머니께서는 새벽녘에 손수 숯불을 불어 가며 찰밥을 싸 주고 기대하며 기다리던 그 아들에게서 과연 무엇을 얻으셨던가? 그는 매일매일 그래도 당신 아들만이 무엇인가 남다른 출세를 하리라고 믿고 그의 구차한 여생을 한 줄기 희망으로 살아왔건만 그의 아들은 좀처럼 출세하지 않았다. 스스로 고난의 길을 걷고만 있지 아니하였던가. 어머니는 운명하시는 순간에도 그 아들의 손을 꼭 잡았다. 먼 길을 떠나던 그 순간에도 아들에 대한 희망을 놓치지 않고 웃음을 보이려 하였다. "나는 네가 성공하는 것을 못 보고 가지만 너는 이담에 꼭 크게 성공해야 한다." 그는 무엇을 성공이라고 생각하였는지 나는 모른다.
> 생각하면 슬픈 일이다. 끝끝내 아들의 성공을 믿으려던 그. 그 아들도 그때는 막연하게나마 감격에 어린 눈으로 대답했었다. 사실 그는 야망에 차 있던 청년이기도 했다.
> 백수(白首) 오십에 성취한 바 없이 열한 살 때 메고 가던 그 밥을 손에 들고 소년 시대의 기분으로 문을 나서는 사나이. 어머니! 야망에 찼던 어머니의 아들은 이제 찰밥을 안고 흰 터럭을 바람에 날리며, 손등으로 **굵은 눈물**을 닦습니다.
>
> 원족(遠足): 소풍.
> 견대(肩帶): 돈이나 물건을 넣어 허리에 매거나 어깨에 두르기 편하도록 만든 자루. 주로 무명이나 베로 폭이 좁고 길게 만드는데 양 끝은 트고 중간을 막는다.
> 여축(餘蓄): 쓰고 남은 물건을 모아 둠. 또는 그 물건.
> 퇴: 툇간에 놓은 마루.

교사: 이 글은 어린 시절 원족 때마다 찰밥을 싸 주셨던 어머니의 사랑과 기대를 회상하는 글이에요. 글쓴이는 친구들과의 소풍길에 습관처럼 찰밥을 싸면서 자연스럽게 어머니에 대한 추억과 아들에 대한 기대감과 희망을 찰밥으로 표현하던 어머니의 사랑을 떠올리고 있어요.
선생님이 이 글을 읽고 느낀 점을 정리하기 위해 다음과 같은 활동지를 준비해 봤어요.

> 이 글의 주요 내용과 관련하여 다음 활동을 해 보자.
> (1) '찰밥'에는 어떤 의미가 담겨 있는지 정리해 보자.

> (2) '굵은 눈물'에 담긴 글쓴이의 마음을 다양하게 해석해 보자.
> (3) 이 글을 읽고 느낀 점을 말해 보자.

먼저, 첫 번째 활동에서 '찰밥'의 의미를 누가 말해볼까요?

학생 1: 글쓴이는 소학교 시절 소풍을 갈 때, 아들이 기가 죽지 않도록 어머니는 가난한 살림이지만 정성스럽게 찰밥을 싸 주었던 일을 회상하고 있어요. 결국 '찰밥'은 (㉠)을 나타내고 있는 것 같아요.

교사: 그래요. 잘 답했어요. 이 글에서 찰밥은 중심 소재이며, 핵심어 역할을 하고 있지요. 글쓴이의 경험 속에 찰밥은 두 번 등장하고 있는데, 어린 시절 소학교 소풍을 갈 때 어머니께서 싸 주신 찰밥과 오늘날 어른이 되어 아내가 싸 주는 찰밥이 그것이에요. 그 중에서 소학교 시절의 찰밥의 의미를 잘 파악했어요. …(중략)…

교사: 두 번째와 세 번째 활동은 정답이 정해져 있지 않아요. 자유롭게 말해보세요
학생 2: 글쓴이의 어머니에 대한 그리움이 느껴져요.
학생 3: 어른이 되었지만, 어머니의 기대만큼 성공하지 못해 죄송스러운 마음이 느껴져요.
…(중략)…

교사: 여러분이 지금까지 선생님과 함께 했던 것들은 글을 읽고 나서 나에게 감동적인 대목과 느낀 점을 중심으로 활동을 해 보았어요. 이처럼 글을 읽어가되 정의적 작용에 초점을 맞추어 글에서 감동적인 부분이나 공감하는 부분을 찾아 읽는 것을 (㉡) 읽기라고 해요.
　글에는 다양한 삶이 반영되어 있어요. 글을 읽을 때 여러분들은 글의 내용을 자신의 경험과 비교하고, 자신의 경험을 확장하게 되지요. 독자는 진솔하고 좋은 글을 읽으면서 글쓴이의 감정을 헤아리고, 이 과정에서 감동을 얻게 된답니다.

4 송 교사는 학생들의 읽기 능력을 신장시키기 위해 다음과 같이 수업하였다. 괄호 안의 ㉠~㉢에 해당하는 말을 순서대로 쓰시오. [2점]

> 우리는 글을 읽는 과정에서 글에 나오는 여러 인물이나 사건에 대하여 재미와 감동, 슬픔과 연민 등과 같은 정서적인 반응을 보입니다. 이러한 정서적 반응은 글의 내용과 표현을 종합적으로 이해하면서 발생된 읽기의 결과라고 할 수 있습니다.
> 　자, 선생님이 자료를 준비해봤어요.
>
>> 　왜 탱자나무에는 가시가 있는 것일까. 그리고 찔레꽃, 장미꽃, 아카시아…… 얼마 후에 아버지는 내게 가르쳐 주셨다. 가시에 독이 있는 것은 아니고, 그저 아름다운 꽃과 열매를 지키기 위해 그런 나무들에는 가시가 있는 거라고. 다른 나무들은 가시 대신 냄새가 지독한 것도 있고, 나뭇잎이 아주 써서 먹을 수 없거나 열매에 독성이 있는 것도 있고, 모습이 아주 흉하게 생긴 것도 있고…… 이렇게 **살아 있는 생명에게는 자기를 지킬 수 있는 힘이 하나씩 주어져 있다고.**
>> 　그러던 어느 날 탱자 꽃잎을 보다가 스스로의 가시에 찔린 흔적을 발견하게 되었다. 바람에 흔들리다가 제 가시에 쓸렸으리라. 스스로를 지키기 위해 주어진 가시가 때로는 스스로를 찌르기도 한다는 사실에 나는 알 수 없는 슬픔을 느꼈다. 그걸 어렴풋하게 느낄 무렵, 소읍에서의 내 유년은 끝나

가고 있었다.

　언제부턴가 내 손에는 더 이상 둥글고 향긋한 탱자 열매가 들어있지 않게 되었다. 생활의 짐은 한 번도 더 가벼워진 적이 없으며, 그러는 동안 내 속에는 날카로운 가시들이 자라나기 시작했다. 가시는 꽃과 나무에게만 있는 것이 아니었다. 세상에, 또는 스스로에게 수없이 찔리면서 사람은 누구나 제 속에 자라나는 가시를 발견하게 된다. 한 번 심어지고 나면 쉽게 뽑아낼 수 없는 탱자나무 같은 것이 마음에 자리 잡고 있다는 것을, 뽑아내려고 몸부림칠수록 가시는 더 아프게 자신을 찔러 댄다는 것을 알게 되었다. 그 후로 내내 크고 작은 가시들이 나를 키웠다.

　우리가 오래 고통받아 온 것이 오히려 존재를 들어 올리는 힘이 되곤 하는 것을 겪곤 한다. 그러니 가시 자체가 무엇인가 하는 것은 그리 중요한 문제가 아닐지도 모른다. 어차피 뺄 수 없는 **삶의 가시**라면 그것을 어떻게 받아들이고 다스려 나가느냐가 더 중요하지 않을까 싶다. 그것마저 없었다면 우리는 인생이라는 잔을 얼마나 쉽게 마셔 버렸을 것인가. 인생의 소중함과 고통의 깊이를 채 알기도 전에 얼마나 웃자라 버렸을 것인가.

　실제로 너무 아름답거나 너무 부유하거나 너무 강하거나 너무 재능이 많은 것이 오히려 삶을 망가뜨리는 경우를 자주 보게 된다. 그런 점에서 사람에게 주어진 고통, 그 날카로운 가시야말로 그를 참으로 겸허하게 만들어 줄 선물일 수도 있다. 그리고 **뽑히기를 간절히 바라는 가시야말로 우리가 더 깊이 끌어안고 살아야 할 존재인지도 모른다.**

이 글에서 필자는 탱자나무 가시를 통해 얻게 된 인생에 대한 깨달음을 이야기하고 있어요.

선생님이 이 글을 읽고 의미를 구성한 예를 준비해 봤어요.

> **예 1. 영호**
> 나는 '살아 있는 생명에게는 자기를 지킬 수 있는 힘이 하나씩 주어져 있다.'라는 부분이 마음에 남았어. 선인장의 가시도 제 몸을 보호하기 위한 거라고 하잖아. 겉으로 드러난 가시만 보고 불편해했는데 자신을 지키기 위함이라고 생각하니 왠지 마음이 아팠어.

> **예 2. 미순**
> 나는 '우리가 오래 고통받아 온 것이 오히려 존재를 들어 올리는 힘이 되곤 하는 것을 겪곤 한다.' 라는 부분에서 감동을 받았어. 나한테는 수많은 열등감이 있고 때로는 그것이 나를 힘들게 해. 그런데 그 열등감이 나를 발전시킬 원동력이 될 수도 있다고 생각하니 희망이 생기는 것 같거든.

> **예 3. 기옥**
> 나는 '뽑히기를 간절히 바라는 가시야말로 우리가 더 깊이 끌어 안고 살아야 할 존재인지도 모른다.'라는 구절이 인상적이었어. 결국 내 안의 가시를 내가 안고 가야 하는데, 과연 내가 그렇게 할 수 있을까 두렵기도 하거든. 그런데, 나는 같은 글을 읽고 이야기를 나누는 과정에서 내가 미처 생각하지 못한 부분을 깨닫게 되었다. 무엇보다 '삶의 가시'에 대해 부정적인 생각만을 갖고 있었는데 자신의 열등감을 오히려 발전의 원동력으로 생각하는 미순의 이야기를 듣고 보니 나의 관점도 긍정적으로 변화하는 느낌을 갖게 되었다.

　예 1~예 3에서 글에서 인상적인 부분, 글을 읽고 나서 감동적인 부분에 주목하고 있어요. 즉, 공감하거나 감동받은 내용을 대화를 통해 공유하는 과정을 통해 즐거움과 깨달음을 얻을 수 있는 것이지요. 이처럼 정의적 작용에 초점을 맞추어 글에서 감동적인 부분이나 공감하는 부분을 찾아 읽는 것을 (㉠) 읽기라 할 수 있어요. 이를 위해서는 글의 내용과 구조 속에서 표현의 효과, 심리와 정서, 분위기 등을 파악하며 글을 읽고 (㉡)하는 것이 효과적입니다.

그런데, 동일한 글이라도 바라보는 사람에 따라, 또한 같은 사람이 같은 대상을 보더라도 어떤 상황인가에 따라 다른 정서로 수용될 수 있어요. 예를 들면 예3에서 '**같은 글을 읽고 이야기를 나누는 과정에서 내가 미처 생각하지 못한 부분을 깨닫게 되었다.**'고 한 부분을 보면 이를 알 수 있지요.

이처럼 글을 더욱 넓고 깊게 이해하려면 자신이 감동한 부분과 그 이유를 다른 사람들과 (㉢)해 보는 것이 좋습니다. 또한, 독서가 성장의 밑거름이 되기 위해서는 글의 내용이나 독서 과정에서 얻은 가치, 태도, 사고, 정서 등을 자신의 것으로 수용하는 (㉡) 과정을 거쳐야 합니다.

> 심화 예제

5 다음은 '자신의 삶과 관련지으며 글의 의미를 해석하고 독자의 정체성을 형성한다.'라는 학습 목표를 위해 구성한 교재의 일부이다. 〈보기〉를 참조하여 〈작성 방법〉에 따라 활동 과제와 의의를 서술하시오. [4점]

[제재 글]

(가)
저렇게 많은 중에서 별 하나가 나를 내려다본다
이렇게 많은 사람 중에서 그 별 하나를 쳐다본다

밤이 깊을수록 별은 밝음 속에 사라지고
나는 어둠 속에 사라진다

이렇게 정다운 너 하나 나 하나는
어디서 무엇이 되어 다시 만나랴

― 김광섭, 「저녁에」

어디서 많이 보거나 들은 듯한 시, 그러나 의외로 시의 제목을 아는 이는 그리 많지 않다. '어디서 무엇이 되어 다시 만나랴' 혹은 '어디서 무엇이 되어 다시 만나랴' 정도로 아는 경우가 대부분이다. 그도 그럴 것이 이 시의 종결부, '어디서 무엇이 되어 다시 만나랴'는 시가 발표된 1970년 한국일보 제정 '한국미술대상전' 제1회 대상을 받은 수화 김환기 화백의 작품 제목으로, 또 1980년대에는 듀엣 가수 유심초가 부른 대중가요 제목으로도 널리 알려졌기 때문이다.

왜 이 시가 그림으로, 또 노래로 옮겨지며 그토록 많은 사람에게 사랑을 받은 것일까? 무엇보다도, 이 시는 쉽다. 또한, 누구나 경험해 봤음 직한 낯익고 정겨운 정경과 정조를 담고 있다. 그런데 그것은 다시 생각해 봐도 여전히 가슴 뛰고 경이롭고 순수하던 그때의 일들이다. 그때가 그립다. 정겨웠던 이들이 그립다.

생각해 보라. 별과 내가 서로 마주 본다는 것, 이것은 얼마나 기적 같은 일인가? 우리 은하계에는 천억 개의 별이, 그리고 우주에는 그런 은하가 또 천억 개 정도가 있단다. 그런데 그중 하나가 수십억 인구 가운데 하나인 나와 서로 마주 보고 있는 것이다. 그것도 억겁의 시간 가운데 지금 이 순간, 어쩌면 이미 오래전 티끌로 사라져 버렸을지도 모를 그 별과 지금 이 순간 내가 만나고 있는 것이다. 허나 그렇게 소중한 만남과 관계건만 그 또한 시간의 힘을 이길 수는 없는 법. 저녁 별은 밤이 되면 사라지고 나 또한 그럴 운명이다.

여기서 시인은 인생의 교훈을 얻는다. 별과 인간의 관계가 그러하다면 이렇게 정다운 사이인 너와

나의 만남과 헤어짐은 또 어찌 될 것인가 궁금하지 않을 수 없는 게다. 어린 시절 친구와의 인연을 생각해 보라. 그 만남은 얼마나 소중한 우주적 인연인가. 그러나 그중 몇이나 다시 만나게 될까? 궁금하지 않은가? 어디서 무엇이 되어 다시 만나게 될지, 벅차지 않은가? 그대의 기억 속에 지금껏 자리하고 있는 별만큼이나 많은 인연을 되새겨 보면, 그립지 않은가? 숱하게 사라진 뭇별 같은 인연, 뭉치로 계산하지 말고 이 시인이 하듯 또박또박 따져 보라. 그 인연들 가운데 하나씩 하나씩 너 하나, 나 하나, 이렇게 말이다.

(나)

> 별 하나에 추억과
> 별 하나에 사랑과
> 별 하나에 쓸쓸함과
> 별 하나에 동경과
>
> 별 하나에 시와
> 별 하나에 어머니, 어머니,
>
> 어머님, 나는 별 하나에 아름다운 말 한마디씩 불러 봅니다. 소학교 때 책상을 같이했던 아이들의 이름과 패, 경, 옥, 이런 이국 소녀들의 이름과 벌써 아기 어머니 된 계집애들의 이름과, 가난한 이웃 사람들의 이름과, 비둘기, 강아지, 토끼, 노새, 노루, 프랑시스 잠, 라이너 마리아 릴케 이런 시인의 이름을 불러 봅니다.
> – 윤동주, 「별 헤는 밤」 중에서

윤동주야말로 별 하나하나를 또박또박 헤아리고 있다. 이름까지 붙여 가면서 말이다. 그런데 잘 보라. 처음엔 '추억', '사랑', '쓸쓸함', '동경'과 같은 추상적인 어휘가 연결되더니, '시'를 거쳐 '어머니'에 다다르면 그만 어조가 바뀐다. 별 하나에 추억과 사랑과 쓸쓸함과 동경과 시를 연결할 때는 어딘가 멋과 여유마저 느껴지는 듯하더니, 어머니를 떠올리는 순간 시인은 연거푸 어머니를 되뇌며 뭔가 걸리거나 홀린 듯이, 아니 갑자기 정신을 차린 듯이 수다를 떨기 시작하는 것이다. 말하자면 처음에는 그저 별 하나에 낭만적이고 관념적인 이름과 개념을 부여하다가, 어찌어찌하다 그 연상의 과정이 '시'로 이어지고, '시'는 급기야 '어머니'를 호출해 내기에 이른다. 그렇게 덜컥 '어머니'를 불러 놓고 보니, 느낌이 달라지고 시가 달라지는 게다. '어머니'처럼 강력한 실감을 주는 육체가 어디 있는가.

그렇다, 별에 대한 연상이 추상에서 구체로, 관념에서 육체로 이행해 가면서, 시인은 어머니를 떠올린 순간부터 그리움에 몸서리를 치게 된다. 그렇게 한번 그리움의 물꼬가 터지자 그다음부터의 연상은 차라리 폭포수에 가깝다. 이제 더는 관념이 아니라 인격적인 존재들이 기억 저편에서 마치 저 하늘의 별처럼 쏟아져 나오기 때문이다.

이젠 거꾸로 모자랄 지경이다. 아까까지는 시행 하나에 이름 하나 붙이더니, '어머니'를 떠올린 이후 호흡이 빨라지고 시행이 길어진다. 그는 마치 토해 내듯이 어머니에게 그 그리운 이름들을 하나하나 전하고자 한다. 소학교 때 친구부터 비둘기, 노루 따위를 거쳐 릴케에 이르기까지 한결같이 여리고 순수하고 선한 존재다. 잊고 있던 수많은 고맙고 그리운 이름들 하나라도 놓칠세라, 시 상대에 선 수상자라도 된 듯이 윤동주는 하나하나 호명한다. 그리운 사람이 많다는 것은 얼마나 행복한가. 하지만 만날 수 없으니 또 얼마나 고통인가. 그러기에 윤동주는 그 잠시의 행복한 추억이 끝나는 순간 고통스럽게 인정한다. "이네들은 너무나 멀리 있습니다 / 별이 아스라이 멀 듯이"라고 말하지 않았던가. 별은 그런 거라고. 밝게 빛나 기쁘고 멀리 있어 슬프다고. 어찌할꼬. 그리움 덕택에 살고 그리움 때문에 못 살겠다는 것을.

[활동 과제]

학습 목표
- 글에서 공감하거나 감동적인 부분을 찾고 이를 바탕으로 글이 주는 즐거움과 깨달음을 수용하며 감상적으로 읽는다.

〈활동 1〉 필자가 '별'에 관한 두 시를 감상한 내용을 정리해 보자.

[지도의 중점]
(1) (가)「저녁에」를 읽으며 필자가 깨달은 점을 써 보자.

'나'와 '저녁 별'의 만남이 지니는 의미	⇨	별과 인간의 관계를 통해 얻은 교훈
기적 같은 소중한 만남과 관계		㉠

(2) (나)「별 헤는 밤」에서 시의 어조 변화에 관해 필자가 어떻게 감상했는지 파악해 보자.

'어머니'를 떠올리기 전의 어조	⇨	'어머니'를 떠올린 후의 어조
시행 하나에 이름 하나를 붙여 표현함. 호흡이 느리고 시행이 짧음		㉡
어조 변화의 이유		㉢

〈활동 2〉

㉣

〈활동 3〉
「별 헤는 밤」의 시구를 활용하여 다음 활동을 해 보자.

(1) '별'을 통해 연상할 수 있는 주제를 정하고, 그 주제를 표현하기에 적절한 대상들을 찾아 괄호 안에 넣어 보자.

별 하나에 (   )과/와
…
(   ), 나는 별 하나에 아름다운 말 한마디씩 불러 봅니다.

(2)

㉤

[지도의 중점]
　글을 통해 얻게 된 감동이나 깨달음을 내면화하기 위한 방법 중 하나는 작품의 감상을 자신의 상황과 연관지어 이해하는 것이다. 작품의 내용과 형식을 활용하여 새로운 작품을 창작해 보고, 그 결과물에 대해 자유롭게 의견을 나누도록 이끌어 준다.

작성방법

- ㉠~㉢은 제재 글에서 근거를 찾아 활동의 모범 답을 각각 제시할 것.
- ㉣은 〈학습 목표〉를 고려하여 적절한 활동을 제시하고, ㉤은 〈지도의 중점〉을 고려하여 적절한 활동을 제시할 것.

6 (가)는 "정서 표현과 자기 성찰의 글을 읽고 자신의 정서를 진솔하게 표현하거나 자신의 삶을 성찰하는 글을 쓸 수 있다"라는 학습 목표를 위해 구성한 〈독서와 작문〉 교사용 지도서의 일부이고, (나)는 단원 학습 내용을 정리한 글이다. 〈작성 방법〉에 따라 활동 과제와 의의를 서술하시오. [4점]

(가)

[제재 글]

나는 영화에 문외한이다. 또 나에게는 영화를 볼 기회가 별로 없었다. 하지만 누군가 내게 이제껏 본 영화 중 가장 인상 깊은 영화를 꼽으라면 아마 주저 없이 '킹콩'이라고 말할 것이다. 사실 줄거리조차 잘 기억이 나지 않으므로 '인상 깊다.'는 말은 적절하지 않은지 모른다.

'킹콩'은 내가 일부러 극장까지 찾아가서 본 몇 안 되는 영화 중 하나이다. 그 영화를 본 날짜와 장소까지 정확히 기억한다. 1978년 1월 12일, 난 내 인생에서 잊지 못할 경험을 하고 난 후, 시내의 한 극장에서 그 영화를 보았다.

그날은 모 대학에서 박사 과정 시험을 친 날이었다. 석사 졸업반이었지만 직업을 얻을 수 있는 처지가 못 되었고, 나의 모교에는 박사 과정이 개설되기 전이라 내가 선택할 수 있는 길은 그것밖에 없었다.

응시자들은 오전에 필답 고사를 보고 오후에 면접을 보게 되어 있었다. 떨리는 마음으로 면접실에 들어서니 앉아 있던 네 명의 교수가 동시에 나와 내 목발을 아래위로 훑어보았다. 그러더니 내가 엉거주춤 자리에 앉기도 전에 그 중 한 사람이 퉁명스럽게 말했다.

"우리는 학부에서도 장애인은 받지 않아요. 박사 과정은 더 말할 것도 없지요."

한 사람의 운명이 결정되는 순간인데 그렇게 단도직입적이고 명료하게 말하는 그 교수 앞에서 나는 완벽한 좌절은 슬프지 않다는 것을 알게 되었다. 오히려 마음이 차분해지는 느낌이었다. 미소까지 띠며 "그런 규정을 몰랐습니다. 죄송합니다."라는 인사까지 하고 면접실을 나올 수 있었다.

그날 집에서 기다리시는 부모님께 낙방 소식을 전하는 것을 조금이라도 늦추기 위해 동생과 함께 본 영화가 '킹콩'이다.

그 영화에서 내가 기억하는 것은 몇몇 장면뿐이다. 거대한 고릴라가 사냥꾼들에게 잡혀 뉴욕으로 옮겨지는 도중에 우리를 탈출하여 도시 전체가 공포에 휩싸인다. 엠파이어 스테이트 빌딩 위에 앉아 있는 킹콩은 건물만큼이나 크고 거대하다.

어떤 이유에서인지는 기억나지 않지만 킹콩은 한 여자를 손에 쥐고 있었는데, 그녀는 온몸을 떨고 있었다. 하지만 그녀는 전혀 두려워할 필요가 없었다. 킹콩은 그녀를 좋아했다. 아니, 사랑했다. 그러나 킹콩은 자신의 운명을 잘 알고 있었다. 마침내 포획되기 전, 킹콩은 그녀를 자신의 눈높이로 들어 올려 자세히 쳐다본다.

그 눈, 그 슬픈 눈을 나는 잊지 못한다. 그에게는 그녀를 사랑하는 것이 허락되지 않았다. 그가 인간이 아닌 커다랗고 흉측한 고릴라였기 때문에……

그때 나는 깨달았다. 이 사회에서는 내가 바로 그 킹콩이라는 걸. 사람들은 단지 내가 그들과 다르다는 이유만으로 나를 미워하고 짓밟으려고 한다. 기괴하고 흉측한 킹콩이 어떻게 박사 과정에 들어갈 수 있겠는가? 나 역시 내 운명을 잘 알고 있었다. 사회로부터 추방당하여 아무런 할 일 없이 남은 생을 보내야 하는 것이다. 교수들의 말은 사형 선고와 다름없었다.

킹콩이 고통스럽게 마지막 숨을 몰아쉴 때쯤 나는 결정을 내렸다. 나는 살고 싶었다. 그래서 편견과 차별 때문에 죽어야 하는 괴물이 아닌 인간으로 살 수 있는 곳으로 가기로 결심했다.

영화관을 나와 집으로 오는 길에 나는 토플 책을 샀다. 다음 해 8월 나는 내게 전액 장학금을 준 뉴욕의 모 대학으로 가는 비행기에 타고 있었다.

이제 나는 다시 돌아왔다. 나를 면접하기조차 거부하고 '운명적'인 선언으로 내 삶의 방향을 재조정할 수 있도록 용기를 준 그 위원회에 진정으로 감사하고 있다.

[활동 과제]

활동
자신의 삶과 관련지어 이 글의 의미를 해석해보자.
⇩

활동 **1** 글쓴이가 어떤 시련을 겪었는지 살펴보고, 이에 대응한 방식과 태도를 말해보자.

[활동 의도]
글쓴이가 겪은 경험, 그것에 대응한 방식과 태도를 파악할 수 있게 하는 활동이다.

[예시 답안]

㉠

⇩

활동 **2**   　　　㉡

[활동 의도]

활동의 의도는 다른 사람이 시련에 어떻게 대응했는지를 살펴봄으로써 자신의 삶에 대해 생각해 보고, 글의 가치를 판단해 보도록 하는 활동이다.

⇩

올바른 정체성 형성

(나)

❶ 단원 학습 목표는 정서 표현과 자기 성찰의 글을 읽고 필자의 체험과 생각을 통해 삶에 대한 교훈과 깨달음을 얻고 학습자 자신의 정서를 진술하게 표현하거나 스스로의 삶을 성찰하는 글을 쓸 수 있는 능력을 기르기 위해 설정하였다.

❷ 읽기 학습의 경우 정서 표현과 자기 성찰하는 글을 읽고, 자신의 삶과 관련지어 글의 의미를 해석할 수 있게 한다.
- 학생들 중에는 글 속에 나타나는 인물의 삶이나 상황을 그저 학습의 내용 정도로만 생각하는 경우도 있을 수 있다. 따라서 정서 표현과 자기 성찰하는 글 읽기를 지도할 때에는 학생들이 글쓴이의 상황을 이해하고 인물의 행동에 대한 생각을 더욱 풍부하게 할 수 있도록 유도해야 한다.

❸ 읽기 학습의 경우 독자로서의 정체성을 형성해 나갈 수 있게 한다.
- 이 단원은 인물의 삶을 자신과 관련지어 이해함으로써 그 당시 상황 속에서 느꼈을 인물의 아픔과 고민, 그런 행동을 하기까지의 과정 등을 간접 체험하고, 이를 바탕으로 자신이라면 어떻게 행동했을지, 인물의 행동에 대해 어떻게 생각하는지 등을 통하여 자신을 되돌아 볼 수 있도록 지도한다. 이러한 활동이 정체성을 형성하는 데 도움이 될 수 있음을 알게 한다.

작성방법

- ㉠의 답안은 [제재 글]에서 근거를 들어 제시하고, ㉡의 활동은 〈활동 ❷〉의 [활동 의도]를 고려하여 적절한 활동을 1가지 제시할 것.
- 제시된 교사용 지도서의 활동은 읽기 학습이 제시되어 있다. 이를 보완하기 위하여 '자신의 삶을 성찰하는 글 쓰기'의 학습 내용 요소를 기능과 태도 1가지씩 각각 제시하고, 이러한 성찰하는 글 쓰기 행위가 갖는 작문 기능을 서술할 것.

테마 7 : 창의적 독해와 하위 전략

관련 기출

[2018 A형 기입형]

1. 박 교사는 학생들의 읽기 능력을 신장시키기 위해 다음과 같이 수업하였다. 괄호 안의 ㉠, ㉡에 해당하는 말을 순서대로 쓰되, 각각 한 단어로 쓰시오. [2점]

> 글을 읽을 때 우리는 나름의 의미를 구성하게 되지요. 오늘은 이 점에 대해 살펴보려고 해요. 먼저 다음 글을 읽어 보세요.

> 오늘날 한국은 개인주의 시대에 진입한 것으로 보인다. 앞으로는 갈수록 개인주의가 심화될 것이다. 이러한 시대에 홀로 제 운명을 감당하며 살 수는 없다. 그래서 어떤 이들은 불확실한 미래에 대처할 수 있는 가장 효과적인 방법으로 돈을 확보하는 데 관심을 쏟기도 한다. 한편으로는 지역 공동체나 국가가 제공하는 보장 제도가 점차 탄탄해지고 있으니 미래에 개인이 감당해야 할 불안이 줄어들 것으로 낙관하는 사람들도 있다.
> 인간은 빵만으로 살 수 있는 존재가 아니다. 공동 연대가 꼭 개개인의 생존을 위해서만 요구되는 것도 아니다. 삶의 가치를 확인하기 해서라도 개체라는 생물학 단위를 넘어설 필요가 있다. 가족은 사회적·경제적 책임을 함께 나누고 실질적인 도움과 정신적인 위안을 주고받는다. 지역 공동체, 국가도 이 역할을 할 수 있지만 혈족만큼 기대할 수 없다. 개인주의 시대에 진정으로 기댈 수 있는 공동체는 가족밖에 없다.

다들 읽었나요? 같은 글을 읽었지만 각자 구성한 의미는 다를 거요. 선생님이 이 글을 읽고 의미를 구성한 예를 준비해 봤어요.

> 예 1
> 필자는 가족을 혈족으로만 생각하는 한계가 있다. 가족은 대부분 개인의 의지와 관계없이 맺어지기 때문에 수동적인 면이 있다. 공동 연대는 상대에게 기대기 전에 내가 나서서 기꺼이 책임을 지는 적극성을 요한다. 그렇기 때문에 공동 연대의 기반을 가족 보다는 가족 너머의 애정 공동체로 접근하는 것이 바람직할 것이다.
>
> 예 2
> 우리가 종국에 돌아가 기댈 공동체는 가족이다. 가족은 가장 안전한 울타리이다. 울타리는 나를 감싸 주기도 하지만 그 밖을 신경 쓰지 않게 해 주기도 한다. 그래서 울타리 안에 있으면 울타리 밖의 외부 세계의 굴레로부터 벗어날 수 있는 자유가 생긴다. 우리가 가족에게로 돌아가 기대는 것은 사회적·경제적 책임을 나누고 도움과 위안을 주고받는 일이면서 외부 세계의 굴레로부터 벗어나 자유를 얻는 일이 될 것이다.

예 1에서는 개인주의 시대에 공동 연대와 책임의 문제를 가족이 아니라 가족 너머의 애정 공동체로 접근해 가자는 대안을 밝히고 있습니다. 가족에 대한 필자의 관점을 비판하며 읽은 것이 바탕이 되었지요. 예 2에도 새로운 의미 구성이 나타나 있어요. 가족이 개인의 자유를 만들어 준다는 거죠. 이 경우는 글의 의미를 수용하면서도 그 의미를 (㉠)함으로써 새로운 의미 구성을 하고 있어요. 예 1, 예 2와 같이 글을 읽고 필자의 생각에 대하여 대안을 제시하거나 새로운 의미를 구성하는 읽기를 '(㉡) 읽기'라고 합니다.

심화 예제

2 (가)는 '창의적 독서' 수업 계획안이고, (나)는 재구성된 수업 계획안이다. 〈보기〉를 고려하여 재구성된 수업 내용을 〈작성 방법〉에 따라 서술하시오. [4점]

> (가) 〈독서 수업 계획안〉
> • 학습 목표
> ① 삶의 문제를 다룬 글을 읽고 글쓴이의 생각이나 주장을 비판적으로 이해할 수 있다.
> ② 글쓴이의 생각이나 주장을 보완하거나 대체할 수 있는 대안을 찾을 수 있다.

차시	단계	교수·학습 내용
1	수업 안내	• 수업의 전체 진행 과정 소개 • 학생들의 역할 및 수행 과제 안내
2	도서 선정	• 바람직한 해결 방안을 마련하거나 새로운 대안을 발견하기 위해서 문제를 해결하는 데 도움이 될 만한 글이나 책을 찾아 읽도록 함
3	읽기 활동	• 글쓴이가 제시한 삶의 문제를 파악하며 글의 내용을 정리하기 　- 소제목을 중심으로 글의 구조와 중심 내용을 파악해 보고, 글쓴이의 관점과 의도가 무엇인지 추론하도록 지도
4	적용하기	• 제시된 두 글에서 다루고 있는 삶의 문제를 파악하고, 자신이 지닌 삶의 문제와 연관 짓기 • 모둠별로 삶의 문제를 해결하는 데에 도움이 될 만한 글이나 책을 찾아 읽고, 창의적인 해결 방안 마련하기 • 모둠별로 마련한 해결 방안을 발표하고, 각 모둠의 해결 방안이 타당하고 공정한지 평가하기
5	정리하기	• 소단원 핵심 내용 정리하기 　1. 삶의 문제를 해결하기 위한 읽기 　2. 삶의 문제를 해결하기 위한 읽기 방법

(나) 〈재구성된 독서 수업계획안〉

차시	단계	교수·학습 내용
3	읽기 활동	• 글쓴이가 제시한 삶의 문제를 파악하며 글의 내용을 정리하기 　- 소제목을 중심으로 글의 구조와 중심 내용을 파악해 보고, 글쓴이의 관점과 의도가 무엇인지 추론하도록 지도 　• ㉠ 　• ㉡
4	적용하기	• 제시된 두 글에서 다루고 있는 삶의 문제를 파악하고, 자신이 지닌 삶의 문제와 연관 짓기 　- 삶의 문제를 파악할 때에는 글쓴이의 생각이나 주장, 관점이나 의도 등을 추론할 수 있도록 지도 　- 글에서 다루고 있는 삶의 문제를 자신의 삶과의 연관성을 찾을 수 있도록 지도 • 모둠별로 삶의 문제를 해결하는 데에 도움이 될 만한 글이나 책을 찾아 읽고, 창의적인 해결 방안 마련하기 　- 도서관 활동을 통해 문제를 해결하는 데 도움이 될 만한 글이나 책을 직접 찾아 읽고, 글쓴이의 생각이나 주장을 보완하거나 대체할 수 있는 창의적인 해결 방안을 도출할 수 있도록 지도 • 모둠별로 마련한 해결 방안을 발표하고, 각 모둠의 해결 방안이 타당하고 공정한지 평가하기 　- 각 모둠의 해결방안을 평가할 때에는 관점이 어느 한쪽에 치우치지 않았는지, 공감하기 어렵거나 이해하기 어려운 내용은 없는지, 사회의 보편적 인식이나 가치에 부합하는지 등을 기준으로 평가가 이루어질 수 있도록 지도
5	정리하기	• 소단원 핵심 내용 정리하기 　1. 삶의 문제를 해결하기 위한 읽기 　　- 독자가 읽기를 통해 삶의 문제를 어떻게 해결할 수 있는지를 중심으로 내용을 정리하기 　　- 학생들이 평소에도 자신이 갖고 있는 크고 작은 삶의 문제가 무엇인지 짚어 보고, 이와 관련되거나 이를 해결해 줄 수 있는 글이나 책을 직접 선정하여 읽으려는 태도를

지닐 수 있도록 지도.

2. 삶의 문제를 해결하기 위한 읽기 방법
  - 학생들이 글에 나타난 글쓴이의 생각이나 주장을 그대로 수용하기보다는 비판적으로 평가해 보고, 이를 보완하거나 대체할 수 있는 창의적인 대안을 떠올리는 등 적극적인 읽기 태도를 기를 수 있도록 지도

보기

〈'창의적 독서' 관련 안내 자료〉

창의적 독서는 '독자가 새로운 상황에 적용하거나, 새로운 결과를 산출할 목적으로 텍스트의 의미를 재구성하여 통합하고 확장하는 사고의 과정'이라고 할 수 있다. 창의적 사고가 '일련의 문제 해결 과정에서의 힘'이고, 독서는 '글에 나타난 정보와 독자가 가지고 있는 지식의 상호 작용에 의하여 의미를 재구성해 나가는 과정'이라고 할 때, 창의적 독서는 독자가 텍스트의 의미를 재구성하여 통합하고 확장하는 독서라고 개념 규정을 할 수 있는 것이다.

창의적 독서와 밀접한 관련을 맺고 있는 활동에는 정서적 반응 촉진 활동, 배경지식의 활성화, 예측 활동, 비판적 읽기, 측면적 사고(수평적 사고) 활동, 유추하기 등이 있다.

[A] 이 중 비판적 읽기는 창의적 읽기를 위한 중요한 활동 중의 하나이다. 이는 독자로 하여금 사실과 의견을 구분하고, 판단 준거에 따라 글의 논리적인 오류를 찾으며 글쓴이의 의도나 관점 등을 비판하도록 돕는다. 이러한 비판적 읽기를 통해 독자는 독서에 대해 더욱 더 동기를 강하게 가지게 되고, 효과적인 글의 이해를 위해 다른 여러 가지 활동 과정들을 사용하게 되는 것이다.

[B] 한편, 수직적 사고는 문제에 대한 논리적 사고인 반면, 측면적 사고(수평적 사고)는 제시된 문제를 다르게 만들어 보는 것이다. 결국 측면적 사고는 문제를 여러 가지 각도에서 생각해 보고, 새로운 아이디어를 생성해 내는 활동으로 창의적으로 텍스트를 읽는 데 도움을 준다.

작성방법

- 학습목표①과 [A]를 고려할 때 3차시 수업의 교수·학습 내용 ㉠에서 보완점을 서술할 것.
- 학습목표②와 [B]를 고려할 때 3차시 수업의 교수·학습 내용 ㉡에서 보완점을 서술할 것.

3 송 교사는 '삶의 문제에 대한 해결 방안이나 필자의 생각에 대한 대안을 찾으며 읽는다.'라는 학습 목표를 성취하기 위해 다음과 같이 교수·학습을 계획하였다. 〈작성 방법〉에 따라 활동 과제를 서술하시오. [4점]

(가)

① 21세기 들어 일자리 구조에 근본적인 바람이 불어오고 있다. 증기 기관의 발명으로 시작된 18세기 산업 혁명이 '제1의 기계 시대'를 열었다면 디지털과 컴퓨터 기술은 '제2의 기계 시대'를 만들고 있다. 현대에는 그동안 인간 고유의 지적이고 정신적인 작업으로 여겼던 업무마저 인공 지능을 갖춘 로봇이 담당한다. 로봇은 여러 방면에서 인간과 경쟁하고 있다. 편리하면서도 강력한 신기술이 개발되면 결국 그동안 해당 업무를 수행해 온 사람들은 일자리를 빼앗길 운명에 처한다.

2 로봇이 일자리를 없애더라도 생산성이 높아지고 그 덕분에 사회 전체적으로 부가 가치가 늘어나면 역소득세나 기본 소득의 도입, 또는 사회 복지 확대와 같은 재분배 방법을 동원해서 사람들이 일은 덜 하면서도 소비와 여가는 더 많이 누릴 수 있다는 것이 로봇 문명을 낙관하는 사람들의 생각이다. 하지만 일자리 없이 안락함을 누리는 삶이 과연 더 행복할지는 의문이다. 노동은 자존감을 높이고 정체성을 지키게 하는 등 사람의 정신 건강에 갖는 의미가 지대하다. 기본 소득 보장과 같은 금전적 수단만으로 미래의 실업 문제를 해결하려는 것은 그래서 지나치게 단편적 접근 방식이다. 사회 구성원에게 적절한 일자리를 제공하는 것은 로봇 시대에 무엇보다 중요한 사회적 과제이다.

3 직업의 세계에 밀려오는 거대한 물결을 우리는 어떻게 맞아야 하는가? 모든 일이 자동화될 수도 있다는 점을 이해하고, 평생 직업 따위는 없다는 사실을 받아들이며, 새로운 현실에 적응해야 한다. 달라진 현실에서 성공적으로 직업 생활을 하려면 다음 사항에 유의하여 스스로 길을 찾아야 한다.

4 첫 번째는 적극적으로 최신 기술을 수용하고 이를 통해 새로운 과제를 발견하는 것이다. 이제껏 사람이 해 오던 직무를 더 정확하고 신속하게 해낼 로봇에게 맡기고, 우리는 그동안 마주하지 못했던 새로운 과업을 발견하고 존재하지 않던 가치를 만들어 내는 등 더 중요한 일에 집중해야 한다. 두 번째는 직업을 유지, 개선, 탐색하기 위한 지속적인 학습과 재교육이다. 평생직장이나 종신직이 불가능한 환경에서 가장 필요한 능력은 유연성과 평생 학습자로서의 태도이다. 이제껏 내가 알지 못하던 전혀 새로운 환경이 언제든지 닥쳐올 수 있다는 것을 유념하고, 유연성을 발휘해서 새로운 길을 찾으려는 태도를 지녀야 한다. 끝으로, 주위에서 함께 일하고 싶어 하는 덕성을 지닌 사람이 되는 것이다. 아무리 로봇이 득세하더라도 여전히 마지막 결정과 관리는 사람이 담당하게 된다. 함께 일하고 싶은 '좋은 동료', 곧 인격을 갖춘 사람이 더욱 귀하고 중요해질 수밖에 없다.

(나)

학습 목표		■ 삶의 문제에 대한 해결 방안이나 필자의 생각에 대한 대안을 찾으며 읽는다.	
학습 단계	학습 내용	교수·학습 활동	학습 자료
도입 (10분)	이전 학습 경험과 연계	■ 동기와 흥미 유발하기 ■ 배경지식 활성화하기, 이전 학습 경험과 연계하기	
	학습 내용 제시	〈■ 차시 학습 내용 안내〉 • 창의적 독서 방법을 안내한다. 교사는 창의성에 대한 지식의 정립과 이론적 기초를 바탕으로 학습자의 창의성을 저해하지 않는 다양한 기법에 대해 인식하고 있음으로써 창의적 독서에 접근할 수 있다. 학생들의 사고를 촉진하는 방법 중의 하나는 확산적 사고를 유도하는 질문을 하는 것이다. 교사는 학생들에 질문을 함으로써 학생들의 사고를 촉진할 수 있다. 이를 위한 학습의 절차는 다음과 같다. ㉠ 글쓴이의 관점과 해결 방안 비판하기 ㉡ 글쓴이의 생각에 대한 대안 찾기 ㉢ 새로운 문제를 찾고 해결 방안 탐색하기	
전개 (35분)	읽은 후에 활동	활동 ❶ 이 글에서 다룬 로봇 시대의 사회적 문제와 이 문제와 관련하여 글쓴이가 어떤 해결 방안을 제시하였는지	

		알아보기	·수업 PPT
		(1) 글쓴이는 로봇 시대에 대한 두 가지 전망을 제시하고 있다. 이를 정리해보고, 글쓴이는 위의 두 전망 가운데 어느 쪽을 더 부각하고 있는지 관점을 파악해보자. (2) 글쓴이는 일자리 감소 문제와 관련하여 어떤 해결 방안을 제시하고 있는지 정리해보자. 활동 ❷ (　　　　　　　　　) [A] [지도의 중점] 글쓴이의 관점을 파악하고 이를 자신의 관점에서 평가해 보는 활동이다. 또한 글쓴이가 제시한 일자리 감소 문제의 해결 방안을 평가해 보는 활동으로, 이 활동들은 '비판적 읽기(사고)' 능력이 필요하다. (1) 〔　　　　　　　　　　　　　　〕 (2) 〔　　　　　　　　　　　　　　〕 활동 ❸ (　　　　　　　　　) [B] [지도의 중점] 이 활동은 독자 자신의 생각을 중심으로 창의적인 문제 해결 방안을 제안해 보는 활동이다. '비판적 사고' 수준을 넘어서서 '창의적 사고'를 해 보도록 지도한다. 활동 ❹ 일자리 감소 외에 로봇 시대에 발생할 수 있는 문제점을 더 찾아보고, 그 문제를 어떻게 해결하면 좋을지 모둠원들과 이야기해보는 활동을 제시한다. [지도의 중점] 로봇 시대로 접어들면서 4차 산업 혁명이 시작되고 있다고 한다. 산업계나 노동계에 지금과 다른 많은 변화가 일어날 수 있다. 이런 사회에서는 어떤 문제가 생길 것인지를 동료들과 상상해 보도록 유도한다.	
수업 내용 정리 (5분)	학습 정리	■ 본시 학습 정리하기 • 앞에서 '창의적 읽기' 활동을 통해 여러 가지 열린 반응을 많이 유도하였다. 정리에서는 점검표에 간단하게 반응해 보게 하면서 학습 부담을 줄여 주고, 학습 목표	·참고 자료 (hwp)-❸ 추가 읽기 자료

		와 그에 대한 도달 여부를 점검할 수 있도록 한다. • 독서로써 삶의 문제를 해결하는 방안을 찾을 수 있음을 깨달았는지 확인해 보도록 한다.	
	차시 예고	■ 다음 차시 예고 및 과제 제시	

작성방법

- 활동 ❶의 모범답안으로 제재 글의 ②문단에서 글쓴이가 지지하는 관점을 찾아 서술하고, ④문단에서 해결 방안 3가지를 찾아 서술할 것.
- 활동 ❷의 (1)과 (2)에서 제시할 수 있는 활동 과제를 ㉠과 [A]를 고려하여 각각 제시하고, 활동 ❸에서 제시할 수 있는 활동 과제를 ㉡과 [B]를 고려하여 제시할 것.

전공국어 / 국어교육론 실전 문제집

테마 8 : 상호텍스트성·주제 통합적 독서

관련 기출

2014 A형 기입형

※ 다음 자료는 성취 기준 '글의 특성을 고려하여 효과적으로 읽을 수 있다'를 구현한 단원의 교수·학습을 안내하는 교사용 지도서의 일부이다. 자료를 보고 2번 3번의 두 물음에 답하시오.

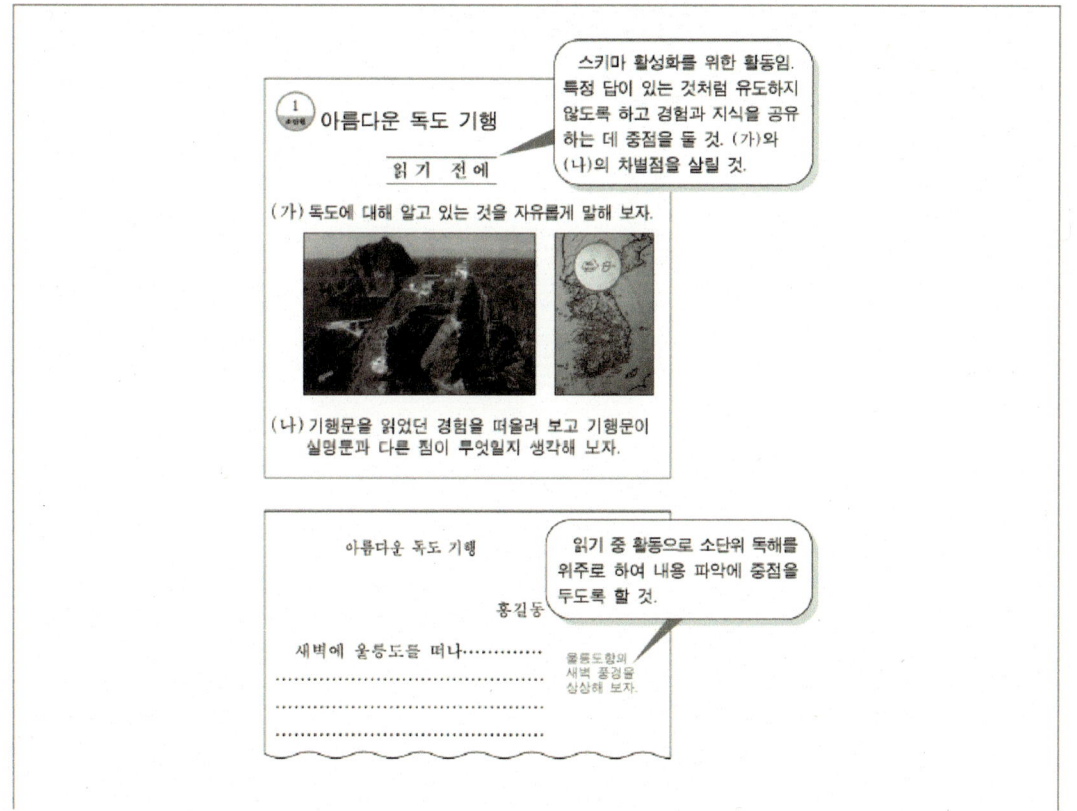

1장 교과내용 **299**

학 습 활 동

> 글을 다 읽은 상황이므로 대단위 독해를 위주로 하여 접근할 것. 기행문임을 염두에 두고 이 점을 의미 구성에 반영할 수 있도록 지도할 것.

1. 이 글의 주제를 말해 보자.
2. 이 글의 내용을 바탕으로 하여 다음 표를 완성해 보자.

여정	
견문	
감상	

나 아 가 기

다음 자료들을 읽고 독도가 우리에게 어떤 의미이고 독도의 활용 방안은 무엇일지 생각해 보자.

1 다음 '나아가기' 학습과 관련해서 텍스트성 원리와 독서 방법을 설명하고자 한다. <보기>의 ㉠과 ㉡에 들어갈 말을 각각 쓰시오. [2점]

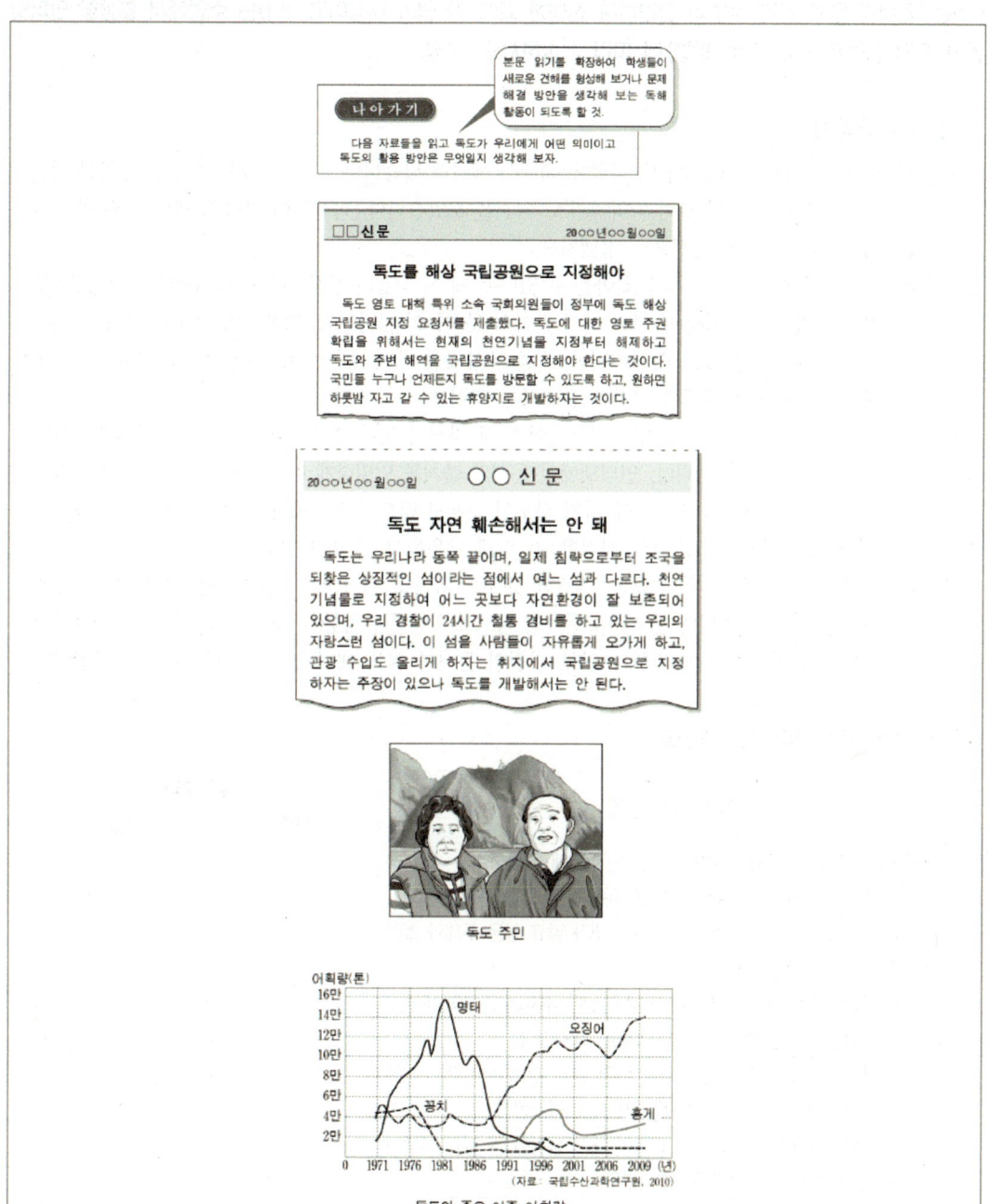

보기

- 하나의 대상에 대해 내용과 형식면에서 비슷하거나 혹은 다르게 쓰인 두 개 이상의 글이 서로에 대해 가지는 관련성을 (㉠)(이)라고 한다.
- 다양한 관점의 자료들을 비교·대조하여 읽고 자신의 관점을 정리하는 독서 방법을 (㉡) 읽기라고 한다.

2023 B형 서술형

(가)는 '인터넷 문서 읽기' 수업과 관련하여 진행한 교사 간 협의 내용이고, (나)는 수업에서 활용할 인터넷 문서 읽기 자기 점검표이다. 〈작성 방법〉에 따라 서술하시오. [4점]

(가) 교사 협의 내용

교사 A : 어제 회의에서 우리 수업의 방향에 대해서 생각해 봤습니다. 수업 목표는 '동일한 주제를 다룬 여러 인터넷 문서의 관점 파악하기'로 의견을 모았습니다. 학생들이 다룰 주제도 기후 위기 대응에 관한 최근의 논쟁으로 정했지요.

교사 B : 학생들이 읽을 것들을 직접 찾아볼 수 있다는 게 이 수업의 장점입니다. 인터넷엔 일상생활뿐만 아니라 기후 위기 대응에 관한 여러 분야의 문서들이 많잖아요. 학생들이 누군가 골라 준 글을 읽는 것에 익숙한 것은 사실이지만, 요즘 세상에선 직접 글을 찾아 읽는 능력도 중요하거든요. 문서를 탐색하는 일에서 읽기가 출발하는 것이죠.

교사 C : 인터넷에 읽을거리가 많지만 학생들이 막상 자신이 찾아 읽은 문서의 가치를 평가하는 일이 결코 만만치 않을 겁니다. 인터넷에선 문서의 출처를 면밀하게 따져 봐야 해요. 상업적 의도를 그럴 듯하게 포장하거나 아예 허위 정보인 문서도 많으니 조심해야 하고요. 이런 읽기 전략을 강조하고, 학생들이 스스로 점검할 수 있게 도움을 주면 좋겠습니다.

교사 D : 인터넷 문서를 읽을 때 학생들이 점검할 것이 또 있어요. 관련 연구를 보니, 많은 인터넷 독자들이 ㉠ <u>자기가 읽은 인터넷 문서들을 별개의 정보로 처리하는</u> 경향이 있다고 합니다. 학생들이 우리 수업에서 기후 위기에 관한 다양한 관점의 문서를 읽을 때 특별히 유념해야 할 부분입니다.

(나) 인터넷 문서 읽기 자기 점검표

자기 점검 항목	점검 결과	
	만족	미흡
① 내가 읽을 인터넷 문서를 검색하기 전에 주제에 관하여 나는 무엇을 알고 있고 무엇을 알고 싶은지, 어떤 문서가 필요할지 질문한다.		
② 내가 지금 검색해서 찾은 인터넷 문서가 내가 알고 싶은 주제와 얼마나 부합하는지 확인한다.		
③ 내가 지금 읽은 인터넷 문서가 내가 알고 싶은 주제에 관하여 무엇을 말하고 있는지 중심 내용과 세부 내용을 파악한다.		
④ 내가 지금 찾아 읽은 인터넷 문서가 누가 만든 것이고 어디에서 온 것인지, 그래서 얼마나 믿을 만한 것인지를 평가한다.		
⑤ 내가 수행한 인터넷 문서의 탐색 과정이 내가 설정한 글 읽기 목적에 비추어 효율적이고 충분했는지 돌아본다.		
⑥ 내가 수행한 인터넷 문서 읽기로 내가 알고 있던것이 어떻게 변화했는지(또는 그대로인지), 더 알고 싶은 것은 무엇인지 질문한다.		

작성방법

- 밑줄 친 ㉠이 문제가 되는 이유를 설명하고, 이 문제를 해결할 수 있는 읽기 전략을 반영하여 (나)에 추가할 새로운 점검 항목을 1가지 제시할 것.

심화 예제

2 (가)는 '주제 통합적 독서' 수업 계획안이고, (나)는 '주제 통합적 독서' 관련 안내 자료이다. (나)를 참고하여 (가)의 개선 방안을 〈작성 방법〉에 따라 서술하시오. [4점]

(가) '주제 통합적 독서' 수업 계획안

차시	단계	교수·학습 내용
1	수업 안내	• 수업의 전체 진행 과정 소개 • 학생들의 역할 및 수행 과제 안내
2	도서 선정	• 필자가 글을 쓴 목적, 분야, 자료의 유형, 글의 갈래 등에 따라 다양한 관점과 형태의 글을 선정하기
3	읽기 활동	• 각 글에서 주제와 관련된 부분을 찾고, 필자들이 사용한 핵심 용어를 이해하기 • 글에 나타난 필자들의 입장을 정리하고, 관점 비교하기
4	정리 하기	• 하나의 화제에 대해 서로 다른 관점의 글을 읽음으로써 주제 통합적 독서를 경험했음을 상기 • 학습 활동을 통해 나양한 관점의 글을 읽고 비판적으로 재구성한 내용을 돌아보고, 주제 통합적 읽기의 의의와 유의점에 대해 배웠음을 정리하기 • 자신의 '주제 통합적 독서' 과정 점검하기

(나) '주제 통합적 독서' 관련 안내 자료

'주제 통합적 독서'란 하나의 화제나 주제, 쟁점에 대해 다양한 관점과 형식으로 쓰인 글들을 비판적·통합적으로 읽으며, 새로운 주제를 도출하거나 의미를 재구성해 나가는 읽기를 말한다. 많은 연구자들은 이에 대한 지도로 '종합적 독서'와 '교류적 독서'를 권유하고 있다.

[A] '종합적 독서'는 동일한 화제에 대해 서로 다른 관점을 지닌 글을 대조하면서 읽거나 비슷한 주제를 담고 있는 다양한 형식의 글을 비교하면서 읽는 방법이다. 이때 단순히 여러 글을 비교·대조하는 수준에 머물지 않고 서로 다른 관점과 형식의 글을 비판적으로 종합하여 자신만의 주제로 재구성하는 능력을 기르도록 지도한다.

[B] 또한 자신만의 독서 경험에서 벗어나 다른 사람과 함께 책을 읽고 책에 관한 생각을 공유하는 교류적 독서를 실천함으로써 책 속에 담긴 다양한 삶의 방식과 세계관을 이해할 수 있도록 지도한다.

작성방법

- [A]에 근거하여 3차시 수업의 교수·학습 내용에서 보완점을 서술할 것.
- [B]에 근거하여 3~4차시 수업 진행 과정의 문제점을 서술할 것.

3~4 '다양한 주제의 글을 통합적으로 읽고 학습의 목적과 교과의 특성을 고려하여 학습을 위한 글을 쓴다.'을 학습 목표로 송 교사는 다음과 같이 독서와 작문 통합 수업을 계획하였다. 자료를 읽고 물음에 답하시오.

(가)

한국, 중국 등 동아시아 사회에서 오랫동안 유지되었던 과거제는 세습적 권리와 무관하게 능력주의인 시험을 통해 관료를 선발 하는 제도라는 점에서 합리성을 갖추고 있었다. 정부의 관직을 두고 정기적으로 시행되는 공개 시험인 과거제가 도입되어, 높은 지위를 얻기 해서는 신분이나 추천보다 시험 성적이 더욱 중요해졌다.

명확하고 합리인 기준에 따른 관료 선발 제도라는 공정성을 바탕으로 과거제는 보다 많은 사람들에게 사회 지위 획득의 기회를 줌으로써 개방성을 제고하여 사회적 유동성 역시 증 대시켰다. 응시 자격에 일부 제한이 있었다 하더라도, 비교적 공정한 제도였음은 부정하기 어렵다. 시험 과정에서 익명성의 확보를 위한 여러 가지 장치를 도입한 것도 공정성 강화를 한 노력을 보여 준다.

과거제는 여러 가지 사회적 효과를 가져왔는데, 특히 학습에 강력한 동기를 제공함으로써 교육의 확대와 지식의 보급에 크게 기여했다. 그 결과 통치에 참여할 능력을 갖춘 지식인 집단이 폭넓게 형성되었다. 시험에 필요한 고전과 유교 경전이 주가 되는 학습의 내용은 도덕적인 가치 기준에 대한 광범한 공유를 이끌어 냈다. 또한 최종 단계까지 통과하지 못한 사람들에게도 국가가 여러 특권을 부여하고 그들이 지방 사회에 기여하도록 하여 경쟁 선발 제도가 가져올 수 있는 부작용을 완화하고자 노력했다.

동아시아에서 과거제가 천 년이 넘게 시행된 것은 과거제의 합리성이 사회의 안정에 기여했음을 보여 준다. 과거제는 왕조의 교체와 같은 변화에도 불구하고 동질인 엘리트층의 연속성을 가져왔다. 그리고 이러한 연속성은 관료 선발 과정뿐 아니라 관료제에 기초한 통치의 안정성에도 기여했다.

과거제를 장기간 유지한 것은 세계적으로 드문 현상이었다. 과거제에 대한 정보는 선교사들을 통해 유럽에 전해져 많은 관심을 불러일으켰다. 일군의 유럽 계몽사상가들은 학자의 지식이 귀족의 세습 지위보다 우위에 있는 체제를 정치적인 합리성을 갖춘 것으로 보았다. 이러한 관심은 사상 동향뿐 아니라 실질적인 사회 제도에까지 영향을 미쳐서, 관료 선발에 시험을 통한 경쟁이 도입되기도 했다.

(나)

조선 후기의 대표적인 관료 선발 제도 개혁론인 유형원의 공거제 구상은 능력주의, 결과주의 인재 선발의 약점을 극복하려는 의도와 함께 신분 세습의 문제도 의식한 것이었다. 중국에서는 17세기 무렵 관료 선발에서 세습과 같은 봉건적인 요소를 부분적으로 재도입하려는 개론이 등장했다. 고염무는 관료제의 상층에는 능력주의 제도를 유지하되, 지방관인 지현들은 어느 정도의 검증 기간을 거친 이후 그 지위를 평생 유지시켜 주고 세습의 길까지 열어 놓는 방안을 제안했다. 황종희는 지방의 관료가 자체적으로 관리를 초빙해서 시험한 후에 추천하는 '벽소'와 같은 옛 제도를 되살리는 방법으로 과거제를 보완하자고 주장했다.

이러한 개혁론은 갑작스럽게 등장한 것이 아니었다. 과거제를 시행했던 국가들에서는 수백 년에 걸쳐 과거제를 개선하라는 압력이 있었다. 시험 방식이 가져오는 부작용들은 과거제의 중요한 문제다. 치열한 경쟁은 학문에 대한 깊이 있는 학습이 아니라 합격만을 목적으로 하는 형식 학습을 하게 만들었고, 많은 인재들이 수험 생활에 장기간 매달리면서 재능을 낭비하는 현상도 낳았다. 또한 학습 능력 이외의 인성이나 실무 능력을 평가할 수 없다는 이유로 시험의 익명성에 대한 회의도 있었다.

과거제의 부작용에 대한 인식은 과거제를 통해 임용된 관리들의 활동에 대한 비판적 시각으로 연결되었다. 능력주의 태도는 시험뿐 아니라 관리의 업무에 대한 평가에도 통용되었다. 세습적이지 않으면서 몇 년의 임기마다 다른 지역으로 이동하는 관리들은 승진을 해서 빨리 성과를 낼 필요가 있었기에, 지역 사회를 위해 장기인 전망을 가지고 정책을 추진하기보다 가시적이고 단기적인 결과만을 중시하는 부작용을 가져왔다. 개인적 동기가 공공성과 상충되는 현상이 나타났던 것이다. 공동체 의식의 약화 역시 과거제의 부정적 결과로 인식되었다. 과거제 출신의 관리들이 공동체에 대한 소속감이 낮고 출세 지향적이기 때문에 세습 엘리트나 지역에서 천거된 관리에 비해 공동체에 대한 충성심이 약했던 것이다.

과거제가 지속되는 시기 내내 과거제 이전에 대한 향수가 존재 했던 것은 그 외의 정치 체제를 상상하기 어려웠던 상황에서, 사적이고 정서적인 관계에서 볼 수 있는 소속감과 충성심을 과거제로 확보하기 어렵다는 단점 때문이었다. 봉건적 요소를 도입하여 과거제를 보완하자는 주장은 단순히 복고적인 것이 아니었다. 합리적인 제도가 가져온 역설적 상황을 역사적 경험과 주어진 사상적 자원을 활용하여 보완하고자 하는 시도다.

학습 목표		■ 다양한 주제의 글을 통합적으로 읽고 학습의 목적과 교과의 특성을 고려하여 학습을 위한 글을 쓴다.	
학습 단계	학습 내용	교수·학습 활동	학습 자료
도입 (10분)	전시 학습 확인	■ 전시 학습 확인	
	학습 내용 제시	〈■ 차시 학습 내용 안내〉 ❶ 주제 통합적 읽기 방법을 안내한다. • 동일한 화제에 대해 서로 다른 관점을 지닌 글을 대조하면서 읽거나 비슷한 주제를 담고 있는 다양한 형식의 글을 비교하면서 읽는다. [A] • 여러 가지 관점이나 형식의 글은 주제에 대한 독자의 판단 근거이자 자료가 된다. 이때 편견이나 선입견을 배제하고 객관적이고 합리적으로 판단하되, 단순히 여러 글을 비교·대조하는 수준에 머물지 않고 서로 다른 관점과 형식의 글을 비판적으로 종합하여 <u>자신만의 주제로 재구성하는</u> 능력을 기를 수 있도록 한다. ❷ <u>학습의 목적과 교과의 특성을 고려하여 학습을 위한 글 쓰기</u>를 안내한다.	PPT
전개 (35분)	읽은 후에 활동	활동 ① 주제 통합적 읽기 1. 두 글에 나타난 필자의 입장을 정리해 보는 활동 [지도의 중점] 두 글의 주장을 각각 자신의 말로 정리해 봄으로써, 쟁점을 분명하게 드러낼 수 있도록 이끌어 준다. (1) (가)에서 주제를 다음과 같이 정리할 때, 빈칸에 알맞은 말을 써넣어 보자.	• 수업 PPT

		과거제는 (㉠)을 바탕으로 사회에 여러 가지 긍정적 효과를 지닌 제도이다.	
		(2) (나)에서 제시된, 과거제에 대한 내용을 다음과 같이 정리할 때 빈 칸에 적절한 말을 써넣어 보자.	
		(㉡) 요소를 접목하여 과거제를 보완하려는 개혁론의 등장과 그 배경	
		2. 두 글의 관점 비교하기 (가)와 (나)의 주장이 서로 다른 이유를, 과거제도를 바라보는 관점을 중심으로 비교하여 정리해 보자.	
			(가)	(나)
		과거제도를 바라보는 관점	• 과거제는 (㉢)제도이다. • 과거제는 교육의 확대와 지식의 보급에 기여하여 지식인 집단을 폭넓게 형성하고 도덕적인 가치 기준에 대한 광범위한 공유를 이끌어 냈을 뿐만 아니라 관료제에 기초한 통치의 안정성에도 기여했다. • 선교사에 의해 유럽에까지 전해진 과거제는 세습적 지위 보다 학자의 지식이 우위에 있다는 점에서 정치적인 합리성을 갖춘 것으로 인정되어 서구의 사회 제도에까지 영향을 미쳤다.	• 과거제는 (㉣)문제가 있었다. • 이러한 문제를 극복하기 위해 과거제를 보완하자는 주장이 대두되었다.
		3. (　　　　　　　　) [B] [지도의 중점] 　　주제에 관한 자신의 의견을 확정하고, 읽은 글의 내용을 근거 자료로 활용하여 자기 주장을 펼칠 수 있도록 이끌어 준다. 활동 ② 학습을 위한 글 쓰기	
수업 내용 정리 (5분)	학습 정리	■ 본시 학습 정리하기	• 참고 자료
	차시 예고	■ 다음 차시 예고 및 과제 제시	

3 주제 통합적 독서 활동에 대하여 〈작성 방법〉에 따라 서술하시오.

> **작성방법**
> • 1~2번 활동의 ㉠~㉣에 모범인 답을 (가)와 (나)에서 찾아 쓸 것.
> • 3번 활동에서 제시할 수 있는 활동 과제 1가지를 '차시 학습 안내'의 [A]와 '지도의 중점' [B]를 고려하여 제시할 것.

4 〈보기〉는 송 교사의 학습 활동 계획에 대한 평가의 일부이다. 〈작성 방법〉에 따라 보완 내용을 서술하시오.
[4점]

보기

송 교사의 학습 활동 계획은 활동 ①에서 '동일한 주제나 화제에 대해 유사하거나 서로 다른 관점의 글을 비교·대조하면서 분석하기'를 학습 내용으로 하는 활동 이후 활동 ②에서 '학습을 위한 글 쓰기' 활동을 통합하고자 했다고 본다. 그러나 해당 성취기준 혹은 학습 목표는 하나의 주제나 화제에 대해 다양한 관점과 형식을 보이는 글을 읽고, 글에 드러난 정보를 분석·비판적으로 수용하며 이들 정보를 효과적으로 학습하기 위한 글을 쓰는 능력을 기르기 위해 설정하였다는 점에서 학습을 위한 글 쓰기 활동을 안내하고 이를 작문 학습 내용으로 구체화하지 못해 아쉽다. 이를 보완한다면 다음과 같은 작문 학습 내용이 필요하겠다.

작문 학습 내용	활동의 중점 및 유의사항
주제를 기존의 지식 및 경험과 관련지어 구체적으로 정교화한다.	학습을 위한 글을 쓸 때에는 독서나 학습 등을 통해 필자가 이미 알고 있는 지식과 경험을 바탕으로 하여 글의 주제를 구체화 하는 것이 중요하다.
⇩	
주제와 관련한 글을 찾아 읽고 자신의 관점을 정리한다.	학습을 목적으로 하는 글을 쓸 때에는 필자 자신의 관점을 정리하고 이에 따라 주제와 관련된 글을 읽으면서 지식이나 정보를 선별하는 것이 중요하다.
⇩	
주제에 대한 자신의 지식과 관점이 명료하게 드러나도록 글을 쓴다.	㉠

작성방법

- 학습 목표와 〈보기〉를 참조하여 〈차시 학습 내용 안내〉의 ❷번 항목에서 안내할 학습을 위한 글유형 3가지를 제시할 것.
- 〈보기〉의 작문 학습 내용의 ㉠에 학습자의 지식과 관점이 명료하게 드러나도록 글을 써야 하는 이유를 서술할 것.

테마 9 : 읽기 과정의 점검과 조정

관련 기출

2016 A형 11번 서술형

1 다음에서 김 교사는 글을 읽을 때 일어나는 사고 과정을 학생들에게 시범 보이고 있다. 김 교사가 ㉠~㉢을 통해 지도하고자 하는 내용을 〈작성 방법〉에 따라 서술하시오. [4점]

> 김 교사 : 여러분, 지난 시간에 읽기란 글과 독자의 만남이라고 배웠어요. 그리고 능숙하게 읽기 위해서는 읽기 전략을 활용하고 자신의 읽기 과정도 살필 필요가 있다는 것을 알게 되었어요. 이제 선생님이 글을 읽으면서, 밑줄 그은 부분을 어떻게 읽고 있는지 시범 보일 테니 여러분도 함께 생각해 보세요.
>
> 20세기 중반 이후 인류는 우주 개발이라는 역사상 가장 큰 개발을 진행하고 있다. 이에는 막대한 예산이 필요하다. 그런데 지금 지구는 가난과 질병, 전쟁과 환경 피괴에 시달리고 있다. 인류가 매년 수백 억 달러의 비용을 우주에 쏟아 부을 가치가 있는지 논란이 된다. <u>이에 비해 우주 개발의 정당성을 외치는 몇 가지 주장들이 있다.</u> (㉠ '이에 대해', '몇 가지'가 있다고 하니 이제부터 그런 주장이 하나씩 차례 차례 나오겠구나. 이런 말을 하면 보통 그렇게 나오던걸.)
> 첫째, '우리의 관심을 지구에 한정한다는 것은 인류의 숭고한 정신을 가두는 것'이라는 <u>호킹의 주장이다.</u> (㉡ 아, 그 유명한 천체물리학자! 요즘 이 사람 영화가 나왔다던데 보러 갈까? 시험도 끝났는데…. 아, 그런데 내가 지금 무슨 생각 하는 거야. 글 읽다 말고. 다시 읽자. 음….) 지동설, 진화론, 상성 이론, 양자 역학 같은 과학 성과들은 인류의 문명 뿐만 아니라 정신 패러다임의 변화에 지대한 영향을 끼쳤다. 우주는 어떻게 탄생하고 어떻게 변하고 있는가? 생명은 어떻게 시작되었는가? 지구 밖에도 생명체는 있는가? 이러한 의문에 대한 답을 구하기 위해 우리는 우주로 나아가야 한다.
> 둘째, 우주 개발의 노력에 따르는 부수적인 기술 파급 효과를 고려해야 한다는 것이다. 실제로 우주 왕복선 프로 그램을 통해 산업계에 이전된 새로운 기술이 100여 가지나 된다고 한다. 예를 들어, 인공 심장, 바이오 리액터, 신분 확인 시스템, 비행 추 적 시스템 등이 대표적이다.
> <u>지금까지 두 가지 대표적인 주장들을 살펴봤다.</u> (㉢ '지금 까지'라고 하니 이제 슬슬 끝날 모양이야. 이러면 보통 요약 같은 게 오던데.) 이 주장들을 종합해 보면 우주 개발은 인류에게 정신적·물질적 차원에서 많은 가치를 제공하고 있다고 할 수 있다. 근래 인류는 우주의 시대를 밝히게 되었고, 우주의 끄트머리를 바라볼 수 있게 되었으며, 우주 공간에 인류의 거주지를 만들 수 있게 되었다. 우주 개발을 '해야 할 것이냐, 말아야 할 것이냐'는 이제 더 이상 문제가 아닐지 모른다. <u>우리가 다루어야 할 문제는 우주 개발을 '어떻게 해야 할 것이냐'일 것이다.</u> (㉣ 그래, 이게 현명한 거 같아. 다시 한 번 읽으면서 놓친 내용은 없는지 살펴봐야겠어.)

작성방법

• ㉡, ㉣에서 공통으로 나타나는 읽기 전략이 무엇인지 쓰고, 이 전략의 읽기 교육 의의를 서술할 것.

기본 예제

2 다음 〈자료〉는 한 학생의 독서 과정을 정리한 프로토콜 자료의 일부이다. 〈보기〉의 예 를 참조하여 ㉠~㉢에 제재 글을 읽을 때 수행한 학생의 독서 활동 혹은 학생이 활용한 읽기 전략(방법)을 3가지 쓰시오. [2점]

> 방학 숙제로 선생님께서 소개해 주신 책 중에서 하나를 골라 독후감을 써야 하는데 어떤 책을 읽을까? 나는 역사를 좋아하니까 "역사란 무엇인가?"라는 책을 읽어야겠어. 우선 목차를 읽어 봐야겠어.
> (목차를 읽는다.) 이 책은 '역사가와 그의 사실'이라는 장으로 시작되네. 아마 역사가가 사실을 어떻게 다루는가에 대해 썼을 것 같아. 조금 어렵겠지만 재미도 있겠는데? 그러면 이제부터 본격적으로 읽어봐야지. (책을 읽다가 멈춘다.) '역사적 사실'. (밑줄을 긋는다.) '역사적 사실'이란 역사가의 해석에 따라 정해지는 것이구나. 그래, 이건 중요한 내용이야. 중요한 내용은 적으면서 읽어야겠어. 그러면 나중에 메모를 보고 중심내용을 잘 파악할 수 있겠지? (메모하면서 책을 계속 읽는다.)
> (읽기를 잠시 멈추고 메모한 내용을 훑어본다.) 음, 지금까지 읽은 부분을 간략히 하면, 역사책을 읽을 때는 일어났던 일보다 그 일을 기록한 역사가가 누구인가에 관심을 두라는 것이로군. 이게 글쓴이의 주장이네. 그렇게 생각할 수도 있겠군. 하지만 반드시 그런걸까? 중요한 사건은 어느 역사가라도 중요하다고 판단하지 않을까?

〈보기〉

예 중요한 곳에 밑줄을 긋거나 메모하면서 읽기
㉠
㉡
㉢

3 (가)는 읽기 과제를 수행하는 학생의 사고 과정을 보여주는 자료이고 (나)는 이를 분석한 글이다. 괄호 안의 ㉠~㉣에 들어갈 말을 쓰시오. [2점]

(가)

예지: 『신비한 뇌』, 『화학의 힘』, 『떠나자, 여행』. 이 중 한권을 후배들에게 소개하는 과제인데, 어떻게 할까? 처음 접하는 책들이니까 일단 훑어보자. (세 권의 목차와 내용을 살펴본 후) 뇌나 화학에 대한 책은 후배들이 읽기 힘든 수준이니, 여행에 대한 책으로 해야겠다.
그럼 어떻게 읽을까? 이 책은 정보를 전달하고 있으므로 다루고 있는 여행지와 제공하는 정보에 주목해야겠고, 책을 소개하는 이유도 메모하면서 읽어야겠다.
(잠시 책을 읽은 후) 모든 여행지가 같은 양식으로 소개되고 있네. 여행지가 100곳인데 정보량도 많아. 시간 문제나 과제의 성격을 생각해도 이 책을 다 읽을 필요는 없겠다. 지금부터는 후배들이 관심을 가질 여행지를 선별해서 읽어야겠다. (한동안 책을 읽은 후) 이제 잘 진행되니, 책 소개 방법을 고민해봐야겠다.

(나)

　학생은 읽기 전 "책 한권을 후배들에게 소개하는 과제"에 주목하여 처음 접하는 책들에 대하여 (㉠) 전략을 수행한 후 독자의 수준을 고려하여 책을 선택하고 있다. 이후 "어떻게 읽을까?"라고 고민하면서 "정보를 전달하고 있으므로 다루고 있는 여행지와 제공하는 정보에 주목"하며 글을 읽고자 한다. 이는 예지가 (㉡)에 따라 적절한 독서 방법을 선택하며 글을 읽고자 한다는 점을 알 수 있다. 뿐만 아니라 "시간 문제나 과제의 성격"을 고려하여 목적에 맞게 독서 행동(방법)을 (㉢)하고 있다. 이처럼 능동적 독서란 글을 읽기 전에 독서 목적을 떠올려 보고, (㉡)과 독서의 전·중·후 과정에 따라 다양한 독서 방법을 적용하는 것이다. 따라서 능동적 읽기를 위하여 교사는 학생들이 글을 읽을 때 "읽기 목적과 읽기 수준에 적합한 방법으로 읽고 있는가?", "읽기 전·중·후의 과정에 알맞은 읽기 방법을 활용하며 읽고 있는가?"를 스스로 질문하면서 점검하고 이에 적절하게 (㉢)할 수 있는 (㉣) 능력을 갖추도록 하는 것이 중요하다.

심화 예제

4 다음은 한 학생의 독서 수행 활동에서 사고의 과정을 정리한 것이다. 학생이 읽기 과정에서 활용한 읽기 방법과 측정 방법을 〈작성 방법〉에 따라 서술하시오. [4점]

시각 상과 촉각 상

—보이는 것을 그릴 것이냐, 아는 것을 그릴 것이냐

이주헌

[읽기 전]
① 이 글을 읽는 목적은 '동양과 서양의 초상화 표현 기법에 대한 자료를 조사하기 위한 거야.
② 제목을 보니 이 글은 그림을 그리는 두 가지 방식에 대해 설명한 것 같아.

　대상의 측면 이미지를 표현한 것을 프로필이라고 부른다. 한 사람의 성품이나 약력에 대한 단평을 프로필이라고 부르는 데에서 알 수 있듯 미술에서 프로필은 사람의 정면이 아니라 측면을 묘사함으로써 인물의 핵심적인 특징을 뽑아낸 그림을 가리킨다.
　<u>서양에서는 중세 말에서 르네상스 무렵 이런 프로필 초상화가 많이 그려졌다. 재미있는 사실은 우리나라를 비롯한 동양에서는 프로필 초상화가 거의 발달하지 않았다는 것이다. 왜 이런 차이가 발생한 것일까?</u>
　대영 박물관이 소장한 <u>「늪지로 사냥을 나간 네바문」</u>은 얼굴과 다리는 측면에서 본 모습을, 가슴과 눈은 정면에서 본 모습을 그린 것이다. 이 그림뿐 아니라 고대 이집트 벽화 대부분이 이런 식으로 그려졌다. 이 혼합 형식으로부터 우리는 인간이 부위에 따라 앞면이 먼저 떠오르기도 하고, 옆면이 먼저 떠오르기도 하는 존재라는 사실을 확인할 수 있다.
　고대 이집트 벽화의 경우 정면과 측면을 신체 부위에 따라 편의적으로 봉합하는 방식으로 인간의 두 이미지 면을 동시에 나타냈다는 점이다.
　그 이유는 무엇일까?
　고대 이집트인들의 그림은 기본적으로 시각 상이 아니라 촉각 상에 토대를 둔 것이었기 때문이다.
　촉각 상이란 촉각적 경험이 가져다주는 이미지이다. 이를테면 동일한 종류의 사물이 앞뒤로 떨어져 있어서 한 지점에서 볼 때 크기가 달라 보여도 만져 보면 같듯, 사물의 객관적 형태나 모양에 대한 인식을 상으로 나타낸 것이다. 시각 상이란 시각적 경험이 가져다주는 이미지이다. 같은 사물도 보는 위치에 따라 더 크거나 작아 보이듯, 주체가 본 그대로 상을 나타낸 것이다. 그런 까닭에 시각적으로 어떻게 보이느냐보다 실제 그 형태나 모양이 어떤가에 더 관심 을 둔 <u>이집트 벽화는 시각 상보다 촉각 상을 더 중시한 그림이라고 할 수 있다</u>. 원근법적 표현에 익숙한 오늘의 시각에서 보자면 <u>이처럼 시각 상보다 촉각 상에 더 치중하여 그린 이집트인들의 표현이 어색하게 느껴질 수 있다. 하지만 일반적으로 사람들은 이미지를 표현할 때 촉각 상에 기초한 형태 이해를 강하게 드러낸다</u>. 그러나 고대 그리스와 르네상스 시대의 유럽에서 철저히 시각적 경험에만 의존하여 대상을 묘사하는 특수한 현상이 나타났다. 그리고 이런 시각적 사실성이 서양 미술의 고유한 표현 특성이 되었다. <u>일례로 우리나라 민화의 책거리 그림을 보면</u> 책장이나 탁자의 앞부분과 뒷부분의 길이가 같은 경우가 많다. 건물을 그린 그림도 마찬가지이다. 보이는 대로 그린다면 뒷부분의 길이가 짧게 그려져야 한다. 하지만 그렇게 그리지 않은 경우가 더 많았다. 이런 사례는 사람이 사는 곳이면 어디든 쉽게 볼 수 있는 현상이다. 그러나 고대 그리스와 르네상스 시대의 유럽에서 철저히 시각적 경험에만 의존하여 대상을 묘사하는 특수한 현상이 나타났다. 그리고 이런 시각적 사실성이 서양 미술의 고유한 표현 특성이 되었다.

일례로 우리나라 민화의 책거리 그림을 보면 책장이나 탁자의 앞부분과 뒷부분의 길이가 같은 경우가 많다. 건물을 그린 그림도 마찬가지이다. 보이는 대로 그린다면 뒷부분의 길이가 짧게 그려져야 한다. 하지만 그렇게 그리지 않은 경우가 더 많았다. 이런 사례는 사람이 사는 곳이면 어디든 쉽게 볼 수 있는 현상이다. 그러나 고대 그리스와 르네상스 시대의 유럽에서 철저히 시각적 경험에만 의존하여 대상을 묘사하는 특수한 현상이 나타났다. 그리고 이런 시각적 사실성이 서양 미술의 고유한 표현 특성이 되었다.

<u>이로부터 우리는 보이는 것을 재현하는 것 이전에 아는 것을 전달하는 데에 미술의 일차적인 기능이 있음을 알 수 있다. 말이나 글처럼 말이다</u>. 이는 왜 완벽한 시각적 사실성을 표현하는 것이 오직 유럽에서, 그것도 특정한 시기에만 발달했으며, 나아가 현대에 들어서는 추상화 등이 나타나 그 전통마저 무너져 내렸는가에 대한 답이 된다.

미술의 보다 보편적인 기능은 시각적 사실의 재현이 아니라 세계에 대한 앎과 이해, 느낌을 전달하는 데 있다. 이를 시각적 사실성에 의지해 표현하는 것은 그 전달을 위한 수많은 방법 중 하나에 불과한 것이다.

[읽는 중]
③ 서양에서는 측면 상을, 동양에서는 정면 상을 주로 그렸구나. 이 부분은 중요하니까 꼼꼼하게 읽고 메모해야지.
④ 「늪지로 사냥을 나간 네바문」에서 얼굴과 다리는 측면 상으로, 가슴과 눈은 정면 상으로 형식을 혼합하여 그린 이유는 무엇일까?
⑤ 아하, 「늪지로 사냥을 나간 네바문」에 나타난 혼합 형식은 부위에 따라 먼저 떠오르는 대표적인 이미지 면을 그리다 보니 그렇게 된 것이구나.

[읽는 중]
⑥ 고대 이집트인들은 영혼 불멸 사상을 가지고 있었다고 하던데, 이집트 벽화가 그것과 관련이 있나 보구나.

[읽는 중]
⑦ 내가 글을 읽기 전에 그림을 그리는 두 가지 방식에 대한 설명이 있을 거라고 했는데, 그 내용이 여기에 나오는구나.

[읽는 중]
⑧ 우리나라의 민화를 인터넷에서 좀 더 찾아보고 서양화와 다른 점을 정리해야겠어.

[읽는 중]
⑨ 제목에서 '보이는 것을 그릴 것이냐, 아는 것을 그릴 것이냐?'라고 묻고 있는데, 이 문제는 세계에 대한 인식과 관련이 있는 것이구나.

[읽는 중]
⑩ 미술을 단순히 시각적 감각으로 파악한 대상을 표현하는 예술이라 생각했는데, 이 글을 읽고 나니 미술이 공간과 세계에 대한 총체적인 이해를 바탕으로 우리의 인식과 사유를 표현하는 예술임을 깨달았어.

1장 교과내용

> **보기**
>
> 자신의 읽기 과정이 적절한지를 점검하는 것을 초인지 전략이라고 한다. 글 내용을 이해하는 것이 '인지'라면, 그러한 인지를 상위에서 조정하고 통제하는 또 다른 인지를 '상위 인지'라고 하는데, 점검 및 조정하기는 상위인지 전략이다. 자신의 읽기 과정을 점검하고 조정할 때는 보통 읽기 목적에 맞게 읽고 있는지, 읽기의 맥락에 맞게 이해하고 있는지 등을 기준으로 하여 자신의 읽기 과정을 점검한다. 학생들은 글을 원활하게 읽어 나가는 데 자기 점검 능력을 필요로 한다. 그래서 학생들의 자기 점검 능력을 길러 줄 필요가 있다.

> **작성방법**
>
> - ②에서 [읽기 전] 전략, ④~⑤를 통합하여 학생이 활용한 [읽는 중] 전략, ⑦에서 학생이 활용한 [읽는 중]전략을 각각 제시하고, 학생이 읽기 방법을 점검·조정하는 사고 행위가 나타난 부분을 찾아 번호를 2개 제시할 것.
> - 〈보기〉를 고려하여 이러한 사고 행위가 독서 교육에서 갖는 의의를 서술하고, 학생의 초인지적 성찰 능력을 길러주는 활동을 제시하고 특징을 설명할 것.

4절 독서 태도에 대한 이해

테마 1 독서의 정의적 요인

관련 기출

`2024 A형 기입형`

1 다음을 읽고, 괄호 안의 ㉠, ㉡에 들어갈 말을 순서대로 쓰시오. [2점]

> 학생 A는 읽기 성취 수준이 높은데도 읽기 활동 시간에 보상이 주어지지 않으면 책을 열심히 읽지 않는다. 학생 B는 읽기 성취 수준은 보통이지만, 독서를 아주 좋아해서 읽기 활동 시간이 끝날 때, "벌써 시간이 이렇게 됐어요?"라고 물을 정도로 푹 빠져 읽는다. 독서 이론에 따르면, (㉠)은/는 읽기를 이끌어 내고 지속시키는 결정적 요인이다. 학생 A의 (㉠)은/는 긍정적 가치 인식이나 자발적 선택 같은 내재적인 것보다는 상, 벌 같은 외재적인 것에 의해 촉발된다. 한편, 학생 B와 같이 모든 주의를 읽기 행위에 집중하면서 인지적, 정의적으로 텍스트의 내용에 완전히 빠지는 독서 상태를 독서 이론에서는 일반적으로 (㉡)(이)라 한다.

2023 A형 서술형

(가)는 김 교사가 정리한 학생 A의 독자 프로파일이고, (나)는 독서 태도에 관한 교사 연수회의 강연 내용이다. 〈작성 방법〉에 따라 서술하시오. [4점]

(가) 독자 프로파일 : 학생 A(중학교 1학년)

영역	평가 방법	결과 요약
독서 기능	오독 분석	• 중학교 1학년 수준의 글을 적정한 속도로 정확하게 소리 내어 읽음.
	독해 질문	• 글에 드러난 정보를 바탕으로 중심 내용, 주제, 글의 전개 순서 등을 이해함. • 글에 드러나지 않은 정보를 예측하지 못하고, 숨겨진 필자의 의도나 글의 목적, 글에 암시된 주제와 생략된 내용을 이해하지 못함.
독서 태도	수업 관찰	• 교실 전체 수업에서 조용한 편임. • 독서 토의에서 자기가 이해하지 못한 글 내용에 대해서 솔직하게 대화함.
	비형식적 상담	• 독서 모임에서 이해하기 쉬운 글을 읽을 때 적극적으로 참여한다고 함.
	자기평가	• 전반적으로 부정적 태도를 보임. • 특히 책에 30분 이상 집중하거나 적극적으로 책을 찾아 읽은 경험이 거의 없다고 반응함.

(나) 교사 연수회의 강연 내용

읽기 수업 중에 어떤 학생은 자신감이 많이 떨어져 보입니다. 때론 글 읽기를 아예 싫어하는 것 같기도 하고요. 단어와 문장을 못 읽는 것도 아닌데, 왜 이런 일이 생길까요?

모든 아이들이 독서에 성공적인 것은 아닙니다. 성공적 독서를 위해서는 적어도 두 가지 수준의 독해, 즉 사실적 독해와 추론적 독해가 필요합니다. 그런데 독서 수업에서 오가는 질문들은 사실적 독해를 넘어 많은 경우 추론적 독해를 요구합니다. 하지만 추론적 독해가 어려운 학생은 이런 질문에 쉽게 답하지 못하고 자연스레 대화에서 소외될 수 있어요. 문제는 이때 학생 스스로 '나는 글을 못 읽는 사람이구나!'라고 생각하게 된다는 겁니다.

그리고 이런 일이 반복되면 학생의 독서 태도가 부정적으로 형성될 수 있지요. 그러니 수업 시간에 조용한 아이들이 그저 글 읽기에 소극적이거나 부정적이라고 간단하게 볼 일이 아닙니다. 무엇보다 먼저 이런 상황의 원인을 학생의 독해 능력에서 찾아봐야 합니다.

그렇다면 독해가 어려운 학생들은 우리 교실에서 언제나 조용한 독자로 남아 있어야 할까요? 책에 집중하지 못하고, 스스로 책을 찾지 않는 독서 태도는 어떻게 해야 긍정적으로
바뀔 수 있을까요? 여러분도 수업을 하면서 이 점에서 많이 고민하셨을 겁니다.

저는 학생이 어떤 상황에서 적극적 독자의 모습을 보이는지 살펴봅니다. 특히 독서 지도 활동을 계획할 때 어떻게 해야 이러한 긍정적 독자의 모습이 발현될 수 있을지 고려합니다.

예를 들어 독서 모임에서는 혼자 읽을 때보다 적은 부담으로 글에 집중할 수 있습니다. 또한 아무리 좋은 독서 지도 활동이라도 글이 어려우면 여전히 학생에게 어려움이 남습니다. 가령, 학생이 독서 토론에서 너무 어려운 책을 읽어야 하는 상황이라면 동료들과의 상호작용에 참여하기 어려워집니다. 따라서 쉽게 읽되, 깊게 대화할 수 있는 기회를 찾게 해 주어야 합니다.

작성방법

• (나)를 근거로 학생 A에게 적합한 독서 지도 활동을 계획할 때 고려해야 할 사항 2가지를 (가)의 '독서 태도' 영역을 중심으로 제시할 것.

2015 A형 기입형

다음은 올바른 독서 습관이 형성되지 않은 세 명의 중학생에 대한 김 교사의 기록이다. 김 교사는 '독자 정보'에 근거하여, 개별 독자의 문제를 진단하고 그에 따른 지도 계획을 수립 중이다. 〈보기〉의 지시에 따라 ㉠, ㉡에 들어갈 말을 순서대로 쓰시오.

항 목	〈독자별 수준〉		
	유나	선하	수빈
음독 유창성	중	상	상
기초 독해 능력	하	상	상
독서 전략의 습득과 활용	하	상	상
독서의 가치 인식	중	상	중
독서 능력에 대한 자기 평가	하	하	상
책에 대한 관심과 흥미	중	상	중
자유 독서의 빈도	하	하	하
자유 독서를 위해 선택한 도서의 난도	중	하	하
독서 반응의 사회적 공유	하	하	상

〈독자별 특성〉

유나 : 자유 독서 상황에서 읽기 시도와 실패(중도 포기)가 반복됨.
선하 : 독서 활동을 부담스러워 하고, 교사나 동료의 평가에 민감함.
수빈 : 컴퓨터 게임을 하기 위해 쉬운 책을 골라 빨리 읽는 경우가 많음. 모둠 활동을 좋아하고 주도적인 역할을 수행함.

지도 계획		
	독서 문제 진단	**독서 지도 계획**
유나	읽기 부진	적정 난도의 도서를 활용해서 기초 독해력 증진
선하	독서 효능감 부족	긍정적인 피드백을 제공해서 독서 효능감을 높임.
수빈	㉠	㉡

〈보기〉

1. ㉠은 독자의 정의적 요인에 해당하는 용어를 사용하여 쓸 것.
2. ㉡은 '유나'와 '선하'에 한 지도 계획을 참고하여 제시하되, '독자별 특성'에 기록된 표현을 그대로 사용하지 말 것.

기본 예제

2 다음은 읽기 수업의 어려움과 관련된 주제로 교사 협의회에서 나눈 교사의 대화이다. 괄호 안의 ㉠과 ㉡에 해당하는 말을 〈작성 방법〉에 따라 순서대로 쓰시오. [2점]

수석교사: 학교 교육현장에서 독서 교육에 애 쓰시고 있는 선생님들을 만나 뵙고 학생들의 독서 문제 진단과 적절한 독서 지도 계획을 수립하고자 이 자리를 마련했습니다. 여러분들이 평소에 녹서 지도를 하면서 학생-독자의 특성을 관찰했을 텐데요. 김 선생님께서 먼저 발언을 해주시죠.

김 교사: 제 경우에는 글 내용을 잘 이해하지 못하고, 자유 독서 상황에서 읽기의 시도와 중도 포기가 반복되어 독서 동기가 낮은 학생에 대한 지도가 어려웠습니다. 제가 관찰한 바로는 이 학생은 낮은 독서 능력으로 인해 이해의 실패가 이어지고, 개인의 자율적인 독서 상황에서 읽기를 시도하지만, 반복되는 실패 때문에 낮아요. 그래서 고민 중에 능숙한 독자가 사용하는 기능과 전략을 안내하여 문제를 해결했습니다.

박 교사: 제 경우에는 책 읽기를 좋아하고 책 내용을 잘 기억하는 편인데, 내용 해석 방향이 남과 달라서 읽기에 자신이 없는 등 독서 동기가 낮은 학생에 대한 지도가 어려웠습니다.

사회자: 독서 동기가 낮다는 점에서 김 선생님이나 박 선생님의 학생들이 처한 공통적인 문제가 있지만 그 원인은 각각 다르군요. 박 선생님의 경우에는 독서에 대한 호의를 가지고 있고, 기본적인 독해 능력이 있지만, 내용 해석 방향이 다르기 때문에 동기가 낮았군요. 그래서 어떻게 지도하셨나요?

박 교사: 제가 참조한 자료에 따르면 독서교육 담당자들은 개별 독자의 인지·정의·사회적 영역을 고루 발전시켜 나가도록 지원해야 한다면서, 독자의 세 영역 중 특정한 부분이 부족할 때는 해당 영역을 직접 강화하는 방법도 있지만, 다른 영역을 강화함으로써 부족한 부분이 보강되는 효과를 얻을 수 있다고 하더군요.

[A]

인지적 영역	텍스트의 의미를 효과적으로 잘 파악하는 지적인 작용에 대한 부분
정의적 영역(정서적 영역)	독자의 감정과 관련된 요인으로 독서 동기나 흥미, 태도, 효능감, 몰입, 자발적 의지와 같은 다양한 요인
사회적 영역	독자를 둘러싼 사회적, 문화적 상황 혹은 환경

그래서 저는 사회적 영역을 강화하는 방법으로 자유로운 토론 활동을 이끌도록 했더니 내용 해석의 방향을 조절할 수 있어서 효과가 있더군요.

최 교사: 저는 독서에 대한 자기 평가가 낮고, 교사나 동료의 평가에 민감한 경향을 갖고 있는 학생이 문제였어요. 그래서 독서 문제에 대한 진단으로 낮은 효능감이 문제라는 결론을 내렸고, 학생의 내재적 동기를 자극하는 방법으로 긍정적인 피드백을 제공했더니 문제가 점차 해결되더군요.

사회자: 각자 교육현장에서 읽기 교육에 대한 애로 사항이 많았으리라고 봅니다. 이외에 다른 고충거리들은 없었는지 말씀해주시지요.

송 교사: 제 경우에는 독해 능력이 우수하지만 자유 독서 상황에서 홀로 책을 읽는 활동은 지루해하고, 읽기 쉬운 책을 골라 빨리 읽는 경우가 많은 한 학생이 문제였는데, 의외로 모둠 활동을 좋아하고 주도적인 역할을 수행하고자 하는 의욕이 높더군요. 그래서 해결책을 찾지 못하고 있습니다.

사회자: 박 선생님과 유사한 상황인 것 같은데요. 혹시 박 선생님께서 자료를 참조하셨다고 하니 송 선생님에게 해주실 조언이 있을지 모르겠네요.

박 교사: 먼저, 이 학생이 겪고 있는 독서 문제에 대한 진단을 정확하게 내려야 할 것 같군요.

최 교사: 제 생각에 송 선생님의 학생은 독서에 대한 (㉠) 부족의 문제가 아닌가 싶어요.

박 교사: 네. 저도 같은 생각입니다. 그렇다면 (㉡)을 강화하는 방법으로 타인과의 사회적 상호작용을 할 수 있는 기회를 제공하는 것이 어떤가 싶네요.

…(중략)…

사회자: 네, 여러분들 말씀을 들으니 읽기 활동에 대한 참여도와 흥미를 키워 주기 위한 개별화된 독서 지도 계획이 절실히 요구되는 것 같군요. 이상으로 독서 교사협의회를 마치겠습니다.

작성방법

- [A]에서 박 교사가 참조한 자료를 고려하여 ㉠은 독자의 정의적 요인에 해당하는 용어를 쓸 것.
- ㉡은 제시된 교사의 대화에서 찾아 쓸 것.

---

3 다음은 송 교사의 독서 진단 계획의 일부이다. 글을 읽고 괄호 안의 ㉠, ㉡에 들어갈 말을 쓰시오. [2점]

(가) 독서에서 어려움을 겪는 학생들의 관찰, 기록

A는 책 읽기를 좋아하고 책 내용을 잘 기억하는 편이다. 하지만, 내용 해석 방향이 남과 달라서 독서 경험이 교과 수업에 크게 도움이 되지 않는다. 그 결과, 읽기에 자신이 없는 등 독서 동기가 낮다. B는 글의 내용을 잘 이해하지 못하며, 자유 독서 상황에서 읽기의 시도와 중도 포기가 반복되어 독서 동기가 낮다.

(나) 독서 문제 진단을 위한 읽기 자료

① 독서는 인지적 영역에 대한 관심에서 출발하여 정의·사회적 영역에 이르기까지 그 영역을 확장해

왔다. 독서교육 담당자들은 개별 독자가 독서의 인지·정의·사회적 영역을 고루 발전시켜 나가도록 지원해야 한다. 독서의 세 영역 중 특정한 부분이 부족할 때는 해당 영역을 직접 강화하는 방법도 있지만, 다른 영역을 강화함으로써 부족한 부분이 보강되는 효과를 얻을 수 있다.
② 독서 학습은, 학생들이 독서에 대한 자신의 이해나 난관을 드러내 보일 수 있을 때 뿐만 아니라 다른 학생들과 교사를 관찰할 수 있는 환경이 조성될 때 효율적으로 이루어진다.
③ 교사는 학습의 경험을 해석하고 학생들의 인지적 활동을 도와줌으로써 정의적 반응을 강화하고 독서 학습을 촉진시킨다.

(다) 독자 특성 관찰에 따른 A, B 학생의 독서 문제 개선을 위한 계획

A와 B는 독서 동기가 낮다는 점에서 공통적인 문제가 있다. 하지만 그 원인은 각각 다르다. A는 독서에 대한 호의를 가지고 있고, 기본적인 독해 능력이 있지만, 내용 해석 방향이 다르기 때문에 낮다. B는 낮은 독서 능력으로 인해 이해의 실패가 이어지고, 개인의 자율적인 독서 상황에서 읽기를 시도하지만, 반복되는 실패 때문에 낮다.

학생들의 문제는 다른 영역을 강화함으로써 부족한 부분이 보강되는 효과를 얻을 수 있다. A는 학생이 자신을 드러내고, 다른 학생과 교사를 관찰할 수 있는 환경을 조성하는 사회적 영역을 강화한다. 따라서 내용 해석의 방향을 조절할 수 있도록 (㉠) 활동을 이끈다. B는 (㉡)적 영역 즉, 능숙한 독자가 사용하는 기능과 전략을 안내함으로써 독서 능력을 개선시켜 독서 학습을 촉진한다.

테마 2 : 독서 태도 모형

관련 기출
2012

1 다음 (가)는 고등학생의 '독서에 대한 단상'이고, (나)는 일반적인 독서 태도 모형을 도식화해 본 것이다. (나)의 ㉠~㉤ 중 글 (가)에 나타난 것만을 있는 대로 고른 것은?

(가)
나는 초등학교 때 『찔레꽃 도시락』이라는 동화를 읽고 직접 그림을 그려 재구성한 내용을 한 권의 책으로 만든 경험이 있다. 그 과정에서 스스로 누렸던 기쁨은 잊을 수 없는 추억으로 남아 있다. 중학교 2학년 때는 트리나 폴러스의 『꽃들에게 희망을』이라는 책을 읽고 꽃들에게 희망을 주는 나비가 되는 꿈을 품게 되었다. 고등학생이 된 후에는 19세기에 미국의 노예들이 목숨을 걸고 글을 배웠다는 것을 책에서 읽으면서, 언어와 책이 그들을 짓누르는 압제자들의 도구로 사용되는 것을 극복하기 위한 것이었다는 안목을 갖게 되었다. 무척 어려웠던 책이었지만 끝까지 관심을 갖고 읽었다. 독서 활동은 세계로의 적극적 참여의 출발이기도 하다. 독자의 임무는 세상을 읽는 것이며, 이를 통해서 글을 비로소 완성된다는 생각이 들었다. 따라서 모든 글은 그 자체가 미완성이며 실제로 어떤 글이든 미완성이라는 그 이유만으로 충분히 가치가 있고, 독자가 글에 끼어들 여지가 있는 것이라고 생각한다. 나의 독서벽은 이런 생각에서 비롯되었다.

(나)

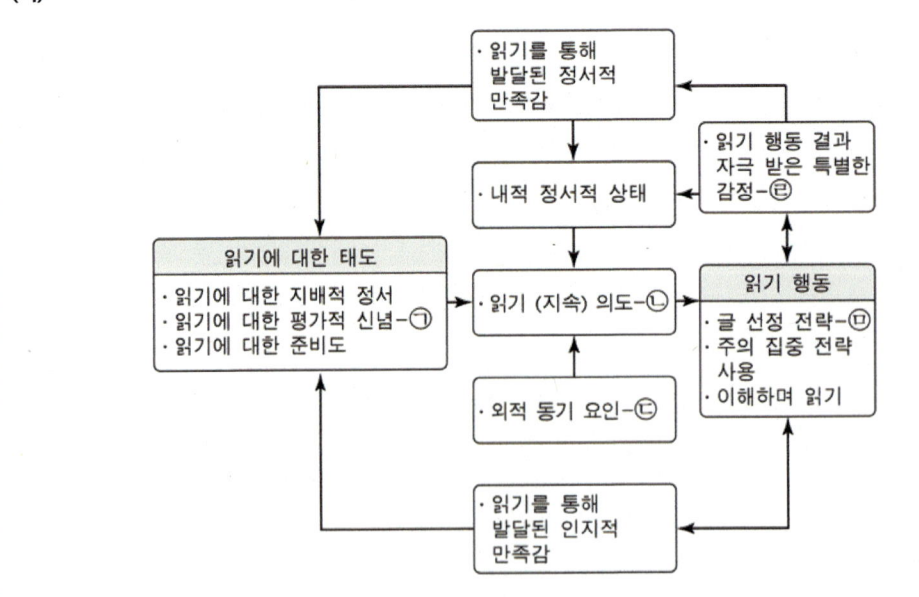

① ㉠, ㉡   ② ㉡, ㉢   ③ ㉣, ㉤   ④ ㉠, ㉡, ㉣   ⑤ ㉢, ㉣, ㉤

> 기본 예제

2 (가)는 학생의 '독서에 대한 단상'이고, (나)는 독서 태도 모형을 설명한 글이다. ㉠에 들어갈 말을 (나)에서 찾아 쓰고, ㉡에 들어갈 말을 (가)에서 찾아 쓰시오. [2점]

(가)

　나는 초등학교 때 『찔레꽃 도시락』이라는 동화를 읽고 직접 그림을 그려 재구성한 내용을 한 권의 책으로 만든 경험이 있다. 그 과정에서 스스로 누렸던 기쁨은 잊을 수 없는 추억으로 남아 있다. 중학교 2학년 때는 트리나 폴러스의 『꽃들에게 희망을』이라는 책을 읽고 꽃들에게 희망을 주는 나비가 되는 꿈을 품게 되었다. 고등학생이 된 후에는 19세기에 미국의 노예들이 목숨을 걸고 글을 배웠다는 것을 책에서 읽으면서, 언어와 책이 그들을 짓누르는 압제자들의 도구로 사용되는 것을 극복하기 위한 것이었다는 안목을 갖게 되었다. 무척 어려웠던 책이었지만 끝까지 관심을 갖고 읽었다. 독서 활동은 세계로의 적극적 참여의 출발이기도 하다. 독자의 임무는 세상을 읽는 것이며, 이를 통해서 글을 비로소 완성된다는 생각이 들었다. 따라서 모든 글은 그 자체가 미완성이며 실제로 어떤 글이든 미완성이라는 그 이유만으로 충분히 가치가 있고, 독자가 글에 끼어들 여지가 있는 것이라고 생각한다. 나의 독서벽은 이런 생각에서 비롯되었다.

(나)

　정보 처리에만 집중하여 독서 과정을 인지 과정으로만 설명하려는 인지심리학적 관점을 넘어서려는 노력도 나타났다. 독서 과정에 작동하는 정서 요인의 중요성을 강조한 독서 태도 모형이 그러한 예이다. 이에 의하면 읽기 태도는 의도에 영향을 미치는 의도는 행동에 영향을 미친다. '태도'는 세 가지 하위 요인의 결합으로 이루어졌는데, '정서, 인지, 심동'이 그것이다. 읽기에 대한 신념이나 의견의 인지적 요소, 읽기에 대한 느낌이나 평가의 정의적 요소, 실질적으로 읽으려는 행동이나 의도를 포함하는 행동적 요소 등의 세 가지 요소를 가지고 있다. 읽기 의도에 영향을 받은 읽기 행동의 결과로 야기된 자극 받은 특별한 감정적 만족과 인지적 만족감은 다시 송환되어 태도에 영향을 미친다.

　(가)의 독서에 대한 단상에서 이러한 요소를 확인해볼 수 있다. 먼저 책을 "읽고 직접 그림을 그려 재구성한 내용을 한 권의 책으로 만든 경험"이 있으며 "그 과정에서 스스로 누렸던 기쁨은 잊을 수 없는 추억으로 남아 있다."는 대목에서 학생은 (㉠)을 느낀다. 다음으로 "어려웠던 책이었지만 끝까지 관심을 갖고 읽었다."는 대목에서 읽기 지속 의도를 가진 것으로 볼 수 있다. 마지막으로 (㉡)는 대목에서 읽기에 대한 신념이나 의견의 인지적 요소를 드러내고 있다고 볼 수 있다.

5절 텍스트에 대한 이해

테마 1 : 텍스트의 개념 변화와 매체별 특성에 따른 글 읽기

관련 기출
2011

1 〈보기〉의 광고를 분석할 때, 지도 내용으로 적절하지 <u>않은</u> 것은?

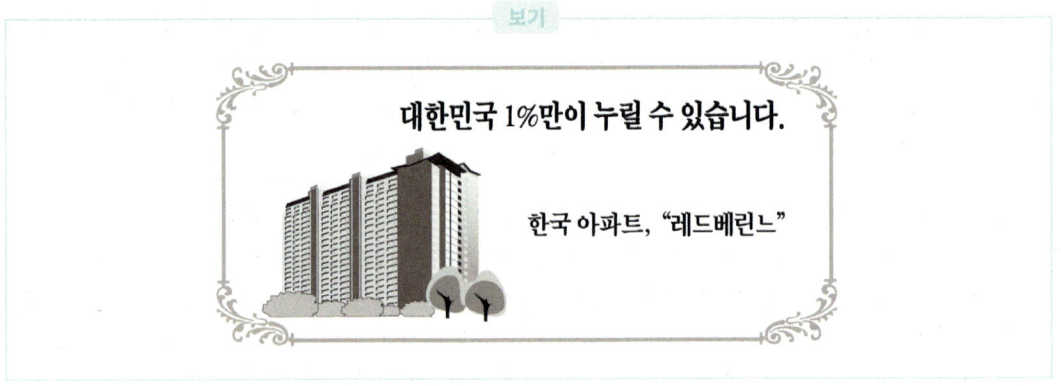

① 이미지와 언어 표현을 종합하여 광고의 지시적 의미를 찾도록 한다. 예컨대, 광고에 쓰인 언어 표현이 아파트 이미지와 결합함으로써 '고급스러운 주거'를 의미하게 됨을 파악한다.
② 광고라는 유형적 특성을 고려하여 설득 전략을 파악하도록 한다. 예컨대, '아파트 구매'를 요구하는 주장만 직접적으로 노출하고 근거나 전제는 감추는 표현 방식의 효과를 분석한다.
③ 주장의 논리적 타당성을 평가하도록 한다. 예컨대, '1% 안에 들고 싶다면 이 아파트를 구매하라.'는 주장이 '이 아파트를 구매하면 1%안에 든다.'에 의해 뒷받침될 수 있는지를 분석한다.
④ 함축적 의미를 분석하도록 한다. 예컨대, '1%가 정확한 통계 수치가 아닌 '경제적 상위 계층'을 의미함이나, 광고에 상품 구매의 기준을 실용적 가치가 아닌 '사회적 가치'로 판단하게 하려는 의도가 숨어 있음을 분석한다.
⑤ 광고 기호 속의 사회·문화적 신념이나 가치 체계를 분석하도록 한다. 예컨대, 소비의 수준을 인간의 수준과 동일시함으로써 '소비의 행태가 인간의 가치를 결정한다.'는 이데올로기가 내재되었음을 분석한다.

관련 기출
2023 B형 서술형

2 (가)는 '인터넷 문서 읽기' 수업과 관련하여 진행한 교사 간 협의 내용이고, (나)는 수업에서 활용할 인터넷 문서 읽기 자기 점검표이다. 〈작성 방법〉에 따라 서술하시오. [4점]

(가) 교사 협의 내용

교사 A : 어제 회의에서 우리 수업의 방향에 대해서 생각해 봤습니다. 수업 목표는 '동일한 주제를 다룬 여러 인터넷 문서의 관점 파악하기'로 의견을 모았습니다. 학생들이 다룰 주제도 기후 위기 대응에 관한 최근의 논쟁으로 정했지요.

교사 B : 학생들이 읽을 것들을 직접 찾아볼 수 있다는 게 이 수업의 장점입니다. 인터넷엔 일상생활뿐만 아니라 기후 위기 대응에 관한 여러 분야의 문서들이 많잖아요. 학생들이 누군가 골라 준 글을 읽는 것에 익숙한 것은 사실이지만, 요즘 세상에선 직접 글을 찾아 읽는 능력도 중요하거든요. 문서를 탐색하는 일에서 읽기가 출발하는 것이죠.

교사 C : 인터넷에 읽을거리가 많지만 학생들이 막상 자신이 찾아 읽은 문서의 가치를 평가하는 일이 결코 만만치 않을 겁니다. 인터넷에서는 문서의 출처를 면밀하게 따져 봐야 해요. 상업적 의도를 그럴 듯하게 포장하거나 아예 허위 정보인 문서도 많으니 조심해야 하고요. 이런 읽기 전략을 강조하고, 학생들이 스스로 점검할 수 있게 도움을 주면 좋겠습니다.

교사 D : 인터넷 문서를 읽을 때 학생들이 점검할 것이 또 있어요. 관련 연구를 보니, 많은 인터넷 독자들이 ㉠<u>자기가 읽은 인터넷 문서들을 별개의 정보로 처리하는</u> 경향이 있다고 합니다. 학생들이 우리 수업에서 기후 위기에 관한 다양한 관점의 문서를 읽을 때 특별히 유념해야 할 부분입니다.

(나) 인터넷 문서 읽기 자기 점검표

자기 점검 항목	점검 결과	
	만족	미흡
① 내가 읽을 인터넷 문서를 검색하기 전에 주제에 관하여 나는 무엇을 알고 있고 무엇을 알고 싶은지, 어떤 문서가 필요할지 질문한다.		
② 내가 지금 검색해서 찾은 인터넷 문서가 내가 알고 싶은 주제와 얼마나 부합하는지 확인한다.		
③ 내가 지금 읽은 인터넷 문서가 내가 알고 싶은 주제에 관하여 무엇을 말하고 있는지 중심 내용과 세부 내용을 파악한다.		
④ 내가 지금 찾아 읽은 인터넷 문서가 누가 만든 것이고 어디에서 온 것인지, 그래서 얼마나 믿을 만한 것인지를 평가한다.		
⑤ 내가 수행한 인터넷 문서의 탐색 과정이 내가 설정한 글 읽기 목적에 비추어 효율적이고 충분했는지 돌아본다.		
⑥ 내가 수행한 인터넷 문서 읽기로 내가 알고 있던 것이 어떻게 변화했는지(또는 그대로인지), 더 알고 싶은 것은 무엇인지 질문한다.		

작성방법

- 교사 C가 강조하는 읽기 전략을 설명하고, 이것이 반영된 점검 항목 1가지를 (나)에서 찾아 번호로 제시할 것.

기본 예제

3 다음을 읽고, 괄호 안의 ㉠~㉢에 해당하는 말을 쓰시오. [2점]

> 인터넷 중심의 디지털 매체 환경에서 글을 찾고, 선택하고, 이해하는 능력은 현대 사회의 구성원 누구에게나 요구되고 또 필요하다. 비판적 디지털 독서 능력을 통합한 국가공통핵심교육과정이나 전자 텍스트의 검색 및 이해 능력을 주요 독서 문식 능력으로 평가하고자 하는 PISA 또는 PIRLS와 같은 국제학업성취도평가 등이 이러한 경향을 반영한다. 21세기 독서 능력 중에서 인터넷 독서 전략은 독자가 글, 매체, 과제, 목적 등의 제 요인들에 매우 복잡한 방식으로 반응하는 일련의 과정으로 볼 수 있다. 이러한 '구성적-반응적 독서'관점을 적용하여 인터넷 독서 전략을 살필 수 있다. 이 관점이 제안하는 인터넷 독서의 여러 전략 가운데 하나는 인터넷의 복잡한 하이퍼텍스트 공간에서 (㉠) 전략이다. 예를 들면 능숙한 독자는 인터넷 하이퍼텍스트에서 자신이 처음 독서를 시작했던 웹페이지를 기억하거나, 인터넷 공간을 두루 살피는 동안 눈에 띄는 특정 자료가 위치한 지점을 기억함으로써, 문제가 생길 때마다 그 지점으로 되돌아가는 전략을 수행한다. 이는 마치 낯선 곳을 여행할 때에 멀리서 보고도 위치를 파악할 때에 도움이 되는 랜드마크를 기억하거나 일종의 안전구역을 설정하여 길을 잃는 위험을 미연에 방지하는 것에 비유될 수 있다. 이러한 전략을 제대로 수행하지 못할 때, 독자들은 복잡한 인터넷 공간에서 필요한 정보를 찾지 못하고 학습 방향을 상실하게 될지 모른다. 이러한 독서와 학습의 방향 상실이 반복되다 보면, 독자 스스로 자신의 독서 능력을 부정적으로 바라보게 될 것이다. 특히 인터넷 (㉠) 전략의 사용은 (㉡) 과정을 수반한다는 특징이 있다. 예를들면 인터넷 독자가 빈번하게 전방향 추론(forward inferences), 즉 예측하기 전략을 사용할 때에 이러한 독서 행위가 독서 효과성 증진에 핵심 역할을 한다. 즉, 능숙한 독자들은 링크를 선택하기 전에 연결된 정보를 예측하고, 링크를 선택하여 정보를 읽은 후 그것에 대하여 평가하고, 결과적으로 자신의 독서 과정이 계획한 독서 목적에 부합하는지 확인하기를 규칙적으로 수행한다. 예측, 선택, 종합, 평가라는 복수의 전략들을 동시에 효율적으로 조절하고 사용하는 과정을 통해서 자신들에게 가장 유리한 학습의 공간을 스스로 구축할 수 있다. 이처럼 인터넷 공간에서 (㉠) 전략의 사용과 그 성공 여부는, 인지적으로는 개별 독서 과제에서 학생의 성취 여부를 좌우할 뿐만 아니라, 정의적으로는 인터넷 독서에 관한 학생의 (㉢)에도 영향을 미칠 수 있을 것이다.

심화 예제

4 다음은 비판적 읽기 수업에서 사용된 읽기 자료와 교수·학습 자료, 이 자료를 읽고 활동을 한 학생들의 대화 내용이다. 〈작성 방법〉에 따라 교수·학습 활동을 분석하시오. [4점]

[읽기 자료]

(가)

'게임 중독'보다 '게임 편용'이라는 단어가 적절

　게임 산업 현장의 목소리와 업계 전문가들이 참여해 정부에 직접 정책을 제안하는 대한민국 게임 포럼 정책 제안 발표회가 금일 국회 의원 회관에서 개최됐다.
　ㅁㅁ게임 업체의 이○○ 차장은 게임은 이야기, 음악, 미술, 디자인이 어우러지는 종합 예술이자 최신 기술력을 요구하는 첨단 기술의 총아라고 전했다. 최근 아이들은 스마트폰 게임을 즐기면서 타자를 치며 알아서 한글을 떼고, 누가 알려 주지 않아도 첨단 기기들을 사용하며 스스로 기기의 사용법을 깨우친다며, 게임은 진정한 자기 주도 학습을 유도하는 콘텐츠라고 강조했다. 또한 과중한 학업으로 살인적인 일과에 시달리는 요즘 학생들에게 게임이 없다면 정신 건강을 유지할 수 없는 상황이라고 역설했다.

[A]
　게임 산업의 부정적인 인식에 대해 이 차장은 "배가 발명된 것은 조난도 함께 발명된 것이며, 조난 때문에 배를 만들지 않는다는 것은 본말이 전도된 것입니다. 모든 일에는 명과 암이 있듯이 게임의 어두운 면만을 강조하는 지금의 상황은 게임이 가진 변화와 혁신을 완전히 무시하는 결과로 이어질 것입니다."라고 말했다.
　아울러 '게임 중독'이 하나의 질환으로 인정되려면 다른 질환과 차별화된 고유 패턴이 있어야 하는데, 게임 중독은 다른 질환으로 모두 설명이 되기 때문에 병으로 구분할 수 없다고 설명했다. 소수의 과몰입 집단은 치료가 필요하지만 나머지 90% 이상의 건전하게 게임을 즐기는 이들을 위한 증진 정책은 전혀 없는 것이 지금 정책의 한계라고 밝혔다.

　이어 이 차장은 '게임 중독' 혹은 '과몰입' 같은 부정적인 용어 때문에 게임 산업 전체가 피해를 보고 있으며, '게임 편용'과 같은 용어부터 바꿔야 한다고 강조했다.
　　　　　　　　　　　　　　　　　　　　　　　　　　　　－《게임○○》, 2020년 8월 22일 자에서

(나)

청소년기 중독적 인터넷 사용, 성인기 과음·흡연과 밀접

　지난 26일 '2017 행위 중독 치유 해법 포럼'이 열렸다. 이번 포럼에서 기조 발표에 나선 이○○ ㅁㅁ대 정신건강의학과 교수는 "행위 중독은 특정 행위에 따른 만족 경험과 강력한 기억, 다시 그 보상을 경험하기 위한 반복적 행동이 부정적 결과를 초래하는데도 그만두지 못하고 강박적으로 지속되는 것"이라고 정의하며, "우리나라가 인터넷 강국이라는 긍정적 측면 뒤에 도사린 인터넷 중독 등 다양한 행위 중독에 대한 폭넓은 관심과 적절한 관리 노력이 절실하다."라고 지적했다.
　이어진 주제 발표에서 국립정신건강센터 정신건강의학과 전문의 조○○ 과장은 행위 중독

[B] 관리를 위한 국가 정책의 필요성을 역설했다. 조과장은 행위 중독 문제를 제기하는 어떠한 연구자나 임상가도 인터넷 게임 등 관련 산업의 위축을 바라지 않으며 그 자체에 다양한 선용(善用)의 가능성이 있다고 믿지만, 다만 함께 존재할 수밖에 없는 폐해에 대해서는 외면하지 말아야 한다고 했다.

조 과장은 최근 청소년의 중독 문제를 분석한 국내 한 연구에 따르면 청소년기의 중독적인 인터넷 사용이 초기 성인기의 과음 및 흡연과 밀접하게 연관되는 것으로 분석됐다고 밝혔다. 또한 인터넷 게임 중독은 피시(PC)방 접근성, 게임 광고 등 사회적 요소와 연관성이 높은 만큼 행위 중독 문제는 정책적 측면에서 사회 환경과 제도를 개선함으로써 효율적 대안을 찾을 수 있다고 주장했다.

조 과장은 행위 중독 만연과 관련 산업 육성을 적대적 관계로 규정하기보다 조화롭게 고려함으로써 국민 행복을 달성할 수 있는 공동 과업으로 설정해야 한다고 덧붙였다.

– ≪주간○○≫, 2020년 9월 3일 자에서

[교수·학습 자료]

활동 1. (가), (나)를 읽고 기사문의 핵심 내용을 정리해보자.

(1) (가), (나)를 작성한 목적과 의도가 무엇인지 각각 정리해 보자.
(2) (가), (나)에서 부각되는 '게임 중독'에 대한 관점을 정리해 보자.

	(가)	(나)
'게임 중독'에 대한 관점	[A] ㉠	[B] ㉡

활동 2. 위의 두 기사문을 읽고 다음의 점검 항목을 근거로 다양한 관점과 가치를 고려하여 매체 자료를 비판적으로 수용해 보자.

- 매체 자료의 출처와 생산자
- 매체 자료 내용의 타당성
- 매체 자료 생산자의 관점
- 드러내려는 정보와 누락된 정보
- 매체 자료 내용과 관련된 이해관계

[학생들의 대화 내용]

명수: 나는 (가)를 읽으면서 게임 중독에 대해서 다시 생각하게 되었어. 너희들은 기사문을 어떻게 읽었는지 궁금해.

지호: 나는 (가)에서 '게임 중독' 혹은 '과몰입' 같은 부정적인 용어 때문에 게임 산업 전체가 피해를 보고 있다고 했지만, 그 때문에 게임 산업 전체가 어떻게 피해를 보고 있는지 구체적인 근거를 제시하지 않았기 때문에 문제가 있다고 생각해.

기영: (가)에서 게임 산업의 업계 관련자들이 정부에 게임산업을 증진시키기 위한 정책을 요구하고, '게임중독'과 같은 부정적인 용어를 바꿔야한다는 주장을 주로 소개하고 있는데, 결국 이 기사문은 게임을 통하여 경제적인 이득을 얻는 게임관련 업계의 이해 관계와 관련된 관점을 가진 것이라고 할 수 있어.

명수: 너희들 이야기를 들으면서 많은 생각을 하게 되었어. 나는 신문을 객관적이고 중립적인 매체라고 여기기 때문에 내용을 정확한 정보로 여기고 받아들였는데 그렇지 않다는 것을 알게 되었어.

작성방법

- [읽기 자료] (가)와 (나)를 바탕으로, [교수·학습자료] ㉠, ㉡에 들어갈 내용을 쓰고, 활동1 이 읽기 전략으로 어떤 의의가 있는지 서술할 것.
- [학생들의 대화 내용]에서 지호, 기영이 사용한 비판적 읽기의 점검 항목을 각각 쓰고, 그 이유를 각각 설명할 것.

5 다음은 '매체 특성을 고려하여 텍스트 읽기' 단원에 대한 수업 계획의 일부이다. 〈작성 방법〉에 따라 '교수·학습 활동 및 유의점'을 서술하시오. [4점]

[학습 목표의 성격][A]

학습 목표	매체 자료의 재현 방식을 이해하고 광고나 홍보물을 분석한다.
지도의 중점	상업 혹은 공익 광고를 선정하여, 매체 자료가 현실을 그대로 전달하는 것이 아니라 생산자의 의도와 관점에 따라 현실을 재현하는 특성을 이해하고, 매체가 전달하는 내용에 과장이나 왜곡이 있는지 분석하여 비판적으로 평가하도록 지도한다.
학습 내용	❶ 다양한 광고나 홍보물을 살펴보며 사건, 쟁점, 개인을 표현하기 위해 어떤 문구나 이미지가 선택되거나 배제되었는지를 탐구하기 ❷ 사회상이나 특정 집단에 대해 어떤 고정관념이 반영되어 있는지 분석하기

[교수-학습 활동 및 유의점][B]

차시	교수·학습 활동		활동의 유의점
1	광고 매체의 재현 특성을 이해하고, 분석 과정을 학습한다.		■ 직접교수법 적용 • 광고 매체의 재현 특성이란… • 분석 과정 : 　- 주장과 근거 파악하기
2~3	* 상업 및 공익 광고를 선정하여 읽고 모둠원들과 토론을 통해 공유한다.		
	[A]-❶ 학습 내용 관련 활동	① 광고를 살펴보며 어떤 문구나 이미지가 선택되거나 배제되었는지를 탐구하기	■ ㉠ 표면적 주장 이외에 숨겨진 의도를 파악하도록 지도한다.
	[A]-❷ 학습 내용 관련 활동	② 사회상이나 특정 집단에 대해 어떤 고정관념이 반영되어 있는지 분석하고, 사회문화적 이념 비판하기	■ ㉡광고는 단순히 소비자의 구매 주장에만 그치지 않고, 사회의 주류 문화(이데올로기)를 반영하여, 궁극적으로 획일화된 삶의 방식을 이끌 수 있음을 비판적으로 분석하도록 지도한다.

〈자료〉

(가)

(광고 문구 : '돈을 내고 쓰시겠습니까? 지금의 무절제한 물 사용이 10년 후, 우리의 모습을 이렇게 만들지도 모릅니다.')

(나)

당신이 사는 집이 당신이 누구인지를 말합니다.
대한민국 상위 1%가 사는 집,
레스턴빌.
지금 계약하십시오.

〈상업 광고〉

작성방법

- [B]의 ㉠은 (가)의 공익 광고를 활용하여 설명할 것.(단, 의도 파악을 위한 단서를 〈광고의 복합양식성〉을 고려하여 2가지 제시하고, 이를 토대로 의도를 서술할 것)
- [B]의 ㉡은 (나)의 상업 광고를 활용하여 설명할 것.(단, 광고의 사회 문화적 이념(이데올로기)을 포함하여 서술할 것)

6 (가)와 (나)는 매체 영역 수업을 위한 분석 자료이고, 〈보기〉는 매체 특성에 대한 설명 글이다. 〈작성 방법〉에 따라 분석 내용을 서술하시오. [4점]

[학습 목표]
❶ [매체] 매체 자료의 재현 방식을 이해하고 광고나 홍보물을 분석하고, 사회 문화적 맥락을 고려하여 매체 자료의 공정성을 평가한다.
❷ [독서] 복합양식으로 구성된 글과 자료의 내용 타당성과 신뢰성, 표현 방법의 적절성을 평가하며 읽는다.

(나)
〈인터넷 신문〉

○○코리아오픈, 미녀 선수 탈락할까 초반부터 조마조마
– 미녀 선수가 전부 탈락하면 어쩌나

국내에서 열리는 여자 프로 테니스 투어 대회인 제6회 ○○코리아오픈을 앞두고 주최 측은 대회 초반부터 조마조마하다. 화제를 불러 모을 만한 선수들이 될 수 있으면 오랫동안 버텨 줬으면 하는 바람 때문이다. 이 대회는 매회 실력과 미모를 겸비한 여성 테니스 스타를 초청하는 것으로 유명하다. 올해는 작년 이 대회 우승자인 러시아의 A를 비롯한 여러 나라의 미녀 선수들을 초청했다. 여기에 지명도는 다소 떨어지지만 세계 랭킹이 수준급인 지난해 복식 준우승자 B와 루마니아의 신예 미녀 스타 C 등 미모를 뽐내는 선수들을 대거 초청하였다.

하지만 대회를 코앞에 두고 미모의 선수들이 불참을 통보한 데다 설상가상으로 C도 1회전에서 탈락하며 팬들의 관심을 끌 만한 화젯거리가 없어졌다. 결국 A 선수의 선전이 대회 흥행과 직결되는 상황이 되고 말았다. 주최 측 이 모 대리는 "꼭 그렇게 되리라는 법은 없지만, A 선수가 순조롭게 결승까지 올라가기를 바라고 있다."고 말했다.

〈이△△ 기자〉

〈인터넷 신문 댓글〉

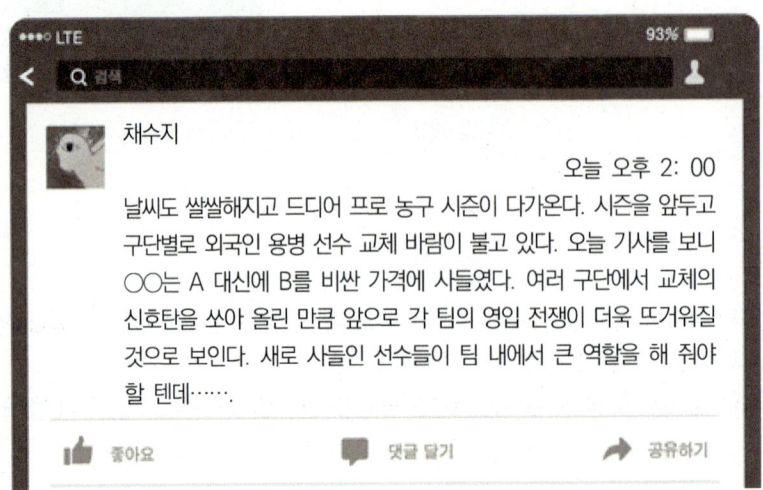

서태연
오늘 오후 4: 05
외국인 선수들이 작전의 중심축인 만큼 구단에서는 각종 경력과 기록을 보고 뽑아 오는데 작년 시즌에는 실망스러운 선수들이 많았음. 신중하게 판단하고 사 오길…….
좋아요 • 답글 달기

강호준
오늘 오후 4: 10
신중하게 판단하다가 쓸 만한 선수들이 다른 구단에 팔려가는 경우가 많아서 서두를 수밖에 없고…….
좋아요 • 답글 달기

〈보기〉

매체 자료는 현실을 그대로 전달하는 것이 아니라 생산자의 의도와 관점에 따라 현실을 재현한다. 이때 미디어의 재현 방식이란 미디어 텍스트가 성별, 연령, 민족, 국가 및 지역 정체성, 사회적 쟁점 및 사건을 다루고 수용자에게 제시하는 방식을 뜻한다. 미디어 텍스트는 이러한 중요한 주제에 대해 수용자의 지식과 이해를 형성하는 힘을 갖고 있기 때문에, 다양한 매체 환경에서는 문자 언어로만 이루어진 단일양식뿐만 아니라 ㉠ 다양한 기호가 함께 어우러진 복합양식의 글과 자료를 비판적으로 읽을 수 있어야 한다. 이를 위하여 글의 의도나 목적에 따른 ㉡ 재현 방식을 고려하여, 필자의 의도나 관점이 지나치게 편향되지 않았는지 등을 고려하여 평가하도록 지도한다. 즉, 특정한 성별이나 지역, 연령, 가정 배경, 인종, 장애 등에 대한 고정 관념이나 차별 등의 문제와 연계하여 이에 대해 비판적으로 살펴야 한다. 특히 학습자들로 하여금 여성과 남성에 대한 고정 관념이나 성차별 편견, 인종 차별, 외모지상주의, 물질만능주의, 상품화 등의 문제와 연계하여 이에 대해 비판적으로 살펴볼 수 있도록 지도할 수 있다.

〈작성방법〉

- 〈보기〉의 ㉠과 관련하여 (가)의 복합양식성을 제시하고, 〈보기〉를 고려하여 광고에 담긴 가치관의 문제점을 근거를 들어 비판한 내용을 서술할 것.
- 〈보기〉의 ㉡과 관련하여 (나)의 〈신문〉과 〈댓글〉의 재현 방식 비판을 위한 판단 준거 1가지를 [학습 목표]에서 찾아 제시하고, 이를 적용하여 (나)의 재현 방식에 대해 근거를 들어 비판한 내용을 서술할 것.

7 (가)는 '복합양식 자료 읽기 학습을 위한 교수학습 모형의 절차'에 따른 단계별 교수·학습 활동이고 (나)는 교사의 발문과 학생들의 활동을 요약한 것이다. 〈작성 방법〉에 따라 서술하시오. [4점]

(가)

절차	교수·학습 활동
과제 제시	• 학습자의 수준에 맞는 과제 제시하기 • 디지털 맥락에 맞는 과제 제시하기
정보 탐색을 위한 읽기	• 과제와 관련되는 내용을 예측하며 디지털 텍스트 찾아 읽기 • 여러 텍스트 중 읽기 목적에 맞는 텍스트를 선정하여 읽기
[A] 평가하며 읽기	• 다양한 웹사이트자체, 웹사이트 개발자에 대한 전문성을 평가하며 읽기 • 다양한 텍스트 저자의 관점과 목적을 비교하고 평가하며 읽기
종합하며 읽기	• 디지털 텍스트의 다양한 내용을 하나의 내용으로 종합하며 읽기 • 여러 텍스트의 내용을 자신의 의미로 재구성, 기록하기
[B] 의사소통하기	• 읽기와 쓰기를 동시에 수행하기 • 소통 활동을 염두에 두고 정보를 공유하기

(나)

㉠ 교사의 발문 : 지금까지 찾은 정보들을 종합하여 자신의 말로 재구성할 수 있나요? 재구성한 이야기를 자신의 짝과 공유해 봅시다.
학생들은 탐색한 정보들을 종합하고 재조직한다.

㉡ 교사의 발문 : 청소년의 수면 시간이 학업 성적에 어떠한 영향을 주는지에 대한 인터넷 기사문을 작성하기 위해 인터넷에서 여러 가지 자료를 검색해 봅시다. 3개 이상의 자료를 찾아서 출처를 명확히 밝히고 자신의 견해를 뒷받침하는 근거로 활용해야 합니다.
학생들은 교사가 부과한 과제를 숙지하고 과제 해결을 위한 학습을 수행한다.

㉢ 교사의 발문 : 학급 토론 중에 오늘 작성한 글을 올리도록 하세요. 그리고 다른 학생들이 올린 글을 읽고, 궁금한 점이나 자신의 의견과 다른 부분에 대해서 댓글을 작성해 봅시다.
학생들은 자료 공유에 중점을 두고 학습자들이 생성한 자료를 바탕으로 충분히 토의한다.

㉣ 교사의 발문 : 과제와 관련된 자료를 검색할 때 사용한 검색 엔진, 그 검색 엔진을 선택한 이유를 기록하고, 검색하는 과정에서 입력한 검색어를 정리해 봅시다.
학생들은 교사가 학생에게 제공한 문제 해결에 필요한 정보에 집중한다.

㉤ 교사의 발문 : 정보의 게시자가 누구인지 명확한 경우, 그 게시자가 해당 내용 분야의 전문가인 경우에 정보의 신뢰도는 높아지게 됩니다. 그런데 정보의 게시자가 누구인지 알 수 없는 상황에서 정보의 신뢰도를 평가할 때는 어떠한 기준으로 자료를 판단해야 할까요?
학생들은 정보 탐색 과정에서 찾은 웹사이트의 출처와 자료의 신뢰도를 점검하며 정보의 적절성을 평가한다.

> **보기**
>
> 복합 양식 자료 읽기는 학습자들이 학습 과제를 해결하기 위해 인터넷 환경에서 다양한 텍스트를 탐색하고 내용을 자신의 의미로 재구성하는 과정이며, 궁극적으로는 다른 이들과 정보 및 텍스트를 공유하는 것을 목표로 한다. 그 절차는 과제 ⇨ 탐색 ⇨ 평가 ⇨ 종합 ⇨ 소통으로 이루어진다. 다른 수업에 비해 학습자의 능동성이 극대화되고, 정보 탐색의 결과에 따라 생성한 새로운 정보를 동료들과 소통이 가능하다. 또한 인터넷 환경에서는 읽기와 쓰기 활동을 분리하기 어렵다는 점을 고려할 때, 이해와 표현이 어우러지는 활동을 통해 교수학습을 전개 할 필요가 있다.

> **작성방법**
>
> - (가)와 〈보기〉의 절차와 교수·학습 활동을 고려하여 (나)에서 제시된 수업을 순서대로 기호를 제시할 것
> - '인터넷 문서 읽기' 측면에서 (가)의 [A] '평가하며 읽기'가 필요한 이유를 서술하고, (가)의 [B] '의사소통 하기'의 활동 내용을 〈보기〉를 참조하여 2가지를 서술할 것.

8~9 (가)는 매체 수업 계획안이고, (나)는 매체의 이해 및 표현 영역 관련 설명 글의 일부이다. 글을 읽고 물음에 답하시오.

(가) 매체 수업 계획안

차시	단계	교수·학습 내용
1	수업 안내	[학습 동기 유발] [학습 목표] ● 관점과 가치를 고려한 매체 자료의 수용과 생산 ● 매체 자료의 비판적 수용과 생산
2	본문 학습 내용	● 매체 자료의 다양한 관점과 가치를 파악하기 ● 다양한 관점과 가치를 고려하여 매체 자료 수용과 생산하기 [A] ❶ 사회적으로 화제가 되는 쟁점들을 검색해 보고, 매체 자료에 반영되어 있는 관점에는 어떠한 것들이 있는지 살펴보기 ❷ 제시된 두 기사문을 읽고 작성 의도와 관점을 파악하고, 이를 고려하여 매체 자료를 비판적으로 수용하기
3	정리 하기	[정리하기] ● 학습한 내용을 정리하기. 교과서에 제시된 정리 양식을 활용하는 것 외에도 학습자 스스로 배운 내용을 정리해 보도록 유도 [평가하기] ● 〈자기 평가〉 – 이 단원에서 학습한 내용을 어느 정도 알고 있는지 제시된 평가표에 스스로 이해한 정도를 표시하게 한다. 이를 통해 상대적으로 부족한 부분이 어떤 점인지 학습자 스스로 파악하게 한다. 점검을 마친 후에는 이 단원을 학습하며 느낀 점을 간략히 정리해 보게 한다.

- 〈단원 평가 평가 방향〉
  ❶ 이 단원은 매체를 비판적으로 이해하고 매체 자료를 수용, 활용, 생산하는 능력을 기르기 위해 설정되었다.
  ❷ 매체의 비판적 수용 방식에 관한 이해와 이를 바탕으로 활용, 생산 활동을 진행할 수 있는지 평가한다.

[B] [소단원 평가]

1. 다음 기사문에 대한 이해로 적절하지 않은 것은?[1점]

〈생략〉

① 표제는 전체 내용을 압축적으로 표현하는군.
② 전문을 넣어 기사의 내용을 요약하여 제시하는군.
③ 본문에 기사의 구체적인 내용을 담아 독자의 이해를 돕는군.
④ 인터뷰 자료를 사용하여 현장의 분위기를 생생하게 전달하는군.
⑤ 주요 내용과 관련된 전망을 마무리로 제시하며 독자의 참여를 유도하는군

[2~3] 다음 글을 읽고, 물음에 답하시오.

〈생략〉

2. 이 글의 핵심 화제를 고려하여 ㉠에 들어갈 말을 1개의 문장으로 쓰시오.[1.5점]

3. (나)의 주장을 뒷받침하는 사례로 가장 적절한 것은? [2점]
① 어린이 애니메이션을 본 어린이: 바로로 친구가 넘어져도 울지 말라고 했어요.
② 청소년 드라마를 본 중년: 요즘 청소년의 일상과 심리를 아는 계기가 되었어요.
③ 시사 프로그램을 본 청소년: 최근 문제로 떠오른 늑늑에 담긴 의미를 잘 이해하게 되었어요.
④ 최신 음악 프로그램을 본 청소년: 내내 그룹의 노래가 너무 좋아요. 제 마음을 그대로 전해 주는 느낌이에요.
⑤ 주말 드라마를 본 중년: 지난 번 드라마와 소재가 비슷하지만 주인공이 연기를 실감나게 하니까 진짜 재미있어요.

(나)

디지털 환경에서의 읽기는 인쇄 기반 읽기에서 찾아보기 어려운 특징들로 인하여 정보의 검색, 통합, 평가, 상위 인지와 같은 비판적 사고력을 인쇄 매체 읽기에서보다 더 많이 요구한다. 디지털 환경에서의 쓰기 활동 역시 구글, 위키피디아, 블로그로 대표되는 웹 2.0 시대의 도래와 함께 문식성의 실행이 수용의 측면에서 점차 탐색 및 생산, 참여, 공유의 측면으로 확대되고 있다. 분명한 것은 전통적인 읽기 쓰기 자체도 변화하고 있을 뿐 아니라, 21세기의 도래 이후 기존의 읽기 쓰기와는 다른 새로운 종류의 읽기 쓰기가 급속도로 생겨나고 있다는 점이다. 이에 디지털 문식성의 개념을 기초로 하여 이해 및 표현 영역에 대한 평가 구인을 토대로 한 디지털 문식성의 이해 및 표현 영역에 대한 내용 요소는 여섯 가지로 압축된다. 먼저, 〈탐색〉은 그 하위 요소로 '검색하기', '훑어 읽기', '주요 정보 선택하기'가 있다. 둘째, 〈해석과 통합〉은 하위 요소로 '추론하기', '상호텍스트적 연결하기'가 있다. 셋째, 〈평가〉는 하위 요소로 '출처 신뢰성 확인하기', '내용 타당성 비판하기', '정보의 유용성 판단하기'로 유형화할 수 있다. 넷째, 〈설

계〉의 하위요소로는 '수사적 맥락 파악하기', '정보의 탐색, 수집, 생성하기', '복합양식 특성에 따른 조직하기'를 설정할 수 있다. 다섯째 〈제작〉의 하위 요소로는 '복합양식 특성에 따라 내용 배치하기', '둘 이상의 기호를 활용하여 형상화하기', '편집하기'를 설정할 수 있다. 마지막으로 〈공유〉의 하위 요소로 '웹 기반 플랫폼에 전파하기'와 '반응하기'를 설정할 수 있다. 디지털 문식성의 여섯 개의 요소, 즉 과제 상황과 목적에 맞는 정보를 찾아 선택하는 '탐색', 선택한 정보를 이해하고 종합하는 '해석과 통합', 다양한 정보를 비판적으로 수용·생산하는 '평가', 목적에 맞게 표현할 내용의 전체적인 얼개를 구상하는 과정인 '설계', 설계된 내용을 실제적으로 구현하는 '제작', 생산된 정보와 텍스트를 디지털 플랫폼을 통해 소통하는 '공유'는 복합적·다면적 속성으로 인해 그 하위 요소가 존재한다. 하지만 기존의 매체 교육에서는 디지털 문식성의 속성중 일부(예를 들어, 인터넷 검색)의 측면에만 주목하여 이를 탐색하는 방식이 주를 이루어 왔다. 따라서 디지털 읽기와 쓰기를 아우르는 종합적 속성을 지닌다는 점에서 의의가 있다. 또한 기존의 평가는 텍스트 이해 평가에 치우쳐 있으며, 표현 영역의 평가를 포함하더라도 그 비중이 매우 낮은 실정이라는 점에서 이해와 표현 측면을 종합적으로 포섭함으로써 디지털 문식성 전반에 대한 평가 문항 제작의 기반을 마련할 수 있다. 또한 디지털 문식성의 평가 요소에서 사회적 참여와 관련된 '공유' 요소까지 포함시켜 이 평가 요소가 진공 상태가 아닌 실제적 문식성 소통 공간을 고려하고 있다는 것을 의미하며, 결과적으로 문식성 평가의 생태학적 타당도를 높이는 데에도 기여할 수 있다.

8 (나)를 고려하여 (가)에 적용할 수 있는 디지털 문식성 교수·학습 내용 요소를 〈작성 방법〉에 따라 서술하시오.

작성방법
- 수업 [A] ❶과 ❷의 교수·학습 내용에 적용할 수 있는 디지털 문식성 하위 내용 요소를 (나)에서 찾아 제시하고, 그 이유를 각각 서술할 것.

9 (나)를 참고하여 (가) 수업의 평가가 지닌 문제점과 디지털 문식성 평가의 의의를 〈작성 방법〉에 따라 서술하시오.

작성방법
- [학습 목표]와 〈단원 평가 평가 방향〉를 고려하여 [B] [소단원 평가]의 문제점을 서술할 것.
- 이를 토대로 (나)에서 제시된 디지털 문식성 평가의 의의를 서술할 것.

1장 교과내용

테마 2 : 텍스트의 목적에 따른 글 읽기

❶ [설명 방식 파악하며 설명하는 글 읽기]

> 기본 예제

1 '설명방식을 파악하며 설명하는 글 읽기'를 주제로 독서 수업을 계획하였다. 괄호 안에 들어갈 말을 〈작성 방법〉을 고려하여 쓰시오. [2점]

〈제재 글〉

다시 보는 귀화 식물

　사극을 보면 등장인물들이 말을 몰고 들판을 가로질러 적진을 향해 달려가는 장면이 가끔 등장한다. 그런데 그런 멋진 장면을 보고 웃을 때가 가끔 있다. 말이 달리고 있는 들판 여기저기에 하얀 들꽃들이 피어 있는 것이 눈에 보여서이다. 여름에서 가을로 넘어가는 즈음에 들판에 핀 흰 꽃은 십중팔구 망초나 개망초의 꽃일 텐데, 망초와 개망초는 19세기 말의 개항을 전후로 우리 땅에 들어와 살게 된 귀화 식물이기 때문이다. 19세기 이전의 시대를 배경으로 한 사극에서 그 당시에는 우리나라에 없었던 들꽃이 화면에 등장하니 웃음이 나온 것이다.
　우리는 주변에서 망초나 개망초뿐만 아니라 많은 귀화 식물을 쉽게 볼 수 있다. 이 글에서는 우리 주변에서 쉽게 볼 수 있는 귀화 식물에는 어떠한 것이 있으며, 귀화 식물이 어떻게 우리 땅에 들어와 살게 되었는지를 살펴보고자 한다.
　식물은 원산지를 기준으로 원산지가 우리 땅인 식물과 다른 나라에서 들어온 식물로 나눌 수 있다. 원산지가 우리 땅인 식물을 '자생 식물'이라하고, 다른 나라에서 들어온 식물을 '외래 식물'이라고 한다. 외래 식물 가운데 이 땅에 완전하게 정착하여 스스로 씨를 퍼트리며 살아가는 식물을 '귀화 식물'이라고 한다. 귀화 식물이 늘어난다는 것은 우리나라에 분포하는 식물의 종 수가 늘어난다는 것을 뜻한다.
　귀화 식물은 우리 주변에서 쉽게 볼 수 있다. 대표적인 귀화 식물이 망초와 개망초이다. 망초, 개망초란 이름과 관련된 슬픈 이야기가 전해지고 있다. 구한말 우리나라 곳곳에 철로가 놓이고 자동차가 다니는 길이 생겼는데, 그 주변에 전에는 보지 못했던 낯선 풀이 자라났다. 사람들은 이를 '망국초(亡國草)'라고 불렀는데 뒤에 이름이 바뀌어 망초가 되었다는 것이다. 그렇게 우리 땅에 들어온 망초와 개망초는 이 땅에 완전히 정착하여 늦여름에서 초가을까지 들판 가득 아름다운 흰 꽃을 피운다.
　우리 주변에서 흔히 볼 수 있는 또 다른 귀화 식물은 서양민들레이다. 토종 민들레는 봄에 꽃이 피고, 앉은뱅이꽃이라 부르는 데에서 알 수 있듯이 키가 작다. 그런데 우리가 주변에서 흔히 볼 수 있는 민들레는 시도 때도 없이 꽃을 피우고 대체로 키가 크다. 이러한 것들은 대부분 서양민들레이다. 서양민들레는 토종 민들레와 비슷해 보이지만 토종 민들레보다 꽃들을 싸고 있는 총포가 뒤로 젖혀져서 구별하기 쉽다. 우리 주변의 민들레를 조사해 보면 그 대부분은 토종 민들레가 내준 자리에 자라난 귀화 식물인 서양민들레이다.
　이 밖에도 귀화 식물은 많다. 환하고 노란 꽃이 아름다우며 그 씨앗에서 기름을 얻을 수 있는 달맞이꽃, 농사짓는 땅을 비옥하게 하려고 일부러 심는 자운영, 노란색 꽃으로 길을 환하게 만드는 원추천인국, 천연 제초제로 효과가 매우 뛰어나다는 서양금혼초, 행운을 안겨 준다는 '네 잎 클로버'로 우리에게 친숙한 토끼풀……. 낯익은 것도 있고, 낯선 것도 있는데 이것들 모두 귀화 식물이다.
　귀화 식물들은 도대체 어떻게 원래 살던 곳을 떠나 이 먼 곳에까지 와서 살게 되었을까? 미국쑥부쟁이는 꽃꽂이하는 사람들 사이에는 백공작이라는 별명으로 더 잘 알려져 있다. 흰색 꽃이 줄기에 갈피갈피

피는데, 그 모양이 마치 흰 깃털을 가진 공작새가 꽁지깃을 펼친 것 같아서 붙은 별명이다. 미국쑥부쟁이는 주로 경기도 북부 지역에 분포하는데, 꽃꽂이 소재로 들여온 것이 퍼져 나갔는지, 미군 군수 물자에 섞여 들어온 것이 퍼져 나갔는지 분명하지 않다. 가을이면 파주, 포천 등지의 길가에는 미국쑥부쟁이 흰 꽃이 무리지어 아름답게 피어 있다.

오리새나 큰김의털 같은 식물은 볏과에 속하는데, 길가에 많이 자라는 종이지만 꽃이 화려하지도 않고 크지도 않아 눈에 잘 들어오지는 않는다. 이것들은 도로 공사 때 땅을 깎아 만든 비탈면에 심으려고 들여왔던 것인데, 이것들이 밖으로 퍼져 나가 우리나라에 정착하였다. 그리하여 지금은 우리나라 전 지역에서 오리새나 큰김의털을 볼 수 있게 되었다.

이 밖에 사료용 목초로 들여왔는데 퍼져 나간 경우도 있고, 수입되다가 운반하는 차에서 떨어져 퍼져 나간 경우도 있다. 이렇게 다양한 경로로 들어온 귀화 식물은 우리나라에 뿌리를 내리고 살아가고 있다.

지금까지 우리 주변에서 쉽게 볼 수 있는 귀화 식물에는 어떤 것이 있으며, 어떠한 경로로 우리 땅에 들어와 살게 되었는지 살펴보았다. 그런데 사람들은 귀화 식물이라고 하면 좋지 않은 느낌이 드는 모양이다. 달맞이꽃이나 자운영같이 우리에게 매우 친숙하고 유익한 식물들도 귀화 식물이라고 하면 갑작스레 거리감을 나타내기도 한다. 낯선 것에 대한 거부감, 자생 식물을 밀어낸다는 것에 대한 반감 등을 그 이유로 들 수 있을 것이다. 이 가운데 귀화 식물이 자생 식물을 밀어낸다는 것에 대한 반감은 과학적인 근거가 있는 것이다. 예를 들면 번식력이 왕성한 서양등골나물은 자생 식물들의 분포지 한복판까지 파고들어 자생 식물들을 밀어낸다.

그러나 모든 귀화 식물이 문제가 되는 것은 아니다. 달맞이꽃이나 자운영처럼 유익한 귀화 식물도 있다. 우리 땅에는 이미 삼백여 종의 귀화 식물이 자리를 잡고 살아가고 있다. 귀화 식물이라고 하여 무조건 배척할 것이 아니라 그것들 또한 이 땅의 생태계를 구성하는 가족들이라는 인식을 갖고 좀 더 관심을 둘 필요가 있다.

〈글 내용 정리〉

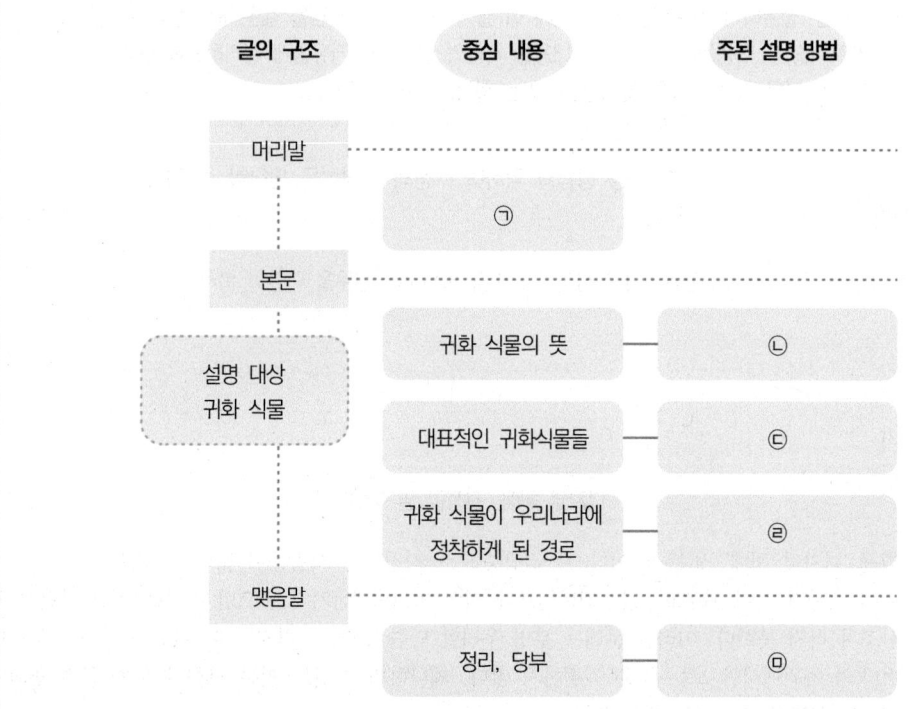

작성방법

- ㉠은 설명문의 일반적인 구성 방식을 고려하여 제시할 것.
- ㉡~㉤은 제재 글의 해당 내용에서 활용된 설명 방법을 각각 제시할 것. 단, 설명 방법은 중복될 수 있음.

2 [논증 방식 파악하며 주장하는 글 읽기]

`관련 기출`

`2019 B형 서술형`

1 다음은 '글에 사용된 다양한 논증 방법을 파악하며 읽는다.'라는 성취 기준을 바탕으로 구성한 수업 자료이다. 교수·학습 활동에 대해 〈작성 방법〉에 따라 서술하시오. [5점]

교사의 메모

▶ 어떻게 수업을 구성할까?
- 학습 목표 설정 : 교육과정 성취 기준을 주장의 타당성을 판단하는 데까지 확장
- 학생들이 자발적으로 참여할 수 있는 방법 구안
  - 읽기 전 '질문하기'는 본문을 읽기 전에 이 글에 대한 궁금한 점을 질문하는 활동으로 구성
  - [내용 학습]은 학생들이 읽은 글의 내용을 자신의 입장에서 자유롭게 정리하도록 구성
  - [목표 학습]은 학습 목표를 달성할 수 있는 활동을 구성하여 제시

- 학습 목표 : 글에 사용된 다양한 논증 방법을 악하며 주장의 타당성을 판단할 수 있다.
- 질문하기

  본문을 훑어본 뒤, 이 글의 제목이나 핵심적인 단어를 활용하여 질문을 만들어 봅시다.
  •
  •   [A]

- 글 읽기

디지털 치매, 걱정할 일 아니다

(가) 최근 '디지털 치매', 또는 '아이티(IT) 건망증'으로 걱정하는 사람들이 많다. 전화번호가 휴대 전화에 저장돼 있어 외우고 있는 전화번호가 거의 없고, 계산기가 없으면 암산은 커녕 간단한 계산조차 하지 못한다. 이러한 문제는 분명 우려할 만한 일이다. 하지만 이 현상을 단지 '좋다, 나쁘다'의 차원에서만 보는 것은 적절하지 않다. 왜냐하면 이것은 인류 사회의 노동 환경 변화와 연관된 복잡한 현상이기 때문이다.

(나) 우리는 먼저 기술 의존이 인간 진화의 자연스러운 양상이라는 점을 인정해야 한다. 프랑스 철학자 미셸 세르는 디지털 치매 또한 인류 진화 과정의 한 단면으로 보아야 하며, 인류의 진화의 역사를 돌아볼 때 상실하는 능력이 있으면 동시에 얻게 되는 능력이 있는 것처럼 디지털 치매 또한 두려워할 필요가 없다고 주장한다.

(다) 인간의 역사에서 그 예를 생각해 보자. 인류는 직립 원인으로 진화하는 과정에서 손을 도구로 사용하면서 그 이전까지 먹이나 물건을 무는 데 쓰던 입의 기능이 퇴화한 반면 입은 말하는 기능을 획득했다. 또 문자와 인쇄술이 발명되면서 호메로스의 서사시를 암송할 수준의 기억력을 상실했지만, 기억의 압박에서 해방되어 새로운 지식 생산과 같은 일에 능력을 활용할 수 있게 되었다. 그렇다면 이와 마찬가지로 오늘날의 디지털 기술 역시 인간의 기억력, 계산력 등의 약화를 가져온 대신 그보다 창조적인 능력을 향상시킬 것으로 볼 수 있을 것이다.

(라) 세상은 훨씬 복잡해졌고, 제공되는 정보의 양은 많아졌다. 상대해야 하는 사람의 수도 많아졌고, 발달된 정보 통신 기술 때문에 이들을 실시간으로 상대해야 하는 환경이 조성되었다.

…(하략)…

• 학습 활동

[내용 학습]
1. 이 글을 읽기 전에 각자 질문했던 사항에 답하면서 내용을 정리해 봅시다.

   질문 1 _____
   답 _____
   질문 2 _____
   답 _____

[목표 학습]
1. 이 글에 나타난 주장과 근거를 정리해 봅시다.
   • 주장 :
   • 근거 :
2. 이 글의 논증 방법을 파악해 봅시다. ·························· ㉠
3. 글쓴이의 주장이 타당한지 평가해 봅시다.

• 자기 점검하기

	점검 내용	그렇다	그렇지 않다
지식	• (㉡)		
수행	• 글에 사용된 논증 방법을 파악할 수 있게 되었다.		
	• 논증 방법을 바탕으로 주장의 타당성을 평가할 수 있게 되었다.		
태도	• 글을 읽을 때 논증 방법을 파악하며 읽는 습관의 중요성을 깨닫게 되었다.		

작성방법

- ㉠의 활동과 관련하여, (다)의 논증 방법을 밝히고 그렇게 판단한 이유를 서술할 것.
- '자기 점검하기'의 ㉡에 들어갈 점검 항목을 1가지 서술할 것.

심화 예제

2 김 교사는 "논증방식을 파악하며 주장하는 글을 읽을 수 있다."를 학습 목표로 제재에 대한 활동지를 제작하였다. 〈작성 방법〉에 따라 서술하시오. [4점]

다음은 냉장고 사용의 문제점에 대해 쓴 글입니다. 글쓴이가 자신의 주장을 어떤 방식으로 펼치고 있는지, 그 주장이 타당한지를 살피며 읽어 봅시다.

냉장고의 이중성

냉장고는 현대 가정의 필수품이다. 요즘 사람들은 냉장고 없이 사는 것을 상상할 수도 없을 것이다. 그런데 냉장고가 과연 문명의 이기(利器)이기만 한 것일까? 혹 우리의 삶을 위협하고 있지는 않을까? 여기서는 우리가 미처 생각하지 못했던 냉장고의 부정적인 측면에 대해 생각해 보도록 하자.

먼저 냉장고를 사용하면 전기를 낭비하게 된다. 언제 먹을지 모를 음식을 보관하는 데 필요 이상으로 전기를 쓰게 되는 것이다. 전기를 낭비한다는 것은 전기를 만드는 데 쓰이는 귀중한 자원을 낭비하는 것과 같다.

우리는 냉장고를 쓰면서 인정을 잃어 간다. 냉장고가 없던 시절에는 식구가 먹고 남을 정도의 음식을 만들거나 얻게 되면 미련 없이 이웃과 나누어 먹었다. 여러 가지 이유가 있겠지만 그 이유 가운데 하나는 남겨 두면 음식이 상한다는 것이었다. 그런데 냉장고를 사용하게 되면서 그 이유가 사라지게 되고, 이에 따라 이웃과 음식을 나누어 먹는 일이 줄어들게 되었다. 냉장고에 넣어 두면 일주일이고 한 달이고 오랫동안 상하지 않게 보관할 수 있기 때문이다. 냉장고는 점점 커지고, 그 안에 넣어 두는 음식은 하나둘씩 늘어난다.

또한 냉장고는 당장 소비할 필요가 없는 것들을 사게 한다. 그리하여 애꿎은 생명을 필요 이상으로 죽게 만들어서 생태계의 균형을 무너뜨린다. 짐승이나 물고기 등을 마구 잡고, 당장 죽이지 않아도 될 수많은 가축을 죽여 냉장고 안에 보관하게 한다. 대부분의 가정집 냉장고에는 양의 차이는 있지만 닭고기, 쇠고기, 돼지고기, 생선, 멸치, 포 등이 쌓여 있다. 이것을 전국적으로, 아니 전 세계적으로 따져 보면 엄청난 양이 될 것이다. 우리는 냉장고를 사용함으로써 애꿎은 생명들을 필요 이상으로 죽여 냉동하는 만행을 습관적으로 저지르고 있는 셈이다.

대형 냉장고 문화가 시작된 미국에서는 전체 인구의 3분의 2 정도가 과체중이다. 이는 세계 인구의 5%도 안 되는 미국인들이 세계 자원의 4분의 1을 소비하게 하는 냉장고 문화와 관련이 있다. 장수하는 국민이 많기로 소문난 일본에서 비만 남성의 비중이 지난 20년간 40%나 증가한 것(2002년 일본 정부 발표)이나, 우리나라의 비만 인구가 많이 증가한 것도 냉장고 문화의 확산과 관계가 있다. 국제비만특별조사위원회의 조사 결과에 따르면 통가, 사모아, 나우루에서 비만 인구가 최근 급증하고 있는데, 이 나라들은 모두 최근 몇십 년 사이 냉장고에 오랫동안 보관하는 기름진 서양의 가공식품들이 홍수처럼 밀려들었다는 공통점이 있다.

  이렇듯 냉장고는 우리의 삶과 환경을 위협하고 있다. 냉장고를 많이 사용할수록 자원은 낭비되고, 삶은 각박해진다. 또 냉장고는 우리에게 당장 필요하지 않은 것들을 사게 해서 생태계의 균형을 무너뜨리게 하고, 많은 음식을 버리게 한다. 그리고 우리의 몸을 병들게 한다. 그렇다고 냉장고를 당장에 버리고 사용하지 말자는 것은 아니다. 다만 우리의 삶과 환경을 위협하는 냉장고의 폐해를 인식하고, 우리의 냉장고 사용 습관을 한 번쯤 되돌아보자는 것이다.

〈활동지〉

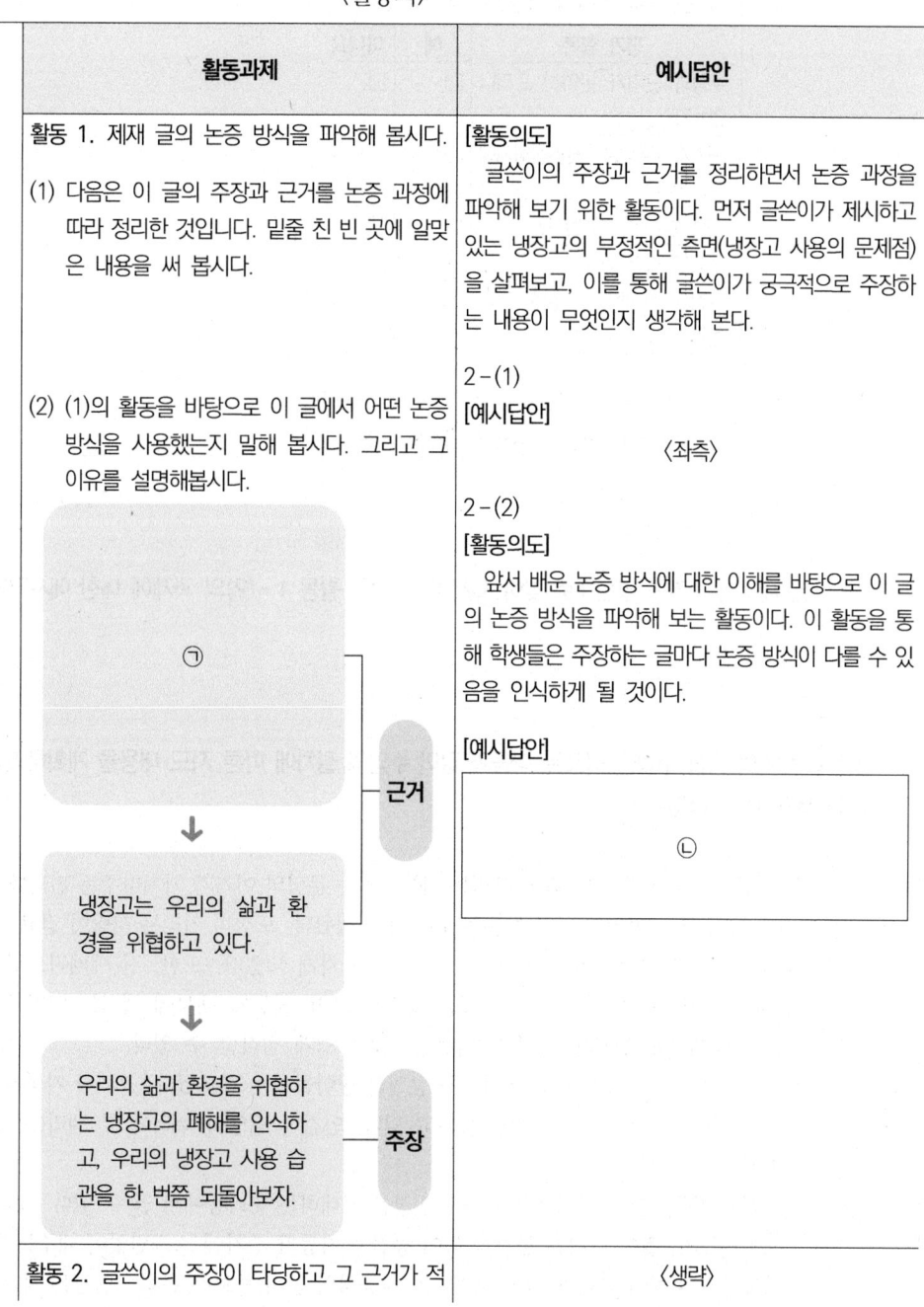

	활동과제	예시답안

학습활동	활동 1. 제재 글의 논증 방식을 파악해 봅시다.
	
	(1) 다음은 이 글의 주장과 근거를 논증 과정에 따라 정리한 것입니다. 밑줄 친 빈 곳에 알맞은 내용을 써 봅시다.
	
	(2) (1)의 활동을 바탕으로 이 글에서 어떤 논증 방식을 사용했는지 말해 봅시다. 그리고 그 이유를 설명해봅시다.
	
	㉠ → 근거
	
	냉장고는 우리의 삶과 환경을 위협하고 있다.
	
	우리의 삶과 환경을 위협하는 냉장고의 폐해를 인식하고, 우리의 냉장고 사용 습관을 한 번쯤 되돌아보자. → 주장
		[활동의도]
		  글쓴이의 주장과 근거를 정리하면서 논증 과정을 파악해 보기 위한 활동이다. 먼저 글쓴이가 제시하고 있는 냉장고의 부정적인 측면(냉장고 사용의 문제점)을 살펴보고, 이를 통해 글쓴이가 궁극적으로 주장하는 내용이 무엇인지 생각해 본다.
		
		2-(1)
		[예시답안]
		〈좌측〉
		
		2-(2)
		[활동의도]
		  앞서 배운 논증 방식에 대한 이해를 바탕으로 이 글의 논증 방식을 파악해 보는 활동이다. 이 활동을 통해 학생들은 주장하는 글마다 논증 방식이 다를 수 있음을 인식하게 될 것이다.
		
		[예시답안]
		㉡

	활동 2. 글쓴이의 주장이 타당하고 그 근거가 적	〈생략〉

절한지 평가해 봅시다.

(1) 2의 활동을 바탕으로 글쓴이의 주장을 뒷받침하고 있는 근거가 적절한지 평가해 봅시다.

근거 가운데 적절하다고 생각하는 것	근거 가운데 적절하지 않다고 생각하는 것

(2) 글쓴이의 주장이 타당한지 평가해 봅시다.

평가 항목	예	아니요
주장과 근거가 분명히 드러나 있는가?	☐	☐
근거가 주장을 뒷받침하기에 충분한가?	☐	☐
논증 방식은 적절한가?	☐	☐
주장은 합리적인가?	☐	☐
주장은 현실적으로 실현 가능한가?	☐	☐

(3) (1)의 활동을 바탕으로 글쓴이의 주장이 타당한지 타당하지 않은지 자신의 의견을 써 봅시다.

작성방법

- ㉠은 제시된 근거를 있는대로 찾아 제시하고, ㉡은 활동 1-(2)의 과제에 대한 예시답안을 서술할 것.

3 읽기와 쓰기의 통합 수업을 목표로 다음과 같이 수업의 절차에 따른 지도 내용을 계획하였다. 〈작성 방법〉에 따라 서술하시오. [4점]

    자동차 산업의 급속한 발달 덕에 우리는 자동차라는 문명의 이기가 가져다주는 편리를 한껏 누려 왔지만 거기에 딸려 오는 여러 가지 부작용은 모른 채 살아왔다. 도심의 거리는 사람이 걷고 대화하는 공간의 기능을 잃어버리고 자동차의 소음과 매연으로 가득 차게 되었다. 또한, 전 세계적으로 하루에 수많은 사람이 자동차 사고로 다치거나 죽는 것을 생각해 보면, 자동차 때문에 생기는 인명과 재산의 피해가 그 어떤 전쟁 때문에 생기는 피해 못지않다는 것을 쉽게 짐작할 수 있다.

    과거에는 산업화한 사회만 자동차 문명을 받아들이는 정도였다. 그러나 자동차는 오히려 삶의 질을 떨어뜨리는 가장 큰 원인이 되고 있다. 인간이 당연히 누려야 할 권리를 자동차에 내주고 있기 때문이다.

    이는 자동차를 지나치게 보호하고 인간을 천대하는 문화등에서 알 수 있다. 예를 들면'골목길에서 아이들이 걸어 다니는 공간과 놀이 공간을 자동차 주차에 스스럼없이 내주는 문화', '건널목에 자동차가 버젓이 올라가 있고 보행자가 자동차의 눈치를 보는 문화', '인간은 지하도나 육교로 다

[A] 니고 자동차가 거리의 중심을 활보하는 문화' 등이 자동차라는 기계에 인간의 권리를 넘겨준 증거라고 할 수 있다.

이는 운전자와 보행자는 본래 인간으로서 같은 권리를 가졌음에도 자동차 때문에 서로의 권리는 평등하지 않다는 점에서 확인된다. 자동차는 열차와 달리 선로가 없어서 운전자의 운전 능력에 따라 보행자의 안전이 결정되며, 보행자는 운전자보다 훨씬 많은 양의 매연을 마시는 등 불평등은 계속되고 있다.

도시를 떠나면 이런 상황은 더욱 심해진다. 국도 주변은 경운기나 자전거 등 느린 속도로 이동하는 교통수단에 대한 배려가 전혀 없을 뿐 아니라 오로지 2차선, 4차선 도로만 있을 뿐 인간이 마음 편하게 발을 디딜 틈은 없다. 도로변을 걸어서 학교에 가고, 논에 가고, 이웃 마을에 가야 하는 상황에 노출되어 매일같이 생명이 위협당하고 있는 것이다.

따라서 이제는 자동차에 대한 맹종에서 벗어나 자동차의 위치를 인간이 통제 가능한 교통수단의 일부로 돌려놓아 자동차의 폐해를 줄이는 방법을 좀 더 구체적으로 생각해 보아야 한다.

먼저 주거 공간의 경우, 아파트 같은 집단 거주 시설의 주차 공간은 모두 지하로 보내고, 지하 주차장이 없는 곳은 지하 주차장을 새로 만들도록 해야 한다. 단독 주택이나 연립 주택 등의 소규모 공동 주택은 주변의 골목에 아예 자동차를 주차할 수 없게 하고, 이삿짐 차나 긴급 차량 외에는 들어오지 못하게 해야 한다. 특히 주택가 골목은 어린아이들이 뛰어놀고 노약자들이 지나다니기 때문에 자동차가 들어오면 보행자가 지나다니는 데에 불편을 겪게 된다. 그뿐만 아니라 골목길은 길이 좁고 사각지대가 많아서 사고의 위험이 커진다. 이를 실현하기 위해서는 먼저 각 지방 자치 단체에서 해당 지역의 자동차에 부과하는 세금을 활용하여 유료 공용 주차장을 확보해 나가야 할 것이다.

다음으로 주거 공간뿐만 아니라 도시의 중심부에도 자동차가 들어오지 못하게 하고, 화물차나 저공해 버스, 택시, 자전거만 들어올 수 있게 해야 한다. 또한, 도시 내에 순환형 지상 전철이나 모노레일 등을 새로 만들어야 한다. 특히, 모노레일은 녹화 사업을 통해 도시의 이미지를 건강하게 바꾸면서 도시의 교통 문제를 해결하는 데에 이바지할 수 있다.

자동차 통행을 제한하는 문제와 더불어서 해결해야 할 또 하나의 문제는 바로 대기 오염 문제이다. 이를 해결하기 위해서는 도로변 곳곳에 사람 키 높이의 매연 측정기를 설치하여 매일 엄격하게 관리해야 한다. 또한, 자동차나 기름값에 부과되는 환경 개선 부담금이나 교통세가 도로 건설에 활용되는 비율을 대폭 줄이고 이 세금의 상당 부분을 친환경 대중교통 활성화에 사용해야 할 것이다.

이처럼 앞으로의 세상은 최소한 인간의 권리가 자동차의 권리보다 존중받는 세상이어야 한다. 인간이 누려야 하는 권리는 '맑은 공기를 마시며 걸어 다닐 권리', '자전거를 타고 안전하게 다닐 권리', '자동차들로부터 아이들이 보호받을 권리' 등과 같이 소박한 것들이다. 어린이, 노인, 환자, 장애인들이 안심하고 이동할 권리가 보장되는 사회가 좋은 사회이다.

또한, 인간을 위한 자동차 문화를 적극 만들어 가기 위해서는 앞에서 말한 내용보다 훨씬 더 많은 친환경 대책이 세워져야 한다. 자동차에 빼앗긴 인간의 권리를 되찾기 위해서는 다소 지나쳐 보이더라도 새롭고 적극적인 노력이 필요하다. 이러한 노력을 통해 그동안 빠른 속도로 퍼져 온 잘못된 자동차 문화에 말 한마디 제대로 못 하고 잃어버렸던 인간의 권리를 되찾아야 한다.

차시	절차	수업형태	지도 내용
1	도입	교사	〈학습 목표〉 읽기: 논증방식을 파악하며 주장하는 글을 읽는다. 쓰기: 의견의 차이가 드러나는 문제에 대해 타당한 근거를 들어 주장하는 글을 쓴다.

2~4	전개	읽기 영역	개별 및 모둠	〈전략 설명 및 시범〉
				㉮ 학습자의 직접 읽기 활동
				• 논증의 요소와 논증 방식 이해하기(파악하기)
				
				[A]의 논증 방식 파악
				① 자동차를 과보호하고 보행자를 천대함.
				② 골목길에서 사람들이 걸어 다니는 공간과 놀이 공간을 자동차 주차에 내줌.
				    ㉠
				    ③
				    ④
				               ㉡ ⑤
				
				        근거로 기능
				
				위의 사례에서 한 가지라도 거짓이면 글쓴이의 주장이 거짓이 됨.
				(㉢) 논증
				↓
				주장
					자동차 문화는 인간의 권리를 침해하고 있음
					
					• 합리성과 실현 가능성에 비추어 주장의 타당성을 판단
					
						글쓴이의 주장	오늘날의 자동차 문화는 인간의 권리를 침해하고 있음.

해결 방안	자동차 문화를 개선해야 함. 이를 위하여 자동차의 사용을 제한하고, 자동차 때문에 인간이 입게 되는 건강상의 피해를 줄여야 함.
구체적인 해결 방안	① 집단 주거 시설: 주차 공간을 모두 지하로 보냄. ② 소규모 공동 주택: 골목길에 자동차의 진입을 제한함. ③ 도시의 중심부: 자가용 진입을 제한하고, 친환경 교통수단을 조성해야 함. ④ ㉣	 ⇩ (판단) ㉤
		쓰기 영역	모둠	㉯ 읽은 글을 자료로 활용하여 쓰기 활동
5	정리		모둠	

작성방법

- [A]에 나타난 논증 방식 파악 빈 칸 ㉠~㉡에 들어갈 내용을 제재에서 찾아 제시하고, ㉢에 논증 방식을 쓸 것.
- '합리성과 실현 가능성에 비추어 주장의 타당성을 판단'의 빈칸 ㉣에 들어갈 내용을 제재에서 찾아 쓰고, ㉤에 타당성을 판단할 것.

2장 / 교과교육

1절 | 독서 교수·학습 모형

테마 1 | 현시적 교수법을 적용한 기능 중심 읽기 수업(직접 교수법·상보적 교수법)

[관련 기출]
[2009 2차]

1. '도식 조직자를 활용한 유추 전략'을 적용하여 〈제재〉의 내용을 파악하는 수업을 하고자 한다. 〈조건〉에 따라 〈보기 1〉의 ㉠~㉣에 들어갈 내용을 서술하고, ㉢~㉣의 단계에 적용된 교수·학습의 내적 원리를 설명하시오. (20±3줄)

> **제재**
>
> 　서양의 건축이 폐쇄적 조직으로서의 내적 구성을 추구한다면, 동양의 건축은 건축물이 놓이는 상황 및 자연환경과의 어울림을 강조한다. 즉 동양 건축은 형태의 논리적 통일성을 강조하는 서양과 달리 환경과의 통일성을 중시한다.
> 　세종로에서 경복궁을 바라볼 때 삼각산이 축을 살짝 비껴 여백을 베풀어 주고 있음은 우연의 결과가 아니라 세밀한 풍수에 의한 입지 설정이라 할 수 있으며, 아무런 가구를 들여놓지 않은 허한 방이나 마당을 두어 바람이 머물도록 함은 비어 있음[無]의 미와 함께 환기와 채광을 고려한 것이라 할 수 있다. 이로 인해 건축물도 환경의 영향을 받아 변화하고 적응한다. 계절에 따라 바뀌는 자연의 아름다움이 건축의 일부분으로 들어오고, 빈 공간 사이[間]에 놓여 있는 디딤돌, 마루, 기와, 추녀 등 건축의 구성물조차도 세월의 흐름에 따라 색이 바래고 서서히 자연의 색을 덧입는다.
> 　이러한 개방성은 미술의 경우에도 나타난다. 서양화가 작가의 저작권을 강조하는 폐쇄적인 작품이라면, 동양화는 소유자나 감상자가 시를 첨가할 수 있는 개방된 작품이다. 여기서 중요한 것은 작품성이 아니고 상징성의 직관적 경험이다. 즉 그림의 본질은 그림 자체에 있는 것이 아니라 그림을 보는 사람의 마음속에 있다는 것이다.
> 　이렇듯 창조와 미에 대한 동서양의 의식을 비교하는 뜻은 어느 쪽의 우열을 논하자는 것이 아니라 그 차이와 깊이를 이해하려는 데 있다. 논리와 형태미에 치중한 서양이 건축의 양식 개발에 많은 공헌을 하였고, 동양은 정원을 꾸미는 데에 훌륭한 예를 낳은 것도 이러한 차이에서 비롯된 것이다.
> 　그런데 한국의 지도적 건축가 대다수는 건축을 '진취적 현대 건축'과 '보수적 전통 건축'으로 양분하고, 형태와 양식 및 공간에 관한 분석에서 서구적 언어를 사용하여 단지 물체적으로만 비교한다. 또한 권위주의적인 사고로 '작품'의 추구에 치중하여, 이용자들의 판단을 고려하지 않고, 전문인들만이 둘러앉아 사진을 두고 평가한다.
> 　그러나 건축의 일차적 목적은 예술품이나 미를 창조하는 것이 아님을 인식해야 한다. 우리의 건축이 동양 또는 한국 문화의 상징과 의미 체계에 연결되고 민족적, 역사적 기억과 접목이 되었을 때 비로소 한국인의 의미 있는 삶에 접근할 수 있을 것이다.

조건

1) ㉠은 도식 조직자와 유추의 개념을 포함할 것.
2) ㉡은 〈보기 2〉의 의미 구조를 분석할 것.
3) ㉢은 ㉠, ㉡을 바탕으로 하여 〈제재〉를 읽는 방법을 설명할 것.
4) ㉣은 활동의 예를 2가지 제시할 것.
5) ㉢~㉣의 단계에 적용된 교수·학습의 내적 원리는 읽기 학습과 관련지어 설명할 것.

보기 1

교수·학습 절차

학습 목표 : 글을 읽고 내용을 파악할 수 있다.

단계	교수·학습 내용
• 도입	• 목표 확인　　　　　　　• 배경 지식 활성화
▶ 원리 설명	㉠
▶ 시범	㉡
▶ 교사의 안내에 의한 읽기	㉢
▶ 독립적 읽기	㉣
• 정리 및 평가	• 자기 점검　　　　　　　• 차시 예고

(각 단계 사이에는 ▼ 화살표로 연결)

보기 2

보조 자료

　우리나라의 옛 길은 유교와 도교 등의 영향으로 실생활과 밀접하면서도 소박하게 만들어졌다. 특히 도가에서 길이란 형식적이거나 웅장할 필요가 없다. 좋은 길은 물이 높은 곳에서 낮은 곳을 찾아 흐르듯 자연법칙에 순응하는 길이다. 그래서 대부분의 길은 황톳길 그대로이며 자연의 굴곡을 그대로 따라가고 있다. 다만 경사가 심한 고개의 비탈길은 비가 올 때 미끄럽고 빗물에 패기 쉽기 때문에 돌을 깔았는데, 곳곳에 남아 있는 '박석고개'란 지명은 이에서 연유한 것이다.
　반면, 서양의 길에는 남보다 빠르게 움직여야 하는 속도의 욕구가 반영되어 있다. 예컨대, 고대 로마의 길은 상당히 웅장하고 화려하여 보는 이로 하여금 위압감을 느끼게 한다. 그러나 이 도로는 정복 사업이 끝난 후에는 쓸모가 적은 길이 되었다. 돌로 포장된 길을 다니는 수레는 진동이 심하여 바퀴살이 자주 어긋나고, 말발굽도 상하기 쉬웠다. 또한 로마의 길은 로마와 중점을 직선으로 연결하고 있어서 중간 경유지로서의 크고 작은 도시가 발달할 수 없었다.

심화 예제

2 송 교사는 독서 전략을 활용한 능동적 글 읽기 수업을 다음과 같이 계획하였다. 〈작성 방법〉에 따라 능동적 글 읽기를 위한 교수·학습 내용을 서술하시오. [4점]

교과	국어		학년/학기	중 3
교재	국어 pp.10-18		지도교사	○○○
일시	2020년 6월 18일		대상학급	○학년 ○반
모형	현시적 교수법		차시	2/8 차시
단원	1. 독서의 과정과 방법 (1) 내 기억속의 책 한 권			
학습목표	대단원 학습목표: 1. 지식과 경험, 글의 정보, 읽기 맥락을 토대로 내용을 예측하며 글을 읽을 수 있다. 2. 글의 내용을 토대로 질문을 생성하며 능동적으로 글을 읽을 수 있다.			

교수학습 과정			교수·학습 활동	학습 자료
과정	단계	형태		

도입	준비하기	전체 학습	• 선수학습의 수준 및 정도 확인
			• 배경지식 활성화
			  - 제재 글과 관련된 동영상을 본다.
			  - 제재 글에 대한 텍스트(경험)를 상기하도록 유도한다.
			• 학습목표확인
				동영상 및 PPT 준비

	과제인식			
전개	설명하기	전체 학습	• 교사가 기능이나 전략의 개념, 특징, 필요성, 활용방법, 유의점 등을 알려준다.	PPT 자료 : 설명 자료
	시범 보이기	전체 학습	㉠	PPT 자료 (예시자료)
	교사유도 연습	모둠 학습	㉡	활동지
	독립연습	개별/ 모둠학습	• 전략을 적용하여 제재 글을 읽는다. • 읽은 내용을 정리하여 친구들과 비교해 본다.	교과 제재
정리	적용하기	개별 학습	• 전략을 또 다른 글에 적용해 본다.	교과 외 다른 자료

	정리 및 평가	전체 학습	• 학습 목표 재확인
			  - 학습 활동을 정리한다.
			  - 학습 목표를 확인하고 학습 내용을 회상한다.
			• 자기 점검
			  - 자기 질문평가를 통해 목표 달성여부를 점검한다.	

작성방법

• ㉠과 ㉡은 현시적 교수법의 단계의 특징을 각각 서술할 것.
• 이 수업에 적용된 교수·학습의 내적 원리를 읽기 학습과 관련지어 설명할 것.

3 송교사는 능동적인 읽기 수업을 목표로 다음과 같이 '상보적 교수법'을 적용한 독서 수업을 계획하였다. 〈보기 1〉은 다차시 수업계획안이고, 〈보기 2〉는 각 차시별 공통적으로 적용된 수업계획안이다. 〈작성 방법〉에 따라 서술하시오. [4점]

> 최근 몇십 년간 광범위한 영향력을 행사해 왔던 신고전파 경제학은 특유의 신앙을 가지고 있다. 시장이 모든 것에 우선한다는 것이다. 그들은 "태초에 시장이 있었다."라고 주장하며, 국가의 개입은 시장의 결함이 극도로 심화된 이후에야 나타나야 할 인위적 대체물로 본다.
>
> ① 그러나 태초에 시장은 없었다는 것이 진실이다. 경제 사학자들에 따르면, 시장 체제는 인류의 경제 생활에서 큰 비중을 차지하지 못했고, 발생 단계부터 거의 항상 국가의 개입에 의존해 왔다. 자본주의 초기 단계에서는 더욱 그랬다. 폴라니는 그의 고전적 저작인 《대전환》을 통해 '자연 발생적으로' 시장 경제가 나타난 것으로 흔히 간주되는 영국에서조차 시장의 발생에 정부가 결정적 역할을 해냈음을 보여 주면서 다음과 같이 이야기한다.
>
> "자유 시장으로 가는 길은 정부가 꾸준히 개입을 늘리는 방식으로 시작되고 유지 되었다. 애덤 스미스의 '단순하고 자연적인 자유'의 개념을 인간 사회에 실현하는 일은 매우 복잡한 일이었다. 토지의 사유를 제도화한 인클로저 법들의 조항은 얼마나 복잡하였던가? 시장 개혁의 과정에서 얼마나 많은 관료적 통제가 필요하였던가?"
>
> [A] ② 미국에서도 초기 산업화의 성공에 결정적으로 영향을 끼친 것은 역시 소유권의 확립, 주요 사회 간접 시설의 건설, 농업 연구에 대한 자금 공급 등을 통한 정부의 개입이었다. 게다가 미국은 '유치산업 보호'라는 아이디어의 발생지였으며, 제2차 세계 대전이 발발하기 이전의 100년 동안 산업 보호 장벽이 가장 견고했던 나라였다.
> ③ 산업화에 성공한 국가 가운데 정부가 경제 발전에 강력하게 개입하지 않은 경우는 없었다. 물론 정부가 시장에 개입하는 형태는 매우 다양하다. 사회주의 혁명에 맞서 복지 국가 체계를 수립한 비스마르크의 독일, 전후(戰後) 산업 복구 정책을 편 프랑스, 국가적으로 연구 개발을 지원한 스웨덴, 공기업 부문을 통해 제조업의 발전을 이룬 오스트리아, 국가의 주도로 압축 성장을 이룬 한국 등의 동아시아 국가가 그것이다. 정부의 개입 형태는 이렇듯 다양하지만, 분명한 것은 산업화 과정에서 엄청난 규모의 국가 개입이 있었다는 것이다. 거의 모든 선진국은 사실상 정부의 강도 높은 개입이라는 '비(非)자연적 방법'을 통하여 발전해 왔다. 그러므로 시장을 인위적 개입이 없는 자연적 현상으로 바라보는 관점은 실제 사실이 아닌 희망 사항에 기반을 둔 것이다.
>
> 시장 제도가 모든 것보다 우선하는지는 한 나라의 경제 정책 설계에서 매우 중요한 문제이다. 이를테면 공산주의 국가에서 자본주의 국가로 '대대적인' 개혁을 하였던 많은 나라는 한동안 심각한 경제 위기를 겪었다. 이것은 '잘 작동하는' 정부 없이는 '잘 작동하는' 시장 경제를 건설할 수 없음을 명백하게 보여 준다. 신고전학파 경제학자들이 믿는 대로 시장이 '자연스럽게' 진화한다면, 옛 공산 국가들은 진작 그 같은 혼란에서 빠져나왔어야만 한다. 또한 수많은 개발 도상국이 겪어 온 발전의 위기는 자국의 경제 발전 문제를 해결하는 데 정부가 개입하지 못하게 막는 것이 얼마나 위험한 태도인지를 증명한다.

보기 1

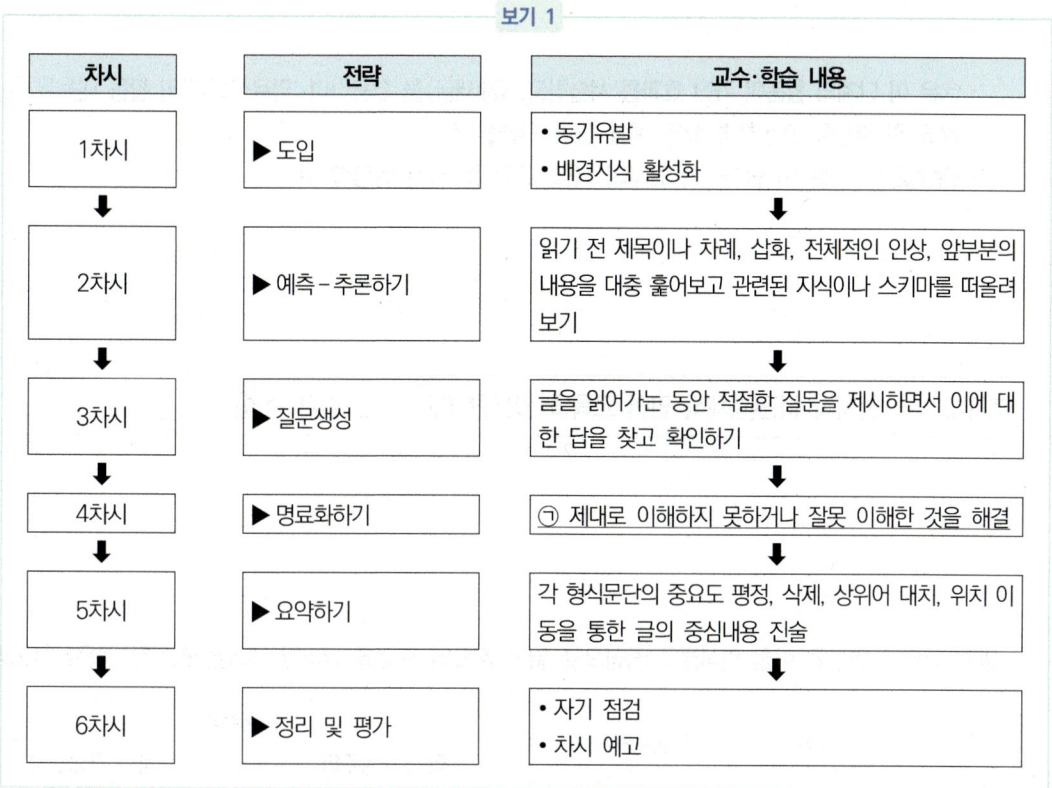

보기 2

　상보적 교수법은 학생들, 학생과 교사 간의 상보적인 도움을 통해 독해 전략을 익히게 하고자 한 수업 방식으로, 교사와 학생이 학습 과제를 함께 해결하다가 점차적으로 학생이 독자적으로 과제를 해결할 수 있도록 교사가 학생에게 도움을 주는 방법이다. 교사와 학생이 함께 번갈아가면서 여러 가지 전략을 적용하여 과제를 해결하되 대화를 통한 학습을 강조하되, 학생과 교사가 서로 역할을 바꾸어 가며 수업을 진행한다. 이 과정에서 학생은 중요한 내용이 무엇인지 스스로 생각할 수 있는 능력을 기르게 되고, 글의 내용을 자신의 것으로 받아들이게 된다. 각 단계와 교사의 역할은 다음과 같다.

1단계	안내 단계	교사는 수업의 목적에 대하여 설명한 후, 학생들에게 글을 나누어 주고, 조용히 눈으로 읽게 한다.
2단계	시범 단계	교사는 글을 읽고 이해할 때 질문 생성, 요약, 명료화, 예측의 네 가지 전략을 구체적으로 적용하는 방법에 대한 시범을 보여준다.
3단계	교수적 지원 제공 단계	ⓒ
4단계	교수적 지원 중단 단계	학생은 독립적으로 네 가지 읽기 전략을 적용하면서 스스로 글을 읽고 이해하며 교사는 더 이상 학생들에게 도움을 주지 않는다

> **작성방법**
>
> - ㉠은 이 단계의 활동이 가진 효과를 서술하고, 〈제재글〉을 활용하여 '명료화하기'의 활동 내용을 [A]의 밑줄 친 부분을 포함하여 활동 예를 들어 서술할 것.
> - 〈보기2〉의 ㉡은 이 단계에서 교사의 역할 2가지를 각각 설명할 것.

테마 2 : 균형적 접근(총체적 언어 교육을 활용한 의미 중심 읽기 수업)

관련 기출

`2011`

1 읽기 이론에 영향을 미친 인식론을 중심으로 읽기 지도의 관점을 정리한 내용을 적절한 것은? [1.5점]

인식론 구분		객관주의	구성주의	
			인지 구성주의	사회 구성주의
①	의미관	글에 대한 반응으로서 독자의 의미구성	글 속에 내재된 필자의 의미 발견	의미에 대한 구성원 간의 객관적 합의
②	읽기 변인	언어적 요인과 수사 구조	해석 공동체의 읽기 관습과 규범	독서 행위의 심리적 과정
③	교수원리	의미 중심	대화 중심	전략 중심
④	교수법의 예	총체적 언어 교육법	직접 교수법	토론 학습법
⑤	지도의 강조점	해독 중심의 텍스트 분석	추론 중심의 인지 전략	상호 작용을 통한 맥락 이해

심화 예제

2~3 다음은 표현과 이해 능력을 동시에 신장시키기 위하여 '총체적 교수학습의 원리'에 따라 마련한 독서와 작문 통합 수업 계획이다. 글을 읽고 물음에 답하시오.

〈자료 1〉
〈수업 계획〉
[교수학습의 원리]
① 교실 수업에서 자연스러운 언어 상황 맥락을 강조
② 학습자 중심 : 학습자 반응, 실수 허용, 학습에 대한 책임감 등의 강조
③ <u>말하기, 듣기, 읽기, 쓰기 활동의 유기적 관련 중시</u>
④ <u>상호작용을 통한 학습자의 의미 구축</u>

[학습 목표]
[읽기] 설명방식을 파악하며 설명하는 글을 읽는다.
• 정의, 예시, 비교와 대조, 분류와 구분, 인과, 분석, 과정

[쓰기] 설명하고자 하는 대상이나 개념에 맞게 적절한 설명 방법을 사용하여 독자가 이해하기 쉽게 글을 쓴다.
• 정의, 예시, 비교와 대조, 분류와 구분, 인과, 분석, 과정, 열거 등

[과제]
평소에 궁금했던 내용을 조사하여 설명하는 글을 쓰기로 한 다. 반 친구들을 예상독자로 재미있게 읽을 만한 주제로 무엇이 있을지 생각하고 설명문을 써보자.

〈유의 사항〉
- 설명 대상과 관련한 자료를 다양한 매체에서 수집하여 글의 내용을 선정한다.
- 선정한 내용을 바탕으로 하여 글의 내용을 조직하고, 개요를 활용하여 글의 구조와 내용이 잘 조직되었는지 살펴보고, 그에 적절한 설명 방법이 무엇인지 생각해본다. 개요를 완성한 다음, 스스로 또는 짝과 함께 점검하자.

[제재 글]

〈사람에게 가장 위험한 동물〉

(가) "사람에게 가장 위험한 동물이 뭘까요?" 이 질문에 대한 초등학교 어린이들의 대답은 다양하다. 사자, 곰, 뱀, 악어처럼 포유류 아니면 파충류 이름을 댄다. 가끔 살아 있는 모습을 결코 본 적이 없는 공룡 을 말하다가 친구들의 핀잔을 듣는 아이도 있다.
　　(나) 사람에게 가장 위험한 동물은 따로 있다. 날씬한 몸매에 투명한 날개와 털이 덥수룩한 다리, 털이 보송보송한 1쌍의 더듬이, 1쌍의 겹눈, 바늘처럼 기다란 주둥이가 특징인 이

[나] 것. 몸무게는 기껏해야 2밀리그램. 우리 머리카락 네 가닥 무게쯤 된다. 너무도 작고 연약하여 안쓰러울 정도다. 하지만 이 동물의 이름을 듣는 순간, '아! 정말 싫다.'라는 생각이 절로 든다. 그의 이름은 모기.

[다] (다) 모기는 사막과 남북극을 제외한 모든 곳에 산다. 50만 년 전 불을 일상적으로 사용하게 된 직립 원인(直立 猿人)은 더운 지방을 떠나 추운 지방으로 이주했다. 먹을 것도 상대적으로 적고 생활도 불편한 추운 지방으로 이주한 가장 큰 이유는 아마도 병균과 벌레 때문이었을 것이다. 불을 피워서 추위만 피할 수 있으면 나머지는 감수할 수 있었다. 그중에서도 모기는 가장 끔찍했다. 생각해 보라. 전기 모기채, 스프레이 살충제, 물파스도 없는 여름밤을 견디기가 얼마나 힘들었겠는가. 모기장은커녕 제대로 된 옷도 없던 시절에 말이다.

(라) 모기는 번거롭고 성가시고 없으면 정말 딱 좋은 존재다. 사람들은 모기를 몹시도 미워한다. 우리가 모기를 미워하는 이유는 단 한 가지. 우리를 물고 가렵게 하기 때문이다. 여기에 모기의 비극이 있다. 모기 가운데 아주 일부가 우리 피를 빨아 먹는다. 뭐, 많이 먹는 것도 아니다. 우유 한 방울 정도다. 게다가 모기가 피를 빼는 이유를 안다면 우리는 참을 수 있다. 바로 모성애다. 오로지 산란기의 암컷만 피를 빨아 먹는다. 자식을 위해 풍부한 영양분이 필요한 것이다.

[마] (마) 모기가 피를 한 번 빼는 데는 무려 8~10초나 걸린다. 이 시간이면 우리가 모기를 잡는 데 충분한 시간이다. 모기의 입장에서 보면 자식을 위해서 정말로 지옥 같은 공포를 견뎌야 한다. 사람의 혈액에는 혈관에 상처가 나면 피를 굳히는 물질이 있다. 8~10초 동안 주둥이를 사람 혈관에 박고 있으면 그사이에 피가 굳어서 모기는 주둥이를 사람 피부에 박은 채 생을 마감해야 한다. 방패가 있으면 창은 더 정교해져야 하는 법. 모기는 피를 빨아 먹는 동시에 침 속에 혈액 응고 억제 물질인 히루딘을 섞어서 우리 혈관에 주입한다. 우리 몸이라고 가만히 있지는 않다. 히루딘에 알레르기 반응을 일으키면서 히스타민을 분비한다. 히스타민은 우리를 가렵게 만든다. 그러니까 우리를 가렵게 만드는 물질은 모기에게서 오는 게 아니라 우리 몸에서 나온다는 얘기다. "이봐! 위험한 적이 나타나서 자네를 공격하고 있어. 제발 일어나서 좀 잡으라고."라는 신호를 보내는 것이다.

(바) 우리는 몸의 소리를 들어야 한다. '모기가 물든 말든 가렵지만 않으면 좋겠어.'라고 우리 몸이 생각했다면 우리는 지구에 존재하지 못했을 것이다. 가렵기 때문에 모기를 피하려고 추운 곳으로 이주했고 모기를 잡았기 때문에 우리 인류가 아직도 남아 있는 것이다.

[학생의 작문 계획]

예상 독자	여드름에 관심이 많은 친구들
글을 쓰는 목적	여드름이 무엇이고, 왜 생기는지 알려 주어야겠다.
정보 수집 방법	백과사전이나 인터넷을 활용하여 여드름에 대한 정보를 찾아야겠다.
표현 방법	적절한 설명 방법을 사용해서 이해하기 쉽게 쓰려 함.

〈학생의 작문 개요서〉

제목	여드름은 왜 생길까?	
처음	사춘기의 고민인 여드름	
중간	1. 여드름과 피지란 무엇인가?	
	2. 여드름은 왜 생기는가?	
	3. 여드름을 예방하는 방법은 무엇이 있는가?	
끝	여드름 예방을 위해 필요한 습관 강조	

의도 혹은 대상 특성	설명 방법
이해 중심	[A]
현상의 이유제시	[B]
항목별 소개	[C]

〈자료 2〉

단계	절차의 특징	교수·학습의 내용
1	학습 과제 확인	• 학습에 대한 책임 형성을 가지는 과정으로 이를 통해 학습자는 자신의 언어 경험의 의도와 목적을 인식하게 됨
	학습 과제 해결 방법 모색	• 읽기 활동의 결과를 여러 가지 다양한 언어활동들과 어떻게 결합시킬 수 있는지를 생각. • 학습자는 자신이 하고 싶은 한 가지 또는 그 이상의 활동을 정함
2	직접 읽기 활동	교사는　　㉠
3	텍스트 의미 형성 활동	학습자　　㉡
4	• 과제 해결을 위한 영역 통합 활동	• '설명 방법'을 토대로 읽기와 쓰기의 영역 통합 활동
5	• 적용 및 내면화	• 활동의 결과를 다양한 텍스트에 적용

2
〈작성 방법〉에 따라 읽기와 쓰기 활동의 교수·학습 내용을 서술하시오. [4점]

> **작성방법**
> - [학습 목표]를 고려하여 제재 글 (나)와 (다), (마)에서 사용된 설명 방법을 제시하고, 그렇게 생각한 이유를 대상 특성을 포함하여 각각 서술할 것
> - [학생의 작문 계획]의 개요서를 고려하여 [A]~[C]에 설명 내용을 효과적으로 소개하기 위한 설명 방법을 각각 서술할 것.

3
독서와 작문 통합 수업의 특성을 〈작성 방법〉에 따라 서술하시오. [4점]

> **작성방법**
> - 〈자료 2〉의 ㉠은 총체적 언어 교육의 절차를 고려하여 이 단계에서 교사의 역할을 서술하고, ㉡은 학습자의 활동을 서술할 것.
> - [교수·학습의 원리] ③~④가 〈자료 2〉 수업의 절차에 어떻게 반영되어 있는지, 근거를 들어 각각 설명할 것.

4
대한 고등학교 송교사는 표현과 이해 능력을 동시에 신장시키기 위하여 아래와 같은 학습 목표에 따라 독서·작문 통합 수업을 하고자 한다. 〈작성 방법〉에 따라 서술하시오. [4점]

[학습 목표]
[읽기] 글에 사용된 다양한 설명 방법을 파악하며 읽는다.
[쓰기] 대상의 특성에 맞는 설명 방법을 사용하여 글을 쓴다.

〈읽기 활동 자료〉

| 예 | 세금은 국가나 지방 공공 단체가 국민이나 주민에게 걷는 돈이다. 세금은 정부가 국가를 운영하기 위해 꼭 필요한 재원이다. 세금은 그것을 납부하는 방식에 따라 직접세와 간접세로 나눌 수 있다. 직접세는 세금을 내야 하는 의무가 있는 사람과 실제로 그 세금을 내는 사람이 일치하는 세금으로, 소득세, 법인세, 재산세, 상속세 등이 직접세에 해당한다. |

조금 더 자세히 살펴보면, 직접세는 소득이나 재산에 따라 누진적으로 적용되는 경우가 많다. 즉 소득이 많은 사람은 세율이 높아 세금을 많이 내고 소득이 적은 사람은 세율이 낮아 세금을 적게 내는 식이다. 그렇기 때문에 직접세는 소득 격차를 줄이고 소득을 재분배하는 효과가 있다. 그러나 직접세를 걷는 입장에서는 모든 사람의 소득이나 재산을 일일이 조사하여 그에 따라 세금을 거두어야 한다는 번거로움이 있다.

간접세는 세금을 내야 하는 의무가 있는 사람과 실제로 그 세금을 내는 사람이 다른 세금이다. 식당에 간 종석이가 궁금해했던 부가 가치세를 비롯하여 개별 소비세, 인지세 등이 간접세에 해당한다.

[A] 간접세는 소득이나 재산에 상관없이 모두에게 똑같이 적용된다. 예를 들어 음료수를 사 마실 때, 소득이 많은 사람이든 소득이 적은 사람이든 동일한 음료수를 산다면 모두 똑같은 세금을 내고 있는 셈이다. 그렇기 때문에 간접세를 걷는 입장에서는 편리하게 세금을 걷을 수 있다. 하지만 간접세는 같은 액수의 세금이라도 소득이 적은 사람에게는 소득에 비해 내야 할 세금의 비율이 높아지기 때문에 소득이 적은 사람일수록 세금에 대한 부담감이 커진다는 문제점이 있다.

〈쓰기 활동 기록〉

〈학생들의 대화〉

재희: 가정 선생님께서 설탕을 대신할 수 있는 식품을 조사하여 설명하는 글을 써 오라고 하셨잖아. 너는 어떤 주제로 글을 쓸 거야?
영호: 나는 천연 감미료인 '메이플 시럽과 코코넛 슈거'에 대해 쓰려고 해. 너는?
재희: 나는 우리나라의 전통 감미료인 '꿀과 조청'에 대해 써서 친구들과 바꾸어 보려고 해.
영호: 그럼 다 쓰고 난 후에 나와도 바꾸어서 읽어 보자.

〈재희의 쓰기 상황 분석〉

주제	우리나라의 전통 감미료인 꿀과 조청
목적	꿀과 조청에 대한 정보를 제공하기 위해서
예상독자	학급 친구

〈재희의 개요서〉

단계		내용	
처음		우리나라의 전통 감미료인 꿀과 조청에 대한 관심	
중간	중간 1	꿀의 개념과 특징	[B]
	중간 2	조청의 개념과 특징	
	중간 3	꿀과 조청의 공통점과 차이점	
끝		꿀과 조청의 활용 제안	

〈재희의 초고 글〉

꿀은 꿀벌이 꽃의 꿀샘에서 분비된 액체를 채집하고 이것을 벌집으로 운반하여 숙성시킨 천연 감미료이다. 꿀에는 무기질과 비타민이 들어 있어 꿀은 피로를 푸는 데 좋다. 또한 꿀에는 노화를 방지하고 암을 예방하는 항산화 성분이 많이 들어 있다. 그러나 1킬로그램의 꿀을 만들기 위해서는 꿀벌이 무려 560만 개의 꽃을 찾아 다녀야 하기 때문에 꿀은 수요에 비해 생산량이 적다.
…(중략)

작성방법

- 읽기 제재 글 전체의 구조를 고려하여 대상을 설명하기 위한 설명 방법을 2가지 제시할 것.
- 읽기 학습 목표와 [예]를 고려하여 제재 글 [A]에서 활용된 설명 방법 1가지를 그 근거와 함께 서술하고, 그 적절성을 판단할 것.

> **예**
> 정의가 사용되었다. 그 근거는 설명 대상인 세금의 개념을 명확하게 밝혀 주기 때문이다. 이 설명 방법은 독자의 이해를 돕는 데 효과적이므로 정의의 설명 방법은 적절하다.

- 쓰기 학습 목표와 〈쓰기 활동 기록〉을 고려하여 재희의 쓰기 개요서 [B]에 적절한 설명 방법을 2가지 제시할 것.
- 독서·작문 통합 수업의 교육적 의의를 언어의 본질 측면과 언어 교육 측면에서 각각 서술할 것.

5 다음은 표현과 이해 능력을 동시에 신장시키기 위하여 총체적 교수학습의 원리에 따라 마련한 읽기와 쓰기 통합 수업 계획이다. 〈작성 방법〉에 따라 서술하시오. [4점]

〈수업 계획〉
[교수학습의 원리]
• 교실 수업에서 자연스러운 언어 상황 맥락을 강조
• 텍스트의 의미 획득 중시
• 말하기, 듣기, 읽기, 쓰기 활동의 유기적 관련 중시
• 상호작용을 통한 학습자의 의미 구축

[학습 목표]
[읽기] 설명방식을 파악하며 설명하는 글을 읽는다.
   • 개념·정의, 예시, 비교와 대조, 분류와 구분, 인과, 분석
[쓰기] 설명하고자 하는 대상이나 개념에 맞게 적절한 설명 방법을 사용하여 독자가 이해하기 쉽게 글을 쓴다.
   • 개념·정의, 예시, 비교와 대조, 분류와 구분, 인과, 분석

[과제]
평소에 궁금했던 내용을 조사하여 설명하는 글을 쓰기로 한다. 반 친구들을 예상독자로 재미있게 읽을 만한 주제로 무엇이 있을지 생각하고 설명문을 써보자.

〈유의 사항〉
- 설명 대상과 관련한 자료를 다양한 매체에서 수집하여 글의 내용을 선정한다.
- 선정한 내용을 바탕으로 하여 글의 내용을 조직하고, 개요를 활용하여 글의 구조와 내용이 잘 조직되었는지 살펴보고, 그에 적절한 설명 방법이 무엇인지 생각해본다. 개요를 완성한 다음, 스스로 또는 짝과 함께 점검하자.

[제재 글]

분수처럼 흩어지는 푸른 종소리

김광균의 시 「외인촌」에 나오는 마지막 구절이다. 크게 낭독해 보자. 시인은 귀로 듣는 종소리를 눈으로 보는 분수에 비유하고 있다. 마치 종소리에서 색깔까지도 보는 것처럼 느껴진다. 시인처럼 소리를 들으면 모양이나 색깔을 보는 사람들이 있다. 바로 공감각자들이다. 이처럼 공감각이란 어떤 하나의 감각이 다른 영역의 감각을 일으키는 것을 말한다.

영국 화가 데이비드 호크니의 그림 「풍덩」을 감상하면 공감각을 이해할 수 있다. 호크니는 수영장에서 다이빙할 때 들리는 '풍덩' 소리를 그림에 표현했기 때문이다. 귀로 듣는 '풍덩' 소리를 어떻게 눈으로 보게 했을까? 색채와 기법, 구도 등 여러 요소로 조화를 이루어 그것을 가능하게 했다.

먼저 색채를 살펴보자. 수영장의 파란색 물과 다이빙 보드의 노란색이 무척 선명하게 보인다. 유화 물감 대신 아크릴 물감을 사용했기 때문이다. 아크릴 물감은 유화 물감보다 빨리 마르고 색채도 더 선명하고 강렬하다.

다음은 기법을 보자. 물보라가 일어나는 부분만 붓으로 흰색

▲ 데이비드 호크니, 〈풍덩〉, 1967년 작

을 거칠게 칠하고 다른 부분은 롤러를 사용해 파란색으로 매끈하게 칠하고 있다. 선명한 아크릴 물감, 거칠고 매끈한 붓질의 대비가 다이빙할 때의 '풍덩' 소리와 물보라를 강조하고 있다.

끝으로 구도를 보자. 캘리포니아의 집, 수영장의 수평선, 다이빙 보드의 대각선이 야자수 줄기의 수직선과 대비를 이룬다. 거실 유리창에는 맞은편 건물이 비치고. 한낮의 눈부신 햇살과 무더위, 정적을 나타낸 것이리라.

그런데, 왜 다이빙하는 사람을 그리지 않았을까? 만일 물에 뛰어드는 사람을 그렸다면 그 멋진 모습에 눈길을 빼앗기면서 '풍덩' 소리를 듣는 데 방해를 받았을 것이다. 즉, '풍덩' 소리에만 모든 감각이 집중되도록 사람을 그리지 않았던 것이다. 호크니는 우리가 상상의 귀로 '풍덩' 소리를 듣기를 바란 것이다. 이처럼 상상력은 공감각을 자극하는 촉매제 역할을 한다.

누구나 어릴 적에는 공감각을 가지고 있지만 자라면서 이런 특별한 능력을 잃어버린다고 한다. 공감각을 되살리는 비결은 예술 작품과 가까워지는 것이다. 《감각의 박물학》이라는 책을 쓴 다이앤 애커먼은 공감각이 일반인들보다 예술가들에게서 일곱 배나 많이 나타난다고 말한다. 이번 기회에 공감각적인 예술 작품을 감상하는 취미를 가지면 어떨까?

차시	절차	교수·학습의 내용
1	학습 과제 확인	• 학습에 대한 책임 형성을 가지는 과정으로 이를 통해 학습자는 자신의 언어 경험의 의도와 목적을 인식하게 됨
	학습 과제 해결 방법 모색	㉠
2	직접 읽기 활동	교사는 텍스트를 읽을 때 활용할 수 있는 읽기 전략을 안내하고 학습자들은 교사의 안내된 읽기 활동을 적용하여 효과를 높일 수 있음
3	텍스트 의미 형성 활동	• 학습 과제를 고려 상호작용을 통한 텍스트의 의미 형성
4	• 과제 해결을 위한 영역 통합 활동	㉡
5	• 활동 결과 발표 및 내면화	• 활동 결과 발표 및 평가 • 다른 텍스트에의 적용 : 의미의 심화 및 내면화

작성방법

- ㉠은 총체적 언어 교육의 절차를 고려하여 이 단계에서 학생의 활동을 2가지 서술할 것.
- ㉡은 [학습 목표]를 고려하여 제재 글에서 사용된 설명 방법을 각각 제시하고, 그 공통적인 효과를 판단할 것.
- 이 수업이 근거하고 있는 읽기 교육의 원리를 학습 목표와 수업의 절차를 고려하여 서술할 것.

테마 3 : 내용 교과의 학습을 위한 독서 지도

1 [문식성의 재개념화]

기본 예제

1 다음 글을 읽고 괄호 안 ㉠~㉤에 들어갈 말을 순서대로 쓰시오. [2점]

독서의 개념은 20세기 후반 이래 급격하게 변화하고 있다. 즉, 독서라는 용어 대신에 이 개념이 널리 사용되고 있다. 이는 글을 통해 의미를 구성하기 위해 사회적 맥락에 요구되는 방식으로 읽고 쓸 수 있는 능력과 의지를 말한다. 그런데, 최근 이 개념은 그 학문적·사회적 지위를 확장해 나가면서 동시에 의미가 재정립되고 있다. 과학 기술이 비약적으로 발전하면서 인간의 의사소통 환경도 크게 달라졌기 때문이다. 특히 디지털 기술을 바탕으로 매체 환경이 변화하면서 그 속에서 생산되고 유통되는 정보의 양·종류·질·속성도 크게 달라졌다. 그 결과 디지털 공간의 복합양식 텍스트나 인터넷 하이퍼 텍스트 읽기 능력에 대한 연구가 활발하다. 온라인에 존재하는 방대한 정보를 효율적으로 처리하기 위해서는 필요한 정보를 가능한 빨리 찾아내고, 또 정확하게 선별하는 작업이 중요하다. 특히 온라인에는 부정확한 정보가 많이 섞여 있기 때문에 정보의 내용과 질을 평가하는 (㉠)이 필수적으로 요구된다. 이러한 이유로 인해 온라인 독서를 효율적으로 수행하기 위해서는 독자가 자신의 독해 과정을 점검하고 통제하는 (㉡) 전략이 필수적이다.

최근의 독서 교육 동향을 고려할 때, 주목할 사안은 (㉢)에 대한 강조이다. 일반적으로 이러한 독서는 수학, 과학, 사회, 가정, 예술 수업에서 교과 내용과 연관된 다양한 텍스트를 읽고 교과 내용에 대한 이해를 심화·확장하도록 유도하는 성격을 갖는다. 이는 교과별로 학습 수준이 심화되는 중등의 학습자에게 더욱 중요한 활동이다. 최근에는 교과 내용을 이해하기 위한 읽기와 쓰기를 합친 (㉣)이라는 용어도 널리 사용되고 있다. 독서는 근본적으로 텍스트에서 지식을 구성하는 고도의 사고 작용으로, 모든 독서 활동은 일종의 학습의 과정이라고 할 수 있다. 모든 교과 지식의 획득은 독서를 통해 이루어진다. 학교 교육에서 독서를 강조하는 것도 바로 독서가 각 교과 지식의 습득에 미치는 결정적인 영향력 때문이다. 중·고등학교의 청소년 독자들에게 강조하는 독서의 핵심은 각 교과 내용을 공부하는 (㉢)이다. 이는 기본적으로 전문 독서이고, 지식을 이해하고 다루고 생산하는 적극적인 독서 활동이다. 중등 학습자들은 다양한 분야의 글을 폭넓게 읽고 그 내용을 효과적으로 이해하는 능력을 갖추어야 한다. 이를 위해 차시 단위로 짧은 텍스트를 제공해 교과 내용에 대한 이해를 심화·확장하는 활동이나, 특정 주제를 중심으로 학생들이 다양한 텍스트를 읽고 정보를 수합해 탐구 활동을 수행하는 (㉤)을/를 하도록 기획하는 것이 가능하다. 이러한 독서 활동을 통해 우리의 학습자들이 다양한 종류의 텍스트들을 효율적으로 다루는 뛰어난 독서 능력을 갖추어 나갈 수 있을 것이다.

2 다음을 읽고, 괄호 안의 ㉠~㉢에 들어갈 말을 쓰시오. [2점]

최근 독서의 개념은 문식성(文識性)을 중심으로 새롭게 정립된다. 이를 '문식성의 재개념화'라고 하는데, 문식성의 재개념화의 특징으로는 디지털 공간에 대한 관심과 이해를 들 수 있다. 이는 과학 기술의 비약적으로 발전으로 인한 의사소통 환경의 변화를 수반한다. 그 결과 디지털 공간의 (㉠) 텍스트나 인터넷 하이퍼 텍스트 읽기 능력에 대한 연구가 활발하다. 과거에는 인쇄 매체 중심의 문자 언어 지배적인 단일한 양식텍스트가 '문'(文)을 대표하였다면 현대에는 다양한 매체를 통해 문자 언어는 물론이고 음성 언어, 그림, 도식, 영상, 음악, 사진 등 다양한 양식이 복합적으로 작용하는 (㉠) 텍스트가 '문의 자리를 대표"하고 있다.

현재 독서 연구자들은 인터넷 상에서의 읽기 활동과 인쇄 글 읽기가 공통점과 차이점을 함께 갖고 있는 것으로 보고 있다. 인터넷 읽기도 일반적으로 문자 언어를 포함한다. 그리고 인터넷의 개별 창은 일종의 문서이기 때문에 인쇄 글 읽기 전략을 온라인에도 적용할 수 있다. 반면에 온라인 읽기는 전통적인 인쇄 글 읽기와는 다른 '검색 엔진이나 웹사이트의 구조에 대한 배경지식'을 요구한다. 그리고 온라인에 존재하는 방대한 정보를 효율적으로 처리하기 위해서는 필요한 정보를 가능한 빨리 찾아내고, 또 정확하게 선별하는 비판적 읽기 능력이 필수적이다. 또한 여러 문서의 내용을 종합하여 정보를 재구성하는 (㉡) 전략도 요구된다, 그런데 온라인에 존재하는 정보의 양과 (㉠)적 특성, 또한 비선형적인 구조는 독자에게 인지적인 부담을 준다. 또한 유혹 요인이 많기 때문에 독서 목적에서 이탈하기 쉽다. 이러한 이유로 인해 온라인 독서를 효율적으로 수행하기 위해서는 독자가 자신의 독해 과정을 점검하고 통제하는 (㉢)전략이 필수적이다.

문식성은 새로운 문식 환경 속에서 재개념화 되고 있다. 인류의 과학 기술은 이 순간에도 끊임없이 발전하고 있으며, 앞으로도 문식 환경의 변화에 따른 문식성의 재개념화 작업은 계속될 것이다.

3 다음 글을 읽고 괄호 안 ㉠~㉢에 들어갈 말을 쓰시오. [2점]

독서 기능의 분류는 현행 국가 수준의 교육과정에도 명시적으로 제시되어 있다. 낱말 및 문장의 이해, 내용 확인, 추론, 평가와 감상, 읽기 과정의 점검과 조정이 그것이다. 이는 해독과 독해 기능을 모두 포괄한 개념으로 이러한 분류는 전통적인 하위 기능의 단계별 분류이기보다 각 기능의 상호 작용성과 실제성을 반영한 독서 기능 차원의 제시라는 측면에서 현재적 관점의 독서 기능관이 반영되었음을 알 수 있다. 하지만,"실제 독서 맥락과 분리된 독서 기능의 반복 훈련이 아이들의 독서 능력을 향상시킬 수 있는가?"라는 독서교육에 관한 기능 중심적 접근에 대한 불만이 고조되었다.

구성주의 교육학의 출현은 기존의 행동주의 교육학에 기반한 기능 중심 독서 교육에 대한 회의를 불러왔고, (㉠)과 같은 분절적 독서 기능 교육에 상반되는 독서교육 방안들이 널리 보급되기 시작하였다. 이러한 언어 교육에 따르면 글을 읽는 능력은 구어 능력의 발달과 같이 자연스럽게 이루어지는 것이다. 이 방법은 행동주의 관점의 해독 기능 중심 독서지도를 정면으로 반박하고 있다. 즉 독서 기능을 분리하여 단계별로 지도한 뒤에 온전한 글을 읽도록 하는 방식을 비판하고, 풍부한 글을 읽는 경험 속에서 독서 기능을 학습하는 방식에 더 가치를 부여한다.

이와 더불어 '균형적 (㉡) 교육'의 대중화로 인해 기능 중심 독서지도는 또 한 번의 거센 비판에 직면하게 되었다. '균형적 (㉡) 교육'에 기반을 둔 독서지도에서는 독서의 본질은 글에 대한 이해에 있으며 독자의 의미 구성이 중요함을 강조한다. 이 독서지도 방법은 철자법에 대한 습득이나 음소적 이해도 중요하지만, 본질적으로는 글의 전체적 이해와 글에 대한 의미 구성을 위해 이러한 기능들이 활용되어야 한다는 입장을 취한다.

기능 중심의 독서교육적 접근들이 심각한 비판에 직면하게 되는 가운데 독서 수업이 이루어지는 교실에서는 독서 (ⓒ)이 일상적인 수업 내용으로 등장하게 되었다. 이 용어는 전통적인 기능 중심의 독서교육을 탈피하기 위해 정신적 처리 과정을 설명하는 과정에서 출현하게 되었다. 이 용어는 '독자의 의식적 통제 아래 존재하는 능력들을 조합하는 것이자, 특정한 독서 목적을 달성하기 위해 의도적으로 선택된 일련의 행동들'로 정의할 수 있다. 글을 읽으며 내용을 이해하기 위해 독자가 자발적이고 의식적으로 수행하는 독서 행위를 일컫는다. 독서 기능이 자동화되어 무의식적으로 발현되는 능력인 반면에 이것은 독서 문제를 해결하기 위해 의식적으로 실행되는 활동이다. 즉, 특정한 독서 문제를 해결하기 위해 선택된 최선의 방안이며, 독자의 문제 해결적 행위의 결과 혹은 목표 지향적 행위의 산물이다.

[학습 독서 전략]

`2024 A형 서술형`

7. (가)는 학생의 사고 구술이고, (나)는 (가)에 대하여 논의한 교사 협의회 대화이다. 〈작성 방법〉에 따라 서술하시오. [4점]

(가) 학생의 사고 구술

우리나라는 저출생·고령화가 갈수록 심화되면서 '인구 오너스' 시기를 맞이하고 있다. 이런 점에서 저출생·고령화 현상에 따른 어려움을 살펴보고, 대책을 강구하는 것이 시급하다.
　저출생·고령화 현상은 경제 성장, 물적·인적 자본 형성에 적지 않은 영향을 끼치게 된다. 또한 노년층의 부양에 필요한 사회적 비용을 적은 수의 청장년층이 떠안아야 하므로, 세대 갈등 역시 심각해질 것이다.
　우선 저출생의 경우 출생률 제고 정책이 개발되어야 한다. 출산을 희망하는 사람들이 주저 없이 아이를 낳을 수 있도록 사회적 차원의 대응이 필요하다. 예를 들어, 출산과 양육에 필요한 재원을 충분히 지원하고 육아로 인한 경력 단절을 막기 위해 출산과 육아에 친화적인 기업 문화를 조성하는 등의 노력을 해야 한다.
　다음으로 고령화의 경우 노후 보장에 필요한 다양한 연금 및 노인 복지 제도를 마련해야 한다. 무엇보다 노인 일자리 확대를 위한 노력이 필요하며, 임금 피크제나 정년 연장 등의 정책들 역시 이해 당사자 간의 조정을 통해 조속히 시행되어야 한다.

사고 구술 메모:
- '인구 오너스'는 무슨 뜻이지? 맥락으로도 추론이 안 되어서 모르겠네.
- 이 문장을 보니, 이 글은 수업 시간에 배운 (㉠) 구조로 되어 있겠구나.
- 여기는 우리나라 저출생·고령화 현상의 심각성이 잘 나타나 있어. 두 번째 문단 전체에 밑줄을 그어 두자.
- 예를 들어 설명하니까 이해에 도움이 되네. 여기도 밑줄을 그어 두자.
- 세 번째 문단까지 읽어 보니 확실히 이 글은 (㉠) 구조가 맞네.
- '임금 피크제' 같은 어려운 말이 있으니, 내용을 파악하기 힘들어.
- 일단 읽은 내용을 정리해야겠다. 밑줄 그은 내용을 차례로 나열해 보면 되겠지.

(나) 교사 협의회 대화

김 교사 : 이번 사회 교과와의 융합 수업을 위해 국어 시간에 저출생·고령화와 관련한 제재를 읽었어요. ㉡학생의 사고 구술 프로토콜을 보니 해당 제재가 어려웠나 봐요.

박 교사 : 저도 봤는데요. 밑줄 긋기를 너무 많이 사용하고 있는데, 중요한 단어나 중심 문장에 밑줄을 긋도록 지도해야 할 것 같아요.

김 교사 : 게다가 글에 제시된 전문어를 잘 몰라서 글을 다 읽었는데도 내용을 온전히 파악하는 것을 힘들어하더라고요.

정 교사 : 사회는 내용 교과라 전문어를 이해하는 것이 중요해요. 또한 학습한 개념을 ⓒ 개념망 만들기를 활용해서 서로 연결하여 정리하면 효과적이에요.

박 교사 : 그래도 학생이 읽기 과정에서 글의 구조는 정확하게 파악하면서 읽었더라고요. 그런데 글의 내용을 정리할 때 밑줄 그은 내용을 나열하는 데 그치고 있어서 아쉬워요. ㉣ 파악한 텍스트의 구조를 고려하여 글의 내용을 체계적으로 정리할 수 있도록 지도해 주어야 할 것 같아요.

김 교사 : 말씀하신 내용들을 정리해서 국어 수업 시간에 지도해 보도록 하겠습니다.

작성방법

- ㉠에 들어갈 말을 쓰고, 교수·학습 상황에 ㉡을 활용하고자 할 때의 한계점을 쓸 것.
- ㉣에 해당하는 학습 독서 전략을 밝히고, ㉢과 ㉣이 갖는 공통적인 효과를 설명할 것.

[예시답안]

2 [SQ3R]

관련 기출

2021학년도 B형 서술형

1 (나)는 SQ3R의 방법으로 (가)를 읽은 후 이루어진 교사와 학생의 대화이다. 읽기 방법에 대해 〈작성 방법〉에 따라 서술하시오. [4점]

(가) 읽기 자료

사서(四書)를 어떻게 읽을 것인가

유교는 동아시아의 사회와 문화를 형성하는 데 주도적인 역할을 해 왔다. 이러한 유교 이론의 원천이 바로 사서이다. 그 속에는 중국인, 나아가 고전을 통해 생활의 지혜와 인생, 자연과 사물을 음미하고 성찰했던 동아시아인들의 사유 양식, 철학·종교에 대한 지식 및 정보가 풍부하게 들어 있다.

특히 사서는 대학, 논어, 맹자, 중용의 네 권의 책이 하나의 완결된 유교 지식 체계를 제시한다는 점에서 이채롭다. 주희는 사서를 대학, 논어, 맹자, 중용의 순서로 읽을 것을 주장했다. 그러면, 그는 왜 대학을 처음에 두었을까?

대학은 유학의 학문적 목적과 정치의 근본을 밝힌 책으로, 유학의 기본 취지와 실천 강령을 가장 체계적으로 밝혀 빼어난 유교 입문서로 평가받고 있다. 이런 이유로 집을 짓기 위해 먼저 기초를 탄탄하게 닦아야 하는 것처럼, 대학에 대한 확실한 이해가 있어야 다양한 경전의 내용을 각각의 조목으로 구분하여 이해할 수 있다는 것이다.

대학 다음에는 논어를 읽게 하였다. 논어는 공자와 그 제자들의 언행이 담긴 어록이다. 공자와 그 제자들이 유교의 이상인 대학의 도를 어떻게 실천했는가를 살펴볼 수 있는, 이른바 유교 이론의 구체인 실천이 생생하게 담긴 자료집이다.

맹자가 세 번째가 된 것은, 맹자는 논어에 나타난 공자의 가르침을 계승 확장하는 형태로 설명하고 있기 때문이다. 주희는 대학을 읽고 학문적 지향점을 찾은 후에 논어, 맹자를 읽으면 그 내용이 쉽게 이해된다고 하였다.

그런 후에 중용을 읽으면 된다고 하였다. 중용은 인간과 사물의 근원에 있는 추상적 원리를 제시하고 있기에, 다른 경전을 먼저 읽고 이것을 맨 마지막에 읽어야 마땅하다고 판단한 것이다. 대학이 인간과 사물을 정면에서 바라보도록 한 것이라면, 중용은 그 이면을 성찰하도록 한 것이라 할 수 있겠다.

(나) 교사와 학생의 대화

교사 : 지난 시간에는 ㉠KWL 방법을 이용하여 글을 읽어 보았지요. 오늘은 ㉡SQ3R 방법을 활용하여 '사서(四書)를 어떻게 읽을 것인가'라는 글을 읽어 보았는데, 어땠어요? SQ3R 방법을 사용한 과정을 한번 이야기해 볼까요?

학생 : 선생님, 저는 글을 본격적으로 읽기 전에 이 글이 어떤 내용인지를 간단하게 살펴보았어요. 제목과 대략적인 내용을 살펴보았는데요. 사서를 읽는 방법을 설명한 글이라는 생각이 들었어요. 그리고 제목이나 대강 살펴본 내용을 보면서 궁금한 점들을 떠올려 보았어요.

교사 : 어떤 점들이 궁금했지요?

학생 : 사서는 어떤 순서대로 읽어야 하지? 이 순서를 따라야 하는 이유는 무엇일까? 이런 점이 궁금했어요. 그런 다음 글을 읽기 시작했어요.

교사 : 글은 어떻게 읽었어요?

학생 : 글을 읽으면서 질문에 대한 답을 찾으려고 했어요. 각 단락의 핵심어와 중심 내용이 무엇인지 파악하며 글을 읽었어요.

교사 : 글을 다 읽고 난 뒤에는 어떤 활동을 했나요?

[A] 학생 : 되새기기 활동을 수행하였어요. 글을 읽기 전에 만든 질문 말고 이 글을 이해하는 데 필요한 질문을 몇 가지 더 만들어 보았어요.

교사 : 그다음에는 무엇을 했나요?

　　　　　　　　　　　㉢

교사 : 자, 그럼 질문 하나 더 할게요. 지금까지 수행한 읽기 활동을 들어 보니 보완해야 할 활동이 있네요. 이에 대해서 다시 한번 얘기 나눠 볼까요?

작성방법

- ㉠, ㉡의 공통점을 방법 측면에서 2가지 제시할 것.
- [A]를 볼 때, 교사가 지도할 내용 1가지를 쓰고, ㉢에서 학생이 수행해야 할 활동 1가지를 제시할 것.

> **심화 예제**

2~3 독서 전략을 교과 학습에 활용하기 위한 활동을 다음과 같이 계획하였다. 다음 글을 읽고 물음에 답하시오.

(가)

비판적 관점에서 본 대중문화의 특징

현대 대중문화를 비판적 관점으로 해석한다면 여러 가지 특징으로 설명할 수 있다. 비판적 관점에서 지적하는 현대 대중문화의 특징은 다음과 같다.

첫째, 현대 대중문화는 생산 주체와 소비 주체가 분리되어 있다. 전통적 관점에서 문화는 생산과 소비가 분리되지 않으며, 문화를 생산해 내는 과정 자체가 문화를 즐기는 것과 밀접한 관련이 있다. 과거 우리 농촌 사회의 예를 들어 보면, 추수 때 열리는 축제에서 놀이 문화의 생산과 소비는 모두 마을 주민들이 주체가 되어 이루어졌다. 그러나 매스 미디어를 매개로 한 현대의 대중문화는 생산 주체인 매스 미디어 조직과 소비 주체인 대중이 엄격히 분리되어 있다. 생산 주체인 매스 미디어 조직은 이윤 추구나 특정 이념 전파 등, 조직이 추구하는 목표를 달성하기 위해서 문화 생산에 참여한다. 소비 주체인 대중은 서로 고립되고 원자화된 개인으로서 수동적으로 문화를 수용하며, 문화의 생산 과정이나 수용 과정에 능동적으로 참여하거나 다른 구성원과 소통하지 않는다. 이러한 속성 때문에 현대 대중문화는 생산 주체인 매스 미디어 조직에 의해서 왜곡되고 조작될 우려가 있는 것이다.

둘째, 현대 대중문화의 생산 주체인 매스 미디어 조직이 문화를 생산하는 동기는 주로 경제적인 것이다. 매스 미디어 조직은 다양한 주체가 소유하며 다양한 재원에 의존해 운영되지만, 상업적 소유와 운영이 가장 일반적이다. 상업적 소유 구조가 아니더라도 대부분의 매스 미디어 조직은 광고 내지는 콘텐츠 판매를 통해서 일정 정도 수익을 거두어야만 운영이 가능하기 때문에, 상업성에서 자유로울 수 없다. 그러다 보니 매스 미디어에 의해 생산되는 문화는 가능한 한 많은 사람에게 다가갈 수 있는 보편적 소재와 내용을 자극적이고 선정적인 형식에 포장하는 경향이 크다.

셋째, 매스 미디어의 문화 생산 과정에는 이념적 동기가 작동한다. 이념적 동기라 함은 대중문화를 생산함으로써 수용자들에게 자연스럽게 특정한 가치관과 문화 규범, 이념을 전파하고자 함을 뜻한다. 현대 사회에서는 권력을 가진 기득권층이 매스 미디어를 소유하는 경향이 있으며, 매스 미디어 종사자들 역시 소수자를 대변하는 계층이 아닌 기득권층에 속하는 사람들이다. 따라서 이들이 만들어 내는 문화는 기존 지배적 이념(예를 들어 가부장제 이념이나 자본주의 이념 등)을 그대로 담아냄으로써 이를 재생산하는 기능을 수행한다.

(나)

읽기 단계	절차에 따른 읽기 활동	발화	학생의 반응
읽기 전	㉮훑어보기(survey)	[교사의 발화] [A]	• 제목을 보니 이 글은 현대 대중 문화를 비판적 관점에서 바라보았을 때의 특징과 관련되어 있군. • 그 특징은 첫째, 둘째, 셋째의 표지로 보아 3가지로 제시되어 있겠군.
	질문하기(question)	[교사의 발화] 훑어보기한 내용을 바탕으로 제재와 관련하여 가능한 질문을 만들어 봅시	㉠첫째 특징에 의하면 왜 대중 문화는 생산 주체와 소비 주체가 분리되어 있는 것일까?

		다. 질문을 만들 때에는 일차적으로 제목을 활용하고, 반복되는 중심 단어를 발견하여 질문하기에 활용해봅시다.	ⓒ둘째 특징에 의하면 현대 매스 미디어 조직이 경제적인 이유로 문화를 생산함으로써 발생할 수 있는 문제점이 무엇인가? ⓒ셋째 특징에 의하면 매스 미디어의 문화 생산 과정에는 이념적 동기가 작동한다는 것은 어떤 의미일까?
읽는 중	자세히 읽기(read)	[교사의 발화] 제시한 질문에 대한 답을 찾으면서 세밀하게 읽어봅시다. 글을 통해 알고자 하는 주요 정보를 효율적으로 발견하고 기억, 쉽게 찾아 확인하도록 밑줄을 긋거나 메모하는 방법을 활용하여 정리해봅시다.	[B]
읽은 후	㉯ 새기기(recite) 암송·기억		
	㉰ 다시 보기(review) 점검·보완		

2 〈작성 방법〉에 따라 읽기 단계의 특성과 이에 따른 구체적인 활동내용을 서술하시오. [4점]

> **작성방법**
> - (나)에서 ㉮ '훑어보기' 단계의 활동의 효과를 서술할 것.
> - (나)에서 ㉯ '새기기' 단계의 학생의 활동과 ㉰ '다시 보기' 단계의 학생의 활동을 각각 서술할 것.

3 〈작성 방법〉에 따라 '교사의 발화'와 '학생의 반응'을 서술하시오. [4점]

> **작성방법**
> - [A]의 '교사의 발화'에 해당하는 내용을 학생의 반응을 고려하여 서술하고, [B]의 '학생의 반응'에 해당하는 내용을 이전 단계를 고려하여 서술할 것.
> - '학습을 위한 독서 수업'의 읽기 교육적 의의를 서술할 것.

4 송 교사는 '독서 전략을 교과 학습에 활용하기'를 주제로 다음과 같이 독서 수업을 계획하였다. 〈작성 방법〉에 따라 서술하시오. [4점]

(가)

못생긴 상추가 나를 바꿨다
― 어느 도시 농부의 놀라운 발견

참외도 사람과 마찬가지였다. 수꽃과 암꽃 중 암꽃에서만 열매가 맺혔다. 무당벌레는 등의 점 개수에 따라 아군과 적군으로 나뉜다. 붉은 점이 28개인 벌레는 잎을 갉아 먹는 해충이지만 7개인 점박이는 진딧물을 없애 생장에 이로웠다. 두 가지 모두 정 씨(38)가 최근에 알게 된 사실이다.

계기는 텃밭이었다. 정 씨는 5월부터 서울 한강 대교 중간에 있는 노들섬에 토마토·참외·케일·옥수수·해바라기를 심었다. 아이가 다니는 등촌동 유치원의 네 가정이 함께 텃밭을 분양받았다. 벌레를 무서워하던 아이가 수시로 물을 주러 가자고 조른다. 아이는 엄마보다 훨씬 이른 나이에 참외와 무당벌레의 생리를 알게 되었다.

6월 2일 노들섬. 뙤약볕 아래, 유치원생부터 노인까지 챙이 넓은 모자를 쓰고 '자기네 밭'을 찾은 이들이 모여들었다. 일하는 이들의 등 뒤로 63시티가 보였다.

도시내기들의 농사 '도시 농업'

요즘 정 씨 같은 '도시 농부'가 농사를 짓는 것은 흔한 풍경이 됐다. 도시 농업에 대한 관심이 높아지면서 손에 흙 한 번 묻혀 본 적 없던 '도시내기'들이 농사를 짓기 시작한 것이다. 도시 농업은 '본격적인' 땅이 아니더라도 베란다·옥상·학교의 텃밭·재활용 텃밭 상자와 같은 자투리 공간을 활용해 어디서든 할 수 있다. (사진 자료)2010년 농림 수산 식품부에 따르면 전국에 도시 텃밭은 247개 농장(104ha)에 이르며, 15만 3,000여 명이 참여하고 있다. 전년 대비 약 3.7배 커진 규모로, 참가자 수는 1.5배 정도 증가했다.

한국 도시 농업의 유래와 발전

한국 도시 농업의 시작은 주말농장이었다. 급속히 진행된 도시화로 여간해서는 콘크리트 벽을 떠나기 어려운 이들이 1992년 서울시가 만든 농촌 지도소에 모였다. 텃밭 가꾸는 비결을 공유하는 도시 농부 학교가 등장한 건 2005년께. 2007년에는 전국 귀농 운동 본부가 상자 텃밭 보급 사업을 확산시켰다. 재활용 상자를 활용해 간단한 작물을 키워 보는 방식이었다. 2009년 즈음부터 어린이집, 유치원을 비롯해 초·중학교 특별 활동(CA), 동아리 활동으로 정착했다.

상자 텃밭 보급 사업을 해 온 안철환 전국 귀농 운동 본부 텃밭 보급소 소장은 도시 농업에 관한 관심이 급격히 증가한 시기를 2009년 전후로 잡았다. 미국산 쇠고기 파동이 있을 당시 먹을거리에 관한 관심이 부쩍 높아졌다. 다시 한 번 관심을 환기한 것이 2010년 배추 파동 때. 당시 배추 한 포기 값이 1만 5,000원까지 치솟았다. 식량 위기와 먹을거리 관련 논란이 도시 농업에 대한 관심을 불러온 셈이다.

도시 농업의 이유와 삶의 변화

도시 농업을 하는 이들의 이유는 다양하다. 취미나 여가 선용이 33.7%로 가장 많았고, 안전한 먹을거리를 위해서가 17%, 자급자족을 위해서라는 응답이 16.7%였다. 관악구에 사는 김 씨(32)에게는 세 가지 이유가 다 해당된다. 그는 지난해 취미로 옥상에 상추를 키우기 시작했다. 사서 먹는 것보다 작고 볼품이 없었다. 그런데 맛은 좋았다. 그는 우연히 자신이 키운 상추와 비슷한 생김새의 농산물을 파는 동네 생협 매장을 보게 됐다. 책을 찾아보면서 생태·환경에도 더 관심을 갖게 됐다. 옥상 텃밭이 그에게 준 결실은 상추뿐만 아니라 '생각의 확장'이었다.

농업을 해 온 구 씨는 요즘 어디를 가나 음식을 남기는 법이 없다고 한다. 빵을 좋아하던 그가 현미밥을 즐기게 된 것은 3년 전, 텃밭을 가꾸면서부터다. 작물의 재배 과정을 알게 되니 밥맛이 고소해졌고 밥을 남길 수가 없었다고 한다. (사진 자료) 먹을거리는 삶과 가장 밀접하다. 도시 농업이 개인들 삶의 방식을 바꾸고 있다.

(나)

읽기 단계	절차에 따른 읽기 활동	활동의 구체적 내용
읽기 전	㉠ ( )	• 소제목에서 '도시 농부'와 '서울시가 분양한 노들섬의 어느 텃밭과 쓰레기를 재활용하여 만든 옥상 텃밭 사진'을 보니 도시에서 농사짓는 것과 관련된 내용이겠군. • 소제목 '도시 농업의 이유와 삶의 변화'를 보니 도시 농업을 하는 이유와 농업을 통해서 삶을 바꾸는 도시 농업의 가치에 대한 내용이 다루어지겠군.
읽기 전	예측한 내용을 바탕으로 하여 글의 내용에 대해 '질문'만들기	① '못생긴 상추가 나를 바꿨다'는 제목의 의미는 무엇일까? ② 언제부터 도시 농업이 시작되었을까? ③ 도시 농업이 확산된 계기는 무엇일까? ④ 얼마나 많은 사람이 도시 농업을 하고 있을까? ⑤ 사람들은 왜 도시 농업을 할까?
읽는 중	질문에 대한 답을 찾으며 글을 자세하게 읽어 보기	(㉢)
읽은 후	㉡ ( )	"'도시내기'들이 농사를 짓기 시작한 것이다." '-내기'는 (일부 명사 뒤에 붙어) 그 지역에서 태어나고 자라서 그 지역 특성을 지니고 있는 사람의 뜻을 더하는 접미사이다. '도시내기'는 사전에 없지만 '-내기'의 뜻과 문맥을 고려했을 때, 도시에서 태어나고 자라서 도시적인 특성을 지니고 있는 사람이나 도시에서 사는 사람을/를 뜻하는 것으로 이해할 수 있겠다.
읽은 후	글을 다 읽은 후 질문과 답을 점검하면서 수정해야 할 내용이 있는지, 또는 보완해야 할 내용이 있는지를 확인하기	

작성방법

• (나)의 괄호 안 ㉠, ㉡에 들어갈 독서 수업의 절차를 제시하고, 괄호 안 ㉢에 들어갈 내용을 읽기 전 질문을 고려하여 (가)에서 찾아 각각 서술할 것.
• 독서 전략을 교과 학습에 활용하는 방법의 독서 교육적 의의를 서술할 것

③ [K-W-L 전략]

관련 기출

2013 2차

1 '독서 전략을 활용하여 능동적으로 글을 읽을 수 있다.'라는 학습 목표로 수업을 하고자 한다. 〈조건〉에 따라 한 편의 글로 논술하시오. [15점]

남성다움과 여성다움을 넘어

개인의 자아실현은 사회·문화적 환경의 영향에서 자유로울 수 없다. 정도의 차이는 있겠지만, 모든 사회는 개인의 자아실현을 쉽게 이룰 수 없게 하는 여러 장애 요인들을 안고 있다. 우리가 살고 있는 시대도 마찬가지이다. 그 중에서도 모든 사람들에게 커다란 영향을 미치면서 그 전모가 쉽게 드러나지 않는 것이 있다. 그것은 바로 남성과 여성에 대한 편견, 그리고 그에 근거한 차별이라 할 수 있다. 이 오래된 편견은 사람들의 마음속에 고정관념으로 자리 잡고 있으면서 수많은 남성과 여성의 삶을 제약하고 자아실현을 방해하고 있다.

성에 대한 고정관념을 지닌 사회에서 태어난 사람은 태어나는 순간부터 성별에 따라 다른 대우를 받게 된다. 여자 아기에게는 분홍색, 남자 아기에게는 파란색을 주로 입히거나 아기의 성별에 따라 부모가 서로 다른 행동을 하는 것 등이 대표적인 예가 될 수 있다. 아기가 커가면서 이러한 구별은 더욱 엄격해져서 아동은 성별에 따라 해도 되는 행동과 해서는 안 되는 행동의 내용이 다르다는 것을 알게 된다. 타고난 호기심으로 성별과 무관하게 새로운 행동을 탐색해 나가는 과정에서, 아동은 자신의 성별에 적합한 행동을 할 때 칭찬, 상, 은근한 미소 등으로 격려를 받는 반면, 부적합한 행동을 할 때에는 꾸중, 벌, 무관심 등의 제지를 당하면서 자신의 풍성한 잠재력의 한 부분을 일찍이 잠재워 버리게 된다.

아동이 이러한 성역할과 성적 고정관념을 보상과 처벌, 그리고 일정한 역할모델을 통하여 습득하면 이는 아동의 자아개념의 중요한 일부분을 형성하게 된다. 그리고 이렇게 자아개념이 형성되면, 그 이후에는 외부로부터의 보상과 처벌에 관계없이도 자아개념에 부합하도록 행동함으로써 스스로 심리적 보상을 받게 된다. 이는 초기에 형성된 고정관념을 계속 유지·강화하는 역할을 하게 된다. 이렇게 되면, 아동은 자신이 가진 무한한 잠재력을 다 발휘할 기회를 갖지 못하고 성별에 따라 제한된 영역에서만 활동하고 그에 만족을 느끼는 것이 옳다고 생각하게 된다.

최근에는 이러한 장벽을 무너뜨려 모든 사람들이 좀 더 자유롭게 살 수 있게 하기 위한 노력이 다방면에서 이루어지고 있다. 그러한 노력의 하나로 심리학에서 제안한 것이 양성성(兩性性)이라는 개념이다. 이것은 모든 여성은 '여성답고' 모든 남성은 '남성다운' 것이 바람직하다고 여겼던 고정관념과는 달리, 모든 인간은 각자의 고유한 특성에 따라 지금까지 여성적 이라고 규정되어 왔던 바람직한 특성과 남성적 이라고 규정되어 왔던 바람직한 특성을 동시에 지닐 수 있다고 보는 것이다.

미래사회는 어떤 모습이 될 것인가? 생활양식과 가족구조에 급격한 변화가 올 것은 자명하다. 사람들이 지향하는 가치관에도 변화가 올 것이다. 이런 사회가 도래했을 때, 지금도 유지되고 있는 전통적 성역할 규범은 골동품이 되고 말 것이다. 남녀 모두가 집에서도 업무를 볼 수 있게 되고 함께 자녀를 돌보고 키우게 됨으로써 '남자는 일터에, 여자는 가정에' 라는 케케묵은 공식은 더 이상 성립하지 않게 될 것이다. 여성다움이나 남성다움을 넘어 모든 인간이 자신이 가지고 있는 고유한 특성에 따라 자아를 실현할 수 있는 사회를 기대해본다.

자료

〈자료 1〉학생 A의 활동지

K 단계	W 단계	L 단계
• 민주주의 국가에서 권력은 국민으로부터 나온다. • 민주주의는 갈등 없는 사회를 지향한다. • 개인의 자아실현은 사회·문화적 환경에서 자유로울 수 없다.	• 필자가 이 글을 쓴 목적은? • 남녀의 결혼 적령기는 언제가 적당할까? • 성역할에 대한 고정관념은 어떻게 형성되는가?	• 성역할에 대한 고정관념은 보상, 처벌, 역할모델 등을 통해 형성된다. • 이 글의 목적은 성역할에 대한 편견을 가진 사람을 설득하는 데 있다.

〈자료 2〉교사의 관찰

- 학생1 : '편견'을 '나누어진 생각'으로, '케케묵은'을 '어둡고 냄새나는'이라는 뜻으로 파악하고 있음.
- 학생2 : 첫 번째 문단의 '그것은 바로 남성과 여성에 대한 편견, 그리고 그에 근거한 차별이라 할 수 있다.'에서 '그것'이 가리키는 것을 '개인의 자아실현'으로 파악하고 있음.
- 학생3 : '남자는 남자의 역할을, 여자는 여자의 역할을 충실히 할 때 우리 사회의 미래는 밝아진다.' 로 내용을 정리함.

조건

(2) K-W-L전략에서 각 단계의 의의를 설명하고, 〈자료1〉을 고려하여 학생 A에게 필요한 지도 내용 2가지를 제시할 것.

(3) 〈자료2〉를 바탕으로 학생 1~3이 잘못 이해한 것에 대해 수정할 내용을 제시하고, 교사가 지도해야 할 독서전략을 각 학생별로 1가지씩 서술할 것.

심화 예제

2 독서 전략을 교과 학습에 활용하기 위한 활동을 다음과 같이 계획하였다. 〈작성 방법〉에 따라 학생의 문제점과 지도 방안을 서술하시오. [4점]

> **지구적 기후 변화, 어떻게 해결할 것인가?**
>
> 기후 변화는 전 지구적인 것이다. 세계의 어느 구석에서 문명을 등지고 원시적인 생활을 영위한다고 해도 기후 변화의 영향에서 벗어날 수는 없다. 기후 변화로 지구의 평균 기온이 상승하면 지구 전체가 영향을 받기 때문이다.
>
> …(중략)…
>
> 기후 변화의 결과가 이토록 심각하다면 우리는 어떻게 해야 할 것인가? 이것을 막을 수 있는가? 방법은 있다. 온실가스 배출량을 줄이면 된다. 가장 효과적인 방법은 화석 연료에서 벗어나 재생 가능 에너지를 사용하는 것이다. 재생 가능 에너지는 고갈되지 않으면서 온실가스도 만들어 내지 않는다. 재생 가능 에너지의 이용을 확대하여 기후 변화를 억제하는 방식은 전지구적인 온실가스 배출량 감소 협약을 이끌어내었다.
>
> 기후 변화는 전 지구적인 현상이기 때문에 한 지역, 한 나라의 노력만으로 억제될 수 있는 것이 아니다. 따라서 지구 상의 모든 국가, 모든 사람이 힘을 합쳐서 온실가스 배출량을 줄여 가는 데 최선의 노력을 기울여야 한다. 우리나라는 아직 기후 변화 협약의 적용을 받지는 않지만, 많은 양의 온실가스를 방출하고 있어 머지않아 국제 사회로부터 온실가스 배출량을 줄이라는 요구를 받게 될 것이다. 그리고 기후 변화가 좀 더 진행된다면 우리나라도 상당한 피해를 입게 될 것이다. 이를 막기 위해서는 우리도 온실가스 배출량 감소를 위해 많은 노력을 기울여야 할 것이다.

자료

[학생 A의 활동지]

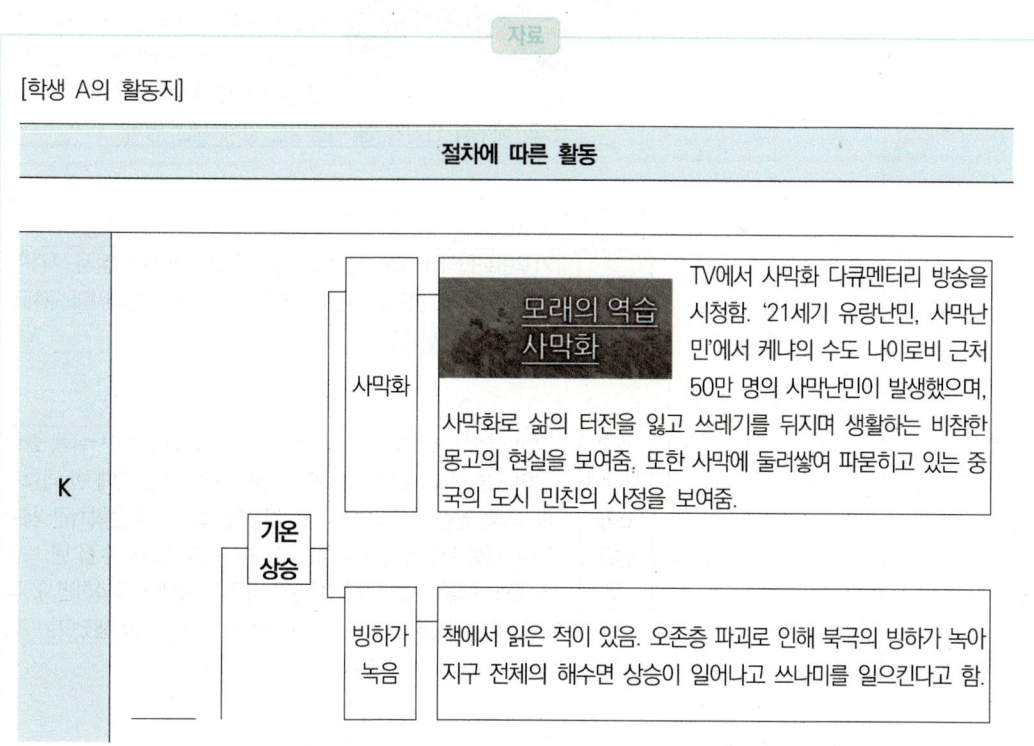

기후 변화에 대한 배경 지식 및 경험	기온 하강	한파의 경험	작년 겨울에 경험한 한파. 서울은 10년 만에, 부산은 96년 만에 가장 추운 날씨를 맞는 등 기록적인 한파가 있었음. 지구 온난화가 심화되고 있는데 겨울철 참기 어려운 추위가 찾아오는 것은 지구 온난화의 결과 가운데 하나.
		자연 재해의 경험	직접 경험한 바는 없지만, 영화 '투모로우'에서 이를 본 적이 있음. 이 영화는 급격한 기후 변화를 소재로 삼고 있음. 간신히 살아남은 잭박사의 아들 샘은 아빠와 연락하여 살아있음을 알리고 고립됨을 알리게 됨. 역시 아빠는 위대하다고 느꼈는데, 이유는 대재난을 피하지 않고 역행하여 재난의 중심지로 아들을 구하기 위해 힘든 여정을 택함. 아들은 살고 아빠만 죽는거 아닌가하는 아슬아슬한 긴장감이 영화 내내 지속되는 등 감독의 연출과 배우의 연기가 잘 어울려진 명작 재난 영화.
	기타	교토 의정서	기후변화협약에 따른 온실가스 감축목표에 관한 의정서. 지구온난화 규제 및 방지를 위한 국제협약인 기후변화협약의 구체적 이행 방안이 담겨있음
		과학 시간에 소개 받은 책	과학 선생님께서 이 책을 소개함. '지구온난화'라는 '사실'은 숱한 우여곡절 끝에 확립되었음을 보여줌. 이는 한 순간에 한 과학자에 의해 발견된 것이 아니라, 기상학·물리학·생물학처럼 서로 다른 과학 분야에서 활동하는 수많은 과학자들이 수십 년 동안 소통과 논쟁을 겪으면서, 잘못된 이론과 해석을 극복하면서, 다양한 후원과 냉전이라는 사회적 맥락 속에서 가능해졌다는 것.

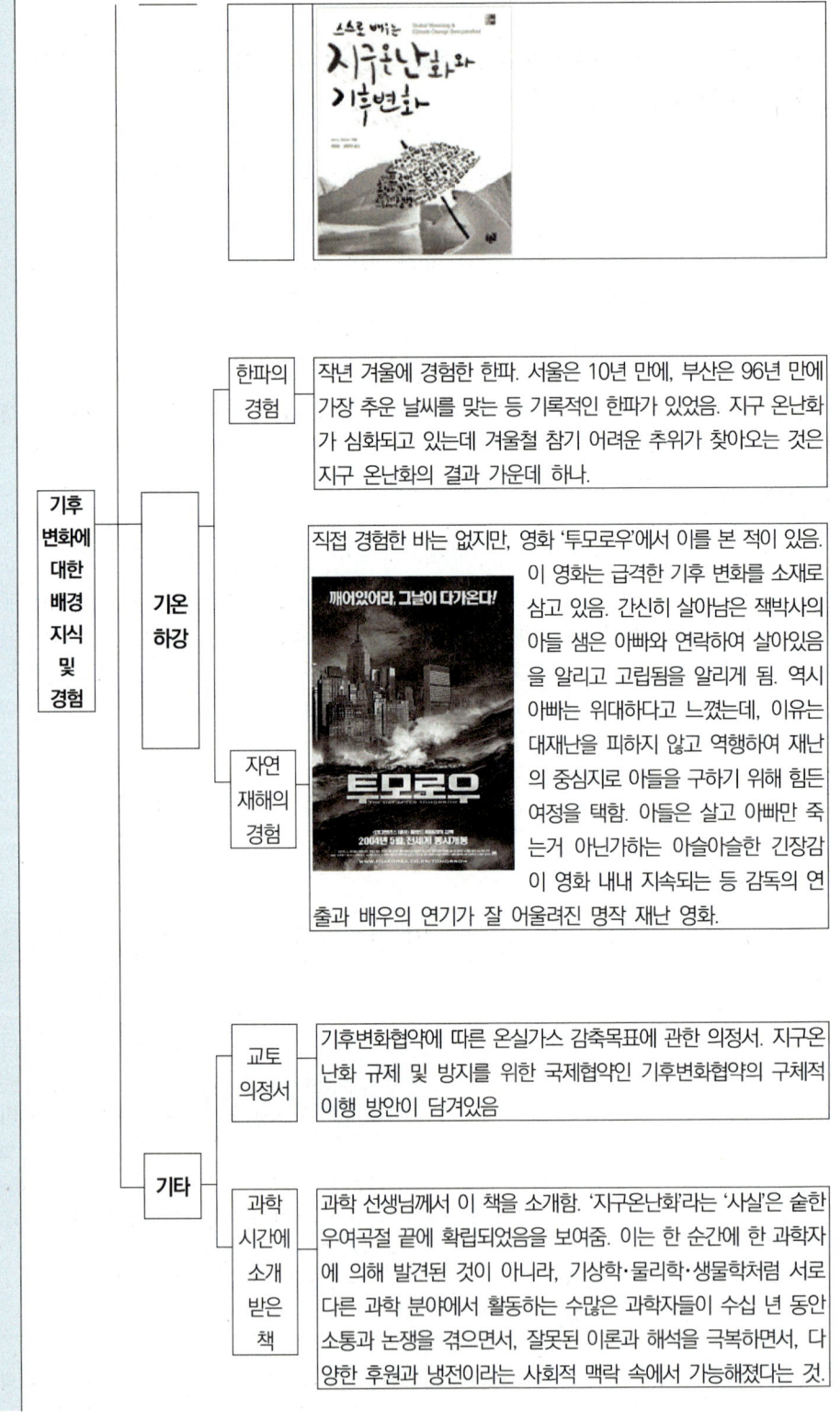

K	

↓

W	• ㉠ 필자가 이 글을 쓴 목적은 무엇인가? • 기후 변화의 원인은 무엇일까? • 기후 변화의 과학적 측정 방법은 무엇일까? • 지구 온난화는 어떤 결과를 야기할까?

↓

L	• 기후변화는 이산화탄소와 관련이 있음. 이산화탄소는 지구의 평균 기온을 유지시키는 역할을 하는데, 이것이 산업화 이후 지구에 온실 효과를 일으켜 지구의 대기 온도를 상승시킴. 메탄, 수증기, 염화불화탄소도 이와 같은 온실 효과를 일으킴. • ㉡ • 지구 온난화의 결과 여름의 기후가 매우 불안정해져서 홍수, 뇌우, 강한 돌풍 같은 기상 이변이 발생, 그 횟수도 이전에 비해 잦아졌고, 이로 인한 피해도 크게 증가. 또한 큰비나 폭설로 인한 피해가 커지는 피해는 더욱 크게, 그리고 자주 나타날 것으로 예상.

작성방법

• K-W-L의 절차에 따른 활동에서 K단계와 W단계에서 학생 A의 문제점을 각각 찾아 지적하고, 이를 고려하여 필요한 지도 방안을 각각 서술할 것.
• L단계의 ㉡은 ㉠의 질문을 고려하여 답이 될 수 있는 내용을 서술할 것.

3. (가)는 수업을 위한 읽기 자료이고, (나)는 학생이 작성한 활동지이다. 〈작성 방법〉에 따라 서술하시오. [4점]

(가)

우리나라 고인돌의 형태적 특성과 가치

▲ 강화 부근리에서 발견된 고인돌

고인돌은 말 그대로 "돌을 고였다."라고 하여 붙여진 이름으로, 청동기 시대의 대표적인 무덤 형식이다. 우리나라에서는 실로 '고인돌 왕국'이라 칭할 만큼 많은 수의 고인돌이 발견되었다. 지금까지 남한에서 약 3만여 기, 북한에서 약 1만여 기에 가까운 고인돌이 발견되었는데, 이는 전 세계 고인돌의 40퍼센트가 넘는 수이다.

먼저, 우리나라 고인돌의 분포지역을 살펴보면, 주로 서해안 지역과 호남 지방에 집중되어 있다. 이 가운데 유네스코 세계 유산으로 등재된 고창, 화순, 강화 고인돌 유적은 보존 상태가 매우 좋다. 또 밀집도가 높고 형식도 다양하여 고인돌의 형성 과정과 발전 과정을 규명하는 중요한 단서가 되고 있다.

다음으로, 우리나라의 고인돌은 대부분 지상이나 지하의 무덤 방 위에 거대한 덮개돌을 얹어 만든 형태를 띤다. 그리고 이 덮개돌의 형태에 따라 크게 '탁자식', '바둑판식', '개석식', '위석식'으로 나뉜다. 탁자식은 판석 3, 4매를 땅 위에 고임돌로 세워 돌방을 만들고 주검을 놓은 뒤 그 위에 덮개돌을 얹은 모습이고, 바둑판식은 땅 아래에 판석을 세우거나 깬 돌을 쌓아 무덤 방을 만들어 주검을 묻고 땅 위에 낮게 놓은 고임돌에 덮개돌을 얹은 모습이다. 개석식은 바둑판식과 비슷하지만, 고임돌 없이 덮개돌만 얹은 것이다. 위석식은 무덤 방이 땅 위에 노출되어 있고 여러 매의 판석이 덮개돌의 가장자리를 따라 세워진 형태로 우리나라 제주도에서만 보인다.

한편 덮개돌은 생김새와 크기도 다양하고 무게도 수십 톤에서 수백 톤에 이를 만큼 다양하다. 따라서 하나의 고인돌을 축조하기 위해서는 적게는 수십 명, 많게는 수백 명이 동원되어야 한다. 또한, 암벽에서 돌을 떼어 내는 고도의 기능을 가진 석공과 이를 좀 더 쉽게 운반하고 받침돌 위에 정확하게 올리는 토목 설계 기술이 필요하다. 이러한 점을 고려할 때 고인돌은 당시 사람들의 위대함을 느끼게 한다.

이상으로 우리나라 고인돌의 특성에 대해 살펴보았다. 고인돌은 '거석문화' 유적 가운데 하나이다. 거석문화는 주로 인간이 어떤 목적의식을 가지고 자연석이나 가공한 돌로 구조물을 축조하여 숭배의 대상물이나 무덤으로 이용한 선사 시대의 문화를 말한다. 이집트나 아메리카 대륙의 피라미드, 영국의 스톤헨지, 프랑스의 카르나크 열석, 이스터 섬의 모아이, 몰타의 신전 등이 거석문화로 손꼽히는 유적이다. 우리나라의 고인돌 또한 이들과 어깨를 나란히 하는 거석문화로서 소중한 가치를 지닌다.

▲ 우리나라 고인돌 문화는 거석문화의 유적 가운데 하나. 세계 거석문화 중 유명한 이스터 섬의 모아이 석상

(나) 〈학생의 활동지〉

K 단계	W 단계	L 단계
• 글의 제목과 글 내용과 관련하여 실린 사진을 훑어봐야 해. 활동과 관련해보면 이 글은 '우리나라 고인돌의 형태적 특징과 고인돌 문화의 가치'에 대한 내용의 글임을 예측할 수 있어. ⓐ 사진을 보면 '모아이 석상의 비밀과 미스테리를 풀 수 있는 흥미로운 내용'의 소개가 있을 것임을 예측할 수 있다. 모아이 석상은 그 규모와 외계인을 닮은 생김새 때문에 초고대문명이 존재했다는 증거가 된다고 유튜브에서 본 적이 있어. • 지난 봄 경기 지역 답사 여행 때 안내문을 찍은 사진이 있어. 이 안내문에 따르면 "고인돌에서 유물이 전혀 없거나 있어도 매우 미미해, 고인돌이 의례행사나 제사와 관련성이 높다."고 해.	• 필자가 이 글을 쓴 목적은 무엇인가? • 고인돌은 어느 지역에서 많이 발견될까? • 고인돌은 어느 시기에 만들어졌을까? 고대에 만들어졌다면 그 정도의 돌을 다루는 기술을 가지고 있었을까?	• 필자는 우리나라 고인돌의 형태와 종류, 고인돌의 축조 기술 등 고인돌의 특성에 대한 정보를 독자들에게 제공하고, 세계 문명이 남긴 거석문화 중의 하나로 그 소중한 가치를 일깨우고자 한다. • 우리나라 고인돌의 분포지역은 주로 서해안과 호남 지방에 집중되어 있다. • 고인돌은 청동기 시대에 만들어졌는데, 고도의 토목 설계 기술을 활용했다.

〈보기〉

학교에서의 독서교육 현상은 독서능력을 기르기 위해 독서(혹은, 읽기) 그 자체를 배우는 것 이외에, 읽기 교육 시간에 배운 독서 능력을 활용하여 독서를 사용한다. 사회과나 과학과와 같은 내용교과 교실에서 모습을 보자. 학생들은 교과서를 읽거나 수업과 관련된 자료를 더 찾아 읽고, 토의하고, 발표하고, 글을 쓰는 모습을 보는 것은 어렵지 않다. 내용교과 교실에서 일어나는 독서는 사회과나 과학과의 내용을 학습하기 위해 읽는다는 점이다.

〈작성방법〉

• 〈보기〉와 같은 관점에서 독서의 명칭을 쓰고, 독서 목적을 포함하여 의의를 서술할 것.
• (나)의 ⓐ에서 학생 활동의 문제를 해결하기 위한 지도 내용을 서술하고, KWL 활동이 근거하고 있는 독서 과정 모형을 제시하고 그 이유를 설명할 것.

테마 4   자기 선택적 독서 지도·지속적 묵독 지도

관련 기출

2020 B형 서술형

1 (가)는 '자발적 독서' 수업 계획안이고, (나)는 '자발적 독서' 관련 안내 자료이다. (나)를 참고하여 (가)의 개선 방안을 〈작성 방법〉에 따라 서술하시오. [4점]

(가) '자발적 독서' 수업 계획안

차시	단계	교수·학습 내용
1	수업 안내	• 수업의 전체 진행 과정 소개 • 학생들의 역할 및 수행 과제 안내
2	도서 선정	• 학년 수준에 맞는 도서 목록 제공 • 학교에서 정한 '이 달의 책' 한 권을 함께 읽을 책으로 선정
3	책 읽기	• 도서관에서 책 읽기
4	읽기 활동	• 문단별 주제 세부 내용 파악하기 • 문단 간 연결 관계 파악하기 • 전체 내용 요약하기
5	생각 나누기	• 읽은 책 내용 중 주제를 정하여 이야기하기 • 각 모둠별로 이야기한 내용 발표하기
6	쓰기	• 이야기한 주제로 쓰기
7	정리 하기	• 자신이 쓴 글 발표하기 • 자신의 '자발적 독서' 과정 점검하기

(나) '자발적 독서' 관련 안내 자료

자발적 독서의 목표는 학생들로 하여금 지속적인 독서 활동을 통해 바람직한 독서 습관을 기르고 평생 독자로서의 소양을 갖추도록 하는 것이다. 많은 연구자들은 자발적 독서를 위한 중요한 방법으로 자기 선택 독서와 거시 독서를 강조하고 있다.

[A] 자기 선택 독서는 '자율성' 요인과 밀접하게 관련되어 있다. 독서 상황에서 학생들에게 자율성을 제공하기 해서는 학생들이 선택을 할 수 있는 기회를 보장해 주어야 한다. 학생들은 실제 독서 과정에서 다양한 선택의 기회를 통해 자신의 수준을 가늠하고, 호기심, 취향, 관심사 등과 관련하여 내재적 동기를 작동시킨다. 그리고 이러한 내재적 동기의 발현과 충족의 지속은 학생 독자의 자발적 독서 경향을 강화한다.

[B] 한편 자발적 독서의 지도는 미시적 독서 방법이 아닌 거시적 독서 측면에서의 계획과 실천을 강조한다. 거시적 독서에서는 글에 대한 세부적 이해나 사실적 이해보다는 확산적 이해를 강조한다. 즉, 글에 대한 정확한 이해에만 그치는 것을 지양하고 글에 새로운 의미를 부여하는 활동, 글이 주는 즐거움과 감동을 내면화하고 누리는 활동 등을 권장한다. 이와 같은 거시적 독서 방법의 지도를 통해 자발적 독서가 확대될 필요가 있다.

작성방법

- [A]에 근거하여 2차시 수업의 문제점을 2가지 서술할 것.
- [B]에 근거하여 4차시 수업의 보완점을 2가지 서술할 것.

기본 예제

2 다음은 학교 독서 프로그램에 대한 대화이다. 괄호 안의 ㉠과 ㉡에 해당하는 말을 순서대로 쓰시오.[2점]

> 김 교사: 제가 이번 학기부터 방과 후 학교 도서관에서 운영하는 학교 독서 프로그램을 맡게 되었어요. 제가 생각하기에 독서는 즐겁고 자유로운 활동이어야 한다고 생각합니다. 이런 점에서 개인의 자율적인 독서활동으로서 (㉠)를 중심으로 기획해보았어요. 특히 독자의 독서 동기를 높이고 독서 습관을 형성하는 데 도움이 되기 때문입니다.
> 최 교사: 그렇지만, 미취학 아동, 초등학생의 경우에는 비율이 높을 수 있지만, 중·고등 학생들에게는 그것만을 강조할 수 없는 일 아닐까요? 이 시기의 독자에게는 여가 시간에 자율적으로 수행하는 독서와 별개로, 자신의 학업에 연결되는 독서활동이 필요합니다.
> 김 교사: (㉠)는 전 연령대의 독자가 수행할 수 있는 기본 활동으로 알고 있었는데요. 상황에 따라 조절이 필요하겠군요. 그렇다면 어떻게 해야 할까요?
> 최 교사: 우선 도서관의 상황이 어떤지 궁금하네요.
> 김 교사: 현재 학교도서관의 장서 구성을 파악해보니 문학 텍스트의 비중이 다른 분야보다 70%정도 높더군요.
> 최 교사: 유목적적인 독서활동으로 학업과 관련한 (㉡)는 문학 텍스트보다는 각 분야의 지식과 정보를 논리적으로 다루는 정보 텍스트를 대상으로 하는 경우가 많아야 할 것 같아요. 중·고생 독자의 독서 흥미나 동기는 매우 다양하므로 다양한 분야의 텍스트를 접할 수 있도록 해야 할 것 같구요. 더불어 텍스트의 주제, 난도, 장르, 난도의 균형을 고려하여 중·고등학생 독자에게 맞는 프로그램을 운영할 필요가 있을 것 같습니다.

3 다음은 독서 지도 방법을 주제로 한 교사협의회의 일부이다. 괄호안의 ㉠과 ㉡에 해당하는 말을 순서대로 쓰시오. [2점]

> 사회자: 오늘은 학교 교육현장에서 독서 교육에 애 쓰시고 있는 선생님들을 만나 뵙고 현장의 목소리를 듣고 싶어 이 자리를 마련했습니다. 간단하게 여러분들이 현장에서 겪고 있는 애로 사항이 무엇인지 말씀 좀 해주시지요.
> 김 교사: 제 경우에는 동일 학급내의 학생들 간의 읽기 수준의 차이가 문제였어요. 그래서 고민 중에 학습자들이 그들에 맞는 자료를 읽을 수 있도록 공통 주제를 다루되 학습자 수준에 맞는 다양한 자료를 준비해보았더니 효과가 있더군요.
> 박 교사: 제 경우에는 학생들은 학습내용에 대해 잘못된 선행지식을 갖고 받아들이는 경향이 있어요. 학습해야 할 내용으로 새로운 정보를 제시하면 학생들의 잘못된 선행지식과 갈등을 일으키기 때문에 항상 어려움이 있었거든요.
> 김 교사: 읽은 후에 토의와 토론을 통하여 동료들과 텍스트에 대한 이해의 결과를 교환하고 스스로 수정, 변경하는 기회를 갖도록 하면 어떨까요?
> 박 교사: 아, 그러면 잘못된 선행지식으로 인한 오독을 스스로 수정할 수 있겠군요.
> 최 교사: 선행지식이 문제라는 점에서 저도 비슷한 경험이 있습니다. 다만, 학생들이 자신이 공부할 주제와 관련된 경험과 배경지식을 연결짓지 못해 수업 진행에 어려움이 컸어요. 이 때문에 학생들이 글 읽기를 어렵게 여기고 있는 것 같구요.
> 사회자: 최 선생님의 문제를 해결하기 위해서는 어떤 방법이 필요할까요?
> 박 교사: 제가 이전에 수업을 진행했을 때, 읽기 전 배경지식을 활성화하기 방법을 활용했었는데 효과가 좋더군요. 읽기 전에 읽기 자료에 포함된 어휘가 제시된 시각적 개요나 중요한 개념과 그 관계가 명시된 (㉠)를 제시해서 배경지식을 활성화할 수 있었거든요.
> 사회자: 각자 교육현장에서 읽기 교육에 대한 애로 사항이 많았으리라고 봅니다. 이외에 다른 고충거리들은 없었는지 말씀해주시지요.
> 송 교사: 학생들에게 반드시 읽어야 할 독본을 제시하니까, 관심 없는 주제의 글을 억지로 이해하게 하는 것 같고, 흥미를 자극하지 못한 것 같습니다.
> 최 교사: 학생들의 관심과 흥미로운 주제를 스스로 선택하여 글을 읽도록 하기 위해 (㉡) 방법을 활용하면 어떨까 합니다.
> 이 방법은 학생들이 읽기 과제 선택에서 자율성을 획득하게 되고, 읽기 과업을 비통제적이라고 인식하게 되기 때문에 학생들로 하여금 읽기 활동에서 주도성을 신장시키고 지속적 독서를 가능하도록 도움준다고 하네요.
> …(중략)…
> 사회자: 네, 여러분들 말씀을 들으니 읽기 활동에 대한 참여도와 흥미를 키워 주기 위한 독서 지도 방법이 절실히 요구되는 것 같군요. 지금까지 말씀을 나눈 선생님들께 감사를 드립니다.

4 다음은 읽기 수업의 어려움과 관련된 교사의 대화이다. 괄호 안의 ㉠과 ㉡에 해당하는 말을 순서대로 쓰시오. [2점]

> 송 교사: 선생님, 제 읽기 수업은 흥미를 자극하지 못한 것 같습니다. 학생들이 읽기에 흥미와 관심 없는 학생들에게 글을 이해하게 하고 생각하게 하는 것이 어려워요.
> 김 교사: 학습자 스스로 책을 선택하여 끝까지 읽도록 격려하고 고무하는 방법이 어떨까요?
> 송 교사: (㉠)을/를 말하는건가요? 그렇지 않아도 학생들의 흥미, 수준에 적합한 자료를 제공하기 위해서 학교도서관에 문의하여 다양한 책들을 구비해 독서 환경을 조성하려고 합니다.
> 김 교사: 네, 그렇습니다. 잘 갖추어진 학교 도서관은 학생들의 독서에 대한 흥미를 불러일으키고 독서 태도를 변화시키며, 독서량을 증가시키는 조건이 됩니다. 조금 더 말씀드리자면 이 프로그램은 선택, 독서 시간, 독서 내용의 공유 등 세 가지 요소가 중요합니다. 그러기 위해서는 도서관에서 도서 구비의 '선택'과 함께 중요한 것은 최소한의 독서 '시간'을 확보해야 합니다.
> 송 교사: 아, 그렇군요. 그러면 김 선생님은 어떻게 학생들의 시간을 확보하셨나요?
> 김 교사: 저 같은 경우는 학생들에게 아침 자습 시간이나 점심 시간에 스스로 주어진 시간 동안 책을 읽도록 하는 지속적 묵독 방법을 활용했습니다. 학생들이 책을 읽을 수 있는 시간을 가지게 되니까 눈에 띄게 책에 대한 긍정적인 태도가 형성되더군요.
> 송 교사: 그렇군요. 학생들에게 주변의 읽을거리를 제공하고 이를 능동적이고 적극적으로 탐색하는 기회를 만들어야겠습니다. 그런데, 글과 책을 선택하는 기준이 따로 있나요?
> 김 교사: 특별한 기준은 없습니다만, 주로 독서의 (㉡)과 글의 가치 등을 종합적으로 고려하여 책을 선택해야 합니다. 자신의 독서 (㉡)이 무엇인지 구체적으로 파악하되, 좋은 글의 가치를 깨닫고 가급적 고전과 같이 여러 세대를 통해 검증된 글을 선정하도록 유도하는 것이지요.
> 송 교사: 그 이외에도 학생들의 독서 동기를 강화하기 위해 어떻게 해야 할까요?
> 김 교사: 아울러 학생들의 다양한 독서 경험을 독서 토론 등의 활동을 함으로써 나눌 필요가 있겠지요.

심화 예제

5 대한 고등학교 송 교사는 비판적이고 창의적인 사고를 계발시키기 위한 목적으로 '직접 읽기 활동'을 포함한 '학교 독서 프로그램'을 설계하려고 한다. 학교 독서 프로그램의 교수·학습 원리가 〈보기〉와 같다면, 송 교사의 독서 프로그램의 설계를 〈작성 방법〉에 따라 서술하시오. [4점]

> 보기
>
> 〈독서 프로그램의 주안점〉
> • 다른 교과의 학습에 도움이 되는 주제 중심의 텍스트 읽기
> • 직접 읽기 활동
>
> 〈독서 프로그램의 교수·학습 원리〉
> • 학습자 스스로의 문제·해결 중시
> • 독서 발달 단계에 따라 개별적인 접근법으로 읽기
> • 정전에서 벗어나 자신에게 맞는 텍스트를 스스로 선택하여 읽기

⟨독서 프로그램의 절차 및 적용 모형⟩

송 교사가 계획한 학교 독서 프로그램의 절차	적용 가능한 읽기 모형
[A] ☐ ⇩ ☐ ⇩ ☐ ⇩ ☐ ⇩ ☐	• 문제·해결 과정 모형 • 개별화 읽기 지도 • 자기 선택적 독서 지도
[B] ㉠ 중요한 정보들을 중심으로 읽은 내용을 요약하게 한다. ㉡ 독서의 목적을 고려하여 다양한 방법으로 읽은 결과를 누가 기록하게 한다. ㉢ 독서 주제와 내용을 고려하여 학습자의 수준과 흥미에 맞는 책들을 각자 선정하게 한다. ㉣ 명시적인 텍스트의 주제 외에, 숨겨진 필자의 의도를 파악할 수 있도록 교사가 전략을 안내한다. ㉤ 필자의 태도나 주장이 드러난 핵심어구, 비유적 표현, 텍스트의 구조 표지어 등에 유의하며 직접 읽게 한다.	• 상위인지 읽기 지도 • 직접 읽기 활동 지도 • [C] 지속적 묵독 지도 • 협의 및 토론 학습 모형 • 총체적 언어 접근법 • 요약하기 지도 • 독서 이력철 활용 • 범교과 통합 학습 적용

⟨지속적 묵독 지도의 절차⟩

절차	학생 활동	교사 역할
준비하기	• 읽고 싶은 책을 선택하여 자리에 앉아 정숙을 유지하기	• 지속적 묵독 활동의 필요성과 의의, 방법에 대해 설명하기 • 책 읽기를 위한 분위기 형성
⇩		
묵독하기	• 조용하게 묵독하기 • 정해진 읽기 시간 동안 독서에 몰입하기	㉮
⇩		
공유하기	• 흥미롭거나 관심을 가질만한 부분에 대한 교사의 질문에 대한 반응 및 공유 • 책의 제목이나 간략한 감상을 독서 일지에 기록	• 읽었던 책의 내용 중 흥미롭거나 관심을 가질만한 부분에 대한 질문

작성방법

• 송 교사가 계획한 학교 독서 프로그램의 교수·학습의 주요 원리를 ⟨보기⟩를 활용하여 제시하고, [A]에 들어갈 학교 독서 프로그램의 절차를 [B]에서 찾아 순서대로 쓸 것.
• [C]에 제시된 ⟨지속적 묵독 지도의 절차⟩의 '묵독하기' 단계에 적절한 교사의 역할을 2가지 제시하고 설명할 것.

6 대한 고등학교 송 교사가 파악한 학생 및 학교의 상황이 다음과 같다. 긍정적 독서 동기 형성을 위한 독서 지도 방법을 〈작성 방법〉에 따라 서술하시오. [4점]

- 학교 독서 상황
  - 학생들의 아침 자습 시간이나 점심 시간을 독서 활동에 활용할 수 있음.

- 학생
  - 대부분의 학생들이 스스로 주어진 시간 동안 책에 (㉠)하는 경험이 부족하여 낮은 동기를 가지고 있음

〈송 교사가 계획한 독서 수업〉

절차	학생 활동	교사 역할
준비하기	• 읽고 싶은 책을 선택하여 자리에 앉아 정숙을 유지하기	• 지속적 묵독 활동의 필요성과 의의, 방법에 대해 설명하기 • 책 읽기를 위한 분위기 형성하기
묵독하기	• 조용하게 묵독하기 • 정해진 읽기 시간 동안 독서에 (㉠)하기	㉮
공유하기	• 흥미롭거나 관심을 가질만한 부분에 대한 교사의 질문에 대한 (㉡) 및 공유 • 책의 제목이나 간략한 감상 등 독서 일지에 (㉡) 기록	• 읽었던 책의 내용 중 흥미롭거나 관심을 가질만한 부분에 대한 질문하기

작성방법

- 송 교사가 계획한 독서 수업이 적절한 이유(효율적인 이유)를 제시된 자료와 〈송교사가 계획한 독서 수업〉을 고려하여 서술할 것.
- ㉠, ㉡에 들어갈 말을 쓰고, 제시된 독서 수업에서 '묵독하기' 단계 ㉮에 적절한 교사의 역할을 서술할 것.

7 다음은 읽기 태도와 관련된 교사의 대화이다. 〈작성 방법〉에 따라 수업 계획 내용을 서술하시오. [4점]

송 교사: 선생님, 제 읽기 수업은 흥미를 자극하지 못한 것 같습니다. 학생들이 읽기에 흥미와 관심 없는 학생들에게 글을 이해하게 하고 생각하게 하는 것이 어려워요.
김 교사: 학습자 스스로 책을 선택하여 끝까지 읽도록 격려하고 고무하는 방법이 어떨까요?
송 교사: (㉠)을/를 말하는건가요? 그렇지 않아도 학생들의 흥미, 수준에 적합한 자료를 제공하기 위해서 학교도서관에 문의하여 다양한 책들을 구비해 독서 환경을 조성하려고 합니다.
김 교사: 네, 그렇습니다. 잘 갖추어진 학교 도서관은 학생들의 독서에 대한 흥미를 불러일으키고 독서

태도를 변화시키며, 독서량을 증가시키는 조건이 됩니다. 조금 더 말씀드리자면 이 프로그램은 선택, 독서 시간, 독서 내용의 공유 등 세 가지 요소가 중요합니다. 그러기 위해서는 도서관에서 도서 구비의 '선택'과 함께 중요한 것은 최소한의 독서 '시간'을 확보해야 합니다.

송 교사: 아, 그렇군요. 그러면 김 선생님은 어떻게 학생들의 시간을 확보하셨나요?

김 교사: 저 같은 경우는 학생들에게 아침 자습 시간이나 점심 시간에 스스로 주어진 시간 동안 책을 읽도록 하는 지속적 묵독 방법을 활용했습니다. 학생들이 책을 읽을 수 있는 시간을 가지게 되니까 눈에 띄게 책에 대한 긍정적인 태도가 형성되더군요.

송 교사: 그렇군요. 학생들에게 주변의 읽을거리를 제공하고 이를 자율적이고 주도적으로 탐색하는 기회를 만들어야겠습니다. 그런데, 구체적으로 어떻게 수업을 하셨는지 궁금합니다. 선생님의 도움을 받아 수업 계획을 세우고 싶습니다.

〈김 교사의 도움을 받은 송 교사의 독서 수업 계획〉

단계	학생 활동			교사 역할
	• BOOKMATCH 전략에 대한 교사의 설명 및 시범 보이기			
		책 선정 요소	선정 기준	선택 시범
1단계	B	책의 길이 (Book Length)	• 책의 길이는 적절한가? • 분량은 적절한가?(너무 많은가 혹은 너무 적은가?) • 읽을 만한 수준의 책 길이인가?	㉮ 이 책은 예술, 철학 책인데 미술작품을 예로 많이 들었다. 그림과 사진이 중간중간에 나와서 내용을 이해하는 데 도움이 많이 될 것 같다. 글자 크기도 편안하고 글자 수도 적당하다. 4개의 챕터로 나뉘어져 있어 읽기에 편할 것 같다.
	O	언어의 친숙성 (Ordinary Language)	• 아무 쪽이나 펴서 크게 읽어 보아라. • 자연스럽게 읽을 수 있는가? • 읽을 때 글의 의미가 통하는가?	㉯ 이 책의 중간쯤을 펴서 읽어 보았다. 자연스럽게 읽히고, 조금 어렵게 느껴지긴 하지만 읽을 만한 정도였다. 의미는 대부분 이해가 가는 정도다.
	O	글의 구조 (Organization)	• 책은 어떤 구조로 이루어져 있는가? • 책의 크기나 한 쪽당 단어의 개수는 적정한가? • 글자 크기, 문단 길이, 페이지 단어의 개수 등이 적정한가?	㉰ 나는 진중권의 「미학 오디세이」라는 책을 선택했다. 이 책의 분량은 340쪽으로 조금 많긴 하지만 2주일 정도의 기간 동안에 읽일 수 있을 것 같다. 얼른 읽고 싶은 느낌이 든다.
	K	책에 대한 선행 지식 (Knowledge Prior to Book)	• 제목을 읽고, 겉표지를 보거나 책 뒤의 요약문을 읽어라. • 책의 주제, 필자, 삽화에 대해 알고 있는가?	㉱ 제목과 책 뒤쪽에 독자 리뷰를 읽어 보니 이 책의 주제는 현대 예술가들의 작품에 담긴 미학인 것 같다. 현대 미술에 관한 책은 이전에도 여러 권 읽어 보았다. 저자마다 독특한 관점을 즐기는 편이다. 그리고 저자 진중권도 마음에 든다. 개인적으로 좋아하는 미학자다.
	M	다룰만한 텍스트 (Manageable Text)	• 책을 읽어보자. • 책의 단어 수준은 나에게 적합한가? 쉬운가? 어려운가?	㉲ 이 책은 미학 책이다. 전에 「미학 오디세이」 1,2권을 읽었고, 「서양미술사」, 「현대미학강의」등을 읽었다. 미

			• 읽고 있는 부분을 이해할 수 있는가?	학 책에 관심이 많고, 좋아한다!
	A	장르에 대한 관심 (Appeal to Genre)	• 책의 장르나 글의 유형은 무엇인가? • 전에 이 장르나 글의 유형을 접해본 적이 있는가? • 좋아할 만한 책의 장르나 글의 유형인가?	ⓑ 이 책의 단어들은 미학 용어가 많이 쓰여 어렵긴 하다. 하지만 읽을 만하고 이 책에 도전에 해 보고 싶다. 이전에 미학 책을 몇 권 읽었기 때문에 익숙한 단어들도 있다. 모르는 단어는 사전이나 백과 사전에서 찾으면 될 것 같다.
	T	주제 적합성 (Topic Appropriate)	• 이 책의 주제가 편안한가? • 내가 이 책의 주제에 대해 읽을 준비가 되어 있는가?	이 책의 주제는 현대 미술 철학이다. 평소 관심과 흥미가 높아서 이 주제와 관련된 책들을 많이 보고 있다. 얼른 읽고 싶다!
	C	연관 (Connection)	• 나와 이 책의 내용을 연관지을 수 있는가? • 이 책은 어떤 것이나 어떤 사람을 나에게 상기시키는가?	내가 예전에 읽었던 「현대미학강의」라는 책은 너무 어려워 이해하기가 어려웠다. 하지만 이 책을 그 책보다 이해하기 쉬울 것 같다. 그림이나 사진 자료가 많기 때문이다. 그리고 미술 전시회에 가서 작품을 감상할 때 많은 도움이 될 것 같다.
	H	높은 흥미 (High-Interest)	• 이 책의 주제에 흥미가 있는가? • 필자나 삽화가에 대해 흥미가 있는가? • 이 책을 다른 사람이 추천하였는가?	나는 이런 책을 정말 좋아한다. 나와 비슷한 취향과 취미를 가진 친구가 추천해 준 책이다. 이 책을 통해 미학에 대해 좀 더 깊이 있게 알게 되고, 미술작품을 보는 눈을 기우고 싶다.

	• BOOKMATCH 전략을 현시적으로 보여 줌으로써 전략에 대한 이해를 돕기 – 책 선택시 책의 수준과 책에 대한 (ⓒ)의 고려가 중요하다는 사실을 강조하면서 책 선정 과정에 대한 예시 자료 제공	

⇩

2단계	• BOOKMATCH 전략을 활용한 학생의 책 선정하기
	  – 제공된 책을 토대로 전략을 적용한 뒤 모둠 내에서 전략을 선택하여 책을 선정한 결과를 공유하고 전략 사용의 어려운 점이나 적절성에 대해 이야기 나누기
	• 전략을 내면화하고 전략 사용에 능숙해지면 가정, 학교, 지역 사회 등에서 전략을 활용하여 책을 선정하기
	  – 학급문고나 학교도서관을 활용하여 책을 선정할 때 BOOKMATCH 전략을 쉽게 사용할 수 있도록 책 선정을 위한 평가지를 활용
		• 책 선정 전략을 활용하여 책을 고르는 활동을 수행하도록 단계적으로 안내
		• 다양한 수준과 주제, 유형들이 포함된 책을 제공하여 줌으로써 실제 적용 높일 수 있도록 도와 줌.

⇩

3단계	• 자기 주도적 읽기
	  – 다양한 독서 전략을 활용하여 읽기
	  – 책을 읽고 나서 독서 일지나 활동지를 활용하여 책을 읽고 글의 중심 내용이나 인상 깊거나 흥미
		• 다양한 독서 전략을 활용하여 읽도록 지도
		  – 책의 내용을 잘 이해하기 위해 어떤 독서 방법을 사용하였는지를 점검할 수 있도록 지도

		로웠던 부분, 자신에게 주는 의미 등을 작성	
		⇩	
4단계	공유하기 책 선정의 과정, 읽은 책의 내용, 책을 읽을 때 활용한 전략 등에 대해 공유		

작성방법

- 교사의 대화 괄호 안 ㉠에 들어갈 말을 쓰고, 송 교사의 수업 계획 괄호 안 ㉡에 들어갈 말을 〈교사의 대화〉와 〈책 선정 요소〉에서 찾아 쓸 것.
- 송 교사의 수업 계획 〈선택 시범〉의 ㉮~㉯의 순서를 〈선정 기준〉을 고려하여 바로 잡아 순서대로 기호를 제시할 것.
- 이 수업에서 중시되는 독서 교육 원리 2가지를 〈교사의 대화〉에서 찾아 '책 선택'과 '글 읽기 과정' 측면에서 각각 서술하고, 이와 같은 결과를 통해 알 수 있는 이 수업의 독서 교육적 의의를 독서 태도를 포함하여 서술할 것.

테마 5 : 기타 독서지도

> 기본 예제

8 다음은 독서 지도 방법에 대한 설명이다. 괄호 안의 ㉠에 공통적으로 들어갈 수 있는 독서 지도 방법을 쓰고, ㉡에 해당하는 활동 명칭을 쓰시오. [2점]

이 독서 방법은 학생들이 자신의 흥미, 특기, 적성에 적합한 자기 계발 활동과 희망 직업을 탐색하고 설계하는 방안으로 독서를 연계하는 활동이다. (㉠)은/는 학생들이 책 읽기를 통해 일과 직업 세계를 보다 충실히 이해하고, 일과 직업에 대한 올바른 가치관과 태도를 형성하는 것을 목적으로 한다.

(㉠)을/를 통해 학생들은 특정한 직업군에 속한 인물의 자서전을 읽고 그 직업 세계를 간접적으로 체험할 수 있다. 또한 그 직업군에 속한 인물을 역할 모델로 설정함으로써 자신이 희망하는 직업에 대한 방향성을 결정지을 수 있다. 또한 이를 통해 쉽게 접할 수 없었던 직업 세계나 혹은 도전적인 직업 세계에 대한 정보를 얻을 수 있어 학생들의 탐구 활동을 보다 더 확장할 수 있다.

이를 위해 학생들에게 다양한 직업 세계에 대한 이해를 돕고, 직업 결정이나 직업 관련 성숙도 등과 같은 태도에 긍정적인 영향을 줄 수 있는 방안이 마련되어야 한다. 특히 다양한 직업군에 대한 정보가 포함된 도서를 읽고 자신의 적성과 흥미를 살핀 뒤에 자신에게 적절한 직업에 관한 정보를 얻을 수 있도록 독서지도 활동을 마련해야 한다.

이러한 점을 고려할 때, 다양한 직업 세계를 반영한 도서 목록을 선정하여 활용하고 독서를 기반한 직업의 탐색 및 직업 결정 활동의 수행에 머무르지 않고, 학생의 직업 결정에 대한 효능감과 의식에 대한 성숙도 등 가치관이나 태도를 확립할 수 있는 장기적인 프로그램을 마련하고 운영해야 한다. 그 결과로 학생들은 자신의 직업 결정에 대한 인식 혹은 실천을 위한 내면화를 이룰 수 있어야 한다. 이러한 직업 결정을 위한 내면화의 과정은 학생들의 직업 결정감이나 성숙도 등 직업에 대한 가치관이나 태도를 긍정적으로 형성시키는 데 기여할 것이다. 그 구체적 활동으로 학급 동료들의 (ⓒ) 내용을 듣는 기회를 제공하는 방법이 있다. 학생들은 직업 결정을 수립한 이후에 PPT, 동영상 등의 매체 등을 활용하여 선택한 직업(군), 선택의 이유, 직업 선택에 영향을 준 책에 대한 소개, 책을 통해 알게 된 직업 준비 방안 등을 소개하고 이를 듣도록 함으로써 자신의 직업 결정을 구체화하고 내면화한 기회를 부여 받을 수 있다.

2 (가)의 학생이 쓴 독서 일기를 읽은 교사가 학생에게 (나)와 같이 읽기 방법을 조언한다면 괄호 안의 ㉠, ㉡에 들어갈 말을 순서대로 쓰시오. [2점]

(가)

○월 ○일 날씨 맑음

며칠 전 국어 선생님께서 독서 방법은 목적에 따라 달라진다고 하셨다. 오늘 미술 선생님께서 김홍도의 그림에 대한 글을 읽고 보고서를 써오라는 과제를 내 주셨다. 그래서 국어 시간에 배운 것을 적용해 봐야지 생각하고 김홍도의 그림에 관한 책을 시립 도서관에서 빌렸다. 그런데 필요한 내용이 어디에 있는지 알기가 어려웠다. 그 두꺼운 책에서 필요한 내용이 어디에 있는지, 어떻게 알 수 있는지 잘 모르겠다. 특징을 어떻게 찾지?

(나)

다양한 독서 상황에 따른 독서 방법을 잘 활용해야 합니다. 보고서를 쓰기 위해서 글을 읽어야 하는 독서 목적에 비추어보면, 의미 중심으로 필요한 정보가 어디에 있는지 확인하면서 읽어야겠지요. 먼저, 소리를 내는지의 여부를 기준으로 한 독서 방법 중에서 묵독을 활용하고, 독서 속도에 따라서는 '속독'이 적당합니다. 특히 독서 범위를 기준으로 보면, '전체 읽기'보다는 소제목을 보면서 필요한 부분을 찾아 읽는 (㉠)가 필요하겠지요. 이렇게 필요한 부분을 찾은 후에는 꼼꼼하게 읽는 (㉡)이 도움이 될 것입니다.

2장 교과교육

> **심화 예제**

3 (가)는 '진로 탐색을 위한 책 읽기' 단원에 대한 신 교사의 읽기 수업 계획의 일부이고, (나)는 (가)에 대한 교사들의 대화이다. (가)의 '교수·학습 활동 및 유의점'과 관련하여 〈작성 방법〉에 따라 서술하시오. [4점]

(가) 수업 계획

(생략)

〰〰〰〰〰〰〰〰〰〰

- 교수·학습 활동 및 유의점

차시	교수·학습 활동	유의점
1	자신의 직업 흥미와 적성을 인식하기	학생들이 자신이 가진 직업 흥미와 적성을 인식할 수 있도록 사전 검사를 실시한다.
2	진로 탐색을 위한 도서 선정하기	학생들에게 다양한 진로 탐색의 기회를 제공해 줄 수 있는 도서 목록을 제공하여 학생들의 도서 선택을 돕는다.
3	책을 읽으며 진로에 대해 이해하기	글을 읽고 글의 구조, 핵심어의 의미 등을 정확하게 회상할 수 있는지 확인하여 학생들의 읽기 수행 결과를 평가한다.
4	자신의 진로 탐색 결과를 구체화하기	글을 읽고 난 후 각 진로에 대해 새로 알게 된 점이나 자신의 진로에 대한 인식 변화를 활동지에 작성하게 한다.

〰〰〰〰〰〰〰〰〰〰

(생략)

(나) 교사들의 대화

신 교사: 이번 〈독서〉 과목에서 4차시에 걸쳐 '진로 탐색을 위한 책 읽기' 단원을 수업하기 위한 계획입니다. 미흡한 점이 있는지 협의하려 합니다. 2차시에서는 사전 검사에서 파악한 학생들의 흥미와 적성에 맞는 도서와 더불어 다양한 직업군을 골고루 파악할 수 있도록 폭넓은 도서 목록을 제공하여 학생들이 자기가 읽을 도서를 선택하게 할 예정입니다.

백 교사: 진로 독서는 학생들에게 다양한 직업 세계에 대한 이해를 돕고, 진로 결정이나 진로 성숙도 등과 같은 태도에 긍정적인 영향을 줄 수 있는 지도 방안입니다. 진로를 지도할 때 여러 직업군에 대한 정보가 포함된 도서를 읽을 수 있는 기회를 부여한 점은 적절합니다.

최 교사: 다만 3차시의 '유의점'을 보면 진로 독서 지도의 목적과 부합하지 않으므로 수정해야 합니다. 학생들의 적극적 탐색 태도를 격려하기 위해서는 평가적이지 않은 환경을 제공할 필요가 있습니다.

송 교사: 학생들이 본인의 진로 탐색 결과를 작성하고 활동을 마치는 것을 넘어 ⊙학급 동료들과 진로 탐색 결과를 서로 공유하게 하는 것도 좋다고 생각합니다.

작성방법

- (나)의 맥락을 고려하여 (가)에서 3차시의 '유의점'을 수정하되, 그 이유를 진로 독서의 목적을 포함하여 서술할 것.
- ⊙의 효과를 1가지 서술하고, 구체적인 방안을 2가지 제시할 것.

2절 독서 교재론

관련 기출
2016 B형 서술형

1 김 교사는 "글에 나타난 표현 의도를 파악할 수 있다."를 학습 목표로 (가)제재에 대한 (나) 학습 활동지를 제작하였다. 김 교사의 학습 활동 구성 방식을 〈작성 방법〉에 따라 서술하시오. [4점]

(가) 보존된 유산과 사라진 유산

① 우리는 어떤 의미에서든 과거를 토대로 하여 살아간다. 긍정이든 부정이든 오늘에 영향을 미치는 지난 시간의 유·무형의 모든 삶의 흔적이 곧 '**유산**'이다. 그 가운데서도 '**문화유산**'이란 후에 계승될 만한 가치를 지닌 전대의 문화 소산을 가리킨다.

② 1968년 이집트. 람세스 2세의 거대 신전 아부심벨이 다시 그 <u>위용</u>을 드러냈다. 댐 건설로 수몰 위기에 처한 아부심벨 구출 작전은 실로 **거대한 과업**이었다. 세계 50여 개국이 지원하고 1천여 명의 기술자들이 5년여의 싸움 끝에 완공한 이 과업에는 총 4천만 달러가 소요되었다. 그 규모와 아름다움으로 최고의 성전으로 꼽히는 아부심벨을 구하기 위한 유네스코의 청원 운동이 마침내 결실을 맺는 순간이었다.

③ 1995년 8월 15일 광복 50주년 서울. 국립 중앙 박물 건물이 순식간에 사라져 버렸다. 식민지 시대 일본이 경복궁 앞에 지어 이용하던 조선 총독부 건물이었다. 복원 후 주한 미군의 군정청으로, 정부 수립 후 행정 관청으로, 국립 중앙 박물관으로 사용되어 왔다. 그러니 이 건물은 민족의 이름으로 폭파, 철거되었다. 식민지 시대를 거쳐 분단의 역사를 아프게 목도해 온 중앙청. **현대 한국의 신산한 삶**을 <u>몸소</u> 증언하였던 이 유산은 국립 중앙 박물으로 10여 년을 더 <u>버티다가</u> 결국 우리의 기억 속으로 영영 묻히고 말았다.

④ 결국 아부심벨은 보존해야 할 문화유산이었고, 중앙청은 지워야 할 치욕의 유산이었던 것이다. 아부심벨이 있던 수몰 지역에는 200여 고대 문명의 유적지가 산재해 있었고, 그 가운데 구출된 것은 몇 안 되는 <u>스타 유물들</u>이었다. 아부심벨은 **어떤 대가**를 치르고라도 구해야 할 <u>아름답고 영광스러운</u> 유산이 되었다. 반면에 중앙청은 식민지 시대의 치욕적 증거라는 상징성 때문에 지워진 유산이 되었다. 식민지 과거의 청산이라는 명분으로 철거가 이루어졌으나 이는 <u>초라한</u> 과거와의 대면을 회피하고 망각하고자 한 것은 아니었는가.

(나)

학습 활동
1. 이 글의 전체 내용을 파악해 보자.
   (1) 이 글의 주요 내용을 말해 보자.
   (2) 다음을 중심으로 각 문단의 내용을 정리해 보자.
      ① '유산'과 '문화유산'의 차이는?
      ② '거대한 과업'이 뜻하는 것은?
      ③ '한국의 신산한 삶'이 뜻하는 것은?
      ④ '어떤 대가'가 뜻하는 것은?

2. 글에 나타난 표현의 의도를 중심으로 다음 활동을 해 보자.
   2-1. 이 글에 쓰인 표현의 의도를 생각해 보자.
      (1) 다음 표현이 사용된 이유를 대상과 관련지어 생각해 보자.

표현	대상
• 위용 • 스타 유물들 • 아름답고 영광스러운	아부심벨
• 몸소 • 버티다가 • 초라한	국립 중앙 박물관

      (2) 글쓴이가 각각의 대상에 대해 이러한 표현을 사용한 의도를 생각해 보자.
   2-2. 이 글에 사용된 표현이 글쓴이의 의도를 드러내는 데 효과적이었는지 판단해 보자.
      (1) ②, ④에서 아부심벨에 대해 사용된 표현이 효과적이었는지 생각해 보자.
      (2) ③, ④에서 국립 중앙 박물관에 대해 사용된 표현이 효과적이었는지 생각해 보자.

작성방법

- (나)에서 활동 2와 구별되는 활동 1의 학습 활동으로서의 성격을 쓰고, 활동 1이 필요한 이유를 서술할 것.
- (나)의 활동 2-1에서 활동 2-2로 가는 구성 방식을 독해 수준과 관련지어 설명할 것. 단, 단순한 것에서 복잡한 것, 쉬운 것에서 어려운 것, 포괄적인 것에서 상세한 것 등 교과 일반적인 구성 원리는 제외할 것.

2014 A형 기입형

2 다음 자료는 성취 기준 '글의 특성을 고려하여 효과적으로 읽을 수 있다'를 구현한 단원의 교수·학습을 안내하는 교사용 지도서의 일부이다. 소단원 Ⅰ 전체를 구성하는 데 바탕이 된 읽기 교육 접근법을 쓰고, '읽기 전에'의 (나)에서 활성화하고자 하는 스키마 유형을 쓰시오. [2점]

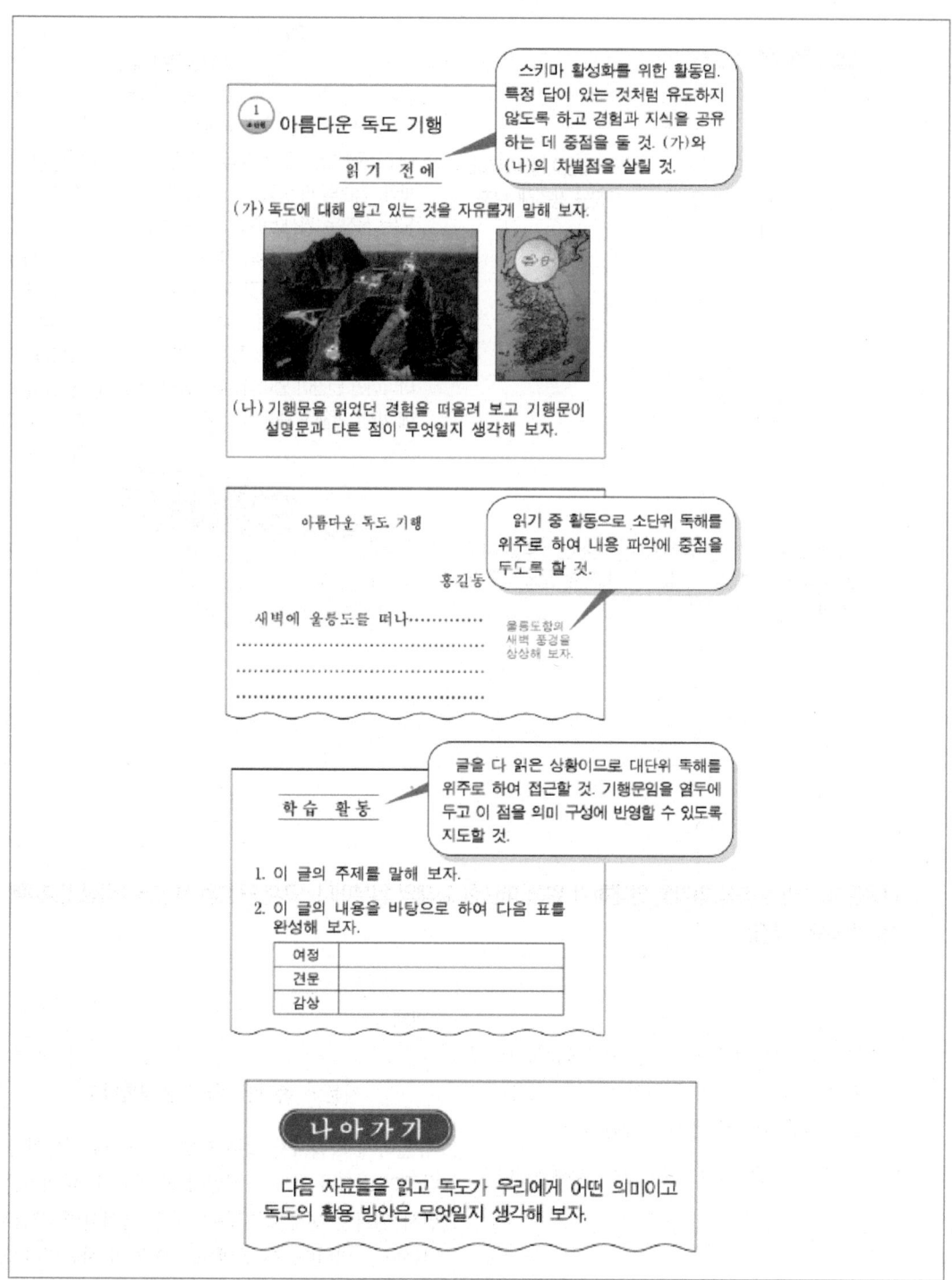

2005

3 다음은 중학교 국어 교과서의 일부이다. 학생의 능동적 읽기를 안내하기 위하여 사용한 네 가지 전략적 장치들이 능동적 읽기에 각각 어떻게 도움을 줄 수 있는지 구체적으로 설명하시오. [3점]

청춘 예찬
민태원(閔泰瑗)

청춘! 이는 듣기만 하여도 가슴이 설레는 말이다. 청춘! 너의 두 손을 가슴에 대고, 물방아 같은 심장의 고동을 들어 보라. 청춘의 피는 끓는다. 끓는 피에 뛰노는 심장은 거선(巨船)의 기관같이 힘 있다. 이것이다. 인류의 역사를 꾸며 내려온 동력은 바로 이것이다. 이성은 투명하되 얼음과 같으며, 지혜는 날카로우나 갑 속에 든 칼이다. 청춘의 끓는 피가 아니더면 인간이 얼마나 쓸쓸하랴? 얼음에 싸인 만물은 죽음이 있을 뿐이다.

읽기 전에

- '청춘'은 '푸른 봄'이라는 뜻으로 젊은이를 비유하는 말이다. '봄'과 '젊음'의 공통점을 생각해 보자.

- 자신의 '이상'에 대해 말해 보자.

- "이성은 투명하되 얼음과 같으며, 지혜는 날카로우나 갑 속에 든 칼이다."라는 말의 의미를 생각해 보자.

'청춘 예찬'은 적절한 비유와 힘찬 어조로 청춘을 예찬한 수필이다. 지은이가 사용하는 독특한 글쓰기 특징을 파악하며 읽어 보자.

심화 예제

4 다음은 학생의 능동적 읽기를 안내하기 위해 마련한 교재의 일부이다. 교재 구성의 특성을 〈작성 방법〉에 따라 서술하시오. [4점]

㉠ 〈읽기 전에〉	〈제재 글〉
제재 글은 지문을 알기 쉽고 논리적으로 설명하기 위해서 다양한 설명 방법을 사용하고 있습니다. 다음 물음에 답해봅시다. • 지문에 대해 알고 있는 것을 말해봅시다.	**지문이 촉각을 위해 존재한다고?** "유일하게 지워지지 않는 서명은 사람의 지문이다." 미국의 소설가 마크 트웨인이 한 말이다. 나이가 들면서 얼굴은 변해도 지문은 한번 생겨나면 바뀌지 않는다는 의미다. 이 글에서는 이렇게 사람마다 고

- 과학 시간에 배운 지문의 생김새와 특징을 생각해봅시다.

유하게 나타나는 지문의 특성은 무엇이고, 지문은 어떤 역할을 하는지에 대해 알아보자.

　사람의 손가락과 손바닥, 발바닥 등에는 작은 산과 계곡 모양의 선들로 이루어진 무늬가 있다. 이러한 피부의 무늬는 무늬가 있는 위치에 따라 손가락에 있는 지문(指紋), 손바닥에 있는 장문(掌紋), 발바닥에 있는 족문(足紋) 등으로 나뉜다. 이 중 지문은 손가락 안쪽 끝에 있는 피부의 무늬나 그것이 남긴 흔적을 말한다.

　지문은 태아가 4~6개월째에 접어들면서 만들어지는데, 그 형태는 대개 유전자에 의해 결정된다. 하지만 엄마 뱃속에서의 태아의 위치나 태아가 받는 압력 등도 지문의 모양이 만들어지는 데 영향을 준다. 그래서 유전자가 같은 일란성 쌍둥이조차 지문이 서로 다르다.

ⓒ 지문이 사람마다 다른 이유는 무엇인가?

…중략…

　그러면 지문은 어떤 역할을 할까? 지문이 있는 동물들의 특성을 생각해 보면 이에 대한 단서를 얻을 수 있다. 대부분의 동물은 지문이 없지만 영장류는 지문을 가지고 있다. 대표적인 영장류인 침팬지, 오랑우탄, 고릴라 등은 지문이 있다. 영장류 외에 유대류에 속하는 코알라도 지문이 있다. 영장류와 코알라의 공통점은 사람처럼 손을 이용해 나무 등을 잡는다는 것이다. 그렇다면 지문이 손가락과 물체 표면의 마찰력을 높여 미끄럼을 방지함으로써 무언가를 더 단단히 붙잡도록 하는 역할을 하고 있다는 말이 된다. 예를 들어, 컵과 같은 표면이 미끄러운 물체를 잡을 때 지문이 물체를 놓치지 않도록 도와주는 것이다.

ⓒ 지문이 있는 동물의 공통점은 무엇인가?

…중략…

　지금까지 지문에 대해 알아보았다. 인류가 다른 동물보다 뛰어난 이유 중의 하나는 손을 섬세하게 사용할 수 있는 능력이 있기 때문이다. 그리고 사람의 손이 가진 특별한 기능을 이해하려면 지문의 역할도 빼놓을 수 없다. 지문에 대한 연구를 통해 손이 가진 섬세한 기능을 온전히 이해하기 위한 노력은 지금도 진행 중이다.

ⓒ 지문에 대한 연구가 중요한 이유는 무엇인가?

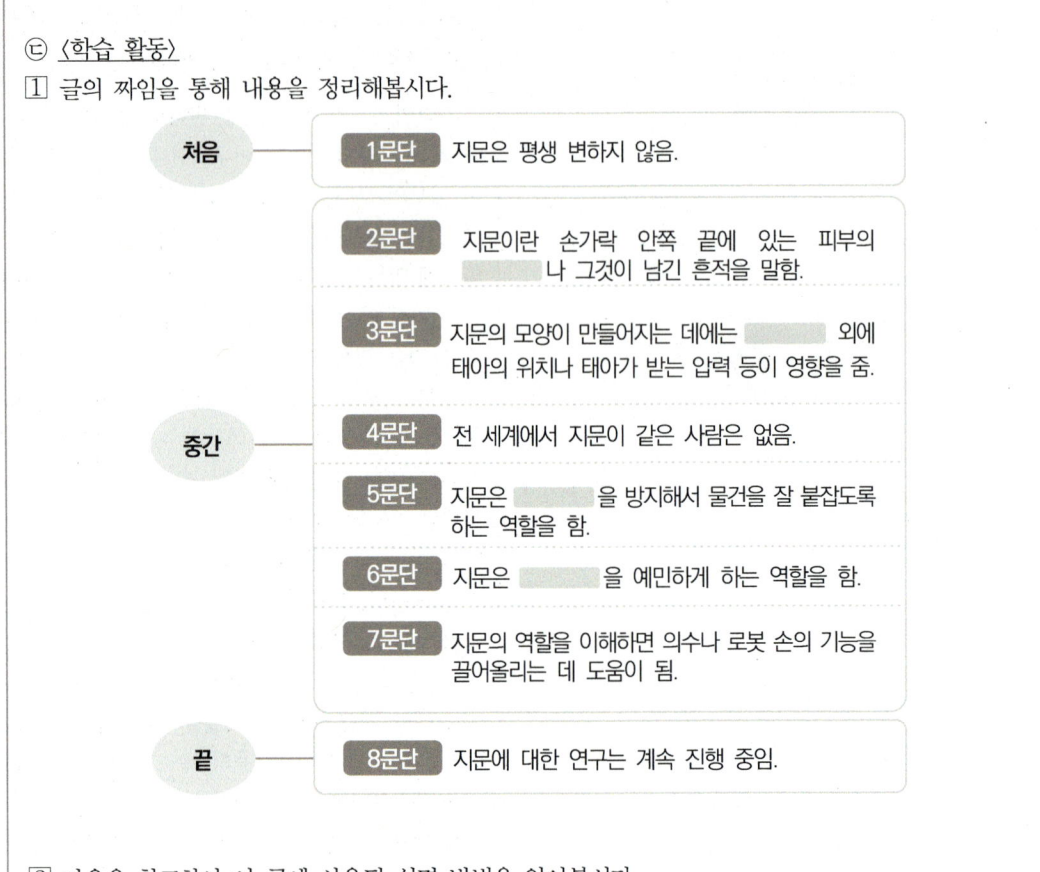

작성방법

- 학생의 능동적 읽기를 안내하기 위하여 사용한 교재의 구성 요소들 ㉠~㉢이 읽기에 각각 어떻게 도움을 줄 수 있는지, '읽기 전·중·후 활동'의 기능과 관련지어 각각 서술할 것.
- 소단원을 구성하는 데 바탕이 된 '읽기 교육 접근법'이 무엇인지를 쓰고, 이를 고려하여 교재 구성의 특성을 서술할 것.

5 다음은 학생의 능동적 읽기를 안내하기 위해 마련한 교재의 일부이다. 학생의 능동적 읽기를 안내하기 위하여 사용한 교재의 구성 요소들 ㉠~㉣이 읽기에 각각 어떻게 도움을 줄 수 있는지 그 기능을 〈작성 방법〉에 따라 서술하시오. [4점]

㉠ 〈단원의 길잡이〉

독서의 방법

대단원 학습 목표
• 글의 구성단위들 간의 관계를 이해하고 글의 중심 내용을 파악하며 읽을 수 있다.
            〈생략〉
• 글의 화제나 주제, 글쓴이의 관점 등에 대한 자기의 견해를 논리적으로 구성하여 창의적으로 문제를 해결할 수 있다.

이 단원에서는
독자는 독서의 목적을 떠올리면서 어떤 책을 읽을지 선택하고, 책을 선택한 후에는 글의 내용을 예측해 본다. 글을 읽을 때에는 표면적인 정보를 파악하는 것은 물론, 글의 표면에 드러나 있지는 않지만 그 속에 들어 있는 함축적인 정보들을 추론하며 읽는다. 이러한 정보의 사실적 독해와 글 내용에 대한 추론적 독해를 바탕으로, 비판적 독해나 감상적 독해 혹은 창의적 독해 등의 고차원적인 읽기 활동으로 나아간다.
이 단원에서는 사실적 독해, 추론적 독해, 비판적 독해, 감상적 독해, 창의적 독해에 대해 학습하고, 실제로 이러한 지식들을 적용하여 글을 읽어 보도록 한다.

(1) 사실적 독해의 방법
• 글의 구성단위들 간의 관계를 이해할 수 있다.
• 글의 중심 내용을 파악하며 읽을 수 있다.

생각 열기
다음을 보고 사실적 독해를 해야 하는 이유를 생각해 보자.

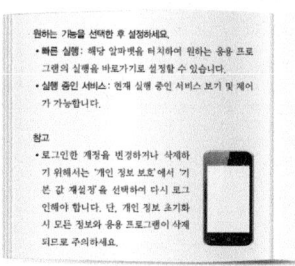

이 단원에서는 사실적 독해의 방법에 대해서 배웁니다.

사실적 독해의 개념과 방법
개념: …〈생략〉…
방법

```
[핵심어로서의 화제 파악] ⇨ [화제와 관련하여 중심이 되는 진술 내용 파악]
⇨ [중심 문장과 뒷받침 문장 구별] ⇨ [문장의 중요도 판단] ⇨ [문단 간의 관계 파악]
```

ⓛ 〈읽기 전에〉

제재 글은 최근 자연 현상으로 인간에게 영향을 미친 쓰나미를 다룬 글입니다. 다음 물음에 답해봅시다.

- 쓰나미를 보거나 직접 경험한 적이 있는가?

〈일본에서 발생한 쓰나미〉

- 과학 시간에 배운 쓰나미의 발생 원리를 생각해보자.

ⓒ 제재 글

(가) 쓰나미라는 말은 정확히 무슨 뜻일까? 그리고 쓰나미를 직접 목격한 사람들은 이를 어떻게 설명할까? 쓰나미라는 단어는 원래 일본어로, 항구를 뜻하는 '쓰[津]'와 파도를 뜻하는 '나미[波]'로 이루어진 합성어다. 단어 자체가 암시하듯이, 쓰나미는 위협적인 파도를 동반해 일본의 항구 지역에 수시로 타격을 입혔다. 그런데 신기하게도 그 시간 먼 바다에 나가 있던 어부들은 아무런 이상을 느끼지 못했다. 즉 쓰나미는 해안에 나타나 엄청난 파괴력을 발휘하지만 먼 바다에서는 눈에 잘 띄지 않는다는 것이다.

> (가)의 처음을 통해 글에서 쓰나미의 의미와 특징에 대해 말할 것임을 예측할 수 있다.

(나) 또 한 가지 흥미로운 점은, 쓰나미를 목격한 사람들 대부분은 당시 날씨가 아주 평온했고 바다도 무척 잔잔했다는 점을 강조한다는 것이다. 다시 말해 쓰나미는 일반적인 태풍처럼 특정 기상 조건 때문에 생성되는 것이 아니라는 뜻이다.

> (나)의 연결어를 통해 (가)와 (나)의 문단 관계를 파악할 수 있다.

(다) 위의 내용을 참고로 하여 쓰나미의 발생 원리를 물리적으로 설명하면 다음과 같다. 끈을 양쪽으로 묶은 다음, 한쪽 끝에서 수직 방향으로 갑작스러운 충격을 보내면 어떻게 될까? 위로 솟았다가 내려가는 연속적인 움직임이 끈을 타고 나아갈 것이다. 이것이 바로 간단하게 파동을 만드는 방법이다.

> (다)의 첫 문장을 통해 쓰나미의 발생 원리를 설명할 것임을 알 수 있다.

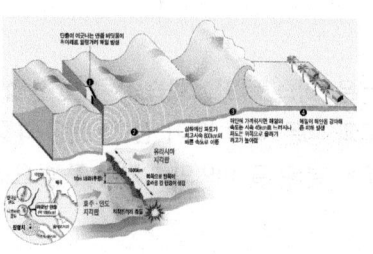

〈쓰나미의 발생 원리〉

(라) 쓰나미의 원리는 바로 이 파동 현상으로 설명할 수 있다. 해안에 나타나는 파도는 끈의 끝에서 일어나는 파동과 같다. 끈 자체가 움직이는 게 아닌 것처럼, 바닷물도 그 자체가 이동하는 것이 아니라 물결의 일렁임이 해안 쪽으로 옮겨 오면서 확대되는 것이다. 쓰나미의 규모가 큰 경우에는 마지막에 파도가 크게 부서지면서 바닷물이 땅으로 넘치고, 그중 일부는 원래의 바다로부터 떨어져 나와 물 자체가 이동하게 된다.

(라) 문단의 첫 문장이 쓰나미의 발생 원리를 설명하는 중심 문장이라면, 나머지 문장은 이를 뒷받침한다는 것을 알 수 있다.

…〈생략〉…

ⓛ 〈학습 활동〉
문단의 내용을 파악하며 다음 활동을 해 보자.
(1) 각 문단의 핵심어와 중심 내용을 정리해 보자.

	문단	핵심어	중심 내용
처음	(가) 문단	쓰나미라는 말	쓰나미의 개념과 특징
중간	(나) 문단		
	(다) 문단		
	(라) 문단		
끝	〈생략〉		

(2) 위의 활동을 바탕으로 이 글의 중심 내용을 요약해보자.

작성방법

- ㉠은 '학습 목표', '학습 내용 및 방법'을 중심으로 그 기능을 서술할 것.
- ㉡과 ㉣은 각각 '읽기 전·후 활동'의 기능을 서술할 것.
- ㉢은 본문 글 이외의 '2가지 구성 요소'의 '읽는 중 활동'의 기능을 제시할 것.

6 다음은 송 교사가 "글의 구조를 파악하며 글을 읽는다."라는 학습 목표를 달성하기 위하여 구성한 활동지의 일부이다. 송 교사가 구성한 활동지와 관련하여 〈작성 방법〉에 따라 서술하시오. [4점]

글 구조 유형: 비교·대조, 원인·결과, 문제·해결, 열거	활동 1. '공유자원'에 대해서 들어본 적이 있는가? 이를 친구들과 이야기해 보자. 활동 2. 다음 〈자료〉를 읽고 '공유자원 비극'의 내용을 예측해 보자. 독일의 사회학자 울리히 베크(Ulrich Beck)가 1992년 『위험사회: 새로운 현대성을 향하여(Risk society: Towards a new modernity)』라는 책을 내면서 '위험사회'라는 용어는 현대사회의 성격을 규정하는 새로운 키워드로 떠올랐다. 위험사회론자들에게 많이 언급되는 것이 기후변화와 같은 생태 환경적 리스크다. 베크와 기든스는 이에 더해 재정적 붕괴, 테러, 전쟁, 전체주의 국가의 등장 등을 거론한다. 그리고 이런 리스크들이 점점 한 지역에 국한되지 않고 세계화하고 시기적으로도 지연효과를 나타내며 장기화하고, 한 리스크에 다수의 집단이 복잡하게 얽히면서 원인과 그 결과를 명확하게 가려내기 힘들어진다고 말하고 있다. 활동 3. 글의 구조를 생각하며 '공유자원의 비극'을 읽어 보자. **공유자원의 비극** ① 공유 자원은 여러 사람이 공동으로 소유하고 소비하는 자원이다. 공유 재산 또는 공용 재산이라고도 한다. 공유 자원은 과도하게 소비된다는 특성이 있다. 이는 '공유 자원의 비극'이라고 표현된다. ② 북유럽의 어느 도시에서 시민들의 편의를 위해 자전거 몇 만 대를 사서 시내 곳곳에 두었다. 아주 편리할 뿐만 아니라 모든 사람에게 도움이 되는 구상이었다. 그런데 그 결과 상당수의 자전거를 도난당하거나 그나마 남아 있는 자전거들은 대부분 고장이 나서 더 이상 쓸 수 없게 되었다. 좋은 구상이었지만 의도대로 실행되지는 못했다. 공유 자원의 비극 때문이다. ③ 수산 자원, 야생 동물, 지하자원은 모두 공유 자원이기 때문에 공유 자원의 비극이 발생한다. 수십 년 전만 해도 조기는 우리나라 서민들의 먹을거리였다. 하지만 요즘은 달라졌다. 우리나라 어부들뿐만 아니라 중국, 대만의 어부들까지 모두 조기를 잡았다. 조기가 알을 낳기도 전에 잡아 버린 탓에 이제는 거의 씨가 말랐고 당연히 조깃값이 급등하였다. 조기는 주인이 따로 없기 때문에 누구나 잡기만 하면 자기 것이 되다 보니 너도나도 조기를 더 많이 잡으려고 한 것이다. 그래서 결국 아무도 조기 잡는 손을 멈추지 않게 되었고, 이에 정부는 조기에 대한 금어기를 설정하게 되었다. ④ 시장에 맡겨서는 공유 자원의 비극을 피하기 어렵다. 따라서 정부나 시민들의 개입이 필요하다. 공유 자원의 문제는 정부의 개입으로 좋은 결과를 이끌어 낼 수 있다. 단, 공유 자원의 비극을 피하기 위해 정부가 개입했다가 의도하지 않은 부작용이 나타나는 경우도 많기 때문에 정부는 사람들의 동기를 잘 생각해서 개입해야 한다.

⑤ 정부가 개입해서 발생한 부작용으로는 다음의 예를 들 수 있다. 우리나라는 바다에서 그물코가 작은 그물을 사용할 수 없도록 하고 있다. 그물코가 작은 그물은 어린 물고기까지 모두 잡아 버려 바다의 자원을 없애기 때문이다. 하지만 일부 어부들은 몰래 그물코가 작은 그물을 사용한다. 그리고 경비정이 쫓아오면 잡히지 않기 위해 그물을 끊고 시치미를 뗀다. 끊어진 그물이 바다에 버려지게 되므로, 이런 행위는 바다를 오염시키는 부작용을 가져온다.

⑥ 시민들이 자발적으로 개입해 문제를 해결한 오스트레일리아 바닷가재 공동체의 사례를 살펴보자. 1960년대 이 지역의 어부들은 바닷가재의 숫자가 계속 줄어드는 공유 자원의 비극을 겪고 있었다. 문제를 해결하기 위해 어부들은 좋은 생각을 해 냈다. 공동체를 결성해서 설치할 수 있는 어망의 숫자를 제한하기로 한 것이다. 이에 다른 사람이 어망을 더 설치하는 것을 서로 감시하게 되면서 불법적으로 어망을 설치하는 어민이 사라졌고, 결국 바닷가재의 숫자를 늘리는 데 성공했다. 그런데 시간이 흐르면서 어민들은 꼭 자신이 어망을 설치할 필요가 없다는 것을 깨달았다. 어망의 숫자만 제한했을 뿐 어망을 설치하고 잡을 수 있는 사람을 제한하지는 않았기 때문이다. 그래서 주민들은 어망의 숫자는 계속 제한을 둔 상태에서 어망을 설치할 수 있는 권리를 팔기 시작했고, 새로 바닷가재를 잡으려는 사람들은 기존 어부들에게서 돈을 주고 이 권리를 사야 했다. 어망 설치 권리를 팔면서 어부들은 일은 적게 하면서도 소득은 점점 높아졌다.

⑦ 이 사례가 시사하는 점을 생각해 보자. 어부들이 자체적으로 제한을 두면서 자연스럽게 불법 조업이 자취를 감추었다. 왜냐하면 어부들이 자신들의 권리를 지키기 위해 불법 조업을 자발적으로 감시하고 있었기 때문이다. 물론 처음에 어망을 설치할 권리를 갖는 사람들이 누구인지, 시간이 지나면서 그 권리는 어떻게 되는 것인지 등을 합리적으로 결정해야 하는 과정이 필요할 수 있다.

⑧ 이처럼 공유 자원의 비극이 발생하는 근본적인 이유는 소유권과 관련이 있으므로 그 해결 방법도 소유권과 관련하여 찾을 수 있다. 오스트레일리아의 바닷가재 공동체처럼 공유 자원을 각자의 재산으로 만드는 것이 공유 자원의 비극을 해결하는 기본 원리이다.

⑨ 그렇다면 소유권으로 해결할 수 없는 환경 문제는 어떻게 해야 할까? 우리가 마시는 공기도 공유 자원이라고 할 수 있는데 이 공기가 점점 오염되고 있다. 공기를 깨끗하게 하는 방법 중 하나는 지구의 허파라고 불리는 아마존의 열대림을 보존하여 공기를 깨끗하게 하는 것이다. 하지만 아마존 원주민들이 열대림을 보존하여 얻을 수 있는 것은 무엇일까? 그들의 입장에서는 열대림을 태워서 밭을 일구고 작물을 키워 팔면 큰돈을 벌 수 있다. 그런데 그들에게 지구 환경을 위해 경제적 이득을 포기하라고 할 수 있을까? 경제적 이득을 포기하라고 하는 것은 현재 어려운 생활을 하고 있는 원주민들에게 가혹한 일이다. 그러므로 열대림을 보존하기 위해서는 원주민들에게 동기를 부여해야 한다. 예를 들면 열대림 관광 상품을 개발하여 원주민들에게 혜택이 돌아가게 한다면 원주민들도 열대림을 보존하게 될 것이다. 이렇게 소유권으로 해결할 수 없는 경우는 소유권과 유사한 동기를 부여해서 공유 자원의 비극에 대한 해결 방안을 모색할 수 있다.

활동 4. 글 전체의 내용을 다음 그림을 활용하여 정리해 보자.

주지		예시를 통한 상술
	➡	

활동 5. 정리한 내용을 모둠별로 비교해 보자.

작성방법

- 〈활동 1〉이 학생의 독서 수행 과정에서 담당하는 역할을 제시할 것.
- 〈활동 2〉와 〈활동 4〉가 학생의 독서 수행 과정으로 적절하지 않은 이유를 제재에서 근거를 들어 각각 서술할 것. (단, 〈활동 4〉의 경우 제재 글의 글 구조를 포함할 것.)

3절 독서 평가

테마 1 | 독서 평가의 원리

관련 기출

심화 예제

1 음은 송 교사의 독서 수행 평가 과정의 일부이다. 〈작성 방법〉에 따라 서술하시오. [4점]

> 1. 성취 기준
> [독서 영역] 글에 드러난 정보를 바탕으로 중심 내용, 주제, 글의 구조와 전개 방식 등 사실적 내용을 파악하며 읽는다.
>
> 2. 수행 평가 세부 계획
> 가. 독서 과제
>
> [50분 동안에 제시된 글을 읽고, 아래와 같이 문단의 위계를 도식화 한 후에 한 문단 정도의 요약문을 쓰시오.]
>
> > **고릴라는 휴대전화를 미워해**
> >
> > 이제는 생활필수품이 되어 버린 핸드폰. 손에 쏙 들어오는 이 작은 전자 제품에는 검은 대륙에서 벌어지고 있는 슬픈 사연이 담겨 있다. 아프리카 중부에서는 콜탄이 많이 생산된다. 콜탄은 주석보다 싼 회색 모래 정도의 취급을 받았다. 그런데 몇 년 전부터는 금이나 다이아몬드만큼 귀한 대접을 받고 있다. 그 이유는 무엇일까?
> > 콜탄을 정련하면 나오는 금속 분말 '탄탈룸'은 핸드폰을 만들 때 없어서는 안 되는 중요한 소재이다. 콜탄은 핸드폰뿐만 아니라 노트북과 제트 엔진, 광섬유 등의 원료로도 널리 쓰이면서 귀하신 몸이 되었다. 전 세계 첨단 기기 시장에서 탄탈룸의 수요가 갑자기 늘어나자, 불과 몇 달 만에 콜탄 가격이 20배나 오르는 일이 벌어지기도 했다.
> > 이로 인해 여러 가지 부작용이 생겨나고 있다. …(중략)…해마다 전 세계에서 새로 만들어지는 핸드폰은 10억 개가 넘는다. 왜 이렇게 많은 핸드폰이 필요한 것일까? 텔레비전과 냉장고, 세탁기 같은 가전 제품의 평균 사용 기간은 7년이 넘는다. 하지만 핸드폰의 경우에는 2.5년에 지나지 않는다. 비슷한 가격의 전자 제품보다 교체 주기가 짧고, 신제품 출시 기간이 평균 2개월로 제품의 진화 속도 역시 빠르기 때문이다. 아직 멀쩡한 핸드폰을 놔두고 사람들이 최신형 핸드폰을 기웃거리는 동안, 아프리카에서는 고릴라가 보금자리를 잃고 있다. 그리고 순박한 원주민들은 혹사당하며 살고 있다.
> > 지금 당신이 쓰는 핸드폰은 몇 살이나 되었는가? 우리가 핸드폰을 오랫동안 소중하게 쓰는 일은 단지 통신비를 아끼고 물자를 절약하는 차원에서 그치는 것이 아니다. 지구 반대편의 소중한 생명을 보호하는 거룩한 일이다. 나아가 지구촌에 진정한 평화가 찾아오게 하는 위대한 일이기도 하다.

[수행평가지]

| 반:　　　　번호:　　　　　　이름: |

▶ 왼쪽 칸에는 글에 대한 그림을 그리고, 오른쪽 칸에는 1문단 정도로 요약하세요

문단의 위계 도식화	1문단 요약

나. 과제 수행시 유의사항

① 1문단 정도의 요약 분량을 지키며 요약하기
② 문단의 위계 혹은 글의 구조에 따라 요약하기
③ 글의 화제나 내용에 따라 요약하기

[수행평가 결과(일부)]

	콜탄이 첨단 제품의 원료로 사용되면서 가격이 폭등함. • 콜탄 값 상승으로 인한 부작용 　① 혹사당하는 콜탄 광산의 인부들 　② 황폐해진 카후지-비에가 국립 공원 　③ 멸종 위기에 처한 야생 동물들 • 콜탄을 원료로 하는 휴대 전화를 오랫동안 소중하게 써야 함. • 휴대 전화를 오랫동안 소중하게 쓰는 것은 아프리카의 소중한 생명을 보호하고 지구촌의 평화를 위하는 일임.
2	
3	
4	
5	

다. 채점기준

제목을 통한 글의 내용을 질문하며 읽고 있는가? 독자의 배경지식이나 경험을 활용하여 글을 읽고 있는가? 글의 정보를 통한 글의 내용과 구조를 예측했는가? 자신의 예측이 맞았는지 확인하며 읽고 있는가?

라. 채점 시 유의사항

• 채점 전에 채점 기준을 공유하고 내면화하기 위하여 충분히 협의하고 토의한다.
• 국어 교사 3명이 채점하고, 총점은 합산한 점수의 평균으로 한다. 단, 채점자 간 점수 차이가 큰 경우 다시 채점한다.

[마. 보고방식: 총점에 기반한 점수 보고 방식]

〈보기〉

최근의 언어 평가의 경향을 살펴보면 결과 지향적 평가를 극복하고 학습자의 성장 발달을 지원하는 학습 지향적 평가 체제로의 변화를 모색하고 있다. 독서평가를 통해 독서 성취 수준이나 등급을 산출하여 경쟁을 유도하기보다는 학생들의 독자로서의 성장과 발달을 지원하는 학습 지향적 평가(Assesment for Learnig)로의 전환이 이루어지고 있는 것이다. 학습 지향적 평가는 독서 평가 결과를 분석하고 이를 다시 교수·학습적 차원으로 피드백(환류)하는 평가를 의미한다. 학습 지향적 평가의 관점에서 이루어지는 독서평가는 학생들의 독서 수행에 나타난 강점과 약점을 진단하고 개별 독서 성취 수준과 특성을 고려하여 교육적 피드백을 제공함으로써 학생들의 독서 발달에 유의미한 교육적 처치를 제공하는 데 중점을 둔다.

〈작성방법〉

- 평가 준거 중 타당도에 대해 설명하고, 교사의 수행 평가 계획의 다 〈채점 기준〉의 타당도가 낮은 이유를 〈성취기준〉, 〈독서 과제〉, 〈과제 수행시 유의사항〉을 고려하여 서술할 것.
- 〈보기〉를 고려하여 '학습 지향적 평가'의 관점에서 송 교사의 독서 평가 방법의 의의를 제시하고, 〈보기〉를 고려하여 [마. 보고 방식 : 점수 보고 방식]을 대체할 보고 방식의 내용을 서술할 것.

2 다음은 송 교사의 독서 수행 평가 과정의 일부이다. 〈작성 방법〉에 따라 서술하시오. [4점]

1. 성취 기준

[독서 영역] 글에 드러난 정보를 바탕으로 중심 내용, 주제, 글의 구조와 전개 방식 등 사실적 내용을 파악하며 읽는다.

2. 수행 평가 세부 계획

가. 독서 과제
- 설명문을 읽고 요약문을 써보자.

[답안 작성 시 유의 사항]
- 지문에서 전달하고자 하는 중심 내용은 무엇이며 이를 구체화하기 위한 세부 정보는 무엇인지 판단하여 요약한다.
- 문단별로 중요 정보를 파악하며 요약문을 작성해 본다.
- 주어진 지문을 그대로 인용하지 않고 자신이 이해한 바를 토대로 재진술(일반화 또는 재구성)을 활용하여 요약해 본다.

질병으로부터 우리 몸을 보호하기 위해 우리 몸은 '비특이적 방어'와 '특이적 면역 반응'을 갖추고 있다. 우리 몸의 피부나 호흡기의 점액 등은 세균이나 바이러스 등이 통과할 수 없게 하는 방어막 역할을 한다. 만약 이 방어가 실패하여 외부 감염원이 우리 몸에 침투하면 백구, 식세포, 항균 단백질이 외부 감염원의 종류를 가리지 않고 방어를 하게 된다. 이러한 방어 체계를 '비특이적 방어'라고 한다.

특이적 면역 반응은 비특이적 방어만으로는 감염원을 성공적으로 물리치지 못하는 경우 일어나는 반응이다. 우리가 흔히 말하는 '면역'은 이 특이적 면역 반응을 가리킨다. 특이적 면역 반응은 외부에서 침입한 세균이나 바이러스에 있는 항원을 인식하면서 시작된다. 이 과정에서 우리 몸의 면역 체계는 특정한 항원에 반응하는 항체를 생산하는 세포를 증식시킨다. 이때 흥미로운 점은 처음 만났던 항원과 같은 항원이 우리 몸에 다시 들어오면, 두 번째에는 처음보다 신속하고 강력하게 대응한다는 것이다. 예컨대 한 번 풍진을 앓으면 면역 체계가 그 바이러스를 기억하게 된다. 그러면 그 이후 침입한 풍진 바이러스는 이미 형성된 항체 때문에 질병을 일으키지 못한다. 이렇게 동일한 감염원에 대하여 우리 몸이 항체를 형성하여 방어할 수 있게 하는 것을 '면역 기억력'이라 한다.

면역 기억력은 다음과 같은 과정을 통해 생긴다. 우리 몸의 1차 면역 반응은 외부에서 침입한 항원에 항체를 형성시키는 면역 세포가 항원을 감지하면서 시작된다. 면역 세포 중에는 B세포라는 것이 존재하는데, B세포는 면역 과정에서 항체를 생산하는 형질 세포와 항원을 기억하는 기억 B세포로 분화되는 세포이다. 외부에서 들어온 특정한 항원에는 여러 종류의 B세포 중에 그에 맞는 특정한 B세포가 결합한다. 이후 형질 세포는 항체를 만들어 침입한 항원을 즉시 파괴하고 자신도 이내 죽는다. 기억 B세포는 침입했던 항원을 기억하는 세포로 우리 몸의 면역 체계에 오랫동안 남게 되고, 우리 몸은 면역 기억력을 갖게 된다. 이후 동일한 종류의 항원이 다시 우리 몸에 침투하면 2차 면역 반응이 시작된다. 2차 면역 반응은 1차 면역 반응에서 생성되어 남아 있던 기억 B세포가 1차 면역 반응 때보다 더 빨리, 더 많이 형질 세포를 생성한다.

백신을 이용한 예방 접종은 이러한 원리를 이용한 것이다. 백신은 해당 질병을 일으키는 병원체를 약화시키거나 변형한 항원을 말한다. 이 백신을 우리 몸에 주입하면 백신은 1차 면역 반응을 일으키게 되고, 결과적으로 면역 기억력이 생기게 된다. 그리고 그 후에 백신과 동일한 종류의 병원체가 우리 몸에 침입하면, 면역 기억력에 의해 곧바로 2차 면역 반응을 일으키게 된다. 2차 면역 반응은 1차보다 강력하므로 더 빨리, 더 많이 항체를 만들어 우리 몸이 그 질병에 걸리지 않도록 하는 것이다. 즉 백신을 이용한 예방 접종으로 질병을 방할 수 있는 것도 면역 기억력이 있기 때문에 가능한 것이다.

나. 예시답안('상' 수준)

우리 몸을 질병으로부터 보호하기 위해 '비특이적 방어'와 '특이적 면역 반응'을 갖추고 있다. 비특이적 면역 방어는 외부 감염원의 종류를 가리지 않고 방어하는 체계이다. 그러나 비특이적 방어로 감염원을 물리치지 못했을 때 특이적 면역 반응이 일어난다. 특이적 면역 반응은 외부 특정 항원에 대해 이미 우리 몸에 형성된 항체가 동일 감염원이 침입할 때 이를 인식하고 방어할 수 있게 하는 것이다. 동일 항원에 대한 항체가 반응하는 원리를 면역 기억력이라 한다. 면역 기억력은 면역 세포의 항원 감지, 항원에 맞는 B세포 결합, 형질 세포는 항원 파괴 후 소멸, 기억 B세포는 면역 체계에 잔류하는 과정을 통해 형성된다. 면역 기억력으로 인해 동일 항원이 우리 몸에 재침투시 2차 면역 반응을 통해 더욱 신속히 방어가 이루어진다. 백신을 이용한 예방 접종은 이러한 면역 기억력의 원리를 적용한 것이다.

다. 요약문 채점기준

평가 항목		평가 요소	상	중	하
내용 (20점)	사고	사고가 깊고 유연한가?			
구성 (20점)	단락의식	단락은 사고 단위를 중심으로 조직되어 있는가?			
표현 (20점)	어법	맞춤법, 띄어쓰기는 정확한가?			
	어휘	적절한 어휘를 사용하고 있는가?			
합계				점	

라. 채점 시 유의사항
- 채점 전에 채점 기준을 공유하고 내면화하기 위하여 충분히 협의하고 토의한다.
- 국어 교사 3명이 채점하고, 총점은 합산한 점수의 평균으로 한다. 단, 채점자 간 점수 차이가 큰 경우 다시 채점한다.

[마. 보고방식: 총점에 기반한 점수 보고 방식]

<보기>

최근의 언어 평가의 경향을 살펴보면 결과 지향적 평가를 극복하고 학습자의 성장 발달을 지원하는 학습 지향적 평가 체제로의 변화를 모색하고 있다. 독서평가를 통해 독서 성취 수준이나 등급을 산출하여 경쟁을 유도하기보다는 학생들의 독자로서의 성장과 발달을 지원하는 학습 지향적 평가(Assesment for Learnig)로의 전환이 이루어지고 있는 것이다. 학습 지향적 평가는 독서 평가 결과를 분석하고 이를 다시 교수·학습적 차원으로 피드백(환류)하는 평가를 의미한다. 학습 지향적 평가의 관점에서 이루어지는 독서평가는 학생들의 독서 수행에 나타난 강점과 약점을 진단하고 개별 독서 성취 수준과 특성을 고려하여 교육적 피드백을 제공함으로써 학생들의 독서 발달에 유의미한 교육적 처치를 제공하는 데 중점을 둔다.

<작성방법>

- 교사의 수행 평가 계획의 <채점 기준>의 타당도가 낮은 이유를 서술할 것.
- 최근 언어 평가의 경향은 결과 지향적 평가에서 '학습 지향적 평가'의 관점으로 변화를 모색하고 있다. <보기>를 고려하여 이러한 '학습 지향적 평가'의 관점에서 독서 평가의 의의를 제시하고, <보기>를 고려하여 [마. 보고 방식 : 점수 보고 방식]을 대체할 보고 방식을 제시할 것.

테마 2 | 독서 평가 방법

관련 기출

2022학년도 B형 서술형

1 다음은 어떤 학생의 주제 파악하기 능력에 대한 포트폴리오 평가의 일부이다. 주제 파악하기 지도에 관하여 〈작성 방법〉에 따라 서술하시오. [4점]

(가) 진단 평가

김○○ (2021. 03. 10.)
※ 다음 글을 읽고 주제가 무엇인지 쓰시오.

> 세계 각국의 주요 도시들은 오래부터 걷기 좋은 도시를 조성하고자 노력해 왔다. 가령, 자동차를 생활필수품으로 여기는 미국에서조차 걷기 좋은 도시를 만들기 위해 도시 설계를 운전자 중심에서 보행자 중심으로 변화시키는 추세이다. 비만의 위험성이 부각되고 걷기의 운동 효과가 주목 받으면서부터는 공공 기관에서 지역의 보행 환경에 대한 데이터를 수집하여 주민에게 다양한 정보를 제공해 주기도 한다.

× (공공 기관에서 지역의 보행 환경에 관한 데이터를 수집하여 주민에게 다양한 정보를 제공해 주기도 한다.)

(나) 수업 일지

- 1차(2021. 03. 10.) : 오늘 진단 평가 결과를 보니 이 학생을 지켜봐야겠다는 생각이 들었음. 직접 평가를 통해 이렇게 일지를 작성해 두면, 나중에 질적 평가를 하는 데 도움이 될 것임.
- 2차(2021. 03. 17.) : 주제 파악하기 과제를 하는데 글을 읽고는 별 고민 없이 아무 구절이나 가져다 쓰는 듯함. 과제를 제대로 수행하지 못함.
- 3차(2021. 03. 24.) : 진단 평가에서와 같은 유형의 글을 가지고 주제 문장 찾기를 지도함. 요구된 과제를 제대로 수행하였음을 확인함.
  - [A] 첫 문장부터 순서대로 읽어 가다 간에 멈춤. 다시 돌아와 처음부터 다시 읽음. 다음 부분으로 읽기를 이어가면서 나름대로 중요하다고 생각되는 곳들에 밑줄을 그음. 중요한 내용인지 아닌지를 따지는 것 같았음. 끝까지 다 읽고는 밑줄 그은 문장을 살핌. 잠시 생각해 보더니 그중 한 문장에 체크 표시를 함. 그리고 그 문장을 주제로 말함.
- 4차(2021. 03. 31.) : 이번에는 주제 문장이 나타나지 않은 글을 주고 주제 파악하기 활동을 하게 함. 지난번과 달리 어떻게 해야 할지를 모르고 당황해 함. 글을 읽다가 멈추고 다시 읽기를 몇 번 반복하다가 그냥 다음 문제로 넘어가 버림. 다음에 형식 평가 방식으로 다시 확인해 보아야겠음.

(다) 형성 평가

김○○ (2021. 04. 07.)
※ [1~3] 오늘 배운 내용을 생각하며 다음을 읽고 물음에 답해 보자.

> 때로는 이해하기 힘든 다른 문화권의 관행도 환경에 효과적으로 적응하기 위해 고안해 낸 현명한 행동으로 이해할 필요가 있다. 인류학자 마빈 해리스는 인도인이 암소를 숭배하고, 이슬람교도가 돼지고기를 피하는 금기를 환경에 따른 합리 행위로 해석하고 있다. 피상적으로 보면 종교적 금기로만 이해되겠지만 그 이면에는 효과적으로 소를 이용하고 더운 기후에서 우려되는 질병을 피하는 등의 지혜가 깔려 있다는 것이다.

1. 위 글의 주제는 무엇인가?
○ (이해하기 힘든 다른 문화권의 관행도 환경에 효과적으로 적응하기 위한 현명한 행동으로 이해할 필요가 있다.)

> 브라질이나 아르헨티나에서는 주먹을 쥐고 이마에 갖다 대는 행동을 조심해야 한다. 이 행동은 상대방을 무시하는 의미로 받아들여지기 쉽기 때문이다. 대부분의 나라에서 V 표시는 승리 또는 평화의 의미로 여겨진다. 하지만 영국 문화권 나라들에서는 부정적인 의미로 사용되기도 한다. 물론 손톱이 밖으로 보이게 해야 이 뜻으로 사용된다. 우리에게는 별 의미 없는 행동이지만 인도나 파키스탄에서 엄지를 무는 제스처는 상대방의 온 가족을 한꺼번에 욕하는 표현이 된다. 몇몇 나라에서 팔짱을 끼는 행위는 무엇을 생각하는 중이거나 기분이 조금 언짢다는 것으로 생각된다. 하지만 핀란드와 아이슬란드에서 팔짱을 끼면 건방지고 오만하게 생각될 수 있다.

2. 위 글은 무엇에 대한 것인가?
×(브라질과 아르헨티나   )

3. 위 글에서 말하고자 하는 중심 내용은 무엇인가?
×(브라질이나 아르헨티나에서는 주먹을 쥐고 이마에 갖다 대는 행동을 조심해야 한다.)

작성방법

- (나)의 [A]에서 사용된 평가 방법을 쓰고, 그 특징을 설명할 것.
- (다)의 2번, 3번 문항의 결과와 관련하여 이 학생에게 추가적으로 지도해야 할 구체적인 읽기 지도 사항 2가지를 쓸 것.

2016 A형 기입형

2 박 교사는 학생들의 읽기 능력 진단 평가를 실시하였다. 〈자료 1〉은 박 교사가 사용한 평가지의 일부이고, 〈자료 2〉는 결과를 기록한 것이다. 괄호 안의 ㉠, ㉡에 해당하는 말을 순서대로 쓰시오. [2점]

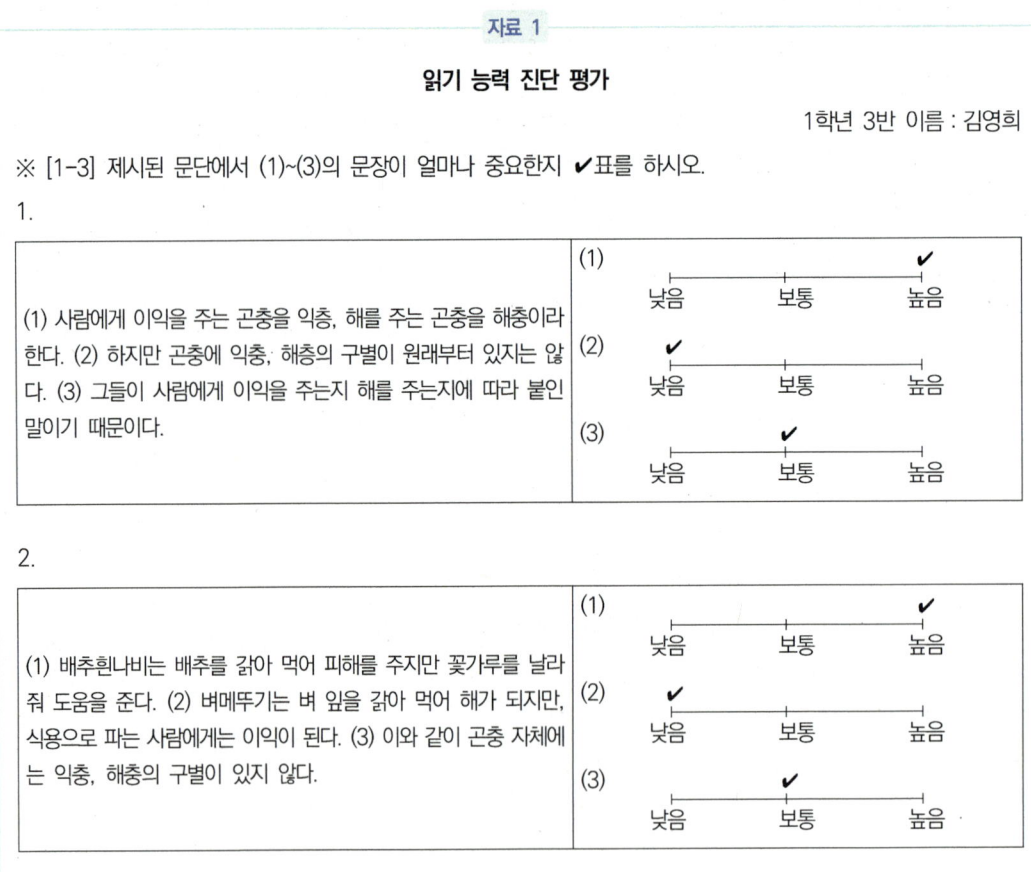

3.

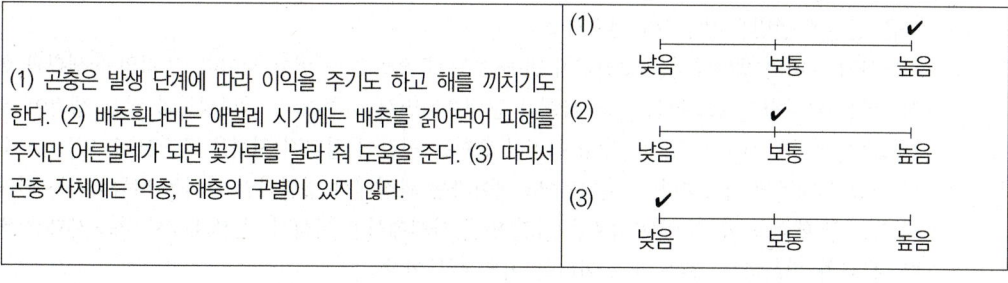

(1) 곤충은 발생 단계에 따라 이익을 주기도 하고 해를 끼치기도 한다. (2) 배추흰나비는 애벌레 시기에는 배추를 갉아먹어 피해를 주지만 어른벌레가 되면 꽃가루를 날라 줘 도움을 준다. (3) 따라서 곤충 자체에는 익충, 해충의 구별이 있지 않다.

※ [4-6] 다음 글을 읽고 빈칸에 알맞은 말을 쓰시오.

자료 2
읽기 능력 진단 평가 결과

대상 : 1학년 3반 김영희　　　　　　　　　　　　　　　　　(2015년 ○○월 ○○일)

문항 번호	평가 방법	진단 결과	지도 방향
1-3	(㉠)	(㉡)이/가 무엇인지 잘 모름	예를 들어 개념을 이해시킴
		무조건 앞에 있는 것을 '높음'으로 하는 경향이 있음.	(㉡)은/는 문단 내의 위치로 결정되는 것이 아님을 강조
4-6	빈칸 메우기		

[2008]

3　박 교사는 〈보기〉를 제재로 다양한 방식의 읽기 평가를 실시하여 학생 반응지 (가)~(다)를 얻었다. (가)~(다)에서 부적절한 반응을 지적하고, 그에 따른 지도 내용을 쓰시오.

보기

지금까지 우리의 생활양식은 끊임없이 변해 왔고 또 앞으로도 변할 것이다. 과거의 식생활과 현재의 식생활은 달라졌다. 또한 우리 사회가 근대화되면서 민주주의, 남녀평등과 같은 생각이 우리의 사고방식에 추가되어 왔다. 그런데 이러한 변화는 인간이 경험적 지식을 축적할 수 있는 능력을 지니고 있기 때문에 가능하다. 다른 동물도 살아가는 과정에서 경험적인 지식을 터득하기는 한다. 그러나 상징 행위를 할 수 있는 능력을 가진 인간 사회에서만 지식이 한 세대에서 다음 세대로 전해진다. 문화가 변화하는 것은 바로 이러한 이유 때문이다.

(가) 민주의 반응지

※ 다음 빈칸에 알맞은 말을 써 넣으시오.

지금까지 우리의 생활양식은 끊임없이 변해 왔고 또 앞으로도 변할 것이다. 과거의 식생활과 현재의 식생활은 달라졌다. [그런데] 우리 사회가 근대화되면서 민주주의, 남녀평등과 같은 생각이 우리의 사고방식에 추가되어 왔다. [그러나] 이러한 변화는 인간이 경험적 지식을 축적할 수 있는 능력을 지니고 있기 때문에 가능하다. 다른 동물도 살아가는 과정에서 경험적인 지식을 터득하기는 한다. [그리고] 상징 행위를 할 수 있는 능력을 가진 인간 사회에서만 지식이 한 세대에서 다음 세대로 전해진다. 문화가 변화하는 것은 바로 이러한 이유 때문이다.

(나) 순희의 반응지

※ 다음 문장의 중요도를 표시하시오. (숫자가 높을수록 중요도가 높음)

문장	중요도			
	1	2	3	4
1. 지금까지 우리의 생활양식은 끊임없이 변해 왔고 또 앞으로도 변할 것이다.				√
2. 과거의 식생활과 현재의 식생활은 달라졌다.		√		
3. 또한 우리 사회가 근대화되면서 민주주의, 남녀평등과 같은 생각이 우리의 사고방식에 추가되어 왔다.	√			
⋯				
7. 문화가 변화하는 것은 바로 이러한 이유 때문이다.			√	

(다) 영호의 반응지

※ 위 글의 내용을 50자 내외(띄어쓰기 포함)로 요약하시오.

<u>우리의 식생활과 사고방식 등이 변해 왔다. 문화가 변화하는 것은 바로 이러한 이유 때문이다.</u>

	지도 내용
(가)민주	•
(나)순희	• 예 2번 문장은 3번 문장과 중요도가 같은데 다르게 판단되었다. 대등 관계는 중요도가 같다는 것을 가르쳐야 한다. •
(다)영호	• •

기본 예제

4 박 교사는 학생들의 읽기 능력 진단 평가를 실시하였다. (가)는 박 교사가 사용한 평가지의 일부이고, (나)는 평가 의도와 평가 결과를 기록한 것이다. 괄호 안의 ㉠~㉢에 들어갈 말을 순서대로 쓰시오. [2점]

(가)

〈원문〉
지금까지 우리의 생활양식은 끊임없이 변해 왔고 또 앞으로도 변할 것이다. 과거의 식생활과 현재의 식생활은 달라졌다. 또한 우리 사회가 근대화되면서 민주주의, 남녀평등과 같은 생각이 우리의 사고방식에 추가되어 왔다. 이러한 변화는 인간이 경험적 지식을 축적할 수 있는 능력을 지니고 있기 때문에 가능하다. 다른 동물도 살아가는 과정에서 경험적인 지식을 터득하기는 한다. 그러나 상징 행위를 할 수 있는 능력을 가진 인간 사회에서만 지식이 한 세대에서 다음 세대로 전해진다. 문화가 변화하는 것은 바로 이러한 이유 때문이다.

〈평가 자료〉
※ 다음 빈칸에 알맞은 말을 써 넣으시오.

지금까지 우리의 생활양식은 끊임없이 변해 왔고 또 앞으로도 변할 것이다. 과거의 식생활과 현재의 식생활은 달라졌다. [그런데] 우리 사회가 근대화되면서 민주주의, 남녀평등과 같은 생각이 우리의 사고방식에 추가되어 왔다. 이러한 변화는 인간이 경험적 지식을 축적할 수 있는 능력을 지니고 있기 때문에 가능하다. 다른 동물도 살아가는 과정에서 경험적인 지식을 터득하기는 한다. [그리고] 상징 행위를 할 수 있는 능력을 가진 인간 사회에서만 지식이 한 세대에서 다음 세대로 전해진다. 문화가 변화하는 것은 바로 이러한 이유 때문이다.

(나)

독서 능력 발달에서 어떤 부분이 약하며 이에 대한 교육적 처치는 어떻게 이루어져야 하는지를 살피기 위해 시행되는 진단 평가를 실시하기로 계획하였다. 이를 위해서는 개별 학생 독자의 읽기 관련 기능 및 전략에 대한 강점과 약점 정도를 특성화 하여 제시한 (㉠)을 작성하여, 이를 변별하는 하위 진단 요인으로 음운 인식, 해독, 유창성, 이해(독해나 청해) 등을 포함시키기로 했다. 진단 평가의 방법으로 '음운처리에 대한 독해 검사', '피바디 그림 어휘 검사', '우드콕-존슨 진단적 독서 검사', 학생들의 단어 재인 수준과 텍스트 독해 수준과 단어 재인과 해독, 독해에 대한 부진으로 인해 발생하는 특정 조건에 대한 독서 진단 정보를 제공하기 위해 설계된 '질적 독서 검사' 등을 활용할 수 있다. 나는 독해력 검사 방법으로서 타당성과 신뢰도가 높고 채점이 용이한 (가)와 같은 독서 능력 진단 평가 방법을 활용하기로 했다. 이를 통해서 학생의 독서 평가 진단 결과를 정리하면 다음과 같다.

평가방법	진단 결과	지도 방법
(㉡)	학생은 글을 읽으며 구성했던 의미를 토대로 ㉢ 파악에 실패하고 있다. 두 번째 문장과 세 번째 문장의 접속어는 '또한'인데, [그런데]라고 했고, 다섯 번째 문장과 여섯 번째 문장의 접속어는 '그러나'인데, [그리고]라고 하였다.	읽는 과정에서 구성했던 의미와 단서를 활용한 추론을 활용하도록 한다. 즉, 전후 정보를 분석한 후, 독자 자신의 사전 지식을 통합하여야 한다. 특히 글 내용 이해를 바탕으로 ㉢ 장치의 기능을 지도한다.

테마 3 ː 독서 평가 결과의 해석

관련 기출

2010

1 다음은 학생의 읽기 포트폴리오 중 일부이다. 이 학생에 대해 교사가 할 수 있는 피드백으로 가장 적절한 것은?

자료 1

지필 시험지

1. 위 글에 대해 바르게 말한 것은?
   ① (가)와 (나)는 대등한 내용이 나열되어 있다.
   ② (나)와 (다)는 인과 관계를 맺고 있다.
   ③ (라)는 (나)의 결과에 해당한다.
   ④ (마)는 (나), (다)를 요약하고 논평을 단 문단이다. ←[정답]
   ⑤ (가), (라), (마)는 문제와 해결의 관계를 맺고 있다.

자료 2

수행평가지

※ 다음 글을 읽고 제시된 벤 다이어그램을 완성하시오.

추사와 피카소는 삶과 예술에 뭔가 공통점이 있었을지 모른다. 창조적인 정신의 구조는 말할 것도 없다. 타고난 예술가적 소질, 예술에 새 생명을 불어넣기 위해 다 같이 옛것에 눈을 돌린 점, 탐욕스러운 정도로 선인들의 예술을 흡수·소화한 점, 대담무쌍한 실험 …….

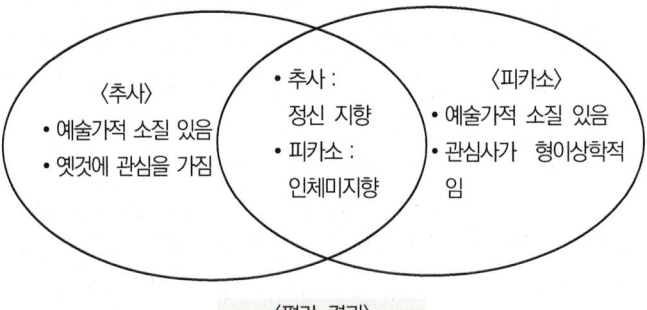

〈평가 결과〉

못함 ■ 보통 □ 잘함 □ 아주 잘함 □

---

① 글의 내용이 위계적임을 설명하고 내용의 짜임을 파악하는 시범을 보인다.
② 건너뛰며 읽기의 필요성을 설명하고 필요한 부분을 골라 읽는 시범을 보인다.
③ 글의 종류에 여러 가지가 있음을 설명하고 글의 종류를 파악하는 시범을 보인다.
④ 표지가 내용 관계를 나타내는 데 쓰임을 설명하고 어구 나누기 전략을 시범 보인다.
⑤ 글의 내용을 정확하게 읽어 낼 수 있도록 사실과 의견을 구별하는 시범을 보인다.

심화 예제

2 (가)는 김 교사가 실시한 평가지이고, (나)는 읽기 진단과 처지를 위한 교사 평가 계획에 관한 교사 연수회의 강연 내용이다. 〈작성 방법〉에 따라 서술하시오. [4점]

(가)
[평가지]

┌ 자료 1 ┐
지필 시험지

1. 위 글에 대해 바르게 말한 것은?
   ① (가)와 (나)는 대등한 내용이 나열되어 있다.
   ② (나)와 (다)는 인과 관계를 맺고 있다.
   ③ (라)는 (나)의 결과에 해당한다.
   ④ (마)는 (나), (다)를 요약하고 논평을 단 문단이다. ← 정답
   ⑤ (가), (라), (마)는 문제와 해결의 관계를 맺고 있다.

┌ 자료 2 ┐
수행평가지

※ 다음 글을 읽고 제시된 벤 다이어그램을 완성하시오.
추사와 피카소는 삶에 예술에 뭔가 공통짐이 있을지 모른다. 창조직인 정신의 구조는 말할 것도 없다. 타고난 예술가적 소질, 예술에 새 생명을 불어넣기 위해 다 같이 옛것에 눈을 돌린 점, 탐욕스러운 정도로 선인들의 예술을 흡수·소화한 점, 대담무쌍한 실험 …….

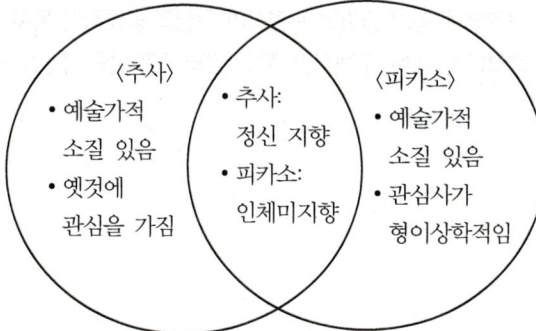

〈평가 결과〉
못함 ■   보통 □   잘함 □   아주 잘함 □

(나)

…(중략)… 독서평가의 개발과 검토는 평가 문항의 유형에 따라 그 방법과 절차가 다를 수 있겠지만, 일반적으로 독서평가 문항은 선다형 문항, 서술형 문항, 수행 평가 문항으로 다양하게 출제해야겠습니다. 아마도 일선 교육 현장에서 선생님들께서 가장 어려워하는 경우가 바로 수행 평가 문항 개발일 것입니다. 사실 독서 수행 평가는 독자의 실제적 독해 수행을 통해 독서 능력을 평가하는 것이지요. 독서 행위를 토대로 한 이해와 산출이 통합적으로 요구되는 평가 문항이기 때문에 독서 수행 평가 시 평가 요소 및 준거, 평가 척도, 평가 방법들을 수업과의 연계를 고려하여 준비해야 합니다. 제가 준비한 자료를 함께 보시지요.

[A]

[원리]
- 실제성+ 수업과의 연계

  ⊙

[B] 이처럼 다양한 독서평가 이후에는 결과 분석 및 활용에 신경 쓰셔야 합니다. 지금까지 평가 결과를 단순한 등급이나 점수로 보고함으로써, 학생들에게 유의미한 학습상의 정보를 제공해 주지 못한다는 점이지요. 따라서 독서 성취수준 정보, 세부 독서 기능별 숙달 정보나 강점과 약점에 대한 진단 정보, 교수적 피드백 정보 등을 포함하여 독서평가 결과를 보고할 필요가 있습니다.

작성방법

- ⊙에 [A]를 고려하여 수행평가의 목적을 구체적으로 서술하고, 그 의의를 교사 측면에서 서술할 것.
- [B]를 참조하여 (가)의 1번 문항과 2번 문항의 결과와 관련하여 학생의 공통적인 독서 수행의 문제점을 서술하고, 이 학생에게 문제를 해결하기 위한 구체적인 지도 방법 2가지를 서술할 것.

전공국어 국어교육론 실전 문제집

III 작문교육론

1장 / 교과내용

1절 | 작문의 본질

테마 1 | 작문의 특성

1 [인지 구성주의 관점(의미 구성·문제 해결)]

기본 예제

1 (가)는 작문 과제를 완성하는 과정에서 학생이 작성한 반성적 '작문 일지'이고, (나)는 학생이 작문 과정에서 사용하고 있는 작문 전략을 분석한 내용이다. 괄호 안의 ㉠에 들어갈 말을 (나)에서 찾아 쓰고, ㉡에 들어갈 말을 쓰시오. [2점]

> **(가)**
>
> 선생님께서 내 글을 완성하기까지의 과정을 주제로 하여 다시 글을 쓰게 하라고 하셨다. 오늘 구체적인 작문 과제는 '가족에 대한 글쓰기'였다. 처음에 가족은 친숙한 소재라 쉽게 쓸 것으로 생각했지만, 내용이 떠오르지 않아 막막하기만 하였다. 고민 끝에 가족에 대한 생각을 자유롭게 떠올려 보기로 했다. '가족여행, 어머니의 사랑, 우리집, 영화, ……' 무작정 떠오른 생각들을 나열해서 쓰다 보니 주제가 하나로 모아지지 않았다. 그러던 중에 '어머니의 사랑'을 표현하는 글을 쓰기로 했다. 글을 쓰다 보니 그간 어머니를 오해해서 빚어진 갈등이 떠올랐고, 어머니의 사랑도 마음속에 새길 수 있게 되었다.
>
> 글을 쓰는 과정에서 내 글을 읽을 반 친구들에게 내용을 어떻게 잘 전달할지 고민 하였다. '어떤 내용에 관심을 보일까?', '내 글에 공감할까?' 이러한 생각을 하며 초고를 완성하였다. 그 다음, 글의 주제가 하나로 잘 드러나고 있는지를 살피며 표현을 다듬기도 하고, 쓴 내용을 고치기도 하고, 때로는 계획한 글의 개요를 수정하기도 하였다. 이러한 과정을 몇 차례 반복하고 나니, 글이 완성될 때까지 힘은 들었지만 글은 훨씬 나아진 것 같았다.
>
> **(나)**
>
> 학생은 가족에 관한 자신의 생각을 떠올린 후에 어머니의 사랑이라는 주제를 선정하고 있으며, 글을 쓰는 과정에서 자신의 글을 읽을 반 친구들을 고려하고 있다. 이를 통해 예상 독자를 고려하고 있음을 알 수 있다. 또한 내용생성과 관련하여 연상 방법을 사용하기도 하였다. 이렇듯 학생 필자는 의미를 구성하기 위해서 각 단계에서 직면하는 (㉠)을 위해 작문의 전략을 활용하고 있다. 아울러 학생은 표현을 다듬는 과정에서 계획한 글의 개요로 되돌아가 수정하기도 하는 등 쓰기를 선조적인 것으로 파악하지 않고 필요에 따라 (㉡)하는 속성을 가지고 있음을 인식하고 있다. 이는 일련의 쓰기 과정에서 자신의 인지 과정을 점검·조정·통제하는 행위를 수행하고 있다고 파악된다.

2 (가)는 학생-필자의 사고의 과정을 기록한 프로토콜자료이고, (나)는 작문 이론의 모형 중 하나이다. 아래 자료를 통해서 도출할 수 있는 작문의 특성을 〈보기〉와 같이 정리할 때 괄호 안의 ㉠, ㉡에 해당하는 말을 순서대로 쓰시오. [2점]

(가)
　　오늘 글을 써야 할 과제는 '출산율 증가의 원인'이군. 선생님께서 이번엔 어려운 과제를 주셨어. 근데, 우리나라가 출산율이 증가했나? 얼마 전까지만 해도 출산율이 계속 떨어진다고 했었는데, 내가 잘못 알고 있었나? 작문 과제에 나온 출산율 증가 원인이 바로 주제가 되겠는걸. 선생님께서 뭘 의도하시고 이런 것을……, 선생님께선 이 내용을 잘 알고 있으실 텐데. 선생님께서 나눠 주신 자료를 읽어 봐야겠어. (자료 글 읽기) 이 글에는 원인이 두 가지만 나온 것 같은데? (작문 과제를 보며) 작문 과제에서 원인을 세 가지로 쓰라고 했으니 원인 한 가지를 더 생각해야 하네? 뭐가 더 있을까? 음……. 자료에서는 정부의 정책과 사회의 변화에서 증가의 원인을 찾았으니……, 나는 개인적 차원으로 내용을 좀 더 보완해야 겠어. 선생님께서는 원인을 정부나 사회와 유사한 수준에서 기대하시겠지만……, 내 생각에 결국 출산은 개인 문제라고 행각해. 그러니 개인적 차원이 더 중요하다고 봐. 그러면 글에 있는 것 두 가지와, 개인적 차원의 원인을 더해서 써야겠군. 새로운 걸 더 찾는 건 어려움이 있으니까, 메모를 더 해 두고. (하략)

(나)
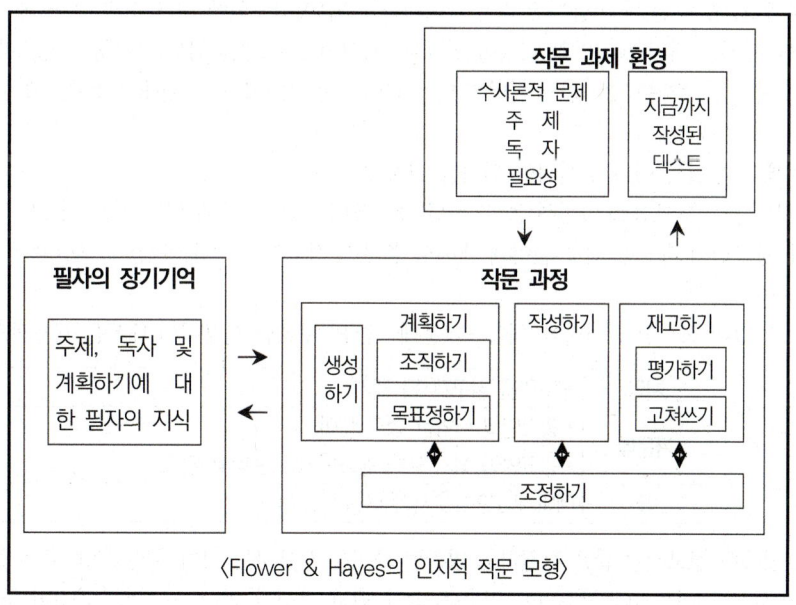
〈Flower & Hayes의 인지적 작문 모형〉

보기

(가)에서 학생은 '작문 과제(주제)' 및 '예상독자' 분석을 실행한 후, 자료 글을 읽은 후 내용을 마련하고 있다. 그런 점에서 (㉠)으로서 작문의 특성을 보여주고 있다. 한편, 학생은 자료에서 찾은 내용 이외에 자신의 생각에 의해 보완하거나 보충할 내용을 더 찾고 있다. 따라서 이는 필자 개인의 경험, 지식, 가치관, 신념 등에 따라 분석하고 구체화 하는 과정을 보여준다는 점에서 (㉡)으로서 작문의 특성을 보여준다.
(나)는 플라워와 하이에스(Flower & Hayes)의 인지주의 모형이다. 이에 의하면 작문은 '작문 과제의 환경', '필자의 장기 기억', '작문 과정'으로 구성되는 것으로 본다. 즉 작문은 필자가 자신이 처해 있는 작문 과제 환경 속에서 자신의

장기 기억과 작문 과정 등의 역동적인 (ⓒ)을 통해서 이루어지는 일련의 (㉠)이라는 것이다. 따라서 인지주의 작문 이론은 작문을 과정으로 보며, 각 과정에서 요구되는 '전략'과 이의 조절을 위한 '상위인지'가 필수적으로 요구한다.

3 (가)는 학생–필자의 사고과정을 기록한 일부이고, (나)는 이를 화제로 교사들이 나눈 대화이다. 괄호 안의 ㉠, ⓒ에 해당하는 말을 순서대로 쓰시오. [2점]

(가)

　나와 관심 분야가 같은 친구들과 함께 책을 읽고 책 내용과 관련해 이야기해 보면서 내 진로를 구체적으로 탐색할 수 있었어. 선생님께서는 읽은 책에서 화제를 찾아 글을 쓰라고 하셨어. 내가 탐색한 내용을 더 많은 사람들과 공유하기 위해 내 꿈인 '광고인'에 대한 글을 쓰고 싶어. 우선 글을 쓰려는 목적과 글의 주제, 예상 독자, 매체 등 쓰기 맥락을 분석하며 글쓰기 계획을 세워 볼 거야.
　우리 학교 학생들은 광고에는 익숙하지만 광고인의 업무에 대해서는 정확하게 모를 것 같아. 광고인의 업무 분야에 대한 정보를 담는 것이 좋겠어. 광고인을 꿈꾸는 학생들이 청소년기에 준비해야 할 일은 무엇인지도 함께 알려 주어야겠어.
　책을 읽고 알게 된 나의 꿈을 알리는 글이니까 주제는 '광고인에 대한 소개.'로 정해야겠어. 특히 광고를 만들 때에는 여러 광고인의 협업이 필요해. 광고인의 다양한 업무 분야를 소개해야겠어. '광고인에 대한 소개'라는 주제를 '광고인의 다양한 업무 분야와 광고인이 되기 위해 청소년기에 준비할 일'로 구체화하는 게 좋겠어.
　교지에 수록될 글이니 공식적인 언어를 사용해야겠어.
　이제는 글로 쓸 내용을 마련해 볼까? 일단 내가 알고 있는 내용과 알고 싶은 내용으로 정리해 봐야지. 그런데 광고인의 다양한 업무 분야에 대해서 충분한 정보가 부족해. 어떻게 해야 할까? …(작문 과정이 중단됨)…
　정보 전달이 목적인 글이니까 '처음–가운데–끝'의 구조를 활용하여 내용을 체계적으로 조직해야지.

처음	광고인을 꿈꾸게 된 계기
가운데	• 광고인의 다양한 업무 분야 • 광고인이 되기 위해 청소년기에 준비할 일
끝	예비 광고인으로서의 다짐과 포부

　선생님께서 정보전달 글은 간결하고 명확한 표현을 사용하는 것이 효과적이라고 말씀하셨어. 그런데 나는 평상시 띄어쓰기나 맞춤법에 실수를 많이 해서 자신이 없어. …(작문 과정이 중단됨)…

(나)

수석 교사: 쓰기는 단순한 표현 행위가 아니라 자신의 머릿속에서 일어나는 사고의 내용을 적절하고 효과적으로 표현한다는 것을 의미합니다. 평소에 작문 이론에 관심을 가지고 있는 박 선생님께 묻고자 하는데요. (가)와 같은 연구 자료를 무엇이라고 부르고 이를 중요하게 다루는 작문 이론의 관점은 무엇입니까?

박 교사: 네, (가)는 프로토콜이라고 부릅니다. 언어 사용자가 언어 사용 과정에서 생각하고 있는 것을 있는 그대로 말로 나타내는 의미구성의 과정을 거쳐 만들어진 자료입니다. 의미에서 언어가 형

성되고 언어에서 의미가 형성되는 표현 및 이해 과정을 생생히 드러내 주기 때문에, 인지주의 작문 이론 관점에서 중시여깁니다.

수석 교사: 우리 교사들에게는 학생이 글을 쓰는 과정에서 어떠한 생각을 하고 있는지 잘 알게 되면 작문 지도에 효과적일 것 같군요.

송 교사: 그러고보니 이 학생은 누구를 대상으로 어떤 목적으로 무엇에 대해 쓸 것인지, 쓸 내용을 어떻게 마련하고 조직할 것인지를 궁리하며 계획을 세우고 있음을 알 수 있을 것 같습니다.

박 교사: 그렇습니다. 인지주의 작문이론에서 흔히 작문을 (㉠)이라고 표현하기도 합니다. 주어진 작문 과제를 하위로 쪼개어 하나씩 단계별로 일련의 과정을 거쳐야 한다고 해요. 그래야 인지적 부담이 덜하기 때문이라고 합니다.

수석 교사: 그 관점에서 이 학생은 글을 완성하기까지 어려움을 겪고 있어서 작문 과정이 중단되고 있군요. 그렇다면 이 학생에게 어떤 조언을 할 수 있을까요?

송 교사: 쓰기 과정을 단계별로 구분하여 지도한다면 제가 보기엔 우선 관련 정보를 모으는 것이지요. 글을 쓰는 데 필요한 자료를 다양한 매체를 통해 수집해 보는 게 어떨까 합니다.

박 교사: 덧붙이자면 학생은 표현 측면에서 한 번에 완벽한 글을 쓰기 위해 문법적인 세밀한 부분까지 신경을 쓰고 있어요. 초고는 (㉡)이 가능한 글이라는 점을 주지시켜야겠습니다.

…(생략)…

2 [사회적 구성주의 관점(사회적 의사 소통·사회적 상호작용)]

기본 예제

1 다음 (가)는 학습목표를 위해 마련한 활동이고 (나)는 이를 검토한 글의 일부이다. 괄호 안의 ㉠에 공통적으로 들어갈 단어를 쓰고, 학습 목표와 활동을 고려하여 밑줄 친 '이것'에 해당하는 말을 쓰시오. [2점]

(가)

학교생활 속에서 개선했으면 하는 문제를 골라 글을 써 보고, 이에 대해 함께 이야기를 나누어 보자.

〈활동 1〉 각자 평소 학교생활을 하면서 겪었던 문제를 하나 선택하여 그에 대한 자신의 입장이나 의견을 작성해 보자.

〈활동 2〉 위에서 발견한 문제의식을 학교 공동체 구성원들과 (공유)하기 위해 글의 초안을 작성해 보고, 이를 스스로 평가해 보자.

〈활동 3〉 2번에서 작성한 초안을 모둠원들끼리 돌려 읽고, 우리 모둠이 (㉠)하면 좋을 만한 문제의식이 담긴 글을 하나 골라 다음 활동을 해 보자.

(1) 친구의 글에 제시된 문제의식은 무엇인지 말해 보자.
(2) 친구의 문제의식에 대해 모둠원들과 함께 이야기해 보고, 모둠원들이 모두 공감하는 것을 정리해 보자.

- 친구의 문제의식에 공감하는가?
- 공감한다면 그 이유는 무엇인가? 친구의 입장이나 의견에 대한 자신의 생각을 말해 보자.
- 공감하지 않는다면 그 이유는 무엇인가?

〈활동 4〉 1~3번의 활동을 바탕으로 하여 이와 같이 우리 모둠에서 공통의 의견을 형성하는 데 화법과 작문이 어떤 기능을 하였는지 말해 보자.

(나)

이번 수업의 학습 목표는 '사회적 의사소통 행위로서 작문의 특성의 이해'이다. 이는 작문의 사회적 기능에 주목함으로써 인간 의사 소통의 총체적 양상 이해를 의도한다. 특히 작문 활동은 이것을 형성하는 데 기여한다. 이는 특정한 사회의 구성원들이 어떠한 주제나 화제 등에 대해서 가지는 공통적인 의견을 말한다.

이러한 학습 목표의 달성을 위해서 자신의 학교생활에서 나타는 문제를 직접 글로 써보고 주변의 친구들과 함께 토의하면서 (㉠)하는 활동을 계획했다. 이처럼 다른 사람들과 서로의 생각을 (㉠)함으로써 이것이 형성 되는 과정을 이해시킬 수 있다. 특히, 활동 3에서 모둠원들이 함께 돌려 읽어보고 친구의 문제의식에 대해 다른 모둠원들이 어떤 생각을 하고 있는 지 이야기를 나누어보도록 보면서, 모둠원들과의 이야기 속에서 모둠원들이 모두 공감하는 내용이 무엇인지 정리해 보도록 활동을 계획했다. 마지막 활동 4에서 지금까지의 활동을 통해 학교생활의 문제를 선택하고 친구들과 (㉠)하는 과정에서 어떤 방식들이 활용되었는지 생각해 보게 했다.

이처럼 학교생활의 문제에 대해 학생들의 생각을 글로 작성해 보고 함께 이야기 나누는 활동을 통해 학교라는 공동체가 안고 있는 특정 문제의 심각성에 대해 생각해 보고 해결 방안에 대한 이것을 형성해 나갈 수 있으며 작문이 이를 형성하는 데에 중요한 역할을 담당함을 이해할 수 있게 활동을 계획했다.

2 (가)는 교사가 구안한 작문 활동이고, (나)는 이에 대한 설명 글이다. (나)의 괄호 안 ㉠, ㉡에 해당하는 말을 쓰시오. [2점]

(가)

	활동과제
학습 활동	활동 2. 다음 글을 읽고, 사회적 의사소통 행위로서의 작문에 관해 친구들과 알아보자. 국립 중앙 박물관장님께 　국립 중앙 박물관장님, 안녕하세요? 저는 ○○학교 ○학년 ○○○입니다. 　제가 이 편지를 쓰는 이유는 국립 중앙 박물관에 도시락이나 간식을 먹을 곳이 없기 때문입니다. 국립 중앙 박물관은 우리나라를 대표하는 박물관이자 초·중·고등학생들이 가장 많이 찾는 박물관이기도 합니다. 특히 단체로 체험 학습을 가는 학생들이 많습니다. 체험 학습을 갈 때에는 도시락을 싸 가는 경우가 많은데 국립 중앙 박물관에는 실내에서 도시락이나 간식을 먹을 공간이 없습니다.  　만약 체험 학습 날의 날씨가 좋지 않다면 어떻게 해야 할까요? 아마 사람들은 식당이나 찻집에서 도시락이나 간식을 먹으면 된다고 생각할 것입니다. 하지만 그곳에는 모두 '외부 음식 반입 금지'라고 쓰여 있습니다. 이를 무시하고 그곳에서 음식을 먹으면 직원들의 제지를 받습니다. 　물론 박물관 건물 밖에 계단이 있기는 하지만 계단은 도시락을 먹기에 적당한 장소가 아닙니다. 계단은 비나 황사를 막아 주지 못하고 뜨거운 열기도 식혀 주지 못합니다. 　따라서 저는 국립 중앙 박물관에 도시락이나 간식을 먹을 장소가 필요하다고 생각합니다. 국립 중앙 박물관장님께서 도시락이나 간식을 먹을 장소를 만들어 주셨으면 좋겠습니다. 그럼 안녕히 계세요. 　　　　　　　　　　　　　　　　20○○년 ○월 ○일 　　　　　　　　　　　　　　　　　　　　○○○ 올림 　　　　　　　　　　　　　　　　－ "경향신문", 2012년 9월 10일 자에 1. 필자가 말하고자 하는 내용이 무엇인지 친구들과 말해 보자. 2. 필자가 편지글을 쓰면서 독자를 고려한 점을 파악해 보고 친구들과 비교해보자. 활동 3. 다음 기사문을 읽고, 이 편지글이 언어 공동체에 미친 영향에 대해 친구들과 다양한 의견을 나누어 보자. ! 이 편지글은 받는 이뿐만 아니라 반 친구들과 박물관을 이용하는 사람들에게도 영향을 미치고 있어. 편지 한 통, 박물관을 움직이다 체험 학습실 개방, "근본 해법 아니다." 또 토론 　한 학생의 편지 한 통이 국립 중앙 박물관을 움직였다. "관장님, 비바람을 피해 도시락을 먹을 수 있게 해 주세요."라는 학생의 편지를 받은 국립 중앙 박물관 측이 점심시간에 체험 학습실을 개방하기로 했다.

이 소식을 전해 들은 학생들은 기뻐했다. 학생들은 박물관 측의 방침을 환영하면서도 이미 용도가 정해진 공간이 새로운 방침 때문에 희생되는 문제가 발생할 수 있다는 데 의견을 모았다. 제대로 된 식사 공간이 만들어질 때까지 청원을 계속하자는 의견도 나왔다. 학생들은 박물관 측에 '실외의 넓은 부지를 활용해 식당 전용 공간을 설치해 줄 것'을 추가로 요청하기로 했다.
― "경향신문", 2012년 9월 13일 자에서

4. 이 편지글과 같이 작문이 사회적으로 영향을 미친 사례를 모둠 활동을 통해서 더 찾아보자.

(나)
　위에서 학습 활동들은 국립중앙박물관장에게 편지 형식으로 쓴 건의문과 그 결과 건의가 받아들여져 박물관의 시설 이용이 달라졌다는 기사 내용을 제시하고 있다. 이는 작문이 사회적 영향을 줄 수 있음을 보여주고 있다. 필자가 글을 씀으로써 사회적 문제가 사회 구성원들 사이에서 받아들여져 공론화되도록 할 수 있음을 보여준다. 또한 독자들은 필자의 의견 혹은 견해를 수용하거나 거부하거나 대체함으로써 그러한 공론화 과정에 참여하기도 한다. 이처럼 글은 사회 구성원들 사이에서 유통되기도 하고, 그 내용 일부가 변형되기도 하고, 다른 필자에 의해 재구성되는 과정을 거치기도 하면서 사회적인 힘을 얻는다. 이처럼 글쓰기는 사회를 변화시키기도 하고, 사회 구성원들의 의식을 바꾸기도 하고, 없던 제도를 만들어 내기도 한다. 이렇듯 글의 사회적 파급 효과를 반영하는 형식을 따르는 학습 활동은 (㉠) 이론에 기반한 것이다.
　또한 위의 활동들은 글쓰기를 사회적 행위라고 인식하고 있기 때문에, (㉡) 학습의 형태를 적극적으로 활용하고 있으며, 이는 쓰기 과정에서 모둠 활동을 유도하고 장려하고 있는 데에서 볼 수 있다. 결국 작문 수업에서 의미 협상과 같은 사회적 중재에 의한 학습을 활용한 것이다. 학생과 학생의 대화에 주목하면서, 쓰기 활동이 학습자에게 어떻게 수용되고 내면화되는지를 깊이 있게 들여다보게 되는 계기가 된다.

3　'사회적 의사소통 행위로서 작문의 특성을 이해한다.'를 학습목표로 수업을 준비중인 송 교사는 다음과 같이 작문 수업을 계획하였다. 괄호 안의 ㉠에 공통적으로 들어갈 말을 쓰고, 학습 계획을 고려하여 ㉡에 들어갈 활동을 제시하시오. [2점]

(가)
　2016년 리우데자네이루 올림픽 때, 올림픽 수영장에 배치된 인명 구조 요원들이 화제가 된 적이 있다. 세계에서 수영 실력으로 손꼽히는 선수들이 모인 수영장인데, 물에 빠져 위험에 처하는 사람이 있겠느냐며 의아해하는 반응이 많았다. 과연 올림픽 수영장에 배치된 인명 구조 요원은 불필요했던 것일까?
　많은 사람들은 올림픽 선수들이 이용하는 수영장이므로 위험 요인이 없다고 생각할 것이다. 하지만 아무리 수영을 잘하는 사람도 갑자기 몸 상태에 이상이 생길 수 있고, 그로 인한 위험 요인이 언제나 존재한다고 생각하는 사람도 있다. 이와 같이 어떤 상황이 안전한지, 위험한지를 느끼는 기준은 개인에 따라 다르다. 따라서 위험이나 안전에 대한 판단은 개인의 생각이나 느낌이 아니라 사회적 합의에 의해 정해진 '안전 기준'이 바탕이 되어야 한다. 리우데자네이루 올림픽 수영장에 인명 구조 요원이 배치된 것도 안전 기준을 준수하기 위한 것이었다. 브라질 법에 길이가 25미터 이상인 수영장에는 반드시 인명 구조 요원을 배치하도록 규정되어 있었던 것이다. 즉 누가 수영을 하든지 간에 25미터가 넘는 수영장은 인명 구조 요원이 배치되었을 때 안전하다고 판단할 수 있는 것이다.

요즘 우리 사회의 대형 사고는 대부분 안전 기준을 지키지 않아서 발생한 것이었다. 안전 기준에 따라 올림픽 수영장에 인명 구조 요원을 배치한 리우데자네이루 올림픽을 기억하자. 안전 기준을 원칙대로 준수할 때 우리 사회의 안전이 지켜질 수 있다.

(나)

이번 수업의 학습 목표는 '사회적 의사소통 행위로서 작문의 특성을 이해'이다. 교육과정에 의하면 필자와 독자가 문자 언어를 통해 의사소통함으로써 개인과 개인, 집단과 집단, 세대와 세대, 시대와 시대가 만날 수 있고, 작문은 사회·문화적 상황과 요구를 반영하여 공동체의 발전을 도모하는 (㉠)임을 이해하도록 설정했다고 한다.

필자는 자기 마음대로 글을 쓰는 것이 아니라, 자기가 속한 사회·문화적 상황을 반영하여 글을 쓴다. 필자는 글을 쓰는 과정에서 자기가 이 글을 쓰는 목적은 무엇인지, 자기가 쓴 글을 읽을 사람은 누구인지, 자기와 독자가 속한 공동체의 특성은 무엇인지, 자기가 반영해야 할 사회·문화적 요구는 무엇인지 등에 대해 끊임없이 묻고, 그에 대한 답을 찾으면서 한 편의 글을 완성한다. 이처럼 필자는 작문 과정에서 사회·문화적 상황을 고려하고, 사회·문화적 요구를 글에 반영하게 된다. 이러한 점에서 작문은 개인 간의 의사소통 행위를 넘어 공동체의 발전을 도모하는 한다고 할 수 있다.

이러한 학습 목표의 이해를 위해서 활동을 위한 자료 글을 선정하고, 학생들의 활동을 〈① 글쓴이의 주장 파악하기 ⇨ ② (㉠)로서의 작문의 특성 이해하기〉로 연계해야겠다.

이러한 원리 활동을 끝낸 후 수행 활동으로 〈① 인터넷을 통해 사회적 의사소통에 참여하기⇨〈② 사회적 의사소통으로서의 작문의 역할 파악하기〉⇨〈③ 사회적 의사소통에 참여한 소감 공유하기〉로 연계해야겠다.

자, 이를 정리해보자.

- **제재 선정 이유**: 선정된 글은 안전 기준을 지키자고 주장하는 글이다. 우리 사회의 문제점과 그에 대한 해결 방안을 제시함으로써 (㉠)로서의 작문의 특성이 잘 드러나기에 이 글을 선정하였다.

- **학습 포인트**
  - 글에 나타난 사회·문화적 상황 파악하기
  - (㉠)로서 작문의 특성 이해하기

- **학습활동의 흐름**

[원리]
1. 글쓴이가 전하고자 하는 내용 정리하기

⇩

2. 글에 드러난 사회·문화적 상황을 파악하고, 작문 활동이 (㉠)인 이유 이야기하기

> - 이 글에 드러난 사회·문화적 상황: 안전 기준을 지키지 않아서 대형 사고가 발생하고 있다.
> - 작문 활동을 (㉠)라고 할 수 있는 이유: 이 글은 안전 기준을 지키지 않아 대형 사고가 발생하고 있는 사회·문화적 상황을 고려하고, 이에 대한 해결을 바라는 사회·문화적 요구를 반영하여 안전 기준을 준수하여 우리 사회의 안전을 지키자는 주장을 내세우고 있다. 이와 같이 개인 간의 의사 소통을 넘어 공동체의 발전을 도모한다는 점에서 그러하다.

[수행]

1. (㉡)

⇩

2. 다른 시대의 삶을 이해하는 데에 작문이 어떤 역할을 하는지 말하기

⇩

3. 작문을 통해 사회적 의사소통에 참여해 본 소감 이야기하기

[수행활동지]

'카피레프트', '저작권'과 관련된 글을 인터넷에서 다양하게 검색해 보고, 다음 활동을 통해 사회적 의사소통에 참여해 보자.

활동 1. (㉡)
활동 2. 인터넷에서 과거의 문필 활동과 이의 활용을 보여 주는 글을 검색하여 '카피레프트', '저작권' 문제와 비교해 보고, 이를 바탕으로 다른 시대의 삶을 이해하는 데에 작문이 어떤 역할을 하는지 말해 보자.
활동 3. 앞의 활동 1~2를 바탕으로 작문을 통해 사회적 의사소통에 참여해 본 소감을 친구들과 이야기해 보자.

2절 작문 과정의 기능 및 전략

관련 기출
2016 A형 기입형

1 (가)는 윤 교사가 만든 학습지의 일부이고, (나)는 학습지를 화제로 동료 교사와 나눈 대화이다. 괄호 안의 ㉠, ㉡에 해당하는 말을 순서대로 쓰시오. [2점]

(가)

- 활동 목표 : 쓰기 과제에 따라 설명하는 글을 쓴다.
- 활동 1 : 다음 쓰기 과제 중에서 한 가지를 골라 보자.
  - 돈 들이지 않고 재미있게 노는 방법
  - 알아 두면 좋을 효과적인 시간 관리 방법
- 활동 2 : 선택한 쓰기 과제의 쓰기 상황을 분석해 보자.

쓰기상황	1. 글의 주제	
	2. 글의 목적	
	3. 글의 유형	
	4. 필자의 입장	
	5. 매체의 유형	

- 활동 3 : 분석 결과를 고려하여 글을 쓰는 데 필요한 내용을 마련해 보자.
  (1) 조사가 필요한 내용에는 무엇이 있는지 말해 보자.
  (2) 여러 가지 자료를 조사하여 내용을 다양하게 마련해 보자.
- 활동 4 : …(하략)…

(나)

윤 교사 : 장 선생님, 제가 만든 학습지에서 보완해야 할 점이 있을까요?

장 교사 : 아침에 살펴보았는데 '활동 2'의 쓰기 상황 분석에서 (㉠)이/가 누락되었더군요. 중요한 요소인데…….

윤 교사 : 아, 그런가요? 자세히 좀 알려 주세요.

장 교사 : 이것을 고려하지 않으면, 학생들은 강조할 내용은 무엇인지, 내용을 어떤 순서로 제시할 것인지를 결정하기가 어려울 거요. 필자 중심의 글을 쓰지 않게 하려면 이를 보완하는 것이 좋겠어요.

윤 교사 : 네, 그렇겠네요. 다른 것도 있나요?

장 교사 : '활동 3'에서 내용 생성 방법을 자료 조사로만 한정한 것이 좀 아쉬워요. 자료 조사가 필요해도 우선은 학생의 (㉡)을/를 활용하도록 하는 게 좋겠어요. 이것은 가장 빠르면서도 효과적으로 내용에 접근하는 방법이거든요. 작문의 인지 과정 모형에서도 이것을 중시하더군요.

윤 교사 : 이론적으로도 그렇다는 말인가요?

장 교사 : 그럼요. 작문의 인지 과정 모형에서는 이것을 필자의 머릿속에 저장되어 있는 기억의 총체로 설명합니다. 그러니까 학생들에게도 이것을 활용하게 할 필요가 있어요.

윤 교사 : 검토해 주셔서 감사합니다. 내일 수업하기 전에 꼭 보완해 볼게요.

2012

2. 철수는 '부모님께 학교를 소개하는 글'을 쓰고 있다. 〈자료〉는 교사가 사고 구술과 자료철을 통해서 수집한 것이다. 〈자료〉에 근거할 때, 철수가 작문 과정에서 사용하고 있는 작문 전략만을 〈보기〉에서 있는 대로 고른 것은?

자료

부모님께 학교를 소개하는 글이라……. 선생님은 왜 이런 작문 과제를 주셨을까? 학교 홍보, 우리들에게 학교에 대한 애정을 갖도록 하기 위해서, 부모님의 관심 촉구 ……. 무엇에 대해서 쓸까? 내가 잘 알고 있는 내용에 대해서 써야겠지? 그런데 부모님은 내 글에서 무엇을 기대하실까? 부모님은 공부 외에 내가 학교에서 어떤 활동을 하는지에 대해서는 잘 모르실 거고 많이 궁금해 하실 거야. 소개하는 글이라…….소개할 내용에 들어갈 내용은 학교의 현황, 프로그램, 내 경험……. 이런 내용이라면 일반적인 소개 글이 적합할 것 같은데. 아니, 너무 딱딱할 것 같아. 편지도 괜찮을 것 같은데……. 자, 일단 무슨 내용을 담을지 생각나는 대로 적어보자.

학교 프로그램, 활동 내용, 학교 역사, 교육 연극, 경험, 느낌, 교육 방침, 독서 클럽

음, 쓸 내용은 정리가 된 것 같고, 그럼, 대충 한번 써보자.

어머니, 아버지. 저 철수 예요. 우리 학교는 일제 강점기 3·1 운동 직후에 세워졌습니다. 지역 주민들이 모두 나서서 조금씩 돈을 모아 세웠습니다. 설립 초기에는 (중략) 학교의 교육 방침은 (중략) 저는 학교에서 운영하는 독서 클럽, 교육 연극 프로그램에 참여하고 있습니다. 독서 클럽은 1주일에 두 번 모여 책에 대해서 토론합니다. 교육 연극은 1년에 두 번 합니다. 교과에서 배운 내용을 연극으로 구성하여 발표합니다. 독서 클럽을 하면서 저는 세상에는 참 다양한 삶의 방식이 있고(중략) 이만 줄이겠습니다.

자, 어디 한번 크게 소리 내어 읽어 보자. 어머니, 아버지 ……. 이만 줄이겠습니다. 학교 역사나 교육방침이 너무 장황한 것 같고 ……. 내 경험을 기술한 내용은 ……. 이제 완성된 글로 다시 써 보자.

보기

㉠ 글 공유하기　　㉡ 초고쓰기　　㉢ 자기 평가하기
㉣ 독자 분석하기　㉤ 다발 짓기　㉥ 글 유형 고려하기

① ㉠, ㉡, ㉢　② ㉢, ㉣, ㉤　③ ㉣, ㉤, ㉥　④ ㉡, ㉢, ㉣, ㉥　⑤ ㉢, ㉣, ㉤, ㉥

테마 1 : 쓰기 전 단계·표현 단계

1 [맥락고려·내용생성]

기본 예제

1 (가)는 학생-필자의 사고과정을 기록한 일부이고, (나)는 이를 화제로 교사들이 나눈 대화이다. 괄호 안의 ㉠~㉣에 해당하는 말을 순서대로 쓰시오. [2점]

(가)

[A]
　　선생님이 내 주신 작문 과제를 볼까? '자신이 평소에 관심을 가지고 있는 직업에 관해 통일성을 갖춘 글을 써 봅시다.' 음…, 선생님은 왜 이런 작문 과제를 주셨을까? 나는 왜 이 글을 쓰는 것일까? 상식을 깨트리기 위해서, 무엇인가를 권유하기 위해서, 신념을 변화시켜 행동을 촉구하기 위해서……. 무엇에 대해서 쓸까? 내가 잘 알고 있는 내용에 대해서 써야겠지? …… 나는 로봇에 관심이 많아서 로봇에 관한 책을 여러 권 읽었어. 진로도 로봇과 관련된 쪽으로 생각하고 있어. 내가 만들고 싶은 로봇을 소개하는 글을 써 봐야지. 내가 만들고 싶은 로봇은 사람들을 행복하게 해 주는 로봇이야. 이것을 주제로 해야겠다. 내가 만들고 싶은 로봇을 친구들에게 소개하고 싶어. 친구들이 읽을 글이니까 친구들이 이해하기 쉽게 써야지.

　글에 어떤 내용을 담을까? 내가 로봇에 관심을 가지게 된 계기, 로봇이 사람들에게 미칠 영향, 내가 만들고 싶은 로봇의 종류 등을 다루면 좋겠다. 이제 관련 자료를 찾아볼까?

[B]
　노인 간호 보조 로봇 KIRO-M5
　　…… 병원 용품 운반, 실내 공기 살균과 탈취, 환자 기저귀 교환 시점 통보 ……
　　　　　　　　　　　　　　　　　　　　　　　　　　　　　　　　　　　　　- ○○신문

　　　　　　　　　　　　　　　　…(중략)…

　인공 지능의 역사
　　… 인공 지능 분야의 주요 관심사는 '퍼즐과 게임', '탐색과 문제 해결', '정리 증명과 계획' 등 …
　　　　　　　　　　　　　　　　　　　　　　　　　　　　　- 《컴퓨터 인터넷·아이티(IT) 용어 대사전》

　이 가운데 글의 주제, 나의 수준과 흥미를 고려하여 적절한 내용을 선정해야지. 음, 쓸 내용은 마련되었으니, 그럼 이제 내가 만들고 싶은 로봇을 소개하는 글을 써 봐야지.

　　나는 어릴 때부터 로봇을 좋아했다. 로봇 장난감과 로봇 만화 등 '로봇'이라는 말이 들어가 있으면 눈을 떼지 못할 정도였다. 그러다가 초등학교 6학년 때 한 로봇 공학자의 강연 영상을 보고 로봇을 만드는 사람이 되겠다고 결심하였다. 몸이 불편한 사람을 보살피거나 재난 현장에서 인간의 생명을 구하는 등 사람들을 돕는 로봇을 만든다는 것이 굉장히 멋진 일이라고 생각했기 때문이다. 그때부터 로봇에 관한 책을 찾아 읽으며 내 나름대로 공부를 하다 보니 새로운 로봇 몇 가지를 만들고 싶은 마음이 들었다.

　　아, 그런데, 다음에는 어떤 내용이 들어갈 수 있을까? 음.
　　　　　　　　　　　　　　　　　　…

(나)

수석 교사: 말을 잘하거나 글을 잘 쓴다는 것은 자신의 머릿속에서 일어나는 사고의 내용을 적절하고 효과적으로 표현한다는 것을 의미합니다. 평소에 작문 이론에 관심을 가지고 있는 박 교사님에게 묻고자 하는데요. (가)와 같은 연구 자료를 무엇이라고 부르고 이를 중요하게 다루는 작문 이론의 관점은 무엇입니까?

박 교사: 네, (가)는 필자의 사고의 과정을 드러내는 프로토콜이라 부릅니다. 이것은 언어 사용자가 언어 사용 과정에서 생각하고 있는 것을 있는 그대로 말로 나타낸 (㉠) 자료인데요. 의미에서 언어가 형성되고 언어에서 의미가 형성되는 표현 및 이해 과정을 생생히 드러내 주기 때문에, 인지주의 관점에서 중시여깁니다.

수석 교사: 그렇다면 우리 교사들에게는 학생이 글을 쓰는 과정에서 어떠한 생각을 하고 있는지 잘 알게 되면 작문 지도에 효과적일 것 같군요.

송 교사: 학생은 자신의 사고 과정을 드러낼 뿐만 아니라, [A]에서 보는 바와 같이 누구를 대상으로 어떤 목적으로 무엇에 대해 쓸 것인지를 궁리하며 (㉡)을/를 고려하고 있음을 알 수 있을 것 같습니다.

박 교사: 그렇군요. 학생-필자는 교사에 의하여 주어진 '작문 과제'를 분석하고 있는 가운데, '주제', '예상 독자' 등 작문 상황 분석을 고려하는 가운데 자신이 관심을 고려하고 있군요.

최 교사: 제가 알기로 또한 인지주의 관점에서는 전략의 인지적 활동을 강조한다는데요?

송 교사: 이 학생은 [B]에서 주위에서 찾을 수 있는 정보를 수집하고 선별하고 있는 것으로 보입니다.

수석 교사: 그런데, 이 학생은 쓸 내용을 배열하는 단계가 누락되어서 초고 집필 단계에서 작문이 중단되고 있군요? 그렇다면 이 학생의 문제를 해결하기 위해 교사는 무엇을 지도해야 할까요?

박 교사: 내용을 선정하였더라도 배열하는 과정을 통하여 글을 짜임새 있게 내용을 조직하도록 해야 합니다. 글의 뼈대를 만드는 (㉢)를 짜면서 자료를 어느 부분에서 활용할지도 생각해 보도록 해야겠지요. 이 과정에서 마련된 개요에서 글의 주제와 어울리지 않는 내용이 있는지 살펴보도록 지도합니다.

송 교사: 그런데, 지금 초고 쓰기 단계에서 활동하고 있을지라도 내용 배열이 어려워 쓰기가 진행되지 못한다면 이전 단계로 돌아가 다시 작문 과정을 수정하는 건가요?

박 교사: 그렇습니다. 이것이 바로 작문의 과정에서 이루어지는 문제 해결적 사고 활동이지요. 인지주의 관점에서는 작문의 과정을 (㉣)적인 과정으로 보고 있거든요.

> 심화 예제

2 철수는 '학급 친구들에게 설득하는 글쓰기'를 과제로 글을 쓰고 있다. 다음은 교사가 사고 구술과 자료철을 통해서 수집한 것이다. 〈작성 방법〉에 서술하시오. [4점]

> 학급 친구들에게 설득하는 글이라……. 선생님은 왜 이런 작문 과제를 주셨을까? 나는 왜 이 글을 쓰는 것일까? 상식을 깨트리기 위해서, 무엇인가를 권유하기 위해서, 신념을 변화시켜 행동을 촉구하기 위해서……. 무엇에 대해서 쓸까? 내가 잘 알고 있는 내용에 대해서 써야겠지? …… 여행 경험. 그런데 학급 친구들은 내 글에서 무엇을 기대할까? 얼마 전에 수학 여행도 다녀왔고, 최근 여행을 많이 경험한 친구들이 많은데……친구들이 알고 있는 여행에 대한 상식에서 벗어나 내가 생각하는 여행에 대해서 써야겠지. 설득하는 글이라…….
>
> [A] ┌─ 설득할 내용에 들어갈 내용은 좋은 여행이란? 유익한 여행을 위한 방법……. 자, 일단 무슨 내용을 담을지 생각나는 대로 적어보자. 되도록 비판없이 많은 내용을 떠올려보자.
>   └─ **여행에 대한 일반적인 상식과 편견, 여행지에서 하는 행동, 좋은 여행의 개념과 필요성, 유익하고 좋은 여행을 실천하기 위한 구체적인 실천 방법, 좋은 여행을 통해 얻을 수 있는 장점……**
>
> [B] 음, 쓸 내용은 마련되었으니, 그럼, 일단 빨리 대충 한번 끝까지 써보자.
>
>> 친구 여러분 안녕하세요? 송 철수입니다. 며칠 전에 우리는 수학 여행을 다녀왔어요. 생각만으로도 우리를 설레게 하는 여행이었습니다. 그런데 우리가 이제껏 해 온 여행에 과연 문제는 없을까요? 대형 호텔이나 콘도에 묵으면서 유명 관광지를 둘러보는 여행을 하면서 우리가 자칫 놓친 것은 없을까요? 우리가 하는 여행의 수익 대부분이 여행 업체에 돌아가고, 여행지의 주민에게는 거의 돌아가지 않는 사실을 알고 있습니까? 더구나 우리가 여행하며 배출한 쓰레기와 자동차로 다니면서 여행지에 배출한 탄소는 여행지의 자연을 훼손하고 결국 지구 전체에 영향을 미친다는 사실을 알고 있습니까? 저의 이러한 문제의식에서 나온 새로운 방식의 여행을 여러분에게 권하고자 합니다. ……(중략)…… 좋은 여행은 여행지의 주민을 존중하고 환경을 보호하며 지역 경제를 활성화하자는 취지의 여행으로, '공정 여행', '녹색 관광', '착한 여행'으로 불리기도 합니다. ……(중략)……프랑스의 소설가 마르셀 프루스트는 진정한 여행은 새로운 풍경을 보는 것이 아니라 새로운 눈을 가지는 것이라고 했습니다. 한곳에 오래 머무르며 여행지의 주민을 만나고, 자연의 소리를 들으며 여행지를 느릿느릿 다니다 보면 다양한 삶을 이해할 수 있을 것이고 색다른 즐거움을 얻게 될 것입니다. 유명 관광지에서 인증 사진을 찍는 것보다 착한 여행으로 가슴에 영원히 남을 사진을 찍는 것이 더 기억에 남지 않을까요? 우리 함께 떠납시다. 인간과 자연이 모두 행복해지는 착한 여행을.
>
> 자, 어디 한번 크게 소리 내어 읽어 보자. ……. 여행지의 주민에게 수익이 돌아가지 않는다거나 쓰레기와 탄소 배출로 인한 환경 오염은 너무 과장된 것 같고 ……. 설득이 목적이니까 이를 뒷받침하기 위한 내용이 필요하군 ……. 이제 완성된 글로 다시 써 보자.

작성방법

- [A]와 [B]에서 철수가 작문 과정에서 사용하고 있는 작문 전략을 각각 제시할 것.
- 이와 같은 연구 자료를 중요하게 다루는 작문 이론이 무엇인지 쓰고 특성을 설명할 것.

2 [내용조직]

관련 기출
2018 A형 기입형

1 다음은 '쓰기 지도'를 주제로 하여 진행한 교사 협의회 내용의 일부이다. 괄호 안의 ㉠, ㉡ 각각에 공통으로 해당하는 말을 순서대로 쓰시오. [2점]

> 박 교사 : 얼마 전에 "여정, 견문, 감상이 드러나는 기행문을 쓸 수 있다."라는 학습 목표로 쓰기 수업을 했습니다. 그런데 학생들이 쓰기를 많이 어려워하더라고요.
> 김 교사 : 학생들이 쓰기를 어려워하는 데는 여러 원인이 있어요. 인지주의 작문 이론가들에 따르면 필자는 글을 쓰는 과정에서 여러 가지 문제에 부딪히는데, 능숙한 필자는 이러한 문제를 해결하기 위한 구체 방법인 (㉠)을/를 적절하게 사용하지만, 미숙한 필자는 그렇지 못하기 때문에 글을 쓰는 데 어려움을 겪는다고 해요. 그래서 미숙한 필자에게는 쓰기에 대한 지식뿐만 아니라, 다양한 (㉠)을/를 익히게 하고, 그것을 적재적소에 활용할 수 있도록 지도하는 것이 필요하지요. 이때 쓰기 과정을 단계별로 구분하여 지도하는 것도 좋습니다.
> 박 교사 : 그래서 쓰기를 문제 해결 과정이라고 하는군요. 그럼 내용 조직하기 단계에서 우리 학생들이 활용할 만한 것이 있을까요?
> 김 교사 : 내용 생성하기를 마친 후 조직하기 단계에서는 쓸 내용을 체계화하는 방법을 추천합니다. 흔히 글의 뼈대를 만드는 일이라고 하는데, (㉡) 쓰기를 하면 글의 전개 방향과 전체 내용을 한 번에 알 수 있어서 글을 일목요연하게 쓰는 데 도움이 되지요. 다만 학생들은 한 번 (㉡)을/를 쓴 후에는 그것을 확정된 것으로 생각하는 경우가 있는데, 쓰기 과정에서 얼마든지 수정될 수 있다는 점을 안내할 필요가 있어요.

기본 예제

2 다음은 송 교사의 작문 수업의 한 장면을 정리한 글이다. ㉠에 공통적으로 해당하는 말을 쓰고, ㉡에 해당하는 말을 쓰시오. [2점]

(가)

송 교사는 '자신의 경험과 성찰을 담아 정서를 표현하는 글을 쓴다.'라는 학습 목표와 함께 고등학생이 되고 나서 자신의 경험을 담아 글을 써 본 적이 있는지를 질문한다.

"오늘은 경험과 성찰을 담은 글을 쓸 거예요. 여러분들의 활동지에는 글감과 관련하여 다음과 같은 내용이 있지요?"

다음에 제시된 글감과 관련하여 떠오르는 경험이 있는가?

생애 최고의 시간   추억의 장소   가장 힘들었던 순간   잊을 수 없는 음식

"이 글감 가운데 선택하여 자유롭게 쓰면 됩니다. 제시된 글감 외에 다른 소재도 얼마든지 활용할 수 있어요. 자, 선생님이 한번 해볼게요."

송 교사는 칠판 가운데에 '추억의 장소'라고 쓰고 동그라미를 쳤다.

"여러분, 지난 시간에 배웠던 생각그물 만들기 할 줄 알지요? 선생님은 지금 그 방법을 동원하여 '추억의 장소'에 대한 내용을 만들어 볼 거예요. 생각 그물을 같이 만들어 봅시다."

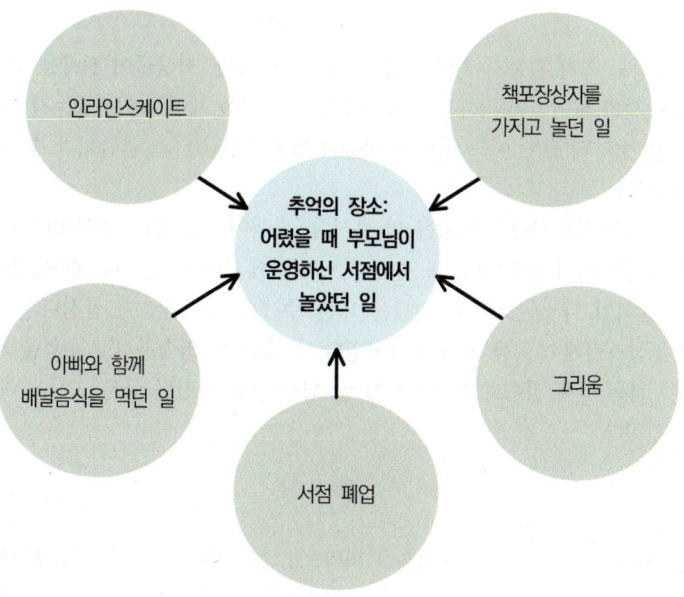

···(중략)···

"자, 이제 그만 쓰고 선생님이 설명을 들어보세요. 여러분이 체험했던 내용에 대해 여러 가지 생각을 하면서 빨리 글을 쓰고 싶었을 거예요. 하지만, 지금 생각한 것을 전부 쓸 수는 없겠지요? 글을 쓰기

전에 글의 주제를 먼저 정하고, 꼭 쓸 것들을 미리 골라내어 순서를 정해놓는 과정이 필요합니다. 오늘은 선생님과 같이 (㉠) 라는 방법을 배울거예요. 이를 활용하면, 쓸 내용과 순서를 정하는 데 많은 도움이 됩니다."

송 교사는 설명을 마친 후, 미리 준비한 영상 자료의 생각그물을 보면서 옆에 이 전략을 수행하는 것을 직접 시범보였다.

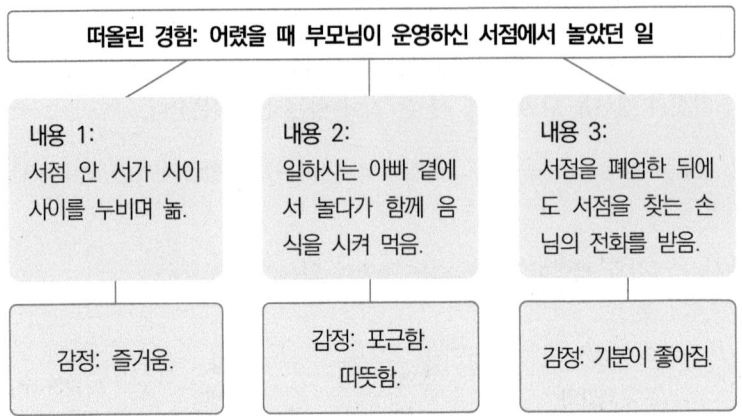

송 교사는 이것에 적힌 낱말 중 서점 안, 일하시는 아빠 곁, 서점을 찾는 손님의 전화에 동그라미를 쳤다. 그리고 이것 옆에 '처음-가운데-끝'을 연결하는 선을 그려서 이 전략을 시작하였다.

…(중략)…

그리고 학생들도 각자 활동지에 이 전략을 하도록 하였다. 학생들이 전략을 수행하는 동안, 이 선생님은 다시 궤간순시를 하며 어려워하는 학생들에게 이 전략을 제대로 이해했는지 질문을 하기도 하고 학생들의 질문을 받기도 하였다. 어느 정도 학생들이 활동을 마쳤다고 판단되자 송 교사는 학생들에게 초고를 쓰도록 하였다.

"자, 이제 (㉠)를 마친 사람은 초고를 써 봅시다. 공책에 쓰는데요, 우선 연습으로 써보는 것이기 때문에, 글을 잘 쓰려고 하지 않습니다. 또 틀린 것도 나중에 고치면 됩니다. 잘 생각이 안 나는 부분은 건너뛰어서 일단 끝까지 다 써 보세요. 시간은 15분 주겠습니다. 자, 써 봅시다."

학생들이 부산스럽게 초고를 쓰기 시작하였다. 송 교사는 연속차시로 수업을 계획하고 있다. 다음 시간에 초고 쓴 것을 다시 읽어보고 고쳐쓰게 할 생각이다. 완성된 글은 교실에 게시하여 누구나 읽어볼 수 있게 할 것이다.

(나)

이 수업 장면은 과정 중심의 작문 모형을 바탕으로 한 전형적인 교수·학습 방법의 특징들이 잘 나타나 있다.

첫째, 학생의 쓰기 능력 신장을 위한 교수·학습 내용은 쓰기의 과정에 따른 효과적이라고 생각되는 전략이다. 송 교사는 '내용 생성'과 '내용 조직' 과정을 초점화하여 가르치고 있는데, 각각 '생각 그물 만들기' 전략, (㉠) 전략을 주로 가르치고 있다.

둘째, 이러한 내용을 위한 교수·학습 방법으로 교사의 임무는 글을 쓰는 방법을 알려주는 것이고, 학습자는 연습과 질문을 통하여 그것을 깨달아 나가야 한다는 접근 방식을 취한다. 따라서 송 교사는 과정이나 전략을 설명하고 시범을 보여주고 학생들에게 나름대로 전략을 연습하고 자신만의 전략으로 내면화하기 위한 연습을 강조한다. 송 교사가 이번 시간에 새롭게 배우는 ⓐ 전략의 의미를 '설명'하고, 자신이 다발짓기 만드는 과정을 '시범' 보이고, 학생들에게 각자 해 보도록 '활동'을 시키면서 필요한 경우 '질문'을 받는 대목에서 이를 확인할 수 있다.

셋째, 앞의 교수·학습 방법과 관련하여 사고 과정을 말로 보여주는 ⓑ기법을 활용한다. 송 교사는 자신이 글을 쓰면서 왜 이런 생각 그물을 만들었고, 생각 그물로부터 어떻게 ⓐ가 만들어졌는지를 말로 설명하면서 전략을 쓴 이유를 제시한다. 국어 수업이 어려운 점 하나가 추상적인 언어 능력을 가르쳐야 한다는 것인데, 과정 중심 쓰기 교육에서는 이를 통하여 사고를 언어화하는 것을 중요시한다.

마지막으로, 수업이나 학생에 대한 평가가 과정 중심으로 이루어진다. 이 선생님은 학생들이 제출한 글, 즉 쓰기의 결과보다는 글을 써 나가는 과정을 더 눈여겨보고 있다. 초고를 쓰는 과정에서 엉성하거나 맞춤법이 많이 틀리더라도, 아이디어를 생성하고 조직하는 과정에 적극적이고 창의적으로 임하는 학생은 더 큰 잠재력을 지니고 있다고 생각한다. 따라서 학생들이 작성한 활동지, 초고, 고쳐 쓴 글이 모두 평가의 대상이 된다.

3 (가)는 교사의 작문 수업의 장면 중 일부분이고 (나)는 이를 정리·분석한 글이다. ⓐ, ⓑ에 해당하는 말을 쓰시오. [2점]

(가) 송 교사는 '자신의 경험과 성찰을 담아 정서를 표현하는 글을 쓴다.'라는 학습 목표와 함께 중학생이 되고 나서 자신의 경험을 담아 글을 써 본 적이 있는지를 질문한 후 글감을 제시하면서 수업을 진행한다.
…(중략)…
"자, 이제 그만 쓰고 선생님이 설명을 들어보세요. 여러분이 체험했던 내용에 대해 여러 가지 생각을 하면서 빨리 글을 쓰고 싶었을 거예요. 하지만, 지금 생각한 것을 전부 쓸 수는 없겠지요? 글을 쓰기 전에 글의 주제를 먼저 정하고, 꼭 쓸 것들을 미리 골라내어 순서를 정해놓는 과정이 필요합니다. 오늘은 선생님과 같이 ⓐ 라는 방법을 배울거예요. 이를 활용하면, 생성한 아이디어를 관련 있는 것끼리 묶기 때문에 쓸 내용과 순서를 정하는 데 많은 도움이 됩니다."
교사는 설명을 마친 후, 칠판의 브레인스토밍 결과를 보면서 옆에 ⓐ하는 것을 직접 시범보였다.
"선생님이 브레인스토밍하면서 생각해보니까, 특히 수박과 물놀이에 대해 쓰고 싶어졌어요. 왜냐하면 선생님은 과일 중에 수박을 제일 좋아하거든요. 언제부터 그랬는지 생각해보니, 어릴 때 물놀이하면서 어머니가 잘라주시는 수박을 세상에서 가장 맛있게 먹은 기억이 나요. 그래서 수박만 보면 어머니 생각이 나지요."
교사는 이렇게 말하면서, 칠판에 적힌 낱말 중 수박, 물놀이, 어머니 등에 동그라미를 쳤다. 그리고 그 옆에 '처음-가운데-끝'을 연결하는 선을 그려 넣으며 이 전략을 활용한다.

(나) 이 수업 장면은 과정 중심의 작문 모형을 바탕으로 한 전형적인 교수학습 방법의 특징들이 잘 나타나 있다. 이와 같은 쓰기 수업 방식은 지금까지 지시만 내리는 역할을 하던 교사가 쓰기의 본질에 접근하여, 실제로 글 쓰는 방법을 가르치기 시작하였다는 점이 중요하다. 즉, 학생의 쓰기 능력 신장을 위하여 수업에서 주로 가르쳐주는 것은, 쓰기의 과정과 각 과정마다 효과적이라고 생각되는 전략이다. 이를 위

해서 이 수업에서 사고 과정을 말로 보여주는 (ⓒ) 기법을 활용한다. 송 교사는 자신이 글을 쓰면서 어떻게 (㉠)가 만들어졌는지를 말로 설명하면서 전략을 쓴 이유를 제시한다. 국어 수업이 어려운 점 하나가 추상적인 언어 능력을 가르쳐야 한다는 것인데, 과정 중심 쓰기 교육에서는 (ⓒ)법을 통하여 사고를 언어화하는 것을 중요시한다. 그러나 역시 인지구성주의 작문 이론이 안고 있는 문제를 교실에서도 그대로 안게 된다. 학생들이 설명을 듣고 교사의 시범을 통해 본 것을 자신만의 방식으로 수행하는 과정은 여전히 사각지대로 놓여있는 것이다. 이는 과정 중심의 작문 수업에서 중요한 기법의 한계이기도 하다. 사고를 언어로 표현하는 데는 한계가 있기 때문이다. 더구나 인지 능력이 충분히 성숙하지 못한 학습자가 타인의 사고 과정을 단시간에 인지하고 배우는 것은 매우 어렵다.

심화 예제

4 다음은 학생의 작문 포트폴리오에서 수집된 〈자료〉이다. 〈작성 방법〉에 따라 서술하시오. [4점]

작문 과제	사회적 쟁점에 대해 글을 써 보자.
과제 수행 기록	나의 글 쓰기 과정

[오늘 작문 과제는 나의 주변 환경에서 벌어지는 사회적 문제에 대해 관심을 갖고 주제를 정하여 주장하는 글쓰기였다. 처음에는 무엇을 쓸지 막연하였으나 4대강 개발이나, 강정 마을 등 환경 문제에 많은 사람들이 관심을 가지고 있는 것을 알았다. 그러나 그것만으로는 나의 의견이나 관점을 명확히 세우기 어려워서 환경과 개발이라는 쟁점을 정하여 각각 상반된 주장 및 그 근거가 무엇인지 인터넷 전문 블로그 자료, 신문 기사, 책 등에서 자료를 수집하여 살펴보고 그런 후에 관점을 정하여 과제를 완성하게 되었다.]

| 학생 글 원문 |

개발이냐 환경이냐

① 최근 들어 나라 곳곳에서 큰 규모로 이루어지는, 여러 가지 '자연 개발'에 대하여 상반된 주장이 맞서고 있다.

② 한쪽에서는 현재 인간이 겪고 있는 상황을 고려해 볼 때 자연에 손을 대는 일은 불가피하며, 그 과정에서 생기는 일부 손실은 감내해야 한다고 주장한다.

[A]
③ 이에 대하여 다른 쪽은 그것은 하나만 알고 둘은 모르는 소리라고 반박한다. 자연에 손을 대어 편의 시설을 만들면 지금 당장은 편리하겠지만, 나중에는 인간에게 큰 손해가 될 수 있다는 것이다. 그렇게 하여 자연 생태계가 교란되면 나중에 어떤 결과가 생길지 예측할 수 없으며, 그것이 재해로 이어지면 자연 재해의 특성상 자칫 인류 전체에 큰 재앙이 될 수도 있다고 경고한다. 그런데 그러한 재앙이 훗날 다음 세대에게 닥친다면, 원인 제공자는 따로 있는데 애꿎은 사람이 뒷감당을 해야 하는 상황이 되어, 그 책임을 누가 어떻게 질 것이냐고 묻기도 한다. 먼저 태어난 사람들이 항상 이익을 차지하는 것은 형제 자매의 가족관계를 통해서도 알 수 있다.

④ 한편으로는 이 두 주장 모두 편향적인 시각이라는 비판도 있다. 인간이 편하기 위하여 자연을 개발해야 한다는 주장이나, 나중에 인류에게 재앙이 생길지도 모르니 그렇게 하면 안 된다는 주장은 어디까지나 인간을 모든 것의 중심에 놓고, 막상 그 대상인 자연의 입장은 전혀 고려하지 않았다는 것이다. 이 입장에서는 우리 인간이 자신의 생명을 보존하고 행복을 추구할 권리가 있는 것과 마찬가지로, 생명이 있는

자연물, 더 나아가 자연 환경 전체도 이 땅의 구성원으로서, 인간과 똑같은 권리가 있다고 주장한다. 이를 자연의 권리라고 하는데, 이렇게 본다면 권리의 범위가 인간에서 자연으로 확장되는 셈이다.
… (생략) …

작성방법

- 학생 글 [A]의 내용 조직의 문제점을 제시하고, 이에 대한 수정 내용을 각각 서술할 것. (단, 내용 조직의 문제는 통일성과 응집성의 차원에서 다룰 것)

3 [표현]

관련 기출

2023 A형 기입형

1. 다음은 학생 A가 쓰기 과정에서 겪는 어려움에 대하여 김 교사가 진단하고 작성한 수업 일지의 일부이다. 괄호 안의 ㉠, ㉡에 해당하는 말을 순서대로 쓰시오. [2점]

> 학생 A는 초고 쓰기에 어려움을 겪고 있다. 자신이 쓸 내용이 무엇인지도 알고 있고, 쓸 내용을 순서에 맞게 배열하는 것도 할 수 있으나, 머릿속 생각을 글로 풀어낼 때 어려움이 있는 것 같다.
> 이에 표현하기 단계에서 초고를 작성하기 위해 학생 A가 사용할 수 있는 쓰기 전략을 제안해 보려고 한다. 글쓰기보다는 말하기에 대한 부담이 적다는 점에 착안하여 개발된 (㉠) 전략과, 형식에 구애받지 않고 생각나는 대로 일단 써 보는 (㉡) 전략을 권해 봐야겠다.

기본 예제

2. 다음은 송 교사의 작문 수업의 한 장면을 정리한 글이다. ㉠에 해당하는 말을 쓰고, ㉡에 해당하는 전략 2가지를 쓰시오. [2점]

> 송 교사는 '자신의 경험과 성찰을 담아 정서를 표현하는 글을 쓴다.'라는 학습 목표와 함께 고등학생이 되고 나서 자신의 경험을 담아 글을 써 본 적이 있는지를 질문한 후 글감을 제시하여 제시된 글감과 관련하여 떠오르는 경험이 있는가를 묻는다.
> "이 글감 가운데 자유롭게 선택하여 쓰면 됩니다. 제시된 글감 외에 다른 소재도 얼마든지 활용할 수 있어요. 자, 선생님이 한번 해볼게요."
> 송 교사는 칠판 가운데에 '추억의 장소'라고 쓰고 동그라미를 쳤다.
> "여러분, 지난 시간에 배웠던 브레인스토밍 만들기 할 줄 알지요? 선생님은 지금 그 방법을 동원하여 '추억의 장소'에 대한 내용을 만들어 볼 거에요."

…(중략)…

"자, 이제 그만 쓰고 선생님이 설명을 들어보세요. 여러분이 체험했던 내용에 대해 여러 가지 생각을 하면서 빨리 글을 쓰고 싶었을 거예요. 하지만, 지금 생각한 것을 전부 쓸 수는 없겠지요? 글을 쓰기 전에 글의 주제를 먼저 정하고, 꼭 쓸 것들을 미리 골라내어 순서를 정해놓는 과정이 필요합니다. 오늘은 선생님과 같이 (㉠) 라는 방법을 배울거예요. 이를 활용하면, 생성한 아이디어를 관련 있는 것끼리 묶기 때문에 쓸 내용과 순서를 정하는 데 많은 도움이 됩니다."

송 교사는 설명을 마친 후, 미리 준비한 영상 자료의 브레인스토밍 결과를 보면서 옆에 이 전략을 수행하는 것을 직접 시범보였다. 송 교사는 이것에 적힌 낱말에 동그라미를 쳤다. 그리고 이것 옆에 '처음-가운데-끝'을 연결하는 선을 그려서 이 전략을 시작하였다.

…(중략)…

그리고 학생들도 각자 활동지에 이 전략을 하도록 하였다. 학생들이 전략을 수행하는 동안, 이 선생님은 다시 궤간순시를 하며 어려워하는 학생들에게 이 전략을 제대로 이해했는지 질문을 하기도 하고 학생들의 질문을 받기도 하였다. 어느 정도 학생들이 활동을 마쳤다고 판단되자 송 교사는 학생들에게 초고를 쓰도록 하였다.

"자, 이제 (㉠)를 마친 사람은 ㉡초고를 써 봅시다. 공책에 쓰는데요, 우선 연습으로 써보는 것이기 때문에, 글을 잘 쓰려고 하지 않습니다. 또 틀린 것도 나중에 고치면 됩니다. 잘 생각이 안 나는 부분은 건너 뛰어서 일단 끝까지 다 써 보세요. 시간은 15분 주겠습니다. 자, 써 봅시다."

학생들이 부산스럽게 초고를 쓰기 시작하였다. 송 교사는 연속차시로 수업을 계획하고 있다. 다음 시간에 초고 쓴 것을 다시 읽어보고 고쳐쓰게 할 생각이다. 완성된 글은 교실에 게시하여 누구나 읽어볼 수 있게 할 것이다.

4 [종합]

심화 예제

1 철수는 '학급 친구들에게 자신의 경험을 살려 창의적인 표현 방법을 활용하여 쓰기'를 과제로 글을 쓰고 있다. 다음은 교사가 사고 구술과 자료철을 통해서 수집한 것이다. 〈작성 방법〉에 서술하시오. [4점]

[A]
체험한 학교 행사 체험 가운데 가치 있는 경험을 떠올려 보고, 학급 게시판에 실릴 수 있도록 수필 글을 써보자……. 선생님은 왜 이런 작문 과제를 주셨을까? ……. 가만있자. 다음 국어시간까지, 자유 분량으로……, 그런데 학급 친구들은 내 글에서 무엇을 기대할까? ……아, 맞아. 선생님께서 학교 행사에는 교과 시간이나 창의적 체험 활동 시간에 이루어지는 것도 있고, 과학의 날 행사, 체육 대회 등이 있다고 했지. 그래, 기억에 남는 학교 행사에 무엇이 있는지 생각해 보자. 생각 그물을 활용해서 학교 행사 체험 가운데 가치 있는 경험을 써보자.

- 언제, 어디서 있었던 일이지?: 중학교 1학년 6월, 학교에서
- 구체적으로 어떤 일이 있었지?: 소심한 성격이어서 리코더 연주 발표회에 참가하는 데 큰 부담을 느꼈지만 부단한 노력으로 연주를 성공적으로 마쳤다.
- 이 경험에서 내가 발견한 가치는 무엇이지?: 노력하면 안 될 일이 없다는 것을 깨닫게 되었다.

[B] 음, 쓸 내용은 마련되었으니, 그럼, 일단 써 보자.
아, 맞다. 선생님이 내 주신 과제 유의사항에서 "자신의 가치 있는 경험을 글로 쓸 때, 강조하고 싶거나 효과적으로 의미를 드러내고 싶은 부분을 먼저 찾아보세요. 그리고 그 부분을 다양한 표현 방법을 활용해 나타내 보세요."라고 했지. ㉠표현 방법에 신경 써서 완벽하게 꼼꼼하게 써야겠다.

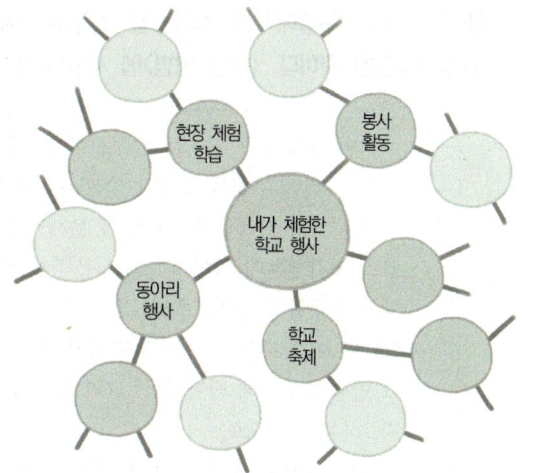

자, 어디 한번 크게 소리 내어 읽어 보자. …….

제목: 그래, 나도 할 수 있어

　벌써 작년, 중학교 1학년 여름의 일이다. 음악 시간에 선생님께서 곧 리코더 연주 발표회를 개최한다고 하셨다. 이어지는 선생님의 설명을 듣고 나는 앞이 깜깜해졌다. 음악 선생님께서 정해 준 발표 곡은 수행 평가에서 이미 나에게 절망감을 안겨 준 곡이기 때문이다.
　소심한 나는 친구들 앞에서 혼자 연주하는 일이 정말 부담스러웠다. 평소에도 나는 친구들 앞에서 발표하는 것을 꺼린다. 특히 연주 발표는 일반적인 발표에 비해 두세 배 이상의 용기가 필요하다. 수행 평가 때도 열심히 연습했지만, 결국 실수를 하고 말았다. 친구들은 웃고, 내 얼굴은 빨개지고, 어찌할 바를 모르고 서 있을 때 선생님이 한 번 더 차분하게 연주해 보라고 하셨고, 그 덕분에 간신히 연습한 것을 보여 줄 수 있었다. 하지만 이미 자신감은 바닥으로 떨어진 상태였다. 그런데 리코더 연주 발표회라니!
…
　리코더 연주 발표회를 성공적으로 마치고 난 뒤에도 나는 여전히 소심함을 떨쳐 내지 못했다. 그러나 그렇다고 해서 리코더 연주 발표회의 경험이 나에게 의미가 없었던 것은 아니다. 이 경험 이후에는 조금은 적극적인 자세로 신나게 불안한 도전들을 향해 나가고 있기 때문이다. 나는 오늘도 거울을 보며 스스로 주문을 건다.
　'그래, 나도 할 수 있어.'

"수행 평가 때도 열심히 연습했지만, 결국 실수를 하고 말았다. 친구들은 웃고, 내 얼굴은 빨개지고, 어찌할 바를 모르고 서 있을 때 선생님이 한 번 더 차분하게 연주해 보라고 하셨고, 그 덕분에 간신히 연습한 것을 보여 줄 수 있었다." 문장이 너무 길어서 잘 전달이 안 되는 것 같은데……. 이제 완성된 글로 다시 써 보자.

작성방법

- [A]에서 철수가 작문 과정에서 사용하고 있는 작문 전략 혹은 활동 3가지를 제시하고, 이와 같은 연구 자료를 중요하게 다루는 작문 이론이 무엇인지 쓰고 특성을 설명할 것.
- [B]에서 누락된 작문 단계를 서술하고, ㉠의 문제점과 이에 대한 지도 방안을 서술할 것.

2 철수는 '학급 친구들에게 소개하는 글 쓰기'를 과제로 글을 쓰고 있다. 다음은 교사가 사고 구술과 자료철을 통해서 수집한 것이다. 〈작성 방법〉에 서술하시오. [4점]

[A] 이번 국어 수행 평가는 친구들에게 '전통 속에 숨어 있는 조상들의 지혜'를 소개하는 글을 쓰는 거지. 그런데 무엇을 주제로 쓸까? 한옥? 그건 친구들에게 설명하기 어려울 것 같은데…… 좀 쉬운 주제는 없을까? 한복에 대해 써 볼까? 가정 시간에 한복에 대해 배웠는데, 한복은 불편한 옷이라고만 생각했는데 과학적이고 실용적인 옷이라고 해서 의외였어. 배웠던 내용이니 너무 어렵지도 않고 친구들도 흥미로워할 것 같아. 그럼 '한복에 숨어 있는 조상들의 지혜'에 대해 쓰면 되겠다. 그리고 이번 수행 평가는 누리집에 올리는 거였지? 인터넷 누리집의 특성을 활용하라고 하셨으니 그 방법도 고민해 봐야겠어. 그리고 선생님이 내준 작문 과제에서…… 가만있자. 다음 국어시간까지, 자유 분량으로……

일단, 국어 시간에 배운 방법을 활용해야겠어.

그런데, 더 이상 생각이 나지 않네? 한복에 대한 배경지식이 부족해서 쓸 내용이 다양하지 않아. 그러면 한복에 대한 자료를 조사해야겠다. 글의 주제와 목적을 생각해서 자료를 찾아봐야지. 주제가 '한복에 숨어 있는 조상들의 지혜'이니까 한복을 만든 과학적인 원리나 한복의 실용성과 관련된 자료를 찾으면 되겠다. 인터넷에서도 찾고, 도서관도 가야겠군.

…(중략)…

[B] 음, 쓸 내용은 마련되었으니, 그럼, 일단 써보자.

아, 맞다. 선생님이 내 주신 과제 유의사항에서 "인터넷 누리집의 특성을 활용하라"고 하셨지. 음……인터넷 누리집에 글을 올릴 때는 내 게시물이 많은 사람들에게 순식간에 전달될 수 있다는 점을 고려하여 신중하게 표현해야겠어. 맞아, 다른 사람의 저작권을 침해하지 않도록 주의해야 해. 그러면 이제, 표현 방법에 신경 써서 문법적으로 완벽하게 꼼꼼하게 써야겠다.

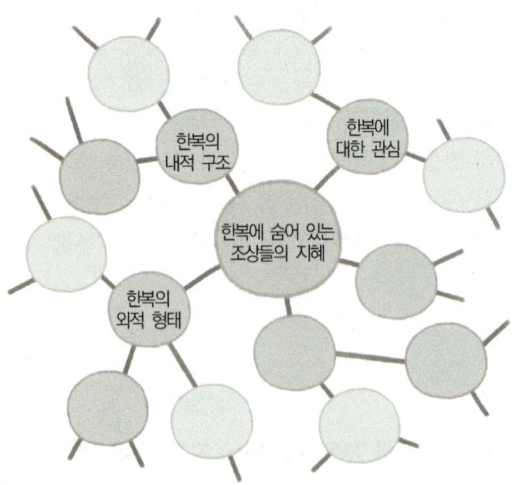

최근 한복에 대한 사람들의 관심이 높아지고 있다. 젊은 여성들 사이에서 누리 소통망에 한복을

입은 사진을 올리는 것이 인기를 끌면서 외국인 관광객, 중년층에게까지 그 인기가 (   )되고 있다. 한 조사에서는 '외국인 친구에게 꼭 경험시키고 싶은 한국 문화'로 '한복 입고 고궁 거닐기'가 3위에 꼽히기도 했다. 이러한 인기만큼 우리는 한복에 대해서 잘 알고 있을까? 이제부터 한복에 숨어 있는 조상들의 지혜를 알아보자.

일반적으로 양복은 옷걸이에 걸어서 보관하고 한복은 접어서 상자에 보관한다. 왜 그럴까? 그것은 한복의 구조 때문이다. 한복은 처음 디자인할 때부터 평면으로 설계됐고 완성된 모양도 평면이다. 그래서 종이처럼 납작하게 접을 수 있기 때문에 좁은 공간에 많은 양을 보관할 수 있다. 그런데 이렇게 평면적으로 접혀 있던 한복을 사람이 입으면 (   ) 옷으로 살아난다. 한복에 잡혀 있던 주름이 펴지면서 자연스럽게 볼록한 모양이 되고 내부에 공간이 생기면서 활동하기에 편리한 옷이 되는 것이다.

자, 어디 한번 크게 소리 내어 읽어 보자. ……. 젊은 여성들 사이에서 시작해서 외국인 관광객, 중년층에게까지도 한복의 인기가 높아졌다는 이야기를 하고 싶은데 첫 문단에서 어떤 표현을 써야 할까? 인기의 범위가 점점 넓어졌다는 말이니까 '확산'되었다고 표현하면 되겠어.
두 번째 문단에서 평면적이지 않다는 의미를 표현하고 싶은데 어떤 단어를 사용할까? '입체적인'이라는 단어를 쓰면 한복의 특징을 잘 표현할 수 있겠어.
…자, 이제 완성된 글로 다시 써 보자.

작성방법

- [A]에서 철수가 작문 과정에서 사용하고 있는 작문 전략 혹은 활동 4가지를 제시할 것.
- [B]에서 철수의 작문 과정에서 드러난 문제점 2가지를 이유를 들어 서술하고, 이에 대한 지도 방안을 각각 제시할 것.

테마 2 : 고쳐쓰기 단계

관련 기출
2022 A형 기입형

1 다음은 논설문 쓰기 수업을 마친 후 학생이 쓴 성찰 일지이다. ㉠, ㉡에 해당하는 말을 순서대로 쓰시오. [2점]

> 드디어 논설문을 완성했다. 나의 주장은 '게임 중독을 질병으로 분류해야 한다.'는데, 생각보다 많은 친구들이 나와는 상반된 주장을 하였다. 그 친구들을 논리적으로 설득하는 것, 그것이 논설문을 쓴 목적이었다. 서론에서는 게임 중독을 질병 코드로 지정하고 관리하겠다고 한, 세계보건기구(WHO)의 발표 내용을 인용하여 독자의 주의를 끌었다. 본론에서는 일상생활을 제대로 할 수 없을 정도로 게임에 빠져 있는 사람들이 증가하고 있다는 점, 질병으로 분류할 경우 예방 조치가 가능하고 한 치료를 제공할 수 있다는 점을 논거로 제시하였다. 글을 쓰면서 가장 신경 쓴 것은 (㉠) 논거의 적절성을 판단하는 일이었다. 전문가 인터뷰 내용이나 해당 분야의 권 위있는 학자의 말과 같은 (㉠) 논거도, 글에 활용하기 해서는 신뢰성, 타당성, 공정성과 같은 요건을 갖추고 있어야 하기 때문이다. 결론에서는 속담을 활용하여, 게임 중독을 질병으로 분류해야 한다는 것을 다시 한번 강조하였다.
> 초고를 쓴 후에는 고쳐쓰기 전략 중 (㉡) 전략을 사용하였다. (㉡) 전략은 단번에 글을 처음부터 끝까지 읽으며 수정할 부분을 발견하는 전략이다. 선생님께서는 이 전략을 사용 하면 글을 전체적으로 볼 수 있고, 지엽적인 부분만 수정하는 것을 줄일 수 있다고 하셨다. 이 전략을 사용하면서 전체적인 내용과 구조의 적절성에 주목하였는데, 첨가할 내용이나 삭제할 내용을 생각하는 데 도움이 되었다. 글을 쓰기 전에는 독자에게 최대한 많은 자료를 보여 주고 주장을 반복하면 된다고 생각했는데, 그것보다는 타당하고 믿을 만한 논거를 제시하는 일이 더 중요하다는 것을 깨달았다. 논설문을 쓰는 과정이 힘들긴 했지만 뿌듯한 경험이었다.

1 [고쳐쓰기의 일반원리]

관련 기출
2002

※ 다음은 고등학교 1학년 학생이 만든 개요와 그에 따라 쓴 글의 일부이다. 읽고 물음에 답하시오.

> (가)
> 주제 : 영어 공용화 주장에 반대한다
> ▶ 서론 : 영어 공용화론이 제기되는 현실
> ▶ 본론
>   Ⅰ. 영어 공용화 주장이 대두하게 된 원인

　　　　① 국경 없는 세계화의 추세
　　　　② 영어 사용 국가의 막강한 영향력
　　Ⅱ. 영어 공용화론자들의 주장
　　　　① 인터넷을 통한 많은 정보 획득에 유리
　　　　② 국가 경쟁력 강화에 필수적인 요소임을 강조
　　Ⅲ. 영어 공용화론자들의 주장에 대한 반박
　　　　① 정보 공개를 통한 정보 공유의 중요성을 강조
　　　　② 국가 경쟁력 강화를 위한 다양한 요소와 방법 제시
　　　　③ 언어는 민족 결합의 원동력
　　Ⅳ. 대응 방안 및 태도
　　　　① 영어공용이 아닌 올바른 영어 교육을 통한 문제 해결
　　　　② 국어의 정체성을 지키기 위한 노력 강조
　　　　③ 한국어의 세계 언어로서의 가능성 모색
▶ 결론 : 실리적인 면을 강조한 영어공용화 주장에 반대

(나)

Ⅲ. ③언어는 민족 결합의 원동력
언어는 단순히 의사 소통의 도구가 아니다. 어떤 관점으로 세상을 보느냐에 따라 세상이 틀리게 보이듯이, 어떤 언어를 사용하느냐에 따라 인간의 사고는 달라질 수 있다. 언어는 민족의 사회 문화를 반영하기 때문이다. 만주어를 상실한 만주족이 한족에 동화되었듯이, 언어는 민족의 운명을 좌우하기도 한다. 만주어는 국어와 마찬가지로 알타이어족에 속한 언어이다. 그런데 일제 시대에 많은 국어학자들은 핍박과 옥고를 치르면서도 국어를 지키고자 노력했다. 이들은 우리 민족에게 의사 소통의 도구 이상의 의미를 지닌다고 믿었기 때문이다. 오늘날 국어 순화를 정책적인 차원에서 지속적으로 추진하고 있는 것도 마찬가지 이유에서이다. 국어는 우리 민족과 운명을 같이 해 온 것이기에 우리는 국어를 지켜야 하고, 소중한 것이다.

1 (나)를 자료로 하여 '고쳐 쓰기의 일반 원리에 따라 글을 고쳐 쓸 수 있다.'는 학습 목표를 성취하기 위한 수업을 하고자 한다. 이때 교사가 지도할 내용을 다음 〈조건〉에 맞게 4가지만 쓰시오.

조건

1. (나)의 구체적인 수정 자료를 통해 고쳐 쓰기의 일반 원리를 귀납적으로 이끌어 낼 것
2. (나)의 자료에서 분명히 잘못된 곳(반드시 고쳐야 할 곳)을 고칠 것.

〈수정 전〉　　　→　　〈수정 후〉　　　　　　〈고쳐쓰기의 일반 원리〉
① _____
② _____
③ _____
④ _____

심화 예제

2 다음은 입학 자료로 제출하기 위해 학생이 쓴 자기 소개서의 초고이다. 학생 글을 자료로 하여 '고쳐 쓰기의 일반 원리에 따라 글을 고쳐 쓸 수 있다.'는 학습 목표를 성취하기 위한 수업을 하고자 한다. 교사가 지도할 내용을 〈작성 방법〉에 따라 서술하시오. [4점]

---

1. 자신의 장점과 단점을 밝히고, 장점을 발휘한 사례와 단점을 개선하기 위해 노력한 경험을 기술하시오.

① 저는 제 장점이 다른 사람을 잘 설득할 수 있다는 점이라고 생각되어집니다. ② 제게는 자기주장만을 일방적으로 내세워 윽박지르는 것이 아니라 타당한 근거를 제시하여 논리적으로 상대방을 설득하는 능력이 있습니다.

③ 반면, 제 단점은 제가 해야 할 일에 대해 체계적으로 계획을 세우고 실천하는 능력이 부족합니다. ④ 우왕~~. ⑤ 그래서 과제물 같은 것을 기한에 쫓겨 허겁지겁 급하게 하느라고 고생한 적이 많았습니다.

⑥ 그래서 저는 이런 단점을 보완하기 위하여 매일매일의 생활계획을 수첩에 적고 있습니다. ⑦ ^^-
⑧ 잠자리에 들기 전, 수첩에 다음날 해야 할 일들을 자세하게 적어놓고, 그 다음날 밤에는 그날 한 일에 대한 평가를 내리고 점수를 매겼습니다. ⑨ 그랬지만 처음에는 40~50%이었던 실천율이 지금은 평균 80% 정도가 되었습니다. ⑩ 앞으로는 100%를 만들기 위해 노력할 것입니다. ⑪ 그런데 며칠 전 그 소중한 수첩을 잃어버려서 지금 무척 속이 상합니다.

보기

〈수정 전〉	〈수정 후〉	〈다양한 수준과 방법을 고려한 고쳐쓰기의 일반 원리〉
㉠	㉡ ⇨	㉢
예 ①에서 서술어 부분이 지나친 피동 표현이 활용되고 있다. ③에서 주어와 서술어의 호응 관계가 적절하지 못한 부분이 있다.	예 ①에서 "생각되어집니다"를 "생각됩니다"로 〈대치〉하도록 한다. ③에서 "부족합니다"를 "부족하다는 것입니다"로 〈대치〉하도록 한다. ⇨	예 표현 효과를 고려하여 〈문장 수준〉의 고쳐 쓰기
예 ⑨번 문장에서 앞뒤 문장의 연결 관계가 잘못되어 내용이 명확하게 파악되지 않는다.	앞뒤 문장의 연결을 고려하여 ⑨의 접속어 "그랬지만"을 "그랬더니"로 〈대치〉하도록 지도한다. ⇨	예 〈문단 수준〉에서 문장이 자연스럽게 이어지지 못한 부분 고쳐 쓰기
㉣	㉤ ⇨	㉥

작성방법

- 〈보기〉의 빈 칸 ㉠~㉡, ㉣~㉥에 학생 글에 대한 〈수정 전〉, 〈수정 후〉 교정 내용을 각각 제시할 것. 단, 답안 작성 시 예 를 참조할 것.
- 앞에서 학생 글에 대한 구체적인 〈수정 전〉, 〈수정 후〉 기술한 내용을 통해, 〈고쳐쓰기의 일반 원리〉를 귀납적으로 각각 이끌어 내어 ㉢과 ㉥의 표를 완성할 것. 단, 예 를 참조하여 서술할 것.

3 '고쳐쓰기의 일반원리를 고려하여 글을 고쳐 쓴다.'를 목표로 학생 글을 활용하여 작문 수업을 계획하였다. 다음을 읽고 학생 글에서 개선해야 할 점을 〈작성 방법〉에 따라 서술하시오. [4점]

[작문 일지]
　나는 지난 귀갓길에서 겪었던 일을 친구들과 나누고 싶다. 작은 쓰레기가 쌓여서 통로가 막히듯 사람과 사람 사이의 관계도 마찬가지인 거 같다. 큰 문제가 발생해서 곤란함을 당하기 전에 미리 조심해야 한다는 깨달음을 친구들도 알았으면 좋겠다.

[학생 글]

막혀버린 우정

　학교 수업을 마치고 집으로 가는 길이었다. 갑자기 배가 아프기 시작했다. 여기저기 두리번거리는 동안에 배는 더 아파졌고 결국 앞에 보이는 빨간색 건물로 들어갔다. 다행히 한 음식점의 화장실이 개방되어 있었다. 위기의 순간이 지나가고 여유가 생겼을 무렵에 화장실 문에 붙어 있는 글귀가 보였다. '휴지를 변기에 버리지 마세요. 막힌 것은 뚫기 어렵습니다.' 식당을 찾아오는 손님들이 이물질을 변기에 버려서 자주 변기가 막히는 모양이었다. 생각만 해도 참 수고스러운 일이라고 생각하며 이 변기를 뚫었을 사람들을 상상하고 있었는데 [A] 문득 이러한 보잘 것 없이 작고, 사소한 습관 때문에 막힌 것들이 얼마나 많은지 떠올랐다.

　얼마 전에 정말 친한 친구와 말다툼을 하였다. 그 친구는 평소에 나의 이야기를 잘 들어 주고 내 입에서 나오는 불평불만, 걱정 등을 잘 이해해 주는 친구였다. 그런데 며칠 전에 그 친구에게서 문자 메시지를 받았다. 이제 나와는 이야기를 하고 싶지 않다는 내용이었다. 그 이유는 친구를 배려하지 않고 친구의 기분을 생각하지 않았던 나의 말들이 그 친구의 마음을 많이 아프게 했기 때문이다. 사과하려고 용기를 내서 편지도 써 보았지만, 친구의 마음은 쉽게 움직이지 않았다. 나의 잘못된 말과 행동 때문에 친구의 마음을 아프게 만들었으니 쉽게 풀릴 수 없는 일이었다. 닫힌 사람의 마음을 여는 것이 이토록 힘든 일인지 몰랐다.

[B]　　살아가면서 진솔하게 나를 표현하지 못해 문제가 발생하는 일이 빈번하다. 다른 사람이 어떻게 생각하고 있는 지 아는 것도 중요하지만, 나의 마음을 솔직하게 표현하여 상대가 이를 알게 하도록 하는 의사소통에서 진실성이 더 중요할 수 있다. 특히 인간관계에서는 솔직한 감정과 그것의 표현이 오히려 상대의 마음을 쉽게 얻을 수 있다. 나는 이런 일에 자신 있다고 자만했던 것이 실수였다.

　이미 막힌 것을 뚫기 어려운 것은 사람의 마음도 마찬가지다. 이 정도쯤은 괜찮겠지 생각하고 무심코 던진 휴지와 같은 말들이 어느 순간 아무것도 통하지 못하도록 통로를 막아 버리는 것이다. 작은 휴지가 쌓이면 변기를 막히게 하고 뚫기도 어려울 정도로 만들어 버리는데 사람의 마음은 어떠한가? 나는 절실하게 깨달았다. 사람의 마음이 막히면 뚫기가 어렵다는 것을…….

보기

고쳐쓰기의 목적은 글에서 잘못된 점을 찾는 것이 아니라 독자가 이해하기 쉽게 글을 개선하기 위한 것임을 이해하는 것이 필요하다. 이를 위해 <u>단어, 문장, 문단, 글 등 다양한 수준에서 자신이 작성한 글을 추가, 삭제, 대치, 재구성과 같은 고쳐 쓰기의 일반 원리를 활용</u>하여 자신의 글을 점검하고 고쳐 쓰도록 한다.

작성방법

- 〈보기〉의 밑줄 친 부분을 고려하여 학생 글의 [A]와 [B]에 나타난 문제점을 각각 제시하고, 이의 수정 내용을 각각 서술할 것.

4 다음은 제시된 과제에 따라 작문 과정을 수행하는 학생의 활동을 보여주는 자료이다. 〈작성 방법〉에 따라 서술하시오. [4점]

[과제] 요즘 자신이 관심을 가지고 있는 사회 문제를 해결하기 위한 주장을 담아 글을 써 보자.
[주제] 청소년들이 앞장서서 우리말 지키기 운동을 벌여 나가자.
[예상 독자]
학교 신문이나 청소년 웹진 등에 기고하면 청소년들이 주된 독자가 될 것이다. 대부분의 청소년들이 우리말 지키기에 깊은 관심을 갖고 있으리라고 보기는 어렵지만, 외국어 남용이나 우리말 오염의 심각성에 관해서는 자각하고 있을 가능성이 크다.

[초고]

① "유니크한 만렙 캐릭터들의 페스티벌! 액션 게임의 레전드가 스페셜 에디션으로 찾아온다!", "윈터 컬렉션의 베스트 초이스! 블루 톤을 베이스로 한 원피스는 시크한 당신의 머스트 해브!"
② 우리가 각종 매체에서 자주 만나게 되는 이런 말들의 의미가 명확히 파악되는가? 의미도 의미이지만, 일단 저 말들이 우리말이 맞긴 한 것일까? 과거 우리의 언어생활에서는 일본말의 찌꺼기가 남아 있다는 점이 문제다. 하지만 오늘날은 무분별한 외국어(특히 영어)의 남용이 큰 골칫거리이다.
[A] ③ 물론 외국어를 사용하는 상황이 있을 수 있다. 새로운 문물이 다른 나라로부터 들어오면 그것과 관련된 말도 함께 들어오기 마련이다. 그런데, 주지하다시피 이를 대체할 우리 말이 없는 경우 원래의 외국어가 외래어로 굳어져 우리말의 일부를 이루게 되는 일도 불가피하게 된다.
④ 이를 인정한다고 하더라도 요즘 한국어식 영어, 즉 콩글리시는 바른 영어의 사용이라는 점에서 문제이다. 한국어의 기준을 적용하였거나 영어 문상을 표현할 때 한국어의 분법적인 것들이 사용되어 원어민이 알아들을 수 없게 된다. 이는 외국인과의 의사소통을 방해하는 원인이 된다.
[B] ⑤ 무분별한 외국어의 남용은 앞에서 제시한 예처럼, 외국어를 마구 가져다 쓰는 게 마치 더 세련된 언어 구사이기라도 한 듯, 또 해당 분야에 대한 자신의 전문성이 더 잘 드러나기라 도 하는 듯 착각하는 경향이 짙기 때문에 문제가 된다.
⑥ 따라서 이제는 청소년이 나서서 우리말 지키기 운동을 벌여야 한다. 그리고 그 주된 활동은 우리가 일상적으로 사용하는 외국어를 쉽고 아름다운 우리말로 순화하는 것이 되어야 한다. '패셔니스타'를 '맵시꾼'으로, '다크서클'을 '눈그늘'로 바꾸는 것처럼 말이다.
⑦ 많은 어른들이 줄임말(비표준어인 준말), 비속어 등을 예로 들며 청소년들만이 우리말 오염의 주범인 것처럼 꾸짖는다. 하지만 어른들에 비해 유연한 사고가 가능한 청소년들이야말로 창의적인 방식의 국어 순화에 큰 역할을 할 수 있을 것이다.

[상호평가 및 고쳐쓰기]
초고 글을 돌려 읽으면서, 다음 질문에 따라 평가해보자.

내용	글의 목적과 주제, 예상 독자를 고려하였는가?	
	주장을 뒷받침하는 근거가 제시되었는가?	
조직	'서론 – 본론 – 결론'의 구성에 맞게 조직되었는가?	
	㉠ 구성의 통일성은 갖추었는가?	
표현	㉡ 글의 목적, 주제, 예상 독자에 맞게 단어를 표현하고 있는가?	
	㉢ 문장은 간결하게 사용하였는가?	

영호: 선생님께서 나눠 준 질문표를 가지고, 기순이가 쓴 초고를 검토해보자.
명희: 내가 보기엔 예상독자인 학생들이 관심을 가질 만한 내용으로 적합한 것 같아. 글의 목적과 주제에 적합한 내용이기도 하고.
훈탁: 그런데, 주장에 대한 근거 자료가 제시되지 않아서 문제인 것 같아. 근거 자료를 갖추면 설득력을 높일 수 있지 않을까?
혜영: 전체 글의 구성이 '서론 – 본론 – 결론'의 짜임새를 잘 갖추고 있어.
지섭: 하지만, 구성의 통일성이나 단어나 문장 표현은 수정할 부분이 있어.

작성방법

- 학생들의 상호평가 중 지섭이 평가한 내용은 구체적이지 못해 이를 보완하기 위해 교사가 조언을 하고자 한다. ㉮를 고려하여 초고의 통일성에 대한 판단 내용을 서술하고, ㉯를 고려하여 [A]의 수정 내용을 서술하고, ㉰를 고려하여 [B]의 수정 내용을 서술할 것.
- 단, 수정 내용을 제시할 때 고쳐쓰기의 일반 원리를 포함할 것.

5 '고쳐쓰기의 일반원리를 고려하여 글을 고쳐 쓴다.'를 목표로 학생 글을 활용하여 작문 수업을 계획하였다. 〈작성 방법〉에 따라 서술하시오. [4점]

[A]
머리카락의 비밀

글의 중심 내용이 잘 드러나는 제목으로 바꿔야겠어.
⇨ • 건강한 머릿결을 갖고 싶어요!
  • 건강한 머릿결을 원한다면?

(가) 윤기가 흐르는 건강한 머릿결은 남녀를 가리지 않고 누구나 바라는 것이다. 하지만 거울을 볼 때마다 상하고 푸석푸석한 머리카락 때문에 고민하는 사람이 많은 것이 현실! 이 고민을 해결하기 위해서는 어떻게 해야 할까? 지금부터 이 고민을 해결하기 위해 머릿결과 관련된 궁금증을 풀어 보도록 하자.

(나)의 내용을 좀 더 쉽게 이해할 수 있도록 자료나 표현을 추가하는 것이 좋겠어.

(나) 머리카락이 상한다는 것은 어떤 의미일까? 머리카락은 모표피, 모피질, 모수질이라는 3개의 층으로 이루어져 있다. 이 중 가장 바깥층인 모표피는 세포가 물고기 비늘 모양으로 겹쳐 있는 층이다. 머리카락이 상한다는 것은 이 모표피가 벌어지거나 떨어져서 손상된 것을 의미한다. 머리카락은 추위나 더위, 물리적 충격 등과 같은 다양한 외부 자극으로부터 머리를 보호해 준다.

[B] 이 문장은 글의 내용과 관련 없으니 삭제해야지.

[C]
- 글의 논리적인 흐름을 고려하여 ㉠와 ㉡의 순서를 바꿔야겠어.
- 문맥에 어울리지 않는 단어이니 적절한 단어로 바꿔 써야지. 처리하는 ⇨ '관리하는'
- 문장이 자연스럽게 연결되도록 고쳐야겠다. 따라서 ⇨ '또'
- 문장이 매끄럽게 연결되지 않는군.
- 문장이 너무 길어서 의미가 명확하지 않아.
- (마)의 첫 부분에 지금까지 설명한 내용을 정리하는 문장이 필요해.
- 참고한 지료의 출처를 밝혀야지.

(다) 머리카락이 상하는 것을 막고 건강한 머릿결을 유지하기 위해서는 어떻게 해야 할까? 머릿결에 좋은 음식을 먹는 것이 도움이 된다. 머리카락을 튼튼하게 하거나 머리카락이 자라는 데 도움이 되는 음식에는 시금치, 굴, 달걀, 호두 등이 있다. 또한, 평소 머리카락을 잘 (처리하는) [관리하는] 습관을 지니는 것도 중요하다. 예를 들어 머리를 감고 나서 머리카락이 젖은 채로 자는 것을 피하고, 머리카락을 말릴 때에는 수건으로 눌러서 물기를 제거하도록 한다. 따라서 머리카락을 자극하는 파마나 염색은 자주 하지 않는 것이 좋다.

(라) 그렇다면 머릿결이 나빠지는 이유는 무엇일까? 머리카락은 케라틴이라는 단백질로 이루어져 있는데 단백질은 열에 약하다. 그런데 뜨거운 물이나 바람 등과 자주 닿으면 머리카락이 상하여 머릿결이 나빠진다. 또 영양 상태가 좋지 않은 것도 머릿결에 나쁜 영향을 줄 수 있다. 이 밖에도 머리카락을 비벼서 말리면 머리카락끼리 마찰하여 머릿결이 나빠지고, 머리카락이 젖어 있을 때 빗질을 하면 머리카락이 약해진 상태이기 때문에 머릿결에 나쁜 영향을 준다.

(마) 결국 머릿결은 우리의 일상생활과 밀접한 관련이 있다. 건강한 머릿결을 원한다면 생활 습관을 바꿔야 한다. 올바른 생활 습관을 통해 머릿결을 건강하게 유지해 나가기를 바란다.

— 참고한 자료: 《재미있는 과학 수사 이야기》, 《모발학 사전》, 《헬스조선》과 《공감신문》의 기사, 우리 동네 미용 전문가 면담, ○○○피부과 누리집 상담 게시판

작성방법
- 학생이 [A]와 [B]의 고쳐 쓰는 과정에서 적용한 '고쳐쓰기의 일반 원리'를 수준과 방법을 포함하여 설명할 것.
- 고쳐쓰기의 일반 원리 중 '재구성(재배열)'에 대해 설명하고, 학생의 고쳐쓰기 과정 [C]에서 이 규칙이 적용된 양상 2가지를 구체적으로 분석하여 쓸 것.

6 (가)는 '고쳐쓰기의 일반원리'를 주제로 학생들에게 제시된 고쳐쓰기 전략과 방법에 대한 글이고 (나)는 이를 실행한 후 얻은 학생 활동의 결과이다. 〈작성 방법〉에 따라 쓰기 활동 내용을 서술하시오. [4점]

(가)
  이 전략은 필자가 완성된 글을 처음부터 끝까지 단숨에 읽으며 고쳐 쓸 부분을 발견하는 전략이다. 이는 본격적인 고쳐쓰기가 이루어지기 전, 글의 문제를 발견하기 위해 사용된다. 이 전략을 활용하여 문제를 발견하면 원고에 메모를 하거나 즉각적인 수정을 한 뒤, 이를 반영하여 고쳐쓰기를 하면 된다.

학생들이 고쳐쓰기를 할 때 자주 저지르는 실수는 맞춤법이나 띄어쓰기 오류와 같이 글의 지엽적인 문제를 고치는 데에만 집중하여, 내용이나 구성상의 중요한 문제를 간과하는 것이다. 이 전략은 글 내용을 파악하게 함으로써 학생들이 글의 주요한 문제에 먼저 집중하고, 점차적으로 세부적인 문제들에 관심을 갖도록 유도한다. 이는 일회적으로 실시하기보다는 여러 차례에 걸쳐 실시하는 것이 좋다. 처음에는 글의 거시적인 문제에 집중하고, 점차 세부적인 문제를 검토하는 것이 효과적이다.

[절차와 방법]
- 초고를 완성한 뒤 이 전략을 실행하기 전에 적어도 30분 이상의 시간을 갖는다. 충분한 시간을 가질수록 자신의 글을 객관적으로 바라볼 수 있다.
- 글을 처음부터 끝까지 단숨에 읽는다. 먼저, 글 전체 수준에서 문제를 점검한다. 문제가 발견되면 원고에 메모 또는 표시를 하되 고쳐쓰기 위해 긴 시간을 할애하지 않는다. 글 전체 수준의 문제가 충분히 발견되었다고 생각될 때까지 이를 반복한다.
- 다음으로 문단 수준에서의 문제 발견에 집중하며 이를 실행한다. 문단 수준에서 문제가 발견되면 원고에 메모 또는 표시를 하고, 문단 수준의 문제가 충분히 발견되었다고 생각될 때까지 이를 반복한다.
- 문장 및 어휘 수준에서의 문제 발견에 집중하며 이를 실행한다. 고쳐 쓸 필요가 있는 표현에 표시를 하거나 고쳐 쓸 내용을 메모한다.
- 표시 및 메모한 사항을 바탕으로 고쳐쓰기를 한다.

(나)

시장님, 안녕하세요?

저는 희망고등학교 3학년 1반 김우리입니다. 언제나 ∞ 시민의 복지를 위해 애써 주셔서 감사합니다.
한 가지 사항을 건의 드리고자 편지를 씁니다.
❶드립니다.

❶ 격식에 어울리지 않으므로 좀 더 적합한 표현으로 고쳐야겠어.

❷저희 희망고등학교는 ○○시의 외곽에 위치하고 있습니다. 많은 학생들이 시내에서 버스를 타고 등하교를 하고 있습니다. 그런데 희망고등학교 앞에 정차하는 버스 노선이 01번 하나뿐이고, 01번 버스의 배차간격이 30분 이상이어서 학생들이 등하교에 어려움을 겪고 있습니다. ❸학교에서 스쿨버스를 운영해주면 좋겠지만, 재정 상태가 좋지 않다고 언제나 미루기만 합니다. 작년에는 어느 정도 시행될 것 같았는데, 역시 무산되어 버려 학생들의 불만이 이만저만이 아니었습니다. ❹희망고등학교 앞에 정차하는 버스 노선이 늘어나고, 01번 버스의 배차 시간이 단축된다면, 등하교 시간의 혼란이 상당히 줄어들 수 있을 것입니다. 버스노선의 증편이 어렵다면, 01번 버스의 배차 간격을 등하교 시간만이라도 줄여 주시기를 부탁드립니다.

❷ 학생들이 버스를 타는 이유가 나타나 있지 않으므로 이유를 넣어야겠어.

❸ 글의 주제와 직접적인 상관이 없는 내용이므로 필요 없군.

❹ 문제제기와 구별되는 해결책이므로 여기서 문단을 나누어야겠어.

❺저희 희망고등학교 학생들이 편안히 학업에 열중할 수 있도록 이 문제를 살펴 봐 주시면 좋겠습니다. 언제나 건강하시기를 바랍니다. 감사합니다.

2020년 9월 6일
김우리 올림

❺ 글을 마무리하는 부분이 없으므로 끝인사를 하는 문단을 넣어야지.

작성방법

- (가)에서 제시된 고쳐쓰기 '전략'을 제시하고, (가)를 참고하여 이 전략의 의의를 서술할 것.
- (나)의 ❶~❺에서 학생이 고쳐 쓰는 과정에서 적용한 '고쳐쓰기의 일반 원리'를 그 수준과 방법을 포함하여 설명할 것.

2 [맥락을 고려한 쓰기 과정의 점검·조정]

관련 기출

2021 B형 기입형

1 (가), (나)를 읽고, 괄호 안의 ㉠, ㉡에 해당하는 말을 쓰시오. [2점]

(가) 학생들의 고쳐쓰기 활동 분석 결과

학습 활동	다양한 정보를 활용하여 정보를 전달하는 글을 쓴 후 자신이 쓴 글을 고쳐 써 보자.
분석 결과	• 수업의 도입 단계에서 진단 평가를 실시한 결과, 고쳐쓰기의 일반 원리인 추가, 삭제, 대치, 재구성에 대한 학생들의 이해는 매우 높은 수준이었음. • 고쳐쓰기 학습 활동의 결과, 단어나 문장 수에서 맞춤법이나 띄어쓰기 오류에 대한 고쳐쓰기 빈도가 가장 높았음.

(나) 교사 간 대화

교사 A: 얼마 전에 고쳐쓰기와 관련한 쓰기 수업을 했습니다. 학습 활동을 분석한 결과에 따르면 학생들은 고쳐쓰기 일반 원리에 대한 지식은 충분했지만 실제 적용하는 데에서는 부족한 양상이 나타났습니다. 이 분석 결과를 반영해서 고쳐쓰기 수업을 다시 계획해야 할 것 같습니다.

교사 B: 그렇군요. 우선 학생들에게 고쳐쓰기의 목적이 단순히 글의 잘못된 점을 찾는 것이 아니라 (㉠)이/가 이해하기 쉽게 글을 개선하는 데 있음을 이해하도록 지도해야 한다고 봅니다. 예컨대, 정보 전달의 글을 쓸 때는 글의 내용에 대한 이해와 기억이 용이하도록 글이 구성되었는지를 고려하여 고쳐 쓰도록 지도해야 하는 것이죠.

> 교사 A: 맞습니다. (㉠)을/를 고려하여 고쳐쓰기를 지도한다는 것은 쓰기 맥락 혹은 수사적 맥락을 고려하며 고쳐쓰기를 하는 활동과 관련하여 지도할 수 있을 것 같습니다. 수사적 맥락을 고려하여 글을 쓰는 것은 고쳐쓰기 과정뿐 아니라 글쓰기의 전 과정에 걸쳐 이루어져야 하는 것이지요.
> 교사 B: 아시겠지만 그것은 인지주의 작문 이론에서 강조하는 (㉡)와/과 관련이 있습니다. 쓰기에 대한 (㉡) 수준이 높은 필자일수록 자신의 쓰기 과정에 대한 점검과 조정에 능동적으로 참여합니다. 이러한 필자는 능숙한 필자입니다. 능숙한 필자는 수사적 맥락을 고려하여 자신의 쓰기 과정을 점검하고 조정하기 때문에 쓰기 과정에서 나타나는 여러 문제들을 해결해 갈 수 있고 그 결과로 쓰기 수행의 질도 높일 수 있는 것이지요.

[2011]

2 인지주의 작문 이론에서 중시하는 상위 인지의 기능에 대한 설명으로 적절하지 <u>않은</u> 것은?

① 표상된 의미를 문자로 표현할 때 작문 관습에 관한 구체적인 지식과 정보를 제공하여 작문 관습의 가치와 의의를 수립한다.
② 글 작성을 마친 후 고쳐 쓰기 단계로 넘어가기 전에 작문 계획을 다시 확인하여 목적을 고려한 고쳐 쓰기가 이루어지게 한다.
③ 작문 과제가 어려운 정도, 그 과제를 해결하는 데 걸리는 시간, 의미 구성 방법의 효과를 평가하여 작문 과정의 진행을 돕는다.
④ 장기 기억에서 내용을 떠올릴 때 적용한 전략의 효과를 판단하고 수정하여 글의 주제에 부합하는 내용을 마련하도록 돕는다.
⑤ 현재 작성하고 있는 글의 내용과 표현이 적절한지를 필자 스스로 묻고 점검하게 하여 목적에 부합하는 글의 완성을 지원한다.

기본 예제

3 (가)는 송 교사가 만든 활동지이고, (나)는 활동지를 화제로 동료 교사와 나눈 대화이다. 괄호 안의 ㉠에 해당하는 말을 밑줄 친 '이것'을 고려하여 제시하고, ㉡에 해당하는 말을 쓰시오. [2점]

(가)

• 활동 목표: 쓰기 맥락을 고려하여 쓰기 과정을 (㉠)하며 글을 고쳐 쓴다.

활동 1. 활동지에 제시된 생각 그물을 보고, 적절한지 이야기해 본다.

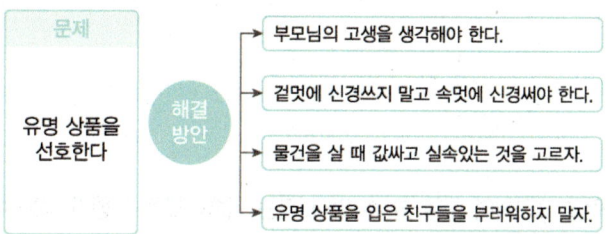

활동 2. 생각 그물에 따라 쓴 활동지의 글을 읽어보고, 어떤 점이 문제인지 이야기해 본다.

글
〈생략〉

활동 3. 생각 그물에서 주제에 적절하지 않은 내용이 있는지, 적절한 순서로 제시되었는지 이야기한다.

- 주제에 맞는 주장으로 썼나요?
- 주장에 맞는 타당한 근거를 제시하였나요?
- 전체적으로 내용이 매끄럽게 제시되었나요?

활동 4. 생각 그물의 내용과 순서를 다시 정리하여 고쳐 본다.
활동 5. 새로 바꾼 생각 그물에 따라 활동지의 초고를 고쳐쓴다.

(나)

송 교사: 박 선생님, 제가 만든 활동지에서 말씀 좀 해주세요.
박 교사: 선생님은 학습자가 초고를 쓴 후, 앞서 작성한 생각 그물이나 다발짓기를 보면서 '과정 속에서 고쳐쓰기'를 활동으로 제시한 것 같아요.
송 교사: 네, 맞습니다.
박 교사: 표면적으로만 초고를 읽고 고칠 것이 아니라, 쓰기의 사고 과정을 나타내는 생각 그물이나 다발짓기를 보면서 더 높은 수준에서 글을 고쳐쓸 수 있도록 할 수 있다는 점에서 좋았어요. 그런데 아쉬운 점도 있어요.
송 교사: 아, 그런가요? 자세히 좀 알려 주세요.
박 교사: 고쳐쓰기는 필자 스스로 하기도 하지만, (㉡)의 힘을 빌리는 것이 더 효과적일 거예요. 대표적인 전략으로는 '돌려 읽기'가 있는데요. 이는 여러 명의 학습자가 소집단을 구성하여 서로의 글을 읽어주는 것이지요. 고쳐쓰기를 잘 하기 위해서는 동료 간이나 교사와 협의를 많이 해 보는 것이 좋을 것 같아요.

송 교사: 네, 그렇겠네요. 다른 것도 있나요?
박 교사: 활동들이 자신의 생각과 이것의 표현인 글을 읽고 스스로 평가해보는 것에만 머물러 있어서 이를 보완해야 할 것 같아요.
송 교사: 고쳐쓰기가 초고와 완성된 글을 대상으로 하는 것만이 아니군요.
박 교사: 그렇습니다. 미숙한 필자들은 자신의 작문 행위를 <u>이것</u> 하는 데 능숙하지 못할 뿐 아니라, 필요성도 잘 느끼지 못하는 경향이 있어요. 능숙한 필자들은 자신이 글을 쓰는 행위나 태도, 자신이 선택한 글쓰기 전략에 대해서도 되돌아보는 능력이 있거든요. 그래서 적절한 체크리스트를 제시해서 <u>이것</u>을 하도록 하면 좋을 것 같아요.
송 교사: 검토해 주셔서 감사합니다. 내일 수업하기 전에 꼭 보완해 볼게요.

심화 예제

4 다음은 '작문의 맥락을 고려하여 글을 쓸 수 있다.'라는 학습목표로 진행한 작문 수업이다. 〈작성 방법〉에 따라 교수·학습 내용을 서술하시오. [4점]

〈학습목표〉
- 작문 활동에서 맥락을 고려하는 일이 중요함을 이해한다.
  - 일상생활이나 사회생활에서 직면할 수 있는 다양한 의사소통 상황(설득하기, 건의하기, 안내하기, 소개하기)에서 글을 쓸 때 맥락을 파악하여 글을 쓴다.
- 쓰기 맥락을 고려하여 쓰기 과정을 점검·조정하며 글을 고쳐 쓴다.

〈쓰기과제〉
- 쓰기 맥락을 고려하여 친구들에게 안내하거나 소개하는 글을 써보자.

(가)
〈학생과 교사의 대화 과정〉

민 지: 선생님, 다른 지역에 사는 중학생들에게 부여를 알리는 글을 쓰고 싶은데, 어디서부터 시작해야 할지 모르겠어요.
선생님: 그래? 글을 쓰는 과정을 차근차근 밟아 나가면 된단다. 먼저 글의 맥락을 구체적으로 정하는 계획하기 단계를 거쳐야 해. 이 계획을 바탕으로 글쓰기의 모든 단계에서 글의 내용을 점검하고 조정하기 때문에 계획하기는 무척 중요한 단계지.

민 지: 글의 맥락을 고려해서 써야 할 글의 내용을 정했어요.
선생님: 그럼, 글에 들어갈 내용을 준비하는 내용 생성하기 단계를 거쳐야겠구나. 그다음은 생성한 내용을 토대로 개요를 작성하는 내용 조직하기 단계란다.
민 지: 그리고 개요를 바탕으로 글을 쓰면 되겠네요?
선생님: 그렇지! 그것을 초고 쓰기라고 하는데, 초고는 처음 쓴 글이라서 매끄럽지 않은 부분이 많아. 주제, 내용, 구성, 표현을 한꺼번에 고려하면서 글을 쓰기란 매우 어려우니까. 그래서 글을 완성하기 전에 계획한 대로 잘 썼는지 점검하면서 조정하는 과정이 필요해. 그게 바로 고쳐쓰기 단계란다. 그런데, 이 단계에서도 처음에 고려했던 맥락이 중요한 역할을 하기도 해.
민 지: 아, 그렇군요. 선생님 말씀 감사합니다.

(나)

〈학생이 작성한 초고와 이에 대한 점검〉

우리 고장 부여를 알립니다

[A] 부여는 충청남도에 있는 고장으로 청양, 공주, 논산 등과 접하고 있으며 금강을 사이로 전라북도 익산과 맞닿아 있습니다.

〔친구들의 흥미를 끌 수 있게 인상적으로 시작할 순 없을까?〕

부여는 옛날 삼국 시대에 백제가 이곳으로 천도하여 멸망할 때까지 120년간 백제의 도읍지였습니다. 그래서 부여에는 백제와 관련된 문화 유적이 많습니다.
(도움을 얻어 / 어려운 단어는 쉽게 바꾸어 쓰는 게 좋겠어.)

부여가 백제의 도읍지였을 때 지은 부소산성의 곳곳에는 백제의 전설이 남아 있는데 그중 낙화암은 많은 사람이 찾는 명소로, 낙화암은 백제가 멸망할 때 궁녀들이 충절을 지키기 위해 스스로 강으로 뛰어내렸다고 하는 바위인데, 떨어지는 궁녀들의 모습이 꽃과 같다고 해서 '낙화암'이라는 이름이 붙었습니다. 국립 부여 박물관에서도 부여의 역사와 문화유산을 살펴볼 수 있습니다. 이곳에는 '백제 금동 대향로'와 같은 국보가 전시되어 있어 역사 공부를 하기 위해 찾는 학생들이 많습니다.
(문장이 너무 기니까 나누어야겠어.)

[B] 　　부여에는 즐길 만한 축제나 문화 행사도 많습니다. 해마다 7월에는 서동 연꽃 축제가 열립니다. 궁남지 연못 전체에 가득 피어난 연꽃들의 아름다운 모습을 보기 위해 많은 사람이 찾고 있습니다. (요즘은 환경 오염이 심해 꽃을 보기 어려운 시대가 되었습니다.)
　　　　　　　　　　　　　　　　　　　　환경 오염은 부여의 문화 행사와 관련이 없으니까 빼야지.

　　또한 연잎 차를 마셔 보거나 연꽃 비누를 만들어 보는 등 직접 참여할 수 있는 활동이 있어서 재미있게 즐길 수 있습니다. 9월 말에는 부여군 전 지역에서 백제 문화제가 열립니다. 이때는 매사냥 시연이나 기마 부대 행렬 등 다양한 행사들이 많아 온통 축제 분위기가 됩니다.

　　부여에는 금강이 흐르고 산과 들이 가까이 있어 먹거리가 다채롭습니다. 특히 산과 들에서 나는 다양한 채소에 고기를 얹어 싸 먹는 돌쌈밥이 유명합니다. 돌쌈밥은 부여를 방문했던 분들이 추천하는 음식입니다.

[C] (부여를 찾아 달라는 뜻이 잘 나타나도록 문장을 추가해야지.)　　부여는 시외버스 터미널을 중심으로 부소산성이나 박물관 등이 가까운 거리에 있어서 걸어서도 충분히 돌아볼 수 있습니다. 자세한 교통편은 부여 문화 관광 홈페이지(www.buyeotour.net)를 참고하세요. (백제의 숨결이 살아 있는 부여에 꼭 한번 들러 주세요.)

작성방법

- (가)의 학생과의 대화에서 알 수 있는 작문 접근 방법을 제시할 것.
- (나)의 [A]~[C]의 고쳐 쓰는 과정에서 학생이 고려한 작문 맥락을 각각 제시하고, 그렇게 판단한 이유를 각각 근거를 들어 설명할 것.

5 다음은 '작문의 맥락을 고려하여 글을 쓸 수 있다.'라는 학습목표로 수업을 진행한 후 학생이 제출한 작문 과정과 결과를 보여주는 자료이다. 〈작성 방법〉에 따라 서술하시오. [4점]

　　선생님께서 평소 우리 주변의 문제 중 글로 쓰고 싶은 화제를 선정하고, 그에 대해 나의 관점이나 입장을 써 보라고 했어. 나의 관심사나 문제의 중요성 등을 고려하여 화제를 스스로 선정해야 한다는데, 무엇을 선택할까? 일단, 정리해보자.

학교생활	지역 사회
교내 휴대 전화 사용 문제	둥지 내몰림 문제
교내 급식소 좌석 부족 문제	공동 주택의 층간 소음 문제
교내 폐회로 텔레비전 설치문제	건설 과정에서 생기는 공해 문제
초·중·고교 학생 비만 문제	어린이집 부족 문제

　　초·중·고교 학생 비만 문제가 심각하므로 대책이 필요하다는 관점에서 이 주제로 써야겠다. 이제는 맥락을 분석해야지.

글의 목적	우리 학교 학생들이 건강한 생활 습관을 기를 수 있도록 설득하고자 함.
주제	비만을 예방하기 위해 건강한 생활 습관을 기르자.
예상 독자	우리 학교 학생들(외모에 관심이 많으나, 건강한 생활 습관에 대한 배경지식이 부족함.)
매체	인쇄 매체인 학교 신문

자, 이제 자료를 수집해야겠다. 선생님께서 근거를 수집할 때에는 가능한 한 근거 자료를 풍부하게 모아야 글의 설득력을 높일 수 있다고 했어. 책이나 신문, 방송, 인터넷을 비롯하여 전문가 면담이나 설문 조사, 강연 등을 통해 근거 자료를 수집해 해야지.

…(중략)…

자료 1	초·중·고교 학생 비만율은 2009년 13.2%, 2011년 14.3%, 2013년 15.3%, 2015년 15.6%로 상승세를 이어 가고 있다. - 「2015년도 학생 건강 검사 표본 분석 결과」(교육부, 2016)
자료 2	청소년기 비만은 성조숙증이나 성장 장애를 동반할 수 있고, 외모를 중시하는 사회적 분위기와 맞물려 자아 존중감의 상실과 함께 심하면 우울증 등 정신적 문제를 일으킬 수 있다. - 『헤럴드경제』(2016. 10. 11)
자료 3	학생들의 비만율은 운동량과 식습관 탓에 상승한 것으로 분석된다. - 『이데일리』(2016. 2. 24.)
자료 4	청소년 비만을 예방하기 위한 건강한 생활 습관은 다음과 같다. 첫째, 아침 식사를 포함하여 하루 세끼 균형 잡힌 식사를 한다. 둘째, 에너지 함량이 높은 즉석식품, 음료수는 먹지 않는다. 셋째, 일상생활에서 활동량을 늘린다. 넷째, 운동을 골라서 규칙적으로 꾸준히 한다. - 국민 건강 지식 센터 누리집

주제나 예상 독자, 매체 등에 따라 제시해야 할 근거가 달라진다는 점을 고려해서 수집한 자료를 선별해야 해.

1. 청소년 비만의 원인과 문제점에 대한 내용은 주장을 타당하게 뒷받침하여 글의 설득력을 높일 수 있겠다

2. 수집한 자료들은 비만을 예방하기 위한 건강한 생활 습관에 대한 내용은 "비만을 예방하기 위해 건강한 생활 습관을 기르자."라는 주제와 긴밀하게 연관이 있다.

[A]
3. 점차 높아지는 비만율의 추이와 외모를 중시하는 사회적 분위기에서 비만이 미치는 영향은 우리 학교 학생들의 관심에 부합한다. 그러나 비만의 원인에 대한 내용이 구체적이지 않아서 보완해야겠다.
→ 보완한 내용 – 청소년 비만은 과도한 열량 섭취와 부족한 신체 활동으로 인한 에너지 소비 감소가 가장 큰 요인으로 작용한다. 즉석식품이나 고당류 음료를 통한 과도한 지방 및 당의 섭취와, 텔레비전이나 컴퓨터 사용 시간의 증가로 인한 신체 활동의 감소 등이 알려진 비만의 원인이다. －『동아일보』(2016. 10. 12.)

4. 수집한 모든 근거 자료가 인쇄 매체인 학교 신문에 적합하다. 초·중·고교 학생 비만율은 한눈에 보기 편하게 그래프로 제시할 수 있다.

…(중략)…

⟨초고⟩

건강한 생활 습관을 기르자

[B] ⎡ 문제의 심각성을 한눈에 볼 수 있도록 그래프 등의 시각 자료를 제시해야겠어.

청소년의 비만이 심각하다. 초·중·고교 학생의 비만율은 2009년 13.2%, 2011년 14.3%, 2013년 15.3%, 2015년 15.6%로 꾸준히 높아지고 있다. 청소년기의 비만은 성조숙증이나 성장 장애를 동반할 수 있고, 외모를 중시하는 사회적 분위기와 맞물려 자아 존중감의 상실을 가져올 수 있는 등 여러 가지 문제점을 가지고 있다. 이 글에서는 청소년 비만의 원인을 파악하고, 그 해결 방안을 알아보고자 한다.

초·중·고교 학생 비만은 과도한 열량 섭취와 부족한 신체 활동으로 인한 에너지 소비 감소가 가장 큰 요인으로 작용한다. 일상적으로 먹는 즉석식품이나 고당류 음료를 통해 과도한 지방 및 당을 섭취하는 반면, 텔레비전이나 컴퓨터 사용 시간의 증가로 인해 신체 활동이 감소한 청소년들이 비만이 되는 것은 당연한 결과이다.

그렇다면 청소년 비만을 해결하기 위해서는 어떻게 해야 할까? 청소년 비만을 예방하기 위해서는 다음과 같은 건강한 생활 습관을 길러야 한다. 첫째, 아침 식사를 포함하여 하루 세끼 균형 잡힌 식사를 한다. 둘째, 에너지 함량이 높은 즉석식품이나 고당류 음료를 먹지 않는다. 셋째, 일상생활에서 활동량을 늘린다. 넷째, 운동을 골라서 규칙적으로 꾸준히 한다.

이제 곧 100세 시대가 될 것이라고 한다. 100세 시대에 무엇보다 중요한 것은 건강이다. 수명만 연장하여 오래 사는 게 중요한 게 아니라 건강하게 오래 살아야 진정한 100세 시대라고 할 수 있다. 비만은 스트레스와 함께 건강의 가장 큰 적 중 하나이다. 따라서 비만을 예방하기 위해 건강한 생활 습관을 길러야 한다. 청소년기의 건강한 생활 습관이 평생동안 건강하게 살 수 있는 지렛대 역할을 할 것이다.

작성방법

- [A]와 [B]에서 학생이 고려한 작문 맥락을 각각 제시하고, 그렇게 판단한 이유를 설명할 것.
- ⟨자료⟩에서 알 수 있듯이 학생이 맥락을 고려하여 작문 과정과 결과 점검·조정하는 전략이 무엇인지 제시하고, 이러한 전략의 작문 교육적 의의를 서술할 것.

6 (가)는 "주제, 목적, 독자를 고려하여 쓰기 과정을 계획하고, 점검하고 조정한다."라는 목표를 성취하기 위하여 교사가 제작한 학습지의 일부이고, (나)는 학생의 쓰기 과정중의 사고를 기록한 자료이다. 〈작성 방법〉에 따라 서술하시오. [4점]

(가)

- 활동 목표 : 주제, 목적, 독자를 고려하여 쓰기 과정을 계획하고, 점검하고 조정할 수 있다.
- 쓰기 과제에 따라 즐거움이나 감동을 주는 글을 써 보자.

  다음 쓰기 과제 중에서 한 가지를 골라 보자.
  - 재미있고 즐거웠던 방학의 추억
  - 전학간 친구에게 보내는 글

  …(중략)…

- 활동 1: 선택한 쓰기 과제의 쓰기 상황을 알아 보자.

쓰기상황	1. 글의 주제	
	2. 글의 목적	
	3. 글의 유형	
	4. 예상 독자	

- 활동 2: 분석 결과를 고려하여 글을 쓰는 데 필요한 내용을 마련해 보자.
  (1) 자신이 경험했던 내용을 떠올려 보자.
  (2) 경험 내용을 다양한 방법으로 마련해 보자.
- 활동 3: 앞에서 생성한 글의 내용을 어떤 순서로 써 내려갈지 정리해보자.

  …(중략)…

(나) 〈학생의 사고 과정〉

올해 초 전학 간 내 단짝 진영이. 내가 얼마나 진영이를 그리워하고 있는지 마음을 전하고 싶어. 어떻게하면 좋을까? 그래, 편지를 써 보는 거야!

진영이와 함께한 추억이나 진영이에게 하고 싶은 말이 많았는데……. 떠오르는 생각을 그림으로 나타내볼까?

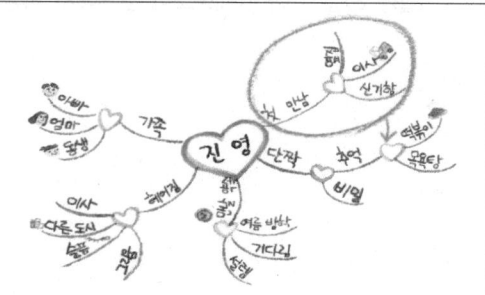

만날 일에 마음이 부풀어서 그것부터 쓰려고 하다보니까 앞뒤가 안맞는 것 같은걸. 순서를 조정해 보면…….
그래, 진영이와 있었던 일을 순서대로 써 보는 거야.

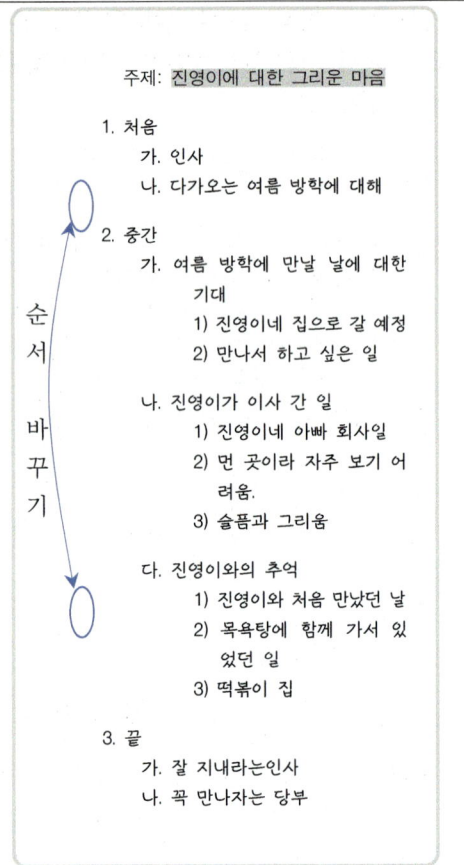

주제: 진영이에 대한 그리운 마음

1. 처음
    가. 인사
    나. 다가오는 여름 방학에 대해
2. 중간
    가. 여름 방학에 만날 날에 대한 기대
        1) 진영이네 집으로 갈 예정
        2) 만나서 하고 싶은 일
    나. 진영이가 이사 간 일
        1) 진영이네 아빠 회사일
        2) 먼 곳이라 자주 보기 어려움.
        3) 슬픔과 그리움
    다. 진영이와의 추억
        1) 진영이와 처음 만났던 날
        2) 목욕탕에 함께 가서 있었던 일
        3) 떡볶이 집
3. 끝
    가. 잘 지내라는 인사
    나. 꼭 만나자는 당부

순서 바꾸기

작성방법

- 〈활동 1〉을 위하여 계획하기 단계에서 학생이 고려한 사항과 〈활동 2〉를 위하여 내용생성 단계에서 학생이 활용한 전략을 (나)에서 근거를 들어 각각 서술할 것.
- 〈활동 3〉을 위하여 내용조직 단계에서 학생이 조정한 사항과 그 이유를 (나)를 고려하여 서술할 것.

3절 작문 태도

테마 1 | 작문의 정의적 요인 지도

기본 예제

1. (가)는 학생이 작문에서 겪는 어려움을 호소하는 글이고 (나)는 작문 태도 지도 방안을 정리한 글이다. 이를 고려하여 학생의 작문 문제 해결을 돕기 위한 지도 계획을 〈보기〉와 같이 정리할 때 괄호 안의 ⑤과 ⓒ에 해당하는 말을 (나)에서 찾아 쓰시오. [2점]

> **(가)**
> 저는 중학교 때, 시나 수필을 잘 쓴다는 칭찬을 많이 받았습니다. 제 글을 읽고 난 후 선생님이나 친구들이 보인 흐뭇한 표정이 지금도 떠오릅니다. 그런데 고등학교에 와서 작문과 관련된 지식을 많이 배웠는데 이것이 제 작문에 무슨 도움이 되는지 모르겠습니다. 도리어 작문에 대한 흥미만 잃어버렸습니다.
>
> **(나)**
> 작문의 정의적 요인으로 태도는 지적, 정의적, 욕구 행동적 측면의 구성 요소로 이루어진다. '지적 평가, 정의적 감정, 욕구 행동적 준비 태세'의 세 가지 구성요소는 작문 태도의 지도 방안으로 활용될 수 있다. 작문에 대한 감정 측면에서 '작문을 흥미 있고, 즐거운 것으로 여기는 방법', 준비 태세 측면에서 '자신감과 의욕을 고취할 수 있는 방법', 평가 측면에서 '작문의 효용과 가치를 바르게 인식하는 방법'이 그것이다.

〈보기〉

〈지도 계획〉

학생은 (가)에서 칭찬을 통하여 작문에 대한 긍정적 경험을 얻었다. 하지만 작문 관련 지식 중심의 교육으로 인하여 도리어 작문에 대한 흥미를 잃어버렸다고 성찰하고 있다.

따라서 학생의 어려움을 해결할 수 있는 작문 지도 방법은 (나)에 의하면 '정의 및 태도 요인'에 주목해야 한다. 첫째, 작문의 (⑤)와 중요성을 바르게 인식하도록 한다. 이를 위해서 작문의 내용을 실생활과 연결짓거나, 정보나 교훈을 얻을 수 있다는 인식을 갖게 한다. 둘째, 학생의 흥미와 관심을 고려한 작문 과제를 제시하거나, 활동 형태 또는 수업 형태의 변화를 도입하여 협동 활동 중심으로 재편한다. 이 활동은 인지적 부담을 줄여주므로 쓰기 능력이 떨어지는 학생들에게도 적합할 뿐만 아니라, 필자의 쓰기 과정에 개입하는 독자와의 상호작용을 통해 작문을 흥미있고 즐거운 경험으로 받아들이게 한다. 마지막으로 도달 가능한 세부적인 수업 목표를 제시하여 (ⓒ)을 얻을 수 있도록 지도한다. 어려움에도 불구하고 과제를 지속하여 수행해 내면 쓰기 동기를 높일 수 있다. 이처럼 작문에 대한 감정, 준비 태세, 평가 등의 작문에 대한 태도는 작문 의도에 영향을 미치고, 작문 의도는 실제의 작문 과정에 영향을 미치게 된다.

2 (가)는 학생이 작문에 대한 생각을 표현한 글의 일부이고, (나)는 학생에게 영향을 미치는 정의적 요인에 대한 교사의 분석이다. 괄호 안의 ㉠~㉢에 해당하는 말을 쓰시오. [2점]

(가)

저는 초등학교 때, 수필을 잘 쓴다는 칭찬을 많이 받았습니다. 제 글을 읽고 난 후 선생님이나 친구들이 보인 흐뭇한 표정이 지금도 떠오릅니다. 그 이후로 글쓰기는 내 삶을 반성하거나 정리하기 위해서 필수적인 것이었고, 친구와의 간접 대화를 위해서도 필요한 도구라는 생각을 했습니다.
하지만 글쓰기는 단순한 운동과는 다르게 집짓기와 마찬가지로 설계도를 가지고 하나하나의 레고나 퍼즐을 맞추듯이 순서에 의해 맞춰 진행하는 과정이라고 생각합니다. 점점 제게 쓰기는 높은 산을 오르는 암벽 등반과 같은 것이 되었습니다. 쓰기의 과정은 창작의 고통이 따랐습니다. 글감이 떠오르지 않거나 글쓰기가 더 이상 진행되지 않고 멈췄을 때는 두통처럼 머리가 지끈 거렸습니다. 하지만 이를 견디지 않고서는 글이 완성될 수 없습니다. …(중략)…

(나)

학생 글은 쓰기의 인식을 잘 보여준다. 즉, 쓰기의 목적에 대해서는 대체로 필수적이고, 필요한 것으로 긍정적 인식을 나타낸다. 그런데 쓰기에 대한 가치에 있어서는 "암벽 등반"과 같이 참고 이겨내야 한다는 인식 또는 "두통"처럼 괴로운 일이라는 부정적 인식을 드러낸다. 특히 국어 선생님과 협의를 앞두고 평가가 동반된 쓰기 상황에서 꾸중과 걱정으로 부정적인 감정 상태를 가지고 있다. 이를 (㉠)라고 한다. 따라서 쓰기 능력 향상을 위해서는 쓰기에 대한 부정적 인식과 부정적 감정을 개선할 필요가 있다. 이를 위해 쓰기를 성공적 쓰기 수행을 통하여 결과와 능력에 대한 필자의 기대와 믿음이라 할 수 있는 (㉡)을 높여야 한다. 성공적인 쓰기 경험을 할 수 있기 위해서는 교사의 긍정적 피드백이 중요하다. 더불어 학생들에게 언어적 설득을 시도하며 대리경험을 하게 함으로써 (㉢)을 높이도록 한다.

테마 2 : 쓰기 윤리·책임감 있는 태도로 글 쓰기

관련 기출
2012 2차

(가)

　유전자 변형 작물에 대한 연구·개발 및 산업화가 활발히 진행되고 있다. 그리고 유전자 변형 작물의 유용성에 대한 인식이 확산되면서 유전자 변형 작물을 직접 개발하는 국가도 기하급수적으로 늘어나고 있다. 그러나 유전자 변형 작물이 인체 및 환경에 유해하지 않다는 과학적 검증이 완전하게 이루어지지 않아, 그 안전성에 대한 논란은 여전히 계속되고 있다.
　유전자 변형 작물의 유해성이 실제로 증명된 적이 없다고 해서, 유전자 변형 작물이 안전하다고 말하는 것은 시기상조이다. 인위적으로 만들어진 새로운 품종이기 때문에 식품 안전성을 완벽하게 검증하는 데는 기존의 농작물에 비해 더 많은 시간이 필요하기 때문이다. 잠복기를 거쳐 수십 년 뒤에 부작용이 나타날 수도 있고, 유전을 통해 후대로 전달될 가능성도 있다. 또한 몇몇 동물 실험의 사례에서 보듯이 인체 면역력을 떨어뜨리거나 알레르기 등의 부작용을 일으킬 위험도 배제할 수 없다.
　유전자 변형 작물이 환경 친화적이라는 주장도 다시 한번 살펴볼 필요가 있다. 유전자 변형 작물이 해충이나 잡초에 대하여 저항력을 강화한 것이라 농약의 사용이 줄어들 것이라고 하지만, 오히려 내성을 가진 슈퍼 잡초나 슈퍼 해충이 등장해서 더 많은 농약이 필요해질 수 있다. 대부분의 전문가에 의하면 유전자 변형 작물을 개발하는 과정에서 위해 요소의 일부가 생태계에 유입될 경우, 돌연변이를 유발하여 생태계의 균형을 깨트릴 수 있다고 한다.
　과학의 힘이 가져다주는 마술이 당장에는 우리의 눈을 현혹할지 몰라도, 종국에는 환경을 오염시키고 생태계를 교란시키는 부작용을 낳을 수 있다. 재앙이 발생한 이후에 이를 되돌리려면 훨씬 오랜 시간과 많은 노력을 들여야 한다. 따라서 유전자 변형 작물의 재배와 유통은 신중하게 이루어져야 한다.

(나)

　유전자 변형 작물이란 유전자를 인공적으로 재배합하거나 돌연변이를 일으켜서 유전자의 성질을 바꾸어 만든 작물을 말한다. 1904년 '무르지 않는 토마토'가 개발된 이후 유전 공학은 놀라운 속도로 발전하였고, 그 결과 수많은 종류의 유전자 변형 작물이 재배되고 있다.
　유전자 변형 작물은 미래의 식량 부족 문제를 해결할 실질적인 대안으로 주목받고 있다. 기존 작물에 비해 병충해를 잘 견딘다는 점이 수확량 증가에 크게 기여하기 때문이다. 식량문제는 더 이상 먼 미래의 일이 아니다. 일부 국가에서는 이미 곡물 생산량의 증가율이 인구 증가율을 밑돌기 시작하였다. 의료 기술의 발달 및 수명 연장에 따른 인구 증가의 속도를 곡물 생산량이 따라잡지 못하기 때문이다. 전문가들은 이러한 상황이 지속된다면 2030년 이전에 심각한 식량 위기에 직면하게 될 것이라고 경고한다.
　유전자 변형 작물은 인류의 건강 유지에도 도움을 줄 수 있다. 특정 성분을 강화하고 유해한 성분을 없앤 작물을 만드는 것이 가능해지기 때문이다. 먹기만 해도 백신 주사를 맞는 효과가 있는 과일, 식이 섬유나 단백질 성분을 강화한 쌀, 카페인이 없는 커피나 차 등이 그것이다. 이런 작물들이 상용화된다면 큰 비용을 들이지 않고 질병을 예방하거나 치료할 수 있게 되리라고 기대할 수 있다. 또한 유전자 변형 작물은 환경 친화적이라는 장점도 갖는다. 해충이나 잡초에 잘 견디는 작물의 개발은 유독한 농약이나 화학 비료를 사용하지 않고도 기존의 수확량과 품질을 유지할 수 있게 한다. 식물의 환경 정화 능력을 강화한 유전자 변형 작물은 차세대 환경 정화 방법으로 주목받고 있기도 하다.
　인류의 식량 부족과 환경오염 등이 전 세계적인 문제로 떠오른 지금, 해결 방안이 있는데도 명확히 검증되지 않은 유해성을 근거로 논란만 일삼는 것은 인류의 위기를 자초하는 일이라 할 수 있다. 그러므로 유전자 변형 작물의 개발 및 재배 확대를 위해 적극적으로 투자해야 할 때이다.

1 '담화 공동체와의 소통'이라는 단원의 쓰기 수업을 하고자 한다. 〈조건〉에 따라 한 편의 글로 논술하시오.

─── 조건 ───
(3) 쓰기 윤리 지도의 필요성을 설명하고, (가)를 활용하여 쓰기 윤리와 관련된 지도 내용 2가지를 설명할 것

기본 예제

2 (가)는 블로그에 쓴 글과 이에 대한 독자들의 댓글이고, (나)는 이를 활용한 수업 장면 중 일부이다. 괄호 안의 ㉠~㉢에 해당하는 말을 쓰시오. [2점]

(가)

독도는 우리 땅! 한국인이라면 꼭 가 봐야 할 독도 박물관

☞ 보름달

작년 여름 방학 때 할머니께서 살고 계신 울릉도에 갔다가 독도 박물관을 다녀왔어요. 저는 독도 박물관에 가 보기 전까지는 독도가 우리 땅이라는 점만 중요하다고 생각했었어요. 그런데 독도 박물관을 둘러보면서 새로운 사실을 많이 알게 되었답니다. 독도 주변에는 다양한 수산 자원이 분포하고 있으며, 석유가 10억 톤 이상 매장되어 있는 등 독도는 경제적으로도 매우 큰 가치를 지니고 있다고 합니다. 독도의 다채로운 모습과 다양한 가치에 대해 알고 싶으신 분들은 꼭 한번 들러 보세요.

▲읽음 957회, 댓글 20개
호평동왕자　독도 주변에 석유도 매장되어 있군요. 다음 주에 울릉도에 가는데 저도 꼭 가 봐야겠어요.
사막여우　독도를 연구하는 사람입니다. 독도 인근 해역에서 석유가 매장되었는지를 조사한 일은 있지만, 공식적으로 석유 매장이 확인된 바는 없습니다. 출처가 어디인가요?
푸른바다　독도 박물관 해설사입니다. 독도 주변에 석유는 매장되어 있지 않고, '메탄 하이드레이트'가 매장되어 있기는 합니다. '메탄 하이드레이트'와 착각하신 것 같습니다.
풋사과　저는 이 글만 믿고 학교에서 독도 주변에 석유가 매장되어 있다고 발표했다가 수행 평가도 망치고 망신만 당했어요. 앞으로는 글 올릴 때 사실 확인을 정확히 해 주세요.

┗보름달 풋사과 님 죄송합니다. 제가 독도 박물관에 다녀온 지 몇 달 지나고 쓴 글이라 정보가 정확하지 않았습니다. 다시 알아보니 독도 주변에 석유가 매장된 사실은 확인된 적이 없다고 합니다.

(나)

〈활동지〉
1. 이 인터넷 게시판의 댓글을 바탕으로 '보름달'의 글이 독자에게 미친 영향에 대해 말해 보자.
2. '보름달'의 글쓰기 태도에서 부족한 점을 찾고, 이로 인해 발생할 수 있는 문제점을 써 보자.

…(중략)…

이번에는 활동 2의 문제를 해결해봅시다. '보름달'의 글쓰기 태도에서 부족한 점은 무엇일까요?
(학생들의 대답)

맞아요. 필자는 자신이 전달하고자 하는 내용에 대해 정확히 사실 확인을 하지 않고 글을 썼다는 점에서, 결국 자신이 쓴 글이 지닌 사회적 영향과 (㉠)에 대한 인식이 부족하다는 점을 지적할 수 있겠어요. 그렇다면 이로 인해 발생할 수 있는 문제는 무엇일까요?
(학생들의 대답)

그렇지요. 왜곡된 정보 때문에 수행 평가를 망치고 망신을 당한 '풋사과'와 같이, 글의 내용을 사실로 받아들이는 독자에게 피해를 줄 수 있었어요.
이처럼 작문 활동은 다른 사람에게 영향을 줄 수 있으므로, 글을 쓸 때 필자는 그 사회적 (㉠)을 인식하고 자기의 글에 왜곡되거나 과장된 내용이 있지는 않은지 점검해야 합니다.
다음은 선생님이 준비한 자료 화면의 만화를 보면서 물음에 답해봅시다.

여학생: 명수야, 보고서 숙제 다 했어? 한번 봐도 돼?
남학생: 여기 있어, 현정아.
여학생: 이 부분은 전문가가 쓴 거 같은데, 이거 네가 쓴 거 맞아?
남학생: 아, 그건 참고한 책의 내용을 적은 거야.
여학생: 그러면 인용 표시를 해야지. 어떻게 된 게 넌 똑바로 하는게 하나도 없냐.
남학생: 그래도 이 부분은 인용 표시를 했어.
여학생: 한 쪽 전체가 인용으로 되어 있는데 제대로 인용을 하려면……

이 만화에서 '명수'와 '현정'은 각각 어떤 의사소통 윤리를 위반하였는지 말해볼까요?
(학생들의 대답)

그래요. 여러분이 말했듯이 명수는 보고서를 작성하며 참고한 책의 내용을 인용할 때 인용 표시를 제대로 하지 않았고, 인용 표시를 한 부분에서도 한 쪽 전체의 내용을 과도하게 인용하는 등 다른 사람의 (㉢)을 존중해야 하는 의사소통 윤리를 위반했어요. 또한 '현정'이는 명수에게 말하면서 상대방을 존중하고 (㉡)하는 언어 표현을 사용해야 하는 의사소통 윤리를 위반하고 있어요.
이처럼 다른 사람과 의사소통할 때에는 (㉠) 있는 태도가 필요하며, 윤리적인 측면에서 상대방을 (㉡) 하고 타인의 생각, 말, 글 등은 이를 생산한 사람의 지적 노력이 담겨 있기 때문에 (㉢)에 포함된다는 점을 잘 알고 의사소통하는 태도를 가져야 합니다.

심화 예제

3 다음은 '쓰기 윤리를 지키며 책임감 있게 글 쓰기'를 주제로 쓰기 수업을 실행한 일부이다. 〈작성 방법〉에 따라 지도내용을 서술하시오. [4점]

[쓰기 맥락 분석]

내가 글을 쓰는 목적은 무엇이지?
손수건을 사용하자고 사람들을 설득하고 싶어.

어떤 주제로 글을 쓸까?
"손수건 사용을 생활화하자."라는 주제로 글을 쓰겠어.

누구를 대상으로 하여 글을 쓰지?
우리 학교 학생들 가운데 손수건을 쓰는 사람이 거의 없는 것 같아. 우리 학교 학생들을 대상으로 하여 글을 써서 학교 누리집 게시판에 올려야지.

어떤 내용을 담을까?
설득력을 높이려면 친구들이 이해하기 쉽고 공감할 수 있을 만한 내용을 담아야겠지? 내가 손수건 사용에 관심을 둔 계기, 휴지와 손 건조기 사용의 문제점 등을 다루어야겠다.

[초고]

> 손수건을 사용하면 다음과 같은 좋은 점이 있다.
>
> 　첫째, 손수건을 사용하면 자원을 절약할 수 있다. …(중략)… 둘째, 손수건을 사용하면 건강에 도움이 된다. 최근에 대학 병원 네 곳의 화장실에 비치된 휴지에서 형광 증백제가 검출되었다는 뉴스 보도가 있었다. 형광 증백제는 오랫동안 몸에 닿으면 피부 질환을 일으킬 수 있는 화학 물질이다. 일부 학자들은 암까지 일으킬 수 있다고 경고한다. 제품을 만드는 과정에서 형광 증백제를 사용하지 않더라도, 폐지를 원료로 하여 만든 휴지 가운데에는 이처럼 형광 증백제가 검출되는 사례가 있다고 한다. 휴지뿐만 아니라 손 건조기 사용도 인체에 해로울 수 있다. 손 건조기를 사용함으로써 세균이 퍼질 수 있기 때문이다. 손 건조기를 사용할 때에 손에 있는 세균이 공기 중에 퍼지게 되는데 이 세균은 상당한 시간 동안 주변에 그대로 머무른다. 즉, 손 건조기를 사용하면 자신의 손에 묻은 세균을 퍼뜨릴 수 있고, 또 다른 사람이 퍼뜨린 세균이 자신의 손에 묻을 수도 있다는 것이다. 휴지나 손 건조기 대신 손수건을 사용한다면 우리 몸을 인체에 해로운 물질이나 세균으로부터 보호할 수 있을 것이다. [A]
>
> 　…(중략)… 손수건을 사용하면 이처럼 자원 부족 문제를 완전히 해결할 수 있을 뿐만 아니라 모든 질병을 철저히 예방할 수 있다. 물론 휴지나 손 건조기를 사용하던 지금까지의 습관을 당장 바꾸기는 쉽지 않을 것이다. 그러나 "천 리 길도 한 걸음부터."라는 우리 속담이 있지 않은가? [B]
>
> 　손수건 가지고 다니기, 친구에게 손수건 선물하기 등이 실천의 첫걸음이 될 수 있을 것이다. 그리고 우리의 이러한 작은 실천은 갈수록 나빠지는 지구 환경을 되살리는 데에도 이바지할 것이다.

(말풍선) 전문가의 의견도 근거로 활용할 수 있겠어.

(말풍선) 구체적으로 실천할 수 있는 행동을 제시해 주어야겠다.

[활동 과제]
다음은 이 글의 글쓴이가 글을 쓰면서 고친 부분이다. 왜 고쳤을지 생각해 보자.

[A] 고치기 전	손 건조기를 사용할 때에 손에 있는 세균이 공기 중에 퍼지게 되는데 이 세균은 상당한 시간 동안 주변에 그대로 머무른다.
↓	
고친 후	영국 리즈 대학의 마크 윌콕스 교수가 연구한 결과에 따르면, 손 건조기를 사용할 때에 손에 있는 세균이 공기 중에 퍼지게 되는데 이 세균은 상당한 시간 동안 주변에 그대로 머무른다고 한다.

[B] 고치기 전	손수건을 사용하면 이처럼 자원 부족 문제를 완전히 해결할 수 있을 뿐만 아니라 모든 질병을 철저히 예방할 수 있다.
↓	
고친 후	손수건을 사용하면 이처럼 자원을 절약할 수 있을 뿐만 아니라 우리의 건강에도 도움이 된다.

〈보기〉

제시된 활동 과제는 제재 글을 쓴 학생이 글을 고치기 전과 후를 비교하여 달라진 점을 찾고, 고치기 전 내용에 어떤 문제점이 있는지 살펴 글쓴이가 글을 고친 이유를 추론하는 것이다. 특히 책임감있게 글을 쓸 때 출처를 밝히고 내용을 지나치게 과장하거나 단언적인 표현을 사용하여 사실을 왜곡하지 않도록 유의해야 함을 짚어 준다.

〈작성방법〉

• 〈보기〉를 참조하여, 〈활동 과제〉 [A]와 [B]의 쓰기 윤리의 유형을 각각 제시하고, 이를 설명할 것.
• 〈활동 과제〉 [A]와 [B]의 고쳐쓰기가 적절한 이유를 〈보기〉를 고려하여 각각 서술할 것.

4절 글의 유형

1 정보 전달을 위한 작문

테마 1 정보전달 작문 과정

기본 예제

1. 다음은 '복수의 자료를 활용하여 다양한 형식으로 정보를 전달하는 글을 쓴다.'를 학습 목표로 작문 수업을 진행하기 위한 쓰기 수업 계획서의 일부이다. ㉠, ㉢에 들어갈 말을 쓰고, ㉡에 속하는 판단기준을 2가지 쓰시오. [2점]

쓰기 계획	학습 내용	지도의 주안점
정보전달의 맥락 고려	정보 전달 글을 쓰기 전에 글을 쓸 준비	• 구체적인 쓰기 맥락에서 정보전달의 주제, 목적, 독자 등을 고려 • ㅎ때로는 글쓰기 과제를 분석
정보전달 내용 생성 계획	다양한 정보를 담고 있는 복수의 자료를 활용하기 위하여 다양한 매체에서 정보를 수집하고, 찾은 정보의 내용을 정리하기	• 다양한 매체에서 자료를 수집해야 정보의 (㉠)을/를 높일 수 있고, 전달의 가치가 높은 정보도 효과적으로 모을 수 있다는 점에 유의하도록 지도
	수집한 정보의 중요도 분석하기	다양한 방법으로 수집된 자료를 ㉡ <u>정보의 중요도를 판단하는 기준</u>을 정하여 정보를 선별하도록 지도
정보전달 내용 조직 계획	수집한 정보를 효과적으로 전달하기 위한 내용 조직 방법과 전개 방법을 선정하기	• 선별된 정보를 범주화하여 내용을 조직, 이를 통해 독자가 글의 내용을 이해하고 기억하는 데 도움이 됨을 인식하도록 지도 • 특정한 내용 조직 방법이 존재하는 것이 아니라 (㉢)에 따라 내용을 전개하게 되면 정보를 전달하는데 더 효과적이며, 독자의 글에 대한 이해와 기억이 수월해진다는 점을 인식하도록 지도
정보전달 표현하기 계획	다양한 형식으로 정보를 전달하기 위하여 문자 언어와 함께 도표, 그림, 사진 등을 활용	• 도표, 그림, 사진 등을 활용하게 되면 정보 전달의 효과성을 높일 수 있다는 점을 인식하도록 지도
고쳐쓰기 계획	초고를 '평가 기준표'를 참고하여 모둠별로 평가	분석적 평가 기준의 항목을 이해하도록 지도

심화 예제

2 다음을 읽고, 수행 평가 계획에 대해 〈작성 방법〉에 따라 서술 하시오. [4점]

교사 A: 1학기 〈독서와 작문〉 수행 평가 계획의 초안을 준비해 보았는데, 보완할 점에 대해 협의해 보면 좋겠습니다.

수행평가계획

1. 쓰기 과제
글이나 자료를 읽고 가치 있는 정보를 선별하고 조직하여 정보를 전달하는 글을 쓴다.

2. 평가 방법 및 결과 활용
① 분석적 평가 방법 적용
② 우수, 보통, 미흡의 3등급으로 평가
③ 평가 요소별 피드백 제공

3. 정보전달 글 평가 범주 및 평가 요소

항목	평가 요소
내용	ⓒ 전달하려는 정보는 가치있는 정보인가?
	객관적이고 정확한 정보를 제시하였는가?
조직(구성)	ⓒ 내용 전개 방법을 활용하였는가?
	처음-중간-끝의 구성 방식에 따라 체계적으로 내용을 제시하였는가?
표현	간결하고 명확한 어휘와 문장을 사용하였는가?

[A]
교사 B: 평가 계획을 작성하느라 수고하셨네요. 근데, 수행 평가 계획에는 결과 평가만 계획되어 있는데 ㉠과정 평가도 실시하면 어떨까요?

교사 A: 좋습니다. 저는 결과 평가만을 계획했는데, 결과 평가와 과정 평가를 균형 있게 다루는 것이 더 바람직하겠네요. 그렇다면, 학생 자신이 정보 전달하는 글을 작성하는 과정에서 떠올린 사고를 기록하도록 하는 과정 평가를 추가하기로 하지요.

[B]
교사 B: 네. 그럼 다음으로 평가 요소에 해서 논의해 보죠. 내용 범주에 대한 평가 요소를 조금 보완하면 좋겠습니다. 쓰기 과제에 따르면 정보를 전달 글 쓰기는 글이나 자료를 읽고 가치 있는 정보를 선별하기 위해 판단 기준을 선정하는 것이 중요합니다. 따라서 ⓒ"전달하려는 정보는 가치있는 정보인가?"의 평가 요소도 수정하면 좋겠습니다.

교사 A: 그렇겠네요. 내용 조직에 관련된 평가 요소도 구체화할 필요가 있겠네요. 인간이 자신의 사고와 의사소통을 조직하기 위해 사용하는 논리 전개 방식을 활용한다면 글의 내용을 효과적으로 조직할 수 있습니다. 수사학과 인지심리학의 논의에 따라 빈번하게 사용되는 논리 전개 방식과 이에 따른 글의 내용조직 유형화 방식을 활용함으로써 독자에게 효과적으로 정보를 전달할 수 있습니다. 따라서 내용 조직의 평가 요소는 ⓒ"정보의 속성에 적합한 내용 전개 방법을 활용하였는가?"라고 수정할 수 있겠습니다.

> **작성방법**
>
> - [A]의 맥락에서 ㉠의 교육적 의의를 서술하고, ㉠의 구체적 방법 2가지를 제시할 것.
> - [B]의 맥락에서 ㉡을 수정하고, ㉢이 평가 요소에 포함되어야 할 이유를 서술할 것.

3 다음은 '가치있는 정보를 선별하고 조직하여 정보를 전달하는 글 쓰기'를 주제로 한 수업에서 활용한 자료이다. 〈작성 방법〉에 따라 서술하시오. [4점]

(가)

㉠ 루틴의 종류 -스포츠 서적	㉡ 테니스 대회의 종류 -신문 기사	㉢ 루틴과 징크스의 개념 -백과사전
㉣ 루틴과 징크스의 생활 속 사례 -친구의 블로그	㉤ 테니스 선수들의 루틴 특성 연구 -학술 논문	㉥ 경기장에서 '나달'의 유별난 버릇 -스포츠 잡지

(나)

　세계적인 테니스 선수인 라파엘 나달은 서브를 넣을 때마다 철두철미하게 지키는 버릇이 있다. 일단 공을 바닥에 세 번 튕기고, 이어서 엉덩이에 낀 바지를 오른손으로 잡아 뺀다. 이후 양쪽 어깨와 코, 귀를 차례대로 만지고 나서야 비로소 서브를 넣는다. 그러나 이것은 나달이 서브를 넣기 전에 보이는 행동일 뿐이다. 그는 다른 순간에도 수많은 버릇을 고집한다.

　나달이 한 번도 빼놓지 않고 이런 동작을 취하는 것은 바로 이것이 그의 '루틴(routine)'이기 때문이다. '루틴'이란 스포츠에서 '어떤 목표 행동을 하기 전에 긴장감을 떨치려고 습관적으로 행하는 반복적 행동'을 일컫는 말이다. 스포츠 심리학자에 따르면, 루틴은 선수가 최상의 조건으로 최대 능력을 낼 수 있는 상태를 만드는 데 필요하다고 한다.

　루틴은 행동만 일컫는 말이 아니다. 경기 전 인터뷰에서 "이길 수 있다."라든지 "자신 있다."라고 호언장담하는 선수를 흔히 볼 수 있다. 이런 말은 단순히 허세나 자만심이 아니라, 스스로 잘할 수 있다는 자신감을 불러일으키는 행위이다. 자신의 생각을 긍정적으로 유지하려는 일종의 루틴인 것이다. 앞서 언급한 루틴을 '행동적 루틴'이라고 하고, 후자를 '인지적 루틴'이라고 한다. 리우데자네이루 올림픽 펜싱 경기에서 "할 수 있다!"를 반복하며 불리한 상황을 극복하고 금메달을 획득한 박상영 선수는 바로 '인지적 루틴'을 극대화해 성과를 이루어 낸 좋은 사례이다.

　루틴은 '징크스(jinx)'라는 개념과 매우 유사하다. 징크스는 '좋지 않은 일이 운명적으로 일어나는 것'을 말한다. 예컨대 면도를 한 날 경기에서 패했다면 면도라는 행위 자체가 해당 선수에게는 징크스가 된다. 징크스는 자신이 경험한 행동으로 인해 우연히 나쁜 결과가 초래됐을 때, 그것을 단순한 우연으로 여기지 않고 강력한 인과 관계가 있는 것으로 생각해서 과도하게 집착하는 행동이다.

　루틴과 징크스에 집착하는 선수들의 태도는 모두 스포츠 경기에서 승리를 위한 몸부림이라는 점에서 동일하다. 그렇다면 이 둘은 어떤 차이가 있을까? 루틴은 긍정적 결과를 끌어내기 위해 '해야만' 하는 행동이고, 징크스는 나쁜 결과를 피하기 위해 '하지 말아야' 할 행동이다. 즉 루틴은 '늘 하던 대로' 하면 잘할 수 있다는 마음에서 나오는 반면에, 징크스는 나에게 해가 되는 결과를 '피하고 싶은' 마음에서 나온다.

보기

정보를 전달하는 글을 쓰기 위해서는 다양한 방법으로 자료를 수집하여, 정보의 가치를 판단하는 기준을 정하여 가치 있는 정보를 선별하는 것이 중요하다. 특히 가치 있고 신뢰할 만한 정보의 선별 기준과 판단은 다양하지만, 첫째, 글의 목적과 주제에 맞는 정보인지, 둘째, 독자의 요구나 기대, 관심, 배경지식에 부합하는지, 마지막으로 정보를 수록하고 있는 자료가 신뢰성이 있는지를 판단하는 것이 중요하다.

작성방법

- (나)를 쓰기 위해 필자가 (가)의 정보를 수집했다고 가정할 때, 필자가 정보의 선별 과정에서 제외한 정보를 2가지 찾고, 해당 정보를 제외한 이유를 〈보기〉와 다음의 예 를 참조하여 각각 서술할 것.

   예 ⓔ, 자료의 신뢰성을 보장할 수 없는 친구의 블로그에서 수집한 정보이기 때문에 제외했다.

- (나) 전체에서 정보를 조직한 방법을 쓰고, 그러한 조직 방법이 주는 효과를 서술할 것.

4. 다음은 '가치있는 정보를 선별하고 조직하여 정보를 전달하는 글 쓰기'를 주제로 한 수업에서 활용한 자료이다. 〈작성 방법〉에 따라 서술하시오. [4점]

[작문 상황]
- 작문 목적: 물 섭취와 관련된 잘못된 인식을 바로잡을 수 있도록 정보 제공
- 예상 독자: 학교 학생들
- 전달 매체: 2020년 11월에 발간될 학교 신문
- 작문 주제: 올바른 물 섭취 방법

(가)

[수집한 자료 목록]

구분	내용	출처	연도(제작/발행)
자료 1	전문가가 권하는 물 섭취 방법	○○신문	2019
자료 2	물 중독 사례	○○방송 다큐멘터리	2014
자료 3	한국인의 물 섭취 현황	○○병원 보고서	2004
자료 4	1일 1인당 수돗물 사용량 현황	환경부 연례 보고서	2003

(나)

[초고]
 학생들은 물 섭취에 대해 어떤 인식을 가지고 있을까? 인터뷰를 통해 만난 우리 학생들은 대부분 물은 많이 마실수록 좋다고 답했다. 물이 관절의 충격을 흡수하며, 장기와 조직을 보호하는 등의 역할을 한다는 데에서 물 섭취는 중요하다. 그러나 물을 많이 섭취한다고 무조건 좋은 것만은 아니다.

[A] 그렇다면 바람직한 물 섭취를 위해 유의할 점은 무엇일까? 우선, 한 번에 마시는 물의 양에 유의해야 한다. 단시간 내에 지나치게 많은 양의 물을 마시면 혈액 속 나트륨 농도가 정상 수치 이하로 내려가는 '물 중독'이 발생할 수 있다. 그러면 피로감이 커지고, 두통 또는 어지럼증에 시달리거나, 장기가 붓는 등의 증상이 나타날 수 있다. ○○방송 다큐멘터리에서는 물 중독 환자들의 모습을 보여 주며 그 위험성을 경고하기도 했다.

[B] 다음으로, 물을 마시는 때에 대해서도 유의해야 한다. ◇◇대학 연구 팀의 실험이 이를 뒷받침한다. 연구 팀은 먼저 실험 참여자 들을 대상으로 목이 마른지 물어보았다. 그런 다음 이들에게 동일한 과제를 부여했다. 이후 관찰을 통해 이들의 물 섭취 유무를 파악하며 과제 수행 능력을 측정했다. 실험 결과는 우리에게 다음과 같은 정보를 제공한다. 목이 마를 때 물을 마신 경우는 물을 마시지 않은 경우보다 과제 수행 능력이 뛰어나다. 이는 일반인의 생각과 같았다. 반면 일반인의 생각과 달리 목마르지 않은 때 물을 마신 경우는 물을 마시지 않은 경우보다 과제 수행 능력이 떨어진다.

보기

정보를 전달하는 글을 쓰기 위해서는 다양한 방법으로 자료를 수집하여, 정보의 가치를 판단하는 기준을 정하여 가치 있는 정보를 선별하는 것이 중요하다. 특히 가치 있고 신뢰할 만한 정보의 선별 기준과 판단은 다양하지만, 첫째, 글의 목적과 주제에 맞는 정보인지, 둘째, 독자의 요구나 기대, 관심, 배경지식에 부합하는지, 마지막으로 정보를 수록하고 있는 자료가 최신의 출처가 분명한 신뢰성이 있는 자료인지를 판단하는 것이 중요하다.

작성방법

- (나) [초고]를 쓰기 위해 필자가 (가)의 정보를 수집했다고 가정할 때, 필자가 정보의 선별 과정에서 제외한 정보를 2가지 찾고, 해당 정보를 제외한 공통적인 이유를 〈보기〉를 고려하여 서술할 것.
- (나) 전체에서 정보를 조직한 방법과 [A]와 [B]에서 부분적으로 정보를 조직한 방법을 각각 서술할 것.

| 테마 2 | 설명문 |

관련 기출

2008

1 다음 (가)~(다)는 설명 방법을 학습한 후 학생들이 쓴 글이다. (가)~(다)에 나타난 설명 방법의 문제점을 구체적으로 설명하시오.

(가)

문명 탄생 이래 인류는 지역 간의 교류를 통해 문화적 요소를 공유한 문화권을 형성해 왔다. 서양의 크리스트교 문화권은 크리스트교가 게르만족을 교화시키는 데 성공하면서 유럽 사람들의 종교 생활은 물론 일상생활이나 세계관을 지배하게 되어 형성된 문화권이다. 동양 문화권은 동아시아에서 가장 먼저 문명을 이룩한 중국이 팽창 정책과 활발한 교류를 통하여 문물과 제도를 전파시킨 결과 아시아 전역에 걸쳐 형성된 문화권이다. 힌두교 문화권은 인도 지역의 주요 종교였던 힌두교가 인도인의 이민과 해상 상업 활동을 통해 인도차이나 반도와 동남아시아까지 전파되면서 형성되었다. 이슬람 문화권은 7세기 중엽에서 아시아에 출현한 이슬람 제국이 활발한 상업 활동을 벌여 이슬람교가 전파되면서 형성된 문화권이다. 이처럼 인류의 문화권은 크리스트교 문화권, 동양 문화권, 힌두교 문화권, 이슬람 문화권으로 나누어 볼 수 있다.

(나)

평시조는 주로 조선 전기에 사대부들에 의해 창작되었다. 간결하면서도 담백한 언어로 이루어진 평시조는 사대부층의 미의식에 부합하는 것으로서, 사대부층은 한시만으로는 제대로 표현할 수 없는 내면의 감흥과 정취를 단아한 기품으로 노래했다. 이에 반해 사설시조는 주로 조선 후기 중인 이하의 계층에 의해 창작되었다. 사설시조는 종장이 대개 평시조와 비슷한 틀을 유지하지만 초·중장 혹은 그 중 어느 일부가 장형화한 시조를 말한다. 이러한 형식으로 인해 사설시조는 평시조에 비해 상대적으로 서사적 성격을 띠기도 한다.

(다)

뉴미디어란 무엇인가? 뉴미디어는 최근 새로이 등장한 유선계, 무선계, 패키지계 미디어를 총칭하는 말이다. 유선계, 무선계, 패키지계는 전달 수단에 따른 구분이다. 유선계 미디어는 전화망이나 동축케이블, 혹은 광케이블망을 통해서 전달되는 미디어로 케이블 텔레비전, 비디오텍스 등이 이에 속한다. 무선계 미디어는 주로 마이크로웨이브와 같은 지상 전파를 이용하여 신호를 전송하는 미디어로 여기에는 가입자 텔레비전, 저출력 텔레비전, 무선전화, 무선호출 등이 있다. 패키지계 미디어는 현재 교육용으로 많이 이용되는 미디어로 콤팩트디스크, 비디오디스크, 비디오카세트 등이 있다.

1장 교과내용

2012

2 〈자료〉의 (가)는 작문 과제이고, (나)는 작문 과제에 따라 학생이 작성한 글이다. 교사의 평가 및 지도 내용으로 적절하지 <u>않은</u> 것은?

자료

(가)

[주제] 매체 변화가 인간의 언어 생활에 미친 영향
[글의 유형] 설명문
[과제 작성 시 유의사항]
• 설명문의 일반적인 형식을 갖추어 쓸 것
• 작문 윤리를 고려하며 쓸 것

(나) 다매체 시대

매체에 따른 시대 구분은 뜨거운 논쟁 거리 중의 하나이다. 이는 매체에 대한 시각의 차이에서 비롯된 것으로, 매체에 대한 개념 정의를 명확하게 할 필요가 있다. 원시 시대에는 문자가 없었다. 원시 시대의 인류는 상대방에게 의사를 표현하려면 오로지 몸짓이나 자신의 목소리에 의존할 수밖에 없었다. 그렇지만 아무리 크게 말해도 시간이나 거리의 제약을 받을 수밖에 없었다.

그러나 음성 매체 시대를 지나 문자 매체 시대가 되었지만, 의사소통에 여전히 제약이 많았다. 사람들은 소통을 위해 나무 등에 문자를 그리거나 새겨 넣어야 했기 때문이다. 어떤 교수는 문자 매체 시대의 한계를 지적하면서 "종이가 발명되어 이러한 어려움이 줄어들기는 했지만, 여전히 지식은 문자를 알고 있었던 몇몇 특수층에게만 한정되었다."라고 말하였다.

라디오를 처음 대한 사람들은 "저 조그만 상자 안에 어떻게 사람이 들어가 있지?"라며 라디오를 마술 상자쯤으로 여겼다고 한다. 나도 이와 비슷한 얘기를 할아버지로부터 들은 기억이 난다. 나는 그때 할아버지가 나와는 아주 다른 시대에 사는 분으로 여겨졌다.

디지털 매체 시대에는, 다른 시대보다 훨씬 많은 정보를 신속하게 전할 수 있게 되었다. 디지털 매체의 가장 전형적인 매체인 컴퓨터를 통해 우리는 각종 정보를 쉽게 검색하고, 편지를 쓰고, 대화를 나누게 되었다. 그리고 시간과 공간의 제약을 받지 않고, 지식과 정보를 저장, 재생산할 수 있게 되었다.

---

① 제목이 글의 핵심 내용을 드러내지 못하고 있다. 제목의 역할과 기능, 제목을 붙이는 방법에 대하여 지도한다.
② 시대별 매체 변화에만 초점을 둔 것은 작문 과제를 분석하지 않았기 때문이다. 내용 조직 및 표현 단계에서 적용해야 할 세부 작문 전략에 대하여 지도한다.
③ 글의 첫 부분은 글 전체를 안내하는 내용으로 부적절하며, 끝 부분에는 글을 마무리하는 내용이 빠져 있다. 설명문 구성 방법과 각 부분에서 기술해야 할 내용에 대하여 지도한다.
④ 다른 사람의 말을 직접 인용했음에도 불구하고 이름이나 출처를 밝히지 않고 있다. 저작권과 인격 보호, 출처 표기 등에 대하여 지도한다.
⑤ 주제와 거리가 먼 내용이 있어서 글의 통일성을 해치고 있다. 통일성의 개념과 통일성 있게 글을 쓰는 방법에 대하여 지도한다.

심화 예제

3 (가)는 〈쓰기 과제〉와 학생 글이고, (나)는 학생이 작문에서 겪는 어려움을 호소하는 글이다. 글을 읽고 물음에 답하시오.

(가)

〈쓰기 과제〉

[주제] 매체 변화가 인간의 언어생활에 미친 영향
[글의 유형] 정보 전달 글
[과제 작성 시 유의사항]
❶ 정보전달 글의 전개방식을 갖추어 쓸 것
❷ 작문 윤리를 고려하며 쓸 것

〈학생 글〉

다매체 시대

　매체에 따른 시대 구분은 뜨거운 논쟁 거리 중의 하나이다. 이는 매체에 대한 시각의 차이에서 비롯된 것으로, 매체에 대한 개념 정의를 명확하게 할 필요가 있다. 원시 시대에는 문자가 없었다. 원시 시대의 인류는 상대방에게 의사를 표현하려면 오로지 몸짓이나 자신의 목소리에 의존할 수밖에 없었다. 그렇지만 아무리 크게 말해도 시간이나 거리의 제약을 받을 수밖에 없었다.

　그러나 음성 매체 시대를 지나 문자 매체 시대가 되었지만, 의사소통에 여전히 제약이 많았다. 사람들은 소통을 위해 나무 등에 문자를 그리거나 새겨 넣어야 했기 때문이다. 어떤 교수는 문자 매체 시대의 한계를 지적하면서 "종이가 발명되어 이러한 어려움이 줄어들기는 했지만, 여전히 지식은 문자를 알고 있었던 몇몇 특수층에게만 한정되었다."라고 말하였다.

　라디오를 처음 대한 사람들은 "저 조그만 상자 안에 어떻게 사람이 들어가 있지?"라며 라디오를 마술 상자쯤으로 여겼다고 한다. 나도 이와 비슷한 얘기를 할아버지로부터 들은 기억이 난다. 나는 그때 할아버지가 나와는 아주 다른 시대에 사는 분으로 여겨졌다.

　디지털 매체 시대에는, 다른 시대보다 훨씬 많은 정보를 신속하게 전할 수 있게 되었다. 디지털 매체의 가장 전형적인 매체인 컴퓨터를 통해 우리는 각종 정보를 쉽게 검색하고, 편지를 쓰고, 대화를 나누게 되었다. 그리고 시간과 공간의 제약을 받지 않고, 지식과 정보를 저장, 재생산할 수 있게 되었다.

(나) 〈작문 일지〉

　저는 중학교 때, 시나 수필을 잘 쓴다는 칭찬을 많이 받았습니다. 제 글을 읽고 난 후 선생님이나 친구들이 보인 흐뭇한 표정이 지금도 떠오릅니다. 그런데 고등학교에 와서 작문과 관련된 지식을 많이 배웠는데 이것이 제 작문에 무슨 도움이 되는지 모르겠습니다. 도리어 작문에 대한 흥미만 잃어버렸습니다. 특히 정보전달 글 쓰기라는 과제 앞에서 제게 쓰기는 높은 산을 오르는 암벽 등반과 같은 것이 되어버렸습니다. 쓰기의 과정은 고통이 따랐습니다. 정보전달 글의 전개방식과 같은 과제 조건을 고려했지만, 쓰기가 더 이상 진행되지 않고 멈췄을 때는 두통처럼 머리가 지끈 거렸습니다. 제 글을 선생님이 읽고 직접 지도를 해주신다고 생각하니, 걱정만 앞섰습니다. …(중략)…

2. (나)에서 학생이 겪는 작문 문제를 1개의 어구로 제시하고, 1문장으로 이를 설명할 것.[2점]

3. 〈보기〉는 학생 글에 대한 교사의 피드백 내용과 지도 계획이다. 〈작성 방법〉을 고려하여 서술하시오. [4점]

〈보기〉

이 글은 매체 변화에 초점이 맞춰져 있지만, 작문 과제를 충분하게 분석하지 못해 아쉬움이 남는다. 첫째, 제목이 글의 핵심 내용(주제)을 드러내지 못하고 있어 문제점이 있다. 따라서 제목의 역할과 기능, 제목을 붙이는 방법에 대한 학습이 필요하다. 둘째, 주제인 "매체 변화가 인간의 언어 생활에 미친 영향"을 고려해보면 3문단의 내용은 '라디오를 처음 대한 사람들은 반응과 할아버지와의 추억'인데, 이는 주제에 비춰 거리가 먼 내용임을 알 수 있다. 3문단에서 주제와 거리가 먼 내용이 들어 있고 통일성을 해치고 있어서 통일성의 개념과 통일성 있게 글을 쓰는 방법을 지도한다. 셋째, 과제 작성시 조건 ❶을 고려할 때, 글의 첫 부분은 글 전체를 안내하는 내용으로 부적절하며, 끝부분에는 글을 마무리하는 내용이 빠져있어 문제가 있다. 따라서 정보전달하는 글의 전개 방식인 머리말, 본문, 맺음말과 각 부분에서 기술해야 할 내용을 서술하도록 지도한다. 조건 ❷를 고려할 때 (㉠)

〈작성방법〉

- 밑줄 친 대목과 관련하여 ㉠에 학생 글에 나타난 문제를 근거를 들어 밝히고, 지도 방안을 서술할 것.
- 위의 〈교사의 피드백 내용과 지도 계획〉을 보완하고자 한다. 학생이 겪고 있는 문제에 대한 지도 방안을 정의적 요인과 관련된 용어를 포함하여 서술할 것.

4 다음은 학생의 작문 계획과 수집된 자료이다. 〈작성 방법〉에 따라 서술하시오. [4점]

〈학생의 작문 계획〉

예상 독자	여드름에 관심이 많은 친구들
글을 쓰는 목적	여드름이 무엇이고, 왜 생기는지 알려 주어야겠다.
정보 수집 방법	백과사전이나 인터넷을 활용하여 여드름에 대한 정보를 찾아야겠다.
표현 방법	적절한 설명 방법을 사용해서 이해하기 쉽게 쓰려 함.

(가)

〈수집된 자료〉

㉮ 여드름
「명사」주로 사춘기에, 얼굴 등 피부에 도톨도톨하게 나는 검붉고 작은 종기. 보통 모공에 고인 피지에 세균이 증식하여 발생한다.

[A]
㉯ 털이 나는 구멍인 모공 안쪽에는 피지샘이 있는데, 피지는 이곳에서 만들어져 모공을 통해 분비되는 기름 물질이다. 피지는 피부를 먼지, 때 등으로부터 보호하며 피부를 촉촉하게 유지해 준다. 피지샘은 얼굴, 두피, 가슴 등의 순서로 많이 분포되어 있고, 하루 평균 1~2그램의 피지를 분비한다.

다 여드름은 다음 그림과 같이 피지가 과도하게 분비되어 모공 안에 쌓이고 여기에 세균이 증식해 염증이 생기는 것이다. 그 과정은 다음과 같다.

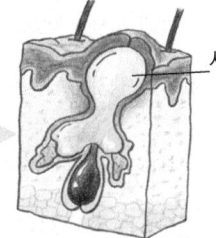

비염증성 여드름
과다한 피지가 피부 밖으로 배출되지 못하고 뭉치면 여드름이 됩니다.

염증성 여드름
뭉쳐 있는 피지가 세균에 감염되면 염증이 발생합니다.

피지가 과도하게 분비되는 이유는 사춘기가 되어 호르몬 분비가 왕성해지거나, 수면이 부족하고 피로하기 때문인 경우가 많다.

라 여드름 예방 방법

- 여드름과 음식
  피지의 분비는 포도당 섭취와 밀접한 관련이 있다. 따라서 포도당이 많은 탄수화물 식품, 예를 들어 빵, 피자, 라면, 과자, 튀김 등은 여드름에 좋지 않다. 반면에 피지 분비를 억제하는 비타민이 많이 들어 있는 식품, 예를 들어 우유, 잡곡, 신선한 야채와 과일은 여드름 예방에 도움이 된다.

- 여드름과 생활 습관
  과로를 피하고 충분한 수면을 취해야 한다. 얼굴을 손으로 자주 만지지 말고, 얼굴에 직접 닿는 이불이나 베개를 늘 청결하게 한다.

- 여드름과 세안 습관
  얼굴은 물론 손을 깨끗이 씻고 머리도 자주 감아야 한다.

(나)
〈작성한 개요〉

제목	여드름은 왜 생길까?	
처음	사춘기의 고민인 여드름	
중간	1. 여드름과 피지란 무엇인가?	
	2. 여드름이 생기는 원인은 무엇인가?	
	3. 여드름을 예방하는 방법은 무엇이 있는가?	
끝	여드름 예방을 위해 필요한 습관 강조	

활용 자료	설명 방법
가, 나	[A]
다	[B]
라	[C]

작성방법

- (가)를 활용하여 (나)의 개요를 토대로 글을 쓰고자 할 때, [A]~[C]에 설명 내용을 효과적으로 소개하기 위한 설명 방법을 각각 서술할 것.

5 송 교사는 [학습 목표]에 따른 학습 과정에 대한 [평가 운영안]을 다음과 같이 마련하였다. 〈자료〉는 학습 목표의 성취를 위하여 쓰기 과제를 수행한 학생이 쓴 초고와 이에 대한 점검 과정을 보여주는 글이다. [학습 목표]와 [평가 운영안]을 참조하여 〈작성 방법〉에 따라 서술하시오. [4점]

[학습 목표]
① 대상의 특성에 맞는 설명 방법을 사용하여 글을 쓸 수 있다.
  설명하고자 하는 대상이나 개념에 맞게 적절한 설명 방법을 사용하여 글을 쓰는 능력을 기르기 위해 설정하였다. 적절한 설명 방법을 활용해야 논리가 정연하고 독자가 이해하기 쉬운 글이 된다는 점을 인식해 글을 쓰게 한다.
② 쓰기 과정과 전략을 점검·조정하며 글을 쓰고, 독자를 고려하여 글을 고쳐 쓴다.
  한 편의 글을 쓰면서 독자가 이해하기 쉽도록 글을 개선하기 위해 글을 고쳐 쓰는 태도와 능력을 갖추게 하기 위해 설정하였다. 독자의 이해를 돕기 위해 단어, 문장, 문단, 글 전체 수준에서 다양한 방법으로 자신의 글을 고쳐 쓸 수 있도록 한다.

[자료 글]

콧구멍은 왜 두 개일까?

감기에 걸려 코가 막히면 제대로 숨쉬기가 어렵다. 그런데 양쪽 콧구멍이 다 막혔다가 한쪽이라도 뚫리면 한결 숨쉬기가 편하다. 그래서 콧구멍이 두 개인 걸까? 코의 구조와 기능을 살펴보면서 콧구멍이 두 개인 까닭을 알아보자.

[A]
(❶)코는 크게 바깥 코와 코안으로 나뉜다. 바깥 코는 콧등, 콧부리, 코끝, 콧구멍, 콧방울로 이루어진다. 코안에는 안쪽 공간을 좌우로 나누는 코중격이 있고, 더 안쪽의 윗부분에 세 겹으로 된 선반 모양의 칸막이인 코 선반이 있다. 코 선반은 밖에서 들어온 공기를 체온과 비슷하게 만들어 온도와 습도를 조절한다. 코 선반의 위쪽에는 코 천장이 있는데 여기에 후각 세포가 모여 있다.

❶ 문단과 문단이 자연스럽게 연결되도록, 뒤 문단의 내용을 안내하는 문장 "먼저 코의 구조를 살펴보자"가 필요해.

다음으로 코의 기능에 관해 알아보자. [❷사람과 동물의 코는 호흡을 담당하는 신체 기관이다. 숨쉬기를 효율적으로 하기 위해 사는 환경에 따라 콧구멍의 모습도 다르다. 추운 지방에 사는 사람의 콧구멍은 더운 지방에 사는 사람의 콧구멍보다 크기가 작다. 낙타는 효율적으로 숨을 쉬기 위해 콧구멍 크기가 크고, 모래바람을 막아 주기 위해 콧구멍을 닫을 수 있다는 점에서 사람과 다르다. 따라서] 코는 숨을 쉬는 중요한 호흡 기관이다. 코로 숨을 쉴 때, 체온보다 낮은 공기가 몸 안으로 들어오기 때문에 숨을 쉬는 동안 콧구멍의 크기가 줄어든다. 그렇게 되면 숨쉬기가 어려울 텐데 실제로는 별다른 문제가 생기지 않는다. 왜냐하면 두 개의 콧구멍을 번갈아 가며 숨을 쉬기 때문이다. 많은 사람이 양쪽 콧구멍으로 동시에 숨을 쉬고 있다고 생각하지만 실제로는 콧구멍 한쪽씩 교대로 숨을 쉰다.

그리고 코는 냄새를 맡는 기능도 한다. 냄새를 맡는 후각 세포는 아주 ❸예리해서 쉽게 피곤해진다. 지독한 냄새가 나는 공간에 들어가도 금방 그 냄새를 느끼지 못하는 까닭도 코안에 있는 후각 세포가 금세 마비되기 때문이다. 그렇기 때문에 왼쪽 콧구멍과 오른쪽 콧구멍이 번갈아 가며 냄새를 맡아 후각 세포의 피로를 방지하는 것이다. 우리의 콧구멍이 두 개인 것도 바로 이 때문이다.

❸ 문맥상으로 보아 '무언가를 느끼고 판단하는 능력이 뛰어남.'의 뜻인 '예민'이 어울려.

지금까지 코의 구조와 기능을 살펴보고 콧구멍이 두 개인 까닭을 알아보았다. 그 과정에서 우리는 코가 중요한 신체 기관임을 알게 되었다. 그러므로 규칙적인 운동, 균형 잡힌 영양 섭취, 충분한 수면, 실내 환기, 습도 유지 등을 통해 소중한 코를 건강하게 관리하는 습관이 필요하다.

[평가 운영안]

구분	평가 방법 및 유의 사항
① 적절한 설명 방법으로 글 쓰기	• 학생의 초고를 적절한 설명 방법으로 글을 썼는지를 기준으로 점검하고 있는가?
② 쓰기 과정을 점검·조정하고 독자를 고려하여 글을 고쳐 쓰기	• 학생의 글쓰기 과정에 대한 점검·조정의 내용을 파악하고 있는가? • 독자의 이해를 돕기 위해 단어, 문장, 글 전체 수준에서 다양한 방법으로 자신의 글을 고쳐쓰고 있는가?

작성방법

- [평가 운영안] ①을 고려하여 [A]에서 설명 대상과 설명 방법을 각각 제시하고, 그렇게 생각한 이유를 서술할 것.
- [평가 운영안] ②를 고려하여 ❶~❸에서 학생이 수행한 고쳐쓰기 활동의 수준과 방법을 각각 서술할 것.

6~7 대한 고등학교 송교사는 표현과 이해 능력을 동시에 신장시키기 위하여 아래와 같은 학습 목표에 따라 독서·작문 통합 수업을 하고자 한다. 글을 읽고 물음에 답하시오.

[교육과정 성취기준]
[읽기] 글에 사용된 다양한 설명 방법을 파악하며 읽는다.
[쓰기] 대상의 특성에 맞는 설명 방법을 사용하여 글을 쓴다.

[수업 의도]

1. 국어 수업의 궁극적 목표는 학습자의 언어 능력을 기르는 것이다. 그러나 지금까지의 국어 교육은 읽기와 쓰기의 언어 사용 기능을 분절시키고, 분절된 언어 기능을 각기 따로 교육하여 학습자의 언어 능력 개발에 소홀하였다는 문제점이 있었다. 이 수업은 이를 보완할 수 있는 표현과 이해의 영역을 통합한 영역 통합 수업이다.

2. 설명문과 관련된 장르 지식
설명문은 정보를 제공하기 위해 정의, 비교, 분류, 분석, 비교, 대조, 예시, 인용과 같은 설명의 방법을 사용하여 작성한 글을 말한다. 설명문을 잘 쓰기 위해서는 내적 구조에 대한 적절한 이해가 필요하다. <u>내적 구조</u>에는 정의, 비교, 분류, 분석, 인용, 예시와 같은 설명 방식, 비교·대조, 원인/결과, 문제/해결 등과 같은 내용 전개 방식 등이 있다. 이러한 구조들은 필자와 독자에게 긍정적 기여를 한다는 점에서 장르 지식으로 필수적이다.

〈읽기 활동〉

[처음] 제주도에 '도깨비 도로'라는 길이 있다. 눈으로 볼 때에는 분명히 가파른 오르막길인데, 실제로 측정해 보면 내리막길이라고 한다. 내리막길이 오르막길로 보이는 것은 도로 주변의 나무와 배경 때문에 생기는 착시이다. '도깨비 도로'에서 경험하는 것과 같은 착시가 우리의 일상생활에서도 자주 일어난다.

[중간] 착시란 시각적인 착각 현상, 곧 대상이 실제와 매우 다르게 보이는 것을 뜻한다. 즉, 눈에 보이는 대상의 크기, 형태, 빛깔 등이 실제와 차이가 나는 것을 말한다.
그렇다면 착시는 무엇 때문에 생기는 것일까? 여러 매체에서 얻은 정보를 종합해 보니, 착시를 일으키는 원인은 매우 다양했다. 그러나 이 글에서는 그 가운데 착시의 주요 원인 네 가지만 살펴보기로 하겠다.
첫째, 착시는 도형의 방향, 각도, 크기, 길이 등의 혼동 때문에 생긴다. 이를 '기하학*적 착시'라고도 부르는데, [그림 1]에서처럼 두 평행선에 방향이 다른 사선을 그으면 평행선으로 보이지 않는 것이 대표적인 예이다.
둘째, 원근*을 혼동할 때에도 착시가 생긴다. 일반적으로는 가까이 있는 것이 크게 보이고 멀리 있는 것이 작게 보이지만, [그림 2]의 경우처럼 뒤에 있는 막대기가 더 커 보이는 경우가 있다.
셋째, 그림이나 사진을 잇달아 늘어놓았을 뿐인데, 마치 연속적으로 움직이는 것처럼 보이는 '연속적 움직임의 착시'가 있다. [그림 3]이 이를 잘 보여 준다. 영화는 이러한 현상을 이용한 대표적인 예라 할 수 있다.
마지막은 욕구나 태도 때문에 생기는 착시이다. 이런 현상은 심리적 요인이 작용하여 생기는데, 배가 너무 고프면 음식물 그림이 아닌데도 음식물 그림으로 보이는 경우 등이 이에 해당한다.

지금까지 착시에 대해 살펴보았다. 우리는 생활하면서 이러한 착시를 자주 경험한다. 대표적인 예로 밝은 색채의 옷이나 가로줄 무늬의 옷을 입으면 살이 쪄 보이고, 어두운 색채나 세로줄 무늬의 옷을 입으면 조금 더 날씬해 보이는 것, 약간 뒤로 기울여 놓은 전신 거울 앞에 서면 키가 더 커 보이는 것 등을 들 수 있다. 실제로는 그렇지 않지만 '그렇게 보일 수' 있다는 것은 색다른 즐거움을 줄 수 있다.

[끝]

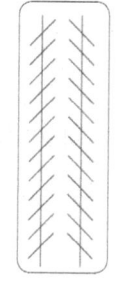 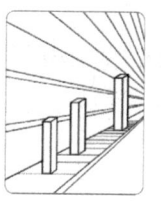 

[그림 1] 기하학적 착시   [그림 2] 원근의 착시   [그림 3] 연속적 움직임의 착시

어휘 풀이
- 기하학: 도형 및 공간의 성질에 대하여 연구하는 학문.
- 원근: 멀고 가까움.

〈쓰기 활동〉

[설명 대상]
- 우리 지역의 대표적인 문화재

[다양한 매체를 활용하여 설명문 쓰기에 필요한 자료를 수집]

매체	자료의 내용
• 지역 신문 • 청주 고인쇄 박물관 홈페이지 • 백과사전	• 직지심체요절과 서양 금속 활자의 차이 • 직지심체요절의 역사적 의의와 가치 • 직지심체요절의 특징과 만드는 단계 • 우리나라에 있지 않은 직지심체요절

[대상의 특성에 적합한 설명 방식의 활용]

	설명 대상	설명 방식
머리말	① • 직지심체요절의 뜻 • 간행 연대와 간행한 사람 • 직지심체요절이 세상에 알려진 시기	→ 정의
본문	② • [A]	→
	③ • [B] • 구텐베르크 인쇄술의 역사적 의의	→
맺음말	④ • 직지심체요절이 프랑스 국립 도서관에 소장되어 있는 이유(우리나라에 있지 않은 이유)를 밝힘	→ 인과

[학생 글 원문]
① '직지심체요절'이란 세계에서 가장 오래된 금속 활자로 인쇄된 책이다. …(중략)…

[A] ② '직지'를 인쇄한 금속 활자를 만드는 단계는 크게 6단계로 나눌 수 있다. 첫 단계는 글자본을 선정하는 단계로, 인쇄하고자 하는 내용의 본을 정하는 단계이다. 둘째 단계는 글자본을 붙이는 단계로, 필요한 활자의 판형틀을 만드는 단계이다. 셋째 단계는 어미자를 만드는 단계로, 조각칼을 사용하여 양각으로 글자를 새긴 후 한 글자씩 실톱으로 자르는 단계이다. 넷째 단계는 밀랍 가지를 만드는 단계로, 앞 단계에서 제작한 밀랍 원형 글자판 여럿을 묶어 하나의 가지로 만드는 단계이다. 다섯째 단계는 거푸집을 만드는 단계로, 모래나 황토 등을 혼합한 흙을 밀랍 가지에 발라 거푸집을 만드는 단계이다. 여섯째 단계는 만들어진 거푸집에 쇳물을 붓고 이를 식혀서 활자를 만드는 단계이다. 이런 과정을 거쳐 '직지'를 찍어 내는 금속 활자를 만든다.

[B] ③ 흔히 '직지'는 서양의 구텐베르크가 만든 금속 활자, 인쇄물과 비교되는 경우가 많다. 구텐베르크가 만든 활자는 '직지'가 발견되기 전까지는 세계에서 가장 오래된 금속 활자와 인쇄물로 여겨져 왔다. '직지'가 불교와 관련된 내용을 담고 있다면, 구텐베르크 활자는 기독교 성서를 인쇄한 것이다. 1455년에 인쇄가 완성되어, '직지'가 인쇄된 1377년과 비교하면 78년 정도 늦다. 구텐베르크의 인쇄술은 지식에서 소외되었던 대중에게 책이 급속히 전파되는 계기가 되었고 르네상스와 종교 개혁 등 역사 발전에도 큰 영향을 미쳤다.

④ '직지'는 우리나라에 있지 않고 현재 하권만 프랑스 국립 도서관에 소장되어 있다. 1886년 한불 수호 통상 조약이 체결된 후, 초대 프랑스 공사로 부임한 콜랭 드 플랑시가 우리나라의 고서 및 각종 문화재를 수집하였는데, 그 속에 '직지'가 포함되어 있었다. 이후 플랑시가 우리나라에서 수집해 간 대부분의 고서는 모교에 기증하였는데, 금속 활자본 '직지'는 골동품 수집가였던 앙리 베베르가 구입하여 소장하고 있다가, 1950년경에 그의 유언에 따라 프랑스 국립 도서관에 기증되었다. '직지심체요절'은 비록 프랑스에 있지만 현존하는 세계 최초의 금속 활자본으로 고려 시대 인쇄 문화의 우수성을 상징적으로 보여주는 우리의 소중한 문화유산이다.

6 읽기 학습 목표를 고려하여 제재 글 [처음]~[끝]에서 다룬 대상과 이에 대한 설명 방법을 각각 제시하고, 쓰기 학습 목표를 고려하여 학생이 쓴 글 [A], [B]에서 다룬 대상과 이에 대한 설명 방법을 각각 쓰시오.[2점]

7 〈작성 방법〉에 따라 이 수업의 의의를 서술하시오. [4점]

> **작성방법**
> - 이 수업의 교육적 의의를 [수업 의도 ①]를 고려하여 언어의 본질 측면과 언어 교육 측면을 포함하여 서술할 것.
> - [수업 의도 ②]를 고려하여 설명문의 필수적인 장르 지식으로 내적 구조의 의의를 필자 측면과 독자 측면을 각각 서술할 것.

8~9 다음은 표현과 이해 능력을 동시에 신장시키기 위하여 '총체적 교수학습의 원리'에 따라 마련한 독서와 작문 통합 수업 계획이다. 글을 읽고 물음에 답하시오.

〈자료 1〉

〈수업 계획〉

[교수학습의 원리]
① 교실 수업에서 자연스러운 언어 상황 맥락을 강조
② 학습자 중심 : 학습자 반응, 실수 허용, 학습에 대한 책임감 등의 강조
③ <u>말하기, 듣기, 읽기, 쓰기 활동의 유기적 관련 중시</u>
④ 상호작용을 통한 학습자의 <u>의미 구축</u>

[학습 목표]
[읽기] 설명방식을 파악하며 설명하는 글을 읽는다.
• 정의, 예시, 비교와 대조, 분류와 구분, 인과, 분석, 과정
[쓰기] 설명하고자 하는 대상이나 개념에 맞게 적절한 설명 방법을 사용하여 독자가 이해하기 쉽게 글을 쓴다.
• 정의, 예시, 비교와 대조, 분류와 구분, 인과, 분석, 과정, 열거 등

[과제]
평소에 궁금했던 내용을 조사하여 설명하는 글을 쓰기로 한다. 반 친구들을 예상독자로 재미있게 읽을 만한 주제로 무엇이 있을지 생각하고 설명문을 써보자.

〈유의 사항〉
- 설명 대상과 관련한 자료를 다양한 매체에서 수집하여 글의 내용을 선정한다.
- 선정한 내용을 바탕으로 하여 글의 내용을 조직하고, 개요를 활용하여 글의 구조와 내용이 잘 조직되었는지 살펴보고, 그에 적절한 설명 방법이 무엇인지 생각해본다. 개요를 완성한 다음, 스스로 또는 짝과 함께 점검하자.

[제재 글]

〈사람에게 가장 위험한 동물〉

(가) "사람에게 가장 위험한 동물이 뭘까요?" 이 질문에 대한 초등학교 어린이들의 대답은 다양하다. 사자, 곰, 뱀, 악어처럼 포유류 아니면 파충류 이름을 댄다. 가끔 살아 있는 모습을 결코 본 적이 없는 공룡을 말하다가 친구들의 핀잔을 듣는 아이도 있다.

[나]
(나) 사람에게 가장 위험한 동물은 따로 있다. 날씬한 몸매에 투명한 날개와 털이 덥수룩한 다리, 털이 보송보송한 1쌍의 더듬이, 1쌍의 겹눈, 바늘처럼 기다란 주둥이가 특징인 이것. 몸무게는 기껏해야 2밀리그램. 우리 머리카락 네 가닥 무게쯤 된다. 너무도 작고 연약하여 안쓰러울 정도다. 하지만 이 동물의 이름을 듣는 순간, '아! 정말 싫다.'라는 생각이 절로 든다. 그의 이름은 모기.

[다]
(다) 모기는 사막과 남북극을 제외한 모든 곳에 산다. 50만 년 전 불을 일상적으로 사용하게 된 직립 원인(直立 猿人)은 더운 지방을 떠나 추운 지방으로 이주했다. 먹을 것도 상대적으로 적고 생활도 불편한 추운 지방으로 이주한 가장 큰 이유는 아마도 병균과 벌레 때문이었을 것이다. 불을 피워서 추위만 피할 수 있으면 나머지는 감수할 수 있었다. 그중에서도 모기는 가장 끔찍했다. 생각해 보라. 전기 모기채, 스프레이 살충제, 물파스도 없는 여름밤을 견디기가 얼마나 힘들었겠는가. 모기장은커녕 제대로 된 옷도 없던 시절에 말이다.

(라) 모기는 번거롭고 성가시고 없으면 정말 딱 좋은 존재다. 사람들은 모기를 몹시도 미워한다. 우리가 모기를 미워하는 이유는 단 한 가지. 우리를 물고 가렵게 하기 때문이다. 여기에 모기의 비극이 있다. 모기 가운데 아주 일부가 우리 피를 빨아 먹는다. 뭐, 많이 먹는 것도 아니다. 우유 한 방울 정도다. 게다가 모기가 피를 빠는 이유를 안다면 우리는 참을 수 있다. 바로 모성애다. 오로지 산란기의 암컷만 피를 빨아 먹는다. 자식을 위해 풍부한 영양분이 필요한 것이다.

[마]
(마) 모기가 피를 한 번 빠는 데는 무려 8~10초나 걸린다. 이 시간이면 우리가 모기를 잡는 데 충분한 시간이다. 모기의 입장에서 보면 자식을 위해서 정말로 지옥 같은 공포를 견뎌야 한다. 사람의 혈액에는 혈관에 상처가 나면 피를 굳히는 물질이 있다. 8~10초 동안 주둥이를 사람 혈관에 박고 있으면 그사이에 피가 굳어서 모기는 주둥이를 사람 피부에 박은 채 생을 마감해야 한다. 방패가 있으면 창은 더 정교해져야 하는 법. 모기는 피를 빨아 먹는 동시에 침 속에 혈액 응고 억제 물질인 히루딘을 섞어서 우리 혈관에 주입한다. 우리 몸이라고 가만히 있지는 않다. 히루딘에 알레르기 반응을 일으키면서 히스타민을 분비한다. 히스타민은 우리를 가렵게 만든다. 그러니까 우리를 가렵게 만드는 물질은 모기에게서 오는 게 아니라 우리 몸에서 나온다는 얘기다. "이봐! 위험한 적이 나타나서 자네를 공격하고 있어. 제발 일어나서 좀 잡으라고."라는 신호를 보내는 것이다.

(바) 우리는 몸의 소리를 들어야 한다. '모기가 물든 말든 가렵지만 않으면 좋겠어.'라고 우리 몸이 생각했다면 우리는 지구에 존재하지 못했을 것이다. 가렵기 때문에 모기를 피하려고 추운 곳으로 이주했고 모기를 잡았기 때문에 우리 인류가 아직도 남아 있는 것이다.

[학생의 작문 계획]

예상 독자	여드름에 관심이 많은 친구들
글을 쓰는 목적	여드름이 무엇이고, 왜 생기는지 알려 주어야겠다.
정보 수집 방법	백과사전이나 인터넷을 활용하여 여드름에 대한 정보를 찾아야겠다.
표현 방법	적절한 설명 방법을 사용해서 이해하기 쉽게 쓰려 함.

〈학생의 작문 개요서〉

제목	여드름은 왜 생길까?		
처음	사춘기의 고민인 여드름	**의도 혹은 대상 특성**	**설명 방법**
중간	1. 여드름과 피지란 무엇인가?	이해 중심	[A]
	2. 여드름은 왜 생기는가?	현상의 이유제시	[B]
	3. 여드름을 예방하는 방법은 무엇이 있는가?	항목별 소개	[C]
끝	여드름 예방을 위해 필요한 습관 강조		

〈자료 2〉

단계	절차의 특징	교수·학습의 내용
1	학습 과제 확인	• 학습에 대한 책임 형성을 가지는 과정으로 이를 통해 학습자는 자신의 언어 경험의 의도와 목적을 인식하게 됨
	학습 과제 해결 방법 모색	• 읽기 활동의 결과를 여러 가지 다양한 언어활동들과 어떻게 결합시킬 수 있는지를 생각. • 학습자는 자신이 하고 싶은 한 가지 또는 그 이상의 활동을 정함
2	직접 읽기 활동	교사는 ㉠
3	텍스트 의미 형성 활동	학습자 ㉡
4	• 과제 해결을 위한 영역 통합 활동	• '설명 방법'을 토대로 읽기와 쓰기의 영역 통합 활동
5	• 적용 및 내면화	• 활동의 결과를 다양한 텍스트에 적용

1장 교과내용

8 〈작성 방법〉에 따라 읽기와 쓰기 활동의 교수·학습 내용을 서술하시오. [4점]

> **작성방법**
> - [학습 목표]를 고려하여 제재 글 (나)와 (다), (마)에서 사용된 설명 방법을 제시하고, 그렇게 생각한 이유를 대상 특성을 포함하여 각각 서술할 것
> - [학생의 작문 계획]의 개요서를 고려하여 [A]~[C]에 설명 내용을 효과적으로 소개하기 위한 설명 방법을 각각 서술할 것.

9 독서와 작문 통합 수업의 특성을 〈작성 방법〉에 따라 서술하시오. [4점]

> **작성방법**
> - 〈자료 2〉의 ㉠은 총체적 언어 교육의 절차를 고려하여 이 단계에서 교사의 역할을 서술하고, ㉡은 학습자의 활동을 서술할 것.
> - [교수·학습의 원리] ③~④가 〈자료 2〉 수업의 절차에 어떻게 반영되어 있는지, 근거를 들어 각각 설명할 것.

테마 3 ｜ 자기 소개서

기본 예제

1 다음은 '자기 소개서 쓰기'를 주제로 한 작문 수업의 일부이다. 교사의 설명 내용 괄호 안의 ㉠, ㉡에 들어갈 말을 쓰시오. [2점]

> 이번 시간에는 자기를 소개하는 글을 쓰는 방법에 대해 알아보겠습니다. 이전 시간에 자기를 소개하는 글을 쓸 때 작문맥락에 대한 분석이 어느 글보다 더 정확하게 이루어져야 한다고 배웠지요? 입학이나 취업이라는 특수한 상황에서 대학이나 기업이 요구하는 인재상이나 조건을 충족하도록 글을 써서 자신을 돋보이게 해야 글을 쓴 목적을 달성할 수 있기 때문이지요. 이러한 자기소개서가 갖추어야 할 장르 지식을 바탕으로 자신의 삶을 잘 표현할 수 있는 전략을 알아봅시다.
>
> 먼저 자기소개서를 요청한 기관이나 단체에서 요구하는 가치를 구체화 할 필요가 있어요. 이때 자신의 경험을 이야기로 서술함으로써 이를 구체화할 수 있지요. 예를 들어 대학 입시에서 요구하는 자기소개서의 경우 '배려, 나눔, 협력, 갈등 관리'와 같이 추상적인 가치들을 언급하며 그 사례를 기술하라고 요구합니다. 여기에 한 친구가 계획한 내용을 볼까요?

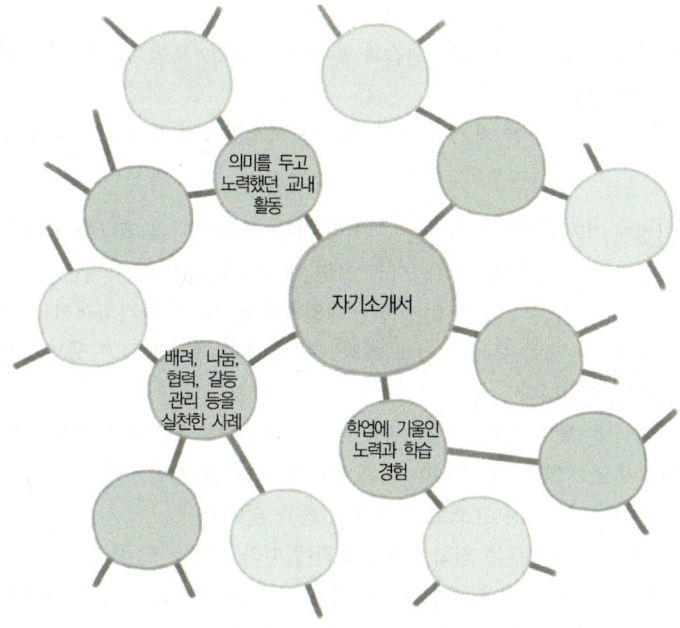

〈의미를 두고 노력했던 교내 활동〉	전교 회장 역임, 신문 방송 동아리 활동, 영어 연극 동아리 활동
〈배려, 나눔, 협력, 갈등 관리 등을 실천한 사례〉	친구들과 교지를 만들었던 경험, 보육원 봉사 활동
〈학업에 기울인 노력과 학습 경험〉	독서 토론 대회 참여, 백일장 대회 입상

 이 친구는 자신의 삶에서 가치를 잘 보여 준다고 판단되는 사건을 뽑아서 이야기로 잘 엮어 내고자 하는군요. 그런데, 이처럼 구체적인 경험과 사례를 쓰려면 그 경험이 (㉠)해야 해요. 자신이 직접 겪어 보지 않은 일을 쓸 때는 글이 생명력을 얻을 수 없기 때문이지요. (㉡)한 삶의 이야기 속에 평가자가 요구하는 가치나 성품이 담겨 있을 때 자기소개서로서 좋은 평가를 받을 수 있겠지요.
 그래서 자기소개서 쓰기에서 중요한 원리는 (㉠)성입니다. 자기소개서를 통해 원하는 곳에 선발되고자 하는 욕심 때문에 거짓으로 자신의 삶을 포장해서는 안 되겠지요? 설사 자신에게 실패의 경험이 있었다 하더라도 이를 성공으로 거짓되게 포장하기보다는, 그러한 실패를 그대로 인정하고 이를 통해 무엇을 배우게 되었는지 (㉡)하게 기술하는 것이 더 좋은 평가를 받을 수 있습니다.
…(중략)…

> 심화 예제

2 다음을 읽고 〈작성 방법〉에 따라 작문 수업 내용을 서술하시오. [4점]

[성취 기준]
• 글을 쓰는 데 필요한 작문의 과정과 관습을 이해한다.
• 작문 맥락을 고려하여 자기를 소개하는 글을 쓴다.

1장 교과내용

[수업 장면]
  송 선생님은 '자기 소개서의 작문 관습과 필수 구성요소, 표현 관습을 알아봅시다.'라는 학습목표로 쓰기 수업을 진행한다.
  송 선생님은 먼저 잘 짜인 자기 소개서 예시를 학생들에게 보여주고 읽게 한다.

…(중략)…

[A] "이렇게 자기소개서를 쓸 때는 이처럼 작문 관습에 따른 맥락을 고려해야 합니다. 쓰는 목적에 따라 독자가 달라질테니까요. 예를 들면 진학이 목적일 때 독자는 '입학 사정관'이겠죠? 취업이 목적일 때 독자는 '기업의 인사 담당자'일거예요. 또한, 자기소개서를 쓸 때에는 매체를 고려해야 하는데, 매체의 종류가 인쇄 매체인지 인터넷 매체(블로그 등)인지에 따라 활용할 수 있는 자료가 달라집니다."

  예시 글은 몇 부분으로 나뉘어져 있어서 학생들이 구분하여 파악하기 쉽게 되어 있다. 학생들은 예시문에 자기 소개의 목적, 자신이 대학 입학에 꼭 필요한 학생이라는 점, 구체적 사례와 의미있는 경험 등의 내용이 필수 구성 요소로 들어가 있음을 찾아낸다.

[B] "네, 맞아요. 예시문은 진학이라는 목적에 따라 입학 사정관의 요구에 맞춰 학업 경험, 교내외 활동 경력 등으로 내용을 구성하고 있지요? 이처럼 자기소개서는 작문 관습에서 필수 구성요소가 담겨있어야 해요. 이를 선생님이 정리를 해 보았어요.

목적	독자의 요구		자기소개서 작성 방법
진학	필자의 학업 능력이나 학교 생활, 인성 등을 파악하고자 함.	⇨	• 학업에 기울인 노력과 학습 경험, 학교생활이나 교내·외 활동 경력, 학업 계획이나 진로 계획 등을 중심으로 서술함. • 배려, 나눔, 협력, 갈등 관리 등을 실천한 사례를 통해 원만한 교우 관계의 형성·유지 능력을 나타냄.

  송 선생님은 학생들과 예시문의 필수 구성 요소를 확인하고, 자기 소개서의 관습에 따른 표현에 유의할 것을 설명한다.

[C] "자기 소개서는 품격있는 표현을 사용해야 합니다. 자기 소개서에서 품격에 맞지 않는 표현은 필자의 인격이나 교양을 의심하게 하며, 독자에게 불쾌감을 줄 수 있기 때문에 친구들과 격의 없이 대화할 때 사용하는 가벼운 표현이나 비속어, 어법에 맞지 않는 말 등을 사용하지 말아야 하겠지요."

  이번에는 학생들 스스로 자기 소개서를 써 볼 차례이다.
  "자신의 상황과 처지를 고려해서 여러분 스스로 자기 소개서를 써 봅시다. 누구에게, 어떤 목적으로 무슨 내용을 담을 것인지 생각해 보세요."

작성방법

- 송 교사의 [수업 장면]이 근거하고 있는 작문 지도 방법을 제시하고, 그렇게 생각한 이유를 [A]~[C]를 포함하여 서술할 것.

3~4 송 교사는 화법과 작문의 통합 수업을 진행하기 위해 자기소개서를 활용하여 모의 면접을 준비하였다. (가)는 자기 소개서이고, (나)는 모의 면접의 일부이다. 글을 읽고 물음에 답하시오.

(가)

① 제가 가진 능력을 발휘하여 세상에 도움이 되는 일을 직업으로 삼아 자아를 실현하며 살아야 한다는 것이 고등학생 때부터 줄곧 유지되어 온 제 삶의 철학이었습니다. 저는 대학에서 행정학과 상담 심리학을 복수 전공했고, 대학에서 갈고 닦은 역량을 바탕으로 2011년부터 2014년까지 3년간 △△ 산업의 기숙사 행정 직원으로 근무했습니다. 기계 부품을 개발하고 생산하는 직원들의 생활을 뒷바라지 하는 것이 곧 우리나라 산업 발전에 기여하는 것이라는 생각으로 열심히 일했고 보람도 컸지만, 집안의 부득이한 상황으로 육아를 제가 맡게 되어서 2014년까지만 근무를 하고 사직해야만 했습니다.

② 이제 아이도 어느 정도 자랐고 집안의 사정도 나아져서 다시 한번 제 능력을 발휘하여 세상에 기여함으로써 자아를 실현하고 싶다는 소망이 간절하게 피어오르던 즈음, ○○ 대학교 생활관에서 행정 직원을 채용한다는 공고를 보게 되었습니다. 오늘날 대학의 생활관은 미래 사회의 인재가 될 학생들이 하루를 시작하고 마무리하며 역량을 개발하는 공간의 성격을 지닙니다. 이들의 생활을 지원하는 것이야말로 저의 전공과 직장 경험을 잘 살리면서도 사회 발전을 위한 인재 양성에 기여하는 보람된 일이라고 생각하여 망설임 없이 지원을 결심했습니다.

③ 저는 대학 생활관 행정 직원으로 근무하기에 적합한 역량을 충분히 갖추고 있다고 자부합니다. △△ 산업 기숙사에서 일하던 시절, 대학에서 행정학을 공부했던 경험을 바탕으로 본업인 행정 업무를 꼼꼼하게 처리하는 한편, 상담 심리학을 공부했던 경험을 살려 기숙사 거주 사원들의 민원이 있을 때면 그들의 어려움을 진심으로 헤아리며 소통하는 자세로 응대하여 기숙사 거주 사원들과 기숙사 행정 팀 팀원들 모두에게서 호평을 받았습니다. 대학의 생활관에서도 행정 직원은 서류 작업으로 대표되는 행정 업무는 물론이고 학생들이 생활관에서 편안하고 즐겁게 생활할 수 있도록 다양한 도움을 제공할 수 있어야 한다는 점에서, 저의 이러한 경험은 틀림없이 큰 도움이 될 것이라고 믿습니다.

④ ○○ 대학교는 진리, 정의, 실천이라는 건학 이념을 바탕으로 미래 사회를 창의적으로 가꾸어 나갈 사람다운 사람을 길러 내는 것을 목표로 삼고 있다는 것을 학교 누리집을 통해 알게 되었습니다. 제가 ○○ 대학교 생활관에서 일하게 된다면, 학생들이 '내 집'처럼 편안한 환경에서 저마다의 역량을 효과적으로 키울 수 있도록 돕는 일에 매진하여 이러한 목표의 달성에 조금이라도 기여할 수 있도록 열정을 기울이려고 합니다. 급격하게 변화하는 업무 환경에 적응할 수 있도록 신기술이 적용된 기기와 소프트웨어의 사용법을 선제적으로 배울 것이고, 학생들과 효과적으로 소통하기 위해 독서를 통해 이들 세대의 특성을 이해하는 것을 게을리하지 않을 것입니다. 생활관 행정실의 선배님께 열심히 배우는 한편 업무 역량 향상을 위한 각종 연수에도 부지런히 참여하여 단지 주어진 업무에만 연연하지 않고 생활관의 발전을 위해 새로운 사업을 기획하고 운영할 줄 아는 직원이 되기 위해 노력하겠습니다.

(나)

면접 대상자: 안녕하십니까? 면접 번호 B-15번 김◇◇입니다.
면접관: 반갑습니다. 자리에 앉으시고요. 부담 갖지 말고 편안히 답변하시면 되겠습니다.
면접 대상자: 예, 감사합니다.

　면접관: 요즘 대학 생활관의 중요성을 나타내는 말로 '생활관은 또 다른 교육의 장이다.'라는 말이 있습니다. 이 말이 무슨 뜻이라고 생각하나요?
　면접 대상자: 생활관에서 생활하면서 미래 사회의 인재에게 요구되는 역량을 기를 수 있기 때문에

[A] 생겨난 말이라고 생각합니다. 생활관에서는 공동생활을 하면서 공동체 역량을 기를 수 있을 뿐만 아니라 강의 시간에 부과된 과제를 혼자서 또는 공동으로 수행하면서 지적 능력을 기를 수도 있습니다. 또한 다양한 자치 활동과 동아리 활동을 하면서 창의성을 키울 수 있는 곳이기도 합니다.

면접관: 그렇군요. 우리 대학 생활관이 다른 대학 생활관과 차별되는 점을 알고 계신가요?
면접 대상자: ○○ 대학교 생활관 누리집을 통해 알아본 결과, 수제 가구 제작, 요가와 명상, 힐링 합창, 미술 치료 등 생활관생을 위한 자체 교양 프로그램이 크게 활성화되어 있어서 일종의 배움 공동체의 성격이 강하게 구현되고 있다는 점이 가장 큰 특징이라고 되어 있었습니다.

[B]
면접관: 조사를 잘하셨네요. 자기소개서를 보니까 회사 기숙사에서 근무하실 때 기숙사 거주 사원들과 행정 팀 팀원들로부터 호평을 받았다고 되어 있는데 구체적인 사례 하나만 말씀해 보시겠어요?

면접 대상자: 한번은 한여름에 같은 방에 거주하는 사원 여섯 분이 행정실로 찾아와 매우 격한 목소리로 항의한 일이 있었습니다. 그분들의 방에 있는 에어컨이 고장 났는데 수리가 늦어져 며칠째 더위에 고생하고 있다는 것이었습니다. 알고 보니 기숙사에 근무하는 기사님은 고치기 어려운 고장이었고, 기사님이 업체에 연락해 보니 그 에어컨이 구형 모델이어서 부품을 구하는 데 며칠이 걸리므로 기다릴 수밖에 없다는 답변이 돌아왔다는 것이었습니다. 저는 일단 최대한 공감하는 태도로 그분들의 말씀을 경청하고 그분들을 위로해 드렸습니다. 그리고 마침 생산 단지 간 인원 조정으로 기숙사에 빈 방이 하나 생긴 것을 기억해서 에어컨이 정상 가동되는 그 빈방으로 방을 옮겨 드렸습니다. 저의 대처에 그분들뿐만 아니라 중간에서 난처해하셨던 기사님, 그리고 거센 항의를 들어야 했던 행정 팀 식구들까지 모두 만족스러워했고 저의 대처 방식을 크게 칭찬하셨습니다.

[C]
면접관: 잘 알겠습니다. 이번에는 상황을 하나 말씀드리겠습니다. 이런 일이 있어서는 안 되겠지만, 혹시라도 생활관의 동료가 다른 사람 앞에서 김◇◇ 선생님을 무시하고 비하하는 말을 자주 한다면 이 문제에 대해 어떻게 대처하시겠습니까?
면접 대상자: 무조건 반발하지 않고, 일단 그분이 왜 그런 말씀을 하시는지 의도를 알아보겠습니다. 열린 마음과 겸손한 태도로 다가간다면 그분의 마음을 열 수 있을 것이라고 생각합니다. 만약 저에게 잘못된 점이 있어서 생긴 일이라면 그 점을 고치겠습니다. 반면 그분의 마음이 뭔가 뒤엉켜 있어서 그런 것이라면 그로 인해 괴로운 마음에 공감하고 함께 뒤엉킴을 풀기 위해 노력하겠습니다.

3 〈보기〉는 (가)의 〈자기 소개서〉 평가 기준에 대한 가상의 인사 담당자들 간의 대화이다. ㉮~㉰의 평가 기준을 적용하여 〈자기소개서〉의 판단 내용을 서술하시오. [4점](단, 적용할 때 ①과 ④에 국한 할 것)

보기

담당자 1: 이번 생활관 행정 직원 채용에서 자기소개서 평가를 할 때는 어떤 점들에 주목하면 될까요?

담당자 2: ㉮직업에 대한 관점은 어떠한지, ㉯직무 역량과 관련하여 공인된 이력으로 볼 만한 것이 있는지, ㉰직무와 관련하여 의미 있는 경험이 있는지, ㉱입사 후에 발전 가능성이 있는지 등을 잘 살펴보려고 합니다.

4 다음 〈보기〉는 (나)의 면접 대상자의 사고 내용 중 일부이다. [A]와 [C]의 '질문 의도'와 '답변 전략'을 연결하여 제시하고, 그렇게 생각한 이유를 각각 서술하시오.[4점](단, 답안 작성할 때 예와 같이 서술할 것)

보기

효과적인 면접을 위해서는 질문의 내용과 더불어 질문자의 의도까지 고려하여 효과적으로 답변한다.

질문 의도	답변 전략
㉠ 자기소개서에서 제시한 내용과 관련하여 구체적 경험을 제시할 것을 요구하는군.	ⓐ 자기소개서에서 언급한 생활관의 성격과 일관되도록 답변하되 생활관에서 어떤 역량을 기를 수 있는지 언급해야겠군.
㉡ 직장에서 일어날 수 있는 상황을 제시하여 대인 관계에 대한 태도를 확인하려고 하는군.	ⓑ 자기소개서에서 진술한 타인에 대한 응대의 모습과 충돌하지 않도록 유의하며 대처 방법을 말해야겠군.
㉢ 특정 문장의 의미를 물음으로써 직무에 대한 관점이나 소양이 적절한지를 판단하려고 하는군.	ⓒ 자기소개서의 추상성을 완화할 수 있도록 내가 역량을 발휘해 문제를 해결했던 경험에 대해 말해야겠군.

예

[B]-㉠-ⓒ 이다. 그 이유는 [B]에서 면접관은 자기소개서에서 근거하여 구체적인 사례를 들 것을 질문하고 있다. 이는 ㉠의 의도에 해당한다고 볼 수 있다. 또한 이에 대해 면접 대상자는 ⓒ에서 처럼 자신이 에어컨 고장으로 인해 발생했던 문제를 사람들이 만족할 수 있을 정도로 잘 해결했던 경험에 대해 구체적으로 말함으로써 자기소개서의 추상성을 완화하고 있기 때문이다.

5 다음은 송 교사의 작문 평가 계획이다. 〈작성 방법〉에 따라 〈채점 기준〉에서 보완해야 할 점을 서술하시오. [4점]

[성취 기준]
• 글을 쓰는 데 필요한 작문의 과정과 관습을 이해한다.
• 작문 맥락을 고려하여 자기를 소개하는 글을 쓴다.

(가) 작문 과제

• 작문의 관습을 고려하면서 작문의 과정에 의하여 자기소개서를 써보자.

【답안 작성 시 유의 사항】
• 작문 상황 분석의 결과를 글에 반영할 것.
• 자기 소개서의 작문 관습(형식과 구성 요소, 표현)을 고려하여 글을 쓸 것.
• 통일성, 응집성 등 글이 갖추어야 할 요건을 갖추어 쓸 것.

(나) 학생 글

〈맥락 고려〉

예상 독자	글을 쓰는 목적	글의 주제
학교 홍보 담당자	학교 홍보 대사로 선발되기 위한 자기 소개서	학교 홍보 대사에 어울리는 능력을 갖춘 맞춤형 인재임을 알림.

안녕하세요? 저는 명예로운 ○○고등학교 홍보 대사에 지원한 이연지입니다. 제가 우리 학교 홍보 대사에 잘 어울리는 맞춤형 인재라는 점을 두 가지 이유를 들어 말씀드리겠습니다.

첫째, 저는 촬영 장비를 잘 다루고 영상 편집을 아주 잘합니다. 중학교 때 방송부를 삼 년간 하면서 다양한 장비를 익혔고, 교내 방송 아나운서 경험도 있습니다. 또 제 블로그에는 하루 방문자가 백 명이 넘을 정도로 다른 사람들과 소통도 원활합니다. 게다가 유시시(UCC) 공모전에서 입상한 경험도 있습니다.

둘째, '지피지면 백전불태'라 했는데 저는 우리 학교를 정말 잘 압니다. 저희 이모와 언니도 우리 학교 동문이라서 아주 어려서부터 학교에 관한 많은 이야기를 들었거든요. 그래서 학교의 역사와 학생 수 등의 공식 정보는 물론, 학생들 사이의 소문까지 소상하게 꿰고 있는 생생 정보통, 저 이연지가 홍보 대사로 제격 아닐까요? ^^

장담컨대 절 놓치시면 후회하실 겁니다. 이런 이유로 저 이연지, ○○고등학교 홍보 대사로 저를 강력히 추천합니다!!!

(다) 채점 기준

평가 항목	평가 요소	상	중	하
내용 (20점)	㉠ 생활 체험에서 얻은 경험 가운데 독자에게 감동이나 즐거움을 줄 수 있는 내용을 선정하였는가?			
	작문 상황 분석의 결과를 글에 반영하여 독자를 존중하고 배려하였는가?			
	㉡ 자기 소개서의 목적과 주제를 고려하고 있는가?			
구성 (20점)	㉢ 자기소개서의 형식과 구성 요소를 갖추었는가?			
	문단과 문단은 긴밀하게 연결되어 있는가?			
표현 (10점)	㉣ 자기소개서에 어울리지 않는 문체의 사용이나 상투적이거나 화려하게 꾸민 표현은 없는가?			
합계				점

작성방법

- 성취기준과 (가) '작문 과제'의 '답안 작성시 유의 사항'을 고려하여 (다)의 채점 기준의 '평가 요소' ㉠이 문제가 되는 이유를 서술하고, ㉢이 적절한 평가 요소가 되는 이유를 서술할 것.
- 평가 요소 ㉡을 판단 기준으로 학생 글이 우수하다고 판단할 수 있는 이유를 서술하고, 반면에 ㉣을 판단 기준으로 학생 글이 미숙하다고 판단할 수 있는 이유를 서술할 것.

1장 교과내용

| 테마 4 | 기사문 |

관련 기출
2012

1~2 다음은 정약전이 '자산어보'를 저술한 사실을 기사문 형식으로 쓴 학생의 글이다. 글을 읽고 물음에 답하시오.

국어문화신문

1815년 ○월 ○일

정약용의 형 정약전, 유배지 흑산도에서 물고기에 관한 방대한 자료로 '자산어보' 완성하다

'자산어보(玆山魚譜)'는 우리나라 최초의 어류 분류 사전이라는 점에서 높이 평가되고 있다. 기자는 정약전 선생이 유배라는 어려운 환경에서 이루어낸 놀라운 학문적 성과에 경탄을 금치 못한다.

정약전 선생은 이 책의 서문에서 "흑산의 바다에는 어족이 풍부하지만 그 이름을 아는 자가 극히 적었다. 내가 보기에 흑산은 박물학자들의 연구처로 적합한 곳이었다. 나는 이 책을 편찬하기 위해 많은 섬사람들을 방문해서 많은 질문을 던지고 자료를 수집하였다."라고 하면서 "후학들이 이 책을 잘 활용한다면 병을 치유하거나 생활에 도움이 될 만한 지식을 얻을 수 있을 것"이라고 저술의 동기를 밝혔다.

'자산어보'는 3권 1책으로 구성되어 있는데, 1권에는 비늘이 달린 어류 73종이, 2권에는 비늘이 없는 어류 42종이, 3권에는 잡류로 해충 4종, 해금수 1종, 해초 35종이 상세하게 설명되어 있다.

---

1 기사문의 일반적 구성 요소에 따라 기사문 고쳐쓰기를 위한 점검표를 만들 때, 점검표 안에 들어갈 내용을 항목별로 하나씩 넣어 완성하시오.

구성 요소	점검 사항
표제	• 내용을 압축적으로 표현하였는가?
(ㄱ)	• 표제를 보완하고 있는가?
전문	(ㄷ)
본문	• 취재 내용을 객관적으로 기술하였는가?
(ㄴ)	(ㄹ)

(ㄱ) _____ (ㄴ) _____
(ㄷ) _____
(ㄹ) _____

2 '1'의 점검표에 따라 기사문 고쳐쓰기 활동을 지도하려고 한다. 위 기사문에서 반드시 추가해야 할 구성 요소 한 가지를 쓰고, 고쳐야 할 부분 두 곳을 찾아 첫 어절과 끝 어절을 쓰시오.

① 반드시 추가해야 할 구성 요소 : (   )

② 고쳐야 할 부분 1 :   ~

　고쳐야 할 부분 2 :   ~

심화 예제

3 다음을 읽고, 기사문의 특징에 대해 〈작성 방법〉에 따라 서술하시오. [4점]

(가) 학생의 글

'W' 학교와 'H' 백화점의 협력으로 교통 문제가 해결되다

　최근 'W' 학교 인근에 세워진 백화점에 방문하는 차량들로 인해 발생하고 있는 교통 문제를 해결하기 위해 학교 측과 백화점 측이 8월 27일에 만나 합의했다.

　학교 측은 최근 'H' 백화점에 방문하는 차량이 크게 증가함에 따라 학생과 학부모들이 교통 혼잡으로 인해 불편을 겪고 있음을 지적했다. 이에 따라 학교 측은 'H' 백화점에 해결책을 조속히 마련할 것을 요구할 예정이며, 필요한 부분이 있다면 구청에도 적극적으로 협조를 요청할 것이라고 말했다. 한편, 'H' 백화점 측도 문제 해결을 위해 적극적으로 나서겠다고 밝혔다. 다만 주차장 확보가 쉽지 않다는 점을 걱정하며 해결에 많은 시일이 걸릴 것임을 예상했다.

[A] 　'W' 학교의 학생 백 모 양은 백화점에 방문하는 차량으로 인해 학교를 등하교할 때 불편을 겪는 일이 많다면서 조속히 문제가 해결되기를 바란다고 말했다. 실제로, 'H' 백화점 주변의 교통량은 백화점이 입점한 이후 그 전보다 주변 도로의 평균 교통량이 매우 증가한 것으로 느껴진다. 한 블로그 글에 따르면 교통량의 과도한 증가는 학생들의 안전에 치명적인 위협을 가한다. 그러므로 관련 기관이 협력하여 문제를 빠르게 해결하는 것이 사회적으로 요구되고 있다.

(나) 송 교사의 수업 성찰 일지

　이번 〈화법과 작문〉 수행 평가로 학생들에게 주변에서 찾을 수 있는 사회 문제에 대한 기사문을 작성하는 과제를 내주었다. 수행 평가 전에 기사문의 형식적 구조와 내용적 특징을 설명했으며, 내용 생성을 위한 충분한 기회를 부여했다.

　기사문은 제한이 있는 지면에 주요한 객관적 사실을 알려 주는 동시에 독자가 짧은 시간에 내용을 빠르게 파악하기에 적합한 형태의 글이다. 그러므로 학생들에게 정보 전달의 효율성을 위해 표제, 전문, 본문의 구조를 취할 것을, 그리고 내용을 작성할 때는 명시적이고 정확한 표현을 사용할 것과 신뢰성 있는 출처의 정보를 인용할 것을 요구했다.

　위 학생은 기사문의 구조적 특징에 맞춰 글을 쓰는 데에 급급하여 표제나 본문에서 요구되는 내용적 특징을 지키지 못한 모습을 보였다. 그것을 수행 평가 피드백에 반영하여 학생의 기사문 쓰기 능력을 향상하기 위해 노력할 것이다.

1장 교과내용

> **작성방법**
> - 기사문의 표제가 수행하는 역할을 쓰고, (가)의 표제를 수정하되 수정의 이유를 제시할 것.
> - (나)를 고려하여 [A]에서 지도할 내용 2가지를 서술할 것.

2 설득을 위한 작문

테마 1 | 설득 작문 과정

`관련 기출`

`2024 A형 서술형`

6 (가)는 학생의 초고이고, (나)는 교사와 학생의 대화 내용이다. 〈작성 방법〉에 따라 서술하시오. [4점]

(가) 학생의 초고

노키즈존, 이대로 괜찮은가

얼마 전 시험을 마친 날이었습니다. 오랜만에 친구들과 찾아간 식당에도, 디저트 카페에도 '노키즈존'이라는 팻말이 붙어 있었습니다.

[A] 여러분도 아시다시피 우리 모두 한때 어린이였고, 장차 부모가 될 사람이므로 이 문제에 관심을 가질 필요가 있습니다.

[B] 업주들은 노키즈존을 설치하면 어린이들의 부주의한 행동으로 발생할 수 있는 피해와 보상 책임을 예방할 수 있고 다른 고객들의 불만도 줄일 수 있다고 주장합니다. 그런데 가게에서 문제를 일으키는 것은 어른들도 마찬가지입니다. 그럼에도 어린이들만 출입 금지의 대상이 되고 있는 것은, 어린이들이 구매력도, 부당한 대우에 항의할 능력도 없는 약자이기 때문입니다. 그러나 업주 입장에서는 어린이들을 배제하는 손쉬운 해결책을 쓰는 것입니다. 이 어린이들에게 우리의 미래가 달려 있습니다.

[C] 지금까지 노키즈존이 사회적 약자인 어린이에 대한 사회적 차별임을 살펴봤습니다. 노키즈존에 찬성하는 이들은 이기적인 차별주의자이며 이들의 주장을 절대 인정해 주어서는 안 됩니다. 제 이야기를 반드시 명심하길 바랍니다.

(나)
학생: 선생님, 제가 설득하는 글을 한번 써 봤는데 좀 봐 주시겠어요?
교사: 그래, 어디 보자. 예상 독자는 누구니?
학생: 우리 학교 학생들요. 그런데 고등학생들이 노키즈존에 관심이 있을지 모르겠어요.

교사: ㉠ 독자를 고려하는 전략들을 사용하는 것이 좋겠구나. 독자에게 위치나 역할을 부여하거나, 독자의 반응이나 질문을 예측하여 미리 답변하거나, 독자가 이미 알고 있는 것을 고려하여 글에서 다루는 정보를 포함 또는 배제하는 등의 전략이 효과적이야.
학생: 그 부분은 작성할 때 반영해 보았어요.
교사: 그래, 잘 구현이 되었구나.
학생: 본론 부분에서는 무엇을 더 살펴보면 좋을까요?
교사: 점검 질문들에 답해 보면서 고쳐 쓸 부분을 확인해 봐. 특히 내용적인 통일성과 ㉡ 텍스트 표면에 드러나는 형식적 연결 관계를 꼭 살펴보렴.
학생: 알겠습니다. 이 맨 마지막 문단은 어떠세요? 최대한 제 입장을 강조하려고 노력했어요.
교사: 결론에 다시 한 번 주장을 명확히 밝혔구나. 자신의 관점을 일관되게 제시하며 강조하는 것도 중요하지만, ㉢ 필자는 독자를 고려하여 사려 깊고 신중한 태도로 독자와 소통하고 있다는 것을 보여 줄 필요가 있어. 그런 점에서 결론부분은 수정이 필요해 보여.
학생: 감사합니다.

작성방법

- ㉠을 참고하여 [A]에 나타난 독자 고려 전략이 무엇인지 쓰고, ㉢과 관련하여 [C]의 문제점에 대해 해당 부분을 언급하며 설명할 것.
- [B]에서 ㉡이 잘못된 부분을 찾아 쓰고, 그 이유를 [B]의 내용을 언급하며 설명할 것.

2017 B형 서술형

1 (가)는 김 교사가 작성한 쓰기 평가 계획이고, (나)는 학생이 작성한 글이다. (나)의 문제점을 〈작성 방법〉에 따라 서술하시오. [4점]

(가) 평가 계획		
1. 평가 범위	학습 목표	• 적절한 근거를 들어 주장하는 글을 쓸 수 있다.
	주요학습내용	• 근거의 요건 　- 신뢰성 　- 타당성 　- 공정성
2. 평가 방법	• 분석적 평가	
3. 평가 과제	• 문항 : 적절한 근거를 들어 주장하는 글을 쓰시오. • 작성 시 유의사항 　- '근거의 요건'을 충족할 것.	
4. 피드백 내용	• 글 층위에서 보이는 학생 글의 장단점	

(나) 학생 글

 우리가 앉아 있는 교실은 우리를 가르치시는 선생님들이 앉아 계셨던 교실의 풍경과는 많이 다르다. 학급당 인원이 거의 절반 수준으로 줄어들었고 에어컨이 설치되어 있으며, 대형 모니터도 걸려 있다. 그러나 그때나 지금이나 변함이 없는 것은 학생들이 교과서와 노트만을 책상에 펼쳐 놓고 있다는 것이다.

 스마트폰은 요즘 거의 모든 사람들의 생활필수품이다. 그런데 우리 교실에서는 스마트폰 사용이 금지되어 있다. 청소년들이 미래 사회의 주역으로 성장해 가는 교실에서 그 편리한 문명의 이기가 금지된다는 것은 납득되지 않는다.

 스마트폰을 교실에서 사용하면 훨씬 더 높은 수업 효과를 거둘 수 있다. 스마트폰을 통해 우리는 유용한 지식과 정보를 얻을 수 있다. 스마트폰이 교과서보다 훨씬 더 방대한 정보와 최신의 지식을 제공해 주는 것이다. 나는 스마트폰으로 음악을 듣고 영화를 보면서 심리 안정을 얻는다. 이를 보더라도 교과서와 함께 스마트폰을 사용하면 수업의 효과가 클 것임을 알 수 있다.

 또한 스마트폰은 학생들이 학습 활동을 편리하게 수행할 수 있도록 돕는다. 얼마 전 텔레비전에서 어떤 교양 프로그램을 본 적이 있다. 역사와 철학에 매우 해박한 것으로 정평이 나 있는 한 원로 정치인이 그 프로그램에 출연하여, 스마트폰을 사용하면 학생들의 과제 수행이 수월해지고 수업에 한 집중력도 높아질 수 있다는 견해를 밝혔다. 이를 통해 볼 때, 스마트폰을 학습 상황에서 사용한다면 학습의 편의성이 높아질 것이다.

 스마트폰의 미덕은 여기에만 머무르지 않는다. 그 미덕을 모조리 교실에서 수용하기는 어렵다 하더라도, 앞에서 말한 장점들을 고려하면 교실에서 스마트폰 사용을 금지하는 것은 사회적인 낭비라 할 수 있다.

작성방법

- (가)의 '1. 평가 범위'와 '3. 평가 과제'를 참조하여, (나)의 3문단과 4문단 각각에서 주장의 근거가 부적절한 이유를 구체적으로 설명할 것.

2015 B형 논술형

2 <화법과 작문> 과목을 담당하고 있는 김 교사는 "예상되는 독자를 분석하여 설득하는 글을 쓸 수 있다."라는 학습 목표로 수업을 진행하였다. 다음은 이 수업에서 한 학생이 작성한 쓰기 계획서와 이에 따른 초고이다. 김 교사가 지도해야 할 내용을 <보기>의 지시에 따라 한 편의 글로 논술하시오. [10점]

쓰기 계획서

- 목적 : 야간 자율 학습 개선 촉구
- 주제 : 야간 자율 학습은 희망자만 참여하여야 한다.
- 예상 독자 : 학교 선생님들
- 독자 분석

독자분석 요소	독자 분석 내용	내용 구성 전략
독자의 입장	모든 학생들이 야간 자율학습에 참여해야 한다고 생각한다.	학생들의 학습, 건강, 권리 측면에서 문제를 제기하여 야간 자율 학습에 대한 입장 변화를 유도함.
독자의 관심사	대학 진학률을 높여서 학교의 위상을 끌어올리는 데 관심이 있다.	학교의 위상은 대학 진학률로만 결정되지 않음을 부각함.
독자의 배경지식	야간 자율 학습의 실태에 대해 잘 알고 있다.	'양면적 메시지' 전략을 활용하여 설득력을 높임. ㉠

야간 자율 학습, 학생의 선택에 맡겨야 한다.

(1) 얼마 전 언론에 보도된 내용에 따르면 우리나라는 OECD국가 중 어린이·청소년 행복 지수가 가장 낮다고 한다. 여기서 주목할 만한 사실은 우리나라가 최근 6년간 연속적으로 이 부문에서 최하위를 기록했다는 점이다. 해당 보도에서는 이러한 결과의 주요 원인으로 한국 특유의 과도한 입시 경쟁을 들고 있다.

(2) 이런 관점에서 우리 학교에서 시행되는 야간 자율 학습에 대해 생각해 볼 필요가 있다. 우리 학교에서는 현재 2학년 학생들을 대상으로 야간 자율 학습을 실시하고 있다. 그런데 학교에서는 학생들이 야간 자율 학습에 참여하지 않으려는 의사를 밝혀도 좀처럼 이를 허락하고 있지 않다. 이 글에서는 강제적으로 시행되는 우리 학교의 야간 자율 학습이 지닌 문제점을 살펴보고자 한다.

(3) 우리 학교의 대부분의 학생들은 야간 자율 학습이 학업에 도움이 되지 않는다고 생각한다. 지난 한 주 동안 필자의 블로그를 방문한 학생들을 대상으로 야간 자율 학습이 학업에 도움이 되느냐는 설문 조사를 실시하였다. 그 결과 설문에 응한 학생들의 90% 이상이 이에 대해 부정적인 반응을 나타내었다. 이는 야간 자율 학습이 학업 수행에 효과적이지 않은 수단임을 잘 보여주고 있다.

(4) 또한 야간 자율 학습은 학생들의 건강도 손상시키고 있다. 김○○ 가정의학 전문의가 쓴 『10대의 건강 진단과 예방』이라는 책에 따르면, 우리나라 고등학생들은 학교에 앉아서 지내는 시간이 많다 보니 쉽게 비만해지고, 또 각종 질병에 시달리는 경우가 다른 나라에 비해 많다고 한다. 따라서 학생들의 건강을 지키기 위해서 영양 균형을 고려한 학교 급식의 식단을 짜고, 좋은 재료를 사용하여 급식의 질을 높이도록 노력해 나가야 한다.

(5) 학생들이 이러한 고통을 겪고 있음에도 학교에서는 학생들의 말에 귀 기울이지 않고 있다. 필자는 학교 측의 이러한 태도를 이해하기 힘들다. 학생들의 의사에 반한 야간 자율학습은 학생들의 권리를 침해하는 잘못된 제도이다. 학생들은 비록 어리지만 하나의 인격체로 존중받아야 마땅하다. 그런데도 학교에서 학생들의 의사를 무시하고 자율 학습을 강제하는 것은 정당화되기 어렵다.

(6) 21세기 사회는 창조적인 인재를 원한다. 창조적인 인재를 양성하기 위해서는 학생들의 자율성을 보장해 주어야 한다. 따라서 야간 자율 학습에 참여할지는 학생들의 선택에 맡길 필요가 있다. 그래서 학생들이 그 시간을 다양한 소질을 계발하고, 재능을 발휘하는 기회로 활용할 수 있게 해야 한다. 이렇게 할 때 학생들이 행복한 학교를 만들 수 있을 것이다.

〈보기〉

1. (3)문단과 (4)문단에 나타난 논증의 문제점을 각각 1가지씩 지적하고 그 이유를 밝힐 것. (단, 논증의 문제점을 파악하는 기준은 타당성과 신뢰성임.)
2. ㉠을 고려하여, (5)문단의 개선할 점을 지적하고 예상 독자를 효과적으로 설득할 수 있는 방안을 제시할 것.

[심화 예제]

3 다음은 '자신의 주장을 사회·문화적 맥락 내에서 수용될 수 있도록 제시하며 글을 쓴다'라는 학습 목표로 쓰기 활동을 한 후 학생의 고쳐쓰기 활동 자료이다. 〈작성 방법〉에 따라 분석 내용을 서술하시오. [4점]

실질적인 양성평등을 위해 노력하자
~~우리 학교 선생님들의 대부분은 여성이다.~~ 나의 누나는 군대에서 여군 장교로 근무하고 있으며, 내 친구의 어머니는 버스 운전기사이다. 이와 같이 우리 사회에서 남성의 직업과 여성의 직업이 따로 있다는 편견은 많이 사라졌다. 하지만, 여전히 임금이나 가사 분담 등 많은 부분에서 양성평등도 이루어지지 못하고 있다.

[A]
　　한 통계 조사는 우리나라 여성의 평균 임금이 남성의 평균 임금에 비해 39%나 적다고 한다. 이는 여성이 출산이나 육아를 이유로 중간에 일을 그만두는 경우가 많아 임금이나 승진 등에서 불이익을 당하기 때문이다.
　　또한, 다른 설문 조사에 따르면 우리나라 여성의 80% 이상이 가정에서 가사를 주로 부담하고 있다고 한다. 과거와 달리 맞벌이를 하는 비율이 증가했는데(→증가했음에도 불구하고) 여성의 가사 부담률은 줄어들지 않고 있다. 우리 사회 일부에 남아 있는 '남아 선호 사상'이나 '남존여비' 등 유교 문화의 폐습도 양성평등을 이루는 데 문제가 된다. ~~게다가 남성은 여성에 비해 가정보다 친구나 동료와의 관계를 중요하게 생각하는 경향이 있다.~~(→잠재) 이와 같이 우리 사회는 실질적인 양성평등을 이루기 위해 개선해야 할 부분이 많다.
　　실질적인 양성평등을 이루기 위해서는 여성이 직장에서 출산이나 육아 때문에 경제적으로 불이익을 당하지 않도록 사회 제도가 보수되어야 한다. 이와 함께 적극적인 홍보와 교육을 통해 사람들이 합리적인 가사 분담 등 실질적인 양성평등에 대한 필요성과(→필요성을 느끼고) 공감대를 형성할 수 있도록 해야 한다. 또한, ㉠양성평등의 장애가 되는 유교 문화도 하루 빨리 타파해야 한다.
　　(→우리의 유교문화도 실질적인 양성평등의 관점에서 재조명해야 한다.)

[B]
  ┌ ⓒ 남성의 직업과 여성의 직업을 구분하는 편견이 사라졌다고 해서 양성평등이 이루어진 것은 아니다.

  ┌ ㉠ 문장은 다음과 같이 수정해야겠다. ⇨ 우리의 유교 문화도 실질적인 양성평등의 관점에서 재조명해야 한다.
  │ ㉡은 다음의 내용을 추가하여 글을 완결지어야겠다.
  │ ┌ 실질적인 양성평등을 이루기 위해서는 제도적인 지원과 함께 사회적 의식의 개선이 필요하며, 더불어 문화적인 차원에서 유교 문화에 대한 재조명이 이루어져야 한다.

작성방법

- [A]에서 학생의 고쳐쓰기 활동에서 보완해야 할 점을 논거 요건을 고려하여 서술할 것.(논거 요건은 타당성, 공정성, 신뢰성 중 1가지를 고려할 것)
- [B]에서 ㉠을 고쳐 쓴 이유를 학습 목표를 고려하여 서술하고, ㉡을 수정한 이유를 작문과정의 내용조직 단계를 고려하여 서술할 것.

4~5 (가)는 한 학생이 학교 홈페이지 '자유 게시판'에 올린 글이고, (나)는 이를 바탕으로 학생회 학생들이 나눈 대화이며, (다)는 학생회 학생들이 작성한 건의문이다. 글을 읽고 물음에 답하시오.

(가)

[어떻게 생각하세요]

저는 버스를 타고 등교하는데요. 아침마다 교문 앞 도로에 학생들을 내려주는 자가용이 많다보니 버스에서 내릴 때 되게 위험해요. 심지어는 오늘은 친구하고 수다 떨며 등교하다가 다가오는 자가용을 뒤늦게 발견하는 바람에 부딪힐 뻔해서 무지 놀랐어요.ㅠㅠ 무슨 해결방법이 없을까요?

(나)

학생1: 어제 학교 홈피 '자유 게시판'에 올라온 글 봤어?
학생2: 아, 등굣길 문제?
학생3: 나도 봤어. 조회 수도 엄청나고, 댓글을 보니 공감하는 애들이 되게 많더라.
학생1: 그래서 말인데, 안전한 등굣길을 만들기 위해 학생회 차원에서 건의문을 써서 게시하는 건 어때?
학생3: (고개를 끄덕이며) 좋은 생각이야.
학생1: 내 생각엔 첫째로, 일단 학생들이 학교 올 때 자가용 이용은 자제하자고 제안하면 좋겠어.
학생2: 그런데, 자가용 등교는 부분적인 사정이 있는 거 아닐까? 다리를 다쳤거나 집이 무지 멀거나 하는.
학생1: 내 기억에 차에서 내리는 애들 중 다리가 불편해 보이는 경우는 별로 없던데? 집도 멀지 않은데 차 타고 오는 애들도 많이 봤고.

학생3: 어떤 방법으로 학교에 오든 그건 개인의 선택에 맡겨야 할 문제 아닐까?
학생1: 그렇다 해도 댓글 보면 많은 애들이 자가용 등교 때문에 등굣길이 안전하지 않다고 여기는 건 분명해 보여. 누군가의 선택이 다른 많은 사람들을 불편하게 한다면 그건 문제가 있다고 봐야지.
학생2: 그렇다고 특별한 사정이 있는 애들까지 자가용 등교를 미안해하게 만들 필요는 없잖아?
학생3: 그럼 쓸 때 이런 경우는 이해해 주자고 따로 언급하는 건 어때?
학생1: 그 정도면 괜찮겠다. 자가용을 이용하지 않았을 때 남은 물론 자기한테도 좋은 이득이 있다는 것도 알려 주면 좋겠어.
학생3: 응. 그리고 다른 사람의 자가용 등교 때문에 위험했던 경험이 있는 학생들은 그 기억을 떠올리게 해 주자. 실제 자가용 등교로 인한 사고가 얼마나 많은지 자료도 찾아 제시하고.
학생2: 그래. 그럼 이제 등굣길 안전을 위해 추가로 제안할 게 뭐가 있을지 생각해 보자. 아, 등굣길에 주변을 살피며 걸어야 한다는 건 어때?
학생1: 나도 너하고 같은 생각 했는데. 그럼 우리 지금까지 이야기한 내용을 정리해서 학교 게시판에 올려 보자.

(다)

[A] 학생 여러분, 안녕하세요? 제28대 학생회입니다. 오늘 아침 여러분의 등굣길은 어떤 모습이었나요? 안전했나요?

[B] 최근 학교 홈페이지에 올라온 글처럼, 여러분도 학교에 올 때 누군가 등교에 이용한 자가용으로 인해 놀라거나 위험에 처한 경험이 있을 것입니다. 자가용 등교는 자신의 등굣길은 편하게 해 주지만 다른 학생들의 등굣길을 혼잡하고 위험하게 만들기도 합니다. □□경찰서의 자료에 따르면, 우리 지역 학교 앞 교통 사고 발생률은 일과 시간과 비교하여 등교 시간에 67% 정도 높다고 합니다. 여러분이 타고 온 차도 다른 학생들에게 해가 될 수 있습니다. 특히 우리 학교 앞 도로는 유난히 좁다 보니 횡단보도에 정차하는 경우도 많아 몹시 위험합니다.

[C] 물론 걷기가 불편하거나 집이 많이 먼 경우는 자가용 등교가 불가피할 수 있습니다. 그러나 이런 경우가 아니라면, 안전한 등굣길을 위해 우선 자가용 이용을 자제하는 것이 필요합니다.

[D] 또한 안전한 등굣길을 만들려면 주변을 살피며 걷는 습관도 필요합니다. 휴대전화를 보거나 이어폰을 꽂고 걷다 보면 차가 오는 것을 보지 못해 위험해질 수 있기 때문입니다.

[E] 우리가 조금만 노력하면, 차에 놀라며 걷는 대신 친구와 함께 여유로운 발걸음으로 교문을 들어서는 아침 풍경을 만들 수 있습니다. 자가용을 이용할 필요가 없게 부지런히 등교 준비를 하다 보면 규칙적인 생활 습관도 갖게 될 것입니다.

[F] 여러분은 안전한 등굣길을 만들고 싶지 않으신가요? 그러려면 자가용 이용은 자제하고 주변을 살피며 걸어 주세요. 다 함께, 평화로운 등교 장면을 상상이 아닌 현실로 만듭시다.

긴 글 읽어 주셔서 감사합니다.

2020년 △월 △일 ○○고등학교 학생회

4 <보기>를 고려할 때, (다)의 [B], [C]에서 활용된 설득 전략을 서술하시오. [4점]

> **보기**
> 글을 쓸 때는 설득 전략을 활용하여 설득 효과를 높일 수 있다. 논리적 추론을 강조하는 이성적 설득 전략에는 전문가의 소견이나 객관적 자료 활용하기, 상대의 반론을 언급하고 필자의 주장이 우위에 있음을 드러내기 등이 있다. 독자의 감정에 호소하는 감성적 설득 전략에는 독자의 공감을 얻기 위해 독자나 필자의 경험을 언급하기 등이 있다.

5 <보기>는 (나)를 반영하여 (다)를 쓸 때 활용한 설득 적인 글의 내용 조직 방법이다. [E], [F]가 [설득하는 말하기의 구조]의 어느 단계에 해당하지 그 이유를 포함하여 각각 설명할 것. [4점]

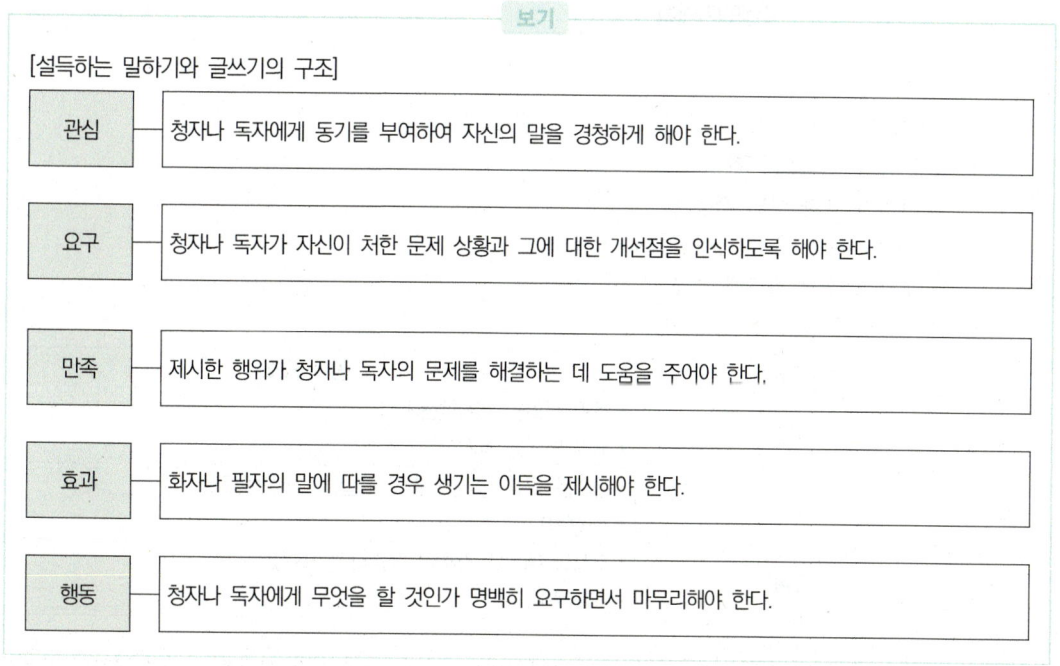

테마 2 : 건의문

관련 기출

[2021 A형 서술형]

1 다음을 읽고, 수행 평가 계획에 대해 〈작성 방법〉에 따라 서술 하시오. [4점]

> 교사 A: 1학기 〈화법과 작문〉 수행 평가 계획의 초안을 준비해 보았는데, 보완할 점에 대해 협의해 보면 좋겠습니다.
>
> **수행평가계획**
>
> 1. 쓰기 과제
>   현안을 분석하고 쟁점을 중심으로 한 건의문을 써 보자.
> 2. 평가 방법 및 결과 활용
>   ① 분석적 평가 방법 적용
>   ② 우수, 보통, 미흡의 3등급으로 평가
>   ③ 평가 요소별 피드백 제공
> 3. 건의문 평가 범주 및 평가 요소
>
> | 평가 범주 | 평가 요소 |
> |---|---|
> | 내용 | • 문제 상황을 제시했는가?
• 해결 방안을 제시했는가? |
> | 조직 | • 건의문 구성 형식에 알맞게 글을 조직했는가?
• …(생략)… |
> | 표현 | • 격식과 예의를 갖추어 정중하게 표현했는가?
• …(생략)… |
>
> [A] ⎡ 교사 B: 평가 계획을 작성하느라 수고하셨네요. 근데, 수행 평가 계획에는 결과 평가만 계획되어 있는데 ㉠과정 평가도 실시하면 어떨까요?
> ⎣ 교사 A: 좋습니다. 저는 결과 평가만을 계획했는데, 결과 평가와 과정 평가를 균형 있게 다루는 것이 더 바람직하겠네요. 그렇다면, 학생 자신이 건의문을 작성하는 과정에서 떠올린 사고를 기록하도록 하는 과정 평가를 추가하기로 하지요.
>
> [B] ⎡ 교사 B: 네. 그럼 다음으로 평가 요소에 해서 논의해 보죠. 내용 범주에 대한 평가 요소를 조금 보완하면 좋겠습니다. 건의문은 현안 분석을 하여 도출된 쟁점을 바탕으로 내용을 구성하는 특징이 있지요. 내용 범주와 관련하여 문제 상황 쟁점의 경우에 독자가 문제 상황의 심각성을 공감할 수 있도록 문제 상황 쟁점을 제시했는지에 근거하여 평가해야 한다고 봅니다. 따라서 ㉡"문제 상황을 제시 했는가?"의 평가 요소도 수정하면 좋겠습니다.
> ⎣ 교사 A: 그렇지요. 해결 방안 쟁점에 관련된 평가 요소도 마찬가지일 것 같습니다. 건의문은 공동체의 문제 상황을 해결하는 데 영향을 미치는 대상을 설득하는 목적으로 쓰는 글이지요. 이에 그 대상이 해결 방안을 긍정적으로 수용할 수 있도록 하는 해결 방안의 요건이 함께

제시될 필요가 있습니다. 해결 방안 쟁점의 평가 요소는 "해결 방안을 통해 얻을 수 있는 ⓒ이익이나 기대 효과를 해결 방안과 함께 제시했는가?"라고 수정할 수 있겠습니다.

작성방법

• [B]의 맥락에서 ⓒ을 수정하고, ⓒ이 평가 요소에 포함되어야 할 이유를 서술할 것.

심화 예제

2 〈보기〉는 작문을 사회적 실천과 문제 해결의 과정으로 보는 관점에 근거한 쓰기 수업 계획이다. 〈작성 방법〉에 따라 작문 수업의 내용을 서술하시오. [4점]

(가)

〈작문 과정〉

단계		고려 사항	내용 구성
주제 결정		학교 생활 만족도를 높일 수 있는 내용	학생 편의 시설 확대 주장
해결 방안 마련	주장 명료화	장소, 규모, 종류 등으로 구체화함	학생들이 이용하는 정수기를 2, 4층에도 설치해 주시고 그 숫자도 늘려 주시기 바랍니다.
	논거 제시	합리적이고 타당한 논거 제시	학생 수 대비 정수기가 턱없이 부족함. 많은 학생이 이용하다 보면 관리가 부실해짐.
건의문의 관습적 형식과 표현		수신자 및 건의자 밝히기, 인사말, 정중한 태도	교장 선생님, 저는 ○○○입니다. - 처음-중간-끝 - 건의문에서 경어체 사용은 수신자 혹은 독자로 하여금 건의 내용에 대해 수용적 태도를 취하게 함으로써 건의의 효과를 높일 수 있음.

(나)

〈학생이 작성한 초고〉

교장 선생님, 저는 3학년 ○○○입니다.

오늘 제가 드릴 말씀은 깨끗하게 이용할 수 있는 정수기 추가 설치에 관한 것입니다.

[A] 현재 우리 학교에서는 학생들이 이용할 수 있는 정수기가 1, 3층에만 한 대씩 설치되어 있습니다. 하지만 이것은 300명 가까운 학생들이 이용하기에는 턱없이 부족하며, 2, 4층 교실에서 공부하는 학생들은 이용하기도 불편합니다. 또한 너무 많은 학생들이 한 대의 정수기를 이용하다 보니 관리도 제대로 이루어지지 않아 위생적인 면에서도 많은 문제가 있습니다.

[B] 이러한 문제로 정수기를 추가로 설치해 주실 것을 건의합니다.

[C] 2층과 4층에 각각 2대를, 1층과 3층에도 1대씩 정수기를 추가 설치하면 학생들은 깨끗하고 위생적인 물을 보다 편리하게 마실 수 있을 것입니다.

물론 저희 학생들도 질서를 지키며 깨끗하게 이용할 것입니다. 끝까지 읽어 주셔서 감사합니다.

2020년 8월 9일

(다)

〈초고 평가〉

평가 기준	판단 내용
논거의 타당성	인원 대비 설치 대수, 위생 문제 등의 논거가 타당함.
조직의 효과성	건의문의 관습적 형식 고려 처음 부분은 주로 정중한 인사말, 건의자의 이름, 소속을 밝히고 건의를 하게 된 동기와 목적을 밝히고 있어서 적절하다고 판단됨. ( ) 적절하다고 판단됨. 끝 부분은 정수기가 설치된다면 깨끗하게 사용할 것임을 밝히고, 정중하게 마무리하고 있어 적절하다고 판단됨.
표현의 적절성	수신자 및 건의자 밝히기, 인사말, 정중한 태도 측면에서 정중하게 높임말을 사용하고 있으며 수신자에 대한 감사의 표현을 하여 적절하다고 판단됨

작성방법

- (가)와 (다)에서 제시된 밑줄 친 '건의문의 관습적 형식'이 무엇인지 제시하고, 이를 참조하여 (나)의 학생 초고 '중간' 부분 [A]~[C] 가 적절하다고 판단된 이유를 서술할 것.

3 다음은 송 교사의 작문 수업 계획이고, 〈자료〉는 학생들이 수업 후 결과로 쓴 글이다. 〈작성 방법〉에 따라 서술하시오. [4점]

학습 목표	현안을 분석하여 쟁점을 파악하고 해결 방안을 담은 건의하는 글을 쓴다.			
쓰기 과제	학교나 학급 등 공동체에서 발생한 문제를 해결 주도록 독자를 설득하여 제안하는 글을 써 보자.			
교수·학습 활동	도입	주요 설명 내용	[생태학적 학습 환경 구축] • 유의미한 학습 과제 제공: 공동체에서 발생한 문제를 해결해 주도록 독자를 설득하기 실제적 주체(구체적 맥락, 장르가 명시된 쓰기 과제):	
	전개	탐구 하기	<table><tr><td>학생</td><td>•장르 특성 탐구하기</td><td rowspan="2">건의문의 장르 특성·표현 관습 ㉮ 필수 구성 요소(구조) ㉯ 표현 ㉰ 맥락: 건의하기는 매우 구체적이고 실제적인 상황 맥락 속에서 이루어지는 의사소통이다. 학생들이 건의하는 글을 쓰려면 맥락을 잘 파악하고 전략적으로 활용하는 맥락 민감성이 있어야 한다. 건의하는 글쓰기 수업에서는 학생들이 글쓰기를 통해 사회적 실천에 참여하는 경험과 기회를 갖는 것이 중요하다.</td></tr><tr><td>교사</td><td>•교사의 장르 지식 교수</td></tr></table> • 장르 예시글을 다루는 활동: 건의문 사례 제시 및 설명하기 **건의문** 　안녕하세요? 우리 학교의 발전을 위해 애써 주시는 교장 선생님께 감사드립니다. 저희는 지난달 방과후 학교 기타반에 대한 만족도를 조사하였습니다. 이를 바탕으로 건의 드리고자 합니다. 　수업 장소와 수업 시간 등에 대해서도 건의드릴 내용이 있습니다만, 가장 시급한 문제는 다음과 같습니다. 현재 방과후 학교 기타반 수업은 ㉠수업 내용의 수준에 대한 만족도가 낮습니다. 그러므로 ㉡수준별 다른 반을 개설해 주세요. 그러면 ㉢방과후 학교 기타반 수업 참여도가 높아질 것입니다. [A] 　지금까지 저희들의 건의문을 읽어 주셔서 감사합니다. 저희들의 의견을 긍정적으로 검토해 주시기를 부탁드립니다. 감사합니다. 　　　　　　　　　　　　　　　　　　　　　2020년 7월 ○일 　　　　　　　　　　　　　　　　　　방과후 학교 기타반 학생 일동	
		텍스트 구성 하기	• 교사와 협력하여 텍스트 구성하기 　- 교사는 미니레슨을 통하여 간단하게 건의문 쓰는 과정을 설명하고 시범을 보인다. 모든 과정을 하나씩 전달하는 것이 아니라 대략적인 과정을 학생들이 꼭 알아야 하는 부분을 중심으로 전달한다. • 학습자 스스로 텍스트 구성하기 • 협의를 통한 학습자 지원 　- 교사는 학생과 협의를 통해 글쓰기를 도와줄 수 있어야 한다.	
		텍스트 공유/ 고쳐 쓰기	• 텍스트 공유를 통한 독자 반응 경험하기 　- 완성된 글을 발표하고, 독자의 감상과 평가를 이해한다. • 고쳐쓰기 　- 독자의 반응을 고려하여 글을 고쳐쓴다.	

	정리	정리와 완성	• 학습 내용을 정리하기 • 결과물로서의 글 완성하기

〈자료〉

(가)

저희는 학교에서 교복을 입고 학교생활을 하고 있습니다. 학생이 교복을 입고 학교생활을 하는 것은 당연한 일이지만, 동아리 활동과 같은 외부 활동을 할 때에는 불편한 점이 많습니다. 여학생들은 교복이 치마여서 움직임이 많은 활동을 할 때 불편해하고, 남학생들 역시 날씨가 더운 여름에는 교복을 입은 채로 오랫동안 야외 활동을 하기가 어렵습니다.

따라서 학생들이 보다 활동적이고 자유롭게 동아리 활동을 할 수 있도록 한 달에 한 번, 동아리 활동을 하는 날에 사복을 입을 수 있도록 허가해 주셨으면 합니다.

우리 학교 학생들을 대상으로 설문 조사를 한 결과, "평소에는 교복을 입되 한 달에 한 번, 동아리 활동을 하는 날에는 사복을 입을 수 있도록 허락해 주었으면 좋겠다."라고 응답한 학생이 전체의 88퍼센트로 대다수였습니다. 이처럼 대부분의 학생들이 동아리 활동 때만큼은 사복의 필요성을 느끼고 있습니다.

만약 쾌적하고 편리한 복장으로 동아리 활동에 참여할 수 있도록 사복을 입는 것을 허가해 주신다면, 저희는 불편함 없이 동아리 활동에 더욱 집중할 수 있을 것입니다.

(나)

교복에 대하여 불만입니다. 안에 흰 티만을 입어야 하는 이유가 없잖습니까? 옷 안에 색깔 티도 입게 해 주어야 됩니다. 또 교복 위에 점퍼 같은 것도 못 입는 이유가 뭡니까? 꼭 학교 밖에서만 입고 학교 안에서 못 입게 하는 건 싫습니다.

작성방법

• 송 교사의 수업이 근거하고 있는 작문 지도 접근 방법을 제시할 것.
• 탐구하기 단계의 ㉮의 '필수 구성 요소'(구조)를 예시글의 [A]를 활용하여 3가지를 제시하고, 이를 바탕으로 학생 글 (가)의 적절성 여부를 판단할 것.
• 탐구하기 단계의 ㉮의 '구조'와 ㉯의 '표현'을 고려하여, 학생 글 (나)의 문제점을 각각 지적할 것.

| 테마 3 | 시평 |

관련 기출

2019 B형 서술형

1 다음은 비평문 쓰기 단원의 평가 계획에 대해 두 교사가 나눈 대화의 일부이다. 주요 특질 평가(주요 특성 평가)와 사고 구술 평가의 장점을 〈작성 방법〉에 따라 서술하시오. [4점]

김 교사 : 이 선생님, 제가 비평문 쓰기 단원을 가르치기 전에 평가 계획을 세웠는데, 검토해 주시겠어요?
이 교사 : 예, 그럴게요.

[평가 계획]
• 평가 목표 : 시사적인 현안이나 쟁점에 대해 비평하는 글을 쓸 수 있는지를 평가한다.
• 평가 중점 : 인지적 요소와 정의적 요소를 두루 평가한다.
• 평가 방법
  ○평가 방법

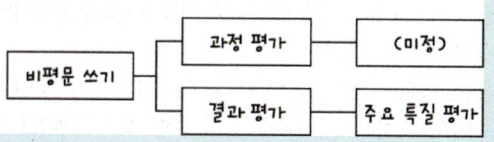

• 평가 도구
• 쓰기 과제
  세계 곳곳에서 다양한 이유로 난민이 발생하고 있으며 난민 수용 여부에 대한 찬반 논의가 있습니다. 이 문제에 대해 자신의 관점을 수립하고 주장이나 견해가 명료하게 드러나는 비평문을 씁니다. 이때 자신이 선택하지 않은 관점의 문제점을 근거를 들어 비판합니다.
• 평가 기준
  1. 난민 수용 여부에 대해 자신의 관점을 수립하였는가?
  2. 자신의 관점에 따른 주장이나 견해를 명료하게 제시 하였는가?
  3. 상대 관점의 문제점을 근거를 들어 비판하였는가?

이 교사 : 비평문 쓰기 단원을 지도하면서 과정 평가와 결과 평가를 모두 활용하실 계획이네요.
김 교사 : 예, 그렇게 하려고요. 아직 과정 평가는 확정하지 못했고, 결과 평가로는 주요 특질 평가를 하려고 해요. 이에 총체적 평가를 해 봤는데, 좀 더 ㉠과제 지향적인 평가를 해 보고 싶어서요.
이 교사 : 그렇군요. 그럼 과정 평가로 사고 구술을 활용하시는 건 어떤가요? 사고 구술은 평가하는 데 시간과 노력이 많이 들고 학생들이 사고 구술에 익숙해질 때까지 충분히 연습해야 한다는 단점이 있지만, 평가 중점을 고려한다면 의미가 있겠어요.
김 교사 : 아, 그런가요? 사고 구술로 인지적 요소를 평가하는 건 알겠는데, 정의적 요소도 평가할 수 있나요?
이 교사 : 예, 그럼요. 제가 이따가 제 수업에서 수집한 ㉡정의적 요소가 드러나는 사고 구술 자료를 보여 드릴게요.
김 교사 : 아, 고맙습니다. 과정 평가 방법으로 사고 구술을 추천하시니 꼭 해 봐야겠어요. 그런데 제가 만든 평가 도구는 어떤가요?

이 교사 : 주요 특질 평가에 사용하실 평가 도구네요. 음, 쓰기 과제의 맥락을 좀 더 구체화하고, 평가 기준을 제시하기 전에 평가해야 할 주요 특질을 먼저 제시해 주면 좋겠어요. 또 쓰기 수행의 수준을 설명하는 평가 척도를 평가 기준에 설정해 놓으면 평가하기가 더 수월하지요.

2013

2 〈자료〉의 (나)는 (가)를 읽고, 비판하는 글을 쓰기 위해 학생이 작성한 쓰기 계획이다. (가)와 (나)를 바탕으로, 교사가 작문 수업에서 활용하고자 하는 작문 교육 활동으로 가장 적절한 것은?

자료

(가) 영어, 능동적으로 도입해야

　배타적 민족주의는 열등의식의 발로이다. 만일 우리 민족의 문화와 전통이 올바르고 보편 타당한 것이라면 꼭 지켜야 한다. 그러나 아무리 '내 것'이라 하더라도 그것이 타당한 것이라는 자신이 없으면 버려야 한다.
　민족 문화는 불변하는 것이 아니다. 늘 바뀌고 변화하고 진화한다. 그러나 이러한 얘기는 결코 무국적의 보편주의자나 자유주의자만이 하는 것이 아니다. 민족주의자도 하는 얘기이다. 현재 우리가 당면하고 있는 과제는 민주주의와 시장 경제를 어떻게 우리에게 맞게 수용하는가이다. 영어를 국어와 함께 공용어로 채택하는 것이 새로운 사상과 체제를 보다 빠르고 올바르게 수용할 수 있는 방법이다.
　영어를 국어와 함께 우리의 공용어로 채택하는 것이 진정한 민족의 번영을 보장하는 방법이라면 충분히 고려될 수 있다. 우리의 조상이 과거에 한자를 도입하였듯이 영어를 능동적으로, 주체적으로 도입한다면 그 결과 생겨나는 새로운 문화의 변형은 역시 한국의 것일 수밖에 없다. 그리고 영어로 표현된 한국 문화는 그만큼 보편화될 수 있다.

(나) 〈쓰기계획〉
- 글의 유형 : 글을 읽고 비판하는 글
- 예상독자 : 한국어를 모국어로 사용하는 사람 전체
- 개요
  Ⅰ. 서론
  　- 영어 공용어화를 둘러싼 논의 맥락 환기
  　- 영어 공용어화에 대한 합리적인 접근 강조
  Ⅱ. 본론
  　1. 글(가)에 대한 부분적인 동의, 비판, 그리고 지양
  　　1) 동의 : 보편 타당한 것을 추구해야 한다.
  　　　↳비판 : 영어 공용어화 주장은 특정 집단의 견해에 불과하다.
  　　　↳지양 : 영어 사용 여부는 개인의 판단에 맡기는 것이 합리적이다.
  　　2) 동의 : 영어로 표현된 한국 문화는 그만큼 보편화 될 수 있다.
  　　　↳비판 : 인류의 보편적 정서에 호소하는 한국 문화의 형성이 선행되어야 한다.
  　　　↳지양 : 한국인의 삶과 정서를 높은 수준에서 형상화하고 이를 영어 번역을 통해 세계화해야 한다.
  　2. 글 (가)에 대한 비판
  　　1) 한자 도입은 문자가 없던 상황에서 불가피한 선택이었다.
  　　2) '영어 공용어화 → 새로운 사상의 수용'은 논리 비약이다.

    3. 영어 공용어화를 비판하는 논거 수집, 제시
        1)
        2)
Ⅲ. 결론
    - 비판 내용의 정리
    - 논의 맥락 확대 : 영어 공용어화보다 국어 교육의 내실화 강조

① 영어 공용어화와 관련된 논의 맥락을 이해하게 하고 학생 필자의 비평적 관점을 형성하는 데 도움을 주기 위하여 (가)의 주장을 지지하는 여러 읽기 자료를 제공한다.
② (가)에서 대립시키고 있는 핵심 개념은 '민족주의'와 '탈민족주의'이므로 이들 개념을 정교화, 구조화하기 위하여 의미 지도를 그리도록 한다.
③ '(나)-Ⅱ-1'의 개요는 연역 논증의 하나인 생략 삼단 논법을 염두에 두고 있으므로, 이와 유사한 논증 방식을 보이는 글을 찾아 읽도록 한다.
④ 영어 공용어화를 둘러싸고 경쟁하는 집단 중 학생 필자와 입장이 같은 집단이 공유하고 있는 신념, 가치, 해석 전략을 분석하여 '(나)-Ⅱ-3'의 논거를 구성하도록 한다.
⑤ 초고를 쓴 다음에는 동료 평가 활동을 통해 학생 필자의 추론대로 읽지 않는 반응을 확인하고 이러한 반응을 배제함으로써 일관성 있는 글을 쓰도록 한다.

심화 예제

3 다음은 학생이 비평하는 글을 쓰기 위해 대상에 대한 자신의 관점을 수립하기까지의 과정을 보여주는 자료이다. 자료를 읽고 〈작성 방법〉에 따라 서술하시오. [4점]

[쓰기 과제]: 시사적인 현안이나 쟁점에 대해 자신의 관점을 수립하여 비평하는 글을 쓴다.

[쓰기 과제 수행시 유의할 점]
① 시사 현안이나 쟁점을 다양한 관점에서 충분히 분석한 후 자신의 관점을 정하고, 그 관점에 따라 의견이나 주장, 견해가 명료하게 드러나도록 글을 쓴다.
• 처음부터 현안이나 쟁점에 대해 찬반양론 중 하나를 취사선택하도록 하기 보다는 **다양한 관점**에서 비판적으로 분석한 후에 관점을 정하도록 한다.
② 그 과정에서 자신이 선택하지 않은 관점의 단점이나 약점, 문제점을 근거를 들어 비판한다.

[쓰기 과제 수행]
(가) 시사 현안이나 쟁점 정하기

한 빵집에 대한 논란이 계속되고 있다. 유통기한이 지난 케이크를 재사용하여 판매했다는 의혹이 제기된 것이다. 지난 11일, 유명 인터넷 포털 게시판에 한 빵집에 대해 항의하는 글이 게재되었다. 글쓴이는 해당 빵집의

공정을 우연히 보았는데, 유통기한이 지난 케이크에 생크림을 덧입혀 새 케이크인 것처럼 판매했다고 주장했다. 항의문은 누리 소통망 사용자들에 의해 급속도로 퍼져 나갔고, 언론은 원글쓴이가 쓴 항의문의 내용과, 빵집을 비난하는 누리 소통망 사용자들의 반응을 기사로 다루며 이 사건을 확대 재생산했다. 이에 온라인상에는 해당 빵집의 폐업을 촉구하는 여론이 형성되었다.
그러나 어제인 17일 저녁, 빵집 주인이 직접 나서서 구체적인 근거를 들어 해명함으로써 항의문의 내용은 사실이 아님이 밝혀졌다. 빵집 주인은 정신적 충격으로 당분간 빵집을 휴업하기로 했다.

이런 일이 있었구나. 요즈음 이런 식으로 부정확한 정보가 퍼져나가는 현상이 자주 일어나는 것 같아. 이런 현상을 비평하는 글을 학교 누리집에 게시해 보면 어떨까.

(나) 다양한 관점 분석하기

우선 이번 사건을 다양한 관점에서 살펴보아야겠어.

누리 소통망 사용자들의 의식 문제
★ 확인되지 않은 내용을 퍼뜨리는 누리 소통망 사용자들, 부족한 정보 윤리 의식이 문제이다.
★ 누리 소통망 시대의 개개인은 정보를 퍼뜨릴 자유만 누릴 것이 아니라, 정보 생산자로서 지켜야 할 의무를 깨달아야 한다.

언론의 문제
★ 사실 여부를 확인하지 않고 뉴스를 확산시킨 언론들이 문제이다. 기자들의 각성이 필요하다.
★ 언론인들은 뉴스를 생산하는 역할만 할 것이 아니라 자신이 생산한 뉴스의 사실 여부에 책임감을 지닐 필요가 있다.

(다) 자신의 관점 수립하기

다양한 관점들을 검토해 보니 나의 관점을 세울 수 있겠어. 나는 확인되지 않은 정보를 퍼뜨리는 누리 소통망 사용자들의 의식에 문제가 있다고 생각해.
앞에서 비평의 대상을 이해하면서 찾은 다양한 관점들과 그 관점의 근거들을 내가 쓸 글의 근거를 생성하는 데에 자료로 활용해야지. 특히 언론의 문제로 이 사건을 바라보는 관점은, 정확한 정보를 신중하게 전달해야 할 개인의 책임을 간과하는 것이 아니냐는 점을 근거로 들면서 내 관점을 강화해야겠어.

(라) 작성한 개요를 바탕으로 비평하는 글 쓰기.
…생략…

(마) 자기 평가
…생략…

작성방법

- [쓰기 과제 수행시 유의할 점] ①의 밑줄 친 부분을 참조하여 (나)에서 현안에 대한 자신의 관점을 수립하기 위해서 분석한 다양한 관점 2가지를 제시할 것.
- [쓰기 과제 수행시 유의할 점]의 ②가 학생의 쓰기 과제 수행에서 실현된 양상을 근거를 들어 서술할 것.

4 다음은 학생이 비평하는 글을 쓰기 위해 대상에 대한 자신의 관점을 수립하기까지의 과정을 보여주는 절차이다. 〈작성 방법〉에 따라 서술하시오. [4점]

〈읽기 자료〉

- 자료 1: 국가에서는 재활용 장려 정책과 일회용품 사용 자제를 권고하는 정책을 통해 쓰레기양을 줄이려고 노력하고 있지만, 포장용 플라스틱 사용량은 2017년 기준 64.12kg으로 세계에서 두 번째로 많고, 일회용 컵 사용량은 연간 260억 개로 하루 평균 7,000만 개를 소비하고 있다.
- 자료 2: 환경부의 조사에 따른 우리나라에서 하루 동안 사용하는 일회용품의 양은 1,035톤으로, 한해 38만 톤의 일회용품이 우리나라에서 사용되고 있으며, 이를 처리하기 위한 쓰레기 처리 비용은 약 1,000억 원에 이른다. 2015년 기준 국내 비닐봉투 사용량은 1인당 420개로 독일의 6배, 핀란드의 100배에 달했다.
- 자료 3: 일회용품 사용에 대한 세금 부담이 과중하면 일회용품 산업뿐만 아니라 관련 산업들도 위축될 수 있고, 영세 상인들은 일회용품 대신 포장재를 구입하는 데 추가 비용이 들어 수익성이 악화된다. 반대로 과세 정도가 약하면 규제의 효율성이 떨어지는 결과를 가져온다.
- 자료 4: 영국은 2015년부터 직원이 250명 이상인 가게에 일회용 플라스틱 가방(비닐봉지)을 7센트의 세금을 매겨 판매하고 있다. 영국을 둘러싼 북해의 플라스틱 오염도를 1993년부터 측정한 연구에 따르면 이 정책이 시행된 지 약 3년이 지난 현재, 북해의 오염도가 80% 줄어 들었다. 또한 아일랜드 정부가 일회용 플라스틱 가방에 22센트의 세금을 부과하기 시작한 지 12년이 지나자(2014년), 일회용 플라스틱 가방의 사용량이 95%나 줄었다.
- 자료 5: 트렌드 모니터에서 2018년 3월에 실시한 설문 조사에 따르면, 환경 보호를 위해 가장 우선으로 실시해야 할 과제로 '일회용품 사용 감소'가 57%로 가장 많이 선택되었고, 환경 개선 부담금 제도가 필요하다는 의견 또한 86.5%로 압도적이었다.

〈수업 절차〉

차시	절차	수업형태	지도 내용
1	도입	교사	[학습 목표] 시사적인 현안이나 쟁점에 대해 자신의 관점을 수립하여 비평하는 글을 쓴다. [쓰기 과제 수행시 유의할 점 설명] ① 시사 현안이나 쟁점을 다양한 관점에서 충분히 분석한 후 자신의 관점을 정하고, 그 관점에 따라 의견이나 주장, 견해가 명료하게 드러나도록 글을 쓴다. • 처음부터 현안이나 쟁점에 대해 찬반양론 중 하나를 취사선택하도록 하기 보다

2~4	전개	쓰기 영역		는 다양한 관점에서 비판적으로 분석한 후에 관점을 정하도록 한다. ② 그 과정에서 자신이 선택하지 않은 관점의 단점이나 약점, 문제점을 근거를 들어 비판한다.
			시사 현안이나 쟁점 파악하기	일회용품 사용에 대한 세금 부과
			시사 현안이나 쟁점을 다양한 관점에서 분석, 검토하기	• 비평하는 대상을 잘 이해하려면 대상을 바라보는 다양한 관점의 자료들을 많이 읽어 보아야 함. ↳ 대상을 바라보는 다양한 관점들을 비슷한 성격의 것끼리 묶어 보고, 그에 대한 필자의 근거들도 함께 기록해 두면 비평하는 글을 쓸 때 자료로 활용할 수 있음.
			특정 관점 선택하기	• 비평 대상을 이해한 것을 바탕으로 하여 자신의 관점을 수립하고, 그 관점을 글에서 일관성 있게 유지함. • 자신이 선택하지 않은 관점들의 단점이나 약점, 문제점도 근거로 활용할 수 있음. 나의 주장 및 관점: 환경 오염을 줄이기 위해 일회용품 사용에 세금을 부과하여 강제적으로라도 일회용품 사용량을 줄여야 한다. • 나의 주장을 뒷받침하는 근거 자료: ㉠ • 다른 관점을 나타내는 자료: ㉡ • 다른 관점의 약점이나 문제점을 비판하는 자료: ㉢
			[비평문 쓰기]	…(중략)… 이러한 문제에 대한 대책으로 일회용품 사용에 세금을 부과하는 방안을 생각할 수 있다. 영국은 2015년부터 직원이 250명 이상인 가게에 일회용 플라스틱 가방에 7센트의 세금을 매겨 판매하고 있다. 이에 1993년부터 영국을 둘러싼 북해의 플라스틱 오염도를 측정해 온 연구에 따르면, 해당 정책이 시행된 지 약 3년이 지난 현재, 북해의 오염도가 80% 줄어들었다. 또한 아일랜드 정부가 일회용 플라스틱 가방에 22센트의 세금을 부과하기 시작한지 12년이 지나자(2014년), 일회용 플라스틱 가방의 사용량이 95%나 줄었다. 이와 같은 사례에서 알 수 있듯이 적은 세금이라도 분명한 효과를 거둘 수 있다. 이에 대해 ㉣라는 의견이 있다. 하지만, 국민들을 대상으로 설문 조사를 한 결과 환경 보호를 위해 가장 우선적으로 실시해야 할 과제로 '일회용품 사용 감소'를 가장 많이 선택했고, 환경 개선 부담금 제도가 필요하다는 의견 또한 압도적이었음을 감안할 때, 일회용품 사용에 대하여 세금을 부과하여 사용을 강력하게 억제하는 정책은 시행되어야 한다.
5	정리	모둠		

작성방법

- ㉠~㉢에 해당하는 〈자료1~5〉를 각각 분류하여 제시하고, 비평문 쓰기 과제 수행시 유의점을 고려하여 ㉣에 들어가야 할 내용을 〈자료1~5〉에서 찾아 제시할 것.
- 비평문 쓰기에서 다양한 관점을 분석해야 할 이유를 서술할 것.

5 '해석 텍스트 쓰기'를 주제로 작문 수업을 계획하였다. (가)는 읽기 자료이고, (나)는 과정 중심 비평문 쓰기의 절차이다. 〈작성 방법〉에 따라 읽기 자료의 활용과 쓰기의 상관 관계를 서술하시오. [4점]

(가)

〈읽기 자료〉

…

　현대 사회에서 이러한 감시 체제와 구조는 사회 전체를 지각 대상으로 만드는 얼굴 없는 시선이다. 그것은 도처에 매복되어 있는 미시(微視) 권력, 또는 끊임없이 변화 수정되는 일상적 권력의 탄생이다. 자신의 모습은 철저하게 가린 채 사회 전체를 지속적으로 감시하는 편재적(遍在的) 시선의 권력만 남는다.

　이제 우리 앞에 그러한 권력이 누구냐의 문제가 남는다. 그것은 얼굴 없는 권력이고, 추상적인 권력이며, 익명의 권력이다. 즉, 타인이 나에 대해 권력이 될 수 있고, 내가 또한 타인에 대해 권력일 수 있다. 예를 들면 현금 자동 지급기 또는 지하 주차장에서 나를 겨누고 있는 CCTV 카메라가 나를 지켜본다.

(나)

[학습 목표]
- 시사적인 현안이나 쟁점에 대해 자신의 관점을 수립하여 비평하는 글을 쓴다.

[절차]

차시	절차	수업형태	지도 내용
1	도입	교사	[쓰기 과제 수행시 유의할 점 설명] ① 시사 현안이나 쟁점을 다양한 관점에서 충분히 분석한 후 자신의 관점을 정하고, 그 관점에 따라 의견이나 주장, 견해가 명료하게 드러나도록 글을 쓴다. • 처음부터 현안이나 쟁점에 대해 찬반양론 중 하나를 취사선택하도록 하기 보다는 다양한 관점에서 비판적으로 분석한 후에 관점을 정하도록 한다. ② 그 과정에서 자신이 선택하지 않은 관점의 단점이나 약점, 문제점을 근거를 들어 비판한다. [A]
2~4	전개	쓰기 영역	**시사 현안이나 쟁점 파악하기** 교내 공공장소에 CCTV를 설치 문제

				시사 현안이나 쟁점을 다양한 관점에서 분석, 검토하기	• 비평하는 대상을 잘 이해하려면 대상을 바라보는 다양한 관점의 자료들을 많이 읽어 보아야 함.
				특정 관점 선택하기	• 비평 대상을 이해한 것을 바탕으로 하여 자신의 관점을 수립하고, 그 관점을 글에서 일관성 있게 유지함. • 자신이 선택하지 않은 관점들의 단점이나 약점, 문제점도 근거로 활용할 수 있음. 나의 주장 및 관점: 교내 공공장소에 CCTV를 설치해야 한다. [B] • 나의 주장을 뒷받침하는 근거 자료 • 다른 관점을 나타내는 자료 • 다른 관점의 약점이나 문제점을 비판하는 자료
				[비평문 쓰기] **교내 공공장소에 시시 티브이를 설치해야 한다** 1 학교 폭력과 절도, 방화는 물론 최근 사회적으로 문제가 되는 있는 성범죄 등의 각종 범죄에서 학교가 안전하지 않다는 기사를 각종 매체를 통해 자주 접할 수 있다. 따라서 교내에서 발생하는 범죄와 사고에 효과적으로 대처하기 위해서 교내 공공장소에 시시 티브이를 설치해야 한다. 교내 공공장소에 시시 티브이를 설치해야 하는 근거로는 다음과 같은 것들을 들 수 있다. 2 첫째, 시시 티브이는 각종 범죄 발생을 예방하거나 줄이는 데 효과적인 방법이다. ○○신문 기사에 따르면 교내에 시시 티브이를 설치한 19개의 중학교와 고등학교에서 시시 티브이를 설치한 시점부터 학교 폭력이 19건에서 4건으로 줄었고, 도난 사건도 26건에서 9건으로 감소했다고 한다. 이처럼 시시 티브이를 교내 공공장소에 설치하는 것만으로도 범죄 예방 효과가 있을 것으로 예상된다. 3 둘째, 시시 티브이는 적은 인력으로 넓은 지역을 관리할 수 있어서 효율적으로 학생들을 보호할 수 있을 것이다. 학교와 선생님은 학생들의 안전을 책임질 의무가 있다. 하지만 현실적으로 선생님들께서 학교의 모든 공간을 항시 순회 지도할 수는 없다. 따라서 시시 티브이가 교내에 설치된다면 선생님들이 교내를 돌아보지 못해 학생들을 보호할 수 없는 한계점을 보완할 수 있을 것이다. 4 물론 교내 공공장소에 시시 티브이를 설치하면 학생들의 사생활을 감시함으로써 감시받고 있다는 의식을 심어주어 인권을 침해할 소지가 있는 주장이 있다. 하지만 선량한 다수의 학생들을 범죄에서 보호하는 것이 더 중요하며 학교가 학생들에게 범죄를 예방해 주지 않는 것이야말로 학생들의 인권을 침해하는 것이다. 시시 티브이 설치에 관한 규정을 마련한다면 인권 침해를 방지할 수 있을 것이다. 5 교내 공공장소에 시시 티브이를 설치하면 각종 범죄로부터 학생들을 효과적으로 보호할 수 있고, 학교 내 일탈 행위나 부정행위를 사전에 예방함으로써 학생들이 사회적 가치에 부합하는 행동을 자연스럽게 익히게 할 수 있다. 공공의 가치를 실현할 수 있고 높은 효율성을 지닌 시시 티브이를 교내 공공장소에 설치하는 것은 반드시 필요하다.
5	정리	모둠			

작성방법

- 제시된 〈읽기 자료〉는 '나(필자)의 관점'과 어떤 관계에 있는지를 [B]에서 1가지를 선택 제시하고, 그 이유를 서술할 것. (단, 〈읽기 자료〉의 필자의 관점을 포함할 것.)
- [A]가 학생이 쓴 〈비평문〉에서 나타난 문단 번호를 제시하고 그렇게 생각한 이유를 서술할 것.

6 (가)는 송 교사가 만든 학습지의 일부이고, (나)는 이 학습지를 주제로 수석 교사가 검토한 비평문의 내용 중 일부이다. 〈작성 방법〉에 따라 서술하시오. [4점]

(가)

〈학습 목표〉
시사적인 현안이나 쟁점에 대해 자신의 관점을 수립하여 비평하는 글을 쓴다.

〈작문 과제〉
요즘 화제가 되는 사회 문제를 하나 택하여 그 문제에 대해 비평하는 글을 써보자.

【답안 작성 시 유의 사항】
① 시사 현안이나 쟁점을 다양한 관점에서 충분히 분석한 후 자신의 관점을 정하고, 그 관점에 따라 의견이나 주장, 견해가 명료하게 드러나도록 글을 쓴다.
- 처음부터 현안이나 쟁점에 대해 찬반양론 중 하나를 취사선택하도록 하기 보다는 다양한 관점에서 비판적으로 분석한 후에 관점을 정하도록 한다. 그 과정에서 자신이 선택하지 않은 관점의 단점이나 약점, 문제점을 근거를 들어 비판한다.
② 처음-중간-끝의 비평문의 내용 구성 방식을 고려하여 내용을 전개한다. 각 부분에서 설득하는 글에서 기술해야 할 내용을 반영하여 쓰기를 수행한다.

〈활동지〉

제재 글	
학습활동	**활동과제** 활동 1. 제재의 비평문을 읽고, 시사 현안에 대한 필자의 관점을 파악하고자 한다. 물음에 답하시오. 1. 이 글에서 다루는 시사 현안은 무엇인지 쓰시오. 2. 이 글의 내용을 구성 단계에 따라 다음과 같이 정리할 때, 빈 칸에 들어갈 내용을 쓰고, 시사 현안에 대한 필자의 관점을 제시하시오. | 도입 | | | 전개 | | | 정리 | | ↓ | 필자의 관점 | | 3. 필자의 관점과 상반된 관점을 이 글에서 찾아 쓰고, 그 관점에 대해 필자는 어떻게 비판하고 있는지 서술하시오.

활동 2. 요즘 화제가 되는 사회 문제를 하나 택하여 그 문제에 대해 제재와 같은 비평하는 글 쓰기를 수행해보자.

1. 신문 기사와 칼럼을 읽으며 어떤 문제에 대해 비평하는 글을 쓸 것인지 이야기해 보자.

   > 18세부터 선거권을 부여하는 것에 대한 찬반 논쟁

2. 비평의 대상을 정하고, 그에 대한 다양한 관점을 분석해 보자. 그리고 이를 바탕으로 하여 자신의 관점을 정해 보자.

   > 만 18세부터 선거권을 부여하는 것은 시기상조가 아니다.

3. 2에서 학생이 선택하지 않은 관점과 근거가 다음과 같을 때, 그 관점의 단점이나 문제점을 서술하시오.

   > • 자신이 선택하지 않은 관점:
   > 만 18세부터 선거권을 부여하는 것은 시기상조이다.
   > 〈근거〉
   > ㉠ 만 18세는 자신의 의견을 합리적으로 결정할 수 있을 만큼 정치적 의식 수준이 고양된 연령이 아니다.
   > ㉡ 만 18세로 1년 연령을 하향한다고 해서 청소년 모두의 참정권을 보장할 수 없기에 제한하는 것이 타당하다.
   > ㉢ 법은 각 분야별 상황에 따라 다르게 적용하는 것이기에 다른 권리, 의무와 선거권에 차이가 있는 것이 문제가 되지 않는다.
   >   • 이 관점의 단점이나 문제점:

4. 2와 3을 바탕으로 하여 자신이 정한 관점을 뒷받침해 줄 근거를 제시하되, 3의 근거를 반박할 수 있는 내용을 중심으로 각각 서술하시오.

   > ㉠ ⇨ (   )
   > ㉡ ⇨ (   )
   > ㉢ ⇨ (   )

5. 위의 활동을 토대로 다음과 같이 개요를 작성할 때 빈 칸에 들어갈 내용을 쓰시오.

   > 서론
   > • 선거권 연령에 대한 안내
   > • 선거권 연령을 만 18세로 낮추어야 한다는 관점 제시
   >
   > 본론
   > 1. (   )
   > 2. (   )
   > 3. (   )

결론
선거권 연령을 만 18세로 낮추어야 한다.

6. 앞의 활동 3에서 작성한 개요를 바탕으로 현안을 비판하는 글을 써 보자.

7. 앞의 활동에서 쓴 글을 다음 질문에 따라 평가해 보자.

평가 항목	평가를 위한 질문	평가
내용	예상독자 등 맥락을 고려하고 있는가?	상 중 하
	다양한 매체에서 얻은 내용을 풍부하게 제시하고 있는가?	상 중 하
구성	통일성을 갖추어 내용을 전개하고 있는가?	상 중 하
	구성은 시간이나 공간의 순서를 따르고 있는가?	상 중 하
표현	단어 선택은 적절하고 정확한가?	상 중 하
	글의 표현은 설득에 효과적인가?	상 중 하

(나)

수석 교사: 작문 이론과 그 실제적 적용과 관련하여 오늘 말씀을 나눠보겠습니다. 먼저, 송 교사의 활동지는 읽기와 쓰기의 통합을 의도한 활동으로 구성되었다는 점이 좋았어요. 글을 쓰기 전에 예시 글을 읽고 그 글에 사용된 표현 전략을 찾아보게 함으로써 작문 전략을 익히는 활동을 할 수 있기 때문입니다. 그러면 구체적으로 활동 과제의 구안은 어떤지 검토해볼까요?

김 교사: 이 활동지는 [활동 1]에서 모방할 수 있는 모범 텍스트를 보여주고 [활동 2]에서 이와 비슷한 글을 써 보게 하는 활동으로 구성되어 있습니다. 즉, "이 글의 내용을 구성 단계에 따라 다음과 같이 정리힐 때, 빈 칸에 들어갈 내용을 쓰고, 시사 현안에 대한 필자의 관점을 제시하시오."와 같은 제재 글의 형식을 분석하게 한 후, "요즘 화제가 되는 사회 문제를 하나 택하여 그 문제에 대해 제재와 같은 비평하는 글 쓰기를 해보자."와 같이 글을 모방하여 글을 쓰게 하는 활동으로 구성하고 있습니다.

박 교사: 아마도 그것은 송 교사가 텍스트가 분해 가능한 객관적인 요소가 체계적으로 결합된 구성물로 보고 있고, 자족적이고 자율적인 체제로 인식된다는 점에서 ⓒ 작문 이론을 반영하고 있는 것으로 보여집니다.

송 교사: 저는 작문에 능숙하지 않은 학습자에게 모범 글을 제시하고 이를 모방하게 하는 방식이 효과적이라 생각해서 그렇게 구성했거든요.

박 교사: 하지만, 글쓰기에 대한 학습자의 흥미를 오히려 저하시킬 수도 있고, 또한 이러한 활동은 전문 문필가가 사용한 전략이 적용되어 있는 텍스트를 학습자들이 분석하도록 해 전략이 어떻게 텍스트에 적용될 수 있는지를 생각해 보도록 유도하는 '유도하기식' 구성으로 전략을 익히도록 하고 있는데, 이러한 구성 방식에서는 학생들이 완성된 글에서 전략을 분석할 수는 있어도 실제로 글을 쓰는 과정에서 사용되는 과정적 전략을 학습하기는 어렵다는 한계를 가져요.

송 교사: 아 그렇군요. 제가 구성한 학습 활동은 학습자를 매우 수동적인 수신자로 인식하여 학습자의 역할을 필자가 생산한 텍스트를 정확하게 분석하는 것으로 한정하는 문제를 보이는군요.

김 교사: [활동 2]에서 ⓒ 쓴 글에 대한 평가에서 학습 목표와 작문 과제와의 관련성이 떨어지고, ⓒ 필자 혼자만의 점검에 그치고 있어서 아쉬워요.

수석 교사: 그렇다면 이러한 문제를 보완할 수 있는 조언을 해주시죠.

김 교사: 처음부터 완성된 모범 글로 예시 자료를 제시하지 않고 가상의 필자인 학생이 글을 완성하는

과정을 제시할 필요가 있어요. 이러한 성격의 활동은 학습자가 참고할 만한 글쓰기의 전략과 과정을 순차적으로 보여 주어 글의 구조와 작문 전략을 익히는데 도움을 줄 수 있습니다. 학습자들로 하여금 글쓰기의 어느 단계에서 어느 전략을 사용해야 효과적으로 글을 구성할 수 있는지를 명시적으로 알려준다는 점에서 (ⓔ) 작문 이론을 적용한 것입니다.

박 교사: 예시 자료의 형식 측면에서 친구들과 의견을 나누는 담화 텍스트로 구성함으로써 사회·문화적 맥락의 측면과 담화 공동체를 강조하는 작문 이론을 일부 적용할 수 있을 것 같아요.

송 교사: 쓴 글에 대한 평가를 할 때 필자 혼자만의 점검이외의 어떤 활동이 효과적일까요?

박 교사: [ⓜ   ]

작성방법

- 괄호 안 ⓐ과 ⓔ에 들어갈 작문 이론을 쓰고, ⓒ을 참조하여 빈 칸 ⓜ에 들어갈 조언 내용을 제시할 것.
- ⓑ을 고려하여 송 교사의 평가지의 문제점 2가지를 그 이유를 근거를 들어 각각 서술할 것.

3 친교 및 정서 표현(자기 표현과 사회적 상호 작용)을 위한 작문

테마 1 친교의 글쓰기

심화 예제

1 '작문 맥락을 고려하여 친교의 내용을 표현하는 글을 쓴다.'를 학습 목표로 다음 제재를 활용하여 활동 과제를 구안하였다. 〈보기〉는 구안된 활동 과제에 대한 피드백이다. 〈작성 방법〉에 따라 서술하시오. [4점]

(가)

하윤에게

하윤아, 그동안 잘 지냈어? 방학이 시작된 게 얼마 전인 듯한데 벌써 개학이 가까워 오네. 날씨가 더워서 어떻게 지내는지 걱정이다.

며칠 전에 개학을 앞두고 책상을 정리하다가 우연히 학기 초에 우리 모둠이 발표했던 '탐구 보고서'를 발견했어. 지역의 대기 오염 실태를 조사해서 발표했던 건데, 너도 기억나지? 그때 탐구 계획과 수행이 잘되었다며 선생님께 칭찬도 받았잖아.

사실 탐구 계획을 세울 때 모둠원들 모두 너무 어려운 과제라며 포기하려고 했는데, 네가 모둠 대표로서 우리를 잘 이끌어 줬어. 그리고 보고서를 작성할 때도 네가 힘들어하는 우리를 격려하며 이끌어 준 덕분에 좋은 결과가 나온 것 같아.

방학이 끝나면 두 번째 발표 과제가 있지만, 네가 우리 모둠의 대표이고 우리도 첫 번째 과제를 수행한 경험이 있으니 잘해 낼 수 있을 것 같아. 쑥스럽지만 여러 가지로 고맙다는 말을 전하려고 이렇게 편지를 보내. 더운 날씨에 건강 주의하렴. 그럼 개학하고 학교에서 보자.

20○○년 ○○월 ○○일 친구 민철이가

(나)

제목: 행복시 공무원 여러분께 올리는 글

　안녕하십니까? 행복시장 □□□입니다. 이번 연휴 첫날 갑자기 내린 폭우 때문에, 휴일을 반납하고 비상근무를 서 주신 행복시 공무원 여러분께 감사의 말씀을 드립니다.

　기습 폭우 때문에 우리 시는 동네마다 물이 넘치고 건물들이 침수되는 비상사태를 맞았습니다. 그러나 여러분의 복구 활동 덕분에 행복시 주민들의 생활은 안정을 찾아 가고 있습니다. 물론, 아직 어려움을 겪고 있는 피해 주민들이 많아 앞으로도 며칠간은 복구 활동에 전념해야 합니다. 그러나 지금까지 보여 주신 여러분의 헌신적인 노력이 있다면 이러한 어려움은 반드시 해결할 수 있을 것이라 믿습니다. 휴일에 쉬지 못하고 비상근무에 참여해 주신 여러분께 행복시장으로서 다시 한번 감사의 말씀을 드립니다.

　아울러 앞으로 남아 있는 피해 복구에도 더욱 힘써 주실 것을 부탁드립니다. 여러분과 함께 일할 수 있어 영광이라는 말씀을 드리며 글을 마치겠습니다. 감사합니다.

20○○년 ○○월 ○○일 행복시장 □□□

활동과제	예시답안

위의 자료는 서로 다른 의사소통 상황에서 친교를 표현하는 글이다. ㉮와 ㉯를 읽고, 작문 맥락이 글쓰기에 미치는 영향을 파악해 보자.

활동 1. ㉮와 ㉯를 읽고, 두 글의 작문 맥락을 분석해 보자.

	㉮	㉯
주제	[예시답안] 탐구 보고서를 작성하며 느꼈던 고마운 마음을 친구에게 전함.	[예시답안] 기습 폭우로 인해 비상근무를 선 행복시 공무원들에게 감사한 마음을 전함.
매체	[예시답안] 인쇄 매체(편지)	[예시답안] 인터넷 매체(인터넷 게시판)

활동 2. 앞의 활동 1을 바탕으로 작문 맥락에 따라 글의 내용과 표현 방법이 어떻게 다른지 비교해보자.

활동 3. 필자와 독자의 관계를 고려하여 ㉮와 ㉯의 의사소통 상황을 비교해 보자.

(1) ㉮와 ㉯의 의사소통 성격이 어떻게 다른지 말해보고, 공통적인 의사소통 상황이 무엇인지 말해 보자.

(2) ㉮와 ㉯에서 공통적으로 드러나는 태도를 말해 보자.

〈보기〉

친교의 내용을 표현하는 편지 글을 제재로 적절하게 선정하였다. 또한 학습 목표를 잘 반영하여 '작문 맥락을 고려'한 활동과제를 구안하여 작문 맥락의 개념과 중요성에 대한 이해를 도모하고자 했다는 점에서 적절하게 보인다. 또한, 이러한 맥락을 반영하여 두 글의 의사소통 상황을 필자와 독자의 관계를 중심으로 비교하고, 두 글이 작문 맥락을 효과적으로 전달하기 위해 어떤 태도를 보이고 있는지 파악할 수 있게 하여 독자를 존중하고 배려하는 일이 중요성을 이해하도록 했다는 점에서 의미가 있다. 그러나 학습 목표에 의거한 활동 중에서 다양한 수사적 맥락을 고려한 활동을 조직하지 못했다는 점에서 아쉽다.

작성방법

- 〈보기〉를 참조하여 교사의 활동 과제에서 누락된 맥락 요소 2가지를 쓸 것.
- 〈보기〉를 참조하여 〈활동 3〉의 모범 답안을 각각 서술할 것.

테마 2 | 표현적 글쓰기

기본 예제

1 다음 글을 읽고 괄호 안 ㉠에 들어갈 말을 (가)에서 찾아 쓰고, ㉡~㉢에 들어갈 말을 쓰시오. [2점]

> 표현적 쓰기는 표현의 대상이 자기 자신인 글로서 자신의 경험 세계와 생각을 독자를 의식하지 않고 자유롭게 쓴 글이다. 인간이라면 누구나 자기표현의 욕구가 있고 이러한 욕구가 가장 잘 드러난 유형이 표현적 글쓰기이다. 이러한 점에서 표현적 글쓰기는 성찰 혹은 (㉠)과 긴밀한 관계가 있다. 표현적 글쓰기는 나자신을 대상으로 하며 나의 생각과 경험에서 글감을 찾고 이를 표현하기 때문에, 자연스럽게 자신이 한 일을 돌이켜 보고 그것을 깊이 생각하는 활동이 포함된다. 아울러 개인적인 감정을 자유롭게 쓸 수 있는 글쓰기가 바로 표현적 글쓰기이며, 이러한 표현적 글쓰기는 자신의 내면에 있는 갈등 혹은 이로 인한 감정을 (㉡)할 수 있다. 사람은 살아가면서 외부로부터 갈등이나 위협 등을 겪게 되는데 이 과정에서 발생한 상처를 정리하지 않으면 어딘가에 쌓인다. 이렇게 저장된 생각이나 감정들이 장기간 지속되면 병적인 문제를 일으킬 수 있다. 따라서 이를 (㉡)하기 위해서는 쌓여 있던 생각과 감정을 밖으로 끄집어 내야 하는데, 이때 글쓰기가 생각과 감정을 쏟아 내는 효과적인 수단이 될 수 있다.
>
> 예를 들면 작문 교육에서 수필 쓰기 지도는 이러한 표현적 글쓰기의 대표적인 실제이다. 수필은 문학의 중요한 속성인 형상성을 띠면서도 사실에 기반을 둔 필자가 겪고 보고 느낀 실제 경험 세계를 다룬다. 이를 통해 어떤 감동, 통찰, 교훈을 얻었는지 직접적으로 제시한다. 수필 쓰기 지도는 필자가 실제 경험했던 일을 글감으로 삼아 서술하고, 자신이 (㉠)한 결과와 느낌을 표현한다는 두 단계로 구분하여 진행할 수 있다.
>
> > (가) 나와 같이 징역살이를 한 노인 목수 한 분이 있었습니다. 언젠가 그 노인이 내게 무얼 설명하면서 땅바닥에 집을 그렸습니다. 그 그림에서 내가 받은 충격을 잊을 수 없습니다. 집을 그리는 순서가 판이하였기 때문입니다. 지붕부터 그 리는 우리들의 순서와는 거꾸로였습니다 먼저 주춧돌을 그린 다음 기둥, 도리, 들보, 서까래, 지붕의 순서로 그렸습니다. 그가 집을 그리는 순서는 집을 짓는 순서였습니다. 일하는 사람의 그림이었습니다.
> > 세상에 지붕부터 지을 수 있는 집은 없습니다. 그럼에도 불구하고 지붕부터 그려온 나의 무심함이 부끄러웠습니다. 나의 서가가 한꺼번에 무너지는 낭패감이었습니다. 나는 지금도 책을 읽다가 건축이라는 단어를 만나면 한동안 그 노인의 얼굴을 상기합니다. 교실과 공장, 종이와 망치, 의상과 사람, 화폐와 물건, 임금과 노동력, 이론과 실천……. 이러한 것들이 뒤바뀌어 있는 우리의 사고를 다시 한번 반성케 하는 교훈이라고 생각합니다.
> >
> > (신영복,1996)

(가)는 필자가 겪은 일화를 소개하는 내용으로 시작하여, 그 일화가 자신에게 준 (㉠)적 교훈을 전달하는 형태로 끝을 맺고 있다. 필자는 목수가 집을 그리는 방식이 자신과 다름을 발견하였고, 일하는 사람이 그리는 그림과 그렇지 않은 사람의 그림이 갖는 차이를 확대하여 우리의 현실을 (㉡)해야 한다는 교훈을 전한다. 결국 수필은 필자 실제의 세계를 표현하는 비전환표현, 필자의 경험이나 관찰을 글감으로 삼는 형상성, 필자에게 감동이나 즐거움을 전할 목적의 교훈성을 띤 글이라 할 수 있다. 이처럼 자신이 실제로 접한 삶과 경험을 토대로 (㉢)하게 글을 쓰는 과정은 필자에게는 건강한 (㉣)를 형성하게 도와주고 독자에게는 감동과 즐거움을 줄 수 있다. 따라서 자신의 정서를 과장이나 왜곡 없이 진정성 있게 표현하기, 자신을 일상을 기록하는 습관 형성하기 등이 작문 교육에서 중요하게 된다.

2 (가)는 학생의 작문 노트이고, (나)는 교사가 학생의 글을 분석한 자료이다. ㉠~㉢에 해당하는 말을 순서대로 쓰시오. [2점]

(가)

[쓰기 계획]
- 작문 과제 : 학교 행사 체험 가운데 자신감 부족이나 좌절을 느꼈던 경험을 떠올려 보고, 학급 게시판에 실릴 수 있도록 수필 글을 써보자.
- 예상 독자 : 반 친구들
- 전달 매체 : 학급 문집

[초고]

제목: 그래, 나도 할 수 있어

　벌써 작년, 중학교 1학년 여름의 일이다. 음악 시간에 선생님께서 곧 리코더 연주 발표회를 개최한다고 하셨다. 이어지는 선생님의 설명을 듣고 나는 앞이 깜깜해졌다. 음악 선생님께서 정해 준 발표곡은 수행 평가에서 이미 나에게 절망감을 안겨 준 곡이기 때문이다.

[A]　소심한 나는 친구들 앞에서 혼자 연주하는 일이 정말 부담스러웠다. 평소에도 나는 친구들 앞에서 발표하는 것을 꺼린다. 특히 연주 발표는 일반적인 발표에 비해 두세 배 이상의 용기가 필요하다. 수행 평가 때도 열심히 연습했지만, 결국 실수를 하고 말았다. 친구들은 웃고, 내 얼굴은 빨개지고, 어찌할 바를 모르고 서 있을 때 선생님이 한 번 더 차분하게 연주해 보라고 하셨고, 그 덕분에 간신히 연습한 것을 보여 줄 수 있었다. 하지만 이미 자신감은 바닥으로 떨어진 상태였다. 그런데 리코더 연주 발표회라니!
　…

　리코더 연주 발표회를 성공적으로 마치고 난 뒤에도 나는 여전히 소심함을 떨쳐 내지 못했다. 그러나 그렇다고 해서 리코더 연주 발표회의 경험이 나에게 의미가 없었던 것은 아니다. 이 경험 이후에는 조금은 적극적인 자세로 신나게 불안한 도전들을 향해 나가고 있기 때문이다. 나는 오늘도 거울을 보며 스스로 주문을 건다.
　'그래, 나도 할 수 있어.'

(나)
나에 대한 관심과 나의 경험을 진술하고자 하는 욕구는 쓰기의 동기를 자극하고 흥미를 유발하며 자아 정립에 도움을 준다는 점에서 중요한 의미를 갖는다. 특히 청소년기에는 자신을 탐색하고 발견하며 정립해 나가는 일이 중요한 발달 과업이다. 교육의 대상인 학생들이 자기정체성에 대해 고민하고 있는 현실을 고려하면 작문 교육이 이를 적극적으로 수용하는 것은 의미가 있다.

학생들은 이러한 (㉠) 쓰기 행위를 통해 바람직한 자아상을 확립하는 계기를 만들어 나갈 수 있다. 이러한 쓰기 행위의 의의와 관련해서는 먼저 자기 (㉡)을 강조하는 입장에서 보자면 이 학생은 자신감 부족이나 좌절을 느꼈던 자기 생활과 체험에 주의를 기울이고 그 의미를 찾아가는 과정에서 전체적인 삶과 연계하여 자신의 정체성을 완성하게 된다. 다음으로 (㉢)의 측면을 강조하는 입장에서 보자면 글쓰기가 개인이 지닌 심리적 외상을 정서적으로 진정시키는 효과가 있다는 관점을 취한다. 이는 학생이 [A]에서 부정적 경험을 한 후 이를 비밀로 간직하고 있기 보다는 이를 글로 표현하고 타인에게 알림으로써 긍정적 태도가 형성된다는 점에서 그러하다. 결국 (㉠) 쓰기는 자신에 대한 탐구와 발견을 통해 더 나은 자아를 형성해 나갈 수 있게 한다는 점에서 의미를 지닌다.

심화 예제

3 (가)는 "정서 표현과 자기 성찰의 글을 읽고 자신의 정서를 진술하게 표현하거나 자신의 삶을 성찰하는 글을 쓸 수 있다"라는 학습 목표를 위해 구성한 〈독서와 작문〉 교사용 지도서의 일부이고, (나)는 단원 학습 내용을 정리한 글이다. 〈작성 방법〉에 따라 활동 과제와 의의를 서술하시오. [4점]

(가)

[제재 글]

나는 영화에 문외한이다. 또 나에게는 영화를 볼 기회가 별로 없었다. 하지만 누군가 내게 이제껏 본 영화 중 가장 인상 깊은 영화를 꼽으라면 아마 주저 없이 '킹콩'이라고 말할 것이다. 사실 줄거리조차 잘 기억이 나지 않으므로 '인상 깊다.'는 말은 적절하지 않은지 모른다.

'킹콩'은 내가 일부러 극장까지 찾아가서 본 몇 안 되는 영화 중 하나이다. 그 영화를 본 날짜와 장소까지 정확히 기억한다. 1978년 1월 12일, 난 내 인생에서 잊지 못할 경험을 하고 난 후, 시내의 한 극장에서 그 영화를 보았다.

그날은 모 대학에서 박사 과정 시험을 친 날이었다. 석사 졸업반이었지만 직업을 얻을 수 있는 처지가 못 되었고, 나의 모교에는 박사 과정이 개설되기 전이라 내가 선택할 수 있는 길은 그것밖에 없었다.

응시자들은 오전에 필답 고사를 보고 오후에 면접을 보게 되어 있었다. 떨리는 마음으로 면접실에 들어서니 앉아 있던 네 명의 교수가 동시에 나와 내 목발을 아래위로 훑어보았다. 그러더니 내가 엉거주춤 자리에 앉기도 전에 그 중 한 사람이 퉁명스럽게 말했다.

"우리는 학부에서도 장애인은 받지 않아요. 박사 과정은 더 말할 것도 없지요."

한 사람의 운명이 결정되는 순간인데 그렇게 단도직입적이고 명료하게 말하는 그 교수 앞에서 나는 완벽한 좌절은 슬프지 않다는 것을 알게 되었다. 오히려 마음이 차분해지는 느낌이었다. 미소까지 띠며 "그런 규정을 몰랐습니다. 죄송합니다."라는 인사까지 하고 면접실을 나올 수 있었다.

그날 집에서 기다리시는 부모님께 낙방 소식을 전하는 것을 조금이라도 늦추기 위해 동생과 함께 본 영화가 '킹콩'이다.

그 영화에서 내가 기억하는 것은 몇몇 장면뿐이다. 거대한 고릴라가 사냥꾼들에게 잡혀 뉴욕으로 옮겨지는 도중에 우리를 탈출하여 도시 전체가 공포에 휩싸인다. 엠파이어 스테이트 빌딩 위에 앉아 있는 킹콩은 건물만큼이나 크고 거대하다.

어떤 이유에서인지는 기억나지 않지만 킹콩은 한 여자를 손에 쥐고 있었는데, 그녀는 온몸을 떨고 있었다. 하지만 그녀는 전혀 두려워할 필요가 없었다. 킹콩은 그녀를 좋아했다. 아니, 사랑했다. 그러나 킹콩은 자신의 운명을 잘 알고 있었다. 마침내 포획되기 전, 킹콩은 그녀를 자신의 눈높이로 들어 올려 자세히 쳐다본다.

그 눈, 그 슬픈 눈을 나는 잊지 못한다. 그에게는 그녀를 사랑하는 것이 허락되지 않았다. 그가 인간이 아닌 커다랗고 흉측한 고릴라였기 때문에…….

그때 나는 깨달았다. 이 사회에서는 내가 바로 그 킹콩이라는 걸. 사람들은 단지 내가 그들과 다르다는 이유만으로 나를 미워하고 짓밟으려고 한다. 기괴하고 흉측한 킹콩이 어떻게 박사 과정에 들어갈 수 있겠는가? 나 역시 내 운명을 잘 알고 있었다. 사회로부터 추방당하여 아무런 할 일 없이 남은 생을 보내야 하는 것이다. 교수들의 말은 사형 선고와 다름없었다.

킹콩이 고통스럽게 마지막 숨을 몰아쉴 때쯤 나는 결정을 내렸다. 나는 살고 싶었다. 그래서 편견과 차별 때문에 죽어야 하는 괴물이 아닌 인간으로 살 수 있는 곳으로 가기로 결심했다.

영화관을 나와 집으로 오는 길에 나는 토플 책을 샀다. 다음 해 8월 나는 내게 전액 장학금을 준 뉴욕의 모 대학으로 가는 비행기에 타고 있었다.

이제 나는 다시 돌아왔다. 나를 면접하기조차 거부하고 '운명적'인 선언으로 내 삶의 방향을 재조정할 수 있도록 용기를 준 그 위원회에 진정으로 감사하고 있다.

[활동 과제]

활동
자신의 삶과 관련지어 이 글의 의미를 해석해보자.
⇩

활동 **1** 글쓴이가 어떤 시련을 겪었는지 살펴보고, 이에 대응한 방식과 태도를 말해보자.

[활동 의도]
글쓴이가 겪은 경험, 그것에 대응한 방식과 태도를 파악할 수 있게 하는 활동이다.

[예시 답안]

㉠

⇩

활동 **2**

㉡

[활동 의도]

활동의 의도는 다른 사람이 시련에 어떻게 대응했는지를 살펴봄으로써 자신의 삶에 대해 생각해 보고, 글의 가

| 치를 판단해 보도록 하는 활동이다.

⇩

올바른 정체성 형성

(나)

❶ 단원 학습 목표는 정서 표현과 자기 성찰의 글을 읽고 필자의 체험과 생각을 통해 삶에 대한 교훈과 깨달음을 얻고 학습자 자신의 정서를 진술하게 표현하거나 스스로의 삶을 성찰하는 글을 쓸 수 있는 능력을 기르기 위해 설정하였다.

❷ 읽기 학습의 경우 정서 표현과 자기 성찰하는 글을 읽고, 자신의 삶과 관련지어 글의 의미를 해석할 수 있게 한다.
- 학생들 중에는 글 속에 나타나는 인물의 삶이나 상황을 그저 학습의 내용 정도로만 생각하는 경우도 있을 수 있다. 따라서 정서 표현과 자기 성찰하는 글 읽기를 지도할 때에는 학생들이 글쓴이의 상황을 이해하고 인물의 행동에 대한 생각을 더욱 풍부하게 할 수 있도록 유도해야 한다.

❸ 읽기 학습의 경우 독자로서의 정체성을 형성해 나갈 수 있게 한다.
- 이 단원은 인물의 삶을 자신과 관련지어 이해함으로써 그 당시 상황 속에서 느꼈을 인물의 아픔과 고민, 그런 행동을 하기까지의 과정 등을 간접 체험하고, 이를 바탕으로 자신이라면 어떻게 행동했을지, 인물의 행동에 대해 어떻게 생각하는지 등을 통하여 자신을 되돌아 볼 수 있도록 지도한다. 이러한 활동이 정체성을 형성하는 데 도움이 될 수 있음을 알게 한다.

작성방법

- ㉠의 답안은 [제재 글]에서 근거를 들어 제시하고, ㉡의 활동은 〈활동 ❷〉의 [활동 의도]를 고려하여 적절한 활동을 1가지 제시할 것.
- 제시된 교사용 지도서의 활동은 읽기 학습이 제시되어 있다. 이를 보완하기 위하여 '자신의 삶을 성찰하는 글 쓰기'의 학습 내용 요소를 기능과 태도 1가지씩 각각 제시하고, 이러한 성찰하는 글 쓰기 행위가 갖는 작문 기능을 서술할 것.

4 학습을 위한 글쓰기

심화 예제

1~2 '다양한 주제의 글을 통합적으로 읽고 학습의 목적과 교과의 특성을 고려하여 학습을 위한 글을 쓴다.'을 학습 목표로 송 교사는 다음과 같이 독서와 작문 통합 수업을 계획하였다. 자료를 읽고 물음에 답하시오.

(가)

　한국, 중국 등 동아시아 사회에서 오랫동안 유지되었던 과거제는 세습적 권리와 무관하게 능력주의인 시험을 통해 관료를 선발 하는 제도라는 점에서 합리성을 갖추고 있었다. 정부의 관직을 두고 정기적으로 시행되는 공개 시험인 과거제가 도입되어, 높은 지위를 얻기 해서는 신분이나 추천보다 시험 성적이 더욱 중요해졌다.

　명확하고 합리인 기준에 따른 관료 선발 제도라는 공정성을 바탕으로 과거제는 보다 많은 사람들에게 사회 지위 획득의 기회를 줌으로써 개방성을 제고하여 사회적 유동성 역시 증 대시켰다. 응시 자격에 일부 제한이 있었다 하더라도, 비교적 공정한 제도였음은 부정하기 어렵다. 시험 과정에서 익명성의 확보를 위한 여러 가지 장치를 도입한 것도 공정성 강화를 한 노력을 보여 준다.

　과거제는 여러 가지 사회적 효과를 가져왔는데, 특히 학습에 강력한 동기를 제공함으로써 교육의 확대와 지식의 보급에 크게 기여했다. 그 결과 통치에 참여할 능력을 갖춘 지식인 집단이 폭넓게 형성되었다. 시험에 필요한 고전과 유교 경전이 주가 되는 학습의 내용은 도덕적인 가치 기준에 대한 광범한 공유를 이끌어 냈다. 또한 최종 단계까지 통과하지 못한 사람들에게도 국가가 여러 특권을 부여하고 그들이 지방 사회에 기여하도록 하여 경쟁 선발 제도가 가져올 수 있는 부자용을 완화하고자 노력했다.

　동아시아에서 과거제가 천 년이 넘게 시행된 것은 과거제의 합리성이 사회의 안정에 기여했음을 보여 준다. 과거제는 왕조의 교체와 같은 변화에도 불구하고 동질인 엘리트층의 연속성을 가져왔다. 그리고 이러한 연속성은 관료 선발 과정뿐 아니라 관료제에 기초한 통치의 안정성에도 기여했다.

　과거제를 장기간 유지한 것은 세계적으로 드문 현상이었다. 과거제에 대한 정보는 선교사들을 통해 유럽에 전해져 많은 관심을 불러일으켰다. 일군의 유럽 계몽사상가들은 학자의 지식이 귀족의 세습 지위보다 우위에 있는 체제를 정치적인 합리성을 갖춘 것으로 보았다. 이러한 관심은 사상 동향뿐 아니라 실질적인 사회 제도에까지 영향을 미쳐서, 관료 선발에 시험을 통한 경쟁이 도입되기도 했다.

(나)

　조선 후기의 대표적인 관료 선발 제도 개혁론인 유형원의 공거제 구상은 능력주의, 결과주의 인재 선발의 약점을 극복하려는 의도와 함께 신분 세습의 문제도 의식한 것이었다. 중국에서는 17세기 무렵 관료 선발에서 세습과 같은 봉건적인 요소를 부분적으로 재도입하려는 개론이 등장했다. 고염무는 관료제의 상층에는 능력주의 제도를 유지하되, 지방관인 지현들은 어느 정도의 검증 기간을 거친 이후 그 지위를 평생 유지시켜 주고 세습의 길까지 열어 놓는 방안을 제안했다. 황종희는 지방의 관료가 자체적으로 관리를 초빙해서 시험한 후에 추천하는 '벽소'와 같은 옛 제도를 되살리는 방법으로 과거제를 보완하자고 주장했다.

　이러한 개혁론은 갑작스럽게 등장한 것이 아니었다. 과거제를 시행했던 국가들에서는 수백 년에 걸쳐 과거제를 개선하라는 압력이 있었다. 시험 방식이 가져오는 부작용들은 과거제의 중요한 문제다. 치열한 경쟁은 학문에 대한 깊이 있는 학습이 아니라 합격만을 목적으로 하는 형식 학습을 하게 만들었고, 많은 인재들이 수험 생활에 장기간 매달리면서 재능을 낭비하는 현상도 낳았다. 또한 학습 능력 이외의 인성이나 실무 능력을 평가할 수 없다는 이유로 시험의 익명성에 대한 회의도 있었다.

과거제의 부작용에 대한 인식은 과거제를 통해 임용된 관리들의 활동에 대한 비판적 시각으로 연결되었다. 능력주의 태도는 시험뿐 아니라 관리의 업무에 대한 평가에도 통용되었다. 세습적이지 않으면서 몇 년의 임기마다 다른 지역으로 이동하는 관리들은 승진을 해서 빨리 성과를 낼 필요가 있었기에, 지역 사회를 위해 장기인 전망을 가지고 정책을 추진하기보다 가시적이고 단기적인 결과만을 중시하는 부작용을 가져왔다. 개인적 동기가 공공성과 상충되는 현상이 나타났던 것이다. 공동체 의식의 약화 역시 과거제의 부정적 결과로 인식되었다. 과거제 출신의 관리들이 공동체에 대한 소속감이 낮고 출세 지향적이기 때문에 세습 엘리트나 지역에서 천거된 관리에 비해 공동체에 대한 충성심이 약했던 것이다.

과거제가 지속되는 시기 내내 과거제 이전에 대한 향수가 존재 했던 것은 그 외의 정치 체제를 상상하기 어려웠던 상황에서, 사적이고 정서적인 관계에서 볼 수 있는 소속감과 충성심을 과거제로 확보하기 어렵다는 단점 때문이었다. 봉건적 요소를 도입하여 과거제를 보완하자는 주장은 단순히 복고적인 것이 아니었다. 합리적인 제도가 가져온 역설적 상황을 역사적 경험과 주어진 사상적 자원을 활용하여 보완하고자 하는 시도다.

학습 목표	■ 다양한 주제의 글을 통합적으로 읽고 학습의 목적과 교과의 특성을 고려하여 학습을 위한 글을 쓴다.		
학습 단계	학습 내용	교수·학습 활동	학습 자료
도입 (10분)	전시 학습 확인	■ 전시 학습 확인	
	학습 내용 제시	〈■ 차시 학습 내용 안내〉 ❶ 주제 통합적 읽기 방법을 안내한다. • 동일한 화제에 대해 서로 다른 관점을 지닌 글을 대조하면서 읽거나 비슷한 주제를 담고 있는 다양한 형식의 글을 비교하면서 읽는다. • 여러 가지 관점이나 형식의 글은 주제에 대한 독자의 판단 근거이자 자료가 된다. 이때 편견이나 선입견을 배제하고 객관적이고 합리적으로 판단하되, 단순히 여러 글을 비교·대조하는 수준에 머물지 않고 서로 다른 관점과 형식의 글을 비판적으로 종합하여 <u>자신만의 주제로 재구성</u>하는 능력 [A] 을 기를 수 있도록 한다. ❷ 학습의 목적과 교과의 특성을 고려하여 학습을 위한 글 쓰기를 안내한다.	PPT

전개
(35분)
	읽은 후에 활동	활동 ① 주제 통합적 읽기
		1. <u>두 글에 나타난 필자의 입장을 정리해 보는 활동</u>
		[지도의 중점]
		  두 글의 주장을 각각 자신의 말로 정리해 봄으로써, 쟁점을 분명하게 드러낼 수 있도록 이끌어 준다.
		(1) (가)에서 주제를 다음과 같이 정리할 때, 빈칸에 알맞은 말을 써넣어 보자.
		  과거제는 (㉠)을 바탕으로 사회에 여러 가지 긍정적 효과를 지닌 제도이다.
		(2) (나)에서 제시된, 과거제에 대한 내용을 다음과 같이 정리할 때 빈 칸에 적절한 말을 써넣어 보자.
		  (㉡) 요소를 접목하여 과거제를 보완하려는 개혁론의 등장과 그 배경
			• 수업 PPT

		2. 두 글의 관점 비교하기			
		(가)와 (나)의 주장이 서로 다른 이유를, 과거제도를 바라보는 관점을 중심으로 비교하여 정리해 보자.			
				(가)	(나)
		과거제도를 바라보는 관점		• 과거제는 ⓒ( )제도이다. • 과거제는 교육의 확대와 지식의 보급에 기여하여 지식인 집단을 폭넓게 형성하고 도덕적인 가치 기준에 대한 광범위한 공유를 이끌어 냈을 뿐만 아니라 관료제에 기초한 통치의 안정성에도 기여했다. • 선교사에 의해 유럽에까지 전해진 과거제는 세습적 지위 보다 학자의 지식이 우위에 있다는 점에서 정치적인 합리성을 갖춘 것으로 인정되어 서구의 사회 제도에까지 영향을 미쳤다.	• 과거제는 많은 인재들이 수험 생활에만 매달림으로써 재능을 낭비하는 문제가 있다. • 이러한 문제를 극복하기 위해 과거제를 보완하자는 주장이 대두되었다.
		3. ( )			
		[지도의 중점] [B] 주제에 관한 자신의 의견을 확정하고, 읽은 글의 내용을 근거 자료로 활용하여 자기 주장을 펼칠 수 있도록 이끌어 준다.			
		활동 ② 학습을 위한 글 쓰기			
수업 내용 정리 (5분)	학습 정리	▣ 본시 학습 정리하기			• 참고 자료
	차시 예고	▣ 다음 차시 예고 및 과제 제시			

1 주제 통합적 독서 활동에 대하여 〈작성 방법〉에 따라 서술하시오.

> **작성방법**
> • 1~2번 활동의 ㉠~ⓒ에 모범인 답을 (가)와 (나)에서 찾아 쓸 것.
> • 3번 활동에서 제시할 수 있는 활동 과제 1가지를 '차시 학습 안내'의 [A]와 '지도의 중점' [B]를 고려하여 제시할 것.

2 〈보기〉는 송 교사의 학습 활동 계획에 대한 평가의 일부이다. 〈작성 방법〉에 따라 보완 내용을 서술하시오. [4점]

보기

송 교사의 학습 활동 계획은 활동 ①에서 '동일한 주제나 화제에 대해 유사하거나 서로 다른 관점의 글을 비교·대조하면서 분석하기'를 학습 내용으로 하는 활동 이후 활동 ②에서 '학습을 위한 글 쓰기' 활동을 통합하고자 했다고 본다. 그러나 해당 성취기준 혹은 학습 목표는 하나의 주제나 화제에 대해 다양한 관점과 형식을 보이는 글을 읽고, 글에 드러난 정보를 분석·비판적으로 수용하며 이들 정보를 효과적으로 학습하기 위한 글을 쓰는 능력을 기르기 위해 설정하였다는 점에서 학습을 위한 글 쓰기 활동을 안내하고 이를 작문 학습 내용으로 구체화하지 못해 아쉽다. 이를 보완한다면 다음과 같은 작문 학습 내용이 필요하겠다.

작문 학습 내용	활동의 중점 및 유의사항
주제를 기존의 지식 및 경험과 관련지어 구체적으로 정교화한다.	학습을 위한 글을 쓸 때에는 독서나 학습 등을 통해 필자가 이미 알고 있는 지식과 경험을 바탕으로 하여 글의 주제를 구체화 하는 것이 중요하다.
⇩	
주제와 관련한 글을 찾아 읽고 자신의 관점을 정리한다.	학습을 목적으로 하는 글을 쓸 때에는 필자 자신의 관점을 정리하고 이에 따라 주제와 관련된 글을 읽으면서 지식이나 정보를 선별하는 것이 중요하다.
⇩	
주제에 대한 자신의 지식과 관점이 명료하게 드러나도록 글을 쓴다.	㉠

작성방법

- 학습 목표와 〈보기〉를 참조하여 〈차시 학습 내용 안내〉의 ❷번 항목에서 안내할 학습을 위한 글유형 3가지를 제시할 것.
- 〈보기〉의 작문 학습 내용의 ㉠에 학습자의 지식과 관점이 명료하게 드러나도록 글을 써야 하는 이유를 서술할 것.

테마 1 : 보고문

관련 기출

[2019 A형 서술형]

1 (가)는 교과 간 통합 수업을 위한 계획의 일부이고, (나)는 학생들이 쓴 실험 보고서 초안의 일부이다. 실험 보고서 쓰기의 지도 방안을 〈작성 방법〉에 따라 서술하시오. [4점]

(가) 수업 계획

- 학습 목표
- 절차와 결과가 드러나게 보고서를 쓸 수 있다. (국어)
- 액체에 따라 열팽창 정도가 다름을 알 수 있다. (과학)
- 쓰기 과제 : 액체의 열팽창에 관한 실험을 하고 보고서를 쓴다.
- 교수·학습 활동 및 유의점

차시	교수·학습 활동	유의점

1	• 보고하는 글의 특성 이해하기
	  - 보고하는 글의 소통 맥락 알기
	  - 보고하는 글의 구성 요소와 표현 알기
	• 보고서 쓰기(1)
	  - 쓰기 과제 분석하고 실험 계획 하기
		• 수필, 논설문 등과 비교하여 보고서의 특성을 파악하게 한다.

2	• 실험하기
	  - 실험 준비하기
	  - 모둠별 실험하기
	  - 실험 과정과 결과 정리하기
	• 결과 분석하고 토의하기
		• 실험 과정과 결과를 기록하게 한다.

3	• 보고서 쓰기(2) - 글의 목적을 고려하여 절차와 결과가 드러나는 실험 보고서 쓰기 • 실험 보고서 발표하기	• 실험 보고서를 쓸 때 ⊙학습 작문(학습을 위한 글쓰기)이 이루어지게 한다.

(나) 학생들이 쓴 실험 보고서 초안

온도 변화에 따른 액체의 팽창

모둠 이름 : 힘내라 모둠
모둠원 : 유○○, 권○○, 정○○

1. 실험 동기 및 목적

   며칠 전 동생이 음료수를 마시다가 음료수가 가득 차 있지 않다고 속상해한 적이 있었다. 그것을 본 언니는 온도가 올라가 액체가 팽창하면 유리병이 깨질 수도 있기 때문이라고 말해 주었다. 그때 궁금한 점이 생겼다. 모든 액체는 동일하게 팽창할까? 그렇지 않다면 어떤 액체가 얼마나 많이 팽창할까? 우리 모둠은 이러한 궁금증을 풀기 위해 실험을 해 보기로 했다.

2. 실험 계획
   (1) 실험 시간 및 장소 : 2018년 ○월 ○일, 과학 실험실
   (2) 실험 대상 : 콩기름, 물, 에탄올
   (3) 실험 준비물 : 콩기름, 물, 에탄올 각 300mL, 유리병 3개, 유리 3개, 고무 찰흙 3개, 자 1개, 수조 1개, 송곳 1개, 뜨거운 물 3L, 병뚜껑 3개
   (4) 실험 과정
      ① 병뚜껑의 중앙에 유리관이 들어갈 수 있는 작은 구멍을 뚫는다.
      ② 구멍에 유리관을 끼우고 고무 찰흙으로 액체가 새지 않도록 막는다.
      ③ 빈 유리병 3개에 각각 콩기름, 물, 에탄올을 가득 채우고, 공기가 들어가지 않도록 주의하여 뚜껑을 닫는다.
      ④ 뜨거운 물이 담긴 수조에 유리병 3개를 넣는다.
      ⑤ 유리 속 액체의 높이가 더 이상 변하지 않을 때 높이를 잰다. [사진]

3. 실험 결과 토의
   ⓒ유리관 속 액체의 높이에서 상당한 차이가 있었는데, 에탄올과 콩기름이 물보다 높은 편이었다. 실험 결과를 우리가 배웠던 내용과 연결해 보니 액체마다 분자의 크기나 결합 상태가 달라서 콩기름, 물, 에탄올의 열팽창 정도가 달랐던 것이다. 우리 모둠에서는 액체의 열팽창의 예로 체온을 잴 때 사용하는 수은 온도계를 찾을 수 있었다. 우유가 가득 찬 병을 뜨거운 물에 넣으면 우유가 넘치는 것도 액체의 열팽창과 관련이 있다는 것을 알게 되었다.

4. 결론
   액체에 따라 열팽창의 정도가 다르다. …(하략)…

작성방법

- 이 수업에서 ㉠이 지니는 의의를 국어 교과와 과학 교과로 구분하여 각각 서술할 것.
- 실험 보고서의 특성을 고려하여, ⓒ과 같이 기술하는 것이 적절하지 않은 이유를 쓰고, 수정 지도 방안을 서술할 것.

기본 예제

2 다음은 '관찰·조사·실험한 내용을 절차와 결과가 드러나게 보고하는 글을 쓴다.'(2015)의 학습 목표로 작문 수업을 수행한 결과 얻은 학생의 보고서이다. 괄호 안의 ㉠, ㉡에 해당하는 보고서의 구성 요소를 쓰고, <보기>의 교사 설명 내용 ㉢에 들어갈 작문의 기능을 쓰시오. [2점]

주제	리모넨 오일의 함량에 따른 스티로폼 분해 효과
실험 목적	① 리모넨 오일이 함유된 과일 가운데 어느 것이 스티로폼 분해에 더 효과적인지 알아본다. <중략>
실험 일시	20○○년 ○월 ○일
실험자	송 원영 외 3인
준비물	귤, 레몬, 오렌지, 스티로폼, 투명한 판, 초, 라이터, 자, 비닐장갑, 믹서기, 스포이트
(㉠)	실험 1. 스티로폼 분해에 효과적인 과일 찾기 <중략> ④ 조금씩 과일즙의 양을 늘리면서 얼마 만큼의 양을 떨어뜨렸을 때 스티로폼이 녹기 시작하는지 비교한다. 실험 2. 리모넨 오일이 함유된 과일즙으로 스티로폼을 분해하는 방법이 친환경적인지를 검증하기 <중략> ④ 리모넨 오일이 함유된 과일즙으로 스티로폼을 처리했을 때와 불로 스티로폼을 처리했을 때의 결과를 비교해 본다. • 리모넨 오일: 오렌지 유의 주성분으로 탄화수소의 한 종류이다.
(㉡)	실험 1. 스티로폼 분해에 효과적인 과일 찾기 <table><tr><th>과일즙의 종류</th><th>스티로폼에 구멍이 생기기 시작한 양</th></tr><tr><td>귤껍질의 즙</td><td>50g</td></tr><tr><td>레몬 껍질의 즙</td><td>20g</td></tr><tr><td>오렌지 껍질의 즙</td><td>10g</td></tr></table>→ 효과는 '오렌지 껍질의 즙 > 레몬 껍질의 즙 > 귤껍질의 즙'의 순이었다. 실험 2. 리모넨 오일이 함유된 과일즙으로 스티로폼을 분해하는 방법이 친환경적인지를 검증하기 스티로폼을 불로 태웠을 때에는 스티로폼이 녹으면서 그을음이 많이 생겼다. 그러나 리모넨 오일이 함유된 과일즙을 스티로폼 위에 떨어뜨렸을 때에는 <중략>

보기

  학습을 위한 글은 지식이나 정보를 정리하고 정교화하며 내면화하기 위한 목적으로 작성하는 글을 말한다. 작문 활동은 학생-필자가 기억하고 있는 지식의 인출과 재구성을 촉진함으로써 지식이나 정보의 기억과 이해, 확장과 심화를 효과적으로 도움을 준다. 이러한 관점에서 보고서 쓰기와 같은 학습을 목적으로 하여 글을 쓰는 활동은 작문이 가지고 있는 (㉢) 기능에 주목하고자 한다. 즉, 작문은 교과 지식이나 교과 관련 정보를 정리하는 기능을 동시에 가지고 있다. 작문은 교과 학습과 지식을 재구성하는 데 유효하게 활용될 수 있는데, 작문과 통합되면 지식이 더 오래 기억되는 특징에서 이를 엿볼 수 있다.
  학교 교육에서 작문을 강조하는 이유도 글을 쓰는 과정에서 이루어지는 사고작용이 교과 지식의 효과적인 이해와 기억, 확장과 심화에 크게 기여하기 때문이다. 이러한 점에서 보고서 쓰기는 작문 학습에서 교육적 의의가 인정되는 것이다.

1장 교과내용

> **심화 예제**

3 다음은 "관찰·조사·실험한 내용을 절차와 결과가 드러나게 보고하는 글을 쓴다."(2015)를 학습 목표로 수업을 진행한 후 그 결과로 학생이 제출한 글이고, 〈보기〉는 교사의 지도내용이다. 〈보기〉의 밑줄 친 부분에 해당하는 지도 내용을 〈작성 방법〉에 따라 서술하시오. [4점]

1장 처음
　이 조사에서는 우리 학교 학생들이 사는 동네 상점들의 간판 상호를 살펴보았다.

① 조사 대상: 우리 동네에서 주로 볼 수 있는 상점을 중심으로 하여 음식 판매업, 미용업, 의류 판매업, 의료업 등 120곳의 상점을 대상으로 간판 상호에 사용된 언어 조사
② 조사 기간: 20○○년 6월 12일~6월 13일
③ 조사 장소: 우리 동네 세 동(洞) ○○동, ○○동, ○○동을 선정
④ 조사자: 모둠원 6명이 둘씩 짝을 지어 한 동(洞)씩 맡아 현장 조사
⑤ 조사 방법: 사진기로 사진을 찍고 손으로 기록하고, 조사한 간판 상호를 순우리말이 쓰인 것, 한자어가 쓰인 것, 외래어가 쓰인 것, 외국어가 쓰인 것으로 분류하여 통계를 낸다.

2장 중간
　㉮절 간판 상호에 쓰인 언어의 종류별 분포
　간판 상호의 구조는 대체로 '고유 상호+업종'으로 이루어져 있다. 예를 들면 '가가호호 떡집'이라는 상호에서 '가가호호'는 고유 상호이고, '떡집'은 업종에 해당한다. 우리 모둠은 고유 상호에 해당하는 언어를 대상으로 간판 상호에 쓰인 언어의 종류별 분포를 분석했다. 간판 상호에 쓰인 언어의 종류는 다음과 같이 나누었다.

　①항 순우리말이 쓰인 것: ㉠ 오리 마을, 멋 부리기, 늘 푸른 치과 등
　②항 한자어가 쓰인 것: ㉠ 남도 청국장, 궁 삼계탕, 개성 칼국수 등
　③항 외래어가 쓰인 것: ㉠ 올리브 분식, 레몬 다이어트, 웰빙 피부 미용 등
　④항 외국어가 쓰인 것: ㉠ 아이 헤어, 샤르망, 프리티 베베 등

　이에 따라 간판 상호에 쓰인 언어의 종류를 분석하여 통계를 내면 간판 상호에 쓰인 언어는 외국어(48.3%), 한자어(30.9%), 순우리말(18.3%), 외래어(2.5%) 순으로 나타났다.
　㉯절 각 업종의 간판 상호에 쓰인 언어의 종류별 분포
　앞에서 분석한 내용을 다시 음식 판매업, 미용업, 의류 판매업, 의료업의 업종별로 나누어 간판 상호에 쓰인 언어의 종류별 분포를 정리하면 다음과 같다.

　㉠항 음식 판매업에 쓰인 언어: 한자어(46%), 순우리말(27%), 외국어(24.3%), 외래어(2.7%)
　㉡항 미용업에 쓰인 언어: 외국어(68%), 순우리말(12%)·한자어(12%), 외래어(8%)
　㉢항 의류 판매업에 쓰인 언어: 외국어(79.4%), 순우리말(17.2%), 한자어(3.4%), 외래어(0%)
　㉣항 의료업에 쓰인 언어: 한자어(55.2%), 외국어(31%), 순우리말(13.8%), 외래어(0%)

　(3)절 조사 결과 종합 분석
　지금까지 우리 동네 상점들의 간판 상호에 쓰인 언어의 실태를 조사하여 분석해 보았다. 조사 결과, 전체 120개의 간판 상호에 가장 많이 쓰인 언어는 외국어로 나타났다. 다음이 한자어, 순우리말, 외래어

의 순이다. 그런데 이 순서가 업종별 분포에서는 조금 다르게 나타났다.

미용업과 의류 판매업에서는 외국어의 사용 비율이 각각 68%, 79.4%로 가장 높게 나타났고, 순우리말의 사용 비율은 미용업이 12%, 의류 판매업이 17.2%에 불과했다.

음식 판매업과 의료업에서는 한자어의 사용 비율이 각각 46%, 55.2%로 가장 높게 나타났고, 순우리말의 사용 비율은 음식 판매업이 27%, 의료업이 13.8%로 나타났다.

3장 끝

우리는 이 조사를 하기 전에 거리의 간판 상호에 한자어와 외국어가 많이 사용되고 있을 것이라 예상했다. 그런데 실제로 조사를 하고 통계를 내보니 생각했던 것보다 한자어와 외국어가 더 많이 사용되고 있어서 놀랐다. 한자어와 외국어에 비해 순우리말의 사용 비율이 상대적으로 낮아 안타까웠다.

특히 미용업과 의류 판매업의 간판 상호에 외국어가 많이 쓰이고 있는 점이 눈에 띄었다. 이는 두 업종이 외모를 가꾸고 꾸미는 것과 관련되어 있기 때문으로 보인다. 즉, 우리말보다 외국어를 쓰는 것을 더 세련되게 여기는 사람들의 생각이 반영된 것이 아닐까 한다.

이번 조사를 하면서 우리도 평소에 외국어 간판 상호를 쓰는 상점을 무의식적으로 선호하지 않았나를 반성해 보았다. 그리고 미용업과 의류 판매업의 간판 상호에 많이 쓰이는 외국어를 순우리말로 바꾸어 보고 싶다는 생각도 하게 되었다. 앞으로는 간판 상호에 순우리말을 쓴 상점이 우리 동네에 더 많이 생기길 기대해 본다.

〈보기〉

지난 시간에는 보고서의 개념과 특징, 절차와 결과가 드러나게 보고서를 쓰는 방법에 대해 알아 보았어요.

이제 여러분이 쓴 보고서를 점검해볼게요. 보고서를 작성할 때는 절차와 결과가 잘 드러나도록 내용을 조직하여 기술하도록 하는 것이 중요합니다. 보고서는 대체로 연구 또는 조사의 목적 및 필요성, 기간, 대상, 방법, 장소, 절차와 결과 등을 포함해야 해요. 그런데, 처음 부분을 보면
_____㉮_____

또한, 전달하려는 내용의 효율적이고 정확한 전달을 위하여 내용을 장, 절, 항 등으로 일관성있게 분절하여 구성해야 해요. 그런데, 중간 부분을 보면
_____㉯_____

마지막으로, 정보를 정확하면서도 효율적으로 전달하기 위하여 언어적인 내용을 보완하거나 설명을 상세화하는 것이 필요해요. 그런데, 중간과 끝 부분을 보면
_____㉰_____

작성방법

- 〈보기〉의 교사의 피드백 내용을 고려하여 ㉮~㉰에 학생들이 쓴 보고문에 대한 문제점을 구체적으로 설명하고, 지도 내용을 서술할 것.

4 다음은 '관찰·조사·실험한 내용을 절차와 결과가 드러나게 보고하는 글쓰기'를 목표로 학생들의 활동 과정과 그 결과로 학생이 제출한 자료이다. 〈작성 방법〉에 따라 학생의 보고서에 대한 분석과 평가의 내용을 서술하시오. [4점]

(가)

지수: 각자 커피에 대해서 궁금한 내용을 바탕으로 하여 자료를 찾아보자.

아영: 난 커피의 주요 성분을 백과사전을 활용해서 찾아볼게.

지수: 나는 우리 학교 학생들이 커피를 얼마나 자주 마시는지가 궁금하더라. 설문지를 만들어서 조사해 보면 재미있을 것 같아.

유범: 우리 부모님은 커피가 건강에 해롭다고 커피를 못 마시게 하시더라고. 나는 커피가 청소년에게 어떤 영향을 미치는지 전문가를 찾아가서 면담해 볼게.

민기: 나는 카페인 섭취 권장량이 늘 궁금했어. 어제 비슷한 내용을 신문에서 본 것 같은데, 그 자료를 찾아볼게.

아영: 지금 말한 자료 외에도 더 필요한 자료가 있으면 찾아보자. 그러면 일주일 후에 각자 자료를 찾아 서 다시 모이자.

〈일주일 후〉

민기: 애들아, 이건 우리가 수집한 자료를 정리한 것인데, 이 중에는 적절하지 않은 자료들도 있는 것 같아. 좋은 정보만 선별해서 보고서를 써 보자.

* 학생들의 모둠에서 수집하였으나 선별 과정에서 제외한 정보.

[A]

정보의 내용	수집 방법
정보 1. 커피의 세계적인 유통 구조	커피에 대한 전문 서적
정보 2. 커피와 관련한 직업	친구의 블로그
정보 3. 커피의 주요 성분인 카페인의 분자 구조	외국의 학술 논문

(나)

〈학생들이 쓴 보고서〉

1. 조사 동기 및 목적

　　최근 성인뿐만 아니라 학생들도 물이나 음료수 대신에 커피를 마시는 경우가 부쩍 늘고 있다. 그런데 정작 커피에 대해서는 모르는 것이 많다. 그래서 우리 모둠에서는 학생들의 커피 섭취 실태를 조사하고, 커피의 성분과 커피가 청소년에게 미치는 영향, 카페인 적정 섭취량 등을 조사해 보았다. 이를 통해 커피 섭취 양상을 점검해 보고자 한다.

2. 조사 계획

　가. 조사 기간: 4월 10일 ~ 4월 20일.

　나. 조사 내용: 커피의 성분, 우리 학교 학생들의 커피 섭취 실태, 커피가 청소년에게 미치는 영향, 카페인 섭취 권장량

　다. 조사 방법: 백과사전, 설문 조사, 전문가 면담, 신문 기사.

3. 조사 결과

　가. 커피의 성분

　　　커피 생두는 다양한 성분으로 구성되어 있는데, 그중에서도 다당류, 지질, 단백질, 카페인 등이

주요 성분이다. 이들 성분의 함량은 생두의 종류나 생산 지역, 재배 환경에 따라 조금씩 다르지만, 일반적으로 다당류 37~55%, 지질 11~13%, 단백질 4~5%, 카페인 1% 가량이 포함되어 있다. 다당류는 열을 가하면 커피색을 띠는 동시에 향기와 감칠맛을 낸다. 지질과 단백질 등도 커피의 독특한 향미를 내는 작용을 한다. 카페인은 함유량은 매우 적지만 커피의 특성을 결정하는 중요한 성분으로, 중추 신경에 자극을 주어 일시적으로 졸음을 없애 주기도 하고, 긴장감을 유발하여 집중력을 높여 주기도 한다.

나. 우리 학교 학생들의 커피 섭취 실태

① 당신은 커피를 마시고 있습니까?

우리 학교 학생 80명 중에서 커피를 마신다고 응답한 학생은 42명으로 전체 응답자의 52.5%를 차지하였고, 커피를 마시지 않는다고 응답한 학생은 38명으로 전체 응답자의 47.5%를 차지하였다. 커피를 마신다고 응답한 학생의 비율이 조금 더 높긴 하지만, 대략 2명 중 1명의 비율로 커피를 마시고 있었다.

② 커피를 마시는 빈도는 어느 정도입니까?

커피를 마신다고 응답한 42명 중에서 한 달에 1~2회 또는 시험 기간에만 커피를 마신다고 응답한 학생은 20명(47.6%)으로 나타났다. 1주일에 1~2회를 마신다고 응답한 학생은 10명(23.8%), 1주일에 3~4회를 마신다고 응답한 학생은 8명(19.1%)이었다. 또한, 1주일에 5회 이상을 마신다고 응답한 학생도 4명(9.5%)이나 되었다. 10명 중 1명은 거의 매일 커피를 마신다는 것이다.

다. 커피가 청소년에게 미치는 영향

- 소아 청소년과 의사 면담

"커피에 들어 있는 카페인은 중추 신경계를 흥분시켜 정신 기능, 감각 기능 및 운동 기능을 일정 시간 동안 활발하게 만들어 주는 각성 효과를 일으킵니다. 그래서 피로감과 졸음을 줄이는 데에 효과적인 작용을 하죠. 하지만 청소년들은 성인보다 카페인이 몸속에 더 오랜 시간 머물기 때문에 청소년들이 카페인을 적정량 이상으로 섭취할 경우에는 초조함과 불면증이 유발되고 정교한 운동이나 지능적 활동에 오히려 장애가 올 수 있습니다."

라. 카페인 섭취 권장량

- 신문 기사

카페인의 과잉 섭취를 막기 위해 식품 의약 안전청이 카페인 섭취 권장량을 마련했다. 이른바 건강에 피해를 주지 않는 하루 섭취 상한선이다. 이 권장량에 따르면 성인은 하루 400mg 이하, 소아·청소년은 몸무게 1kg당 2.5mg이다. 몸무게가 50kg이면 카페인 125mg, 70kg이면 175mg인 식이다. 만 18세 여학생의 평균 몸무게가 56kg임을 감안하면 하루 카페인 섭취 권장량은 140mg이며, 이는 캔 커피 2개에 해당한다.

- "중앙일보", 2012. 10. 8.

4. 소감

이번 조사로 커피에 대해서 다양한 것들을 알게 되었다. 커피의 주요 성분을 알게 되었고, 우리 학교 학생들의 커피 섭취 실태도 알 수 있었다. 또한, 커피의 성분 중 하나인 카페인을 과다하게 섭취할 경우에는 건강에 해가 될 수 있다는 것과 카페인 섭취 권장량도 알 수 있었다. 이를 통해 커피를 섭취할 때에는 카페인 섭취 권장량을 잘 따져 가면서 마셔야 한다는 것을 깨달았다.

작성방법

- (가)의 [A]의 자료의 선별 과정에서 〈정보1~정보3〉이 제외된 이유를 다음과 같이 정리할 때, ㉠, ㉡에 가치있는 정보의 판단 기준을 각각 제시하여 설명할 것.

정보의 내용	수집 방법	제외 이유
정보 1. 커피의 세계적인 유통 구조	커피에 대한 전문 서적	보고의 '목적' 측면에 비추어 적합하지 않기 때문이다.
정보 2. 커피와 관련한 직업	친구의 블로그	㉠
정보 3. 커피의 주요 성분인 카페인의 분자 구조	외국의 학술 논문	㉡

- (나)에 나타난 보고서의 문제점을 보고서의 특성에 초점을 맞추어 1가지 지적하고, 이에 대하여 개선 방안을 서술할 것.

2장 / 교과교육

1절 | 작문 교육 및 작문 교육 이론

테마 1 | 형식주의

관련 기출
2020 B형 기입형

1 다음은 '글쓰기의 형식적 규범과 창의적 글쓰기'라는 주제로 국어 교사들이 논의한 내용의 일부이다. 괄호 안의 ㉠, ㉡에 해당하는 말을 순서대로 쓰시오. [2점]

> 교사 A : 많은 선생님들이 쓰기 수업 시간에 글의 구조, 서술 및 표현 방식 등과 관련된 쓰기 규범을 강조하는데, 이러한 쓰기 규범이 창의적 쓰기를 방해한다고 말하는 학생들이 있습니다. 오늘은 '쓰기의 형식적 규범과 창의적 쓰기'라는 주제로 바람직한 작문 교육 방안에 대해 논의해 보면 좋겠습니다.
>
> 교사 B : 저는 순서의 문제라고 생각합니다. 학생 필자에게는 규범에 맞는 쓰기 학습이 먼저고, 창의적 쓰기는 이후 기대할 수 있다고 봅니다. 그런 의미에서 저는 (㉠) 작문 이론과 사회 구성주의 작문 이론에 공감합니다. 신비평과 전통 수사학의 영향을 받은 (㉠) 작문 이론에서는 객관적인 쓰기 규범과 원리의 습득을 중시합니다. 한편 사회 구성주의 작문 이론은 쓰기를 사회적 행위로 해석하면서, 공동체 구성원 간의 대화를 통한 쓰기 규범의 내면화와 전수를 중요한 작문 교육 원리로 내세우고 있습니다.
>
> 교사 C : 창의적 글쓰기는 대개 기존의 글쓰기 규범을 벗어난 지점에서 가능해진다고 봅니다. 새로운 글쓰기의 시도가 독자와의 소통을 어렵게 한다고 볼 수도 있지만, 한편으로는 독자의 인식 지평을 넓히고 독자의 새로운 심미적 감수성을 일깨울 수 있다고 봅니다. 저는 학생들에게도 이러한 새로운 글쓰기에 대한 기대를 품고 교육을 했으면 좋겠습니다.
>
> 교사 D : 중요한 것은 쓰기의 목적이 아닐까요? 필자의 의도나 목적을 지금의 글쓰기 규범이 잘 담아낼 수 있다면, 현행 규범을 충실히 따르면 됩니다. 그러나 필자의 새로운 인식과 감각을 담아낼 수 없고, 독자 역시 변화에 대한 욕망이 충만하다면, 새로운 글쓰기 방식을 시도해야 하지 않을까요?
>
> 교사 A : 세 분의 말을 들어 보니, 쓰기 규범의 준수와 창의적 글쓰기는 반드시 대립 관계에 있는 것은 아닌 것 같습니다. 중요한 것은 쓰기의 목적, 독자의 요구, 주제에 대한 필자와 독자의 생각 등과 같은 (㉡)을/를 고려하고 이를 쓰기에 반영하려는 태도인 것 같습니다. (㉡)와/과 관련된 다양한 질문을 던지고 이에 대한 답을 탐색하는 과정에서 쓰기 규범의 준수 여부는 자연스럽게 결정된다고 봐야 할 것 같습니다.

2010

2 〈자료〉는 학생이 쓴 일기의 일부이다. '국어 선생님'이 중시하는 작문 이론의 관점에 가장 잘 부합하는 것은?

> 자료
>
> 오늘 국어 선생님께서는 모범문을 모방해서 설득적인 글을 쓰게 하셨다. 나는 모범문의 틀을 따라서 학교 급식에 학생들이 좋아하는 반찬을 많이 만들어 달라는 글을 썼다. 평소에도 선생님께서는 모범적인 글을 읽는 것을 강조하신다. 그렇게 하면 글의 여러 요소를 활용할 수 있어서 글을 잘 쓴다고 하신다. 마음에 드는 부분을 외우는 것도 좋은 방법이라고 하셔서 오늘은 나도 글에서 본 것을 모방해서 써 보았다. 그렇게 썼더니 글을 쓰기가 좀 쉬워진 것 같다.

① 글의 의미가 대화나 협상에 의해 구성된다는 점에 주목하여 작문의 의사소통 기능을 강조한다.
② 작문 관습, 예상 독자, 글이 수용되는 조건 등 필자를 둘러싼 사회·문화적 맥락을 강조한다.
③ 정확한 단어, 문장, 수사 규칙을 사용하여 문법적으로 오류가 없는 글쓰기를 강조한다.
④ 작문 과정에 영향을 미치는 배경 지식, 전략 등의 인지적 활동을 강조한다.
⑤ 쓰기 흥미, 쓰기 효능감 등의 정의 요인이나 태도 요인을 강조한다.

기본 예제

3 (가)는 교사의 작문 수업을 관찰한 기록의 일부이고, (나)는 제시된 자료에서 교사의 작문 수업이 근거하고 있는 작문 지도의 관점을 설명한 글이다. 괄호 안의 ㉠과 ㉡에 해당하는 말을 순서대로 쓰시오. [2점]

> **(가)**
>
> [A] 송 교사는 '근거를 들어 가며 자신의 주장을 글로 쓸 수 있다.'라는 목표를 제시하며 쓰기 수업을 시작하였다. 우선 주장과 근거가 알맞게 제시된 예시 글을 학생들에게 보여주고, 글의 짜임과 표현 측면에서 좋은 점을 살펴보게 하였다.
>
> [B] 그런 다음 예시 글의 좋은 점을 받아들여 글을 쓰게 하였다. 교사는 학생들이 글을 쓰는 데에 집중할 수 있도록 학습 분위기를 조성하였다. 학생이 초고를 완성한 다음에는 스스로 글을 고쳐 보게 하였다. 이때 예시 글의 좋은 점 반영 여부, 주어와 서술어의 호응, 맞춤법에 초점을 맞추어 점검하도록 하였다.
>
> [C] 끝으로 몇 명의 학생들에게 자신이 쓴 글을 발표하게 한 후, 모든 학생들에게 쓰기 결과물을 제출하게 하였다. 송 교사는 학생들의 글에 대해 첨삭 및 논평을 하여 다음 쓰기 수업 시간에 돌려 주었다.
>
> **(나)**
>
> 송 교사의 작문 지도의 관점은 (㉠) 접근 방법을 취하고 있다. 그 이유는 한편의 글을 쓰게 하여 텍스트의 완성을 강조하기 때문이다. 이러한 접근 방법은 [A]에서 모범문을 쓰고 수사적 규칙을 온전히 지키기 위한 연습의 강조와 [B]에서 보는 바와 같이 쓰기 과정에서 문법적, 수사학적 오류를 피하게 하는

데 집중한다. 또한 [C]에서 교사는 학생들이 다 쓴 글에서 잘못된 점을 지적해주는 점검자 또는 평가자의 입장을 취하고 있다. 이를 통하여 송 교사는 (㉡) 작문이론에 근거한 작문 수업을 진행하고 있다고 볼 수 있다.

테마 2 인지 (구성)주의

관련 기출

2014 A형 기입형

1 다음 자료는 수업 참관 보고서의 일부이다. 수석 교사가 박교사의 작문(3시간)을 참관한 후 작성한 내용으로 보아, ㉠과 ㉡에 들어갈 작문 이론을 각각 쓰시오. [2점]

수업 참관 보고서

담당 : 박 ○○ 선생님
기간 : 2013년 5월 13~17일
대상 : 3학년 5반 국어수업

선생님의 수업은 모범적인 글을 쓰는 데 필요한 지식을 제공하는 1차시, 글쓰기 과정을 조정하고 통제할 수 있는 기능이나 전략을 익히는 2차시, 워크숍 중심의 협동 작문을 시도하는 3차시로 구성되었습니다. 하나의 대단원을 재구성하여 형식주의, (㉠), (㉡) 작문 이론들을 반영하려고 노력한 점이 좋았습니다. 차시별로 개선해야 할 점을 간단히 정리하면 아래와 같습니다.

- 아래 -

① 1차시 수업 : 지나치게 모범 예문을 모방하는 측면을 강조하였습니다. 예문도 학생들의 수준에 맞지 않았습니다.
② 2차시 수업 : 글쓰기 전략과 관련된 교사의 주도적인 설명이 너무 많았습니다. 학생들도 사고 구술을 할 수 있도록 하면 좋겠습니다.
③ 3차시 수업 : 모둠별로 교사가 제공한 피드백이 모둠 활동의 성격에 맞지 않았습니다. 의미 협상을 통한 상호 작용에 중점을 둔 피드백이 필요합니다.

○○ 중학교 수석 교사
홍길동

2장 교과교육

2009 모의

2 인지주의 작문 모형에 따른 작문의 특성과 작문 활동의 예로 바르게 짝지어진 것은?

	작문의 특성	작문 활동의 예
①	회귀적 과정	주제와 관련된 자료를 모은 뒤 개요를 마련하고 개요에 따라 초고를 작성한다. 초고를 작성한 후 표기나 표현을 수정하여 글을 완성한다.
②	생성적 과정	독자와의 실제 대화를 통해 주요 내용을 생성하고 이 내용으로 초고를 작성한다. 초고에 대해 친구의 소감을 듣고 그 결과를 반영하여 글을 완성한다.
③	선조적 과정	주요 내용을 조직하여 체계화된 개요를 작성한다. 이 개요를 바탕으로 초고를 작성하되 새로운 내용이 떠오르면 그것을 반영하여 개요를 수정한다.
④	의미구성 과정	쓰기 과제를 직관적으로 파악하고 주제를 체계화하여 정확한 단어로 표현한다. 퇴고를 거쳐 단어를 수정하여 글을 완성한다.
⑤	문제 해결 과정	주제와 관련된 내용을 마련할 때 전략을 활용한다. 경험을 떠올리기 위해 연상 전략을 활용하고 책에서 내용을 모으기 위해 메모 전략을 활용한다.

1 [원리]

기본 예제

1 (가)는 학생-필자의 사고과정을 기록한 일부이고, (나)는 이를 화제로 교사들이 나눈 대화이다. 괄호 안의 ㉠, ㉡에 해당하는 말을 순서대로 쓰시오. [2점]

(가)

학급 친구들에게 설득하는 글이라……. 선생님은 왜 이런 작문 과제를 주셨을까? 나는 왜 이 글을 쓰는 것일까? 상식을 깨트리기 위해서, 무엇인가를 권유하기 위해서, 신념을 변화시켜 행동을 촉구하기 위해서……. 무엇에 대해서 쓸까? 내가 잘 알고 있는 내용에 대해서 써야겠지? …… 여행 경험. 그런데 학급 친구들은 내 글에서 무엇을 기대할까? 얼마 전에 수학 여행도 다녀왔고, 최근 여행을 많이 경험한 친구들이 많은데……친구들이 알고 있는 여행에 대한 상식에서 벗어나 내가 생각하는 여행에 대해서 써야겠지. 설득하는 글이라…….

[A]
설득할 내용에 들어갈 내용은 좋은 여행이란? 유익한 여행을 위한 방법……. 자, 일단 무슨 내용을 담을지 생각해보자. 되도록 비판없이 많은 내용을 떠올려보자.

여행에 대한 일반적인 상식과 편견, 여행지에서 하는 행동, 좋은 여행의 개념과 필요성, 유익하고 좋은 여행을 실천하기 위한 구체적인 실천 방법, 좋은 여행을 통해 얻을 수 있는 장점……

음, 쓸 내용은 마련되었으니, 이를 적절하게 배열해야겠다. 먼저, 여행에 대한 일반적인 상식과 편견은 도입 부분에 일반적인 여행의 문제점을 들어 공정 여행에 대한 논의를 이끌어 내야겠다. 그런데, 예상 독자는 공정 여행을 잘 모르는 사람들이니까 공정 여행의 개념을 소개해야하는데 어떻게 하지? …

(나)

수석 교사: 말을 잘하거나 글을 잘 쓴다는 것은 자신의 머릿속에서 일어나는 사고의 내용을 적절하고 효과적으로 표현한다는 것을 의미합니다. 평소에 작문 이론에 관심을 가지고 있는 박 교사님에게 묻고자 하는데요. (가)와 같은 연구 자료를 무엇이라고 부르고 이를 중요하게 다루는 작문 이론의 관점은 무엇입니까?

박 교사: 네, (가)는 필자의 사고의 과정을 드러내는 프로토콜이라 부릅니다. 이것은 언어 사용자가 언어 사용 과정에서 생각하고 있는 것을 있는 그대로 말로 나타낸 (㉠) 자료인데요. 의미에서 언어가 형성되고 언어에서 의미가 형성되는 표현 및 이해 과정을 생생히 드러내 주기 때문에, 인지주의 관점에서 중시여깁니다.

수석 교사: 그렇다면 우리 교사들에게는 학생이 글을 쓰는 과정에서 어떠한 생각을 하고 있는지 잘 알게 되면 작문 지도에 효과적일 것 같군요.

송 교사: 그러고보니 이 학생은 누구를 대상으로 어떤 목적으로 무엇에 대해 쓸 것인지, 쓸 내용을 어떻게 마련하고 조직할 것인지를 궁리하며 계획을 세우고 있음을 알 수 있을 것 같습니다.

박 교사: 네. 인지주의 관점에서는 학생-필자가 '작문 과제', '목적', '예상독자' 등 작문 상황 분석을 고려하는 가운데 자신이 가지고 있는 배경지식과 다양한 자료에서 얻은 내용을 과정에 따라 종합하고 조직하는 의미 구성 과정에 주목을 합니다.

최 교사: 제가 알기로 또한 인지주의 관점에서는 전략의 인지적 활동을 강조한다는데요?

송 교사: 이 학생은 [A]에서 이미 자신이 알고 있는 정보를 활용하는 브레인스토밍 전략을 활용하고 있는 것으로 보입니다.

수석 교사: 그런데, 이 학생은 글감 부족에 어려움을 겪고 있어서 작문이 중단되고 있군요? 그렇다면 이 학생의 문제를 해결하기 위해 교사는 무엇을 지도해야 할까요?

박 교사: 내용을 배열하는 과정에서 오히려 이전 단계로 돌아가 글감을 더 마련하여 글의 내용을 추가하거나 수정하도록 해야 합니다. 인지주의 관점에서는 작문의 과정을 (㉡)적인 과정으로 보고 있거든요.

송 교사: 지금 내용 조직 단계에서 활동하고 있을지라도 충분한 내용이 생성되지 않아 어려움을 겪는다면 그 이전 단계로 돌아가 글감을 마련하고 글 내용을 생성하도록 하는 건가요?

박 교사: 그렇습니다. 이것이 바로 작문의 과정에서 이루어지는 문제 해결적 사고 활동이지요.

2 다음은 '작문 능력을 어떻게 정의할 것인가'를 주제로 열린 국어 교사 협의회 회의록의 일부이다. 괄호 안의 ㉠, ㉡에 해당하는 말을 순서대로 쓰시오. [2점]

수석교사: 오늘은 '작문 능력을 어떻게 정의할 것인가'를 주제로 논의를 하겠습니다. 작문 교육을 통해 기르고자 하는 것이 바로 학생들의 '작문 능력'으로서, 이는 곧 작문교육의 대상이 되기 때문에 작문 이론의 관점에 따른 작문능력의 이해가 요구됩니다. 먼저, 김 선생님께서 말해 주실까요?

김 교사: 작문에서 언어는 중요한 요소입니다. 그런 점에서 학생들이 텍스트의 규범문법과 수사적 규칙을 배울 필요가 있어요. 따라서 작문교육에서 기르려고 하는 작문능력은 문자 언어를 다룰 수 있는 능력, 언어 규범이나 장르별 관습, 문체를 고려하는 능력이 될 것입니다.

수석 교사: 네, 이 선생님께서는 어떻게 생각하십니까?

이 교사: 작문에서 개별 필자의 (㉠)가 중요한 요소 아닐까요? 작문은 의미 구성의 과정이고, 이러한 의미를 구성하기 위해서는 문제해결 과정이 중요하구요. 필자는 무엇에 대해 쓸 것인지, 쓸 내용을 어떻게 마련하고 조직할 것인지를 고민하면서 나름대로의 방법을 동원하면서 글을 쓰게 됩니다. 따라서 이러한 관점에서 작문능력은 (㉠)적 문제의 인식 및 파악 능력, 문제 해결 전략의 활용 능력이 될 것입니다.

수석 교사: 최 선생님께서도 평소에 작문의 의미 구성을 강조해 오셨는데요. 이 선생님과 같은 생각입니까?

최 교사: 제가 의미 구성을 강조한 것은 작문에서 개별 필자의 요소보다는 사회·문화적 요소 때문입니다. 즉, 의미는 필자와 독자의 대화의 과정, 의미 협상의 과정에서 구성되고, 이런 점에서 필자는 사회·문화적 환경에서 (㉡)의 관심과 요구에 따라 의미를 구성합니다.

이 교사: 그렇다면 최 선생님께서 생각하시는 작문 능력은 무엇입니까?

최 교사: (㉡)를 인식하고 고려하는 능력, 대화 및 협상을 통해 의미를 구성하는 능력 더 나아가 사회·문화적 가치와 배경을 고려하는 능력일 것입니다.

수석교사: 선생님들이 가진 작문을 바라보는 관점에 따라 작문 능력이 다르게 정의되지만, 결국 작문을 잘한다는 것은 텍스트에 대한 이해를 바탕으로 창의성과 논리성을 요구하는 것이며 동시에, 담화 관습을 잘 사용할 수 있음을 뜻하는 것으로 결론을 내리겠습니다.

2 [과정 중심·전략 중심 작문 지도]

관련 기출

2011

1 〈자료〉는 '능숙한 필자'와 '미숙한 필자'의 일반적인 특징을 작문 이론의 관점에서 정리한 것이다. '능숙한 필자'의 예에 가장 잘 부합하는 것은?

> **자료**
>
> 미숙한 필자는 글을 쓸 때 계획단계에 시간을 거의 할애하지 않는다. 작문 과제를 받으면 곧바로 쓰려고 하는 경향이 많다. 그러나 능숙한 필자는 계획 단계에서 많은 노력을 기울이며, 목표 의식을 가지고 적합한 내용을 찾기 위해 사고를 전개한다. 막연히 좋은 생각이 떠오를 때까지 기다리는 미숙한 필자와 대조적이다. 또한 능숙한 필자는 작문 상황의 분석 결과를 적용하며 자신이 다루어야 할 중심 내용에 초점을 두고 초고를 작성한다. 고쳐 쓰기를 염두에 두고 초고를 작성하다 보니 형식의 완결성이 다소 느슨하기는 하나, 주제에 벗어난 내용이 매우 적다. 이에 비해 미숙한 필자는 초고를 문법적으로 완벽하게 써야 한다는 생각에 문장을 만드는 과정에 많은 노력을 기울이며, 초고를 작성하더라도 내용이 끊기는 부분이 많고 주제와 다른 내용이 포함되어 있다. 그럼에도 불구하고 미숙한 필자는 글을 꼼꼼히 고쳐 쓰지 않으며, 불완전한 초고를 완성본으로 삼는 예가 많다. 이에 비해 능숙한 필자는 계획 단계에 할애한 것만큼 고쳐 쓰기 단계에 시간을 투자한다. 글을 고쳐 쓸 때 내용을 보충하거나 수정하며 형식적 완결성을 높이기 위해 노력을 기울인다.

① 계획 단계에서 작문 상황을 분석한 후 여러 자료를 참조하면서 형식이 완결된 초고를 작성하여 글을 완성한다.
② 머리에 떠올리거나 메모한 대략적인 내용을 초고에 표현한 후 내용을 더 보충하고 구체화하면서 글을 고쳐 쓴다.
③ 목표에 적합한 내용을 가능한 한 많이 글에 반영하기 위하여 주제와 관련이 부족해도 초고에 포함시켜 완성한다.
④ 사전을 참조하여 어법을 꼼꼼히 따져가며 초고의 문장을 작성하고, 초고를 수정할 때 내용을 충실하게 보완한다.
⑤ 작문 과제를 받았을 때 다양한 아이디어를 반영하기 위해 곧바로 초고를 집필한 후 충분한 시간을 들여 글을 고쳐 쓴다.

2014 A형 서술형

2. <보기1>은 학생별 작문 매체에 따른 평가 결과이고, <보기2>는 학생 3명의 작문 과정을 정리한 그래프이다. 학생 A와 B의 차이, 학생 B와 C의 차이를 각각 설명한 후에 이를 토대로 학생 A에게 지도할 수 있는 내용을 서술하시오. [3점]

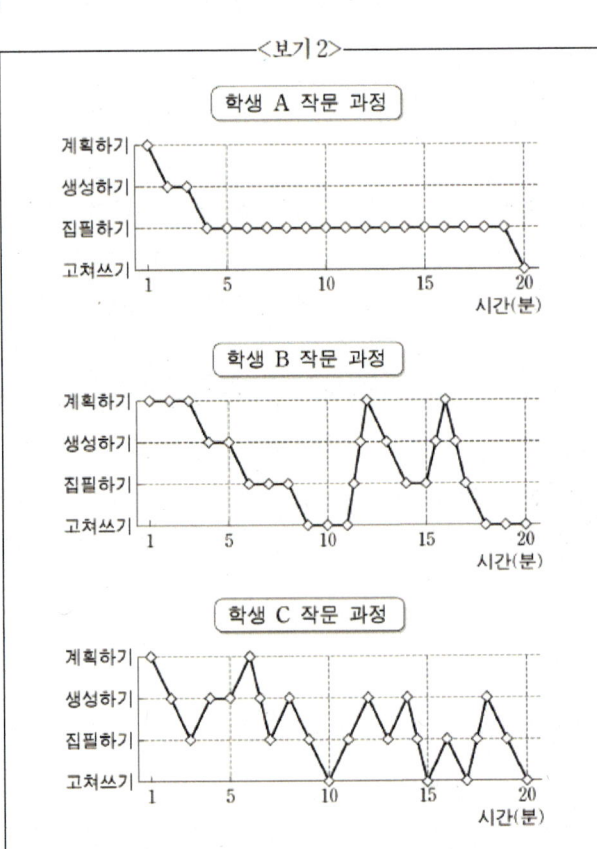

─ <보기 1> ─

학습 목표
① 능숙한 필자와 미숙한 필자의 글쓰기 과정을 비교할 수 있다.
② 글쓰기 매체에 따른 글쓰기 과정의 차이를 비교할 수 있다.

학생별 작문 매체에 따른 평가 결과

평가 기준 \ 학생 방법	A	B	C
	원고지 쓰기		워드 프로세서 작문
내용의 통일성	하	상	상
문단의 구성력	하	상	상
문장의 표현력	하	상	상

─ <보기 2> ─

학생 A 작문 과정
학생 B 작문 과정
학생 C 작문 과정

2023 B형 기입형

3 다음을 읽고, 괄호 안의 ㉠, ㉡에 해당하는 말을 순서대로 쓰시오. [2점]

> 필자마다 쓰기 과정이 어떻게 다른가에 대해서는 여러 가지 설명이 있다. 지식 변형 모형과 지식 (㉠) 모형은 선행 지식 보유 여부에 따른 쓰기 과정의 차이를 잘 보여 준다.
> 지식 변형 모형은 내용 지식과 담화 지식을 충분히 지닌 필자의 쓰기 과정을 보여 준다. 이러한 필자의 경우에는, 작문 수행의 여러 제약들을 능동적으로 고려하고 반성적인 사고 과정을 지속적으로 거침으로써 새로운 지식을 필자의 쓰기 목표에 따라 재구성할 수 있다.
> 이와 달리, 지식 (㉠) 모형은 내용 지식과 담화 지식이 부족한 필자의 쓰기 과정을 보여 준다. 이러한 필자는 작문에 소요되는 인지적 자원을 효과적으로 배분하지 못하여 쓰기 과정 중 해결해야 할 문제를 구체화하거나 세부 목표를 설정하지 못한다. 이로 인하여 새로운 지식을 필자의 쓰기 목표에 따라 충분히 발전시키지 못한 채, 글을 써 내려가는 행위 자체에만 제한적으로 초점을 맞추게 된다.
> 그런데 이러한 개념적 구분과 실제 쓰기 양상이 일대일로 대응하는 것은 아니다. 예컨대, 능숙한 필자라 하더라도 간단한 소개의 글을 쓸 때에는 지식 변형을 수반하는 글쓰기를 하지 않기도 한다. 앞서 언급한 두 모형은 이처럼 필자가 글을 쓰는 수사적 (㉡)에 따라 달리 적용될 수 있다. 특히, 필자, 독자, 과제 등과 같은 (㉡) 맥락의 영향을 지속적으로 받는다.

기본 예제

4 다음은 '능숙한 필자와 미숙한 필자의 비교를 통한 쓰기 지도'를 주제로 하여 진행한 교사 협의회 내용의 일부이다. 괄호 안의 ㉠~㉢에 들어갈 말을 쓰고, ㉣에 해당하는 작문 활동을 제시하시오. [2점]

> 수석교사: 글쓰기에 어려움을 겪고 있는 학생들을 어떻게 지도할 것인가? 라는 질문은 교사들에게 중요한 것입니다. 인지주의 작문 이론에 따르면 작문을 단계별로 지도하면 효과적이라고 합니다. 특히 능숙한 필자와 미숙한 필자를 비교하면서 말씀을 나눌까 합니다.
> 송 교사: 제가 먼저 말씀드리자면, 계획 단계에서 미숙한 필자의 문제는 계획없이 곧바로 집필로 나아가려고 한다고 해요. 그렇게 되면 금방 쓸 내용이 바닥나 작문 과정에 어려움을 겪게 됩니다. 능숙한 필자가 작문을 계획하는 데 많은 시간을 보낸다는 점을 생각한다면, (㉠)적 문제를 충분하게 고려하도록 안내해야겠습니다.
> 박 교사: 내용 생성 단계에서도 미숙한 필자의 문제가 잘 드러납니다. 학생들은 쓸 내용이 떨어지면 작문 과정의 진행을 멈추어 버려요. 인지주의 작문 연구자들은 학생들이 글을 쓸 때 어려움을 겪는 많은 이유가 글의 내용이 부족한 데에서 비롯된다는 점을 지적하고 있거든요.
> 수석교사: 그렇다면 그 연구자들은 내용 생성에 대한 지도를 어떻게 구체화하고 있나요?
> 박 교사: 배경지식의 활용을 일차적으로 고려해야 한다고 해요. 물론 작문 상황에 따라 자료 탐색이나 자료 수집 방법도 중요하지만, 인지주의 작문 이론에서 배경지식의 활용은 작문 내용의 주요 원천으로 봅니다.
> 송 교사: 초고 집필 단계에서도 미숙한 필자의 문제는 확연하게 드러나는데요. 이들은 초고를 (㉡)(으)로

이해하려는 경향이 강해요. 그래서 한번에 완벽한 글을 쓰기 위해 세밀한 부분까지 노력을 기울이지요. 인지주의 작문 이론에서 작문 과정을 (ⓒ)적 성격으로 규정하는 것처럼 초고는 수정되어야 할 글로 봅니다. 좋은 글을 쓰려면 초고를 수정과 조정이 가능한 글로 이해하되, 내용 생성과 조직 단계의 활동을 반영하여 이루어진다는 점을 인식하도록 해야 합니다.

수석교사: 마지막으로 고쳐쓰기 단계는 어떤가요?

박 교사: 미숙한 필자는 글을 고쳐 쓰는 것은 회피하고자 하며 불필요한 일로 간주해요. 초고를 (ⓒ)(으)로 쓰고자 하므로 개선의 노력을 더 기울이려 하지 않죠.

송 교사: 그렇다면 어떻게 지도해야 할까요?

박 교사: 능숙한 필자들이 수행하는 것처럼 초고에서 적절하지 못한 부분을 찾아내고 끊임없이 글을 수정하도록 독려해야겠지요. 특히, 초고를 수정할 때에는 작문의 맥락을 고려하는 게 중요합니다.

송 교사: 추가하자면, 초고를 고쳐 쓸 때는 필자가 스스로 적절성을 평가해 보는 것이 좋지만 이것이 어려울 때가 있으므로,

이러한 활동을 반영하여 고쳐쓰기 활동을 수행할 수 있도록 지도하면 좋겠습니다.

수석교사: 지금까지 작문의 단계별 지도에 대해서 알아보았습니다. 다음 시간에는 단계별 지도의 실행에서 직면하는 문제를 경험 사례를 중심으로 이야기 해보도록 하겠습니다. 감사합니다.

> [심화 예제]

5 다음은 '쓰기 지도'를 주제로 하여 진행한 교사 협의회 내용의 일부이다. 〈작성 방법〉에 따라 쓰기 지도의 내용을 서술하시오. [4점]

> 수석교사 : 글쓰기에 어려움을 겪고 있는 학생들을 어떻게 지도할 것인가? 라는 질문은 교사들에게 중요한 것입니다. 오늘 발제를 맡으신 송 선생님이 말씀해주시죠.
> 송 교사 : 제가 먼저 말씀드리자면, 효과적인 쓰기 지도를 위해 얼마 전에 쓰기 과제를 수행하는 두 집단을 관찰하여 결과를 얻었습니다. 인지주의 작문 이론에 따르면 작문을 단계별로 지도하면 효과적이라고 합니다. 학생들이 쓰기 단계별로 어떤 특징을 보이는가를 비교해보았습니다. 다음 자료가 그것인데요.
>
>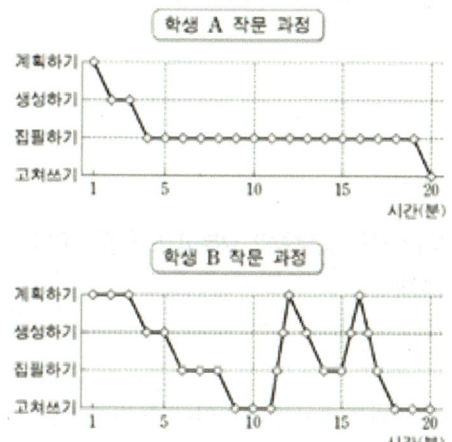
>
> 학생 A와 학생 B는 미숙한 필자와 능숙한 필자의 특징을 비교할 수 있었어요. 즉, ㉠**계획 단계**에서 ㉡**미숙한 필자**의 문제는 계획없이 곧바로 집필로 나아가려고 한다고 해요. 그렇게 되면 금방 쓸 내용이 바닥나 작문 과정에 어려움을 겪게 됩니다. 능숙한 필자가 계획하기 단계에서 시간을 들여 더 세심하게 고민하고 글을 쓰는 반면, 미숙한 필자는 그렇지 않아 문제였습니다.
> 박 교사 : 송 선생님의 자료를 보니, 내용 생성 단계에서도 미숙한 필자의 문제가 잘 드러나는 것을 알 수 있습니다. 미숙한 필자는 막연하게 좋은 아이디어가 떠오르기를 기다리고, 쓸 내용이 떨어지면 작문 과정의 진행을 멈추어 버려요. 인지주의 작문 연구자들은 학생들이 글을 쓸 때 어려움을 겪는 많은 이유가 글의 내용이 부족한 데에서 비롯된다는 점을 지적하고 있거든요.
> 수석교사 : 그렇다면 인지주의 작문 연구자들은 내용 생성에 대한 지도를 어떻게 구체화하고 있나요?
> 박 교사 : 배경지식의 활용을 일차적으로 고려해야 한다고 해요. 물론 작문 상황에 따라 자료 탐색이나 자료 수집 방법도 중요하지만, 인지주의 작문 이론에서 이것은 작문 내용의 주요 원천으로 봅니다.
>
> …(중략)…
>
> 수석 교사 : 다음 시간에는 단계별 지도의 실행에서 직면하는 문제를 경험 사례를 중심으로 이야기 해보도록 하겠습니다. 감사합니다.

작성방법

- 쓰기 단계에서 ㉠단계의 의의를 서술하고, ㉠단계에서 ㉡의 문제를 해결하기 위한 작문 전략(활동) 2가지를 제시할 것
- 인지주의 관점에서 능숙한 필자와 미숙한 필자를 비교하는 연구를 통해서 작문 교육에 미친 영향을 서술할 것.

테마 3 | 사회적 구성주의·대화주의

관련 기출

2024 B형 서술형

4 (가)는 '좋은 쓰기 수업'에 대한 교사 집담회의 일부이고, (나)는 이를 참관한 교사의 성찰 일지이다. 〈작성 방법〉에 따라 서술하시오. [4점]

(가) 교사 집담회

김 교사: 좋은 쓰기 수업은 전범을 많이 접하고 따라 쓸 기회가 많은 수업이에요. 많은 학생들이 맞춤법을 틀리거나 문단 구분이 되지 않은 글을 쓰는데, 정확한 글을 쓸 수 있도록 글의 기본적 형식에 대한 학습과 숙달을 강조해야 해요.

이 교사: 공동체의 합의가 글의 의미를 만드는 것이므로 학생들은 자신이 속한 공동체의 담화 관습을 익히는 것이 중요해요. 좋은 쓰기 수업은 공동체 안에서 담화 관습을 내면화하게 하는 수업이에요.

서 교사: 텍스트는 선행 저자와 후행 독자 간의 대화적 관계에서 의미가 형성된다는 점에서 공동 창작물로 볼 수 있어요. 주제, 독자, 필자가 상호 작용을 하며 새로운 의미를 만들어 가는 글쓰기 수업이 좋은 쓰기 수업이라고 생각해요.

하 교사: 쓰기는 의미를 구성하는 개인의 사고 과정이에요. 좋은 쓰기 수업이라면 학생들이 다양한 쓰기 전략을 익혀 쓰기 과정에서 목표 지향적으로 활용할 수 있게 이끌어야 해요

(나) 성찰 일지

3월 ○○일

[A] … 학생들에게 모범 글들을 나눠 주었다. 그중 마음에 드는 글을 골라 분석도 하고, 단어와 문체, 구조 등을 모방하게 하였다. 다 쓴 글은 오류도 수정해 주었다. 이를 통해 어떤 학생들은 명료한 글을 쓰게 됐지만 일부는 반복되는 쓰기 연습을 지루해했다. 다음 수업 때는 …

5월 ○○일

  … 독자를 고려해 쓰기 계획을 세우는 것부터 시작했다.
[B] 과정별로 자유 연상이나, 다발 짓기, 내리 쓰기 같은
  활동을 수행할 때 학생들이 유용하다며 열심히 참여했다.
그런데 고쳐쓰기까지 하고 제출된 결과물은 그다지 …

7월 ○○일

 … 주제 관련 다양한 관점의 읽기 자료들을 나눠 준 뒤, 그에 대한 질문을 던지고, 자신만의 답을 찾아 쓰도록 했다. 또 학생들 간 대화를 촉진하기 위해 온라인 게시판에 초고와 ㉠ 자신의 작문 과정에 대한 반성적 텍스트를 작성하여 올리고, 나머지 학생들은 독자가 되어 모든 글에 ㉡ 피드백을 포함한 비평 댓글을 다는 방식으로 소통하게 하였다. 이는 쓰기 수행을 평가와 연결한 것으로, 이를 통해 학생들은 여러 가지 쓰기 평가의 방식을 경험해 볼 수 있었다.

  수정 후 제출된 글에서는 내 의도대로 학생들이
  자료를 읽으며 접했던 목소리들과 비평 댓글에서
[C] 접했던 독자들의 목소리들이 다성적으로 드러나 있었다.
  공동체의 담화 방식을 내면화하는 데서 그치지 않고
  다양한 목소리들과 교섭하며 자신의 목소리를 만들어
  가는 대화적 글쓰기였다. …

11월 ○○일

 오늘 집담회를 보고서 그간의 쓰기 수업을 돌아보았다. … (중략) … 이렇게 계속 여러 관점들을 탐색하면서 쓰기 교사로서 성장해 나가고 싶다.

작성방법

- [A], [B]에 반영되어 있는 작문 이론과 가장 가까운 관점을 지닌 교사를 (가)에서 찾아 각각 쓸 것.
- '독자'에 대한 [B]와 [C]의 관점을, 차이를 중심으로 각각 서술할 것.
- 평가 주체의 측면에서 ㉠, ㉡의 차이를 쓸 것.

2장 교과교육

2021 A형 서술형

1 (가)는 '매체 특성에 맞게 표현하기' 단원에 대한 쓰기 수업 계획의 일부이고, (나)는 교사의 수업 성찰 일지이다. (가)의 '교수·학습 활동 및 유의점'과 관련하여 〈작성 방법〉에 따라 서술하시오. [4점]

(가) 수업 계획

- 학습 목표: 영상이나 인터넷 등의 매체 특성을 고려하여 생각이나 느낌, 경험을 표현할 수 있다.
- 학습 활동: 학교생활에 대한 문제를 바탕으로 공익 광고를 영상으로 제작하고 학교 홈페이지 게시판에 공유해 보자.
- 교수·학습 활동 및 유의점

차시	교수·학습 활동	유의점
1	• 광고 제작의 과정과 방법 이해하기 　- 광고 제작의 과정 알기 　- 영상 언어의 구성 요소 설명하기 　- 기획안과 스토리보드 설명하기 • 모둠별로 공익 광고 기획하기 　- 기획 의도를 설정한 후 기획안 작성하기 　- 기획안을 바탕으로 스토리 보드 작성하기	• 영상 언어는 매체 언어로서 ⓐ복합 양식 특성이 있음을 이해하고, 이를 고려하며 스토리보드를 작성하도록 지도한다. • 모둠 내 협의와 ⓑ다른 모둠과의 협의를 통해 기획안과 스토리보드를 작성한다.
2	• 공익 광고 촬영하기 　- 청각 요소와 시각 요소에 대해 설명하기 　- 카메라로 영상 촬영하기	• 영상 언어의 복합 양식 특성을 고려하며 촬영하도록 지도한다. • 기획안과 스토리보드를 바탕으로 촬영한다.

(나) 수업 성찰 일지

공익 광고 영상을 제작하는 쓰기 수업을 준비하는 것은 전통적인 쓰기 수업만 담당해 왔던 나에게 큰 도전과도 같았다. 글로 자신의 생각을 표현하는 전통적인 쓰기와, 영상 언어로 자신의 생각을 표현하는 공익 광고 영상 제작은 표현 과정과 표현 방법의 측면에서 큰 차이가 있기 때문이다. 공익 광고는 촬영하기와 편집하기라는 표현의 과정을 거친다. 전통적인 쓰기의 경우 필자는 다양한 수사적 표현 방법을 활용하여 자신의 생각을 표현한다. 반면에 공익 광고의 생산자는 카메라를 통해 영상 언어로 생각을 표현한다. 나는 2차시의 촬영하기 수업에서 ⓒ영상 언어의 시각적 요소를 표현하려면 카메라의 어떤 요소들을 조절하며 촬영해야 하는지, 청각적 요소를 어떻게 녹음해야 하는지를 예를 들어 설명했다.
전통적인 쓰기 수업에서와 마찬가지로 나는 이 수업에서 학생 간의 상호작용과 대화를 매우 강조했다. 이 수업에서도 글의 의미는 필자와 독자 간의 대화를 통한 사회적 상호작용에 의해 구성된다고 보는 작문 이론을 활용할 수 있다는 생각이 들었기 때문이다. 이 작문 이론에 따르면 글을 쓴다는 것은 필자와 독자 간의 능동인 의미 협상의 과정에 해당한다. 나는 이 이론을 반영하여 광고 영상은 글에, 생산자는 필자에, 수용자는 독자에 대응시킨 뒤에 모둠 간 협의를 실시하였다.

작성방법

- (나)에 근거할 때, 교사가 수업에 적용하고자 하는 작문 이론이 무엇인지 제시하고, 이 이론의 관점에서 ⓑ의 활동이 지닌 의의를 '다른 모둠'의 역할을 중심으로 서술할 것.

2017 A형 기입형

2 다음은 '작문에서 의미는 어디에 있는가'라는 주제로 열린 국어 교사 협의회 회의록의 일부이다. 괄호 안의 ㉠, ㉡에 해당하는 말을 순서로 쓰시오. [2점]

수석 교사 : 오늘은 '작문에서 의미는 어디에 있는가'라는 주제로 논의를 하겠습니다. 오늘 논의를 통해 효과인 작문 수업 방법론이 모색되기를 기대합니다. 먼저, 김 선생님께서 말씀해 주실까요?

김 교사 : 의미는 당연히 글에 있지요. 대개의 일상 산문의 경우, 의미가 명료하게 드러난 글이 좋은 글입니다. 어떻게 하면 이런 글을 쓸 수 있을까요? 어법을 준수하고, 수사적 원리를 잘 지키는 것입니다.

수석 교사 : 네, 이 선생님께서는 어떻게 생각하십니까?

이 교사 : 저는 수사적 원리가 보편적이 아니라 상대적이라고 생각합니다. 의미는 구성주의 또는 인지주의 작문 이론가들이 주요 분석 대상으로 삼는 (㉠)(이)나, 김 선생님께서 강조하시는 글에 있는 것이 아닙니다. 의미는 담화 공동체 구성원 간의 상호 작용을 통해 구성됩니다. 그런데 담화 공동체마다 공유하고 있는 사회 지식, 신념, 감수성이 다르고 이것이 글 구성 전략, 표현 전략의 차이를 낳습니다. 즉, 담화 관습은 공동체마다 다릅니다.

수석 교사 : 담화 관습이 지닌 보편성과 특수성의 차이로 이해되는데요. 그럼, 이 선생님은 어떤 방법으로 작문 지도를 하십니까?

이 교사 : 저는 작문 수업에서 학습자 간 대화를 촉진하는 협동 작문 활동이나 동료 평가 활동을 많이 합니다. 이러한 수업을 통해서 학생들은 자신이 속한 공동체가 공유하고 있는 상식과 쓰기 방식을 익히게 될 것이라고 기대하고 있습니다.

수석 교사 : 제가 그동안 쭉 지켜본 바에 따르면, 최 선생님께서도 작문 교육에서 대화가 중요하다는 말을 여러 번 한 것으로 기억합니다. 최 선생님께서도 이 선생님의 생각과 같습니까?

최 교사 : 제가 수업에서 대화를 강조하는 것은 담화 공동체의 쓰기 방식을 익히는 것보다 작문 과정에 관여하는 요인들과의 대화적 교섭을 중시하기 때문입니다. 필자는 작문 과정에서 끊임없이 (㉡)을/를 의식합니다. 여기서 공저자의 개념이 생겨난 것이지요.

수석 교사 : 그렇군요. 각자 작문을 바라보는 인식에는 차이가 있는 것 같지만, 작문 수업 층위로 내려오면 서로의 견해가 공존할 수 있다고 생각합니다.

3 작문 관점에 따른 독자관을 기술한 것으로 적절하지 <u>않은</u> 것은?

① 형식주의 관점에서는 글이 초점화되고, 필자와 독자의 이미지는 체계적이고 지속적으로 지워진다. 글은 그 자체로 온전한 의미를 전달하는 객관적이고 자율적인 실체이기 때문에 독자는 글의 의미를 수신하는 수동적인 존재가 된다. 필자의 의미구성 능력은 모범문의 모방에 있다는 관점에 설 때, 독자의 자리는 좁고 위상은 미미하다.

② 인지주의 관점에서는 필자의 장기 기억속에 저장된 독자에 대한 지식이 작문에 영향을 미치는 것으로 설명하며, 독자를 능동적이고 목표 지향적인 해석자로 정의한다. 글의 의미는 글, 필자, 독자가 상호 작용하는 상황에 있기 때문에, 필자의 의미구성 능력을 신장시키기 위해서는 상황 민감성을 높일 필요가 있다.

③ 사회 구성주의 관점에서는 독자를 담화공동체의 사회화된 구성원으로 보며, 이때의 독자는 담화공동체의 신념, 가치, 해석 전략을 공유하고 있는 사람이다. 필자는 작문과정에서 작문의 내용, 구성, 표현 등에 대해 공동체 구성원과 대화하고 협상하면서 의미를 구성한다.

④ 대화주의 관점에서 독자는 필자를 향해 말을 걸어오고, 무엇인가를 요구하면서 작문 전반에 걸쳐 지속적으로 영향을 미치는 능동적인 존재로 이해된다. 필자와 독자간의 교호작용을 '대화'로 설명하는 방식은 문어의 구어성에 주목한 것으로 볼 수 있는데, 이런 관점에서면 독자는 필자와 함께 공저자의 지위를 얻는다.

⑤ 수사학은 연설 장르에 대한 관심에서 시작되었다는 사실에서 알 수 있듯이 논증 행위의 전 과정에서 독자(청중)를 중심에 놓는다. 모든 수사적 상황에는 독자가 있으며, 필자의 논증 행위의 성공 여부는 독자의 공감과 동의에 달려 있다. 필자가 예상독자의 보편적 특성과 자질을 고려할 때, 더 넓고 강한 공감과 동의를 얻을 수 있다.

1 [원리]

1 다음은 동료 교사의 쓰기 수업 장면을 참관한 후 작성한 송 교사의 반성적 일지이다. (나)의 괄호 안 ㉠~㉣에 들어갈 말을 순서대로 쓰시오. [2점]

(가)

송 교사는 쓰기 수업에 고민이 많다. 동료 교사의 쓰기 수업을 참관하고 자신이 고민하는 문제에 대해 대안을 마련하기로 하였다. 동료 교사의 수업은 다음과 같이 진행되었다.

쓰기 시간에 학생들과 '최근에 재미있었던 일'을 주제로 학급 문집에 실을 글을 쓰기로 목표를 정한다. 학생들에게 주제를 구체화하고, 목적과 독자를 정해보도록 안내한다.
지난 시간에 박 교사는 내용 생성을 위한 브레인스토밍 활용 방법을 설명하고 시범보였다고 한다. 당시에 학생들은 단편적으로 낱말만을 생성하고 그치는 경향이 있었다고 판단했다. 그래서 박 교사는 브레인스토밍을 통해서 글을 쓰는 인식이 부족하기 때문이라고 생각하였고, 오늘은 구체적인 독자와 목적을 정하여 글을 쓰기 위해 브레인스토밍을 통하여 필요한 내용을 생성하도록 유도했다.
교사는 학생과의 대화를 통해서 저마다의 글을 쓰는 목적과 독자 설정에 대한 자신의 생각을 제시하게 하고, 다시 한번 학생들에게 이번 글쓰기의 상황이 학급 문집에 실을 글을 쓰는 것임을 환기시켰다.
다음으로, 미리 만든 모둠을 구성하여 학생들이 순서를 정해서 자신의 브레인스토밍을 설명한다. 설명을 듣고 나면 학생들은 이에 대해 각자 느낀 점을 말한다. 학생들이 활동을 하고 있는 가운데, 박 교사는 교실을 순회하면서, 지난 시간에 브레인스토밍을 어려워했던 학생들에게 찾아가 대화를 나눈다. 아직 내용 생성 전략에 대한 정리가 부족한 학생에게 조언하고, 쓰기와 연관시키기 위해 학생에게 질문을 하기도 하였다.
학생들이 글을 쓰기 시작하자, 박 교사는 초고 작성에 어려움을 겪는 몇몇 학생들과 더 이야기를 나누었다. 그 외에도 원하는 학생은 누구든 친구나 교사의 도움을 받도록 조언했다.
학생들이 어느 정도 초고를 다 쓰자, 모둠안에서 '돌려읽기'를 하도록 했다. 서로 상대방의 글을 읽고 자유롭게 감상을 하거나 조언하도록 했다. 돌려읽기의 결과를 반영하여 학생들이 고쳐쓴 글은 학급문집에 싣고 읽히고 싶은 독자에게 보내도록 할 계획이다. 그러기 위해 다음 시간에는 편지로 쓰고 싶은 학생은 편지지를, 책 소개서를 만들 사람은 적당한 종이를 준비해오도록 안내했다.

(나) 〈반성적 일지〉

담당 : 박 ○○ 교사
기간 : 2016년 9월 13일
대상 : 3학년 5반 국어수업
참관 기록자 : 송 ○○ 교사

박 선생님의 수업은 첫째, 글을 쓸 때 실제 상황과 유사한 여건을 조성하려고 했다. 글을 쓰는 데는 텍스트(글), 필자(심리) 요인도 중요하지만, (㉠) 요인도 중요하다는 생각을 하게 되었다. 구체적 목적· 실제 독자를 고려하거나, 완성된 글을 실제로 전달하기 위한 준비과정이 실제 쓰기 상황과 관련이 있다고 생각한다.
둘째, 의미 (㉡)와/과 같은 사회적 중재에 의한 학습을 활용하는 것이 인상적이었다. 학생과 학생이 모둠을 통하여 이를 실행하는 것뿐만아니라, 교사와의 질문과 대화 같은 좀 더 높은 사회적 중재를 통해 잠재적 발달 수준에 도달하도록 끌어올리는 교사의 역할이 중요함을 알게 되었다.

셋째, 협동 학습의 형태를 적극적으로 활용하는 것에 깊은 인상을 받았다. 쓰기 전과 쓰는 과정에서 모둠 활동을 유도하고 장려하고 있어 쓰기를 (ⓒ)적 행위라고 인식하게 되었다. 또한 이 과정에서 학습자가 글을 쓰는 과정에서 가능한 한 많은 사람들과 (ⓔ)을/를 하도록 허용하는 분위기가 중요하다는 것을 알았다.

이에 나의 쓰기 수업은 쓰기의 과정만 중시하지 않았나 반성하게 된다. 동료 교사의 수업은 글쓰기의 구성 요인 중 (ⓐ) 요인을 중시 여겨 과정 중심 작문 교육의 한계를 보완하고 있다고 보인다. 또한 내 수업은 학습자에게 단순하게 쓰기 전략이나 활동을 알려주고 적용하는 데 급급했다. 실제로 학습자 개개인이 이를 어떻게 수용하는지, 개인의 글에는 어떻게 반영되었는지를 충분히 고려하지 못했다. 학생과 학생, 교사와 학습자의 직접적인 (ⓔ)에 주목하면서, 쓰기 전략이나 활동이 학습자에게 어떻게 수용되고 내면화되는지를 깊이 있게 들여다보게 하였다.

2 [맥락 중심·장르 중심 작문 지도]

관련 기출

2015 A형 기입형

1 다음은 한 학생이 자신의 글쓰기 문제와 관련된 고민을 적은 글이다. 학생의 글을 읽고, 교사의 지도 방향을 적은 〈보기〉의 (   ) 안에 공통으로 들어갈 말을 쓰시오. [2점]

> 나는 내 글쓰기 능력에 대해 판단을 하기 힘들다. 학교에서 내주는 많은 글쓰기 과제에서 어떤 때는 글을 잘 쓴다고 칭찬을 받다가도, 다른 때는 또 글을 잘 못 쓴다는 평가를 받기도 한다. 지난달에 자서전 쓰기를 했을 때 국어 선생님께서는 내 글에 대해 자서전이 요구하는 삶에 대한 기록과 성찰이 뛰어나다는 칭찬을 해 주셨다. 또 글의 구성과 표현방법이 자서전에 잘 맞는다는 평가도 받았다. 그런데 얼마 전에 보고서 쓰기 과제를 제출했는데 내가 기대했던 것보다 낮은 점수를 받았다. 선생님께 그 이유를 여쭈어 보니, 보고서에 필수적으로 요구되는 조사 목적과 조사 방법에 대한 설명이 빠졌다고 하셨다. 또 내가 사용한 문장은 비유적 표현이 많아서 보고서에는 적절하지 않다는 설명도 듣게 되었다. 이런 일 때문에 나는 내 글쓰기 능력이 괜찮은 편인지, 부족한 편인지 잘 모르겠다.

〈보기〉

이 학생의 문제는 (   )와/과 깊은 관련이 있다. 이 학생은 기본적인 글쓰기 능력은 있지만 (   )에 따라 달라지는 텍스트의 규범적 형식과 내용을 파악하는 능력이 부족하다. 즉 자서전 쓰기에서는 텍스트의 규범에 맞춰 쓰기를 수행하였지만, 보고서 쓰기에서는 필요한 내용을 누락하거나 비유와 같은 어울리지 않는 표현 방식을 사용하는 등의 문제점을 나타내었다. 따라서 이 학생의 글쓰기 능력을 향상시키기 위해서는 (   ) 중심의 쓰기 지도가 필요하다.

기본 예제

2 (가)는 교수·학습 계획서 중 일부이고, (나)는 이에 대한 설명이다. ㉠~㉢은 (가)에서 적절한 기호를 찾아 순서대로 쓰고, ㉣, ㉤에 해당하는 말을 쓰시오. [2점]

(가)

수업 단계	교수·학습 활동	
도입	• 전시 학습 확인 및 동기 유발 • 학습 목표 확인 '자기 소개서의 작문 관습과 필수 구성요소, 표현 관습을 알아봅시다.'	

설명, 시범 단계-맥락과 텍스트의 모형화하기(modeling)	• [A]교수·학습의 목표가 되는 핵심 장르를 모델로 제시하고 이러한 장르가 어떠한 사회적 맥락 안에서 활용되고 소통되는지 설명
	[B] ┌ • 장르의 원형적인 구성 요소는 무엇인지, 특징적인 언어 구조와 표현들에는 어떠한 것들이 있는지를 제공
	  – 잘 짜인 자기 소개서 예시를 학생들에게 보여주고 안내
	  – 자기소개서를 쓸 때 작문 관습에 따른 맥락을 고려하도록 설명
	  └ • 학습자로 하여금 해당 장르에 대한 원형적 틀과 형식적 표지 등을 인식할 수 있도록 지도
		[D] • 학생들은 예시문에서 자기 소개의 목적, 자신이 대학 입학에 꼭 필요한 학생이라는 점, 구체적 사례와 의미있는 경험 등의 내용이 필수 구성 요소로 들어가 있음을 찾아냄
		
		• 자기 소개서의 관습에 따른 표현에 유의

교사와 학생이 같이 쓰기(joint negotiation) 단계	• 새로운 글을 쓸 수 있도록 교사와 학생이 같이 쓰기	• 장르의 구조 및 특징 등에 대한 지식을 공유하면서 글을 쓰는 훈련을 함
학생 혼자 쓰기(independent construction of text) 단계	• [C]학습자가 이전 단계에서 내재화한 지식을 바탕으로 교사의 지원없이 자기 주도적으로 텍스트를 생산 교사 : "자신의 상황과 처지를 고려해서 여러분 스스로 자기 소개서를 써 봅시다. 누구에게, 어떤 목적으로 무슨 내용을 담을 것인지 생각해 보세요."	

(나) 이 계획서는 특정 장르의 관습에 능숙해지도록 하는 것이 목적이라는 점에서 장르 중심 작문 교육이 반영되어 있다. 다음과 같은 특징적 사항을 찾아볼 수 있다. 첫째, 수업 목표와 수업 내용에 장르, 또는 텍스트 유형의 특성이 반영되어 있다. [A]단계에서 수업 목표를 보면 이 수업에서 소개하는 쓰기가 이루어질 것임을 명료히 하고 있다. 수업 내용으로 가르치는 것들도 (㉠)이다. [B]단계에서 교사는 이 수업에서 자기소개서를 쓸 때 작문 관습에 따른 (㉡)을 고려하도록 설명하고, [C]단계에서 학습자가 직접 그 짜임에 맞게 써 보도록 하였다. 이 과정에서 자기 소개서를 쓸 때 중요한 실제적 (㉢)에 유의하도록 하고 있다.

그러나 이와 같은 교수학습의 흐름에서는 학습자가 쓰기에서 창의성을 발휘할 기회가 거의 없다. 자칫하면 학습자에게 모든 자기 소개서에는 [D]에서처럼 ⓒ 이외에는 다른 내용이 들어갈 수 없으며, 제시된 형식을 취해야만 한다는 선입견을 심어주기 쉽다. 또한 [C]단계는 단순하고 기계적인 연습이 아니라 학습자가 독립적인 필자가 되기 위한 준비 과정이다. 이에 맞는 활동이 풍부하게 개발될 필요가 있다. 즉, 학습자의 독립된 활동으로 이어지기 위해서는 더 풍부한 (ⓔ)를 제시하여 창조적 변형을 유도해야 한다. 결국 장르 지식은 인쇄된 교재로 ⓛ을 조성하는 데는 한계가 있다. 텍스트 지식과의 실제적 연계를 위해서는 교사와 학습자의 입체적인 (ⓜ)이 보완되어야만 한다.

3 다음은 작문 이론에 대한 설명 글이다. 괄호 안 ㉠, ㉡에 들어갈 말을 순서대로 쓰시오. [2점]

인지주의 쓰기 이론의 대표적 연구자인 린다 플라워는 글쓰기의 첫 번째 전략으로 (㉠)의 이해를 꼽았다. 그에 따르면 왜 글을 쓰는지, 누가 글을 읽게 될 것인지, 독자가 기대하는 바는 무엇인지, 필자와 독자의 관계는 어떠한지, 써야할 글의 종류가 어떤 것인지 등을 이해해야 좋은 글을 쓸 수 있다. 이에는 필자, 독자, 주제, 목적, 상황 등이 포함된다. 최근에는 글이 어떤 매체로 전달되는지, 즉 신문에 실리는지, 인터넷에 게시되는지 등도 여기에 포함된다. 여러 가지 (㉠) 중에서도 '독자'는 수사학 이론을 통해 일찍부터 연구된 주제이다. 수사학의 역사는 한마디로 독자를 수동적인 메시지 수신자에서 능동적인 의사소통 참여자로, 또 논증의 평가자로 재발견하는 과정이었다. 또한 수사학은 작문이 그저 자신의 생각을 종이 위에 옮겨 놓는 고독한 행위가 아니라, 상황을 고려하며 타인과 소통하는 행위임을 분명히 보여주고 있다. 특히 수사학이 오래전부터 연구해 온 (㉠)은 이후 인지주의 쓰기 이론, (㉡) 중심 쓰기 이론 등에서도 지속적으로 쓰기의 기본 이론으로 채택되고 있다. (㉡) 중심 쓰기 이론은 '(㉠)에 대한 반응'으로 텍스트에 나타나는 언어적 특징들에 주목하였다. 이 이론의 등장은 쓰기 과정에 대한 탐구로 쏠렸던 쓰기 연구의 관심을 일정 부분 다시 텍스트로 돌려놓음으로써 균형을 회복하려는 흐름이었다고 볼 수 있다. 또한 이 이론은 19세기 표현 중심의 수사학이 텍스트의 유형을 분류하고 구성 요소를 분석함으로써 (㉡)의 고정된 실체를 파악했던 것에 머무르지 않고, 사회·문화적 의미를 실천하는 행위로서 (㉠)에 따라 역동적으로 변화하는 (㉡)개념을 새롭게 정립하였다.

2장 교과교육

> **심화 예제**

4~5 (가)는 작문 수업의 과정을 기록한 글이고, (나)는 작문 접근 방식에 대한 교사들의 대화이다. 글을 읽고 물음에 답하시오.

(가)

송 교사는 쓰기 시간에 학생들과 '최근에 재미있었던 일'을 주제로 학급 문집에 실을 글을 쓰기로 하였다.
"여러분, 이번 시간에 쓴 글은 학급 문집에 넣을 거예요. 나중에 책으로 나와서 많은 사람들이 읽을테니 더 열심히 써야겠지요?"

[A]
학생들에게 주제를 설명해주니 무엇을 써야할지 막연해하는 표정들이 꽤 많이 보인다. 박 선생님은 학생들에게 먼저 구체적인 목적과 독자를 정해보도록 안내한다.
"최근에 재미있었던 일이 잘 안 떠오르나요? 우선 내 글을 누구에게 보여줄지를 정해 봅시다."
학생들은 저마다 친구, 동생, 부모님 등을 얘기한다.
"내가 정한 사람에게 하고 싶은 이야기를 떠올려보세요. 생각이 잘 안 나면 생각 그물을 만들며 여러 가지 생각을 떠올려 보아도 좋아요."

지난 시간에 박 선생님은 내용 생성을 위하여 생각 그물 만드는 방법을 설명하고 시범을 보여주었다. 대부분의 학생이 재미있게 생각 그물을 만들었는데, 일부 학생들의 경우, 생각 그물에서 단편적으로 낱말만 적는 데에 그치는 경향이 있었다. 그래서 오늘은 구체적인 독자와 목적을 정하여 글을 쓰기 위하여 필요한 내용을 생성하도록 할 생각이었다. 바로 독자와 목적을 정한 학생도 있고 생각 그물을 만들며 이것저것 써 보는 학생도 있었다.

"자, 그럼 내 글을 어떤 목적으로 쓸지, 누구에게 보여줄지 생각한 사람 발표해봅시다."
"저는 재미있게 읽은 동화책에 대해 쓸 건데요. 친구에게 책을 읽도록 소개해 주고 싶어요."
"저는 요즘 학교 끝나고 친구들과 축구하는 것이 너무 재미있어요. 부모님께서 보시도록 내가 얼마나 축구를 좋아하는지 쓰고 싶어요."
학생들이 저마다 글을 쓰는 목적과 독자 설정에 대한 의견을 제시하였다.
"네, 좋습니다. 내가 글을 쓰는 목적이 무엇인지, 누가 읽도록 할 것인지를 생각하며 쓰면 더 잘 써질 것입니다. 그럼 내 글의 독자와 목적을 생각하면서 생각 그물을 더 만들어 보세요."
학생들에게 생각 그물을 더 작성할 시간을 잠시 주고, 박 선생님은 학생들에게 이번 글쓰기의 상황이 학급 문집에 실을 글을 쓰는 것임을 다시 한 번 더 환기시킨다.
"자, 그러면 여러분이 만든 생각 그물을 바탕으로 글을 써 보겠습니다. 그런데 생각 그물이 생각보다 잘 안 만들어진 사람도 있을 것이고 막상 생각 그물을 가지고 글을 쓰려니 막막한 사람들도 있을 거예요. 먼저 모둠 안에서 의논해보기로 합니다. 돌아가면서 친구들에게 생각 그물을 보여주고, 자기가 쓸 글을 설명해 주세요."
미리 네 명씩 모둠을 만들어 앉아있던 학생들은 곧 순서를 정해서 자신의 생각 그물을 설명하기 시작한다. 교실이 곧 왁자지껄해진다.
박 선생님은 교실을 한 번 둘러보고, 지난 시간에 생각 그물 만들기를 어려워했던 은찬이에게 다가간다.
"은찬아, 선생님한테 생각 그물 좀 보여줄래?"
은찬이와 선생님은 생각 그물을 함께 들여다본다.
"아, 잘 만들었구나. 그런데 어떤 이야기를 쓰려는 거지?"
"음…산에 대한 생각 그물인데요.…"
은찬이는 아직 생각 그물에 대한 정리가 안 된 것 같다. 박 선생님은 은찬이의 생각 그물을 좀 더 풍성하게 하고, 쓰기와 연관시키기 위해서 이것저것 질문을 하기도 하고 조언을 하기도 한다.
학생들이 글을 쓰기 시작하자, 박 선생님은 은찬이처럼 어려워하는 학생 몇 명과 대화를 한다. 그 외에도 학생은 누구든 친구나 선생님과 협의를 할 수 있도록 한다.

[B] 학생들이 어느 정도 초고를 다 쓰자, 이번에는 모둠 안에서 '돌려 읽기'를 하도록 한다. 서로 상대방의 글을 읽어주고 자유롭게 감상을 이야기하거나 조언해 주는 것이다. 돌려 읽기 한 결과를 반영해서 학생들이 고쳐쓴 글은 학급 문집에 싣는 것은 물론이고, 실제로 읽히고 싶은 사람에게 보내도록 할 계획이다. 그러기 위해 다음 시간에는 편지로 쓰고 싶은 학생은 편지지를, 책 소개서를 만들 사람은 적당한 종이를 준비해오도록 안내한다.

(나)

송 교사 : 제가 실행했던 수업에 대해 자유롭게 말씀해주시면 감사하겠습니다. 저는 되도록 '실제적 쓰기(authentic writing)'를 지향하려고 했습니다.

김 교사 : '실제적 쓰기'가 무엇인지 구체적으로 말씀해주실 수 있나요?

송 교사 : 네. 작문의 '실제성'은 학생들이 막연한 상태에서 쓰기를 수행하는 것이 아니라, 다양한 상황과 목적, 독자 등 쓰기의 요소들을 고려하는 것이지요.

박 교사 : 아, 그렇다면 [A]에서 구체적인 글을 쓰는 목적과 독자를 정하거나 고려하도록 요구하고 있다는 점에서 그러한가요? 이외에도 또 있나요?

송 교사 : 네 그렇습니다. 제 수업을 보면 [B]에서 (㉠) 등을 시도하고 있습니다.

김 교사 : 아, 그렇다면 '실제성'이란 글을 쓸 때 실제 맥락(상황)과 유사한 여건을 조성한다는 점에서 그러하군요. 제가 보았던 자료에 의하면 이를 〈맥락 중심 작문 교육〉이라고 부르더군요. 주로 인지구성주의에 의존했던 그간의 수업 즉, 쓰기에서 의미 구성이 개인의 인지적 작용이라던 관점에서 벗어난다고 하더라구요.

송 교사 : 맞습니다. 필자가 글을 쓸 때 독자는 맥락 요인으로서 쓰기 행위에 지대한 영향을 미치는 존재입니다. 필자가 머릿속에 예상한 독자와 끊임없이 보이지 않는 (㉡)을/를 나누며 글을 쓰기 때문이지요.

김 교사 : 네, 그래서 필자는 인지구성주의 관점에서 이야기하는 것처럼 자동적으로 글을 쓰는 고독한 존재가 아니라, 사회·문화 상황 속에 매우 다양한 모습으로 존재하는 타자들과 상호 작용을 하면서 글을 쓰는 존재라고 하더군요.

박 교사 : 결국 의미 구성은 사회·문화적 상황 속에서 발생하며 본질적으로 (㉡)적 속성을 지니는군요. 그렇다면 맥락 중심의 작문 교육을 적용한 수업은 어떤 원리에 의해서 진행되나요?

송 교사 : 최근에 제가 관심을 가진 작문이론인 쓰기가 사회적 행위라는 점을 강조한 **사회적 구성주의 교수·학습 원리를 토대로 가능한 한 사회적 상호 작용**을 많이 하도록 했습니다. Bruffee라는 학자는 사회·문화적인 상황 속에서 일어나는 의미 구성을 '사고는 내면화된 (㉡)'라는 비고츠키의 관점을 수용하여 설명하더군요.

박 교사 : 흥미롭네요. 좀 더 설명해주시겠어요?

송 교사 : 작문이 (㉡)의 과정이라는 점은 2가지 측면으로 살펴볼 수 있습니다. 먼저, 작문 교육을 협동 학습 이론과 결합시켜서 소집단 작문 활동을 하는 것이지요. 작문은 담화 구성원들 사이에서 이루어지는 협력적 의사소통 행위라는 것을 실행에 옮겨 소집단에서 협동적으로 글을 쓰도록 함으로써 작문 능력을 신장시킬 수 있다고 봅니다. 그것뿐만 아니라 학생들에게 과정과 전략을 일방적으로 가르치는 것이 아니라 사회적 중재자로서 교사는 학생과의 (㉢)을/를 통해 학습자의 발달 수준을 끌어올려야 한다고 합니다.

5 (나)의 ㉠에 들어갈 활동 2가지를 [B]에서 찾아 쓰고, ㉡에 공통적으로 들어갈 말을 쓰시오. [2점]

6 송 교사의 쓰기 지도 방법에 대해 〈작성 방법〉에 따라 서술하시오. [4점]

> **작성방법**
> - (나)의 밑줄 친 원리를 고려하여 (가)에서 학생과 학생의 상호작용을 포함한 송 교사의 쓰기 지도의 양상을 근거를 들어 서술할 것.
> - (나)의 밑줄 친 원리를 고려하여 (가)에서 교사와 학생의 상호작용을 포함한 송 교사의 쓰기 지도의 양상을 근거를 들어 서술할 것.

7 다음은 작문 이론에 대한 설명 글이다. ㉠, ㉡에 들어갈 말을 순서대로 쓰시오. [2점]

> 인지주의 쓰기 이론의 대표적 연구자인 린다 플라워는 글쓰기의 첫 번째 전략으로 (㉠)의 이해를 꼽았다. 그에 따르면 왜 글을 쓰는지, 누가 글을 읽게 될 것인지, 독자가 기대하는 바는 무엇인지, 필자와 독자의 관계는 어떠한지, 써야할 글의 종류가 어떤 것인지 등을 이해해야 좋은 글을 쓸 수 있다. 이에는 필자, 독자, 주제, 목적, 상황 등이 포함된다. 최근에는 글이 어떤 매체로 전달되는지, 즉 신문에 실리는지, 인터넷에 게시되는지 등도 여기에 포함된다. 여러 가지 (㉠) 중에서도 '독자'는 수사학 이론을 통해 일찍부터 연구된 주제이다. 수사학의 역사는 한마디로 독자를 수동적인 메시지 수신자에서 능동적인 의사소통 참여자로, 또 논증의 평가자로 재발견하는 과정이었다. 또한 수사학은 작문이 그저 자신의 생각을 종이 위에 옮겨 놓는 고독한 행위가 아니라, 상황을 고려하며 타인과 소통하는 행위임을 분명히 보여주고 있다.
>
> 특히 수사학이 오래전부터 연구해 온 (㉠)은 이후 인지주의 쓰기 이론, (㉡) 중심 쓰기 이론 등에서도 지속적으로 쓰기의 기본 이론으로 채택되고 있다. (㉡) 중심 쓰기 이론은 '(㉠)에 대한 반응'으로 텍스트에 나타나는 언어적 특징들에 주목하였다. 이 이론의 등장은 쓰기 과정에 대한 탐구로 쏠렸던 쓰기 연구의 관심을 일정 부분 다시 텍스트로 돌려놓음으로써 균형을 회복하려는 흐름이었다고 볼 수 있다. 또한 이 이론은 19세기 표현 중심의 수사학이 텍스트의 유형을 분류하고 구성 요소를 분석함으로써 (㉡)의 고정된 실체를 파악했던 것에 머무르지 않고, 사회·문화적 의미를 실천하는 행위로서 (㉠)에 따라 역동적으로 변화하는 (㉡)개념을 새롭게 정립하였다.

2절 　작문 교수·학습

테마 1 　워크숍 교수·학습 모형

관련 기출
2018 B형 서술형

1 (가)는 김 교사가 세운 수업 계획이고, (나)는 수업 계획에 대해 동료 교사와 나눈 대화의 일부이다. 김 교사의 쓰기 지도에 대해 〈작성 방법〉에 따라 서술하시오. [5점]

(가)

- 학습 목표 : 주변의 문제를 해결하기 위한 글을 쓸 수 있다.
- 쓰기 과제 : 우리 학교에서 시급하게 해결해야 하는 문제를 찾고, 그것을 해결할 수 있는 글을 써 봅시다. 읽을 사람이 누구인지, 어떤 유형의 글을 써야 하는지 친구들과 협의하여 글을 씁니다.
- 평가 계획 : 포트폴리오 평가(2차)
- 수업 단계 및 교수·학습 활동(90분)

수업 단계	교수·학습 활동	
도입	- 전시 학습 확인 및 동기 유발 - 학습 목표 확인	
미니레슨 (간이 수업)	- 문제 해결을 위한 쓰기의 특성 설명하기 - 문제 상황과 해결 방안 제시하는 방법 안내하기	
계획하기	- 쓰기 맥락 분석하기	
내용 생성 및 조직하기	- 해결해야 할 문제 조사하기 - 문제 해결 방안 마련하기 - 내용 조직하기	교사·동료·자기 협의 하기
글쓰기	- 초고 쓰기 - 피드백 반영하여 재고 쓰기	
공유하기	- 완성된 글을 작은 책이나 게시물로 만들기	
정리	- 쓰기 워크숍 활동 정리	

(나)

윤 교사 : 김 선생님, 지난번 쓰기 워크숍 잘 마치셨나요?

김 교사 : 예, 잘 마치기는 했는데 쓰기 워크숍이 익숙하지 않아 좀 어려웠어요. 2회 차 수업 계획인데, 한번 살펴 주시겠어요?

윤 교사 : 그럴게요. 그런데 처음에 쓰기 워크숍을 계획하시게 된 특별한 이유라도 있나요?

김 교사 : 지난여름에 교사 연수를 받기 전까지 ㉠쓰기는 필자 개인의 의미 구성 과정이라고 생각했어요. 그런데 교사 연수를 받으면서 쓰기에 대한 제 관점이 편협했다는 것을 깨달았지요.

윤 교사 : 그랬군요. 쓰기 워크숍에 대한 학생들의 반응은 어땠나요?

김 교사: 학생들의 반응은 좋았어요. 자신이 완성한 글을 들고 뿌듯해하는 학생들을 보니 저도 기분이 좋더라고요. 그런데 공유하기 단계에서 어떤 활동을 더 추가해야 할지 고민이에요.
윤 교사: 쓰기 워크숍은 '실제 쓰기', 다른 말로 하면 '진정한 쓰기'를 지향하니까, ⓒ공유하기 단계에서 자신이 쓴 글을 학교 신문에 투고하거나 학교 홈페이지 게시판에 올리는 활동을 하면 좋겠어요. 그런데 평가는 어떻게 하실 계획인가요?
김 교사: 지난번에 1차 포트폴리오 평가를 했고, 이번에 2차 포트폴리오 평가를 할 예정이에요. ⓒ예전에는 완성된 글만을 대상으로 해서 일회적으로 평가했는데, 포트폴리오 평가를 하면서 이를 보완할 수 있을 것 같아요.
윤 교사: 다행이네요. 그럼 이제 교수·학습 활동을 구체적으로 살펴볼까요?

…(하략)…

작성방법

- ㉠과 대비되는 관점에서 쓰기 워크숍의 의의를 서술할 것.
- 쓰기 워크숍이 '실제 쓰기(authentic writing)'를 지향한다고 할 때, 김 교사가 제시한 쓰기 과제와 ⓒ의 활동이 적절한 이유를 각각 서술할 것.
- ⓒ을 고려할 때 김 교사의 쓰기 워크숍 수업에서 포트폴리오 평가가 갖는 장점 2가지를 서술할 것.

> 기본 예제

2 (가)는 송 교사가 준비한 작문 수업 계획이고, (나)는 이를 화제로 동료 교사와 나눈 대화이다. 괄호 안의 ㉠, ㉡에 해당하는 말을 순서대로 쓰시오. [2점]

(가)

1. 학습 목표: 가치있는 정보를 선별하고 조직하여 정보를 전달하는 글을 쓴다.
2. 학습 집단 구성: 반 전체 / 소집단
3. 교수·학습 절차

〈도입〉 1차시
- 쓰기 과제 설명
- 학생들에게 필요한 쓰기 전략과 기능이나 개념 등에 대해 간략하게 설명
    - 정보 전달 글 쓰기의 중요성 및 필요성
    - 다양한 방법으로 자료를 수집하는 방법
    - 정보의 가치를 판단하는 기준을 정하여 가치 있는 정보를 선별하고 범주화하여 내용을 조직하는 방법

2차시	쓰기 전 ⇩ 초고 쓰기 ⇩ 초고 수정 ⇩	• 협의하기 • 소집단 편성
3차시	학생들이 쓴 글을 학급 문집이나 개인 문집(포트폴리오)으로 엮어 내거나 교실 게시판, 학교 신문 등에 발표	• 학급 동료, 교사, 학부모 등의 실제적인 독자와 글을 공유

(나)

송 교사: 제가 준비한 수업에 대해 자유롭게 말씀해주시면 감사하겠습니다.

김 교사: 송 선생님의 수업은 정보전달 글을 쓰는 데 필요한 지식과 기능을 제공하는 1차시, 글쓰기 과정을 조정하고 통제할 수 있는 기능이나 전략을 익히는 2차시, 글을 완성하여 실제적인 독자와 글을 공유하는 3차시로 구성하여 (㉠) 수업 모형을 구현하고 있다는 점에서 좋았습니다.

송 교사: 말씀 감사합니다. 그런데, 제 작문 수업에서 보완해야 할 점이 있을까요?

김 교사: 네, 2차시에서 '협의하기'를 초고 쓰기 후에 수정 단계에 고정시킨 것은 아쉽게 생각됩니다.

송 교사: 아, 그런가요? 자세히 좀 알려 주세요.

김 교사: 선생님의 수업은 협동 학습의 형태를 적극적으로 활용하고 있으며, 쓰기 과정에서 소집단 활동을 유도하고 장려하고 있는 것 아닌가요?

송 교사: 네, 맞습니다.

김 교사: 쓰기를 사회적 행위라고 인식하는 관점에서 보면 필자는 자동화된 기능을 바탕으로 자동적으로 글을 쓰는 고독한 존재가 아니라고 합니다.

송 교사: 그렇다면 어떤 존재일까요?

김 교사: 필자는 사회·문화 상황 속에서 매우 다양한 모습으로 존재하는 타자들과 (㉡)을 하면서 글을 쓰는 존재이지요. 이 때문에 작문 행위를 공동체 구성원들 간의 대화의 과정으로 보기도 하구요.

송 교사: 그렇기 때문에 소집단 협동 활동을 작문의 전 과정에서 강조하는 건가요?

김 교사: 그렇습니다. 학생과 학생의 (㉡)에 주목하면서, 쓰기 전략이나 활동이 학습자에게 어떻게 수용되고 내면화되는지를 깊이 있게 들여다보게 하는 수업이 되기 위해서는 수정 단계에서만이 아니라 주제 선정, 다양한 방법으로 자료를 수집하기, 가치 있는 정보를 선별하고 범주화하여 내용 조직하기 등 작문의 전 과정에서 이를 실행해야 할 것 같습니다.

송 교사: 검토해 주셔서 감사합니다. 내일 수업하기 전에 꼭 보완해 볼게요.

3 다음은 송 교사가 작성한 수업 일지와 수업 계획이다. 〈작성 방법〉에 따라 송 교사의 작문 수업 계획을 서술하시오. [4점]

> **(가)**
> 〈교사의 작문 일지〉
>
> 2021년 8월 1일
>
> 나는 교직 경력의 5년차의 고등학교 교사다. 성실성과 국어 교육에 대한 열정 면에서 자타가 공인하지만 작문 수업만큼은 자신이 없다. 작문 수업 시간만 되면 무엇을 어떻게 가르쳐야 할지 막막해진다.
>
> [A] 직접 교수법을 활용하여 작문 과정에 따라 글을 쓸 때 유용하게 사용할 수 있는 브레인스토밍이나 마인드 맵 전략을 활용하여 내용을 생성하게 해 보기도 하지만 개인적인 쓰기 전략 활용에만 그칠 뿐이다.
>
> [B] 수업 시간에 미처 마치지 못한 글은 개별적인 과제로 제시해 보기도 하지만 학생들은 쓰기 과제를 마치 벌을 받는 것만큼이나 부담스러워 하는 것 같아 마음이 무겁다. 내가 작문 수업을 가장 부담스러워 하는 진짜 이유는 학생들이 글쓰기를 정말 하기 싫은 숙제로만 인식하기 때문이다.
>
> [C] 또 학생들이 과제로 제출하는 글에 대해서도 교사로서 내가 어떻게 반응을 해 주어야 할 지 큰 고민이다. 늘 공문 처리 등 행정업무에 쫓기다 보면 시간이 부족해 학생의 글을 일일이 읽고 첨삭 지도를 해 주는 일이 고역일 뿐만 아니라 어렵사리 시간을 내어 일일이 빨간 펜으로 글을 고쳐서 돌려주어도 학생들의 반응은 늘 냉랭하기 때문이다.
>
> **(나)**
> 〈수업 참관 일지〉
> 2021년 8월 3일~8월 10일
> 오늘 박 선생님의 쓰기 수업을 참관하는 기회를 얻게 되었다.
>
> > 박 선생님은 쓰기 시간에 학생들과 '학생들이 흥미나 관심이 있는 최근의 사회적 쟁점을 주제'로 학급 문집에 실을 글을 쓰기로 했다.
> > 학생들에게 주제를 설명해주니 무엇을 써야할지 막연해하는 표정들이 꽤 많이 보였기 때문에 박 선생님은 학생들에게 먼저 구체적인 목적과 독자를 정해보도록 안내하고, 학급 토론을 통해 자신의 관점을 수립하는 활동을 펼치도록 했다.
> > 박 선생님은 지난 시간에 인터뷰로 글감을 마련하는 활동을 소개했는데 학생들이 인터뷰 방법에 대해 어려워하여 오늘은 구체적인 독자와 목적을 정하여 글을 쓰기 위하여 인터뷰 방법을 활용하여 내용을 생성하도록 할 생각이었다. 박 선생님은 다시 한번 이번 글 쓰기 상황이 학급 문집에 실을 글을 쓰는 것임을 환기시켰다.
> > 미리 모둠을 만들어 앉아있던 학생들은 곧 순서를 정해서 자신의 인터뷰 활동 계획을 설명하기 시작한다. 교실이 왁자지껄해진다. 박 선생님은 교실을 한 번 둘러보고 지난 시간에 내용 생성 방법을 어려워했던 학생에게 다가가 대화를 나눈다.
> > 학생은 아직도 내용 생성 방법에 대한 정리가 안 된 것 같다. 박 선생님은 학생의 인터뷰 방법을 좀 더 풍성하게 하고, 쓰기와 연관시키기 위해서 이것저것 질문을 하기도 하고 조언을 하기도 한다.
> > …
> > 학생들이 글을 쓰기 시작하자, 박 선생님은 학생들 가운데 어려워하는 학생 몇 명과 대화를 한다. 그 외에도 원하는 학생은 누구든 친구나 선생님과 협의를 할 수 있도록 조언한다.

학생들이 어느 정도 초고를 다 쓰자, 이번에는 모둠 안에서 '돌려 읽기'를 한다. 서로 상대방의 글을 읽어주고 자유롭게 감상을 이야기하거나 조언해 주는 것이다. 돌려 읽기를 한 결과를 반영해서 학생들이 고쳐쓴 글은 학급 문집에 실을 계획이다.

(다)

〈송 교사의 작문 수업 계획〉

작문 교수·학습 목표		교수·학습 활동
학습 목표	시사적인 현안이나 쟁점에 대해 자신의 관점을 수립하여 비평하는 글을 쓴다.	• ㉠실제적인 목적과 독자를 고려하여 학생들이 흥미나 관심이 있는 최근의 사회적 쟁점을 주제로 선정하는 활동 ⇩ • ㉡모둠을 구성하여 학급 토론을 통해 자신의 관점을 수립하는 활동 ⇩ • 인터뷰로 글감을 마련하는 활동 ⇩ • 논리적인 구성 방법에 따른 내용 조직 방법을 지도하여 초고 글을 완성하는 활동 ⇩ • ㉢친구의 소감을 듣고 그것을 반영하여 고쳐쓰기를 진행하는 활동 ⇩ • ㉣쓰기의 결과를 모아 학급 문집을 발간하는 활동
교수·학습 내용	〈생략〉	
교수·학습 방법	〈생략〉	

작성방법

- (가)의 [A]~[C]에서 교사의 작문 수업 반성 내용을 각각 제시할 것.
- (나)의 박 교사의 〈수업 참관〉을 고려하여 마련한 (다)의 송 교사의 〈작문 수업 계획〉에서 ㉠과 ㉣, ㉡과 ㉢에서 알 수 있는 작문 수업의 특성을 각각 서술할 것.

2장 교과교육

> **심화 예제**

4 (가)는 설득하는 글 쓰기 수업을 구상한 내용이고, (나)는 수업후 교사 협의회에서 나눈 대화이다. (가)와 (나)를 읽고, 쓰기 수업과 평가에 대해 〈작성 방법〉에 따라 서술하시오. [4점]

(가)

[학습 목표] 시사적인 현안이나 쟁점에 대해 비평하는 글을 쓸 수 있는지를 평가한다.

[쓰기 과제] 세계 곳곳에서 다양한 이유로 난민이 발생하고 있으며 난민 수용 여부에 대한 찬반 논의가 있습니다. 이 문제에 대해 자신의 관점을 수립하고 주장이나 견해가 명료하게 드러나는 비평문을 씁니다. 이때 자신이 선택하지 않은 관점의 문제점을 근거를 들어 비판합니다.

[교수·학습] 작문 워크숍

[평가 계획] (㉠) 평가(2차)

[교수·학습절차]

2차시	쓰기 전 ⇩ 초고 쓰기 ⇩ 초고 수정(고쳐쓰기 및 편집하기) ⇩	• 소집단 편성으로 협의하기
3차시	• 학생들이 쓴 글을 (㉠)로 엮어 내기 • 교실 게시판, 학교 신문 등에 ㉡발표하기	• 학급 동료, 교사, 학부모 등의 실제적인 독자와 글을 ㉢공유

• 교수·학습의 중점
  - '실제 쓰기'(authentic writing), '진정한 쓰기'를 지향하도록 한다.
  - 소집단 편성을 통한 협동 작문이 이루어지도록 한다.

• 평가의 중점
  - 일회적으로 평가하지 않도록 지속성의 원리를 바탕으로 한다.

(나)

교사A : 이번 수업은 쓰기 과정에 따라 한 편의 글을 쓰도록 하는 데 초점을 두었습니다. 수업 전에 구상한 대로 학생들이 협동 작문을 할 수 있도록 하였으며, 포트폴리오를 통하여 학생의 쓰기 수행에 대한 정보를 풍부하게 얻을 수 있도록 하였습니다.

교사B : 선생님 수업 잘 보았습니다. 글을 쓰다가 막힌 학생들에게 여러 번 질문을 하시면서 스스로 해결하게 도와주시는 모습이 인상적이었습니다. 그런데 선생님께서 협동 작문을 말하셨는데, 협동 작문은 모둠의 구성원 모두가 한 편의 글을 공동으로 창작해야 하는 것 아닌 가요? 제가 보기에는 협동 작문이 이루어지지 않은 것 같은데, 어떻게 된 것인지 궁금합니다.

교사A : 아, 선생님께서는 협동 작문에 대해 좁게 생각하고 계시는군요. ㉢

작성방법

- (가)의 '평가의 중점'을 참고하여 ㉠에 공통적으로 들어갈 평가 방법을 쓰고, A 교사가 계획한 이러한 평가 방법이 쓰기 평가의 원리 중 '지속성의 원리'를 구현하고 있다고 판단할 수 있는 이유를 서술할 것.
- (가)의 교수·학습의 중점에서 위 수업이 '실제 쓰기'를 지향한다고 할 때 A 교사가 계획한 ㉡활동이 적절한 이유를 밝히고, '교사 B'가 협동 작문을 정확하게 이해할 수 있도록 ㉢에 들어갈 내용을 (가)의 '교수·학습 절차'에서 그에 대한 근거를 찾아 포함하여 서술할 것.

5 (가)는 작문 수업의 절차이고 (나)는 학생이 작성한 글이며, 〈보기〉는 작문 수업의 특징을 설명한 글이다. 〈작성 방법〉에 따라 서술하시오. [4점]

(가)
〈수업 과정〉

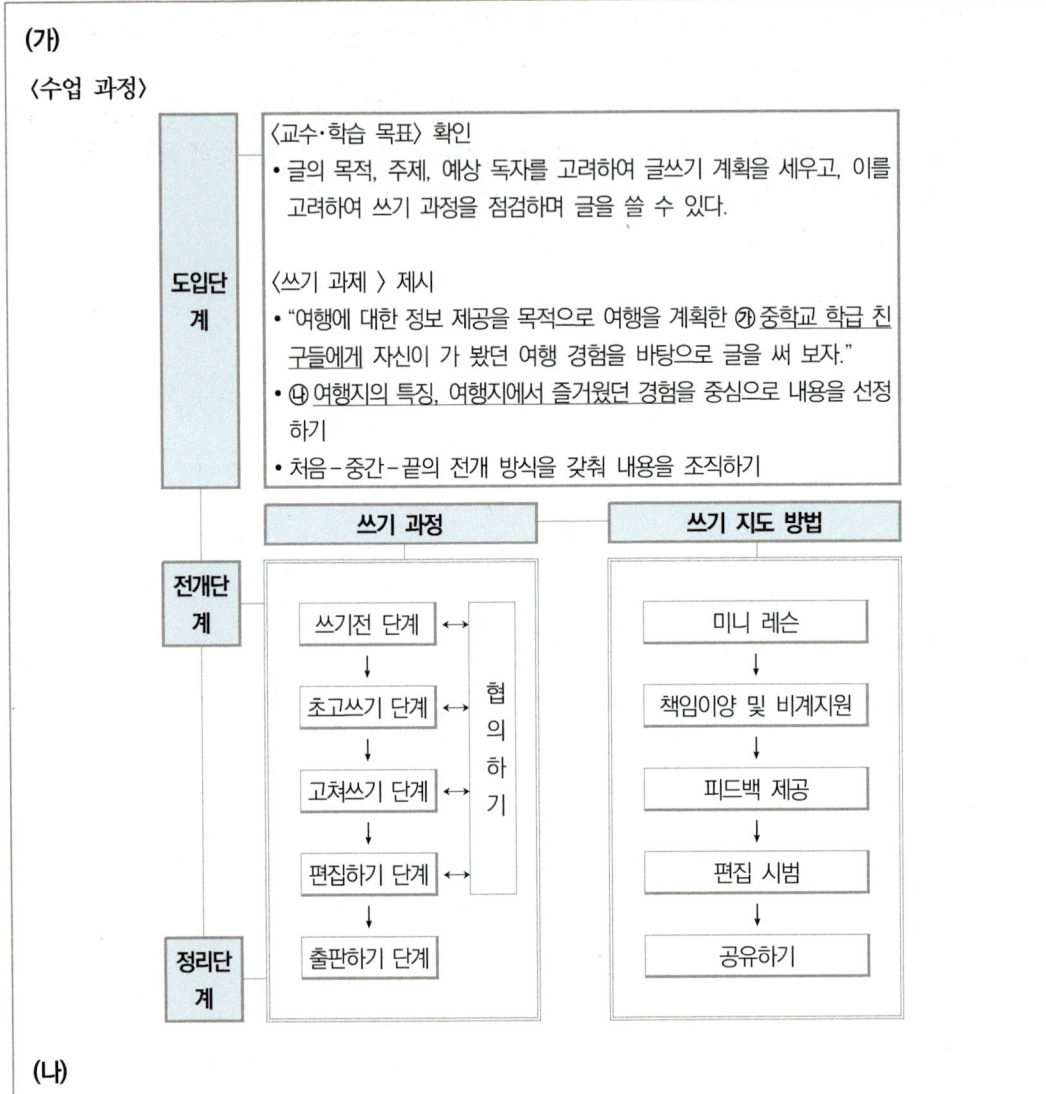

[도입단계]
〈교수·학습 목표〉 확인
• 글의 목적, 주제, 예상 독자를 고려하여 글쓰기 계획을 세우고, 이를 고려하여 쓰기 과정을 점검하며 글을 쓸 수 있다.

〈쓰기 과제〉 제시
• "여행에 대한 정보 제공을 목적으로 여행을 계획한 ㉮중학교 학급 친구들에게 자신이 가 봤던 여행 경험을 바탕으로 글을 써 보자."
• ㉯여행지의 특징, 여행지에서 즐거웠던 경험을 중심으로 내용을 선정하기
• 처음-중간-끝의 전개 방식을 갖춰 내용을 조직하기

[전개단계]
쓰기 과정: 쓰기전 단계 → 초고쓰기 단계 → 고쳐쓰기 단계 → 편집하기 단계 → 출판하기 단계 (협의하기)
쓰기 지도 방법: 미니 레슨 → 책임이양 및 비계지원 → 피드백 제공 → 편집 시범 → 공유하기

[정리단계]

(나)
〈학생 글〉

자연을 담은 강원도 정선 여행

강원도 정선은 백두 대간 자락의 산간 지역에 위치해 자연 풍경이 빼어난 곳이다. 높은 산과 큰 강줄기는 발길 닿는 곳마다 절경이라 봄이 무르익을 즈음 정선을 찾으면 아름다운 자연을 마음껏 즐길 수 있다.

정선에서는 다양한 체험 활동을 즐길 수 있는데, 그중에서도 새로운 레포츠로 각광을 받고 있는 레일바이크가 대표적이다. 가족들과 함께 레일바이크를 타면서 정선의 아름다운 자연을 느낄 수 있어 즐거웠다. 여러분들도 길게 뻗은 철길을 따라 레일바이크를 타면 산과 강이 펼쳐진 정선의 아름다움을 느낄 수 있으면 좋겠다.

[A] 「정선의 탐방!」이란 여행 관련 책에서 소개한 바에 따르면 송천과 골지천이 합류하여 어우러진다 하여 아우라지라 칭해지는 강이 있다. 옛 모습을 재현하여 강을 건너는 나룻배 체험과 아우라지에 얽혀 있는 처녀 총각의 기담 전설의 내력을 통하여 지역에 구비 전승되는 선인들의 정신과 정서의 참 아름다움을 맛보기

바란다.

　　　　정선의 아름다움을 좀 더 자세하게 느끼고 싶다면, 〈정선 여행공사〉에서 추천하는 소금강을 추천한다. <u>소금강은 화암 8경에 속할 정도로 진풍경을 보여주며, 장엄한 형상이 금강산과 같다 하여 이러한 이름으로 불리는데, 강의 좌, 우에는 형형색색의 무아지경의 기암절벽이 펼쳐져 있어서 동양적 전통의 조화와 우아미를 엿볼 수 있다.</u>

[B]

　　　　마지막으로 여행 파워 블로거가 소개한 정선의 볼 거리로 타임캡슐 공원을 추천하고 있다. 이 공원은 영화 '엽기적인 그녀'에서 주인공들이 다시 만날 것을 기약하며 타임캡슐을 묻어 두었던 소나무 일대를 공원으로 조성한 곳이어서, 추억의 길을 통해 과거를 회상할 수 있고, 낙서 광장에서 뜻깊은 추억을 남길 수도 있다고 한다.

　　우리나라가 산업화로 한창이던 시기에는 석탄 산업으로 활발했던 정선. 그런 정선이 이제는 대한민국에서 손꼽히는 여행 명소로 다시 태어났다. 화창한 가을날, 여행을 계획하고 있다면 철길과 물길을 따라 자연의 아름다움이 가득 펼쳐진 정선에 다녀오는 것은 어떨까.

〈보기〉

워크숍 교수·학습 모형은 학생들이 당면한 작문 문제를 ㉠ <u>교사의 도움</u>을 받아 ㉡ <u>협력적 활동</u>을 중심으로 해결하는 작문 교수·학습 방법이다. 쓰기 행위는 본질적으로 개인적인 인지 과정이기도 하지만 동시에 담화 공동체 안에서 이루어지는 사회 구성원들간의 상호작용을 바탕으로 하는 사회적 행위라는 점을 구현한 모형이다. 이 모형의 특징은 과정 중심 글쓰기 접근법을 취하여 학생들에게 실제로 쓰기의 과정에 따라 내용을 마련하여 초고를 쓰고 수정을 하여 자신의 글을 출판하도록 구성된다. 또한 개별 학생 혼자 활동하게 하는 것이 아니라 소집단을 구성하여 다른 학생과 협동하여 글쓰기를 하며 글쓰기의 결과물을 발표하는 수업으로 2~3차시의 연속 수업으로 진행된다.

작성방법

- 〈보기〉의 ㉠이 (가)에서 구현되는 양상을 '쓰기 지도 방법'에서 근거를 들어 설명하고, ㉡이 (가)에서 구현되는 양상을 '쓰기 과정'에서 근거를 들어 설명할 것.
- (가)의 ㉮를 고려하여 (나)의 밑줄 친 [B]에서 표현의 문제점을 서술하고, ㉯를 고려하여 (나)의 밑줄 친 [A]에서 문제점을 서술할 것.

2장 교과교육

테마 2 ― 작문 이론을 반영한 작문 교재 재구성

관련 기출

2023 B형 서술형

1 (가)는 작문 이론의 흐름을 다룬 글이고, (나)는 김 교사가 구성한 연구 수업의 활동지이며, (다)는 김 교사가 수업 후 작성한 소감문이다. 〈작성 방법〉에 따라 서술하시오. [4점]

> **(가) 작문 이론의 흐름**
>
> 현대의 작문 교육에 영향을 미치고 있는 작문 이론은 형식주의, 인지주의, 사회구성주의 작문 이론으로 나누는 것이 일반적이다.
>
> 형식주의 작문 이론에서는 텍스트를 '의미의 자율적인 단위'로 규정한다. 교육적 국면에서는 규범 문법의 준수, 수사학적 원리의 숙달, 모범적 텍스트의 모방 등을 그 핵심 원리로 삼는다.
>
> 인지주의 작문 이론에서는 텍스트를 '필자의 사고를 언어로 바꾸어 놓은 것'으로 규정한다. 교육적 국면에서는 필자가 텍스트를 생성하는 세부 단계에 주목하여 각 단계별 문제 해결 과정을 지도하는 것을 그 핵심 원리로 삼는다.
>
> 사회구성주의 작문 이론에서는 텍스트를 '언어 공동체의 담화 관습과 규칙의 집합'으로 규정한다. 교육적 국면에서는 공동체 구성원들 간의 상호작용을 촉진하는 것을 그 핵심 원리로 삼는다.
>
> 이들 작문 이론은 어느 이론이 더 우월하고 어느 이론이 덜 우월하다는 식으로 나누기보다, '쓰기'라는 동일한 현상에 대해 어떤 관점에서 바라보느냐에 따라 구분되는 것으로 이해하는 것이 더 자연스럽다.
>
> **(나) 수업 활동지**
>
> > '로봇세 도입'에 대한 자신의 생각을 글로 표현하고자 한다. 다음 절차에 따라 한 편의 글을 써 보자.
> >
> > (1) 자신이 상정한 예상 독자가 누구이고, 화제에 대한 그들의 기존 입장과 배경지식 정도를 고려하여 글의 목적을 세워 보자.
> > (2) 글을 쓰는 데 필요한 정보를 수집하고, 이를 바탕으로 쓸 내용을 생성해 보자.
> > (3) 생성한 내용을 바탕으로 개요를 작성해 보자.
> > (4) 작성한 개요를 바탕으로 한 편의 글을 써 보자.
> > (5) (4)에서 쓴 글에서 수정할 부분이 있는지 찾아 글을 고쳐 써 보자.
>
> **(다) 수업 후 소감문**
>
> 오늘 작문 단원으로 연구 수업을 하였다. 대학에서 배운 작문이론 가운데 하나를 선택하여 활동지를 구성하고, 학생들에게 쓰기 과정 중 머릿속에 떠오른 생각을 있는 그대로 소리 내어 말하도록 하여 녹음해 보기도 하였다.
>
> 작문 이론에 따라 수업을 계획하고 실행하여 뿌듯하기도 하였고, 쓰기의 본질에 대해 깊이 있게 생각해 보는 기회가 되었다는 점에서 소중한 경험이기도 하였다. 학생들의 사고구술

프로토콜을 읽으면서 쓰기가 반드시 순서에 따라 단계적으로 진행되는 일방향적 활동이 아니라는 점을 새삼 깨달을 수 있었다.

예컨대, 학습 활동 (5)를 해결할 때 학생 A는 "㉠ 글이 왜 이렇게 산만하게 느껴지지? 생각해 낸 근거들의 개수는 많은데, 그것들끼리의 관계 정리가 잘 안 되네. 예전에 배운 문제 해결 구조로 근거들의 순서를 다시 배열해 보아야겠다."라고 말하고 있었다.

이처럼 ㉡ 쓰기 수행 중 언제든 앞의 단계로 돌아갈 수 있다는 사실을 고려하여, 학생들이 애초에 떠올린 아이디어를 지속적으로 다듬고 구체화할 수 있도록 도와주어야겠다.

작성방법

- 김 교사가 수업 활동지를 구성하면서 고려한 작문 이론의 명칭을 쓰고, 그 이유를 (가)를 참조하여 서술할 것.
- (다)의 밑줄 친 ㉠에서 학생 A가 돌아간 쓰기 단계에 해당하는 학습 활동이 무엇인지 (나)의 (1)~(4)에서 찾아 번호를 쓰고, 밑줄 친 ㉡에 해당하는 쓰기 특성을 1단어로 제시할 것.

2017 A형 서술형

1 (가)는 김 교사가 채택한 교과서의 쓰기 단원이고, (나)는 김 교사가 이를 재구성한 것이다. (나)의 재구성 방법에 대하여 〈작성 방법〉에 따라 서술하시오. [4점]

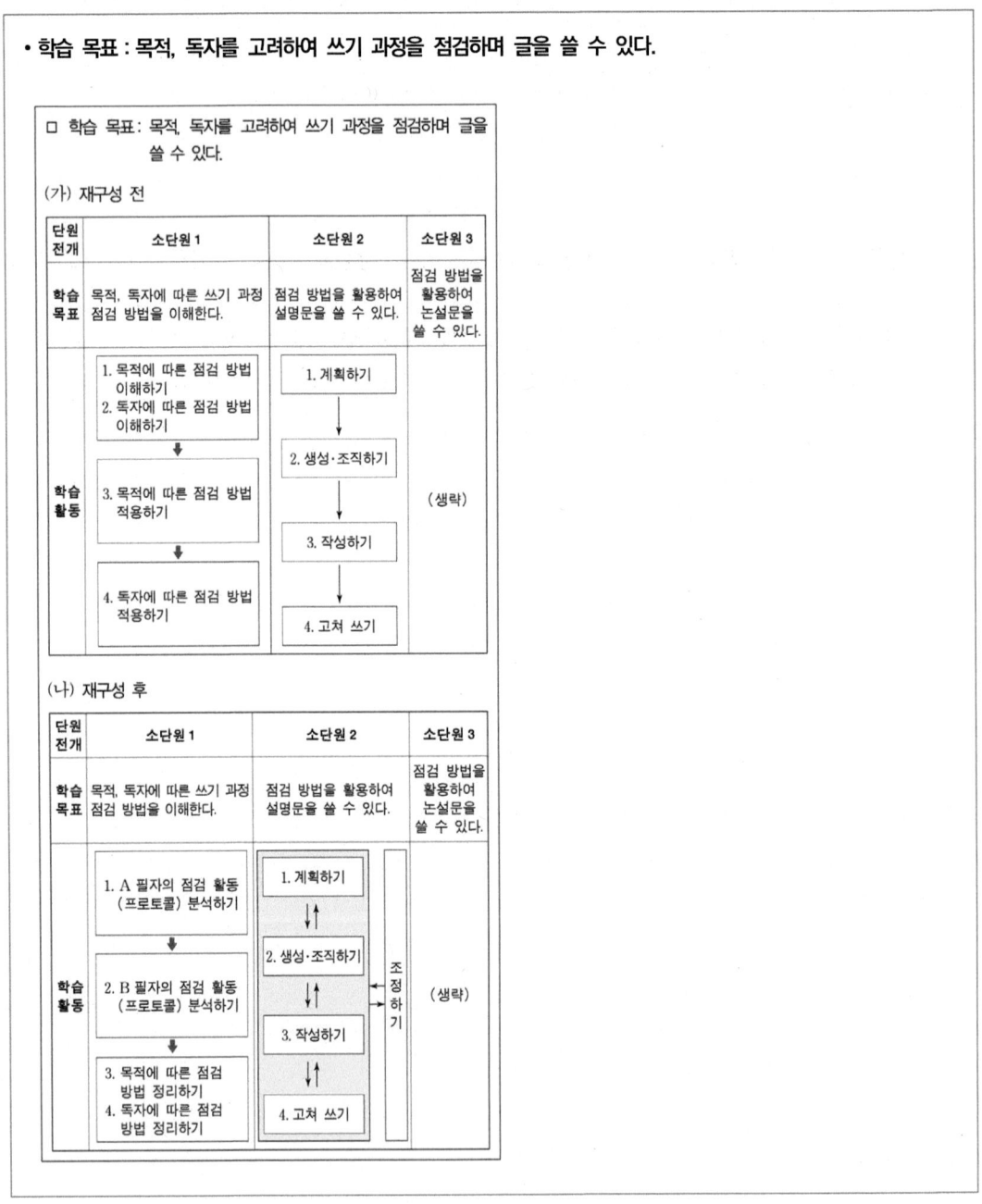

> 기본 예제

1 (가)는 송 교사가 만든 학습지의 일부이고, (나)는 이 학습지를 주제로 수석 교사가 검토한 보고서의 내용 중 일부이다. 괄호 안의 ㉠~㉢에 해당하는 말을 순서대로 쓰시오. [2점]

(가)

제재 글	나의 문화 유산 답사기 - 유홍준 〈생략〉

학습활동	활동과제

활동 1. 1 여정에 따라 글쓴이의 견문과 정서를 정리해 보자.

첫째 날	
추암	• • 정겨움과 푸근함을 느낌.
묵호항	

둘째 날	
정동진	
강릉	
오죽헌	• 율곡 이이가 모셔진 당과 태어난 방을 살펴봄.

2 글쓴이의 정서가 생동감 있게 느껴진 부분을 찾아 써 보고, 그 이유를 말해 보자.
- 글쓴이의 정서가 생동감 있게 느껴진 부분:
- 이유:

3 앞의 활동 1~2를 바탕으로 일상에서 느낀 정서를 표현하는 글의 의의를 이야기해 보자.

정서를 표현하는 글의 의의	

활동 2. 생활 속의 경험을 바탕으로 대상에 대한 정서를 표현하는 글을 써 보자.

1 자신의 여행 경험 중에서 인상 깊었던 경험을 선정하고, 그 경험에서 얻은 정서를 정리해 보자.

경험	구체적인 내용과 그에 대한 정서
☐ 인상 깊었던 여행 _____	

2 앞의 활동 1을 바탕으로 여행 경험에서 얻은 견문과 정서가 잘 드러나도록 내용을 조직해 보자.

처음	1.
중간	2.
끝	3.

3 앞의 활동 1~2를 바탕으로 자신의 정서를 드러내는 데 적합한 자료를 찾아보자.

그림	사진
음악	동영상

4 앞의 활동 1~3을 바탕으로 대상에 대한 정서를 진솔하게 표현하는 글을 써 보자.

5 앞의 활동 4에서 쓴 글을 다음 질문에 따라 평가해 보자.

평가를 위한 질문	평가
경험에서 얻은 정서를 과장이나 왜곡 없이 진정성 있게 표현하였는가?	상 중 하
자신의 생각이나 느낌을 구체적으로 표현하였는가?	상 중 하
자기의 정서를 드러내는 데 적합한 자료를 활용하였는가?	상 중 하

(나)

송 교사의 활동지는 읽기와 쓰기의 통합을 의도한 활동으로 구성되었다는 점에서 의의가 있다. 글을 쓰기 전에 예시 글을 읽고 그 글에 사용된 표현 전략을 찾아보게 함으로써 작문 전략을 익히는 활동을 할 수 있기 때문이다.

이 활동지는 활동 1.에서 모방할 수 있는 모범 텍스트를 보여주고 활동 2.에서 이와 비슷한 글을 써 보게 하는 활동으로 구성되어 있다. 즉, "여정에 따라 글쓴이의 견문과 정서를 정리해 보자."와 같은 제재 글의 형식을 분석하게 한 후, 이 글을 모방하여 글을 쓰게 하는 활동으로 구성하고 있다. 이는 텍스트가 분해 가능한 객관적인 요소가 체계적으로 결합된 구성물로 보고 있고, 자족적이고 자율적인 체제로 인식된다는 점에서 (㉠) 작문 이론을 반영하고 있다.

이는 작문에 능숙하지 않은 학습자에게는 모범 글을 제시하고 이를 모방하게 하는 방식이 도움이 되지만, 한편으로는 글쓰기에 대한 학습자의 흥미를 저하시킬 수도 있다. 또한 위의 활동은 전문 문필가가 사용한 (㉡)이 적용되어 있는 텍스트를 학습자들이 분석하도록 해 이것이 어떻게 텍스트에 적용될 수 있는지를 생각해 보도록 유도하는 '유도하기식' 구성으로 이를 익히도록 하고 있다. 이러한 구성 방식에서는 학생들이 완성된 글에서 이것을 분석할 수는 있어도 실제로 글을 쓰는 과정에서 사용되는 과정적 (㉡)을 학습하기는 어렵다는 한계를 가진다. 이러한 학습 활동 구성은 독자를 매우 수동적인 수신자로 인식하여 학습자의 역할을 필자가 생산한 텍스트를 정확하게 분석하는 것으로 한정하는 한계를 보여준다. 또한, 활동 2.의 고쳐쓰기에서도 글 자체의 완성도와 관련된 부분만을 고려하도록 하고 필자 혼자만의 점검에 그치고 있다.

따라서 첫째, 처음부터 완성된 모범 글로 예시 자료를 제시하지 않고 가상의 필자인 학생이 글을 완성하는 과정을 제시할 필요가 있다. 이러한 성격의 활동은 학습자가 참고할 만한 글쓰기의 (㉡)과 과정을 순차적으로 보여 주어 글의 구조와 작문 (㉡)을 익히는데 도움을 줄 수 있다. 학습자들로 하여금 글쓰기의 어느 단계에서 어느 (㉡)을 사용해야 효과적으로 글을 구성할 수 있는지를 명시적으로 알려줌으로써 실제 생활에서 글을 쓸 때 도움을 줄 수 있는 비계의 역할을 수행할 수 있다는 점에서 인지주의 작문 이론을 적용한 것이다. 둘째, 예시 자료의 형식 측면에서 친구들과 의견을 나누는 담화 텍스트로 구성함으로써 사회·문화적 맥락의 측면과 담화 공동체를 강조하는 사회 구성주의 작문 이론을 일부 적용할 수 있다. 마지막으로 고쳐쓰기를 할 때 대화주의 작문 이론을 반영하여 독자와 필자의 (㉢)이 직접적으로 드러나는 온라인상의 글쓰기와 같이, 고쳐쓰기 단원을 구성하는 작업과 필자와 독자와의 (㉢)을 반영한 깊이 있는 고쳐쓰기 학습 활동의 개발이 필요하다.

2 (가)는 교사들의 작문 활동 구성 방식을 비교한 표이고, (나)는 이에 대한 교사 협의회의 일부이다. ㉠~㉢에 해당하는 말을 순서대로 쓰시오. [2점]

(가) 김 교사의 활동 구성			(나) 송 교사의 활동 구성
과정 1	[자료 수집하기] 1. 학교 운동장 개방문제에 대한 다양한 과정 자료를 수집해 보자. • 자료1 – 학교 운동장 개방 논란 기사문. • 자료2 – • 자료3	1 단계	[사회적 쟁점 찾기] 1. 주장하는 글로 쓰고 싶은 사회적 쟁점을 찾아 보자. • 개발이 우선인가, 환경 보존이 우선 인가? • 교내 휴대 전화소지는 바람직한가?
과정 2	[입장정하기] 2. 문제 상황을 분석하고, 그에 대한 자신의 입장을 정해 보자. (1) 1에서 수집한 자료를 통해 알 수 있는 문제 상황은 무엇인지 정리해 보자. (2) 학교 운동장 개방의 장점과 단점을 이야기해 보자. (3) 학교 운동장 개방 문제에 대한 자신의 입장을 정해 보자.	2 단계	[쟁점 분석하기] 2. 쟁점에 대한 여러 사람의 생각이나 자료를 분석하고, 자신의 의견을 정리해 보고 이를 친구들과 비교해보자. • 쟁점에 대한 관점 -의견1 -의견2 -의견3 • 나의 의견 • 친구들의 의견 비교
과정 3	3. 자신의 입장을 뒷받침할 수 있는 근거를 마련해 보자. • 근거 • 예상반박 ⇨ • 대응책	3 단계	[개요작성하기] 3. 자신의 의견을 바탕으로 개요를 작성해 보자. | 처음	
중간	
끝		
과정 4	[내용조직하기] 4. 앞서 마련한 내용을 바탕으로 주장하는 글의 짜임에 맞게 개요를 짜보자. 서론: 문제를 제기하고 글을 쓰는 동기나 목적을 밝힌다. 본론: 주장과 그에 대한 근거를 구체적으로 제시한다. 결론: 본론을 마무리한다. 제목:		

	구성	중심 내용		
	서론			
	본론			
	결론			
	주제:			
과정 5	[주장하는 글쓰기] 5. 개요를 바탕으로 글을 써 보자.		4단계	[주장하는 글쓰기] 4. 타당한 근거를 들어 주장하는 글을 써 보자.
과정 6	[글다듬기] 6. 점검표에 따라 자신이 쓴 글을 평가한 후 고쳐 써 보자. 	평가표	예	아니오
---	---	---
주장하고자 하는 바가 무엇인지 분명한가?		
사회·문화적 맥락에서 객관적이고 타당한 근거를 제시하였는가?		
간결하고 명료한 문제로 각 문단을 통일성 있게 구성하였는가?		
적절하지 않거나 잘못된 표현은 없는가?					5단계	[평가하기] 5. 자신과 친구들이 쓴 글을 읽고 다음의 기준에 따라 평가해 보자. | 평가기준	별점
---	---
주장이 명확하게 드러나는가?	★★★★★
근거는 타당하고 신뢰할 수 있는가?	★★★★★
표현이 간결하고 명료한가?	★★★★★
주장이 사회·문화적 맥락에서 받아들일 만한가?	★★★★★	

> **보기**
>
> 수석 교사 : 실제 작문 활동은 본문 학습에서 학습한 내용을 작문의 각 단계에 따라 자신의 작문 활동에 적용해 보는 활동이라고 할 수 있습니다. 그래서 오늘 자리를 마련하여 활동의 의미에 대해 이야기 하고자 합니다.
> 김 교사 : 그렇습니다. 실제 작문 활동은 학생들이 주도적으로 한편의 글을 완성할 수 있는 기회를 제공하기 때문에 학습자의 작문 능력 향상에 가장 핵심적인 역할을 한다는 점에서 중요합니다.
> 송 교사 : 그래서 국어 교과서의 쓰기 단원에 대한 더 나은 방향을 제시하기 위해서 저는 실제 작문 학습 활동을 면밀하게 살펴보고 분석할 필요가 있다고 생각했습니다.
> 수석 교사 : 두 선생님들이 모두 주장하는 글쓰기를 가르치기 위해 글 구성하기, 점검·조정하기, 고쳐쓰기를 중심으로 내용을 구성하고 있는 것을 볼 수 있었는데요. 특히 인지 구성주의 작문 이론을 바탕으로, 쓰기의 과정에 따라 활동을 순차적으로 나열하고 있는 것으로 보입니다.
> 김 교사 : 활동 구성에서 인지 구성주의 작문 이론을 적용하고 있어 매우 유사해 보이지만 제가 만든 활동과 송 선생님이 만든 활동의 바탕이 되는 작문 이론은 서로 다릅니다.
> 수석 교사 : 그렇군요. 예를 들면 김 선생님의 활동 구성을 보면 '과정1: 자료 수집하기'부터 마지막 '과정6: 글다듬기까지 독자적인 활동으로만 구성되어 있군요. 이는 글쓰기 과정을 개인의 문제 해결 과정으로 보는 전형적인 (㉠) 중심의 인지주의 작문 이론을 반영하고 있는 것으로 보이는데요. 송 선생님은 어떤 이론에 근거하고 있나요?
> 송 교사 : 저는 김 선생님과 달리 '2단계: 쟁점 분석하기'에서 동료와 의견 비교, '5단계: 평가하기'에서 상호평가 등 협력적 글쓰기 활동을 구성했습니다. 작문을 개인의 문제 해결과정이 아닌 (㉠)가 자신이 속한 담화 공동체 안에서 구성하는 (㉡)적 행위라고 보고 활동을 구성했기 때문입니다.
> 수석 교사 : 그렇다면 송 선생님은 (㉡)적 구성주의 작문 이론의 접근이라 할 수 있겠습니다.
> 송 교사 : 네. 저는 이러한 활동을 통해 학생들이 자신이 속한 공동체가 공유하고 있는 상식과 쓰기 방식을 익히게 될 것이라고 기대합니다.
> 수석 교사 : 하지만, 그러한 차이점을 갖고 있다고 하더라도 두 분이 구성한 활동들에 아쉬운 점이 있습니다. 다시 말하면 (㉢) 작문이론에서처럼 독자가 작문의 처음부터 마지막 과정까지 동등한 주체로서의 공저자의 지위에 이르는 활동까지는 미치지 못하고 있어요. 글쓰기는 독자와의 역동적인 상호작용 및 반응으로 구성되었을 때 더 큰 의미를 가지기 때문에 활동 구성에서 (㉢) 작문 이론을 더 적극적으로 반영할 필요가 있지 않을까요?
>
> …

심화 예제

3 다음은 국어 교과서 단원의 일부이고, 〈보기〉는 교사가 교과서 재구성을 위해 단원을 분석한 내용이다. 국어 교과서 재구성 방안을 〈작성 방법〉에 따라 서술하시오. [4점]

	활동
학습 활동	활동 1. 민서가 사회적 쟁점을 분석하는 과정을 살펴보자. 청소년의 팬클럽 활동, 과연 문제인가? 　민서: 나는 청소년의 팬클럽 활동이 좋다고 생각하는데, 신문 기사를 보면 팬클럽 활동에 대해 부정적으로 생각하는 경우가 많은 것 같아. 너희 생각은 어때? 　지선: 난 팬클럽 활동이 청소년기에 필요한 것 같아. 학교, 집 어디에서나 공부를 강요하니까 우리 청소년은 스트레스를 많이 받잖아. 이럴 때 좋아하는 연예인의 공연을 보면 기분도 좋아지고 스트레스를 풀 수 있어서 좋다고 생각해. ❶ 민서와 친구들이 나눈 대화의 쟁점을 말해 보자. ❷ 청소년의 팬클럽 활동에 대한 친구들의 다양한 의견을 다음과 같이 정리해 보자. 　| 긍정적인 면 | 부정적인 면 | 　| • | • | ❸ 민서가 쓸 글의 주제는 무엇인지 적어 보자. 활동 2. 민서가 주장하는 글을 쓰기 위해 찾은 자료를 살펴보자. 　**가** 스타 따라 나눔 기부하는 팬클럽들 　연예인들의 선행이 팬클럽 회원들의 선행으로 이어지고 있다. 가수 ○○○의 팬클럽 회원들은 ○○○의 공연을 축하하는 의미로 쌀 2톤을 구호 단체에 기부했다. 또, 탤런트 △△△의 팬클럽은 지난달 △△△이 주연을 맡은 드라마의 성공을 기원하는 마음으로 500만 원의 성금과 700만 원 상당의 아동 영양제를 아동 복지 시설에 기부했다. ❶ 민서가 찾은 자료가 주장을 뒷받침하는 데 도움이 되는지 생각해 보고, 그 이유를 이야기해 보자. ❷ 이 밖에 민서가 글을 쓸 때 근거로 활용할 수 있는 자료를 더 찾아보자. 활동 3. 민서가 주장하는 글을 쓰기 위해 만든 개요를 살펴보자. 　☞ [도움말] "주장하는 글을 쓸 때에 그 형식은 처음 부분에서 문제를 제기하고, 중간 부분에서 주장과 근거를 구체적으로 드러내며, 끝 부분에서 자신의 주장을 강조하거나 요약하는 것이 좋아."

제목: 청소년의 팬클럽 활동, 과연 문제인가?	
처음	• 청소년의 팬클럽 활동에 대한 부정적 인식
중간	• 주장 1: 팬클럽 활동은 청소년에게 정서적 안정감과 삶의 활력을 준다. 　- 세대 차이를 느끼게 함. 　- 대리 만족을 통해 스트레스를 해소해 줌. 　- 공감대를 형성해 또래 문화를 공유함. • 주장 2: 팬클럽 활동은 청소년이 사회에 참여할 기회를 제공한다. 　- 사람들에게 다양한 대중문화를 소개함. 　- 봉사와 기부 문화를 확산함. 　- 응원 문화를 개척함.
끝	• 청소년이 성장하는 데 도움을 주는 팬클럽 활동

❶ 처음 부분에서 청소년의 팬클럽 활동에 대한 부정적 인식에 대해 설명하려는 이유를 생각해 보자.

❷ 중간 부분에서 적절하지 않은 근거를 찾아보자.

> ☞ [도움말] "주장하는 글은 설득을 목적으로 하므로 주장은 명료하고 근거는 타당성과 신뢰성이 있어야 해."

❸ 끝 부분이 글 전체에서 어떤 역할을 하는지 이야기해 보자.

활동 4. 민서가 주장하는 글을 고쳐 쓰는 과정을 살펴보자

> 가 한 조사 연구에 따르면, 대부분의 청소년은 좋아하는 연예인이나 운동선수가 있는 것으로 나타났다. 좋아하는 연예인이나 운동선수가 있는 청소년 중에는 팬클럽에 가입하여 적극적으로 활동을 하는 경우도 있다. 가수를 대상으로 한 오빠부대에서 시작한 팬클럽은 인터넷 사용이 보편화하면서 더욱 활성화되었다. 현재는 가수, 배우뿐만 아니라, 운동선수, 작가, 미술가, 정치인까지 그 대상이 확대되었다. 문제는 대부분의 어른들이 청소년의 팬클럽 활동을 긍정적으로 보지 않고 부정적으로 생각한다는 점이다. 이들은 청소년이 해야 할 공부는 하지 않고 시간을 낭비하며, 자신들이 좋아하는 연예인을 위해 경쟁 연예인에게 악성 댓글로 피해를 준다고 생각한다. 하지만 이러한 생각은 선입견에 불과하며, 청소년의 팬클럽 활동은 긍정적인 면이 더 많다.

❶ 가에서 민서가 고쳐 쓴 문장을 보고, 고쳐 쓴 이유를 말해 보자.

❷ 나의 괄호 안에 알맞은 접속어를 적어 보자.

❸ 다의 밑줄 친 부분에 드러난 문제점이 무엇인지 생각해 보자.

❹ 이 글의 주장이 사회·문화적 맥락에 비추어 받아들일 만한지 생각해 보자.

활동 5. 다음 항목을 참고하여 민서가 쓴 글을 〈보기〉와 같이 고쳐 써 보자.

• 단어나 표현이 적절한가?

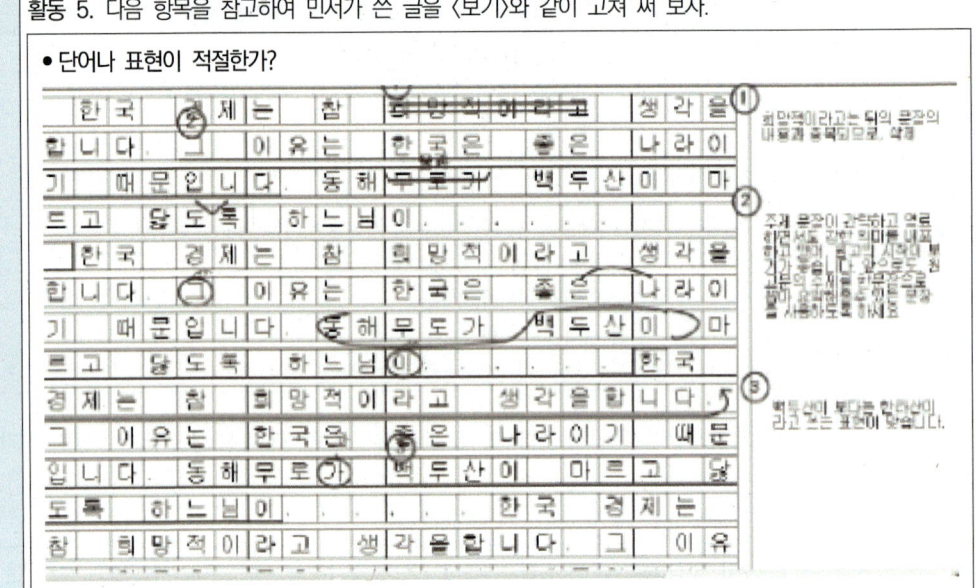

보기

이 교과서는 학생들에게 결여 텍스트를 제시하여 글쓰기 과정을 보여 주고 있어 ㉠과정 중심 접근법에 근거하여 단원을 잘 구성하였다고 생각한다. 또한 특정 쓰기 전략의 습득에만 그치지 않고, 한 편의 글을 완성하도록 학습 활동을 구성한 것도 의미가 있다. 한편, 활동 1의 형식을 보면 '민서'가 청소년 팬클럽 활동에 대해 친구들과 의견을 나누는 담화 텍스트로 구성되었다는 점에서 사회·문화적 맥락의 측면이 강조된 것으로 볼 수 있다.
㉡그러나 학습 활동 5의 경우, 개인 필자의 교정이나 윤문 차원에서의 고쳐쓰기로 구성되어 있으며, 독자와 필자와 상호작용을 통한 담화 공동체적 차원의 고쳐쓰기 활동이 미약한 편이어서 아쉽다.

작성방법

- '학습 활동 '1~5'의 전개가 〈보기〉의 ㉠인 이유를 서술하고, 이러한 접근법의 의의를 서술할 것.
- '학습활동 5'에 대한 ㉡과 같은 평가를 고려하여 '학습 활동5'의 수정된 활동을 제시하고, 수정된 활동의 의의를 서술할 것.

4 (가)는 송 교사가 만든 학습지이고, (나)는 학습 활동에 반영된 작문이다. 〈작성 방법〉에 따라 송 교사가 만든 학습 활동이 근거하고 있는 작문 이론을 서술하시오. [4점]

(가) 〈활동지〉

	활동
학습 활동	활동 ❶ 가상의 필자인 민서가 사회적 쟁점을 분석하는 과정을 살펴보자.
	활동 ❷ 민서가 주장하는 글을 쓰기 위해 찾은 자료를 살펴보자.
	활동 ❸ 민서가 주장하는 글을 쓰기 위해 만든 개요를 살펴보자. ☞ [도움말] "주장하는 글을 쓸 때에 그 형식은 처음 부분에서 문제를 제기하고, 중간 부분에서 주장과 근거를 구체적으로 드러내며, 끝 부분에서 자신의 주장을 강조하거나 요약하는 것이 좋아." ❶ 처음 부분에서 청소년의 팬클럽 활동에 대한 부정적 인식에 대해 설명하려는 이유를 생각해 보자. ❷ 중간 부분에서 적절하지 않은 근거를 찾아보자. ☞ [도움말] "주장하는 글은 설득을 목적으로 하므로 주장은 명료하고 근거는 타당성과 신뢰성이 있어야 해." ❸ 끝 부분이 글 전체에서 어떤 역할을 하는지 이야기해 보자.
	활동 ❹ 민서가 주장하는 글을 고쳐 쓰는 과정을 살펴보자 ❶ (가)에서 민서가 고쳐 쓴 문장을 보고, 고쳐 쓴 이유를 말해 보자. ❷ (나)의 괄호 안에 알맞은 접속어를 적어 보자. ❸ (다)의 밑줄 친 부분에 드러난 문제점이 무엇인지 생각해 보자. ❹ 이 글의 주장이 사회·문화적 맥락에 비추어 받아들일 만한지 생각해 보자.
	활동 ❺ 민서가 완성한 글을 읽고 상호 평가 활동을 해 보자. ❶ 친구들과 이야기를 나누면서 다음 기준에 따라 상호 평가해보자. ❷ 청소년의 팬클럽 활동에 대한 자신의 생각을 적어 보자.

(나) 〈작문 교과서에 반영된 작문 이론〉

작문 교과서의 단원은 크게 본문 활동과 학생들의 실제 작문 활동으로 구분할 수 있다. 그리고 본문 활동은 다시 예시 자료와 예시 자료를 통한 학습 활동으로 나눌 수 있다. 예시 자료로 선택되는 텍스트는 크게 모범 텍스트와 결여 텍스트로 양분할 수 있다. 모범 텍스트 제시 유형은 모방을 전제로 한 형식주의 이론이 반영된 교과서에서 주로 활용된다. 반면에 결여 텍스트를 제시하여 글쓰기 과정을 보여 주는 교과서는 글을 쓰는 과정에서 이루어지는 인지적인 단계로 구성되어 구체적인 전략을 현시적으로 보여주기 때문에 인지적 구성주의 이론을 반영한다. 때로는 사회·문화적 맥락의 측면과 담화 공동체를 강조하는 사회적 구성주의 작문 이론이 일부 적용된 학습 활동이 존재한다. 그러나, 독자와 필자와 상호작용 차원의 활동이 미약하기도 하다. 독자와 필자의 상호작용이 직접적으로 드러나는 온라인상의 글쓰기와 같이, 달라진 쓰기 문화를 반영하여 필자와 독자와의 상호작용을 반영한 학습 활동의 개발이 필요하다.

작성방법

- (나)를 참조하여 활동 1에서 활동 5까지 전체 학습 활동의 전개 순서를 고려할 때 이에 반영된 작문 접근 방식을 근거를 들어 서술하고, 이러한 접근법의 의의를 서술할 것.
- (나)를 참조하여 활동 3에 반영된 작문 이론을 제시하고, 그렇게 생각한 이유를 '도움말'을 중심으로 서술하고, 활동 4-(4)와 활동 5에 공통적으로 반영된 작문 이론을 제시하고, 그렇게 생각한 이유를 서술할 것.

테마 3 : 작문 능력 발달

관련 기출

2022 B형 기입형

1 (가)는 학생의 작문 노트이고, (나)는 교사가 학생의 글을 분석한 자료이다. ㉠, ㉡에 해당하는 말을 순서대로 쓰시오. [2점]

(가)

[쓰기 계획]
- 작문 목적 : 청색 기술에 대한 정보 제공
- 예상 독자 : 청색 기술을 알지 못하는 반 친구들
- 전달 매체 : 학급 문집

[초고]

[A] 최근 녹색 기술의 한계를 보완할 수 있는 친환경 기술로 청색 기술이 주목받고 있다. 청색 기술은 벨기에 환경 운동가 군터 울리가 쓴 『청색 경제』라는 책에서 처음 등장한 용어이다.

우리가 흔히 '찍찍이'라고 부르는 벨크로는 청색 기술이 적용된 대표적인 예이다. 벨크로는 국화과 식물인 도꼬마리 씨앗의 갈고리 모양 돌기를 본뜬 것으로, 양면에 있는 고리들이 서로 맞물리면서 달라붙는 특성을 도꼬마리에서 빌려 온 것이다. 물총새에서 영감을 얻은 일본의 신칸센 열차도 청색 기술이 적용된 예이다. 신칸센 열차의 속도가 빨라질 때 발생하는 소음을 최소화하기 위해, 물총새의 부리 모양을 본떠 열차의 앞부분을 디자인했다고 합니다. 청색 기술을 이용한 다른 예로는 아리카 흰개미 집을 응용한 자연 냉방 건물, 모기 침의 돌기를 흉내 낸 무통 주사기 등이 있습니다.

(나)

베레이터(C. Bereiter)가 구분한 쓰기 능력 발달 단계를 참고할 때, 이 학생은 아직 의사소통 쓰기 단계에 도달하지 못했다고 단할 수 있다. 의사소통 쓰기 단계는 그 이전 단계인 (㉠) 쓰기 단계의 기능에 사회 인지 기능이 통합된 것인데, 학생의 글을 살펴보면 이 학생은 맞춤법이나 문법 규칙에는 익숙한 것으로 보이나 독자를 고려하고 있지 못함을 알 수 있다.

의사소통적 쓰기 단계에 도달하지 못한 필자는 독자도 자신과 같은 배경지식을 가지고 글을 읽을 것이라고 생각하여 자신이 이미 알고 있는 정보를 생략하는 특성을 보인다. 이 학생 역시 그러한데, 독자를 고려할 때 [A]에서 청색 기술의 (㉡)을/를 설명하여 독자의 이해를 도와야 함에도 불구하고 이를 생략하고 있다. 이는 이 학생이 아직 자기중심적 쓰기에서 벗어나지 못했음을 보여다. 또한 '해라'체와 '하십시오'체의 혼용으로도 독자를 명확하게 인식하지 못하고 있다는 것을 확인할 수 있다.

심화 예제

2 대한 중학교 송 교사는 학생들이 쓴 글을 자료로 작문 수업을 계획하였다. 수업과 관련된 요인이 〈보기〉와 같을 때, 작문 지도 활동을 〈작성 방법〉에 따라 서술하시오. [4점]

(가)

제목: 학원 교육은 꼭 필요한가?

—이 호영

　요즘 우리들은 학교가 끝나면 그에 대한 복습, 또는 예습을 하기 위해 학원을 가곤한다. 문제점은 학생들이 너무 많이 학원에 간다는 점이다.

　나는 이렇게 학생들이 학원에 가는 것을 반대한다. 왜냐하면 첫 번째, 학교에서 수업만 잘 들으면 굳이 학원에 가지 않아도 되기 때문이다. 가끔 교실에서 수업을 받고 있다고 보면 수업을 잘 듣지 않는 학생들이 있다. 그 이유는 이미 학원에서 선행학습을 통해 배웠기 때문이다. 앞으로도 많은 학생들이 학원에 많이 다닐 텐데 계속 이런 일들이 일어난다면 과연 공교육이 존재할 수 있을까? 하는 생각이 든다.

　두 번째, 학원비를 비롯한 사교육비는 학부모의 생활 경제에 많은 부담으로 작용한다. 요즘은 한 가정 한 자녀가 대부분인데, 이로 인하여 학부모들은 자녀의 교육에 아낌없는 투자를 하는 경우가 대부분이다. 그런데, 자녀의 사교육비 부담은 상대적으로 부모의 낮은 삶의 질을 가져오게 되며, 결국 부모의 노후 문제에 대한 대처가 없는 상황을 만들게 된다는 점에서 문제다.

　그렇다면 이러한 사교육 문제의 해결방안은 무엇인가? 국가 정책적 방안도 있겠지만 우리 학생들이 실행할 수 있는 대안을 제시해본다. 즉, 학원 사교육의 대안으로 학교 수업의 예복습에 충실할 수 있는 공부 방법이나 학습 방법을 마련해보는 것이다. 내가 추천하는 방법으로는 문제집과 참고 도서를 활용하는 것이다. 문제집은 매일 꾸준하게 풀고, 해당 과목의 주제와 관련된 참고 도서를 도서관에서 찾아 읽을 수 있다. 해결되지 않은 문제가 생기면 선생님을 찾아가 도움을 받는다. 우리 반 학생을 대상으로 설문 조사를 실시해 보았는 데, 성적이 우수한 학생들이 가운데 일부는 사교육의 도움을 받지 않았다. 그들은 문제집과 참고 도서를 활용했다고 대답했다.

　지금까지 학원에 다닐 필요가 없는 이유를 세 가지로 알아 보았다. 이 글을 읽고 자신이 꼭 학원을 다녀야 하는가를 판단하는 것은 독자의 몫이다.

(나)

제목: 학원 교육은 필요한가?

— 김 보경

　나는 지금 영어와 수학 단과 학원을 다니고 있다. 여름 방학이 끝나면 전과목 내신 학원을 다닐 것이다. 요즘에 성적이 떨어졌기 때문이다. 나도 전과목 학원을 빨리 다녀 성적을 올리고 싶다. 아이들이 전과목 학원을 다니는 것을 보면 부럽다. 하지만 학원은 단지 성적을 올리기 위해 다니는 것이다. 학원에서는 예습과 복습을 위주로 가르친다. 이런 것은 집에서도 충분히 할 수 있는 일이다. 벌써부터 학원을 다니면 너무 학원에 의지하게 돼서 나중에서 혼자서 공부를 못하게 된다. 그래서 처음엔 혼자 해 보고 도저히 안 되면 학원에 다녀도 될 것이다. 나는 혼자서 공부하기 지루하고 못 푸는 건 그냥 놔두게 된다. 하지만 학원에서 잘 가르쳐 줘서 학원이 좋다. 다녀봐서 그렇게 생각한다. 학원을 다니는 애들은 공부를 잘한다. 원래 잘하는 애들도 있다. 그래서 나는 학원 교육이 필요하다고 생각한다. 학원을 다니는 것은 마음이지만 학원 교육은 필요가 있다고 생각한다.

〈보기〉

[교수자 요인]
- 작문 교수 관점: 언어 통합적 관점

[환경 요인]
- 교실 공간 구조: 모둠 학습이 가능하다.
- 학습 분위기: 우호적이며 협력적이다.

[학습자 요인]
- 작문 능력의 잠재적 발달 수준
  베레이터(Bereiter, 1980)의 작문 능력 발달 단계는 5단계로 쓰기 능력이 발전한다고 본다.

〈베레이터의 작문 능력 발달 단계〉

단계	주요 특징	능력
단순 연상적 쓰기	문자 언어를 사용할 수 있는 능력과 단순한 기억이나 연상적 사고를 할 수 있는 능력이 결합되어 글을 쓰는 단계	기초 문식성
언어 수행적 쓰기	단순 연상적 글쓰기 단계에서 표기법, 문법, 장르적 관습 등 글쓰기의 규범이나 관습에 대한 능력이 첨가되는 단계	〃
의사소통적 쓰기	언어 수행적 글쓰기 능력을 가진 필자가 ㉠<u>예상되는 독자에게 의도한 효과를 달성하기 위하여 일정한 장치를 마련하여 글을 쓰는 단계</u>	고등사고능력
통합적 쓰기	의사소통적 글쓰기 단계에서 우수한 글에 대한 감상력과 비판력을 갖춘 단계로 작문 기능과 자기가 생산한 텍스트에 대한 비판의 결과를 피드백 함으로써 구조화된 이야기 및 ㉡<u>논리적 일관성을 갖춘 논증을 전개하는 능력을 구비한 단계</u>	〃
인식적 쓰기	통합적 글쓰기 단계에서 통찰, 창조 능력이 부가된 단계로 글을 쓰는 과정에서 반성적 사고를 함으로써 세상에 대하여 새로운 인식을 얻게 되는 단계	〃

〈작성방법〉

- (가)와 (나)는 능숙한 필자와 미숙한 필자의 차이를 보인다. ㉠과 ㉡을 근거로 (가), (나)의 차이를 각각 설명하고, 이를 고려하여 (가), (나)의 필자가 도달한 작문 능력 발달 단계를 각각 제시할 것.
- 앞에서 제시한 미숙한 필자를 위한 작문 활동을 [교수자 요인], [환경 요인]을 고려하여 각각 제시할 것.

3. 다음은 학생의 고쳐쓰기의 과정을 보여주는 자료이고, 〈보기〉는 쓰기 능력에 대한 설명이다. 이를 읽고 〈작성 방법〉에 따라 서술하시오. [4점]

(가)

고쳐쓰기의 과정

윤기가 흐르는 건강한 머릿결은 남녀를 가리지 않고 누구나 바라는 것이다. 하지만 거울을 볼 때마다 상하고 푸석푸석한 머리카락 때문에 고민하는 사람이 많은 것이 현실! 이 고민을 해결하기 위해서는 어떻게 해야 할까?

[A] 내용과 내용이 자연스럽게 연결되면 좋겠어. 문장을 추가해야겠군.

머리카락이 상한다는 것은 어떤 의미일까? 머리카락은 모표피, 모피질, 모수질이라는 3개의 층으로 이루어져 있다. 이 중 가장 바깥층인 모표피는 세포가 물고기 비늘 모양으로 겹쳐 있는 층이다. 머리카락이 상한다는 것은 이 모표피가 벗어지거나 떨어져서 손상된 것을 의미한다. 머리카락은 추위나 더위, 물리적 충격 등과 같은 다양한 외부 자극으로부터 머리를 보호해 준다.

[B] 이 문단의 내용을 좀 더 쉽게 이해할 수 있도록 자료나 표현을 추가하는 것이 좋겠어.

[C] 이 문장은 글의 내용과 관련 없으니 삭제해야지.

(나)

고쳐쓴 후

윤기가 흐르는 건강한 머릿결은 남녀를 가리지 않고 누구나 바라는 것이다. 하지만 거울을 볼 때마다 상하고 푸석푸석한 머리카락 때문에 고민하는 사람이 많은 것이 현실! 이 고민을 해결하기 위해서는 어떻게 해야 할까? 지금부터 머릿결과 관련된 궁금증을 풀어 보도록 하자.

머리카락이 상한다는 것은 어떤 의미일까? 머리카락은 김, 밥, 속 재료가 말려 있는 김밥처럼 모표피, 모피질, 모수질이라는 3개의 층으로 이루어져 있다. 이 중 가장 바깥층인 모표피는 세포가 물고기 비늘 모양으로 겹쳐 있는 층이다. 머리카락이 상한다는 것은 이 모표피가 벗어지거나 떨어져서 손상된 것을 의미한다.

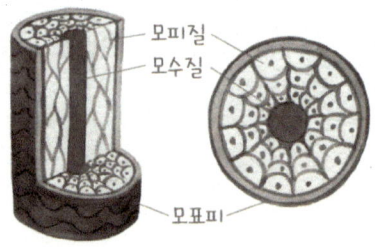

보기

필자의 쓰기 과정에 대한 관심이 증대되면서 쓰기 수행과 관련한 쓰기 능력 측면이 부각되기 시작했다. 현대적 관점에서는 쓰기 능력을 필자가 쓰기 목적을 고려하여 자신의 쓰기 과정을 조절하고 적절한 기능과 전략을 활용하는 것으로 인식하는 경향을 보인다. 이는 쓰기를 의사소통 목적을 달성하기 위한 복잡한 인지적 과정으로 바라보는 데 기인한다. 베라이터는 필자가 구사하는 쓰기 기능의 차이를 반영하여 쓰기 발달 단계를 연상적 쓰기, 수행적 쓰기, 의사소통적 쓰기, 통합적 쓰기, 인식적 쓰기의 5가지로 구분하였다.

단계	주요 특징	능력
단순 연상적 쓰기	문자 언어를 사용할 수 있는 능력과 단순한 기억이나 연상적 사고를 할 수 있는 능력이 결합되어 글을 쓰는 단계	기초 문식성
언어 수행적 쓰기	단순 연상적 글쓰기 단계에서 표기법, 문법, 장르적 관습 등 글쓰기의 규범이나 관습에 대한 능력이 첨가되는 단계	〃

의사소통적 쓰기	수행적 쓰기에 사회적 인지가 통합된 것으로 예상 독자의 요구를 의도적으로 고려하는 특성을 나타낸다. 필자에게 있어 드러나지 않는 독자를 고려하는 것은 쉽지 않은 일이다. 의사소통적 쓰기에서 필자는 자신의 생각을 글로 옮기는 것에 그치지 않고, 독자를 고려하여 메시지가 잘 전달될 수 있도록 한다.	고등사고능력
통합적 쓰기	예상 독자의 입장을 고려하면서 필자 스스로 독자의 입장이 되어 자신의 글을 비판적으로 평가할 수 있는 단계이다. 여기에서 필자는 자신이 독자가 되어 자기 글을 비판적으로 평가하고, 그 결과를 피드백 함으로써 자신의 글을 개선할 수 있다.	〃
인식적 쓰기	통합적 글쓰기 단계에서 통찰, 창조 능력이 부가된 단계로 글을 쓰는 과정에서 반성적 사고를 함으로써 세상에 대하여 새로운 인식을 얻게 되는 단계	〃

작성방법

- 〈보기〉에서 알 수 있는 작문 이론의 관점을 제시할 것.
- 〈보기〉를 고려하여 (가), (나)의 고쳐쓰기를 수행한 학생-필자가 도달한 작문 능력 발달 단계가 '의사소통적 쓰기'와 '통합적 쓰기'능력을 갖추고 있음을 [A]~[C]에서 근거를 들어 각각 서술할 것.

3절 작문 평가의 원리와 방법

테마 1 작문 평가의 원리

관련 기출
2011

1 〈자료〉는 학생의 생활 수필을 채점할 때 적용했던 평가 기준이다. 이를 수정하여 정책 제안을 목적으로 하는 학생 논설문을 평가하는 데 이용하고자 할 때, 그 수정방안으로 적절하지 <u>않은</u> 것은?

자료

내용	• 내용은 글의 주제에 부합하는가? • 내용은 참신한가? ··· ㉠ • 내용은 풍부하고 충실한가? ······································· ㉡
구성	• 구성은 도입, 전개, 정리를 갖추고 있는가? • 구성은 시간이나 공간의 순서를 따르고 있는가? ·········· ㉢ • 문단과 문단은 긴밀하게 연결되어 있는가?
표현	• 글의 표현은 생생하고 감각적인가? ····························· ㉣ • 글의 표현은 일관성 있게 유지되고 있는가?

① 논설문은 주장과 근거가 주요 내용을 이루므로 '내용' 영역에 주장과 근거의 타당성 및 적절성을 평가하는 기준을 추가한다.

② 논설문은 수필보다 ㉡의 중요성을 낮게 평가하므로, ㉠과 ㉡을 통합한 후 '내용은 독자의 흥미를 고려하는가?'로 대체한다.

③ 논설문은 독자 설득을 위해 논리적 전개를 중시하므로, ㉢을 논리적 순서를 평가하는 기준으로 수정한다.

④ 논설문은 독자를 설득하기 위해 표현의 효과성을 중시하므로 ㉣을 '글의 표현은 설득에 효과적인가?'를 평가하는 기준으로 수정한다.

⑤ 논설문은 내용의 정확한 전달을 위해서 단어 선택이 중요하므로 '표현' 영역에 '단어 선택은 적절하고 정확한가?'를 추가한다.

1 [정보전달]

심화 예제

1 다음은 송 교사의 작문 평가 계획이다. 〈작성 방법〉에 따라 〈채점 기준〉에서 보완해야 할 점을 서술하시오. [4점]

[성취 기준]
- 글을 쓰는 데 필요한 작문의 과정과 관습을 이해한다.
- 작문 맥락을 고려하여 자기를 소개하는 글을 쓴다.

(가) 작문 과제
- 작문의 관습을 고려하면서 작문의 과정에 의하여 자기소개서를 써보자.

【답안 작성 시 유의 사항】
- 작문 상황 분석의 결과를 글에 반영할 것.
- 자기 소개서의 작문 관습을 고려하여 글을 쓸 것.
- 통일성, 응집성 등 글이 갖추어야 할 요건을 갖추어 쓸 것.

(나) 학생 글

〈맥락 고려〉

예상 독자	글을 쓰는 목적	글의 주제
학교 홍보 담당자	학교 홍보 대사로 선발되기 위한 자기소개서	학교 홍보 대사에 어울리는 능력을 갖춘 맞춤형 인재임을 알림.

　안녕하세요? 저는 명예로운 ○○고등학교 홍보 대사에 지원한 이연지입니다. 제가 우리 학교 홍보 대사에 잘 어울리는 맞춤형 인재라는 점을 두 가지 이유를 들어 말씀드리겠습니다.
　첫째, 저는 촬영 장비를 잘 다루고 영상 편집을 아주 잘합니다. 중학교 때 방송부를 삼 년간 하면서 다양한 장비를 익혔고, 교내 방송 아나운서 경험도 있습니다. 또 제 블로그에는 하루 방문자가 백 명이 넘을 정도로 다른 사람들과 소통도 원활합니다. 게다가 유시시(UCC) 공모전에서 입상한 경험도 있습니다.
　둘째, '지피지기면 백전불태'라 했는데 저는 우리 학교를 정말 잘 압니다. 저희 이모와 언니도 우리 학교 동문이라서 아주 어려서부터 학교에 관한 많은 이야기를 들었거든요. 그래서 학교의 역사와 학생 수 등의 공식 정보는 물론, 학생들 사이의 소문까지 소상하게 꿰고 있는 생생 정보통, 저 이연지가 홍보 대사로 제격 아닐까요? ^^ 장담컨대 절 놓치시면 후회하실 겁니다. 이런 이유로 저 이연지, ○○고등학교 홍보 대사로 저를 강력히 추천합니다!!!

(다) 채점 기준

평가 항목	평가 요소	상	중	하
내용 (20점)	㉠ 생활 체험에서 얻은 경험 가운데 독자에게 감동이나 즐거움을 줄 수 있는 내용을 선정하였는가?			
	㉡ 작문 상황 분석의 결과를 글에 반영 하여 독자를 존중하고 배려하였는가?			
	㉮ 자기 소개의 목적과 주제를 고려하고 있는가?			
구성 (20점)	㉢ 논증 방법을 활용하여 논리적으로 구성하고 있는가?			
	㉣ 문단과 문단은 긴밀하게 연결되어 있는가?			
표현 (10점)	㉯ 자기소개서에 어울리는 문체를 사용하였는가?			
	㉰ 상투적이거나 화려하게 꾸민 표현은 없는가?			
	합계			점

작성방법

- 성취기준과 (가) '작문 과제'의 '답안 작성시 유의 사항'을 고려하여, (다) 채점 기준의 '평가 요소' ㉠~㉣에서 문제점을 2가지 서술할 것.
- 평가 요소 ㉮~㉰를 고려하여 학생 글에 대한 판단 내용을 각각 서술할 것.

2 [설득]

심화 예제

1 다음은 송 교사의 작문 평가 계획과 학생의 작문 수행 과정과 결과를 보여주는 자료이다. 〈작성 방법〉에 따라 서술하시오. [4점]

[작문 평가 계획]

(가)

〈학습 목표〉
- 설득하는 글을 쓰기 위해 주제와 예상 독자를 분석한다.
- 타당하고 풍부한 근거를 들어 설득하는 글을 쓴다.

〈작문 과제〉
- 우리 주변에서 시사적인 주제를 선정하여 설득 목적으로 한 편의 글을 쓰시오.

【답안 작성 시 유의 사항】
① 본론에 두 가지 이상의 근거를 제시하고, 이때 자신이 생각한 설득 전략을 적절하게 활용한다. 이를 바탕으로 자신의 주장이 잘 드러날 수 있게 한다.
② 설득적인 글의 전체적인 흐름과 내용의 통일성 등을 고려하여 글을 쓸 수 있도록 한다.

(나)

〈채점기준〉

평가 항목	평가 요소	상	중	하
내용 (20점)	예상독자 등 맥락을 고려하고 있는가?			
	다양한 매체에서 얻은 내용을 풍부하게 제시하고 있는가?			
구성 (20점)	구성은 서론, 본론, 결론을 갖추고 있는가?			
	㉮ 통일성을 갖추어 내용을 전개하고 있는가?			
	구성은 시간이나 공간의 순서를 따르고 있는가?			
표현 (10점)	단어 선택은 적절하고 정확한가?			
	글의 표현은 설득에 효과적인가?			
합계				점

[학생의 작문 수행 과정]

〈맥락 고려〉

맥락		내용 구성 전략
목적	설득	
주제	우리 주변에서 시사적인 주제	최근에 보았던 T.V. 프로그램에서 청소년들의 여가 활동의 문제를 다룬 내용을 본적이 있다. 그러나 실제로 청소년들이 행하는 여가 활동은 텔레비전 시청, 컴퓨터 게임 및 인터넷 검색, 휴식 활동을 하고 있어서 문제이다.
예상독자	예상 독자로 정책 입안자를 선택했다.	정책 입안자에게는 객관적인 수치 자료나 전문성을 띤 자료를 제시하는 것이 설득에 효과적일 것이다. 청소년들이 문화 예술 관람이나 참여, 관광 활동, 취미 및 자기 개발 활동을 할 수 있는 사회적 기반을 마련해 주어야 한다는 내용을 중심으로 해야겠다. 선진국의 청소년 여가 활동 지원 사례, 청소년 여가 활동이 학업 스트레스를 줄여 탈선을 막아 줄 수 있다는 전문가의 의견 등을 근거로 제시할 수 있겠다.

〈학생의 초고〉

모니터 밖 '진짜' 여행을 가게 해 주세요.

1 주 5일제 수업이 본격적으로 실시됨에 따라, 청소년의 여가 활동에 대한 관심이 높아지고 있다. 청소년기는 아이에서 어른이 되는 중요한 시기로 인생의 가치관이 정립되고 진로를 탐색하는 경험을 하게 된다. 건전하고 활동적인 여가 활동이 이 시기를 견실하게 보내는 데 큰 도움을 줄 수 있다.

2 현재 우리나라에는 청소년이 활동적으로 여가 시간을 보낼 수 있는 사회적 기반 시설이 거의 없다. 통계청과 여성 가족부에서 조사한 자료에 따르면 청소년들의 실제 여가는 피시방에서 컴퓨터 게임을 하거나 노래방에 가는 것이 대부분이고 그마저도 안 된다면 집에서 텔레비전을 보는 것이 고작이다. 친구들과 함께 시간을 보내려 해도 영화를 보거나 놀이공원에 가는 것 외엔 즐길 수 있는 것이 적고, 청소년들이 볼 만한 공연도 찾기 힘들다.

3 북유럽의 청소년들은 방과 후에 다양한 스포츠 활동과 클럽 활동을 한다고 한다. 학교나 지역 사회와

연계된 프로그램들이 많고, 또 마을마다 청소년들이 사용할 수 있는 공간이 마련되어 있어 건전하게 시간을 보낼 수 있다. 청소년들을 위해 마련된 공간에서 기타 연주를 하거나 연극 연습을 할 수 있고, 당일 답사를 계획하여 친구들과 여행을 갈 수도 있을 것이다.

4 우리나라는 어떨까? 청소년 활동을 지원하는 단체는 찾아보기 힘들고, 있다 해도 홍보가 잘 되지 않아 존재 자체를 아예 모르는 청소년도 많다. 시간은 있고, 할 수 있는 여가 활동이 없어 많은 청소년들이 게임을 통한 도박 중독에 빠져 있어 문제이다. 한국도박문제관리센터의 '2015년 청소년 도박문제 실태 조사 결과'를 보면 청소년의 도박게임 경험률은 24.2%로 이는 청소년 흡연율인 9.2%보다 높았고, 도박 문제를 심각하게 경험한 학생은 3만 명에 이르는 것으로 나타났다. 도박은 놀이의 요소를 지녀 그 자체로 재미가 있다. 여기에 베팅하는 스릴과 쾌감, 돈을 따는 경험까지 더해지면 쉽게 빠져들게 된다. 반면 돈을 잃게 되면 만회하고 싶은 마음 또한 강해져 도박을 지속하게 된다. 모바일 불법 도박을 주변에서 하고 있기 때문에 불법이라는 인식이 더욱 떨어진다. 또한 도박게임을 통해 학업 및 또래 관계에서 오는 스트레스를 잠시나마 잊을 수 있고, 도박에서 돈을 따는 경험을 통해 낮은 자존감을 보상받는다.

5 따라서 지역 사회와 정부가 청소년 여가 활동에 조금 더 관심을 가지고 청소년들이 자신의 취미나 특기, 적성을 살려 여가 활동을 할 수 있는 공간과 제도를 만들어야 한다고 생각합니다. 몇몇 어른들이나 청소년들만의 힘으로는 기반 시설을 마련하기도 힘들고 지원을 받기도 어려울 것입니다. 자라나는 청소년들이 건전한 여가 활동을 통해 진로를 탐색하고 스트레스를 해소할 수 있도록, 국가 차원의 고민과 노력이 필요합니다. 텔레비전보다는 연극을 보고, 핸드폰 게임에 매달리기보다는 친구들과 체육관에서 배드민턴을 치고, 피시방에 틀어박혀 있기보다는 여행을 떠나는 청소년들의 모습을 기대해 봅니다.

작성방법

- (가)의 '답안 작성시 유의 사항'을 고려하여, (나)의 '평가 요소'의 〈내용 측면〉과 〈구성 측면〉의 문제점을 제시하고, 그 이유를 각각 서술할 것
- (나)의 '평가요소' 중 ㉠를 고려하여 학생이 작성한 4 문단의 적절성을 평가하고 그 이유를 서술할 것.

2 (가)는 송 교사가 만든 학습지의 일부이고, (나)는 이 학습지를 주제로 수석 교사가 검토한 보고서의 내용 중 일부이다. 〈작성 방법〉에 따라 서술하시오. [4점]

(가)

〈학습 목표〉
현안을 분석하여 쟁점을 파악하고 해결 방안을 담은 건의하는 글을 쓴다.

〈작문 과제〉
학교나 학급 등 공동체에서 발생한 문제를 해결해 주도록 독자를 설득하여 제안하는 글을 써 보자.

【답안 작성 시 유의 사항】
① 현안을 분석하여 문제의 심각성, 해결 방안의 실현 가능성, 해결 방안의 실행에 따른 기대 효과 등의 쟁점을 분석할 수 있도록 한다.
② 위에서 분석한 쟁점이 잘 드러나도록 건의하는 글의 구조에 따라 작성하도록 한다.
③ 격식과 예의를 갖추어 정중한 표현을 사용할 수 있도록 한다.

〈활동지〉

제재 글	
학습활동	**활동과제** 활동 1. 윗 글은 학생들이 교장 선생님을 대상으로 쓴 건의하는 글이다. 이 글을 읽고, 현안을 분석하고 해결 방안을 제시하는 방법에 대해 알아보자. 1 이 글에 드러난 현안을 분석하고, 쟁점에 대한 글쓴이의 의견을 정리해 보자. (1) 이 글에 드러나는 현안을 분석해 보자. (2) 다음 쟁점에 대한 글쓴이의 의견을 정리해 보자. | 쟁점 | 글쓴이의 의견 | |---|---| | 사복이 경제적 부담을 주는가. | 1. | | 사복이 학생들의 인솔과 지도를 어렵게 하는가. | 2. | 2 이 글에서 제시한 해결 방안을 파악하고, 그 제시 방법을 살펴보자. (1) 이 글에서 제시한 해결 방안을 써 보자. (2) 다음 질문을 참고하여 이 글에서 해결 방안을 제시한 방법이 효과적인지 점검해 보자. • 해결 방안이 실현 가능한가? • 해결 방안을 구체적으로 제시하였는가? • 해결 방안과 함께 기대 효과를 제시하였는가?

활동 2. 문제에 대한 해결 방안이 잘 드러나도록 건의하는 글을 써 보자.

1 다음을 참고하여 가정, 학교, 지역 사회 등에 건의할 주제를 선정해 보자.

☐ 정기적인 가족회의 개최
☐ 학교 컴퓨터실의 상시 개방
☐ 청소년 여가 문화 시설의 확충
☐ _____

2 앞의 활동 1에서 선정한 주제와 관련하여 현안과 쟁점, 독자에 대해 분석해 보자.

현안	
쟁점	
독자	

3 앞의 활동 2에서 분석한 내용을 고려하여 해결 방안을 찾아보고, 이를 바탕으로 개요를 작성해 보자.

처음	
중간	
끝	

4 앞의 활동 3에서 작성한 개요를 바탕으로 건의하는 글을 써 보자.

5 앞의 활동 4에서 쓴 글을 다음 질문에 따라 평가해 보자.

평가 항목	평가를 위한 질문	평가		
내용	예상독자 등 맥락을 고려하고 있는가?	상	중	하
	다양한 매체에서 얻은 내용을 풍부하게 제시하고 있는가?	상	중	하
구성	구성은 서론, 본론, 결론을 갖추고 있는가?	상	중	하
	통일성을 갖추어 내용을 전개하고 있는가?	상	중	하
	구성은 시간이나 공간의 순서를 따르고 있는가?	상	중	하
표현	단어 선택은 적절하고 정확한가?	상	중	하
	글의 표현은 설득에 효과적인가?	상	중	하

(나)

수석 교사: 작문 이론과 그 실제적 적용과 관련하여 오늘 말씀을 나눠보겠습니다. 먼저, 송 교사의 활동지는 읽기와 쓰기의 통합을 의도한 활동으로 구성되었다는 점이 좋았어요. 글을 쓰기 전에 예시 글을 읽고 그 글에 사용된 표현 전략을 찾아보게 함으로써 작문 전략을 익히는 활동을 할 수 있기 때문입니다. 그러면 구체적으로 활동 과제의 구안은 어떤지 검토해볼까요?

김 교사: 이 활동지는 [활동 1]에서 모방할 수 있는 모범 텍스트를 보여주고 [활동 2]에서 이와 비슷한 글을 써 보게 하는 활동으로 구성되어 있습니다. 즉, "이 글에 드러난 현안을 분석하고, 쟁점에 대한 글쓴이의 의견을 정리해 보자."와 같은 제재 글의 형식을 분석하게 한 후, "문제에 대한

해결 방안이 잘 드러나도록 건의하는 글을 써 보자."와 같이 글을 모방하여 글을 쓰게 하는 활동으로 구성하고 있습니다.

박 교사: 아마도 그것은 송 교사가 텍스트가 분해 가능한 객관적인 요소가 체계적으로 결합된 구성물로 보고 있고, 자족적이고 자율적인 체제로 인식된다는 점에서 (㉠) 작문 이론을 반영하고 있는 것으로 보여집니다.

송 교사: 저는 작문에 능숙하지 않은 학습자에게 모범 글을 제시하고 이를 모방하게 하는 방식이 효과적이라 생각해서 그렇게 구성했거든요.

박 교사: 하지만, 글쓰기에 대한 학습자의 흥미를 오히려 저하시킬 수도 있고, 또한 이러한 활동은 전문 문필가가 사용한 전략이 적용되어 있는 텍스트를 학습자들이 분석하도록 해 전략이 어떻게 텍스트에 적용될 수 있는지를 생각해 보도록 유도하는 '유도하기식' 구성으로 전략을 익히도록 하고 있는데, 이러한 구성 방식에서는 학생들이 완성된 글에서 전략을 분석할 수는 있어도 실제로 글을 쓰는 과정에서 사용되는 과정적 전략을 학습하기는 어렵다는 한계를 가져요.

송 교사: 아 그렇군요. 제가 구성한 학습 활동은 학습자를 매우 수동적인 수신자로 인식하여 학습자의 역할을 필자가 생산한 텍스트를 정확하게 분석하는 것으로 한정하는 문제를 보이는군요.

김 교사: [활동 2]에서 ㉡쓴 글에 대한 평가에서 학습 목표와 작문 과제와의 관련성이 떨어지고, ㉢필자 혼자만의 점검에 그치고 있어서 아쉬워요.

수석 교사: 그렇다면 이러한 문제를 보완할 수 있는 조언을 해주시죠.

김 교사: 처음부터 완성된 모범 글로 예시 자료를 제시하지 않고 가상의 필자인 학생이 글을 완성하는 과정을 제시할 필요가 있어요. 이러한 성격의 활동은 학습자가 참고할 만한 글쓰기의 전략과 과정을 순차적으로 보여 주어 글의 구조와 작문 전략을 익히는데 도움을 줄 수 있습니다. 학습자들로 하여금 글쓰기의 어느 단계에서 어느 전략을 사용해야 효과적으로 글을 구성할 수 있는지를 명시적으로 알려준다는 점에서 (㉣) 작문 이론을 적용한 것입니다.

박 교사: 예시 자료의 형식 측면에서 친구들과 의견을 나누는 담화 텍스트로 구성함으로써 사회·문화적 맥락의 측면과 담화 공동체를 강조하는 작문 이론을 일부 적용할 수 있을 것 같아요.

송 교사: 쓴 글에 대한 평가를 할 때 필자 혼자만의 점검이외의 어떤 활동이 효과적일까요?

박 교사: ㉤

작성방법

- 괄호 안 ㉠과 ㉣에 들어갈 작문 이론을 쓸 것.
- ㉡을 고려하여 송 교사의 활동지의 문제점 2가지를 그 이유를 포함하여 각각 서술할 것. 단, 예 와 같이 서술할 것.

  > **예**
  > 답안 작성 시 유의 사항 ③은 건의문의 표현에서 "격식과 예의를 갖추어 정중한 표현"을 요구하고 있다. 그러나 〈표현면〉에서의 질문은 설득 작문의 일반적인 평가 질문이 제시되어 이를 반영하지 못하고 있기 때문이다.

- ㉢을 참조하여 빈 칸 ㉤에 들어갈 조언 내용을 제시할 것.

3 (가)는 송 교사가 만든 학습지의 일부이고, (나)는 이 학습지를 주제로 교사 협의회의 내용 중 일부이다. 〈작성 방법〉에 따라 서술하시오. [4점]

(가)

〈학습 목표〉
의견 차이가 있는 사안에 대해 자료를 수집하고 사회·문화적 맥락을 고려하며 주장하는 글을 쓴다.

〈작문 과제〉
지역사회나 우리 사회 공동체에서 사회적으로 의견 차이가 있는 사안을 찾아 자료를 수집하여 설득하는 글을 써 보자.

【답안 작성 시 유의 사항】
① 사회적으로 의견 차이가 있는 사안 찾아, 사안에 따른 쟁점을 분석하고 쟁점에 대한 다양한 의견과 자료를 수집할 것.
② 쟁점에 대한 자신의 관점을 수립하여 주장을 논리적으로 전개할 것.
③ 자신의 주장이 사회·문화적 맥락 내에서 수용될 수 있도록 제시할 것.

〈활동지〉

제재 글	
	활동과제

학습활동	활동 1. 윗 글을 읽고, 쟁점을 분석하고 해결 방안을 제시하는 방법에 대해 알아봅시다.
	
	1 이 글에 드러난 현안을 분석하고, 쟁점에 대한 글쓴이의 의견을 정리해 봅시다.
	
	  (1) 이 글에 드러나는 현안을 분석해 봅시다.
	
	  (2) 다음 쟁점에 대한 글쓴이의 의견을 정리해 봅시다.
	
	2 이 글에서 제시한 주장과 근거를 파악하고, 주장의 논리 전개 과정과 사회 문화적 맥락에 대해 살펴 봅시다.
	
	  (1) 이 글에서 제시한 해결 방안을 주장과 근거를 나누어 파악해 봅시다.
	
	  (2) 글쓴이가 제시한 근거들이 타당한지 평가해 봅시다.
	
	  (3) 글쓴이의 주장이 사회·문화적 맥락 내에서 수용될 수 있는지 평가해 봅시다.

활동 2. 의견의 차이가 드러나는 문제에 대해 사회·문화적 맥락을 고려하며 주장하는 글을 써 봅시다.

1. 사회적으로 문제가 되고 있는 사안을 찾아 현안과 쟁점, 독자에 대해 분석해 봅시다.

현안	
쟁점	㉮ 환경이 우선인가, 개발이 우선인가?
독자	

2. 여러 가지 쟁점 가운데 하나를 선택한 뒤, 쟁점에 관한 자료나 다른 사람들의 의견을 조사해 보고, 자신의 관점을 정해 봅시다.

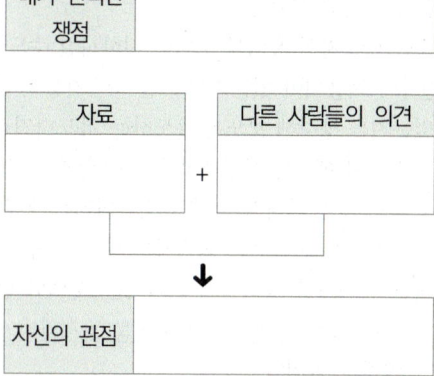

3. 사회·문화적 맥락 내에서 수용될 수 있는 주장과 이를 뒷받침할 수 있는 근거 자료를 여러 경로를 통해 수집해봅시다.

4. (2)와 (3)의 활동을 바탕으로 선정한 근거를 적절하게 조직하여 설득하는 글의 개요를 작성해 봅시다.

5. 앞의 활동 4에서 쓴 글을 다음 질문에 따라 평가해 봅시다.

평가 항목	평가를 위한 질문	평가		
내용	예상독자 등 맥락을 고려하고 있는가?	상	중	하
구성	통일성을 갖추어 내용을 전개하고 있는가?	상	중	하
	구성은 시간이나 공간의 순서를 따르고 있는가?	상	중	하
표현	단어 선택은 적절하고 정확한가?	상	중	하
	글의 표현은 설득에 효과적인가?	상	중	하

(나)

수석 교사: 작문 이론과 그 실제적 적용과 관련하여 오늘 말씀을 나눠보겠습니다. 먼저, 송 선생님의 활동지는 읽기와 쓰기의 통합을 의도한 활동으로 구성되었다는 점이 좋았어요. 글을 쓰기 전에

예시 글을 읽고 그 글에 사용된 표현 전략을 찾아보게 함으로써 작문 전략을 익히는 활동을 할 수 있기 때문입니다. 그러면 구체적으로 활동 과제의 구안은 어떤지 검토해볼까요?

김 교사: 이 활동지는 [활동 1]에서 모방할 수 있는 모범 텍스트를 보여주고 [활동 2]에서 이와 비슷한 글을 써 보게 하는 활동으로 구성되어 있습니다. 즉, " 글에 드러난 현안을 분석하고, 쟁점에 대한 글쓴이의 의견을 정리해 봅시다."와 같은 제재 글을 분석하게 한 후, "의견의 차이가 드러나는 문제에 대해 사회·문화적 맥락을 고려하며 주장하는 글을 써 봅시다."와 같이 글을 모방하여 글을 쓰게 하는 활동으로 구성하고 있습니다.

박 교사: 아마도 그것은 송 선생님이 텍스트가 분해 가능한 객관적인 요소가 체계적으로 결합된 구성물로 보고 있고, 자족적이고 자율적인 체제로 보고 있다는 점에서 ㉠작문 이론을 반영하고 있는 것으로 보여집니다.

송 교사: 저는 작문에 능숙하지 않는 학습자에게 모범 글을 제시하고 이를 모방하게 하는 방식이 효과적이라 생각해서 그렇게 구성했거든요.

박 교사: 하지만, 글쓰기에 대한 학습자의 흥미를 오히려 저하시킬 수도 있고, 또한 이러한 활동은 전문 문필가가 사용한 전략이 적용되어 있는 텍스트를 학습자들이 분석하도록 해 전략이 어떻게 텍스트에 적용될 수 있는지를 생각해 보도록 유도하는 '유도하기식' 구성으로 전략을 익히도록 하고 있는데, 이러한 구성 방식에서는 학생들이 완성된 글에서 전략을 분석할 수는 있어도 실제로 글을 쓰는 과정에서 사용되는 과정적 전략을 학습하기는 어렵다는 한계를 가져요.

송 교사: 아 그렇군요. 제가 구성한 학습 활동은 학습자를 매우 수동적인 수신자로 인식하여 학습자의 역할을 필자가 생산한 텍스트를 정확하게 분석하는 것으로 한정하는 문제를 보이는군요.

김 교사: 그리고, [활동 2]에서 ㉡쓴 글에 대한 평가에서 작문 과제와의 관련성이 떨어지고, ㉢필자 혼자만의 점검에 그치고 있어서 아쉬워요.

수석 교사: 그렇다면 이러한 문제를 보완할 수 있는 조언을 해주시죠.

김 교사: 처음부터 완성된 모범 글로 예시 자료를 제시하지 않고 가상의 필자인 학생이 글을 완성하는 과정을 제시할 필요가 있어요. 이러한 성격의 활동은 학습자가 참고할 만한 글쓰기의 전략과 과정을 순차적으로 보여 주어 글의 구조와 작문 전략을 익히는데 도움을 줄 수 있습니다. 학습자들로 하여금 글쓰기의 어느 단계에서 어느 전략을 사용해야 효과적으로 글을 구성할 수 있는지를 명시적으로 알려준다는 점에서 ㉣작문 이론을 적용한 것입니다.

박 교사: 예시 자료의 형식 측면에서 친구들과 의견을 나누는 담화 텍스트로 구성함으로써 사회·문화적 맥락의 측면과 담화 공동체를 강조하는 작문 이론을 일부 적용할 수 있을 것 같아요.

송 교사: 그렇다면, 쓴 글에 대한 평가를 할 때 필자 혼자만의 점검이외의 어떤 활동이 효과적일까요?

박 교사: 사회·문화적 맥락의 측면과 담화 공동체를 강조하는 작문 이론을 적용한다면,

㉤

작성방법

- 괄호 안 ㉠과 ㉣에 들어갈 작문 이론을 쓰고, ㉢을 참조하여 빈 칸 ㉤에 들어갈 조언 내용을 제시할 것.
- ㉡을 고려하여 송 교사의 활동지의 문제점 2가지를 그 이유를 포함하여 각각 서술할 것.

전공국어 / 국어교육론 실전 문제집

테마 2 ： 작문 평가의 방법

❶ [결과 평가]

`관련 기출`
`2019 B형 서술형`

1 다음은 비평문 쓰기 단원의 평가 계획에 대해 두 교사가 나눈 대화의 일부이다. 주요 특질 평가(주요 특성 평가)와 사고 구술 평가의 장점을 〈작성 방법〉에 따라 서술하시오. [4점]

> 김 교사 : 이 선생님, 제가 비평문 쓰기 단원을 가르치기 전에 평가 계획을 세웠는데, 검토해 주시겠어요?
> 이 교사 : 예, 그럴게요.
>
> [평가 계획]
> • 평가 목표 : 시사적인 현안이나 쟁점에 대해 비평하는 글을 쓸 수 있는지를 평가한다.
> • 평가 중점 : 인지적 요소와 정의적 요소를 두루 평가한다.
> • 평가 방법
>
>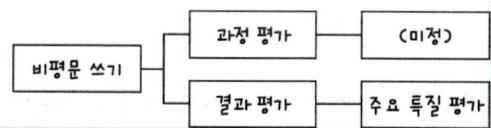
>
> • 평가 도구
> • 쓰기 과제
> 세계 곳곳에서 다양한 이유로 난민이 발생하고 있으며 난민 수용 여부에 대한 찬반 논의가 있습니다. 이 문제에 대해 자신의 관점을 수립하고 주장이나 견해가 명료하게 드러나는 비평문을 씁니다. 이때 자신이 선택하지 않은 관점의 문제점을 근거를 들어 비판합니다.
> • 평가 기준
>   1. 난민 수용 여부에 대해 자신의 관점을 수립하였는가?
>   2. 자신의 관점에 따른 주장이나 견해를 명료하게 제시 하였는가?
>   3. 상대 관점의 문제점을 근거를 들어 비판하였는가?
>
> 이 교사 : 비평문 쓰기 단원을 지도하면서 과정 평가와 결과 평가를 모두 활용하실 계획이네요.
> 김 교사 : 예, 그렇게 하려고요. 아직 과정 평가는 확정하지 못했고, 결과 평가로는 주요 특질 평가를 하려고 해요. 이에 총체적 평가를 해 봤는데, 좀 더 ㉠과제 지향적인 평가를 해 보고 싶어서요.
> 이 교사 : 그렇군요. 그럼 과정 평가로 사고 구술을 활용하시는 건 어떤가요? 사고 구술은 평가하는 데 시간과 노력이 많이 들고 학생들이 사고 구술에 익숙해질 때까지 충분히 연습해야 한다는 단점이 있지만, 평가 중점을 고려한다면 의미가 있겠어요.
> 김 교사 : 아, 그런가요? 사고 구술로 인지적 요소를 평가하는 건 알겠는데, 정의적 요소도 평가할 수 있나요?
> 이 교사 : 예, 그럼요. 제가 이따가 제 수업에서 수집한 ㉡정의적 요소가 드러나는 사고 구술 자료를 보여

드릴게요.
김 교사 : 아, 고맙습니다. 과정 평가 방법으로 사고 구술을 추천하시니 꼭 해 봐야겠어요. 그런데 제가 만든 평가 도구는 어떤가요?
이 교사 : 주요 특질 평가에 사용하실 평가 도구네요. 음, 쓰기 과제의 맥락을 좀 더 구체화하고, 평가 기준을 제시하기 전에 평가해야 할 주요 특질을 먼저 제시해 주면 좋겠어요. 또 쓰기 수행의 수준을 설명하는 평가 척도를 평가 기준에 설정해 놓으면 평가하기가 더 수월하지요.

작성방법

- 주요 특질 평가를 ㉠이라고 볼 수 있는 이유를 서술하되, 주요 특질 평가의 장점을 포함할 것.

`2016 B형 서술형`

2 (가)는 김 교사가 작성한 교단 일기이고, (나)는 유 교사 (다)는 최 교사가 사용했던 쓰기 평가 도구이다. 세 교사가 선택한 쓰기 평가 방법에 대하여 〈작성 방법〉에 따라 서술하시오. [4점]

(가) 김 교사의 교단 일기

지난 2주 동안 "쟁점이 있는 문제에 대해 설득적인 글을 쓸 수 있다."라는 목표로 수업을 했는데, 학생들이 열심히 참여해서 기분이 참 좋았어. 학생들이 열심히 참여했지만 여전히 숙달하지 못해서 어려워하는 모습을 보여. 그래, 이번 쓰기 평가에서는 학생들이 지도 내용에서 무엇을 숙달했고 무엇을 더 연습해야 하는지를 확인해야겠다. 평가를 통해서 그 내용을 확인하고, 다음 수업에 반영해야겠어. 이번 평가에서는 유 선생님을 따라해 보는 것은 어떨까? 써 보라고 평가 도구를 주기도 했고, 사실 편리하기도 한데……. 아니야, 그래도 ㉠이 도구를 활용한 유 선생님의 평가 방법은 쓰기 능력 평가의 관점에서 보면 문제가 있어. 어려움이 좀 있겠지만 학생들에게 ㉡직접 쓰게 하고 그 글을 평가하는 것이 좋을 듯해. 나 혼자 평가해야 해서 시간이 걸릴 수 있으니 서두르자. 마침 최 선생님께서도 먼저 쓰셨던 평가 도구를 활용해 보라고 주셨잖아. 그럼, 이제 한번 사용해 보자.

(나) 유교사의 평가 도구

※ [1~20] 다음 물음에 가장 적절한 답을 고르시오.

1. 주장의 설득력을 뒷받침하는 핵심 요소로 한 것은?
   ① 합리적 근거 …… ⑤ 필자의 취미

…(중략)…

20. '전문가의 견해'는 어떤 근거 유형에 속하는가?
    ① 사실 논거 …… ⑤ 의견 논거

(다) 최 교사의 평가 도구

- 쓰기 과제 : 고등학교에서는 학생의 의견을 존하여 과목을 선택해야 한다.
- 채점 기준표

등급	특성
우수	• 글의 내용, 조직, 표현이 전반적으로 우수하여 설득력이 높음.
보통	• 글의 내용, 조직, 표현이 다소 부족하여 설득력이 보통임.
부족	• 글의 내용, 조직, 표현이 전반적으로 부족하여 설득력이 낮음.

작성방법

- ⓒ에 비추어 볼 때 쓰기 능력 평가로서 ⊙이 안고 있는 문제가 무엇인지 서술할 것.
- (다)를 단서로 하여 최 교사가 학생을 평가하기 위해 선택한 평가 방법이 무엇인지 쓸 것.
- 최 교사의 학생 평가 방법이 어떤 점에서 김 교사에게 적절하지 않은지를 (가)에 나타난 김 교사의 평가 의도를 바탕으로 하여 서술할 것.

[2011 2차]

3 쓰기의 인지적 과정을 고려하여 중학생을 대상으로 수업을 하고자 한다. 〈조건〉에 따라 수업내용을 한 편의 글로 논술하시오.

보기

- 학습목표 : 독자를 고려하여 설명하는 글을 쓸 수 있다.
- 쓰기과제 : (가)와 (나)를 참고하여 친구들에게 신매체 사용의 장·단점을 설명하는 글을 써보자.

조건

(3) 분석적 평가방법의 절차를 설명하되, 〈보기〉를 참조하여 설정할 수 있는 평가요소를 포함할 것.

[심화 예제]

3 고등학교 송 교사는 다음과 같이 작문 수업과 작문 평가를 계획하였다. 〈자료1〉은 쓰기 수업을 위해 학생들에게 제시한 자료이고, 〈자료2〉는 송 교사의 쓰기 수업 계획의 일부이다. 〈작성 방법〉에 따라 수업 계획의 내용을 완성하시오. [4점]

〈자료 1〉
안동 하회 마을은 조선 중기인 1600년대부터 풍산 류 씨들이 모여 주택과 서원등을 건축하고 마을을 조성한 풍산 류씨의 집성촌이다. 혈연을 중심으로 한 집성촌은 전국 여러 곳에 형성되었으나, 오늘날에는 대부분 소멸되거나 변형되어 그 본래의 모습을 찾아보기 어렵다.

 그러나 안동 하회 마을은 그 원형을 그대로 보존하고 있을 뿐만 아니라 양반의 주거 문화를 대표하는 양진당과 충효당, 북촌댁과 서원 건축의 백미인 병산 서원과 같은 옛 건축물들이 빼어난 건축미를 자랑하고 있다. 하회 마을은 주변 자연 경관과 조화를 잘 이루고 있으며, 낙동강의 넓은 강류가 마을 전체를 동, 남, 서 방향으로 감싸고 있어 풍수지리적으로 '연화부수형' 또는 '태극형'으로 알려져 있다.

― 유네스코 한국 위원회(www.unesco.or.kr) ―

〈자료 2〉

쓰기의 과정	학습 내용	지도의 주안점
주제의 선정	설명의 대상이 되는 제재가 필자가 관심이 가는 것, 예상독자가 관심 있는 것 등 흥미 있는 것에서 선택	• 최근 세계적으로 K-pop 등 한국의 대중문화가 세계에 알려지고 있으나 전통문화에 대한 소개는 아직도 미비. 따라서 우리의 소중한 문화유산 가운데 안동 하회 마을 소개할 필요성이 있음
정보 수집 계획	다양한 매체를 활용하여, 정보를 수집하고, 찾은 정보의 내용을 정리	• 다양한 매체에서 자료를 수집해야 정보의 정확성과 신뢰성을 높일 수 있고, 전달의 가치가 높은 정보도 효과적으로 모을 수 있음
	모둠별로 수집한 자료 가운데 신뢰할 만한 정보와 그렇지 않은 정보를 선별	〈자료〉에 대한 판단 ㉠ _____
내용 조직 계획	수집한 정보를 효과적으로 전달하기 위한 내용 조직 방법과 전개 방법을 선정	• 정보의 속성(특성)에 따라 내용을 구성하고 전개할 수 있는 능력이 필요. 왜냐하면 정보의 속성을 반영하여 내용을 구성하고 전개할 때 정보를 전달하는데 더 효과적이며, 독자의 글에 대한 이해와 기억이 수월해지기 때문.
초고쓰기 계획	정보를 효과적으로 전달하기 위해 다양한 표현 방법을 활용	〈초고작성에서의 유의점〉 • 맞춤법, 띄어쓰기 등 미시적인 부분에 얽매이기보다는 글 전체의 논리적인 흐름을 고려하여 초고를 작성
고쳐쓰기 계획	초고를 '평가 기준표'를 참고하여 모둠별로 평가	〈분석적 평가 계획〉 평가 전 ― ㉡ ___ / ㉢ ___

[A]	② ①번을 수립한 이후 점수 척도를 부여한다.	

평가 범주	평가 요소	척도
내용	• ⓒ	1~5
조직	•… (생략)…	1~5
표현	•… (생략)…	1~3
태도	• ⓔ	1~3

평가의 실행	③ 평가 요소로 작성한 요소를 숙지하고 평가 도중에 지속적으로 확인함으로써 일관된 평가를 수행한다. 이때 일관된 평가, 평가자 내 신뢰도가 확보된 평가가 될 수 있도록 노력한다.
평가 후	④ 평가가 이루어지면, 각 점수를 합산하고, 평가 결과를 활용한다. 이때 교사는 평가 결과를 분석하여 학습자의 화법 및 작문 능력을 판단하고, 교수·학습 내용과 방법, 평가 도구를 개선하고 개발하는 데 활용하고, 평가 결과를 학습자와 형식적, 비형식적으로 의사소통한다.

작성방법

- ㉠은 수집한 〈자료1〉이 신뢰할 만한 정보인지, 그렇지 않은 정보인지를 판단한 내용을 그 이유를 들어 서술할 것.
- ㉡은 〈분석적 평가〉의 절차 ② [A]를 고려하여 들어가야 할 내용을 서술하고, ⓒ은 정보전달 글의 내용 측면의 평가 요소에 해당하는 내용, ⓔ은 자료를 수집하고 표현하는 과정에서 정보전달 글의 평가를 위한 평가 요소에 해당하는 내용을 각각 제시할 것.

2 [과정 평가]

관련 기출

2021 A형 서술형

1 다음을 읽고, 수행 평가 계획에 대해 〈작성 방법〉에 따라 서술 하시오. [4점]

> 교사 A: 1학기 〈화법과 작문〉 수행 평가 계획의 초안을 준비해 보았는데, 보완할 점에 대해 협의해 보면 좋겠습니다.
>
> **수행평가계획**
>
> 1. 쓰기 과제
>   현안을 분석하고 쟁점을 중심으로 한 건의문을 써 보자.
> 2. 평가 방법 및 결과 활용
>   ① 분석적 평가 방법 적용
>   ② 우수, 보통, 미흡의 3등급으로 평가
>   ③ 평가 요소별 피드백 제공
> 3. 건의문 평가 범주 및 평가 요소
>
> | 평가 범주 | 평가 요소 |
> |---|---|
> | 내용 | • 문제 상황을 제시했는가?
• 해결 방안을 제시했는가? |
> | 조직 | • 건의문 구성 형식에 알맞게 글을 조직했는가?
• …(생략)… |
> | 표현 | • 격식과 예의를 갖추어 정중하게 표현했는가?
• …(생략)… |
>
> [A] ┌ 교사 B: 평가 계획을 작성하느라 수고하셨네요. 근데, 수행 평가 계획에는 결과 평가만 계획되어 있는데 ㉠<u>과정 평가</u>도 실시하면 어떨까요?
>   └ 교사 A: 좋습니다. 저는 결과 평가만을 계획했는데, 결과 평가와 과정 평가를 균형 있게 다루는 것이 더 바람직하겠네요. 그렇다면, 학생 자신이 건의문을 작성하는 과정에서 떠올린 사고를 기록하도록 하는 과정 평가를 추가하기로 하지요.
>
> [B] ┌ 교사 B: 네. 그럼 다음으로 평가 요소에 해서 논의해 보죠. 내용 범주에 대한 평가 요소를 조금 보완하면 좋겠습니다. 건의문은 현안 분석을 하여 도출된 쟁점을 바탕으로 내용을 구성하는 특징이 있지요. 내용 범주와 관련하여 문제 상황 쟁점의 경우에 독자가 문제 상황의 심각성을 공감할 수 있도록 문제 상황 쟁점을 제시했는지에 근거하여 평가해야 한다고 봅니다. 따라서 ㉡<u>"문제 상황을 제시 했는가?"</u>의 평가 요소도 수정하면 좋겠습니다.
>   └ 교사 A: 그렇지요. 해결 방안 쟁점에 관련된 평가 요소도 마찬가지일 것 같습니다. 건의문은 공동체의 문제 상황을 해결하는 데 영향을 미치는 대상을 설득하는 목적으로 쓰는 글이지요. 이에 그 대상이 해결 방안을 긍정적으로 수용할 수 있도록 하는 해결 방안의 요건이 함께 제시될 필요가 있습니다. 해결 방안 쟁점의 평가 요소는 "해결 방안을 통해 얻을 수 있는 ㉢<u>이익이나 기대 효과를 해결 방안과 함께 제시했는가?</u>"라고 수정할 수 있겠습니다.

작성방법

- [A]의 맥락에서 ㉠의 교육적 의의를 서술하고, ㉠의 구체적 방법 2가지를 제시할 것.

2019 B형 서술형

2 다음은 비평문 쓰기 단원의 평가 계획에 대해 두 교사가 나눈 대화의 일부이다. 주요 특질 평가(주요 특성 평가)와 사고 구술 평가의 장점을 〈작성 방법〉에 따라 서술하시오. [4점]

김 교사 : 이 선생님, 제가 비평문 쓰기 단원을 가르치기 전에 평가 계획을 세웠는데, 검토해 주시겠어요?
이 교사 : 예, 그럴게요.

[평가 계획]
- 평가 목표 : 시사적인 현안이나 쟁점에 대해 비평하는 글을 쓸 수 있는지를 평가한다.
- 평가 중점 : 인지적 요소와 정의적 요소를 두루 평가한다.
- 평가 방법
  ㅇ 평가 방법

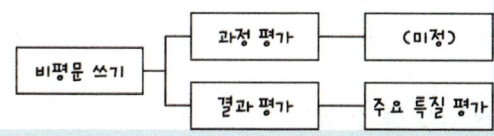

- 평가 도구
- 쓰기 과제
  세계 곳곳에서 다양한 이유로 난민이 발생하고 있으며 난민 수용 여부에 대한 찬반 논의가 있습니다. 이 문제에 대해 자신의 관점을 수립하고 주장이나 견해가 명료하게 드러나는 비평문을 씁니다. 이때 자신이 선택하지 않은 관점의 문제점을 근거를 들어 비판합니다.
- 평가 기준
  1. 난민 수용 여부에 대해 자신의 관점을 수립하였는가?
  2. 자신의 관점에 따른 주장이나 견해를 명료하게 제시 하였는가?
  3. 상대 관점의 문제점을 근거를 들어 비판하였는가?

이 교사 : 비평문 쓰기 단원을 지도하면서 과정 평가와 결과 평가를 모두 활용하실 계획이네요.
김 교사 : 예, 그렇게 하려고요. 아직 과정 평가는 확정하지 못했고, 결과 평가로는 주요 특질 평가를 하려고 해요. 이에 총체적 평가를 해 봤는데, 좀 더 ㉠<u>과제 지향적인 평가</u>를 해 보고 싶어서요.
이 교사 : 그렇군요. 그럼 과정 평가로 사고 구술을 활용하시는 건 어떤가요? 사고 구술은 평가하는 데 시간과 노력이 많이 들고 학생들이 사고 구술에 익숙해질 때까지 충분히 연습해야 한다는 단점이 있지만, 평가 중점을 고려한다면 의미가 있겠어요.
김 교사 : 아, 그런가요? 사고 구술로 인지적 요소를 평가하는 건 알겠는데, 정의적 요소도 평가할 수 있나요?

이 교사 : 예, 그럼요. 제가 이따가 제 수업에서 수집한 ⓒ정의적 요소가 드러나는 사고 구술 자료를 보여 드릴게요.
김 교사 : 아, 고맙습니다. 과정 평가 방법으로 사고 구술을 추천하시니 꼭 해 봐야겠어요. 그런데 제가 만든 평가 도구는 어떤가요?
이 교사 : 주요 특질 평가에 사용하실 평가 도구네요. 음, 쓰기 과제의 맥락을 좀 더 구체화하고, 평가 기준을 제시하기 전에 평가해야 할 주요 특질을 먼저 제시해 주면 좋겠어요. 또 쓰기 수행의 수준을 설명하는 평가 척도를 평가 기준에 설정해 놓으면 평가하기가 더 수월하지요.

작성방법

- 과정 평가로서 사고 구술 평가의 장점을 서술하고, '쓰기 과제'를 수행할 때 예상되는 ⓒ의 예를 제시할 것.

[2018 B형 서술형]

3 (가)는 김 교사가 세운 수업 계획이고, (나)는 수업 계획에 대해 동료 교사와 나눈 대화의 일부이다. 김 교사의 쓰기 지도에 대해 〈작성 방법〉에 따라 서술하시오. [5점]

(가)
- 학습 목표 : 주변의 문제를 해결하기 위한 글을 쓸 수 있다.
- 쓰기 과제 : 우리 학교에서 시급하게 해결해야 하는 문제를 찾고, 그것을 해결할 수 있는 글을 써 봅시다. 읽을 사람이 누구인지, 어떤 유형의 글을 써야 하는지 친구들과 협의하여 글을 씁니다.
- 평가 계획 : 포트폴리오 평가(2차)
- 수업 단계 및 교수·학습 활동(90분)

수업 단계	교수·학습 활동	
도입	- 전시 학습 확인 및 동기 유발 - 학습 목표 확인	
미니레슨 (간이 수업)	- 문제 해결을 위한 쓰기의 특성 설명하기 - 문제 상황과 해결 방안 제시하는 방법 안내하기	
계획하기	- 쓰기 맥락 분석하기	
내용 생성 및 조직하기	- 해결해야 할 문제 조사하기 - 문제 해결 방안 마련하기 - 내용 조직하기	교사·동료·자기 협의 하기
글쓰기	- 초고 쓰기 - 피드백 반영하여 재고 쓰기	
공유하기	- 완성된 글을 작은 책이나 게시물로 만들기	
정리	- 쓰기 워크숍 활동 정리	

(나)

윤 교사 : 김 선생님, 지난번 쓰기 워크숍 잘 마치셨나요?
김 교사 : 예, 잘 마치기는 했는데 쓰기 워크숍이 익숙하지 않아 좀 어려웠어요. 2회 차 수업 계획인데, 한번 살펴 주시겠어요?
윤 교사 : 그럴게요. 그런데 처음에 쓰기 워크숍을 계획하시게 된 특별한 이유라도 있나요?
김 교사 : 지난여름에 교사 연수를 받기 전까지 ㉠쓰기는 필자 개인의 의미 구성 과정이라고 생각했어요. 그런데 교사 연수를 받으면서 쓰기에 대한 제 관점이 편협했다는 것을 깨달았지요.
윤 교사 : 그랬군요. 쓰기 워크숍에 대한 학생들의 반응은 어땠나요?
김 교사 : 학생들의 반응은 좋았어요. 자신이 완성한 글을 들고 뿌듯해하는 학생들을 보니 저도 기분이 좋더라고요. 그런데 공유하기 단계에서 어떤 활동을 더 추가해야 할지 고민이에요.
윤 교사 : 쓰기 워크숍은 '실제 쓰기', 다른 말로 하면 '진정한 쓰기'를 지향하니까, ㉡공유하기 단계에서 자신이 쓴 글을 학교 신문에 투고하거나 학교 홈페이지 게시판에 올리는 활동을 하면 좋겠어요. 그런데 평가는 어떻게 하실 계획인가요?
김 교사 : 지난번에 1차 포트폴리오 평가를 했고, 이번에 2차 포트폴리오 평가를 할 예정이에요. ㉢예전에는 완성된 글만을 대상으로 해서 일회적으로 평가했는데, 포트폴리오 평가를 하면서 이를 보완할 수 있을 것 같아요.
윤 교사 : 다행이네요. 그럼 이제 교수·학습 활동을 구체적으로 살펴볼까요?

…(하략)…

작성방법

- ㉢을 고려할 때 김 교사의 쓰기 워크숍 수업에서 포트폴리오 평가가 갖는 장점 2가지를 서술할 것.

심화 예제

4 다음 (가)는 학생의 작문 일지와 송 교사가 작성한 교단 일기이고, (나)는 유 교사가 사용했던 쓰기 평가 도구이고, (다)는 송 교사의 평가 계획이다. 〈작성 방법〉에 따라 서술하시오. [4점]

(가)

〈송 교사의 교단 일기〉

한 학기 동안 다양한 학습 목표로 작문 수업을 했는데, 학생들이 열심히 참여해서 기분이 참 좋았어. 학생들이 열심히 참여했지만 여전히 학생들이 어떤 과정을 통해서 어느 정도의 수준에 도달했는지 파악하지 못해 아쉬워. 그래서, 이번 쓰기 평가에서는 학생들에게 한 학기 동안 작문 수업에서 산출한 자료를 제출하게 하고 이를 활용해 학생들이 어떤 생각을 가지고 작문 수업에 참여했는지 평가를 해보자. 이번 평가에서는 유 선생님을 따라해 보는 것은 어떨까? 써 보라고 평가 도구를 주기도 했고, 사실 편리하기도 한데……. 아니야, 그래도 ㉠이 도구를 활용한 유 선생님의 평가 방법은 ㉡과정 평가의 관점에서 보면 문제가 있어. 어려움이 좀 있겠지만 내가 평가 계획을 세우고 이를 활용해 보자.

〈학생의 작문 일지〉

지금까지 쓴 글을 되새기며 일주일에 글 한 편씩을 쓰자는 목표를 세우고 노력하고 있지만, 글을 쓴다는 게 쉽지는 않다. 그러나 선생님 말씀대로 한 장 한 장 쓴 글을 차곡차곡 모으다 보니 글을 쓰는 일이 점점 즐거워진다. ⓒ수업 시간마다 이루어지는 단계별 쓰기 결과를 모아 놓는다. 수업 시간에 배운 방법대로 써 본 글도 모은다. 쓰기를 계획한 것, 내용을 떠올린 것, 아이디어를 메모한 것, 초고를 쓴 것, 친구들에게 평가를 받은 것, 고쳐 쓴 것 모두를 모아 놓는다. 그렇게 하니까 글이 만들어져 가는 모습도 볼 수 있고, 배운 것을 알기도 쉽고 기억하기도 쉽다. 또 평소에 쓴 글도 모아 둔다. 그렇게 모은 자료를 보면 글을 쓰면서 내가 이런 생각을 했었나 싶을 때도 있다.

(나) 유 교사의 평가 도구

평가 항목		평가 요소	상	중	하
내용 (20점)	주제	전달하고자 하는 주제가 분명하게 드러나 있는가?			
	사고	사고가 깊고 유연한가?			
구성 (20점)	단락의식	단락은 사고 단위를 중심으로 조직되어 있는가?			
	단락전개	단락 간의 연결이 매끄러운가?			
표현 (20점)	어법	맞춤법, 띄어쓰기는 정확한가?			
	어휘	적절한 어휘를 사용하고 있는가?			
합계					점

(다) 송 교사의 평가

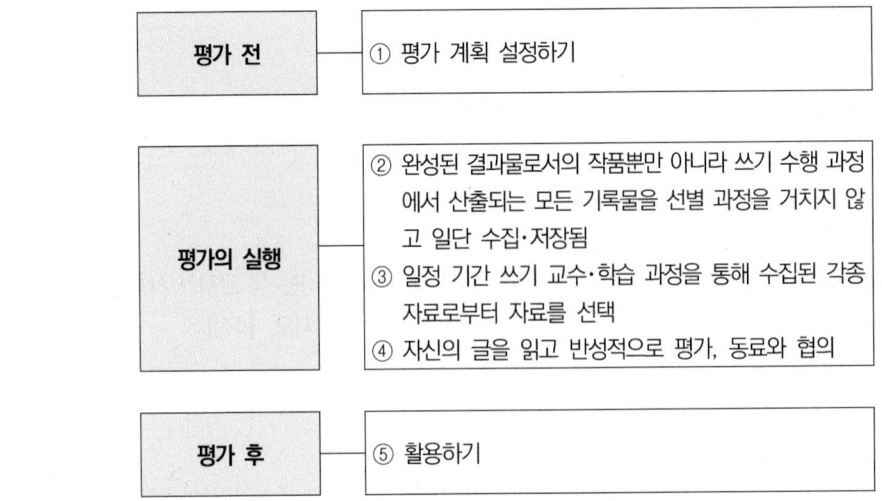

작성방법

- (가)에서 ㉠의 평가 방법이 ㉡에 비추어 볼 때 문제가 무엇인지 설명할 것.
- (다)를 단서로 하여 송 교사의 평가 계획에서 활용하고자 하는 평가 방법이 무엇인지 쓸 것.
- (가)에서 ㉢을 고려하여 (다)의 평가 방법이 교사에게 주는 작문 교육적 의의를 서술할 것.

3 [다양한 평가 방법]

관련 기출

※ (가)는 상호 평가 수업을 계획한 교수·학습 과정안이고, (나)는 이 수업을 받은 후에 한 학생이 작성한 자기 평가서이다. 이 자료를 보고 물음에 답하시오.

(가) 학습 목표 : 독자를 고려하여 글을 고쳐 쓸 수 있다.

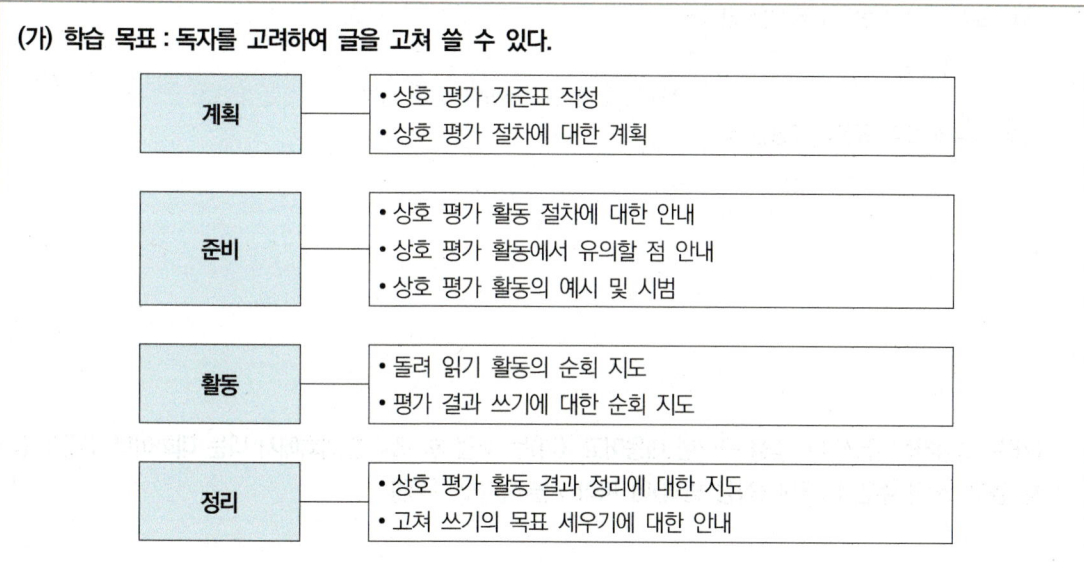

(나) 포트폴리오의 '자기 평가서'

    지금까지 쓴 글을 되새기며 일주일에 글 한 편씩을 쓰자는 목표를 세우고 노력하고 있지만, 글을 쓴다는 게 쉽지는 않다. 그러나 선생님 말씀대로 ㉠포트폴리오를 만들어서 한 장 한 장 쓴 글을 차곡차곡 모으다 보니 글을 쓰는 일이 점점 즐거워진다. 포트폴리오에는 수업 시간마다 이루어지는 단계별 쓰기 결과를 모아 놓는다. 수업 시간에 배운 방법대로 써 본 글도 모은다. 쓰기를 계획한 것, 내용을 떠올린 것, 아이디어를 메모한 것, 초고를 쓴 것, 친구들에게 평가를 받은 것, 고쳐 쓴 것 모두를 모아 놓는다. 그렇게 하니까 글이 만들어져 가는 모습도 볼 수 있고, 배운 것을 알기도 쉽고 기억하기도 쉽다. 또 평소에 쓴 글도 모아 둔다. 그렇게 모은 자료를 보면 글을 쓰면서 내가 이런 생각을 했었나 싶을 때도 있다.
    지난 국어 시간에는 ㉡친구들과 글을 돌려 읽고 평가해 주는 활동을 했는데, 고치면 좋은 점을 서로 이야기해 주기도 하고 글로 써 주기도 했다. 이런 활동을 통해 내 글의 장점과 단점을 알 수 있어서 좋았다. 혼자 글을 쓸 때는 뭘 고쳐야 더 나은 글이 될지 잘 몰랐는데 친구들이 평가해 준 걸 보니 쉽게 알 수 있었다.

그리고 내 글 말고 다른 친구의 글을 읽으니까 재미도 있었다. 친구가 가장 아끼는 물건을 소개한 글을 읽었는데 목각 인형에 대해 몰랐던 것을 알 수 있어서 좋았다. 특히 선생님께 평가를 받지 않고 친구들한테 평가를 받게 되어서 마음이 좀 편안했다. 글을 못 쓰는 것 같아 국어 선생님께 보여드리기가 창피했는데, 글을 서로 같이 읽으니까 안 그랬다.

그런데, 다음 주에는 국어 선생님과 협의하기를 해야 한다. 포트폴리오에 담긴 글을 가지고 말씀을 나누신다고 하시는데……, 걱정이다. 뭐라고 하실까? 못 썼다고 꾸중하시는 것은 아니겠지? 협의 내용도 포트폴리오에 정리하라고 하시니 메모를 잘 해야 할 것 같다.

1 ㉠과 ㉡은 모두 학생의 쓰기 활동을 평가하는 데 도움을 준다. (나)를 참고하여 다음 표를 완성하시오.

㉠에 포함 해야 할 주요 요소	• 포트폴리오의 목차와 목표 • •
㉠이 교사의 쓰기 평가에 유용한 점	• 쓰기 태도에 대한 평가 가능 • •
㉡이 학생의 쓰기 활동에 유용한 점	• 친구의 글을 읽고 정보의 공유 가능 • •

`2022 A형 서술형`

2 (가)는 설명하는 글쓰기 수업을 구상한 내용이고, (나)는 수업 후 교사 협의회에서 나눈 대화이다. (가)와 (나)를 읽고, 쓰기 수업에 대해 〈작성 방법〉에 따라 서술하시오. [4점]

(가)
- 학습 목표 : 대상의 특성에 맞는 설명 방법을 사용하여 글을 쓸 수 있다.
- 쓰기 과제 : 세계의 문화유산을 조사하여 학교 친구들에게 설명하는 글 쓰기
- 교수·학습 평가 계획

학습단계	교수·학습 활동			평가 활동
도입	• 설명 방법의 특징 확인하기			
전개	쓰기 과정	계획하기 [모둠별 협의]	• 쓰기 맥락 분석하기	• 교사는 학생들의 글쓰기 수행에 대해 체크 리스트를 활용하여 기록한다. • ㉠ _____
		내용 생성하기	• 주제와 독자를 고려 하여 내용 선정하기	
		내용 조직하기	• 통일성을 고려하여 문장 개요 짜기	

	표현하기	• 설명 방법 활용하여 쓰기	
	고쳐쓰기 [모둠별 협의]	• 초고 수정하기	• ⓒ 학생은 완성된 글을 친구들과 돌려 읽고 평가 기준표를 활용하여 피드백한다.
	공유하기	• 학교 누리집에 게시하기	
정리	• 설명 방법의 쓰임 정리하기		

- 교수·학습의 중점
  - 지엽적인 쓰기 지식에 치중하기보다는 한 편의 글을 완성 하도록 하는 데 중점을 둔다. - '다면적 피드백의 원리'를 바탕으로 협동 작문이 이루어지도록 한다.

- 평가의 중점
  - 평가의 주체를 교사, 학생 자신, 친구들로 다양화한다.
  - '통합성의 원리'를 바탕으로 교수·학습 과정과 평가 과정이 분리되지 않고 통합되도록 한다.

(나)

교사A : 이번 수업은 쓰기 과정에 따라 한 편의 글을 쓰도록 하는 데 초점을 두었습니다. 수업 전에 구상한 대로 학생들이 협동 작문을 할 수 있도록 하였으며, 평가 주체를 다양화하여 학생의 쓰기 수행에 대한 정보를 풍부하게 얻을 수 있도록 하였습니다.

교사B : 선생님 수업 잘 보았습니다. 글을 쓰다가 막힌 학생들에게 여러 번 질문을 하시면서 스스로 해결하게 도와주시는 모습이 인상적이었습니다. 그런데 선생님께서 협동 작문을 말하셨는데, 협동 작문은 모둠의 구성원 모두가 한 편의 글을 공동으로 창작해야 하는 것 아닌 가요? 제가 보기에는 협동 작문이 이루어지지 않은 것 같은데, 어떻게 된 것인지 궁합니다.

교사A : 아, 선생님께서는 협동 작문에 대해 좁게 생각하고 계시는군요. _____ ⓒ

작성방법

- (가)의 '평가의 중점'을 참고하여 ㉠에 들어갈 내용을 쓰고, 쓰기 평가의 원리 중 '통합성의 원리'가 '고쳐쓰기' 단계에서 ⓒ을 통해 구현되었다고 판단할 수 있는 이유를 서술할 것.
- '교사 B'가 협동 작문을 정확하게 이해할 수 있도록 ⓒ에 들어갈 내용을 쓰되, (가)의 '교수·학습 평가 계획'에서 그에 대한 근거를 찾아 포함할 것.

심화 예제

3 송 교사는 다음과 같이 작문 평가를 계획하였다. 〈작성 방법〉에 따라 서술하시오. [4점]

- 학습 목표: 주제, 독자에 대한 분석을 바탕으로 타당한 근거를 들어 설득하는 글을 쓴다.
  - 주제와 독자에 따라 제시해야 할 근거가 달라진다는 점을 고려하여 주제, 독자를 분석하기
  - 이에 따라 타당한 근거를 수집하여 글 쓰기

[작문 과제]
- 주제: 우리 주변에서 시사적인 주제를 선택
- 글 목적: 설득 목적
- 예상독자: 주제와 목적에 따라 선정하고 분석

㉮
[작문 수업 계획]
〈생략〉

[상호 평가 수업 계획]

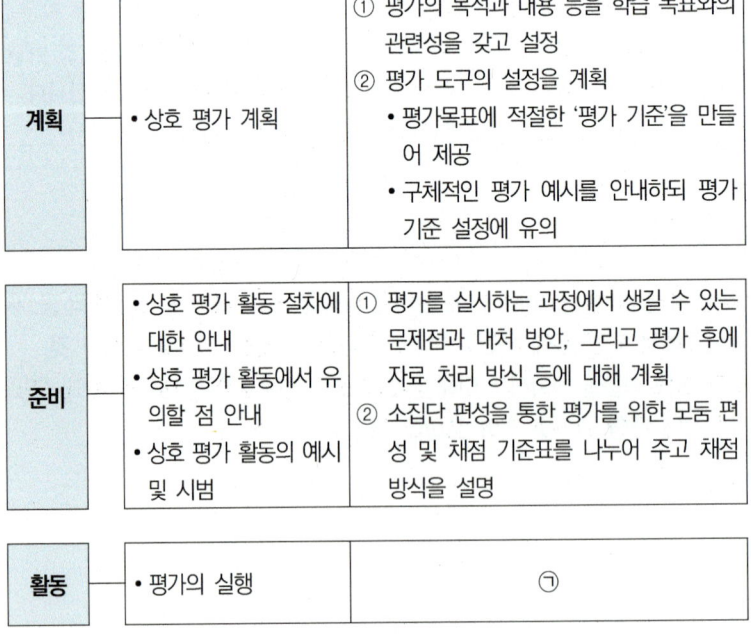

계획	• 상호 평가 계획	① 평가의 목적과 내용 등을 학습 목표와의 관련성을 갖고 설정 ② 평가 도구의 설정을 계획 • 평가목표에 적절한 '평가 기준'을 만들어 제공 • 구체적인 평가 예시를 안내하되 평가 기준 설정에 유의
준비	• 상호 평가 활동 절차에 대한 안내 • 상호 평가 활동에서 유의할 점 안내 • 상호 평가 활동의 예시 및 시범	① 평가를 실시하는 과정에서 생길 수 있는 문제점과 대처 방안, 그리고 평가 후에 자료 처리 방식 등에 대해 계획 ② 소집단 편성을 통한 평가를 위한 모둠 편성 및 채점 기준표를 나누어 주고 채점 방식을 설명
활동	• 평가의 실행	㉠

정리	• 상호 평가 활동 결과 정리에 대한 지도	생략
	• 평가 결과의 활용	① 교사 　　　ⓛ ② 학습자 • 스스로 화법 및 작문 활동과 관련한 자신의 장점과 단점을 명료하게 인식 ③ 학부모 및 학교 경영자 • 평가 결과를 공유함으로써 작문 교육 환경의 개선을 돕고 학습자의 학습 목표 도달을 돕고, 궁극적으로 화법 및 작문 능력과 태도의 발달을 돕는 데 활용

㈏

[학생 일기]

10월 11일

　오늘은 모둠원들과 함께 어떤 내용으로 채울 것인지 말해보았고, 글을 다 쓴 후에 내 글을 함께 고쳐 보았다. 지난 국어 시간에 선생님이 말씀해주셔서 친구들과 글을 돌려 읽고 평가해 주는 활동을 했는데, 고치면 좋은 점을 서로 이야기해 주기도 하고 글로 써 주기도 했다.

① 이런 활동을 통해 내 글의 장점과 단점을 알 수 있어서 좋았고, 혼자 글을 쓸 때는 뭘 고쳐야 더 나은 글이 될지 잘 몰랐는데 친구들의 평가를 통해 나의 생각들을 정리하고 다시 수정할 수 있었다.
② 그리고 내 글 말고 다른 친구의 글을 읽으니까 재미도 있었다. 친구가 가장 아끼는 물건을 소개한 글을 읽었는데 목각 인형에 대해 몰랐던 것을 알 수 있어서 좋았다.
③ 특히 선생님께 평가를 받지 않고 친구들한테 평가를 받게 되어서 마음이 좀 편안했다. 글을 못 쓰는 것 같아 국어 선생님께 보여드리기가 창피했는데, 글을 서로 같이 읽으니까 안 그랬다.

㈐

[상호 평가 활동의 작문 교육적 의의]

- 다양한 언어 기능의 발달을 통한 고등 사고력의 향상
- 글에 대한 평가 및 안목 형성
- 작문 경험 및 정보의 공유
- 작문 동기의 강화

작성방법

- ㈎의 [상호 평가 수업 계획]의 ㉠, ㉡에 들어갈 상호 평가를 위한 내용을 각각 서술할 것.(단, 답안작성 시 ㉠은 학생의 활동을 중심으로 설명하고, ㉡은 교사 측면에서 평가 결과의 활용 방안을 서술할 것.)
- ㈏ [학생 일기] ①~③에서 찾을 수 있는 상호 평가의 작문 교육적 의의를 ㈐에서 찾아 각각 제시할 것.

전공국어 국어교육론 실전 문제집

ISBN 979-11-94002-18-5

발행일·2020年 7月 1日 초판 1쇄	저자와의
2021年 7月 1日 2판 1쇄	협의하에
2022年 7月 6日 3판 1쇄	인지생략
2023年 7月 5日 4판 1쇄	
2024年 7月 3日 5판 1쇄	

저 자·송원영 | 발행인·이용중

발행처·(주)배움출판사 | 주소·서울시 영등포구 영등포로 400 신성빌딩 2층 (신길동)

주문 및 배본처 | Tel·02) 813-5334 | Fax·02) 814-5334

본서는 저작권법 보호대상으로 무단복제(복사, 스캔), 배포, 2차 저작물 작성에 의한 저작권 침해를 금합니다. 또한 저작권법 제136조에 따라 5년 이하의 징역 또는 5천만 원 이하의 벌금에 처하거나 이를 병과할 수 있으며, 저작권법 제125조에 따라 1억 원 이상의 손해배상책임이 발생할 수 있습니다.

저작권 침해 제보·이메일 : baeoom1@hanmail.net | 전화 : 02) 813-5334

정가 33,000원